Disposições Finais e Direito Transitório

(ANÁLISE DAS NORMAS COMPLEMENTARES E DO DIREITO INTERTEMPORAL NO C.P.C.)

Disposições Finais e Direito Transitório

(ANÁLISE DAS NORMAS COMPLEMENTARES E DO DIREITO INTERTEMPORAL NO C.P.C.)

2016

Artur César de Souza

Disposições Finais e Direito Transitório
ANÁLISE DAS NORMAS COMPLEMENTARES E DO DIREITO INTERTEMPORAL NO C.P.C.
© Almedina, 2016

Autor: Artur César de Souza
DIAGRAMAÇÃO: Almedina
DESIGN DE CAPA: FBA
ISBN: 978-858-49-3125-5

Dados Internacionais de Catalogação na Publicação (CIP)
(Câmara Brasileira do Livro, SP, Brasil)

Souza, Artur César de
Disposições finais e direito transitório :
análise das normas complementares e do direito intertemporal no c.p.c.
/ Artur César de Souza. -- São Paulo :
Almedina, 2016.
Bibliografia
ISBN 978-85-8493-125-5
1. Processo civil 2. Processo civil - Brasil
3. Processo civil - Legislação - Brasil I. Título.

16-02807   CDU-347.9(81)(094)

Índices para catálogo sistemático:

1. Brasil : Direito processual civil :
Legislação 347.9(81)(094)

Este livro segue as regras do novo Acordo Ortográfico da Língua Portuguesa (1990).

Todos os direitos reservados. Nenhuma parte deste livro, protegido por copyright, pode ser reproduzida, armazenada ou transmitida de alguma forma ou por algum meio, seja eletrônico ou mecânico, inclusive fotocópia, gravação ou qualquer sistema de armazenagem de informações, sem a permissão expressa e por escrito da editora.

Junho, 2016

EDITORA: Almedina Brasil
Rua José Maria Lisboa, 860, Conj.131 e 132, Jardim Paulista | 01423-001 São Paulo | Brasil
editora@almedina.com.br
www.almedina.com.br

Em memória do meu pai, Artur de Souza.

À minha mãe, Maria Ap. de Souza.

À minha amada esposa Geovania e aos meus queridos filhos, Isis e João Henrique pelo apoio e compreensão.

À minha amada neta, Maria Alice, com muito amor.

Agradeço também ao Engenheiro Carlos Pinto, à Sofia Barraca e Carolina Santiago pelo apoio, confiança e pela oportunidade de divulgação deste trabalho na Editora Almedina, bem como a Karen Abuin, Barbara Lima e Carlos Ferreira pela inestimável colaboração na elaboração e divulgação da obra.

APRESENTAÇÃO

Fiquei honrado com o convite do Doutor Artur César de Souza, acadêmico notável, renomado escritor de obras jurídicas e brilhante magistrado federal, para apresentar seu mais recente livro sobre o Novo Código de Processo Civil brasileiro. O Doutor Artur recentemente publicou pela editora Almedina, em três volumes, seus comentários ao CPC 2015. Trata-se de uma pesquisa de fôlego e inovadora, esmiuçando o diploma processual recém entrado em vigor. Os comentários constituem um referencial sem similar acerca sobre das inovações trazidas pelo CPC 2015, prenhe de dúvidas e perplexidades a dasafiar os atores do processo. Livro de cabeceira de advogados, juízes, membros do MP e serventuários da Justiça. Mas algo lhes faltava, como disse o próprio autor: um estudo que pudesse contribuir para a melhor aproximação e compreensão, atenuando a dificuldade normalmente existente na transposição entre uma ordem jurídica processual que se despede e a outra que surge no horizonte normativo.

Supre-se agora a lacuna acerca das condições de aplicabilidade do CPC 2015, disponibilizando, em inédita abordagem sobre tema, este trabalho primoroso que, como disse, complementa os comentários já publicados. Melhor compreender a transição permite reduzir a complexidade do novo texto.

A obra traz uma análise crítica de altíssimo nível e está subsidiada com o melhor da doutrina nacional e estrangeira, também com seleta jurisprudência, antecipando-se no tempo aos grandes debates que se iniciarão acerca da transição do velho para o novo CPC. A novidade e a mudança sempre assustam e demandam estudo e reiteradas consultas à doutrina, já que a jurisprudência ainda não existe e será construída também a partir do escólio dos precursores, como o presente. O trabalho ora apresentado, adiantando os problemas, discute e aponta soluções, sempre com o espírito aberto para o diálogo que caracteriza o autor.

As mudanças são substanciais em termos de regras e de princípios. Começando pela data exata da sua entrada em vigor, tema que a obra, inédita e propositivamente, elucida com precisão. Nas reformas legais, a questão do direito intertemporal, além de ser a primeira a ser enfrentada, culmina por ser uma das mais intrincadas. O velho regime cria direitos que precisam ser respeitados, e o novo, expectativa que não podem ser adiantadas. O livro debruça-se com profundidade sobre este tema matricial, e o faz com o olhar de quem conhece as hipóteses pelos dois lados: o teórico e o prático.

Tenho afirmado que o processo nosso de cada dia precisa superar suas próprias limitações e deixar de ser um mero instrumento a serviço do direito material. Esta subalternização secular, atualmente, não encontra razão de ser.

A harmonização da ideia de tutela jurisdicional ao resultado adequado no plano do direito material, é cediço, abala a construção modernista quanto à autonomia do processo em relação ao direito material, a ideia básica de mera conexão e de instrumentalidade. É temerário hoje identificar o processo como *instrumento* de alguma atividade estatal. Processo jurisdicional democrático é muito mais do que isso. É espaço de controle e asseguração de participação – conceito este que, para Dworkin, está radicado no direito à igual consideração e respeito, que pauta toda a atividade pública.

O novo processo que agora ensaia seus primeiros passos, guiado pela mão cuidadosa do nosso autor, é produto de uma harmonização conceitual e teleológica entre procedimentalismo e substancialismo, e tem o compromisso de assegurar a efetivação

dos direitos fundamentais com assento constitucional no plano da sensibilidade social, em um ambiente inspirado democraticamente. Corresponde ao chamado *devido processo justo*, compreensivo da participação efetiva das partes na formação do processo decisório e na construção da solução adequada ao caso concreto, para atendimento das expectativas sociais. Esta desejável unidade guarda dependência não apenas com a força vinculativa das garantias constitucionais do processo, mas também com a hermenêutica constitucional, como condição de possibilidade à prática de uma justiça social.

Embora com orientação teórica e método diversos, autores de nomeada conciliam procedimentalismo e substancialismo. Ferrajoli, por exemplo, sem prescindir da formalização dos procedimentos de garantia, respalda sua teoria normativa na dimensão substancial dos direitos fundamentais. Teubner, em seu neoevolucionismo, ao que vejo, enfrentou bem o desafio de compatibilizar a racionalidade formal da modernidade com a racionalidade material e finalista da pós-modernidade, colocando em evidência o direito reflexivo, que vai além da mera forma para, sem considerá-la um fim em si mesma, reputá-la uma etapa essencial ao materialismo substancial que o direito deve assumir para fazer face à complexidade contingencial da sociedade pós-moderna.

O novo processo normatizado pelo CPC 2015 vem inspirado pela Constituição. Articulado e disposto no sentido de levá-la a sério, na integridade de seus princípios, traduz a epistemologia neoconstitucionalista. Resta agora aos atores do processo o esforço concretizador, que não dispensa a remissão à boa doutrina que nos traz o autor desta obra.

O livro do magistrado e professor Artur César de Souza precisa ser lido enquanto fundamento dessa viragem no sentido da substancialização e da constitucionalização do processo, dois paradigmas imbricados que se colocam como vetores hermenêuticos obrigatórios e vinculantes das novas normas processuais. Também com a boa vontade e a crença nas suas virtudes – é preciso saber tirar delas o melhor –, embora se suspeite que, do ponto de vista da Justiça, elas representarão mais trabalho e, por conseguinte, maior demora nos julgamentos. Ungidas pela principiologia constitucional, não se pode duvidar *a priori* de sua legitimidade, mas será na prática que vamos realmente testá-la.

Bem, livros existem para serem lidos. Por isso, sem mais delongas, recomendo não se perca mais tempo: vamos a ela.

Paulo Afonso Brum Vaz
Doutor em Direito Público e Desembargador Federal

ABREVIATURAS

AC TC	–	Acórdão Tribunal Constitucional
Ac.	–	Acórdão
ACO	–	Ação Civil Ordinária
ACP	–	Ação Civil Pública
ADI-MC	–	Medida Cautelar em Ação Direta de Inconstitucionalidade
ADIN	–	Ação Direta de Inconstitucionalidade
ADPF	–	Arguição de Descumprimento de Preceito Fundamental
AG	–	Agravo
AgR	–	Agravo Regimental
AGRCR	–	Agravo Regimental em Carta Rogatória
AgREsp	–	Agravo em Recurso Especial
AgRg na APn	–	Agravo Regimental na Ação Penal
AgRg no Ag	–	Agravo Regimental no Agravo
AgRg no Ag	–	Agravo Regimental no Agravo
AgRg no AREsp	–	Agravo Regimental no Agravo em Recurso Especial
AgRg no CC	–	Agravo no Conflito de Competência
AgR-ED-EI	–	Agravo Regimental nos Embargos de Declaração na Exceção de Incompetência.
AgRg no RMS	–	Agravo Regimental no Recurso em Mandado de Segurança
AgRg nos EREsp	–	Agravo Regimental nos Embargos em Recurso Especial
AGU	–	Advocacia Geral da União
AI	–	Agravo de Instrumento
ALI	–	American Law Institute.
AR	–	Ação Rescisória

ARE – Recurso Extraordinário com Agravo.
Art. – Artigo
BACENJUD – Banco Central do Brasil Judiciário
BGB – Código Civil Alemão
C. Pr. Civil – Código de Processo Civil
C.C. – Código Civil
C.C.B. – Código Civil Brasileiro
C.c.b. – Código Civil Brasileiro
CEDH – Convenção Européia sobre Direitos Humanos
C.D.C. – Código de Defesa do Consumidor
C.F. – Constituição Federal
C.J.F. – Conselho da Justiça Federal
C.L.T. – Consolidação das Leis do Trabalho
C.N.J. – Conselho Nacional de Justiça
C.P.C. – Código de Processo Civil
C.P.P. – Código de Processo Penal
Cass. – Cassação
CC – Código Civil
CC – Conflito de Competência
CDA – Certidão de Dívida Ativa
CDC – Código de Defesa do Consumidor
CEF – Caixa Econômica Federal
CEJ – Centro de Estudos Judiciários
Com. – Comentários
CONFEA – Conselho Federal de Engenharia e Agronomia
Conv. Eur. Dir. Uomo – Convênio Europeu dos Direitos dos Homens
CPC – Código de Processo Civil
CPCC – Código de Processo Civil Comentado
CPMF – Contribuição Provisória sobre Movimentação Financeira
CRC – Conselho Regional de Contabilidade
CREAA – Conselho Regional de Engenharia e Agronomia e Arquitetura
CRM – Conselho Regional de Medicina
CRP – Constituição da República Portuguesa.
C. Rep – Constituição da República
CSLL – Contribuição Social sobre Lucro Líquido
CTN – Código Tributário Nacional

D – Digesto
D.E. – Diário Eletrônico
Dec. – Decreto
DF – Distrito Federal
DI – Direito Internacional
Disp. Trans. – Disposições Transitórias
DIVULG – Divulgação
DJ – Diário da Justiça
DJe – Diário da Justiça Eletrônico
DNA – ácido desoxirribonucléico
DOU – Diário da Justiça da União
DR – Diário da República
EAD – Ensino à Distância
EC – Emenda Constitucional
ECA – Estatuto da Criança e do adolescente
ED – Embargos de Declaração
EDcl – Embargos de Declaração
EDcl nos EDcl no AgRg na MC. – Embargos de Declaração nos Embargos de Declaração no Agravo Regimental na Medida Cautelar
EDcl nos EDcl no RHC – Embargos de Declaração nos Embargos de Declaração no Recurso em Habeas Corpus
EDcl nos EDcl nos EDcl no AgRg na ExSusp – Embargos de Declaração nos Embargos de Declaração nos Embargos de Declaração no Agravo Regimental na Exceção de Suspeição.
EDcl nos EDcl nos EDcl nos EDcl no AgRg no REsp – Embargos de declaração nos Embargos de Declaração nos Embargos de Declaração nos Embargos de Declaração no Agravo Regimental no Recurso Especial
EDeclCComp – Embargos de Declaração em Conflito de Competência.
EDcl no CC – *Embargos de Declaração no Conflito de Competência.*
ED-ED-AgR – Embargos de Declaração em Embargos de Declaração em Agravo Regimental
EMENT – Ementário
EOA – Estatuto da Ordem dos Advogados
FGTS – Fundo de Garantia por Tempo de Serviço
FUNAI – Fundação Nacional do Índio
HC – Habeas Corpus
ICMS – Imposto de Circulação de Mercadoria e Serviço

INC. – Inciso
INCRA – Instituto Nacional de Colonização e Reforma Agrária
INFOJUD – Sistemas de Informação ao Judiciário
INSS – Instituto Nacional de Seguridade Social
IRDR – Incidente de Resolução de Demandas Repetitivas
IRPJ – Imposto de Renda Pessoa Jurídica
J. – julgamento-
J.E. – Justiça Eleitoral
L. – Lei.
LACP – Lei da Ação Civil Pública
LC – Lei Complementar
LDi – Lei de Divórcio
LICC – Lei de Introdução ao Código Civil brasileiro
LOMAN – Lei Orgânica da Magistratura Nacional
LOPJ – Lei Orgânica do Poder Judiciária
M.P. – Ministério Público
MC-REF – Referendo Medida Cautelar
MI – Mandado de Injunção
MIN. – Ministro
MP – Medida Provisória
MPF – Ministério Público Federal
MRE/MF – Ministério das Relações Exteriores/Ministério da Fazenda
MS – Mandado de Segurança
N. – número
OAB – Ordem dos Advogados do Brasil
ONG – Organização não Governamental
ONU – Organização das Nações Unidas
ORTN – Obrigações Reajustáveis do Tesouro Nacional.
PET – Petição
PIS/PASEP – Programa de Integração Social/Programa de Formação do Patrimônio do Servidor Público
PIDCP – Pacto Internacional sobre Direitos Civis e Políticos
PROJUDI – Processo Judicial
PUBLIC – Publicação
QO – Questão de Ordem
RO – Recurso Ordinário
Rcl – Reclamação

RE – Recurso Extraordinário
RHC – Recurso em Habeas Corpus
Rel. – Relação
Rel. – Relator
RENAJUD – Sistema de Restrições Judiciais sobre Veículos Automotores
REsp – Recurso Especial
Rev. – Revista
RHC – Recurso em Habeas Corpus
RI/STF – Regimento Interno do Supremo Tribunal Federal
RMS – Recurso em Mandado de Segurança
RPV – Requisição de Pequeno Valor
RSTJ – Revista do Superior Tribunal de Justiça
RT – Revista dos Tribunais
RTJ – Revista Trimestral de Jurisprudência
S.T.F. – Supremo Tribunal Federal
S.T.J. – Superior Tribunal de Justiça
SE – Sentença Estrangeira
SEC – Sentença Estrangeira Contestada
SENT. – Sentença
SIMP – Simpósio
SISTCON – Sistema de Conciliação
STC – Supremo Tribunal Constitucional
STEDH – Sentença do Tribunal Europeu de Direitos Humanos
T.R.Fs. – Tribunais Regionais Federais
T.S.M. – Tribunal Superior Militar
TEDH – Tribunal Europeu de Direitos Humanos
TFR – Tribunal Federal de Recurso
TJ/RS – Tribunal de Justiça do Rio Grande do Sul
TRF 1ª – Tribunal Regional Federal da 1ª Região
TRF4 – Tribunal Regional Federal da 4ª Região.
TRE – Tribunal Regional Eleitoral
TRT – Tribunal Regional do Trabalho
TSE – Tribunal Superior Eleitoral
TST – Tribunal Superior do Trabalho
UERJ – Universidade Estadual do Rio de Janeiro
UNCITRAL – United Nations Commission on International Trade Law

UNIDROIT – International Institute for the Unification
UTI – Unidade de Terapia Intensiva
VOL – Volume
ZPO – Código de Processo Civil Alemão

SUMÁRIO

INTRODUÇÃO	25
1. DA *VACATIO LEGIS*	29
2. APLICAÇÃO DA LEI PROCESSUAL NO ESPAÇO E NO TEMPO	35
2.1. Aplicação da lei processual no espaço.	36
2.2. Aplicação da lei processual no tempo – irretroatividade das normas processuais – *tempus regit actum*	43
2.2.1. Concepção histórica e dogmática da irretroatividade da lei.	44
2.2.2. Uma concepção constitucional do princípio da irretroatividade.	46
2.2.3. Definição de 'direito adquirido.	47
2.2.4. Direito adquirido ou fato realizado.	50
2.2.5. Efeito imediato da norma processual	53
2.2.6. Conjugação do art. 1.046 com o art. 14 do novo C.P.C.	56
2.2.6.1. Processos em curso ou pendentes.	61
2.2.6.2. Ato processual jurídico perfeito.	62
2.2.6.3. Situações jurídicas consolidadas.	64
2.2.6.3.1 – Situação jurídica consolidada e recursos.	68
2.2.6.3.2. Questão da admissibilidade do recurso especial ou extraordinário e o direito intertemporal.	72
2.2.6.3.3. Algumas questões práticas sobre a temática do recurso.	79
2.2.6.3.4. Honorários recursais.	84
2.2.6.4. Situação jurídica consolidada e causas de impedimento e de suspeição do juiz.	86
2.2.6.5. Situação jurídica consolidada e contagem de prazo processual.	94

2.2.6.6. Situação jurídica consolidada e ação ou demanda rescisória. 95
   2.2.6.6.1. Marco jurídico processual para contagem do prazo da ação (demanda) rescisória e sua análise com base no direito intertemporal. 97
2.2.6.7. Direito intertemporal e cumprimento de decisão e processo de execução. 101
   2.2.6.7.1 Execução para entrega de coisa certa (arts. 806 a 810 do novo C.P.C.). 103
   2.2.6.7.2 Execução para entrega de coisa incerta (arts. 811 a 813 do novo C.P.C.) 104
   2.2.6.7.3. Execução de obrigação de fazer ou não fazer (arts. 814 a 823 do novo C.P.C.). 104
   2.2.6.7.4. Execução por quantia certa (arts. 824 a 909 do novo C.P.C.). 107
      2.2.6.7.4.1 Honorários de advogado 107
      2.2.6.7.4.2 Expedição de certidão para averbação nos registros públicos. 108
      2.2.6.7.4.3.. Arresto 108
      2.2.6.7.4.4. Penhora 109
      2.2.6.7.4.5. Leilão 119
      2.2.6.7.4.6. Impugnação ao cumprimento de sentença e garantia do juízo. 122
2.2.7 Algumas decisões sobre a temática da aplicação imediata das normas processuais. 124

3. EXCEÇÕES NORMATIVAS EXPRESSAS AO PRINCÍPIO DA APLICAÇÃO IMEDIATA DAS NORMAS PROCESSUAIS 129

4. PROCESSOS ESPECIAIS – APLICAÇÃO SUBSIDIÁRIA E SUPLETIVA DO NOVO C.P.C. 135
   4.1. Processo trabalhista e aplicação subsidiária e suplementar do novo C.P.C. 138
      4.1.1. Contagem de prazo em dias úteis na Justiça do Trabalho. 139
      4.1.2. Cooperação nacional e internacional na Justiça do Trabalho 140
      4.1.3. Andamento dos processos trabalhistas segundo a ordem cronológica de recebimento ou conclusão 142
      4.1.4. Das normas fundamentais do processo trabalhista 144
      4.1.5. Proibição de decisão surpresa no processo trabalhista 147
      4.1.6. Poderes e deveres do juiz trabalhista. 152
      4.1.7. O negócio jurídico processual na Justiça do Trabalho 155

4.1.8. Improcedência liminar do pedido na Justiça do Trabalho. 156
4.1.9. Julgamento antecipado parcial de mérito na Justiça
do Trabalho 157
4.1.10. Matéria de defesa na Justiça do Trabalho 159
4.1.11. Hipóteses de falta de fundamentação da decisão proferida
por juiz do trabalho. 160
4.1.12. Incidente de desconsideração da personalidade jurídica. 162
4.1.13. Distribuição do ônus da prova no processo trabalhista. 164
4.1.14. Tutela provisória no processo trabalhista. 167
4.1.15. Incidente de demandas repetitivas (IRDR) no processo
trabalhista 171
4.1.16. Cumprimento de sentença na Justiça do Trabalho 174
4.1.17. Protesto da decisão judicial trabalhista 178
4.1.18. Outras aplicações subsidiárias. 179
4.2. Processo eleitoral e aplicação subsidiária e suplementar
do novo C.P.C. 180
4.2.1. Contagem de prazo em dias na Justiça Eleitoral 181
4.2.2 Cooperação entre órgãos da Justiça Eleitoral 184
4.2.3. Ordem cronológica de movimentação e julgamento
dos processos na Justiça Eleitoral. 185
4.2.4. Normas processuais fundamentais do processo eleitoral 187
4.2.5. Embargos de declaração no processo eleitoral 188
4.3. Processo administrativo e aplicação subsidiária e suplementar
do novo C.P.C. 190
4.3.1. Normas fundamentais do processo administrativo. 191
4.3.2. Cooperação entre autoridades no âmbito do processo
administrativo. 194
4.3.3. Deveres dos administrados no processo administrativo 195
4.3.4. Impedimento e suspeição no processo administrativo. 196
4.3.5. Contagem do prazo para manifestação no processo
administrativo 199
4.3.6. Prioridade de tramitação processual no âmbito administrativo 201

5. DISPOSIÇÕES ESPECIAIS DOS PROCEDIMENTOS REGULADOS
EM OUTRAS LEIS E A APLICAÇÃO SUPLETIVA DO NOVO C.P.C. 203
5.1. Juizados especiais. 204
5.1.1. Estabilização ou ultratividade da tutela provisória antecipada
antecedente nos juizados especiais. 209
5.1.2. – Autocomposição – aplicação suplementar do novo C.P.C. 225
5.1.3. Contagem de prazo nos juizados especiais. 233

DISPOSIÇÕES FINAIS E DIREITO TRANSITÓRIO

5.1.4. Preparo do recurso.	237
5.1.5. Cooperação nacional nos juizados especiais.	239
5.1.6. Do incidente de resolução de demandas repetitivas no âmbito dos juizados especiais.	240
5.1.7. Dos embargos de declaração nos juizados especiais.	243
5.1.8. Incidente de desconsideração da personalidade jurídica e os juizados especiais.	262
5.1.9. Procedimento sumário (art. 275, inc. II, do C.P.C. de 1973) e os juizados especiais.	270
5.2. Execução fiscal.	278
5.2.1. Contagem de prazo na execução fiscal.	278
5.2.2. Requisitos da petição inicial e novo C.P.C.	280
5.2.3. Bens sujeitos à execução fiscal.	281
5.2.4. Prazo para pagamento da dívida	284
5.2.5. Ordem de preferência e intimação da penhora	284
5.2.6. Averbação do arresto ou da penhora.	286
5.2.7. Prazo para interposição dos embargos do executado.	287
5.2.8. Procedimento para alienação judicial.	292
6. PROCESSOS REFERIDOS NO ART. 1.218 DA LEI N. 5.869, DE 11 DE JANEIRO DE 1973 (C.P.C. DE 1973)	295
6.1. Loteamento e venda de imóveis a prestações.	297
6.2. Despejo.	298
6.3. Renovação de contrato de locação de imóveis destinados a fins comerciais.	299
6.4. Registro Torrens.	301
6.5. – Averbações ou retificações do registro civil.	302
6.6. Bem de família.	303
6.7. Dissolução e liquidação das sociedades.	304
6.8. Protesto formado a bordo.	308
6.9. Habilitação para casamento.	309
6.10. Dinheiro a risco	310
6.11. Vistoria de fazendas avariadas.	310
6.12. Apreensão de embarcações.	311
6.13. Avaria a cargo do segurador	312
6.14. Das avarias.	312
6.15. Arribadas forçadas.	314
7. CORRESPONDÊNCIA DE DISPOSITIVOS DO C.P.C. REVOGADO COM O NOVO C.P.C.	317

8. DIREITO INTERTEMPORAL E O DIREITO PROBATÓRIO	321
9. PRIORIDADE DE TRAMITAÇÃO DOS PROCEDIMENTOS	331
10. REMESSA A PROCEDIMENTO PREVISTO NO NOVO C.P.C., SEM ESPECIFICAÇÃO POR PARTE DE LEI ESPECIAL	339
11. CADASTRAMENTO DOS ENTES POLÍTICOS, ENTIDADES DA ADMINISTRAÇÃO INDIRETA, MINISTÉRIO PÚBLICO, DEFENSORA PÚBLICA E ADVOCACIA PÚBLICA	343
12. CONVALIDAÇÃO DOS ATOS PROCESSUAIS PRATICADOS POR MEIO ELETRÔNICO	351
13. EXECUÇÃO CONTRA DEVEDOR INSOLVENTE	357
14. DA QUESTÃO PREJUDICIAL E DA COISA JULGADA	375
15. PAGAMENTO DE TRIBUTOS PELO DEVEDOR OU ARRENDATÁRIO	391
16. PRESCRIÇÃO INTERCORRENTE	393
17. INEXIGIBILIDADE DE OBRIGAÇÃO FUNDADA EM TÍTULO EXECUTIVO JUDICIAL – DECLARAÇÃO DE INCONSTITUCIONALIDADE PELO S.T.F.	409
18. RECOLHIMENTO DE IMPORTÂNCIA EM DINHEIRO	435
19. TUTELA PROVISÓRIA REQUERIDA CONTRA A FAZENDA PÚBLICA	441
20. CUSTAS PROCESSUAIS DEVIDAS À UNIÃO NA JUSTIÇA FEDERAL (LEI 9.289 DE 4 DE JULHO DE 1996)	449
21. NULIDADE DE SENTENÇA ARBITRAL	453
22. CREDORES SOLIDÁRIOS	455
23. CAUSA DE INVALIDAÇÃO DA PARTILHA	459

23.1. Nulidade da partilha amigável. 460
23.2. Rescisão da partilha julgada por sentença. 462

24. UNIFICAÇÃO DOS PRAZOS RECURSAIS 471

25. DA USUCAPIÃO EXTRAJUDICIAL 473
25.1. Diversas espécies de usucapião 473
25.2. Procedimento judicial da demanda de usucapião 478
25.3. Desjudicialização ou extrajudicialização da usucapião 478
25.4. Requisitos para a usucapião extrajudicial 481
   25.4.1. Da ata notarial 482
   25.4.2. Planta e memorial descritivo 487
   25.4.3. Certidões negativas 490
   25.4.4. Justo título e outros documentos 490
   25.4.5. Prenotação do pedido 492
   25.4.6. Cientificação dos interessados 493
   25.4.7. Registro e dúvida 494
   25.4.8. Rejeição do pedido 496

26. PAPEL DO CONSELHO NACIONAL DE JUSTIÇA EM RELAÇÃO À EFETIVIDADE DO NOVO C.P.C. 497

27. DERROGAÇÃO EXPRESSA DE PRECEITOS NORMATIVOS PELO NOVO C.P.C. 499

28. REFERÊNCIAS BIBLIOGRÁFICAS 541

INTRODUÇÃO

Galeno Lacerda, quando da entrada em vigor do C.P.C. de 1973, afirmara que o referido estatuto processual mostrava-se conciso em matéria de direito transitório, limitando-se a reproduzir, no art. 1.211, o velho preceito, cuja origem remontava à Ordenança francesa de 1.363, de que a lei nova se aplica desde logo aos processos pendentes.[1]

O novo C.P.C. brasileiro (Lei n. 13.105 de 2015) não foi tão conciso assim na regulamentação do direito transitório entre o velho e novo estatuto processual civil brasileiro.

O legislador do novo C.P.C. apresenta diversas normatizações sobre o direito intertemporal e o direito transitório em seus arts. 1045 a 1072.

É certo que, quando da entrada em vigor de uma nova ordem jurídica processual, os olhos da doutrina estão direcionados, com mais força, para os inúmeros institutos jurídicos, novos e não tão novos assim, que são incorporados pelo novo estatuto processual, procurando apresentá-los e na medida do possível esmiuçá-los para uma melhor aproximação e compreensão por parte dos operadores e profissionais do direito, atenuando, dessa forma, a dificuldade normalmente existente na transposição entre uma ordem jurídica processual que se despede e uma ordem jurídica processual que se apresenta no horizonte normativo.

---

[1] LACERDA, Galeno. *O novo direito processual civil e os efeitos pendentes*. Rio de Janeiro: Forense, 1974. p. 11.

Diante dessa alteração normativa processual, observa-se que na maioria das vezes o interesse da doutrina e dos comentadores da nova ordem jurídica processual não leva em consideração, com a profundidade exigida, um dos temas mais importantes na transição espaço temporal entre normatizações jurídicas processuais.

Refiro-me ao direito transitório, ao direito intertemporal e às normas complementares dispostas, normalmente, na parte final dos códigos de processo civil. Esses institutos jurídicos, como dizia Galeno Lacerda, *"haverão de provocar graves dificuldades na prática, para juízes e advogados, tão grandes e profundas se apresentam as modificações que a nova lei impõe ao procedimento. Competências novas, acréscimos de atos, supressão de outros, modificações de rito, alterações na prova, eliminação de recursos e de graus de jurisdição, alongamento e diminuição de prazos, constituem inovações cuja incidência aos processos em curso suscita problemas de difícil solução...".*[2]

O último livro do novo Código de Processo Civil brasileiro, denominado de LIVRO COMPLEMENTAR, trata especificamente de uma das problemáticas mais complexas que surge durante a transição entre uma legislação que se despede e outra que se inicia em determinado ordenamento jurídico, no caso, a transição entre o Código de Processo Civil de 1973 (Lei n. 5.869 de 11 de janeiro de 1973) e o novo Código de Processo Civil brasileiro de 2015 (Lei 13.105 de 16 de março de 2015).

Os artigos 1.045 a 1.072 do LIVRO COMPLEMENTAR do novo C.P.C. brasileiro transitam por diversas áreas de modulação, complementação e de inserção de novos institutos jurídicos processuais de extrema importância e complexidade.

Além da questão da *vacatio legis*, muito discutida na doutrina brasileira, o LIVRO COMPLEMENTAR do novo C.P.C. brasileiro regula: a) a aplicação da norma processual no tempo; b) o critério de prioridade de julgamento dos processos; c) o critério de cadastramento para receber intimações processuais; d) as questões concernentes à execução contra devedor insolvente; e) a convalidação de atos processuais praticados por meio eletrônico; f) o termo inicial do prazo da prescrição intercorrente; g) as questões concernentes à

---

[2] LACERDA, G., idem, ibidem.

titularidade de depósitos judiciais realizados em dinheiro; h) as legislações aplicáveis à concessão de tutela provisória contra a Fazenda Pública; i) as questões concernentes ao adiantamento das custas processuais; j) a forma de arguição de nulidade da sentença arbitral; l) a aplicação procedimental do incidente de resolução de demandas repetitivas – IRDR; m) a competência dos juizados especiais cíveis (Lei 9.099, de 26 de setembro de 1995); n) as questões jurídicas sobre os embargos de declaração interpostos no âmbito dos juizados especiais (Lei 9.099, de 26 de setembro de 1995); o) as questões jurídicas sobre os embargos de declaração da Lei 4.737, de 15 de julho e 1965 (Código Eleitoral); p) as relações jurídicas sobre o julgamento em face de credores solidários e a anulação de partilha, reguladas pelo Código Civil brasileiro (Lei n. 10.406, de 10 de janeiro de 2020); r) as atribuições do Conselho Nacional de Justiça em relação ao novo C.P.C.; s) o prazo para interposição de qualquer tipo de agravo; t) a usucapião extrajudicial; u) a revogação de preceitos normativos.

Esta obra tem justamente por finalidade aprofundar-se um pouco mais na compreensão e delimitação dos institutos jurídicos processuais inseridos no ordenamento jurídico brasileiro pelo LIVRO COMPLEMENTAR da Lei 13.105 de 16 de março de 2015, comentando e anotando com muita singularidade cada ponto normativo do aludido livro complementar.

1.
Da *Vacatio legis*

Para que uma nova norma jurídica tenha vigência e eficácia num determinado ordenamento jurídico, é necessário delinear-se um lapso temporal suficiente e adequado para que as pessoas sujeitas a esse novo regramento tenham ciência de sua existência, assim como possam compreender sua sistematização para regulação da conduta humana.

A *vacatio legis*, como instituto jurídico, busca justamente conferir essa cientificação e possibilidade de compreensão da nova normatização que se apresenta. Aliás, nessa perspectiva, é o que dispõe o art. 8º da Lei Complementar n. 95/98: *A vigência da lei será indicada de forma expressa e de modo a contemplar prazo razoável para que dela se tenha amplo conhecimento, reservada a cláusula "entra em vigor na data de sua publicação" para as leis de pequena repercussão.*

A *vacatio legis* corresponde a esse lapso temporal que se constitui entre a publicação e a vigência de determinada norma jurídica.

O tempo necessário para que uma determinada normatização entre em vigor e passe a ser aplicada no ordenamento jurídico de cada Estado dependerá da complexidade e da extensão sistêmica do regramento que passará a vigorar.

A Lei de Introdução às Normas do Direito Brasileiro, Decreto-lei n. 4.657, de 4 de setembro de 1942, estabelece alguns critérios normativos sobre a *vacatio legis* e a vigência da lei no território brasileiro, *in verbis*:

> Art. 1º *Salvo disposição contrária, a lei começa a vigorar em todo o país quarenta e cinco dias depois de oficialmente publicada.*

§ 1º Nos Estados, estrangeiros, a obrigatoriedade da lei brasileira, quando admitida, se inicia três meses depois de oficialmente publicada. (Vide Lei nº 2.807, de 1956)

§ 2º (Revogado pela Lei nº 12.036, de 2009).

§ 3º Se, antes de entrar a lei em vigor, ocorrer nova publicação de seu texto, destinada a correção, o prazo deste artigo e dos parágrafos anteriores começará a correr da nova publicação.

§ 4º As correções a texto de lei já em vigor consideram-se lei nova.

Para se ter uma ideia, em Portugal a *vacatio legis* dos atos normativos é regulada pelo art. 2º da Lei n. 74/09, que assim dispõe:

1 – Os atos legislativos e os outros atos de conteúdo genérico entram em vigor no dia neles fixado, não podendo, em caso algum, o início da vigência verificar-se no próprio dia da publicação.

2 – Na falta de fixação do dia, os diplomas referidos no número anterior entram em vigor, em todo o território nacional e no estrangeiro, no quinto dia após a publicação.

3 – (Revogado)

4 – O prazo referido no n.º 2 conta-se a partir do dia imediato ao de sua disponibilização no sítio da internet gerido pela Imprensa Nacional – Casa da Moeda, S.A.

Se não houver disposição em contrário, a *vacatio legis* das leis no Brasil será de quarenta e cinco dias, sendo que, nos Estados, estrangeiros, a obrigatoriedade de observância da lei brasileira terá início três meses depois de oficialmente publicada.

A *vacatio legis* do novo estatuto processual civil brasileiro (Lei n. 13.105 de 2015) encontra-se delineada em seu art. 1.045, *in verbis*: "Este Código entra em vigor após decorrido 1 (um) ano da data de sua publicação oficial".[3]

---

[3] É certo que está em tramitação na Câmara dos Deputados o Projeto de Lei n. 2.913 de 2015, que dá nova redação ao art. 1.045 da Lei 13.105 de 2015:
"Art. 1º. O art. 1.045 da Lei 13.105, de 16 de março de 2015 (Código de Processo Civil), passa a vigorar com a seguinte redação:
'Art. 1045. Este Código entra em vigor após decorridos 3(três) anos da data de sua publicação oficial'".

Portanto, antes de entrar em vigor, no dia 18 de março de 2016, a Lei 13.015 de 2015 caracterizava-se como uma norma perfeita, válida, mas não eficaz, pois sua eficácia estava condicionada à sua vigência.[4]

Essa prorrogação de vigência de texto normativo já ocorreu em nosso ordenamento jurídico. O Código Penal brasileiro de 1969 (Decreto-lei n. 1.004/69), publicado em 21 de outubro de 1969, era para entrar em vigor no dia 1º de janeiro de 1970, nos termos de seu art. 407. Porém, a *vacatio legis* do referido estatuto penal foi prorrogada por diversas vezes, tendo sido revogado pela Lei 6.578 de 1978. (BITTENCOURT, Cezar Roberto. *Tratado de direito penal: parte geral*. Vol. I. 17ª Ed. São Paulo: Editora Saraiva, 2012, p. 97).

[4] Segundo sustenta Antonio do Passo Cabral, há aplicação do novo C.P.C de 2015 no ordenamento jurídico brasileiro, ainda que não tenha entrado em vigor: *"...ficou evidente, de um lado, a repercussão que a simples tramitação do Código de Processo Civil no Congresso Nacional gerou na formação de normas na legislação brasileira. Os exemplos mais evidentes são a Lei 13.015/2014, que alterou o processo do trabalho, a Res. 118/2014 do Conselho Nacional do Ministério Público, e a Res. 200/2015 do Conselho Nacional de Justiça. Em todas pode-se ver evidente inspiração no projeto do Código de Processo Civil, desde sua tramitação no parlamento.*
A Lei 13.015/2014, dentre outras regras, previu o procedimento do recurso de revista repetitivo (art. 896-C da CLT), praticamente reproduzindo o regramento para os recursos extraordinário e especial repetitivos previstos, à época, no projeto de Código de Processo Civil (que na redação final corresponde aos art. 1.036 ss.).
A Res. 118/2014 do CNMP, que disciplina o uso de técnicas extrajudiciais e os instrumentos alternativos de solução de controvérsias no âmbito do Ministério Público, prevê que o Ministério Público pode se valer de convenções processuais para adaptação do procedimento ou disposição sobre situações processuais (direitos, deveres, ônus), podendo inserir cláusulas dessa natureza em termos de ajustamento de conduta (arts. 15 a 17). Nos debates que precederam a aprovação da resolução do Conselho, foi declarada a inspiração no dispositivo que estava previsto no projeto, e que corresponde ao art. 190 do texto final do CPC/2015. Posteriormente, já aprovado e publicado, o Código de Processo Civil de 2015 inspirou ainda a Res. 200/2015 do Conselho Nacional de Justiça, que acrescentou hipótese de impedimento do juiz (art. 144, VIII), antecipando regra prevista no ordenamento do Código de Processo Civil de 2015, mas não prevista no Código de Processo Civil de 1973 (art. 134).
(...).
A doutrina já assentou a possibilidade de aplicação do Código de Processo Civil de 2015 mesmo durante a 'vacatio'. Fredie Didier Jr, publicou interessante texto na 'Revista de Processo' abordando a possibilidade de aplicação imediata das disposições do novo Código de Processo Civil mesmo no período da 'vacatio legis' (Didier Jr., Fredie. Eficácia do novo Código de Processo Civil antes do término do período de vacância da Lei . RePro 236/325 e ss, out. 2014. Posteriormente, aduz-se que na interpretação processual já deveria considerar conceitos do novo Código de Processo Civil. Disponível em: [WWW.conjur.com.br/2015-mar-29/dierle-nunes-interpretação-processual-deveria-considerar-cpc]. Para tanto, *Didier Jr. formula uma tipologia das normas, dividindo-se: a) normas jurídicas novas...b)'pseudonovidades normativas...c)normas de caráter simbólico...*
Segundo o autor, as normas jurídicas efetivamente novas não podem ser aplicadas antes do término da vacância da lei; podem atuar com função persuasiva, como instrumento retórico-argumentativo para que, mesmo antes da entrada em vigor do novo Código de Processo Civil, possa haver mudança do regramento

DISPOSIÇÕES FINAIS E DIREITO TRANSITÓRIO

Cada país tem sua particularidade em relação à data de vigência de seus estatutos processuais.

A *CPO (Civilprozessordnung)* alemã entrou em vigor no dia 1º de outubro de 1879.

O Código de Processo Civil italiano entrou em vigor no dia 21 de abril de 1942.

O Código de Processo Civil espanhol (*Ley 1/2000, de 7 de enero, de Enjuiciamiento Civil*) entrou em vigor no dia 8 de janeiro de 2001.

O Código de Processo Civil português (Lei n. 41/21013) entrou em vigor no dia 1º de setembro de 2013, conforme estabeleceu seu artigo 8º: *"A presente lei entra em vigor no dia 1 de setembro de 2013".*

---

atual à luz do que o novo C.P.C. pretendeu mudar. As pseudonovidades normativas também seriam ineficazes no período da 'vacatio legis'... E as normas simbólicas, estas sim poderiam ser aplicadas desde logo porque o Estado deve se adequar às políticas públicas traçadas pelo legislador.
(...) Não se pode imaginar aplicação de normas ainda ineficazes. Mas o fenômeno da pré-eficácia assemelha-se, de alguma maneira, ao que ocorre na ultratividade das normas (pós-eficácia). Sem embargo, tanto na pré-eficácia quanto na ultratividade, fatos que ocorreram fora do tempo de vigência das leis encontram a aplicação do preceito ou dos princípios subjacentes àquelas norma, ainda que seu conteúdo seja tomado apenas como vetor interpretativo: quando se estuda a ultratividade das leis, trata-se de um exame 'ex post'; no campo da pré-eficácia, a atividade interpretativa que considera a norma planejada é um exame 'ex ante'...
Porém, a lei projetada ou em período de 'vacatio legis' não pode ser considerada imperativa. Por isso, discordamos de Fredie Didier Jr quando afirma que as normas simbólicas podem incidir desde logo. Não vemos possibilidade de o Estado p.ex., realizar despesa com base em uma norma que não está em vigor. Beiraria a improbidade administrativa, em nosso sentir, gastos justificados em uma lei que pode nem vir a vigorar.
Por outro lado, é possível alguma aplicação das normas projetadas ou aquelas publicadas mas ainda ineficazes (porquanto ainda no período da 'vacatio') na interpretação e aplicação das normas efetivamente em vigor, uma pré-eficácia interpretativa.
Não obstante, porque ainda não vigente, no processo intelectivo de interpretação e aplicação, a norma projetada ou em período de vacância deve ser vista como um 'topos' argumentativo não vinculativo, isto é, um elemento que informa a atividade hermenêutica, mas não pode jamais prevalecer sobre as fontes do direito vigente...
Essa experiência foi verificada no Brasil no passado recente. O STJ, por ocasião da aprovação do Código Civil de 2002, já se permitiu influenciar pela lei publicada, mas ainda ineficaz, durante o período de 'vacatio legis'. Entre janeiro de 2002 e janeiro de 2003, quando o Código Civil entrou em vigor, o STJ por diversas vezes usou o novel regramento civil como fundamento para decidir.".
". (CABRAL, Antonio Passo. Pré-eficácia das norma e a aplicação do código de processo civil de 2015 ainda no período de vacatio legis. In: Revista de Processo, ano 40, n. 246, agost/2015, São Paulo, R.T., pág. 337, 338 e 340).

Os dois últimos estatutos processuais brasileiros, ao contrário do que se verifica com o atual C.P.C. de 2015, optaram por definir a vigência da lei processual num determinado dia fixo.

O Código de Processo Civil de 1939, assim preconizou em seu art. 1.052: *Este Código entrará em vigor no dia 1º de fevereiro de 1940, revogadas as disposições em contrário.*

Por sua vez, o Código de Processo Civil de 1973, assim estabeleceu em seu art. 1.220: *Este Código entrará em vigor no dia 1º de janeiro de 1974, revogadas as disposições em contrário. (Artigo renumerado pela Lei nº 5.925, de 1º.10.1973)*

O atual C.P.C., porém, preferiu estabelecer o prazo de 1 (um) ano de *vacatio legis*, contado da publicação da Lei n. 13.105 de 2015.

Diante dessa sistemática adotada pelo legislador, muitas indagações surgiram sobre a data correta da vigência do novo C.P.C.

A primeira questão a ser dirimida diz respeito à contagem anual do prazo.

A contagem anual de prazo tem por base a Lei n. 810/49, que define o ano civil, e estabelece no seu art. 1º a seguinte regra: *"considera-se ano o período de 12 (doze) meses contados do dia do início ao dia e mês correspondentes do ano seguinte".*

Assim, por esse preceito normativo, em relação ao novo C.P.C., poder-se-ia considerar o prazo de um ano a data compreendida entre o dia 17 de março de 2015 e 17 de março de 2016 (período que tem por prazo inicial a data da publicação da Lei 13.015/2015 no D.O.).

Contudo, não obstante a simplicidade da regra anual prevista na Lei 810/49, a doutrina não apresenta um pensamento uníssono sobre a correta data de entrada em vigor da Lei 13.105 de 17 de março de 2016.

Para Marinoni e Arenhart, a entrada em vigor do novo C.P.C. ocorreria em 16 de março de 2016. (Novo Código de Processo Civil, R.T, 2015, p. 991).

O argumento de Marinoni e Arenhart teria sentido se se considerasse a contagem do prazo para a vigência do novo Código em dias (365 dias) e não em 'ano' como determina o legislador do novo C.P.C.

Para Scarpinella e Guilherme Rizzo, a vigência do novo C.P.C. ocorreria no dia 17 de marco de 2016. (Novo Código de Processo Civil Anotado, Saraiva, 2015, p. 39; Comentários às Alterações do Novo C.P.C., R.T., 2.015, p. 1077).

Porém, a análise da vigência do novo C.P.C. não poderia ser definida somente com base numa contagem simples do prazo de um ano entre a data da publicação e a data da vigência do estatuto processual.

É necessário também observar o que preconiza a Lei Complementar n. 95/98, que dispõe sobre a elaboração, a redação, a alteração e a consolidação das leis, conforme determina o parágrafo único do art. 59 da Constituição Federal, e estabelece normas para a consolidação dos atos normativos.

O art. 8º, §1º, da Lei Complementar n. 95/98, com a redação dada pela Lei Complementar n. 107/2001, preconiza que *"a vigência da lei será indicada de forma expressa e de modo a contemplar prazo razoável para que dela se tenha amplo conhecimento, reservada a cláusula 'entra em vigor na data de sua publicação', para as leis de pequena repercussão".*

Por sua vez, a Lei Complementar n. 107/2001 acrescentou o §1º ao art. 8º da Lei 95/98, *in verbis*: *"a contagem do prazo para entrada em vigor das leis que estabeleçam período de vacância far-se-á com a inclusão da data da publicação e do último dia do prazo, entrando em vigor no dia subsequente à sua consumação integral".*

A publicação oficial da Lei 13.105 ocorreu no D.O. em 17 de março de 2015 (D.O.U. de 17 de março de 2015).

Assim, a data da publicação da Lei n. 13.105 (Código de Processo Civil) ocorreu no dia 17 de março de 2015 (terça-feira).

Diante disso, a Lei n. 13.105 (Código de Processo Civil) entrou em vigor nas primeiras horas do dia 18 de março de 2016. Essa é a melhor análise da questão. Inclusive foi o que preponderou no Conselho Nacional de Justiça e no Superior Tribunal de Justiça.

E certo, porém, que se encontra tramitando na Câmara dos Deputados o Projeto de Lei n. 2.913 de 2015, de autoria do Deputado Victor Mendes, alterando o art. 1.045 do novo C.P.C., ampliando o prazo para a vigência do novo C.P.C. Segundo o projeto, a entrada em vigor ocorreria no prazo de 3 (três) anos após a data de sua publicação oficial.

2.
Aplicação da lei processual no espaço e no tempo

Com a entrada em vigor do novo C.P.C. brasileiro, no dia 18 de março de 2016, sua normatização projeta-se em duas dimensões bem definidas, ou seja, sua inserção no *espaço* e sua aplicação no *tempo*.

No âmbito espacial, a questão está circunscrita aos limites territoriais de aplicação das normas do novo C.P.C. brasileiro.

No âmbito temporal, prioriza-se a vigência da norma processual e sua aplicação em relação aos atos processuais já realizados ou por realizar.

O procedimento existente num determinado processo é caracterizado por uma série ou uma cadeia de atos realizados pelos sujeitos processuais, coordenados todos em um dado momento pela legislação, numa relação de meio e fim, para se conseguir o resultado último que é justamente o julgamento ou a satisfação da pretensão de direito material ou processual. Pode ocorrer, porém, que se possa assinalar na série desses atos linhas de separação, no sentido de que um ato posterior não deva ser reconhecido como efeito jurídico de um ato precedente, ou seja, que sua coordenação prática não surja de modo algum com a intensidade de uma causalidade jurídica.[5]

É possível, contudo, que sobre essas linhas de separação atue, durante o curso do próprio processo, a mudança da lei processual, e que o regime do processo se modifique, alterando o seu próprio desenvolvimento. Diante

---

[5] CARNELUTTI, Francesco. *Sistema de direito processual*. Trad. Hiltomar Martins Oliveira. Vol. I. São Paulo: Classic Book, 2000. p. 168.

dessa situação, apesar de se reconhecer que a coordenação prática subsiste, poderá surgir o inconveniente de uma desconexão ou de uma desorientação do processo, quando durante seu andamento intervém uma lei nova. Para se evitar essa possível desconexão, resolve-se o problema mediante uma postura prática, isto é, inserindo-se nas grandes reformas processuais *disposições transitórias e complementares*, as quais, se não adotarem por completo a medida de exceção de se aplicar a lei antiga até o término do processo pendente, moderam, contudo, quase sempre, a rígida aplicação da nova lei processual.[6] Porém, essas disposições transitórias e complementares, ou contêm normas que se desviam dos princípios, ou são restritas a casos excepcionais, a questões de oportunidade ou utilidade imediata, e não oferecem regra alguma geral para os casos omissos. Por isso, apesar das *disposições transitórias ou complementares*, e como complemento delas, torna-se necessário um *princípio geral* .[7]

Faremos a análise desse princípio geral e de seu desdobramento nos tópicos a seguir.

2.1. Aplicação da lei processual no espaço.

O exercício da atividade jurisdicional, num Estado Democrático de Direito, dar-se-á por meio do processo, cujo procedimento e forma de tramitação encontram-se sujeitos à observância de determinadas normas jurídicas processuais, positivadas em um determinado ordenamento jurídico.

Não é por outro motivo que o art. 13 do atual C.P.C. expressamente preceitua que a *jurisdição civil* será regida pelas normas processuais brasileiras.

As normas processuais que regem a jurisdição civil em território brasileiro estão disseminadas em diversas legislações, especialmente na Constituição Federal de 1988, razão pela qual não estão circunscritas ao âmbito exclusivo do atual Código de Processo Civil.

Por sua natureza delimitada, a jurisdição nacional exercida no processo judicial não pode ser irrestrita e incondicionada, estendendo-se também a controvérsias que por vezes não tenham qualquer vinculação com o território

---

[6] CARNELUTTI, F., idem, ibidem.
[7] CUNHA GONÇALVES, Luiz da. *Tratado de direito civil*. 2ªed. Vol. I. Tomo I. São Paulo: Max Limonad, 1955. p. 388.

brasileiro, e que, se aqui fossem definidas, faltariam instrumentos coercitivos suficientes para a sua execução ou cumprimento.

As relações entre Estados soberanos que têm por objeto o exercício de atividade jurisdicional por meio do processo assentam-se numa classe peculiar de relações internacionais, que se estabelecem em razão da atividade dos respectivos órgãos judiciários e decorrem do princípio da territorialidade da jurisdição, inerente ao princípio da soberania, segundo o qual a autoridade dos juízes (e, portanto, das suas decisões) não pode extrapolar os limites territoriais do seu próprio país.

Diante da soberania de cada Estado, o art. 13 do atual C.P.C. estabelece que a jurisdição civil (exceção da trabalhista, administrativa e eleitoral) deverá ser regulamentada, ao menos subsidiariamente, pelas regras do novo C.P.C, em todo território brasileiro, excluído território estrangeiro.

Diferentemente do direito material que permite a sua regulamentação por lei estrangeira, a lei processual terá aplicação somente no território brasileiro, salvo se houver disposição específica prevista em tratados ou convenções (ou acordo) internacionais.

Os tratados, convenções, protocolos e acordos internacionais são considerados fontes importantes de direito internacional, desde que homologados segundo as normas constitucionais brasileiras.

Existem algumas normas internacionais de natureza processual que já foram incorporadas pelo direito brasileiro, as quais devem ser observadas no território nacional: a) O artigo 1º do Protocolo de São Luiz, como parte integrante do Tratado de Assunção, afirma: *"O presente Protocolo estabelece o direito aplicável e a jurisdição internacionalmente competente em casos de responsabilidade civil emergente de acidentes de trânsito ocorridos no território de um Estado Parte, nos quais participem, ou dos quais resultem atingidas, pessoas domiciliadas em outro Estado Parte"*; b) artigos 34 a 64 do Estatuto que dispõem sobre a competência e o processo da Corte Internacional de Justiça (1945); c) artigos 31, 32, 38 da Convenção de Viena sobre Relações Diplomáticas (1961); d) artigos 31, 43, 44, 45, 58, 61 da Convenção de Viena sobre Relações Consulares (1963); e) artigo 66 da Convenção de Viena sobre o Direito dos Tratados (1969); f) artigo 66 da Convenção de Viena sobre o Direito dos Tratados entre Estados e Organizações Internacionais (1986) (*Esta Convenção foi aberta ao recebimento das assinaturas em 1986, não estando ainda em vigor no âmbito integral internacional*);

g) artigo 28, 56, 59, 95, 96, 279 a 296 da Convenção das Nações Unidas sobre o Direito do Mar (1982); h) artigo III, IV, XXIV da Convenção Relativa a Infrações e a Certos Outros Atos Praticados a Bordo de Aeronave (1963); i) artigos 9, 12, 14, 15, 16, 17, 18, 19 da Convenção sobre Responsabilidade por Danos Causados por Objetos Espaciais (1972); j) artigos 11, 31, 33, 34, 46 da Convenção para a Unificação de Certas Regras Relativas ao Transporte Aéreo Internacional (1999); l) artigo XI do Tratado da Antártida (1959); m) artigo 18 do Protocolo ao Tratado da Antártida sobre Proteção ao Meio Ambiente (1991); n) artigo XXV da Convenção sobre a Conservação dos Recursos Vivos Marinhos Antárticos (1980); o) artigo IX do Convênio Constitutivo do Fundo Monetário Internacional (1944); p) artigo IV do Protocolo sobre o Estatuto dos Refugiados (1966); q) artigos 6 e 16 da Convenção Internacional sobre a Eliminação de todas as Formas de Discriminação Racial (1965); r) artigos 14 e 42 do Pacto Internacional sobre Direitos Civis e Políticos (1966); s) artigo 29 da Convenção sobre a Eliminação de Todas as Formas de Discriminação contra a Mulher (1979); t) artigo 13 da Convenção sobre os Direitos das Pessoas com Deficiência e seu Protocolo Facultativo; u) artigos 8, 33, 48 a 51, 52 a 73 da Convenção Americana sobre Direitos Humanos (1969) Pacto de San José da Costa Rica; v) artigos IX e XXIII do Acordo Constitutivo da Organização Mundial do Comércio (1994); x) anexo II da Convenção sobre Diversidade Biológica; y) Anexo III do Tratado para Constituição de um Mercado Comum entre a República Argentina, a República Federativa do Brasil, a República do Paraguai e a República do Uruguai (1991) – Tratado de Assunção; Protocolo de Buenos Aires sobre Jurisdição Internacional em Matéria Contratual (1994); Acordo sobre o Benefício da Justiça Gratuita e a Assistência Jurídica Gratuita entre os Estados-Partes do Mercosul, a República da Bolívia e República do Chile (2000); Protocolo de Olivos para a Solução de Controvérsias no Mercosul (2002).

O Código Bustamante estabelece normas sobre o direito processual no seu Livro IV, arts. 314 a 437. Este tratado foi ratificado pelo Brasil.

O Brasil também ratificou duas importantes convenções, a saber, a Convenção Internacional sobre Arbitragem Comercial Internacional, de 30 de janeiro de 1975 (promulgada pelo Decreto n. 1.902, de 9.05.1996, publicado no DOU de 10.05.1996), e a Convenção Interamericana sobre Cartas Rogatórias, de 30 de janeiro de 1975 (pelo Decreto no 1.900, de 20/05/1996, publicado no DOU de 21/05/1996).

Além dos tratados multilaterais, são também divulgadas normas processuais em tratados bilaterais sobre o direito processual civil internacional, notadamente quando referentes ao reconhecimento e à execução de sentenças estrangeiras.

Sobre a jurisdição brasileira em relação a tratados, convenções ou acordos internacionais, recomenda-se a leitura da decisão proferida pelo S.T.F. no AGRCR-7613/AT, de 30.04.1997.

Segundo estabelece o art. 16 do atual C.P.C., a jurisdição civil será exercida pelos juízes e pelos tribunais em todo território nacional, conforme as disposições do novo C.P.C.

A mesma *ratio legis* encontra-se no art. 1º do Código de Processo Civil italiano: *A jurisdição civil, salvo disposições especiais de lei, é exercitada pelos juízes ordinários segundo as normas do presente código.*

Portanto, os juízes brasileiros somente estão autorizados a exercer a jurisdição civil no âmbito restrito do território brasileiro. Essa delimitação não abrange somente a jurisdição civil, mas também a jurisdição penal, eleitoral etc.

Na realidade, é concebido 'em abstrato' que o Estado exerça ilimitadamente sua própria jurisdição, isto é, que possa promover a resolução de todos os conflitos possíveis, ainda que não estejam de modo algum a ele vinculados. Porém, na realidade, as coisas não são tão esquemáticas assim, pois o Estado, levando em consideração a existência de Estados estrangeiros que também exercem a jurisdição e promovem a execução de obrigações internacionais, assim como levando em consideração o seu próprio interesse que o induz a abster-se de exercer uma atividade concreta em relação à composição de conflitos estranhos à vida social do Estado, limita sua jurisdição, determinando, em virtude de certos critérios, as questões, em relação às quais, se pode exercitar o poder jurisdicional.[8]

As normas que regulamentam essa limitação da atividade jurisdicional de um determinado Estado são conhecidas como normas sobre a *competência internacional jurisdicional*. Porém, deve-se advertir que essa denominação pode conduzir a errôneas analogias com as normas que regulam a distribuição de

---

[8] MORELI, Gaetano. *Derecho procesal civil internacional*. Trad. Santiago Sentis Melendo. Buenos Aires: Ediciones Jurídicas Europa-América, 1953. p. 85 e 86.

competência entre vários órgãos do mesmo Estado, em particular as normas de competência territorial. Pode-se observar que os dois grupos de normas apresentam funções profundamente diferentes: enquanto que as normas sobre a chamada competência internacional ou jurisdicional delimitam os poderes do Estado, ou seja, os poderes de seus órgãos jurisdicionais considerados em conjunto, as normas sobre a verdadeira e própria competência regulam a distribuição de competência entre os singulares órgãos judiciais das causas que em virtude das normas daquele primeiro grupo resultam submetidas à jurisdição do Estado; de maneira que o funcionamento das normas de competência se condiciona à resolução afirmativa do problema a que provêm as normas sobre a chamada competência internacional ou jurisdicional.[9]

É importante salientar que as normas sobre a competência internacional, como normas pertencentes ao ordenamento jurídico de um particular Estado, podem determinar e determinam os limites da jurisdição do Estado, a cujo ordenamento pertencem; porém, não determinam (e não poderiam determinar) os limites da jurisdição dos Estados estrangeiros, limites que são fixados pelos respectivos ordenamentos jurídicos.[10]

Aliás, no que concerne à delimitação da jurisdição brasileira, prescreve o art. 12, e seus parágrafos, da Lei de Introdução das Normas de Direito Brasileiro:

> *"Art. 12. É competente a autoridade judiciária brasileira, quando for o réu domiciliado no Brasil ou aqui tiver de ser cumprida a obrigação.*
>
> *§1º. Só à autoridade judiciária brasileira compete conhecer das ações relativas a imóveis situados no Brasil*
>
> *§2º A autoridade judiciária brasileira cumprirá, concedido o exequatur e segundo a forma estabelecida pela lei brasileira, as diligências deprecadas por autoridade estrangeira competente, observando a lei desta, quanto ao objeto da diligência".*

---

[9] MORELI, G., idem, p. 86.
[10] MORELI, G., idem, p. 87.

Por outro lado, *"as provas dos fatos ocorridos em país estrangeiro regem-se pela lei que nele vigorar, quanto ao ônus e aos meios de produzir-se, não admitindo os tribunais brasileiros provas que a lei brasileira desconheça"* (art. 13 da Lei de Introdução das Normas de Direito Brasileiro).

Na Itália, por exemplo, até o ano de 1995, tal disciplina estava inserida no Código italiano, mais precisamente nos arts. 2 e 4, os quais indicavam um comportamento eminentemente 'nacionalista' do legislador, uma vez que fora utilizada como critério essencial de delimitação da jurisdição civil a circunstância da *cidadania italiana* do réu, negando-se, por exemplo, que a jurisdição italiana, salvo hipóteses residuais, fosse derrogada pelas partes e estivesse preclusa pela prévia instauração da mesma causa diante de juiz de outro Estado.[11]

Atualmente, na Europa, a questão da atividade jurisdicional dos diversos países da Comunidade Europeia está regulamentada pela Convenção de Bruxelas de 1968, que, em seu art. 2º, estabelece: *"Sem prejuízo do disposto na presente Convenção, as pessoas domiciliadas no território de um Estado Contratante devem ser demandas, independentemente da sua nacionalidade, perante os tribunais desse Estado. As pessoas que não possuam a nacionalidade do Estado em que estão domiciliadas ficam sujeitas nesse Estado às regras de competência aplicáveis aos nacionais"*.

Conforme anota James Goldschmidt, ao comentar a legislação alemã, *"considerada enquanto espaço, a jurisdição nacional alcança a todas as questões civis para as quais sejam competentes territorialmente os Tribunais alemães... Geralmente, pela via do auxílio judicial não pode lograr-se a execução no estrangeiro de uma decisão do Tribunal alemão, salvo se houver autorização do Tribunal estrangeiro, declarando expressamente esta executoriedade. Não sendo competentes os Tribunais nacionais para conhecer de todas as questões, impõe-se a necessidade de que ao menos 'reconheçam' as sentenças proferidas por Tribunais estrangeiros. Este reconhecimento é somente de seus efeitos, isto é, de sua força de coisa julgada, em sentido material, de sua eficácia constitutiva ou substancial; para que se execute, necessita-se de uma especial declaração de executoriedade, que se verifica geralmente por meio de uma sentença de execução"*.[12]

---

[11] BALENA, Giampiero. *Istituzioni di diritto processuale civile*. Seconda Edizione. Primo Volume. – I princípi. Bari: Cacucci Editore, 2012. p. 115.

[12] GOLDSCHIMIDT, James. *Derecho procesal civil*. Barcelona: Editorial Labor S.A., 1936. p. 136, 137 e 138.

As normas processuais sobre os limites da jurisdição cumprem com a função que lhes é própria, indicando determinados caracteres segundo os quais as controvérsias singulares devem *estar dotadas para que possam ser decididas por autoridades judiciais do Estado: caracteres que geralmente consistem na circunstância de que a controvérsia esteja de certo modo vinculada com o Estado. Esses critérios de vinculação podem ser objetivos ou subjetivos. São critérios de vinculação objetivos os que interessam à relação controvertida, considerada em si e por si, e não em relação às partes; considerada, por exemplo, em seu objeto, no fato constitutivo dela ou em seu conteúdo. São, pois, critérios objetivos de jurisdição: a situação no território do Estado da coisa objeto da relação controvertida; a circunstância de que no território do Estado haja ocorrido o fato donde se originou a relação; a circunstância de que no território do Estado deva aplicar-se a relação. São, pelo contrário, critérios subjetivos os que se referem às partes e a determinadas situações em que as partes se encontram: cidadania do Estado, o domicílio, residência ou permanência no território do Estado.*[13]

No que diz respeito à competência internacional, as regras gerais de delimitação da jurisdição permaneceram, de certa forma, as mesmas que já constavam do C.P.C. de 1973. Porém, tais regras foram acrescidas de três hipóteses, a saber: em matéria de alimentos, quando o credor for aqui domiciliado ou residente ou quando o réu mantiver vínculos no país; em se tratando de relação de consumo, quando o consumidor tiver domicílio ou residência no Brasil; e, em qualquer caso, quando as partes optarem por se submeter à Justiça brasileira.

O artigo 21 do atual C.P.C. trata do critério jurisdicional territorial brasileiro, no sentido de que as causas ali indicadas podem ser processadas e julgadas perante a autoridade judiciária do Brasil, em que pese haja uma interligação dos fatos objeto da relação jurídica com território internacional.

Trata-se de hipótese de competência *concorrente* internacional, que não exclui a competência da autoridade judiciária brasileira, podendo a mesma demanda ser instaurada no Brasil e no estrangeiro, sendo que nessa hipótese não haverá *litispendência* e nem impedirá que a autoridade judiciária brasileira conheça da causa.

Contudo, seja qual for o critério de delimitação da competência jurisdicional internacional, o certo é que se a causa deve ser julgada pela autoridade

---

[13] MORELI, G., op. Cit., p. 94.

judiciária brasileira, as regras processuais que deverão ser aplicadas são aquelas em vigor em todo território brasileiro.

2.2. Aplicação da lei processual no tempo – irretroatividade das normas processuais – *tempus regit actum*

Outra dimensão importante de delimitação da aplicação das novas normas processuais brasileiras, diz respeito à sua aplicação no tempo, ou seja, à sua eficácia temporal (passado, presente e futuro).

Tal dimensão tem por finalidade avaliar a questão da *irretroatividade das normas processuais*.

Conforme aduz Galeno Lacerda: *"ensina o clássico Roubier, em sua magnífica obra 'Les Conflits de Lois dans le Temps' (I/317), que a base fundamental do direito transitório reside na distinção entre efeito retroativo e efeito imediato da lei. Se ela atinge 'facta praeterita' é retroativa; se 'facta pendentia', será necessário distinguir entre situações anteriores à mudança da legislação, que não podem ser atingidas sem retroatividade, e situações posteriores, para as quais a lei nova, se aplicável, terá efeito imediato"*.[14]

Não se deve pensar que a norma jurídica esteja limitada no tempo, pois uma norma jurídica que regula de determinada maneira uma hipótese de incidência pode ser substituída por uma norma distinta, ou melhor, por uma norma que regule de forma diversa a mesma situação fática. Em tais casos, surge dúvida qual norma aplicar, a anterior ou a posterior.

Por vezes, a própria norma jurídica contém um limite temporal para sua incidência. Nesses casos não haverá dificuldade, pois a sua incidência ocorre apenas naquele limite temporal já estabelecido pela norma.

Porém, a questão torna-se um pouco mais complexa quando não existe um limite de eficácia temporal previamente estabelecido pela norma, sendo ela substituída por outra norma que a derroga expressa ou tacitamente.

Daí porque a importância de se analisar a questão da retroatividade ou irretroatividade da normal jurídica.

O significado e o conteúdo do princípio da irretroatividade da norma são controvertidos.

As energias profusas sobre este tema em um arco de tempo milenar nas várias experiências jurídicas permitem, pelo menos, excluir qualquer concepção

---

[14] LACERDA, G., op. Cit., p. 12.

do fenômeno da retroatividade, projetada ao passado, que não parece correta no atual estágio de desenvolvimento do conhecimento.[15]

Na realidade, o nó central do direito intertemporal é o tratamento a ser reservado às situações pendentes no momento da entrada em vigor da nova norma (em latim: *facta pendentia*; in francês: *situations en cours*; em alemão: *noch nicht abgeschlossene Sachverhalte und Rechtsbeziehunge*).

2.2.1. Concepção histórica e dogmática da *irretroatividade da lei*.

A questão da irretroatividade das leis, tal qual se nos apresenta atualmente, não era bem evidenciada na antiguidade, quando imperava um princípio teocrático. Nessa época, sendo o Direito uma emanação da divindade, as modificações que viessem a ocorrer eram consideradas mandamentos divinos, impondo-se sem qualquer consideração ao passado. A partir do momento que a fonte da lei passou a ser o legislador, pensou-se em preservar as relações jurídicas pretéritas.[16]

A lei, em regra, não regula para o passado, mas, sim, para o futuro.

Essa concepção intertemporal, embora embrionária no direito mesopotâmico, egípcio, hindu, hebraico, chinês e grego, tornou-se mais evidente no direito romano. No Direito romano, a despeito da Lei das XII Tábuas ser omissa quanto a qualquer norma de Direito transitório, contudo, na época de Cícero, a regra da irretroatividade criava raízes na consciência jurídica dos romanos. Com a Constituição de Teodósio, o Grande, é que se instituiu o princípio, segundo o qual, as leis não poderiam prejudicar os fatos passados e somente poderiam atingir os futuros. Justiniano, ao proceder às compilações jurídicas, permitiu a retroatividade na aplicação das leis, excetuando, entretanto, os fatos consumados como a coisa julgada e a transação. Com a Novela 22, Justianiano retrocede, para o fim de afirmar o princípio rígido da irretroatividade da lei em relação a fatos jurídicos e suas consequências (*eventus*), os quais devem ser regidos pela lei do tempo em que ocorreram. Esse critério do Direito romano estendeu-se ao Direito canônico, especialmente

---

[15] CAPONI, Remo. Tempus regit processual – un appunto sull'efficacia delle norme processuali nel tempo. *In: Rivista di Diritto Processuale*, CEDAM, Anno LXI (Seconda Serie), n. 2, Aprile-Giugno 2006, p. 450.

[16] SERPA LOPES, Miguel Maria de. *Comentários à lei de introdução ao código civil*. 2ª ed. Vol. I, São Paulo: Livraria Freitas Bastos, 1959. p. 164.

com as Decretais de Gregório I como as de Gregório II, sendo que o art. 10 do Código Canônico assim estabelecia: *"leges respiciunt futura, non proeterita, nisi nominatum in eis de praeteritis caveatur"*. Desse modo, tanto o Direito romano como o canônico influíram consideravelmente a que o princípio da irretroatividade se cimentasse em todas as legislações modernas, especialmente como direito fundamental do cidadão.[17]

Aliás, o princípio jurídico fundamental que domina o Direito Intertemporal Justinianeu é justamente a Regra Teodosiana de 440, concebida pelos seguintes preceitos: a) a lei, de regra, regula tão-somente o futuro e não o passado; b) a lei, por não se referir ao passado, não se aplica aos casos pendentes; c) a lei, excepcionalmente, pode abranger o passado e os casos pendentes; d) a lei somente abrange o passado e os casos pendentes quando inequivocamente expressa.[18]

Assim, a retroatividade, desde a concepção clássica do Direito Romano, além de ser excepcional, deveria constar de forma expressa (Cód. 1.14,7; Novela 19, prefácio) e, mesmo em matéria de Direito Público, a tendência era de se respeitar os *facta finita* (*Constitutio tanta*) ou fazê-la limitar-se ao efeito imediato (C. 4, 32, 27, *De Usuris*).[19]

No Direito Medieval, o texto mais importante sobre a questão da irretroatividade das leis, encontra-se no Código Visigótico (constituído como lei em Portugal até as Ordenações Afonsinas, publicadas em 1446, e, na Espanha, até o Século XIX, quando foi revogado). Segundo o Livro II, Título I, do Capítulo XII do referido Código: *"Determinamos que todo e qualquer pleito, já começado e ainda não terminado, se regule por estas leis. Entretanto, as causas já legalmente resolvidas, antes de emendarmos estas leis, isto é, resolvidas de acordo com as leis do passado, de antes do primeiro ano do nosso reinado, não permitamos sejam ressuscitadas. Mas se uma justa novidade das causas o exigir, o príncipe tem o poder de emendar as leis, que tenham pleníssimo vigor, do mesmo modo que as presentes"*.[20]

---

[17] SERPA LOPES, M. M., idem, ibidem.
[18] FRANÇA, R. Limongi. *A irretroatividade das leis e o direito adquirido*. 5ª Ed. São Paulo. Editora Saraiva, 1998. p. 21.
[19] FRANÇA, R. L., idem, p. 23.
[20] FRANÇA, R. L., idem, p. 25.

Em relação ao Direito Canônico, repetiu-se o princípio geral do Direito Romano, da não-retroatividade das leis, sem se acrescentar nada de especial.[21].

No Direito Moderno, observa-se uma importante adesão à irretroatividade das leis pela disposição contida no art. 14 da Declaração dos Direitos e Deveres do Homem e do Cidadão, anexo à Constituição de 5, fructidor, do Ano III (22 de agosto de 1795): *"Aucune loi, ni criminelle, ni civile, ne peut avoir d'effet rétroactif"*.[22]

Na transição do direito antigo para o direito moderno, verifica-se que a questão da eficácia da norma do tempo, ou do princípio da irretroatividade da lei, encontra-se disseminada nas diversas legislações do mundo contemporâneo.

Na Itália, por exemplo, este princípio encontra-se expressamente consignado no art. 11 das disposições preliminares do Código Civil: *"La legge non dispone che per l'avvenire: essa no ha effetto retroattivo"*. Essa disposição normativa traduz de forma fidedigna o preceito contido no art. 2º do Código Civil francês: *"La loi ne dispose que pour l'avenir: elle n'a point d'effet rétroactiv"*.

No direito brasileiro, a irretroatividade da lei encontra-se prevista no art. 6º da Lei de Introdução às Normas de Direito brasileiro (Decreto-lei n. 4.657, de 4 de setembro de 1942), *in verbis: A Lei em vigor terá efeito imediato e geral, respeitados o ato jurídico perfeito, o direito adquirido e a coisa julgada. (Redação dada pela Lei nº 3.238, de 1957)*.

2.2.2. Uma concepção constitucional do princípio da *irretroatividade*.

No ordenamento jurídico italiano, salvo no que concerne às normas penais incriminadoras, o princípio da irretroatividade não tem raiz na Constituição italiana, ao contrário do que se verifica no âmbito da Constituição Americana. Daí porque, no âmbito civil, esse princípio poderá ser afastado pela lei ordinária, sempre que a previsão retroativa da norma feita pelo legislador tenha uma razoável justificação e não encontre limites em particular norma constitucional.[23]

---

[21] FRANÇA, R. L., idem, ibidem.
[22] FRANÇA, R. L., idem, p. 33.
[23] CAPONI, Remo. Tempus regit processual – un appunto sull'efficacia delle norme processuali nel tempo. *In: Rivista di Diritto Processuale*, CEDAM, Anno LXI (Seconda Serie), n. 2, Aprile-Giugno 2006, p. 450.

Segundo Remo Caponi: *"o art. 11 das disposições preliminares do Código Civil contém uma diretiva dirigida ao legislador e uma regra dirigida ao interprete. Ao princípio da irretroatividade pode subtrair-se o legislador ordinário, mas não pode dele subtrair-se o interprete. Como regra de interpretação, o art. 11 das disposições preliminares do Código Civil é vinculante, a não ser que a norma, na sua interpretação retroativa, seja 'favorável' a todos os interesses coinvolvidos na situação a disciplinar"*.[24]

Porém, no ordenamento jurídico brasileiro, o respeito ao direito adquirido, ao ato jurídico perfeito e à coisa julgada, abrangendo não somente o campo penal, mas, também, o âmbito civil, está expressamente consignado no art. 5º, inc. XXXVI, da Constituição Federal de 1988, com o seguinte dizer: *a lei não prejudicará o direito adquirido, o ato jurídico perfeito e a coisa julgada.*

Aliás, o princípio da *irretroatividade da lei* já era previsto na Constituição do Império de 25 de março de 1824, art. 179, inc. III, assim como na Constituição Republicana de 1891, art. 11, inc. 3º.

Porém, o respeito ao direito adquirido, ao ato jurídico perfeito e à coisa julgada deu-se com a Constituição de 1934, art. 113, n. 3., restabelecendo-se, após o vácuo da Constituição de 1937, com a Constituição de 1946, art.141, §3º, renovando-se no art. 153, §3º da Constituição de 1967, com a Emenda Constitucional n. 1/69.

Portanto, a irretroatividade da lei, para salvaguardar o direito adquirido, é princípio Constitucional, sem exceção.[25]

2.2.3. Definição de 'direito adquirido.

Como princípio Constitucional que é, a *irretroatividade da lei* tem por fundamento a preservação do *direito adquirido*, do *ato jurídico perfeito* e da *coisa julgada*.

No Direito brasileiro, portanto, os limites da retroatividade de lei vão até o momento em que esses limites possam por em risco o direito adquirido, o ato jurídico perfeito e a coisa julgada.

A definição de 'direito adquirido', por sua vez, encontra-se expressamente positivada no §2º do art. 6º da Lei de Introdução às Normas de Direito brasileiro (Decreto-lei n. 4.657, de 4 de setembro de 1942), *in verbis: Consideram-se adquiridos assim os direitos que o seu titular, ou alguém por êle, possa exercer, como*

---

[24] CAPONI, R., idem, ibidem.
[25] Apesar da proibição Constitucional de ofensa ao direito adquirido, ao ato jurídico perfeito e à coisa julgada, não há proibição alguma em relação à retroatividade da lei.

aquêles cujo comêço do exercício tenha têrmo pré-fixo, ou condição pré-estabelecida inalterável, a arbítrio de outrem. (Incluído pela Lei nº 3.238, de 1957)

Direitos adquiridos, na realidade, são aqueles que ingressam na esfera jurídica daqueles que o possuem, fazendo parte de seu conjunto de bens e valores.

Segundo Savigny, direitos adquiridos são *"as relações jurídicas de uma pessoa determinada, isto é, os elementos de uma esfera de independente domínio da vontade individual"*.[26]

Para Emidio Pacifici-Mazzoni, direito adquirido significa a consequência de um fato idôneo a produzi-la, em virtude da lei no tempo no qual este se realizou, e que, antes da atuação da nova lei, passou a fazer parte do patrimônio a que respeita, embora não lhe tenha sido possível fazer valer, por falta de ocasião.[27]

Na visão Baudry-Lacantinerie e Houques-Foucade, direito adquirido seria as faculdades legais regularmente exercidas, sendo que por expectativas aquelas que não o tinham sido ainda, no momento da mudança legislativa.[28]

Na concepção de Gabba, o direito torna-se adquirido, primeiro, quando é consequência de um fato idôneo a produzi-lo, em razão da lei do tempo em que o fato foi consumado, muito embora a ocasião de fazê-lo valer não se tenha apresentado antes da atuação de uma lei nova sobre o mesmo; e, segundo, nos termos da lei sob cujo império se verificou o fato do qual se origina, entrou imediatamente a fazer parte do patrimônio de quem o adquiriu.[29]

Para Gabba, não existe direito adquirido que não seja proveniente de uma norma jurídica, bem como que não seja concreto (vinculado ao indivíduo em virtude de um fato idôneo) e que não tenha se tornado elemento de seu patrimônio. Daí porque existem direitos que não podem ser considerados como adquiridos, tendo em vista que não fazem parte do patrimônio da pessoa, como, por exemplo, os direitos que decorrem da tutela, da curatela e de eventual representação de incapazes.

Por fim, para R. Limongi França, direito adquirido: *"É a consequência de uma lei, por via direta ou por intermédio de fato idôneo; consequência que, tendo passado a*

---

[26] Apud LIMONGI FRANÇA, R., op. Cit., p. 47
[27] Apud LIMONGI FRANÇA, R., idem, p. 49.
[28] Apud LIMONGI FRANÇA, R., idem, p. 68.
[29] GABBA, C.F. *Teoria della retroatività delle legge*. Vol. 4. 3ª ed., Milão : 1891. p. 191.

integrar o patrimônio material ou moral do sujeito, não se fez valer antes da vigência de lei nova sobre o mesmo objeto".[30]

Não se pode confundir direito adquirido com a mera expectativa de direito.

Conforme anota Limongi França, citando Merlin: *"Quanto à expectativa, isto é, 'a esperança, advinda de um fato passado ou de um estado atual de coisas, de gozar um Direito 'lorsqu'il s'ouvrira', adverte o autor que isto depende da natureza, quer do fato, quer desse estado de coisas. Se advém da vontade ainda ambulatória de um homem ou de uma lei revogável, 'é impossível considerar direito adquirido o direito que ainda não se efetivou'. Mas se resulta de um contrato, ou de um testamento cujo autor já morreu, a Expectativa 'está sempre fora do alcance das leis posteriores', ainda que dependa de uma condição. Com efeito, o vínculo do Direito Condicional só se desfaz pelo 'não--cumprimento' da condição que o subordina"*.[31]

Para Limongi França, a Doutrina de Merlin não é clara, especialmente no que concerne ao seu conceito de *Expectativa*. Percebe-se que nesse conceito incluem-se as situações em curso onde há o direito adquirido e que, por isso mesmo, não se pode considerar como expectativa.[32]

Para Savigny, a expectativa pode ser delineada por meio de um exemplo, ou seja, de uma pessoa que sendo herdeira *ab intestato* de outra, tem as suas esperanças destruídas por uma nova lei que, antes da morte do *de cujus*, lhe retira essa prerrogativa.[33]

Savigny também faz referência aos 'direitos não exercitáveis', ou seja, àqueles direitos que estão sob *condição* ou *termo*. Para Savigny, os 'direitos não exercitáveis' são os 'verdadeiros direitos', porque, mesmo estando sob condição ou termo, o cumprimento advindo apresenta efeito retroativo. A diferença está nisso: *"na expectativa, o êxito depende do mero arbítrio de uma outra pessoa, enquanto na 'condictio' e no 'dies' isto não tem lugar"*.[34]

Na realidade, é princípio geral o de que *"os fatos aquisitivos se devem verificar por interior, antes que se possam dizer adquiridos os direitos que os mesmos fatos são destinados a produzir"*.[35]

---

[30] LIMONGI FRANÇA, R., op. Cit., p. 216.
[31] LIMONGI FRANÇA, R., idem., p. 43.
[32] LIMONGI FRANÇA, R., idem, ibidem.
[33] Apud LIMONGI FRANÇA, R., idem, p. 47.
[34] Apud LIMONGI FRANÇA, R., idem, ibidem.
[35] GABBA, C.F. *Teoria della retroatività delle legge*. Vol. 4. 3ª ed., Milão : 1891. p. 227.

Alguns autores aduzem, ainda, que além das expectativas, não se consideram direito adquirido as *faculdades jurídicas*. Nas faculdades, o legislador nunca contrata; ele permite, mas não obriga, razão pela qual conserva em seu poder a possibilidade de retirar a permissão; e aqueles a quem a retira antes que dela tenha feito uso, não têm nenhum direito a reclamar. Segundo Faggella: *"por faculdades ou direitos facultativos se entendem os poderes conferidos ao homem na ordem social da lei natural ou civil, a fim de que possa, com o exercício da própria liberdade, conseguir os fins que lhe são assegurados como homem, como cidadão, como proprietário".*[36]

A doutrina dá como exemplo da *faculdade,* o que resulta da ordem de vocação hereditária, e que se torna direito adquirido independentemente da intervenção da vontade humana, desde que haja a morte do *de cujus*. Por sua vez, a *expectativa* do direito de opção de nacionalidade transforma-se em direito adquirido em virtude do espaço e da opção pela nacionalidade (art. 12, inc. I, letra 'c').[37]

O certo é que, conforme já teve oportunidade de afirmar Gabba, numa análise da eficácia da norma no tempo, é o respeito ao 'direito adquirido' que as leis novas, de qualquer espécie, devem observar, tendo em vista que todas as leis tem por finalidade conferir direitos aos cidadãos, razão pela qual todas devem respeitar certas balizas no atuarem sobre as consequências dos fatos e relações jurídicas postas em ato, anteriormente a essa atuação.[38]

2.2.4. Direito adquirido ou *fato realizado*.

Segundo Caponi, situações pendentes na data de entrada em vigor da nova norma podem ser, alternativamente,: *"a) uma situação de fato que envolve o aperfeiçoamento de uma fattispécie abstrata prevista pela norma anterior; b) um efeito jurídico abstrato (isto é, uma regra de conduta facultativa ou obrigatória), surgido sob a égide da norma anterior, mas que somente se concretizará após a entrada em vigor da norma posterior; c) um efeito jurídico concreto (isto é, o comportamento humano conforme a regra de conduta) que se iniciou antes da entrada em vigor da nova norma e, com base na norma anterior, deve gerar efeito também para o futuro.*[39]

---

[36] LIMONGI FRANÇA, R., op. Cit., p. 227.
[37] LIMONGI FRANÇA, R., idem, p. 228.
[38] GABBA, C.F. op. Cit.. p. 122.
[39] CAPONI, R., op. Cit., loc. Cit.

Na visão do mestre italiano, prevalecia no período Oitocentista e hoje de forma minoritária (pelo menos na Itália), uma perspectiva que busca resguardar a conservação dos valores jurídicos mediante a identificação do princípio da irretroatividade com o respeito aos direitos adquiridos. Porém, há uma segunda perspectiva, prevalente hoje na jurisprudência italiana, que fomenta com mais força a mudança dos valores jurídicos e identifica o princípio da irretroatividade com os 'fatos realizados' (*Vareilles-Sommières*). Essa concepção, *"volta-se contra a precedente proferindo uma crítica fundamental: o respeito aos direitos adquiridos implica um diferimento de eficácia das novas normas. Em tal hipótese, as normas ab-rogadas sobrevivem não somente para validar o conteúdo do passado, mas também para regular os conteúdos futuros com relação às situações jurídicas já surgidas no momento da entrada em vigor das novas normas.*

A teoria dos *fatos realizados*, sem dúvida, constitui a teoria predileta dos italianos, especialmente daqueles que refutaram a teoria clássica do direito adquirido. Trata-se da teoria adotada por Chironi,[40] Marcade[41] e Zacchariae.[42]

Segundo Chironi, dar eficácia à lei a tempo anterior à sua vigência, seria contrariar a própria essência da lei, que não pode obrigar antes de sua existência e vigência.

O possível conflito que possa existir entre a lei antiga e a nova é regulado pelos *atos realizados* (fatos realizados), segundo a lei em que tal fato se realizou.

Assim, segundo o mestre italiano, um fato realizado está sujeito às normatizações ditadas pela lei do tempo em que se realizou, sendo que se a nova lei estiver em conflito com a anterior, não terá qualquer efeito em face do fato realizado.

Portanto, é impertinente a distinção traçada pela doutrina entre direito consumado e direito adquirido, uma vez que o que se tem que observar é se o ato encontra-se realizado, qualquer que seja o tempo no qual ocorram seus termos essenciais.

Porém, segundo Caponi, se no âmbito do direito processual, a irretroatividade da norma decorre da concepção jurídica do 'direito adquirido', deve-se inicialmente esclarecer que o termo 'direito' não pode se referir aos efeitos

---

[40] CHIRONI, *Istituzioni di diritto civile italiano*. V. I., Torino: 1904
[41] MARCADE, V. *Explication Du Code*. 7ª ed. Paris, 1873.
[42] ZACCARIAE, K. S. *Le droit civil français*, 5ª ed. Paris, 1854.

jurídicos abstratos (poderes e deveres) decorrentes do cumprimento dos atos do procedimento. Nessa variante, a máxima *tempus regit actum* significa também *tempus regit effectum* e implica o respeito dos efeitos surgidos em decorrência da norma anterior, independentemente do fato de que esses efeitos tenham ao menos sido concretizados segundo comportamento humano realizado conforme a regra de conduta. Pode ser útil, para melhor esclarecer essa concepção, o seguinte exemplo apresentado em um ensaio de 1952 por Karl Sieg, que na literatura germânica acolhe este cenário: uma norma que reduz o limite do valor da controvérsia para a admissibilidade da impugnação de 100 para 50 marcos não permite a impugnação de uma sentença sobre uma controvérsia de 75 marcos, ainda que a norma tenha sobrevindo anteriormente ao término do prazo recursal previsto abstratamente pela lei. O novo efeito previsto pela norma posterior (poder de impugnação) não se substitui ao efeito disposto pela norma anterior (inadmissibilidade da impugnação). [43]

Por sua vez, se se dá preferência pela tese do 'fato realizado', a variante da regra *tempus regit actum* suscita o respeito dos efeitos jurídicos concretizados no passado. Diverso, porém, é o tratamento dos efeitos jurídicos surgidos por força da norma anterior, mas ainda não concretizados. O tratamento dos efeitos que surgem por força de um fato passado e se concretizam no futuro decorre da aplicação da seguinte regra: *"si la loi nouvelle supprime ou modfie pour l'avenir un de nos droits à raison d'um fait passe, elle est rétroactive"*(Vareilles-Sommières). Na literatura italiana, o critério foi reproduzido nos seguintes termos: *"Eficácia retroativa existe, não somente quando a nova lei desconhece as consequência já realizadas pelo fato realizado, isto é, destrói as vantagens já surgidas, mas também quando impede uma consequência futura de um fato já realizado, por uma razão relativa a este fato somente (...). Quando, ao invés, a lei nova regula também as consequências de um fato passado que surgem sob o seu império por si mesmo considerado, e não por uma razão relativa àquele fato, o qual permaneceu intocado, nisso não há retroatividade, mas aplicação imediata da lei. De todo modo, nem sempre as consequências de um fato passado devem ser reguladas pela lei vigente ao tempo do fato que lhes deu causa (...) mas aquelas que não podem vir reguladas pela lei nova, sem que esta venha assim a regular o mesmo fato que lhes deu causa. O critério por isso que serve a discernir tal situação é o de relação de causa e efeito que transcorre entre o fato passado*

---

[43] CAPONI, R., op. Cit., p. 455.

e a aplicação da lei nova: a razão pela qual a consequência de um fato passado vem a ser desconhecida. (...) A máxima 'a lei não tem força retroativa' significa que o juiz não pode aplicá-la a fatos passados, ou desconhecer as conseqüências já ocorridas, ou tolher eficácia, ou atribuir uma diversa às consquências novas com base somente na valoração do fato passado"(A. Giuliani).[44]

O critério do fato realizado é amplamente utilizado pela doutrina italiana.

Trata-se de uma perspectiva radicalmente diversa daquela considerada com base no direito adquirido. Não se move no âmbito da eficácia da lei para individuar, pois, os fatos que disso surgem, mas, ao contrário, ali se representa, primeiramente, a situação a ser disciplinada, para, após, procurar a regra de direito que será aplicada: não diz respeito à eficácia da lei processual no tempo, mas, sim, ao tempo do processo e à sua disciplina. Ao se apresentar em primeiro lugar a situação a disciplinar e depois a procura da regra de direito para ser aplicada, dá-se ao processo uma grande consideração. O processo civil é considerado antes da norma, não somente no discurso, mas também na história. [45]

2.2.5. Efeito imediato da norma processual

Tendo em vista que o processo compreende uma sequência complexa de atos jurídicos processuais que se projetam no tempo, preordenados para um fim, que, em tese, seria a resolução justa do ponto, questão ou controvérsia advinda da demanda, deve ele ser considerado, em termos de direito intertemporal ou trasitório, como um fato jurídico complexo e pendente, sobre o qual a normatividade inovadora há de incidir.[46]

---

[44] CAPONI, R., idem, p. 456.
[45] CAPONI, R., idem, p. 457.
[46] *"O processo não se esgota na simples e esquemática relação jurídica angular, ou triangular, entre partes e juiz, este como autoridade representativa do Estado. Razão inteira assiste a Carnelutti quando considera o processo um feixe de relações jurídicas, onde se vinculam não só esses sujeitos principais, senão que também todas aquelas pessoas – terceiros intervenientes, representantes do Ministério Público, servidores da Justiça, testemunhas, peritos – que concorrem com sua atividade para a obra comum da Justiça em concreto, todas elas, concomitantemente, sujeitos de direitos e deveres, em razão dessa mesma obra. Nem é por outro motivo que forte corrente, liderada por processualistas do tomo de Guasp e Couture, considera o processo uma instituição, isto é, um relacionamento jurídico complexo, polarizando por um fim comum".* LACERDA, G., op. Cit., p. 12 e 13.

E essa incidência da normatividade inovadora sobre a complexidade da relação jurídica processual decorre da sua imediata eficácia temporal.

Conforme bem observou Gabba, quando se fala na eficácia da norma no tempo, tem-se por objetivo alcançar tanto da norma jurídica de direito material quanto a norma jurídica de direito processual.

A irretroatividade da lei, portanto, aplica-se tanto aos atos/fatos jurídicos de direito material quanto aos atos/fatos jurídicos de natureza processual.

O art. 1.046 do novo C.P.C. expressamente consigna que *"ao entrar em vigor este Código, suas disposições se aplicarão desde logo aos processos pendentes, ficando revogada a Lei 5.689, de 11 de janeiro de 1973.*

Não obstante o art. 1.046 do novo C.P.C. tenha determinado que as normas do novo estatuto processual brasileiro tenham aplicação imediata aos processos pendentes, isso não significa que essas normas possuam efeito retroativo para alcançar atos/fatos jurídicos processuais já consumados.

Segundo Caponi, no âmbito das situações jurídicas que podem estar pendentes no momento da entrada em vigor da nova norma, se deve levar em consideração o processo, pois, o processo desenvolve-se por meio de um procedimento, isto é, pela sequência de normas jurídicas (ou de fattispécies ou de efeitos jurídicos), coordenado visando à produção de um ato final e de um correlativo efeito jurídico final.[47]

Gionni Conso, por sua vez, sustenta importante o acolhimento da tese que visualiza em todo procedimento não uma pluralidade de atos com um único efeito, mas, sim, uma série de atos e uma série de efeitos causalmente coligados em busca de um efeito conclusivo.[48]

Elio Fazzalari, por seu turno, reconhece a existência do procedimento quando ali se aglomera uma série de normas que regulam uma determinada conduta lícita ou devida, enunciando como pressuposto da própria incidência o cumprimento de uma atividade regulada pela outra norma da série, e assim por diante, até se alcançar a norma reguladora do ato final.[49]

Giovanni Fabbrini individualiza no âmbito do procedimento processual uma típica sequência *fato-situação subjetiva-ato* como espinha dorsal do

---

[47] CAPONI, R., op. Cit. p. 453.
[48] Apud. CAPONI, R., idem, ibidem
[49] FAZZALARI, Elio. *Istituzioni di diritto processuale*, 7ª Ed., Padova: 1994, p. 60.

procedimento. Segundo ele, *"a sequência procedimental, como estrutura formal constante, caracteriza-se por ser disciplinada por uma série de normas coligadas entre si de tal modo que a norma sucessiva da série vê sempre a sua fattispécie constitutiva integrada pelos efeitos produzidos pela atuação da norma precedente. Exemplo: a ocorrência de lesão a um direito subjetivo (fato) atribui ao titular o poder (situação subjetiva) de promover a demanda judiciária (ato); porém, ocorrendo a proposição da demanda (fato, portanto), o autor investe o réu do poder (situação subjetiva) de formular e depositar suas resposta (ato), e assim por diante".*[50]

Se a situação pendente for um procedimento, o seu regime jurídico decorre da regra segundo a qual qualquer fato, seja em relação ao regime de sua essência, de sua estrutura e dos seus requisitos, seja em relação o regime de suas consequências, a máxima é de que este fato esteja submetido à lei do tempo que lhe deu vida. Segundo uma nota máxima, a qual bem traduz este princípio, *tempus regit factum*.[51]

A regra *tempus regit actum* é equívoca; porém, para os fins aqui propostos, por *actus* se pode compreender qualquer ato da sequência; por *tempus* o momento em que a conduta humana aperfeiçoa a fattispécie normativa do ato.[52]

Portanto, em que pese o processo seja um instituto desenvolvido por meio de um procedimento sequencial de atos processuais, o certo é que os atos processuais já praticados, perfeitos e acabados não podem mais ser atingidos pela mudança normativa processual ocorrida *a posteriori*. Nesse caso, aplica-se o princípio da *irretroatividade da lei processual*.

Por outro lado, a nova normatização processual aplica-se imediatamente aos processos em curso, o que significa dizer que os atos processuais que ainda não possuam a característica de ato jurídico processual perfeito e acabado ou fato processual consumado serão atingidos pela nova ordem jurídica processual. Nessa hipótese, vale a regra da *aplicação imediata das normas processuais aos processos em andamento*.

Por isso, o princípio fundamental para orientar a aplicação das normas jurídicas, quando se apresenta dúvida motivada por sua mudança, consiste em determinar se a situação a se regular se constituiu durante o período

---

[50] Apud. CAPONI, R., op. Cit., p. 454.
[51] A. M. SANDULLI. Apud. CAPONI, R., idem., p.454.
[52] CAPONI, R., idem, ibidem.

de vigência de uma das normas ou durante o da outra. A aplicação desse princípio às normas processuais não apresenta grande dificuldade. Segundo Francesco Carnelutti, *"exige apenas uma vigilante atenção para distinguir o fato jurídico material e o fato jurídico processual, já que o fato que tem de ser realizado sob a norma processual anterior para eliminar os efeitos da norma processual posterior, tem de ser o fato processual e não o fato material. Em outras palavras, que a aplicação da norma processual posterior não fique excluída pela circunstância de que os fatos sobre cuja eficácia jurídica se discuta tenham ocorrido enquanto regia uma lei processual distinta, a não ser apenas pela circunstância de que durante a vigência desta se tenham realizados os fatos aos quais vem atribuída a eficácia processual."*[53]

Na realidade, segundo Francesco Carnelutti, o que se pretende saber é, precisamente, em que consiste a situação de fato regida pela lei posterior ou, em outras palavras, se esta situação se refere ao *litígio* ou apenas *ao processo*.[54] Isso é muito comum na mudança de legislação que trata de matéria de prova. Assim, para se saber se as novas normas em matéria de prova aplicam-se ou não aos processos relativos a fatos acontecidos antes de sua entrada em vigor, depende do caráter que se reconheça a tais normas: *"se na prova se reconhecer algo que pertence ao processo e não ao litígio, ou seja, algo que a lei considera no momento em que serve para o processo e não no momento anterior, é fora de dúvida que a norma que muda o regime probatório aplica-se também à prova de fatos acontecidos quando regia a norma anterior. Não se manifesta nisso retroatividade alguma, porque o fato regulado pela nova norma não é fato por provar e sim o fato em que consiste a prova própria, ou seja, por exemplo, não o fato de que as testemunhas tenham de narrar e sim o fato próprio de sua narração".*[55]

2.2.6. Conjugação do art. 1.046 com o art. 14 do novo C.P.C.

O art. 1.046 do novo C.P.C. deve ser interpretado e aplicado conjuntamente com o disposto no art. 14 do mesmo estatuto processual, que assim dispõe: *"A norma processual não retroagirá e será aplicável imediatamente aos processos em curso, respeitados os atos processuais praticados e as situações jurídicas consolidadas sob a vigência da norma revogada.*

---

[53] CARNELUTTI, F., op. cit., p. 165.
[54] CARNELUTTI, F., idem, ibidem.
[55] CARNELUTTI, F., idem, p. 166.

O art. 14 do atual C.P.C. regula a norma processual no *tempo*, ou seja, a questão do *direito intertemporal* das normas processuais, idealizando o princípio da *irretroatividade da norma processual*. Este dispositivo reforça a aplicação de mais um princípio de natureza Constitucional previsto no artigo 5º, inc. XXXVI, da C.F.: *"a lei não prejudicará o direito adquirido, o ato jurídico perfeito e a coisa julgada"*. Este princípio não diferencia o ato jurídico perfeito de ordem material ou processual. No Brasil, aliás, o princípio da irretroatividade das leis, que era já admitido pela doutrina e pela jurisprudência dos tribunais, durante o império, foi convertido em norma constitucional pela primeira Constituição da República, de 1891, art. 11, n. 3, e pela Constituição de 1934, art. 113, e pode dizer-se que foi introduzido com este caráter no art. 3º da Lei 3.071/1916. É bem verdade que este princípio não foi reproduzido no texto Constitucional de 1937, retornando à condição de direito fundamental com a Constituição de 1946, art. 141, §3º, permanecendo na Emenda Constitucional n. 1/69.

Aliás, conforme já afirmou João Franzen Lima: *"A irretroatividade das leis, mesmo quando não seja cânone constitucional, permanece como princípio científico do Direito, princípio orientador de legisladores e juízes. A segurança das relações humanas, a garantia das transações, a tranquilidade social, repousam fundamentalmente na estabilidade dos direitos, a que o princípio científico da irretroatividade das leis serve de base. É certo que esse princípio da irretroatividade não é absoluto, mas tem o seu conceito, tem as suas regras, tem seu limite, de modo a evitar que a retroatividade vá até onde possa provocar o descrédito das leis e o mal-estar social. A ordem jurídica do Brasil não foge aos princípios fundamentais do Direito: e de acordo com eles têm que ser interpretadas suas leis"*.[56]

Observa-se também a irretroatividade da norma processual no artigo 2º da *Ley de Enjuiciamiento Civil* n. 1/2000 (Código de Processo Civil espanhol), *in verbis*: *"Salvo que outra coisa seja estabelecida em disposições legais de direito transitório, os assuntos que correspondam aos tribunais civis se regulamentarão sempre pelos próprios tribunais de acordo com as normas processuais vigentes,* **que nunca serão retroativas"**.

O art. 14 do atual C.P.C. também preconiza que a norma processual será aplicada *imediatamente aos processos em curso, respeitados os atos processuais praticados e as situações jurídicas consolidadas sob a vigência da norma revogada.*

---

[56] LIMA, João Franzen. Irretroatividade das leis. *In*: *Revista dos Tribunais*, São Paulo, Vol. 132. p. 45.

Já indicava Paul Roubier a distinção entre *efeito retroativo* e *efeito imediato*, distinção que ele considerava a base da ciência dos conflitos de leis no tempo. *Efeito retroativo*, segundo ele, é a aplicação da lei nova *no passado*; e *efeito imediato* é a aplicação da lei nova no *presente*. No caso, o art. 14 estabelece o efeito imediato das normas processuais introduzidas com a lei nova nos processos em curso, impedindo seu efeito retroativo para atingir atos processuais praticados ou situações jurídicas consolidadas.

A lei nova deve respeitar todos os efeitos jurídicos produzidos sob a égide da lei anterior, mas se aplica imediatamente às situações por ela (lei nova) reguladas, desde a sua vigência no ordenamento jurídico brasileiro.

Segundo Nelson Nery Júnior: *"Para designar a expressão 'efeito imediato', fala-se também em exclusividade (Ausschliesslichkeit). O efeito imediato da lei deve ser considerado como a regra ordinária: a lei nova se aplica, desde a sua promulgação (rectius: entrada em vigor), a todos os efeitos que resultarão no futuro, de relações jurídicas nascidas ou por nascer. O efeito retroativo da lei nova é sua aplicação dentro do passado e o efeito imediato é a aplicação da lei nova dentro do presente. O nosso sistema proíbe a aplicação da lei nova dentro do passado, isto é, para os 'fatos' ocorridos no passado. Os fatos pendentes (facta pendentia) são, na verdade, os fatos 'presentes', regulados pela eficácia imediata da lei nova, vale dizer, que se aplica dentro do presente(...).*

A lei processual nova rege sempre para o futuro, motivo pelo qual não se pode aplicar a nova lei processual para modificar atos processuais jurídicos perfeitos, isto é, atos que já tiverem sido praticados no processo. É o que determinam a CF 5º XXXVI e a LICC 6º, no sentido de que a lei não prejudicará o direito adquirido, a coisa julgada e o ato jurídico perfeito. Em vista disso, somente poderão ser atingidos pela nova lei processual atos processuais praticados depois da entrada em vigor da nova lei. Essa não-retroatividade da lei, em observância à garantia constitucional, se aplica a toda e qualquer lei infraconstitucional, sem qualquer distinção entre lei de direito público e lei de direito privado, ou entre lei de ordem pública e lei dispositiva".[57]

Pelo que dispõe o art. 14 do atual C.P.C., o critério delimitador para impedir a aplicação retroativa da norma processual introduzida pelo novo C.P.C.

---

[57] NERY Jr. Nelson. Tempus regit processum: apontamentos sobre direito transitório processual (recursos, cumprimento da sentença e execução de título extrajudicial). *In: Execução Civil* – estudos em homenagem ao professor Humberto Theodoro Júnior. Coord. Ernane Fidélis dos Santos, Luiz Rodrigues Wambier, Nelson Nery Jr, Teresa Arruda Alvim Wambier. São Paulo: Revista dos Tribunais, 2007. p. 900.

tem por conteúdo jurídico *os atos processuais praticados* e *as situações jurídicas consolidadas*.

O que se deve indagar sobre o conteúdo normativo do art. 14 do novo C.P.C. é justamente o que significam *atos processuais praticados* e *situação jurídica consolidada*.

Um primeiro aspecto importante a ser observado, é que o legislador não utiliza no art. 14 do novo C.P.C. a expressão 'direito adquirido' ou mesmo 'ato jurídico perfeito', mas, sim, a expressão *atos processuais praticados* e *situações jurídicas consolidadas*. Não obstante essa equivocidade terminológica, o certo é que o objetivo final visado pelo art. 14 do novo C.P.C., conjugado com o art. 1.043 do mesmo estatuto processual, é, justamente, a segurança jurídica.

Segundo a Ministra Ellen Gracie, em voto proclamado no Recurso Extraordinário n. 566.621/RS:

O princípio da segurança jurídica provém implicitamente não só da sua concretização em direitos e garantias individuais expressamente contemplados no art. 5º da Constituição, como, entre vários outros, os incisos XXXV e XXXVI, mas também de outros dispositivos constitucionais e diretamente do sobreprincípio do Estado de Direito, estampado no art. 1º da Constituição, do qual se extraem, independentemente de norma expressa, garantias como a proteção da liberdade e contra a arbitrariedade, bem como de acesso ao Judiciário.

José Joaquim Gomes Canotilho, em sua obra 'Direito Constitucional e Teoria da Constituição' (Almedina, 1998, p. 250), destaca: 'os princípios da segurança jurídica e da proteção da confiança como elementos constitutivos do Estado de Direito'. O Professor Luís Afonso Heck, na mesma linha, na obra 'O Tribunal Constitucional Federal e o Desenvolvimento dos Princípios Constitucionais: contributo para uma compreensão da Jurisdição Constitucional Federal Alemã' (Fabris, 1995, p. 186), ensina que 'Tanto o preceito da certeza jurídica como o preceito da proteção à confiança são partes constitutivas essenciais e, portanto, elementos essenciais do princípio do Estado de Direito (...) Ambos têm índole constitucional e, assim, servem de critério normativo'.

Sobre o tema, eis a seguinte decisão do S.T.J.:

1. **Embora o direito brasileiro não reconheça a existência de direito adquirido a determinado rito processual, aplicando-se, portanto, a lei nova imediatamente ao processo em curso, segundo a máxima do tempus regit actum, é certo que a aplicação da regra de direito intertemporal deve ter em vista o princípio informador da segurança jurídica.**

2. A razoabilidade exige que o Direito Processual não seja fonte de surpresas, sobretudo quando há amplo dissenso doutrinário sobre os efeitos da lei nova. O processo deve viabilizar, tanto quanto possível, a resolução de mérito.

3. **Se não houve expressa conversão dos ritos processuais pelo juízo em primeiro grau de jurisdição, alertando as partes de que os "embargos" passaram a ser simples "impugnação", deve-se aceitar a apelação como recurso apropriado para atacar a decisão que, sob a égide da Lei nº 11.232/05, julgou os embargos do devedor.**

4. Recurso especial provido.

(Resp 1062773/RS, Rel. Ministra NANCY ANDRIGHI, TERCEIRA TURMA, julgado em 07/06/2011, Dje 13/06/2011)

O art. 14 do novo C.P.C., ao permitir a aplicação imediata da lei processual, expressamente resguarda os *atos processuais praticados e as situações jurídicas consolidadas sob a vigência da norma revogada*, resguardando a segurança jurídica dos acontecimentos ocorridos no passado.

Francesco Carnelutti, sobre o tema, assim lecionava: *"todos os efeitos que a norma jurídica atribuir a um fato efetuado sob seu domínio, e unicamente eles, subsistem em que pese a mudança da própria lei. Assim, se uma lei posterior priva o cidadão do direito de deduzir a demanda judicial para a solução de uma determinada categoria de litígios, subsiste, não obstante, o dever do juiz de pronunciar-se acerca de um litígio de tal classe se a demanda foi proposta durante a vigência da lei anterior, porque a proposição da demanda, na forma devida, é um fato necessário e suficiente para produzir o efeito jurídico consistente em atribuir aquela obrigação ao juiz. Por outro lado, se uma lei posterior modifica a competência para julgar acerca de uma determinada categoria de litígios, isto é, priva-se de competência o juiz a quem pertencia, segundo a lei anterior, e a atribuir a juiz distinto, cessa o poder do juiz a quem se privou de competência, para julgar também a demanda proposta sobre a lei anterior, porque da proposição da demanda nasce, de fato, o dever, mas não o poder, do juiz de julgar, e não existe, pois, um fato acontecido sob o domínio da lei anterior ao qual se possa unir como a sua causa este efeito: competência do juiz. E, da mesma forma, a lei posterior que modifica as formas do juízo rege (prescindindo de normas especiais...) também nos processos iniciados em virtude de uma demanda devidamente proposta durante a vigência da lei anterior, sempre porque a proposição da demanda é um fato do qual emana, sim, o dever do juiz de julgar, mas não o dever de julgar conforme uma determinada forma. Sem embargo, a lei posterior que modificar os requisitos formais de um ato da parte ou do juiz, não priva de eficácia o próprio ato, quando se tiver efetuado segundo os trâmites (rito) da lei anterior, de tal forma que o ato que se tenha efetuado enquanto ela regia, continua regulando seus efeitos para sempre"*.[58]

2.2.6.1. Processos em curso ou pendentes.

O efeito imediato da nova ordem jurídica processual aplica-se, segundo estabelece o art. 14 do novo C.P.C., aos *processos em curso,* sendo que o art. 1.046 do mesmo diploma legal utiliza da expressão *processos pendentes.*

Não vejo distinção importante entre a terminologia *processos em curso e processos pendentes.*

Na realidade, quando o legislador fala em processo em curso no art. 14 do novo C.P.C. ele está fazendo referência aos processos pendentes em tramitação quando da entrada em vigor do Código, para efeitos de aplicação imediata da nova ordem processual.

O que significa processo em curso ou pendente?

Há, sim, um critério objetivo estipulado no próprio C.P.C., no qual se considera em curso ou pendente uma determinação relação jurídica processual.

Segundo estabelece o art. 312 do novo C.P.C., *considera-se proposta ação quando a petição inicial for protocolada.*

Portanto, um processo será considerado em curso ou pendente a partir do momento em que for protocolizada a petição inicial.

Porém, o legislador não disse em que momento se considera encerrado o processo.

A sentença, por si só, não pode ser considerada como termo final do processo.

Muito embora a sentença seja o ato judicial em que o juiz extingue a fase cognitiva do procedimento comum ou extingue a execução, tal ato, por si só, não elimina a concepção de processo em curso ou pendente.

Além do mais, em face do *sincretismo* que existe atualmente entre cognição e execução, nem mesmo a sentença transitada em julgado pode ser considerada como termo final do processo, pois logo a seguir ao transito em julgado

---

[58] CARNELUTTI, F., op. cit., p. 166 e 167.

haverá simultaneamente, em ato sequencial, sem solução de continuidade, o cumprimento de sentença.

Assim, parece-me que somente se poderá considerar encerrado de forma definitiva um determinado processo, quando não haja mais recurso contra a decisão que o extinguiu, sem resolução de mérito, ou quando houver a extinção da execução pelo cumprimento definitivo da obrigação imposta na sentença ou quando for cumprida a obrigação constante do título executivo extrajudicial.

Desde o ato de distribuição da petição inicial até o termo final acima indicado, o processo será considerado, para efeito de aplicação da lei processual no tempo, como pendente ou em curso.

2.2.6.2. Ato processual jurídico perfeito.

O art. 14 do novo C.P.C., ao fazer referência ao *ato processual praticado*, na realidade teve por objetivo resguardar o *ato processual jurídico perfeito*, uma vez que a Constituição Federal, em seu art. 5º, inc. XXXVI, garante, como direito fundamental a ser resguardado pela nova ordem jurídica, o *ato jurídico perfeito*.

Se o ato processual realizado não tiver natureza jurídica de um ato jurídico perfeito, não estará à margem dos efeitos imediatos da nova ordem jurídica processual.

Segundo estabelece o art. 6º, §1º, do da Lei de Introdução às Normas do Direito Brasileiro, *reputa-se ato jurídico perfeito o já consumado segundo a lei vigente ao tempo em que se efetuou*.

A exigência de perfeição do ato jurídico processual diz respeito à sua realização de acordo com os critérios e requisitos exigidos em lei, ou seja, no sentido de que se trata de um ato existente em consonância com as regras e princípios previstos no ordenamento jurídico.

Assim, todo ato jurídico processual perfeito não poderá ser atingido pelos efeitos normativos do novo estatuto processual.

Uma citação realizada, com base na lei antiga, sem observância dos requisitos legais, não poderá ser considerada como ato jurídico processual perfeito, razão pela qual, se houver de ser novamente realizada, deverá observar a nova normatização prevista pela legislação atual.

O fundamento a respeito do ato jurídico processual perfeito decorre não de uma norma infraconstitucional, mas, sim, de uma garantia constitucional que impede a retroatividade da lei, sem qualquer distinção em relação à natureza da nova normatização, seja ela de ordem pública ou não. Nesse sentido, é o seguinte precedente do S.T.F.:

> *Ação direta de inconstitucionalidade. – Se a lei alcançar os efeitos futuros de contratos celebrados anteriormente a ela, será essa lei retroativa (retroatividade mínima) porque vai interferir na causa, que é um ato ou fato ocorrido no passado. – O disposto no artigo 5, XXXVI, da Constituição Federal se aplica a toda e qualquer lei infraconstitucional,* **sem qualquer distinção entre lei de direito público e lei de direito privado, ou entre lei de ordem pública e lei dispositiva***. Precedente do S.T.F. – Ocorrência, no caso, de violação de direito adquirido. A taxa referencial (TR) não e índice de correção monetária, pois, refletindo as variações do custo primário da captação dos depósitos a prazo fixo, não constitui índice que reflita a variação do poder aquisitivo da moeda. Por isso, não há necessidade de se examinar a questão de saber se as normas que alteram índice de correção monetária se aplicam imediatamente, alcançando, pois, as prestações futuras de contratos celebrados no passado, sem violarem o disposto no artigo 5, XXXVI, da Carta Magna. – Também ofendem o ato jurídico perfeito os dispositivos impugnados que alteram o critério de reajuste das prestações nos contratos já celebrados pelo sistema do Plano de Equivalência Salarial por Categoria Profissional (PES/CP). Ação direta de inconstitucionalidade julgada procedente, para declarar a inconstitucionalidade dos artigos 18, "caput" e parágrafos 1 e 4; 20; 21 e parágrafo único; 23 e parágrafos; e 24 e parágrafos, todos da Lei n. 8.177, de 1 de maio de 1991.* (ADI 493, Relator(a): Min. MOREIRA ALVES, Tribunal Pleno, julgado em 25/06/1992, DJ 04-09-1992 PP-14089 EMENT VOL-01674-02 PP-00260 RTJ VOL-00143-03 PP-00724)

Alguns exemplos de ato processual jurídico perfeito podem ser indicados: a) citação do réu; b) realização da audiência de conciliação ou mediação; c) colheita de prova, como, por exemplo, oitiva de testemunha, depoimento pessoal, realização de prova pericial etc; d) prolação de decisão interlocutória; e) prolação de sentença; f) despacho recebendo a petição inicial ou decisão que realizou a admissibilidade do recurso; h) recolhimento das custas processuais etc...

É importante salientar que o princípio da não retroatividade da lei processual somente terá efetiva aplicação se diante de um ato jurídico processual perfeito, ou seja, quando todos os requisitos de constituição de perfeição e validade do ato estejam presentes durante a vigência da lei revogada.

2.2.6.3. Situações jurídicas consolidadas.

O art. 14 do novo C.P.C., além de resguardar dos efeitos da nova legislação os atos jurídicos processuais perfeitos, também afasta da incidência da nova ordem jurídica processual as *situações jurídicas consolidadas*.

Paul Roubier apresenta a seguinte distinção entre o *efeito retroativo* e o *efeito imediato* da norma jurídica:

> "I – *a base fundamental da ciência do conflito das leis no tempo é a distinção entre o efeito retroativo e o efeito imediato (...).*
>
> *II – (...) o efeito retroativo é a aplicação no passado; o efeito imediato, a aplicação no presente (...). Se a lei pretende aplicar-se a fatos realizados (facta praeterita) ela é retroativa; se pretende aplicar-se a 'situações em curso' (facta pendentia), é preciso estabelecer uma separação entre as partes anteriores à data da mudança da legislação, que não poderiam ser atingidas sem retroatividade, e as 'partes posteriores', para as quais a lei nova, se se lhes deve aplicar, não terá jamais senão efeito imediato; enfim, à face dos fatos futuros (facta futura), é claro que a lei não pode, jamais, ser retroativa.*
>
> *III – O efeito retroativo da lei é estritamente proibido pelo art. 2º do Código Civil. Ao contrário (...) em princípio uma lei nova deve ter aplicação de imediato, mesmo nas situações em curso, a partir da data da sua entrada em vigor. E é somente no que concerne às 'partes anteriores' de uma situação em curso que a lei nova não poderia atuar sem retroatividade.*
>
> *No entanto, em certas matérias (como no caso dos contratos em curso) (...) a regra é a sobrevivência da lei antiga.*
>
> *IV – Um outro interesse da distinção do 'efeito retroativo' e do efeito imediato concerne (...) aos poderes do intérprete – (...) não há retroatividade possível senão em virtude de uma cláusula legislativa expressa; não há retroatividade tácita, e, se o legislador não inseriu uma cláusula formal, o intérprete não está autorizado a tirá-la de uma intenção tácita ou presumida do legislador.*

> *No que respeita, ao contrário, ao 'efeito imediato' da lei, não encontramos nenhum texto análogo ao art. 2º do Código Civil (...) trata-se de um problema de direito positivo, que o intérprete deve procurar resolver da melhor maneira, na ausência de disposições legais.*
>
> *V – Suponhamos que se encontrem num 'decreto medidas' retroativas; deverá ser anulado por violação da lei (...). Não se pode dizer o mesmo de um regulamento que preveja somente a aplicação imediata de suas disposições às situações em curso".*[59]

Para reforçar a distinção entre o *efeito retroativo* e o *efeito imediato* da norma, Paul Roubier socorre-se da noção de *situação jurídica*, vastamente superior ao termo *direito adquirido*, pois vai além do caráter subjetivo, podendo ser aplicada às situações envolvendo estados de fatos, representação, especialmente naquelas hipóteses que digam respeito à criança e ao adolescente, ao interdito e ao pródigo. A *situação jurídica* é unilateral e oponível a toda e qualquer pessoa. Aduz o autor francês: *"para a compreensão das dificuldades que podem resultar da ação de uma lei no tempo é suficiente constatar que estas situações jurídicas (p. ex.: de esposo, de proprietários, de comprador, de herdeiro etc), não se realizam em geral num único momento: antes, apresentam um desenvolvimento no tempo, de tal modo que a lei nova pode intervir a um certo momento deste desenvolvimento: se ela atinge 'partes anteriores', possui efeito 'retroativo'; se não atinge, ao contrário, somente partes 'posteriores', seu efeito é apenas 'imediato. Mas aqui se coloca uma distinção de grande importância no desenvolvimento dos momentos sucessivos de uma situação jurídica: há uma fase 'dinâmica', que corresponde ao momento da 'constituição' desta situação (como também ao momento de sua extinção); e há uma fase 'estática', que corresponde ao momento em que esta situação 'produz seus efeitos' (...).(...)é evidente que uma lei (...)cujo objeto é regular condições de constituição (ou de extinção) de uma situação jurídica, 'não pode tomar em consideração fatos anteriores à sua entrada em vigor sem ser retroativa'. Sob este prisma, é preciso colocar no mesmo pé a lei que decidisse que determinados fatos que tivessem produzidos a constituição (ou extinção) de uma situação jurídica sob a lei precedente, não haviam tido este poder; e a lei que decidisse que certos fatos, que não tinham produzidos a constituição (ou a extinção) de uma situação jurídica sob a lei precedente, haviam tido, ao contrário, esse poder. Assim, (em conclusão) as leis relativas aos modos de constituição (ou de extinção)*

---

[59] Apud. LIMONGI FRANÇA, R. op. Cit., págs. 61 e 62.

de uma situação jurídica não podem, sem retroatividade, pôr em questão a eficácia ou ineficácia jurídica de um fato passado. Entretanto, por outro lado, se se trata, não só de determinar a constituição ou extinção de uma situação jurídica, mas de modificar os efeitos dessa situação jurídica, a definição do caráter retroativo da lei é ainda mais simples: todos os efeitos jurídicos produzidos pela situação configurada antes da lei nova fazem parte do domínio da lei antiga. Assim, suposta uma situação jurídica que produza seus efeitos durante um certo lapso de tempo, a lei nova poderá determinar os efeitos jurídicos que se produzirão após sua entrada em vigor, sem que apresente outro caráter que o de mero 'efeito imediato'; entretanto, não lhe será possível atingir os efeitos jurídicos anteriores, fosse para os modificar, aumentar ou diminuir, sem que houvesse retroatividade.".[60]

É certo que a tese da 'situação jurídica' configura um contraponto em relação à tese do 'direito adquirido'.

Porém, não se pode esquecer a afirmação de Faggella (*Retroatività delle Leggi*, publicada em 1922), após fazer uma análise dos diversos sistemas, entre eles, Vareilles-Sommières, Chiorini, Affolter, Popoviliev e outros : *"(...) não obstante a grande variedade de sistema (...) todos escritores entretanto são concordes em admitir um princípio (...) o de que uma nova lei, na sua aplicação às consequências e aos efeitos jurídicos dos atos ou fatos ocorridos antes de sua atuação, não possa jamais atingir aqueles 'direitos' que estão irrevogavelmente adquiridos".*[61]

No âmbito processual, pode-se falar em *situação jurídica* consolidada, o fato de a parte não ter se valido do prazo processual da norma anterior para contestar ou interpor o recurso, deixando transcorrer *in albis* esse prazo.

A situação jurídica consolidada de revel ou a situação jurídica consolidada de trânsito em julgado da decisão não poderá ser atingida pela nova ordem jurídica processual, não tendo aplicação o princípio da eficácia imediata da lei processual, justamente pela consolidação no passado da respectiva situação jurídica.

O novo estatuto processual estabelece, em seu artigo 304, que a tutela antecipada concedida nos termos do art. 303 torna-se estável se da decisão que a conceder não for interposto o respectivo recurso.

Duas questões de direito intertemporal podem surgir em decorrência dessa nova situação jurídica apresentada pela estabilização da tutela antecipada concedida de forma antecedente.

---

[60] Apud. LIMONGI FRANÇA, R. idem, pág.s 62 e 63.
[61] Apud. LIMONGI FRANÇA, R., idem, p. 70.

A primeira diz respeito ao fato de que, quando da entrada em vigor do novo C.P.C. de 2015, o prazo para a interposição do recurso de agravo de instrumento já havia transcorrido. A segunda está vinculada ao fato de que, quando da vigência do novo C.P.C., o prazo para a interposição do recurso de agravo de instrumento está em curso, e ainda não se exauriu. No primeiro caso, a *situação jurídica* encontra-se consolidada no sentido de que a parte ré não sofrerá os efeitos da estabilização da tutela, justamente porque a situação jurídica existente sob a égide da norma revogada não lhe impunha a obrigação de interposição do recurso de agravo de instrumento como condição para prosseguimento do processo. Já no segundo caso, como ainda não se consolidou a situação jurídica pretérita, pois o prazo para a interposição do recurso de agravo de instrumento ainda não se exauriu, a nova ordem jurídica processual terá efeito imediato, podendo, dependendo da atitude do réu, ser estabilizada a antecipação de tutela concedida de forma antecedente (evidentemente que se trata de uma hipótese, pois não havia possibilidade, sob a égide do C.P.C. de 1973, de se conceder tutela provisória antecipada de caráter antecedente). É certo que, em relação à segunda hipótese, poderá surgir o seguinte questionamento: E se o novo estatuto processual entrar em vigor justamente no último dia do prazo para a interposição do recurso de agravo de instrumento, não estaria sendo prejudicada a parte ré, pois teria sido surpreendida com a exigência de interposição do recurso? Penso que não, pois a *vacatio legis* estabelecida no art. 1.045 do novo C.P.C. tem por finalidade justamente afastar essa sensação de surpresa ou de eventual desconhecimento dos efeitos jurídicos processuais surgidos com a entrada em vigor da nova ordem jurídica processual.

Pode-se mencionar ainda, como *situação jurídica* consolidada, o fato de a parte não ter se valido do prazo processual da norma anterior para interpor o recurso, apesar de a nova norma jurídica ter ampliado o prazo para sua interposição. Nessa hipótese, a nova norma não poderá retroagir para alcançar a *situação jurídica* já consolidada no passado, qual seja, a preclusão temporal para interposição do recurso.

Deve-se observar que existem alguns atos processuais que são complexos e que exigem para sua complementação e perfectibilização um conjunto de elementos sucessivos no tempo, sem os quais não se pode falar em ato jurídico processual perfeito e acabado.

2.2.6.3.1 – Situação jurídica consolidada e recursos.

O direito intertemporal também terá importante aplicação no que concerne à escolha da norma jurídica que deverá regular o recurso a ser interposto contra determinada decisão.

Segundo Nelson Nery Júnior, duas são as situações para a lei nova processual em matéria de recursos: a) a questão do cabimento e da admissibilidade do recurso; b) a questão da lei que irá reger o procedimento do recurso.[62]

Nelson Nery, seguindo a doutrina estrangeira dominante, afirma que na hipótese da letra 'a', a norma que deverá regular o recurso é aquela existente no momento da prolação da decisão, enquanto que na hipótese da letra 'b', haverá aplicação imediata da nova ordem jurídica processual.

Porém, o próprio Nelson Nery Jr. afirma que *há* corrente doutrinária no Brasil que pensa diferentemente da doutrina mundial dominante, especialmente sob o argumento das 'dificuldades, que todos sabemos existentes, em se saber o que é procedimento' (Luiz Rodrigues Wambier, Teresa Arruda Alvim Wambier e José Miguel Garcia Medina. 'Breves comentários à nova sistemática processual civil'. São Paulo: RT, 2007, v. 3. Capítulo Direito intertemporal, nota 12, p. 321). Continua a crítica no sentido de que *'"há alterações de procedimento tão fundas que comprometem mesmo a identidade do recurso. Dizer--se que é o mesmo recurso, com procedimento absolutamente diverso, é afirmação que, rigorosamente, nem se poderia fazer. Um recurso se delineia em virtude de sua hipótese de cabimento, do seu prazo, do órgão perante o qual é interposto, da circunstância de ser imediatamente apreciado ou de ficar retido etc. Nossa opinião é a de que a quantidade de complicações que podem ser geradas por essa distinção, ainda que seja dogmaticamente perfeitamente sustentável, não justifica, sob a ótica da pragmática, que seja adotada'* (idem, ibidem). Propugna pelo critério da lei vigente no 'dia da sentença', com a que deve regular o recurso. *Se, como aponta essa corrente, seria difícil identificar o que é cabimento*

---

[62] *"Friedrich Stein, Martin Jonas e Peter Schlosser. Kommentar zur Zivilprozebordung. 21 ed. Tübingen: J. C. B. Mohr, 1994. v. 7, t. II, coment. N. 2, 4, 'b' ao §1º. Da EGZPO, p. 584; Leo Rosenberg, Karl Heinz Schwab e Peter Gottwald.. Zivilprozessrecht. 16. Ed. München: C. H. Beck, 2004. §6º, I, p. 35; ...Carlo Francesco Gabba. Teori della retroattività delle leggi. 3. Ed. Torino: UTET, 1898. v. 4, p. 539-541* etc (NERY JR. Tempus regit processum: apontamentos sobre direito transitório processual (recursos, cumprimento da sentença e execução de título extrajudicial, *In: Execução civil – estudos em homenagem ao professor Humberto Theodoro Júnior.* Coord Ernane Fidélis dos Santos, Luiz Rodrigues Wambier, Nelson Nery Jr. e Teresa Arruda Alvim Wambier. São Paulo: Editora R.T., 2007. p. 902).

e admissibilidade do recurso, de modo que, até mesmo por exclusão ou por via indireta, pode-se, com extrema facilidade, chegar ao entendimento do que seria 'procedimento' do recurso. Com a devida vênia, a crítica à doutrina mundial dominante não se sustenta. Entretanto, a solução proposta por essa corrente crítica minoritária é liberal, porquanto propugna pela 'não aplicação imediata da lei nova' aos efeitos pendentes, no que respeita aos recursos, quando já publicada a decisão sujeita a recurso criado, abolido ou que tenha seu regime jurídico modificado pela lei nova"[63]

Na realidade, uma das maiores complicações jurídicas existentes na transição entre duas legislações processuais no tempo diz respeito à definição de qual norma deverá ser observada e aplicada em relação à interposição e em relação ao procedimento a ser adotado para cada recurso previsto na legislação processual.

Essas complicações serão mais acentuadas no que concerne à transição entre o revogado C.P.C. de 1973 e o atual C.P.C. brasileiro, especialmente pelo fato de que ocorreram diversas alterações pontuais em cada espécie de recurso existente na sistemática procedimental de impugnação processual.

É certo que, se a parte já havia interposto o recurso cabível antes da entrada em vigor da nova ordem processual que o modificou ou o extinguiu, a norma processual superveniente haverá de respeitar os atos já praticados e os seus respectivos efeitos antes de sua vigência. Nesse sentido, é a lição de Seabra Fagundes, José Frederico Marques, Arruda Alvim.[64] Denomina-se a isso de *ultratividade* da lei anterior (José Eduardo Martins Cardozo. *Da irretroatividade da lei*. São Paulo: Revista dos Tribunais, 1995. p. 295).

Se, por outro lado, durante a pendência do processo e, portanto, do procedimento, sobrevém lei nova modificando a sistemática dos recursos, quer para permitir algum recurso contra a decisão até então irrecorrível, quer para suprimir o recurso até então existente, quer para alterar os seus requisitos de admissibilidade como, por exemplo, a legitimidade em recorrer, interesse em recorrer, tempestividade, regularidade formal, preparo e inexistência de fato impeditivo ou extintivo do poder de recorrer, a orientação de Nelson Nery Jr.,

---

[63] NERY JR., idem, ibidem.
[64] 62 BARBOSA MOREIRA, Jose Carlos. *Comentários ao código de processo civil*. V. Vol. (arts. 476 a 565). Rio de Janeiro: Forense, 1976. p. 250.

com base na doutrina estrangeira, é no sentido de que se aplica a lei do 'dia do julgamento'.[65]

E por dia do julgamento, seja no âmbito do primeiro quanto de segundo grau, será a data em que foi *publicada a decisão impugnável.*

Em primeiro grau de jurisdição, a decisão é publicada com a sua entrega, pelo juiz, no cartório ou na secretaria, ou quando é prolatada em audiência, na presença das partes ou procuradores, em se tratando de processo físico, pois a partir deste momento o juiz não poderá mais alterá-la; em se tratando de processo eletrônico, a publicação da decisão ocorre com a assinatura e disponibilização da decisão no sistema do processo eletrônico. Em segundo grau de jurisdição, o dia do julgamento para efeitos de direito intertemporal, é aquele em que o tribunal profere a decisão ou o acórdão, isto é, 'no momento em que o presidente da seção, de forma pública, anuncia o resultado do julgamento, conhecendo ou não do recurso, ou, ainda, julgando a ação ou demanda originária.[66] Em se tratando de decisão monocrática proferida pelo relator, o dia do julgamento ocorre quando a decisão é entregue na secretaria do tribunal ou quando é disponibilizada no sistema eletrônico, na hipótese de processo eletrônico.

O dia em que a decisão é publicada no órgão de imprensa – *"apenas serve de parâmetro para aferir-se a 'tempestividade' de eventual recurso, mas não para a fixação do 'dia do julgamento', que é o parâmetro para afixação da 'recorribilidade' e do 'regime jurídico do recurso que vier a ser interposto'".*[67]

Na lição de Barbosa Moreira, *"se a lei nova concedeu recurso que não cabia, a decisão permanece irrecorrivel, mesmo que, ao entrar aquela em vigor, ainda não tenha decorrido lapso de tempo equivalente ao prazo de interposição por ela fixado. Se a lei nova suprimiu recurso existente, subsiste a interponibilidade em relação às decisões que, pela lei anterior, podiam ser impugnadas pelo recurso suprimido, até o termo final do respectivo prazo, ou até que ocorra, eventualmente, outra causa de inadmissibilidade; 'a fortiori', tem de ser processados e julgados os recursos já interpostos na data em que a nova lei começou a viger. Se o recurso cabível era um, e passou a ser outro, continua interponível aquele que o era ao entrar em vigor a lei nova; e o recurso antigo porventura já interposto processa-se e julga-se como tal".*[68]

---

[65] NERY JR., op. Cit., loc. cit.
[66] NERY JR., idem, p. 903
[67] NERY, JR., N., idem, ibidem.
[68] BARBOSA MOREIRA, J. C., op. Cit., p. 251.

Quando da entrada em vigor do C.P.C. de 1973, firmou o S.T.F. esse entendimento.

No R.E. 78.057, publicado na R.T.J. vol. 68, págs. 879 e 880, consagrou-se o entendimento de que o recurso previsto no C.P.C. de 1939, e extinto pelo C.P.C. de 1973, deveria continuar a ser cabível em relação às decisões que foram publicadas à época de sua vigência. Eis a ementa da decisão:

> *Agravo de petição. Recurso extinto pelo novo código de processo civil. Regula o cabimento do recurso a lei vigente ao tempo da decisão recorrida. Ação executiva, que o novo código substituiu pela execução com base em títulos, extrajudiciais (art.585). Esses títulos, porém, devem ser líquidos (art.586), o que não ocorre com a duplicata não aceita. Acresce que o agravo de petição já foi julgado improcedente. Seria inútil, assim, mandar julgar-lhe o mérito. Recurso extraordinário conhecido, mas não provido.*
> (RE 78057, Relator(a): Min. LUIZ GALLOTTI, PRIMEIRA TURMA, julgado em 05/03/1974, DJ 29-03-1974 PP-*****).

Há, ainda, os seguintes precedentes:

1. *A eficácia da lei processual no tempo obedece a regra geral no sentido de sua aplicação imediata (artigo 1.211 do CPC).*
2. *O processo, como um conjunto de atos, suscita severas indagações, fazendo-se mister isolá-los para o fim de aplicação da lei nova.*
3. *A regra mater, sob essa ótica, e a de que "a lei nova, encontrando um processo em desenvolvimento, respeita a eficácia dos atos processuais já realizados e disciplina o processo a partir de sua vigência (Amaral Santos)."*
4. *A regra tempus regit actum produz inúmeras conseqüências jurídicas no processo como relação complexa de atos processuais, impondo-se a técnica de isolamento.*
   (...).
7. *A lei vigente a época da prolação da decisão que se pretende reformar e que rege o cabimento e a admissibilidade do recurso.*
   Com o advento da Lei no 11.232/2005, em vigor desde 24/06/2006, o recurso cabível para impugnar decisão proferida em liquidação e o agravo de instrumento (art. 475-H do CPC).

8. *Recurso especial desprovido.*
(REsp 1132774/ES, Rel. Ministro LUIZ FUX, PRIMEIRA TURMA, julgado em 09/02/2010, DJe 10/03/2010)
Segundo principio do direito intertemporal, salvo alteração constitucional, o recurso próprio é o existente à data em que publicada a decisão"
(STJ – 2a Seção, CC 1.133-RS, rel. Min. Sálvio de Figueiredo, j. 11.3.92, v.u., DJU 13.4.92, p. 4.971).
"Sendo constitucional o principio de que a lei não pode prejudicar o ato jurídico perfeito, ela se aplica também as leis de ordem publica"
(RTJ 173/263);

2.2.6.3.2. Questão da admissibilidade do recurso especial ou extraordinário e o direito intertemporal.

A Lei 13.105, de 16 de março de 2015 (novo C.P.C.), estabelecia em seu art. 1.029 e 1.030:

Art. 1.029. O recurso extraordinário e o recurso especial, nos casos previstos na Constituição Federal, serão interpostos perante o presidente ou o vice-presidente do tribunal recorrido, em petições distintas que conterão:
I – a exposição do fato e do direito;
II – a demonstração do cabimento do recurso interposto;
III – as razões do pedido de reforma ou de invalidação da decisão recorrida.
§ 1º Quando o recurso fundar-se em dissídio jurisprudencial, o recorrente fará a prova da divergência com a certidão, cópia ou citação do repositório de jurisprudência, oficial ou credenciado, inclusive em mídia eletrônica, em que houver sido publicado o acórdão divergente, ou ainda com a reprodução de julgado disponível na rede mundial de computadores, com indicação da respectiva fonte, devendo-se, em qualquer caso, mencionar as circunstâncias que identifiquem ou assemelhem os casos confrontados.
§ 2º Quando o recurso estiver fundado em dissídio jurisprudencial, é vedado ao tribunal inadmiti-lo com base em fundamento genérico de que as circunstâncias fáticas são diferentes, sem demonstrar a existência da distinção.
§ 3º O Supremo Tribunal Federal ou o Superior Tribunal de Justiça poderá desconsiderar vício formal de recurso tempestivo ou determinar sua correção, desde que não o repute grave.

§ 4º Quando, por ocasião do processamento do incidente de resolução de demandas repetitivas, o presidente do Supremo Tribunal Federal ou do Superior Tribunal de Justiça receber requerimento de suspensão de processos em que se discuta questão federal constitucional ou infraconstitucional, poderá, considerando razões de segurança jurídica ou de excepcional interesse social, estender a suspensão a todo o território nacional, até ulterior decisão do recurso extraordinário ou do recurso especial a ser interposto.

§ 5º O pedido de concessão de efeito suspensivo a recurso extraordinário ou a recurso especial poderá ser formulado por requerimento dirigido:

I – ao tribunal superior respectivo, no período compreendido entre a interposição do recurso e sua distribuição, ficando o relator designado para seu exame prevento para julgá-lo;

II – ao relator, se já distribuído o recurso;

III – ao presidente ou vice-presidente do tribunal local, no caso de o recurso ter sido sobrestado, nos termos do art. 1.037.

Art. 1.030. Recebida a petição do recurso pela secretaria do tribunal, o recorrido será intimado para apresentar contrarrazões no prazo de 15 (quinze) dias, findo o qual os autos serão remetidos ao respectivo tribunal superior.

Parágrafo único. A remessa de que trata o caput dar-se-á independentemente de juízo de admissibilidade.

Portanto, a redação originária desses dispositivos, especialmente o p.u. do art. 1.030 do novo C.P.C., impedia qualquer juízo de admissibilidade em recurso especial ou extraordinário por parte do presidente ou vice-presidente do tribunal recorrido.

A competência para analisar a admissibilidade do recurso especial ou do recurso extraordinário seria exclusiva, respectivamente, do S.T.J e do S.T.F.

Contudo, antes mesmo da entrada em vigor do novo C.P.C., foi sancionada a Lei 13.256, de 4 de fevereiro de 2016 (que entrou em vigor na mesma dada da vigência do novo C.P.C.), a qual modificou os arts. 1.029 e 1.030 da Lei 13.015/15, disciplinando o processo e julgamento do recurso especial ou extraordinário, a saber:

"Art. 1.029. ....
....

§ 2º *(Revogado).*

....

§ 5º ....

I – ao tribunal superior respectivo, no período compreendido entre a publicação da decisão de admissão do recurso e sua distribuição, ficando o relator designado para seu exame prevento para julgá-lo;

....

III – ao presidente ou ao vice-presidente do tribunal recorrido, no período compreendido entre a interposição do recurso e a publicação da decisão de admissão do recurso, assim como no caso de o recurso ter sido sobrestado, nos termos do art. 1.037." (NR)

"Art. 1.030. *Recebida a petição do recurso pela secretaria do tribunal, o recorrido será intimado para apresentar contrarrazões no prazo de 15 (quinze) dias, findo o qual os autos serão conclusos ao presidente ou ao vice-presidente do tribunal recorrido, que deverá:*

I – negar seguimento:

a) a recurso extraordinário que discuta questão constitucional à qual o Supremo Tribunal Federal não tenha reconhecido a existência de repercussão geral ou a recurso extraordinário interposto contra acórdão que esteja em conformidade com entendimento do Supremo Tribunal Federal exarado no regime de repercussão geral;

b) a recurso extraordinário ou a recurso especial interposto contra acórdão que esteja em conformidade com entendimento do Supremo Tribunal Federal ou do Superior Tribunal de Justiça, respectivamente, exarado no regime de julgamento de recursos repetitivos;

II – encaminhar o processo ao órgão julgador para realização do juízo de retratação, se o acórdão recorrido divergir do entendimento do Supremo Tribunal Federal ou do Superior Tribunal de Justiça exarado, conforme o caso, nos regimes de repercussão geral ou de recursos repetitivos;

III – sobrestar o recurso que versar sobre controvérsia de caráter repetitivo ainda não decidida pelo Supremo Tribunal Federal ou pelo Superior Tribunal de Justiça, conforme se trate de matéria constitucional ou infraconstitucional;

IV – selecionar o recurso como representativo de controvérsia constitucional ou infraconstitucional, nos termos do § 6º do art. 1.036;

V – realizar o juízo de admissibilidade e, se positivo, remeter o feito ao Supremo Tribunal Federal ou ao Superior Tribunal de Justiça, desde que:

a) o recurso ainda não tenha sido submetido ao regime de repercussão geral ou de julgamento de recursos repetitivos;
b) o recurso tenha sido selecionado como representativo da controvérsia; ou
c) o tribunal recorrido tenha refutado o juízo de retratação.
§ 1º Da decisão de inadmissibilidade proferida com fundamento no inciso V caberá agravo ao tribunal superior, nos termos do art. 1.042.
§ 2º Da decisão proferida com fundamento nos incisos I e III caberá agravo interno, nos termos do art. 1.021." (NR)

Portanto, diante da modificação legislativa, restabeleceu-se a competência do presidente ou do vice-presidente do tribunal recorrido para realizar previamente juízo de admissibilidade do recurso especial ou extraordinário, de acordo com a mesma sistemática que vinha sendo utilizada sob a égide do C.P.C. de 1973.

Pelo C.P.C. de 1973, o presidente ou vice-presidente do tribunal recorrido realizava um prévio juízo de admissibilidade do recurso especial ou extraordinário, podendo proferir decisão no sentido de admissão, não admissão ou mesmo declarar prejudicado o recurso.

Na sistemática do novo C.P.C., antes da sanção da Lei 13.256, de 4 de fevereiro de 2016, em regra não haveria mais esse prévio juízo de admissibilidade que seria feito pelo tribunal recorrido, uma vez que o juízo de admissibilidade seria de competência exclusiva do S.T.F. ou do S.T.J.

Muito embora a Lei 13.256, de 4 de fevereiro de 2016, tenha restabelecido a competência do presidente ou vice-presidente do tribunal recorrido para realização do juízo de admissibilidade do recurso especial ou extraordinário, revogando em parte os arts. 1029 e 1030 do novo C.P.C., questão interessante no aspecto meramente acadêmico seria saber qual lei processual deveria ser aplicada em relação ao juízo de admissibilidade do recurso especial ou do recurso extraordinário, caso não tivesse sido sancionada a Lei 13.256/16.

Tal problemática já teve que ser analisada pela doutrina e jurisprudência brasileira quando da modificação do regime jurídico dos recursos extraordinário e especial pela Lei 9.756/88. A referida lei introduziu o §3º no art. 542 do C.P.C. de 1973, *in verbis: O recurso extraordinário, ou o recurso especial, quando interpostos contra decisão interlocutória em processo de conhecimento, cautelar, ou embargos à execução ficará retido nos autos e somente será processado se o reiterar a parte, no prazo para a interposição do recurso contra a decisão final, ou para as contra-razões. (Incluído pela Lei nº 9.756, de 1998).* Introduz-se no Código revogado o denominado recurso especial ou extraordinário *retido*. A questão referente ao direito intertemporal restringe-se ao novo procedimento do recurso especial ou extraordinário, desta feita na modalidade retida, e não quanto ao seu cabimento. Em análise a essa problemática, Nelson Nery Jr. apresentou a seguinte solução:

> *"No caso 'sub examine', da incidência da L. 9.756/98 aos processos pendentes (direito intertemporal), podemos sintetizar as conclusões a que chegamos na forma seguinte: a) a lei que rege o 'cabimento e a admissibilidade' do recurso é aquela que vigorava no dia em que foi proferido o julgamento (audiência, sessão de julgamento, publicação em cartório etc. e não a da data da intimação da decisão; b) a lei que rege o 'procedimento do recurso' é a que vigorava no dia em que foi efetivamente interposto o recurso ; c) RE e REsp interpostos antes de 18.12.1998 seguem a regra da subida imediata, qualquer que seja o conteúdo da decisão impugnada, não incidindo a nova regra do CPC 542, §3º) (retenção obrigatória do RE e REsp); d) RE e REsp cujo prazo de interposição tenha sido iniciado antes de 18.12.1998, mas que venham a ser interpostos depois de 18.12.1998, seguem a nova regra, de retenção obrigatória (CPC 542, §3º); (e) RE e REsp que sejam cabíveis de julgamentos ocorridos antes de 18.12.1998, mas cuja intimação se tenha dado antes ou depois de 18.12.1998: (e.1) caso tenham sido interpostos antes de 18.12.1998, seguem a regra da lei anterior, da subida imediata; (e.2) caso tenham sido interpostos depois de 18.12.1998, seguem a regra da lei nova, da retenção obrigatória; (f) RE e REsp que sejam cabíveis de julgamentos ocorridos a partir de 18.12.1998, inclusive, seguem a regra da lei nova, da retenção obrigatória".*[69]

Diante dessa possível modificação legislativa processual (que não ocorreu em razão da sanção da Lei 13.256/16), poder-se-ia indagar: Qual lei processual, quanto à admissibilidade de recurso, deveria ser aplicada nas seguintes hipóteses: a) ainda não foi proferido o acórdão pelo tribunal recorrdo; b) foi publicado o acórdão, mas não houve a interposição do recurso especial ou

---

[69] NERY JR, N., op. Cit., p. 903

extraordinário; c) foi publicado o acórdão e já houve a interposição do recurso especial ou extraordinário.

Seguindo o entendimento de Nelson Nery Jr., acima citado, a problemática seria assim resolvida: *a) a lei que rege o 'cabimento e a admissibilidade' do recurso é aquela que vigorava no dia em que foi proferido o julgamento (audiência, sessão de julgamento, publicação em cartório etc. e não a da data da intimação da decisão; b) a lei que rege o 'procedimento do recurso' é a que vigorava no dia em que foi efetivamente interposto o recurso ; c) RE e REsp interpostos antes de 18.03.2016 seguem a regra do juízo de admissibilidade do C.P.C. de 1973; d) RE e REsp cujo prazo de interposição tenha sido iniciado antes de 18.03.2016, mas que venham a ser interpostos depois de 18.03.2016, seguem a nova regra de admissibilidade prevista no novo C.P.C.); (e) RE e REsp que sejam cabíveis de julgamentos ocorridos antes de 18.03.2016, mas cuja intimação se tenha dado antes ou depois de 18.03.2016: (e.1) caso tenham sido interpostos antes de 18.03.2016, seguem a regra da lei anterior; (e.2) caso tenham sido interpostos depois de 18.03.2016, seguem a regra da lei nova; (f) RE e REsp que sejam cabíveis de julgamentos ocorridos a partir de 18.03.2016, inclusive, seguem a regra da lei nova.*

O art. 14 do atual C.P.C. preconiza que a norma processual não retroagirá e será aplicável imediatamente aos processos em curso, respeitados os atos processuais praticados e as situações jurídicas consolidadas sob a vigência da norma revogada.

Portanto, a questão deveria ser avaliada sob a perspectiva do ato processual já realizado e da situação jurídica consolidada.

Assim, em tese, e nos termos do art. 14 do atual C.P.C., salvo na hipótese em que o tribunal recorrido já tivesse proferido decisão sobre o juízo de admissibilidade dos recursos especiais ou extraordinários, todos os demais recursos interpostos deveriam ser encaminhados diretamente ao S.T.F. ou ao S.T.J. para a realização do juízo de admissibilidade (aplicação imediata), tendo em vista que somente a realização do juízo de admissibilidade pela presidência ou vice-presidência dos tribunais de apelação poderia configurar situação jurídica consolidada. Além do mais, essa regra trata da competência do órgão do Poder Judiciário para realizar o juízo de admissibilidade, no caso, competência de natureza absoluta.

Na hipótese de se entender que a questão da competência do juízo de admissibilidade do recurso especial ou extraordinário também deveria ser regulada pela lei em vigor quando da publicação da decisão, poder-se-ia indagar se a norma aplicável ao juízo de admissibilidade do recurso especial ou extraordinário seria aquela em vigor quando da publicação da decisão de primeiro grau ou aquela em vigor quando da publicação do acórdão pelo tribunal de apelação.

Tendo em vista o principio da unirrecorribilidade da decisão, o mais lógico é que a norma que deveria reger determinado recurso seria aquela vigente quando da publicação da decisão que se pretenderia recorrer, pois o recurso tem por objeto a impugnação de determinada decisão específica.

Porém, não se pode esquecer a seguinte interpretação dada pelo S.T.F. quando da entrada em vigor da lei que condicionou a interposição do recurso extraordinário à demonstração da repercussão geral.

O Supremo Tribunal Federal, no AI-QO n. 664.567, Relator Min. Gilmar Mendes, Dje de 6.9.2007, avaliando a questão do direito intertemporal em razão da introdução do instituto da repercussão geral em nosso ordenamento jurídico, firmou o entendimento de que a exigência de demonstração de repercussão geral nos recursos extraordinários teve inicio a partir de 3-5-2007, data da entrada em vigor da Emenda Regimental n. 21 do RISTF, cuja normatização preconizou as normas necessárias para a execução das disposições legais do novel instituto.

Porém, o S.T.F. também optou por estender a aplicação da sistemática do instituto da repercussão geral a recursos extraordinários e agravos de instrumento anteriores a 3-5-2007, conforme se observa pelo seguinte precedente:

> *O Plenário do Supremo Tribunal Federal já proclamou a existência de repercussão geral da questão relativa a obrigatoriedade de o Poder Publico fornecer medicamento de alto custo. Incidência do art. 328 do RISTF e aplicação do art. 543-B do CPC.*
>
> *Responsabilidade solidária entre União, Estados-membros e Municípios quanto às prestações na área de saúde. Precedentes. Impossibilidade de exame, em recurso extraordinário, de alegada violação, acaso existente, situada no âmbito infraconstitucional.*
>
> *Acórdão do Tribunal de origem publicado antes de 03.5.2007, data da publicação da Emenda Regimental 21/2007, que alterou o RISTF para adequá-lo à sistemática da repercussão geral (Lei 11.418/2006). Possibilidade de aplicação do art. 543-B do CPC, conforme decidido pelo Plenário desta Corte no*

julgamento do AI 715.423-QO/ RS. Agravo regimental conhecido e não provido.
(RE 627411 AgR, Relator(a): Min. ROSA WEBER, Primeira Turma, julgado em 18/09/2012, PROCESSO ELETRONICO DJe-193 DIVULG 01-10- 2012 PUBLIC 02-10-2012).

Sem dúvida que a questão da repercussão geral diz respeito ao procedimento a ser adotado na interposição do recurso extraordinário. E, no caso, o S.T.F. entendeu que a nova lei deveria ser aplicada retroativamente, inclusive em relação aos processos cujas decisões foram publicadas à época em que não se exigia a condicionante da repercussão geral.

2.2.6.3.3. Algumas questões práticas sobre a temática do recurso.

a) O novo C.P.C. extinguiu o recurso de agravo retido, mantendo somente o agravo de instrumento para as hipóteses previstas no art. 1.015 do novo C.P.C.
Pelo novo C.P.C., as questões resolvidas na fase de conhecimento, se a decisão a seu respeito não comportar agravo de instrumento, não são cobertas pela preclusão e devem ser suscitadas em preliminar de apelação, eventualmente interposta contra a decisão final, ou nas contrarrazões.
Diante do direito intertemporal, se a decisão foi publicada antes da entrada em vigor do novo C.P.C., a parte obrigatoriamente deverá interpor o recurso de agravo *retido*, sob pena de preclusão. Porém, se a decisão foi publicada após a vigência do novo estatuto processual, a parte não precisará mais ingressar com agravo retido (pois foi extinto), devendo somente alegar a matéria em preliminar de apelação.

b) Nos termos do art. 522 do C.P.C. de 1973, das decisões interlocutórias proferidas caberá agravo, inclusive na forma retida, no prazo de 10 (dez) dias.
O novo C.P.C., por sua vez, em seu art. 1.003, §5º, preconiza que excetuados os embargos de declaração, o prazo para interpor os recursos e para responder-lhes é de 15 (quinze) dias.

Assim, se a decisão interlocutória foi publicada sob a vigência do velho C.P.C., o prazo para interposição do agravo, ainda que retido, será de 10 (dez) dias. Por sua vez, se a decisão foi publicada quando já em vigor o novo estatuto processual, o prazo para a interposição do agravo de instrumento será de 15 (quinze) dias.

c) O C.P.C. de 1973 possibilitava a interposição do recurso de embargos infringentes segundo a sistemática prevista nos arts.530 a 534, *in verbis*:

Art. 530. Cabem embargos infringentes quando o acórdão não unânime houver reformado, em grau de apelação, a sentença de mérito, ou houver julgado procedente ação rescisória. Se o desacordo for parcial, os embargos serão restritos à matéria objeto da divergência. (Redação dada pela Lei nº 10.352, de 26.12.2001)

Art. 531. Interpostos os embargos, abrir-se-á vista ao recorrido para contra-razões; após, o relator do acórdão embargado apreciará a admissibilidade do recurso. (Redação dada pela Lei nº 10.352, de 26.12.2001)

Art. 532. Da decisão que não admitir os embargos caberá agravo, em 5 (cinco) dias, para o órgão competente para o julgamento do recurso. (Redação dada pela Lei nº 8.950, de 13.12.1994)

Art. 533. Admitidos os embargos, serão processados e julgados conforme dispuser o regimento do tribunal. (Redação dada pela Lei nº 10.352, de 26.12.2001)

Art. 534. Caso a norma regimental determine a escolha de novo relator, esta recairá, se possível, em juiz que não haja participado do julgamento anterior. (Redação dada pela Lei nº 10.352, de 26.12.2001)

O novo C.P.C., por outro lado, extinguiu o recurso de embargos infringentes como recurso autônomo, mantendo-o com uma nova natureza jurídica, ou seja, como continuidade do julgamento de determinados recursos, conforme estabelece o art. 942, *in verbis*:

Art. 942. Quando o resultado da apelação for não unânime, o julgamento terá prosseguimento em sessão a ser designada com a presença de outros julgadores, que serão convocados nos termos previamente definidos no regimento interno, em número suficiente para garantir a possibilidade de inversão do resultado inicial, assegurado às partes e a eventuais terceiros o direito de sustentar oralmente suas razões perante os novos julgadores.

§ 1º Sendo possível, o prosseguimento do julgamento dar-se-á na mesma sessão, colhendo-se os votos de outros julgadores que porventura componham o órgão colegiado.

§ 2º Os julgadores que já tiverem votado poderão rever seus votos por ocasião do prosseguimento do julgamento.

§ 3º A técnica de julgamento prevista neste artigo aplica-se, igualmente, ao julgamento não unânime proferido em:

I – ação rescisória, quando o resultado for a rescisão da sentença, devendo, nesse caso, seu prosseguimento ocorrer em órgão de maior composição previsto no regimento interno;

II – agravo de instrumento, quando houver reforma da decisão que julgar parcialmente o mérito.

§ 4º Não se aplica o disposto neste artigo ao julgamento:

I – do incidente de assunção de competência e ao de resolução de demandas repetitivas;

II – da remessa necessária;

III – não unânime proferido, nos tribunais, pelo plenário ou pela corte especial.

Assim, se o acórdão foi publicado antes da entrada em vigor do novo C.P.C., a parte deverá ingressar com o recurso de embargos infringentes, pelo procedimento dos arts. 530 a 534 do C.P.C. de 1973.

Se já proferido o acórdão, quando da entrada em vigor do novo C.P.C., a parte não precisará mais valer-se do recurso de embargos infringentes, tendo em vista que o julgamento do recurso dar-se-á pela sistemática do art. 942 do novo C.P.C.

d) Sob a égide do C.P.C. de 1973, o S.T.J., ao editar a Súmula 216, preconizou que *a tempestividade de recurso interposto no Superior Tribunal de Justiça* seria aferida pelo registro no protocolo da secretaria e não pela data da entrega na agência do correio (Corte Especial, julgado em 03.02.1999, REPDJ 15.03.1999, p. 326, DJ 01.031999, p. 433).

O novo C.P.C., por sua vez, estabeleceu em seu 1.003, §4º, que para aferição da tempestividade do recurso remetido pelo correio, será considerada como data de interposição a data de postagem.

No caso, penso que não se trata de aplicar o direito intertemporal para resolver o dilema.

É que a questão deverá ser resolvida com a simples revogação ou perda de objeto da Súmula 216 do S.T.J. pelo disposto no art. 1.003, §4º, do novo C.P.C.

Na realidade, se a postagem do recurso ocorreu sob a vigência do C.P.C. de 1973, mas o encerramento do prazo recursal somente veio a se consumar quando já em vigor o novo estatuto processual, aferir-se-á sua tempestividade pela data da postagem e não pela data do protocolo da secretaria.

Aliás, mesmo que o encerramento do prazo recursal tenha ocorrido antes da vigência do novo C.P.C., o recurso será considerado pela data da postagem, se a decisão sobre a admissibilidade do recurso deva ocorrer sob a égide do novo estatuto processual.

Porém, se a decisão que reconheceu a intempestividade do recurso, com base na Súmula 216, foi proferida antes da vigência do novo C.P.C., não terá eficácia o disposto no art. 1.003, §4º, sob pena de ferir o princípio da irretroatividade da lei para atingir ato jurídico processual perfeito.

e) O art. 1.007 do novo C.P.C. estabelece que no ato da interposição do recurso, o recorrente comprovará, quando exigido pela legislação pertinente, o respectivo preparo, inclusive porte de remessa e de retorno, sob pena de deserção. A insuficiência do valor do preparo, inclusive porte de remessa e de retorno, implicará deserção se o recorrente, intimado na pessoa de seu advogado, não vier a supri-lo no prazo de 5 (cinco) dias.

Aludida regra normativa encontrava-se prevista no art. 511, §2º, do C.P.C. de 1973, a saber: *A insuficiência no valor do preparo implicará deserção, se o recorrente, intimado, não vier a supri-lo no prazo de cinco dias.*

Sobre o tema, eis o seguinte precedente do S.T.J.:

1. Admite-se a complementação do preparo quando for recolhida tempestivamente alguma das verbas que o compõem, conforme prevê o art. 511, § 2º, do CPC.

2. No caso, conquanto tenha sido intimada para complementar o preparo, a recorrente não recolheu os valores referentes às custas, nos termos da Resolução/STJ n. 1/2014, o que acarreta a deserção do recurso.

3. Agravo regimental desprovido.
(AgRg no AREsp 694.381/MG, Rel. Ministro ANTONIO CARLOS FERREIRA, QUARTA TURMA, julgado em 20/10/2015, DJe 28/10/2015).
O C.P.C. de 1973, portanto, somente considerava deserto determinado recurso se a falta de recolhimento fosse integral.
O novo C.P.C., por sua vez, no que concerne ao preparo do recurso, trouxe uma importante inovação em relação ao estatuto processual revogado.
Pelo novo C.P.C., o recorrente que não comprovar, no ato de interposição do recurso, o recolhimento do preparo, inclusive porte de remessa e de retorno, será intimado, na pessoa de seu advogado, para realizar o recolhimento em dobro, sob pena de deserção (§4º do art. 1007 do novo C.P.C.).
Assim, pelo novo estatuto processual, a falta de comprovação de recolhimento integral do preparo do recurso não será mais motivo para declarar a sua deserção, pois a nova ordem processual permite que o recorrente, após sua devida intimação na pessoa de seu advogado, faça o recolhimento em dobro do preparo.
Essa nova perspectiva de recolhimento do preparo não existia na vigência do C.P.C. de 1973.
Surge a questão para efeito de análise do direito intertemporal. Na hipótese em que o recurso é interposto sob a égide do C.P.C. de 1973, sem o recolhimento integral do preparo, mas a análise da deserção do recurso somente ocorra após a vigência do novo C.P.C., terá o recorrente a prerrogativa de recolher em dobro o valor do preparo para efeito de afastar a deserção?
Tendo em vista que a lei que regulamenta a interposição do recurso é aquela existente no momento da publicação a sentença, entendo que havendo a interposição do recurso sem qualquer recolhimento do valor do preparo não haverá possibilidade do recorrente se valer da nova sistemática introduzida pelo novo C.P.C., sob pena de a lei nova processual atingir situação jurídica consolidada.

f) No que concerne ao pagamento das custas processuais, se a parte autora deixou de realizar o pagamento no momento processual apropriado, somente o fazendo após a publicação da nova lei processual, não houve a concretização do ato processual perfeito, razão pela qual entendo que o pagamento deverá ser regulado não mais pela lei antiga, mas, sim, pela lei nova, respeitado, evidentemente, a legislação tributária sobre eventuais aumentos do tributo e a questão da realização do fato gerador.

2.2.6.3.4. Honorários recursais.

Ainda em relação aos honorários recursais, o art. 85, §11, do novo C.P.C., apresenta certa medida pedagógica, com o intuito de se impedir que o vencido ingresse com recursos meramente protelatórios ou peremptoriamente improcedentes.

Diante dessa nova normatização processual, se o recurso interposto pela parte sucumbente não for acolhido, o tribunal, de ofício ou por provocação da parte, poderá majorar os honorários fixados anteriormente na decisão recorrida, levando-se em conta o trabalho adicional realizado em grau recursal.

Assim, o tribunal deverá avaliar o trabalho adicional realizado pela parte recorrida, especialmente quanto aos argumentos expendidos em suas contrarrazões recursais, sustentação oral etc, para o efeito de majorar os honorários fixados anteriormente, observando, conforme o caso, o disposto nos §§2º a 6º do art. 85 do novo C.P.C., sendo vedado ao tribunal, no cômputo geral da fixação de honorários devidos ao advogado do vencedor, ultrapassar os respectivos limites estabelecidos nos §§2º e 3º para a fase de conhecimento.

Em relação ao direito intertemporal para aplicação dos honorários recursais como caráter pedagógico ou sancionatório, entendem Dierle Nunes, Victor Barboa Dutra e Délio Mota de Oliveira Júnior: *"Em razão das mudanças empreendidas pelo NCPC, certamente surgirão conflitos aparentes entre normas reguladoras de situações assemelhadas. Diante disso, qual lei deve regular determinada situação, a anterior ou a posterior? No caso específico dos honorários recursais, já se antevê o conflito: interposto recurso contra determinada decisão na vigência do CPC/73, poderá haver condenação em honorários recursais previstos no CPC/15? Importa rememorar que o sistema amplamente aceito pela doutrina processual para regular essa espécie de conflito é o do 'isolamento dos atos processuais', segundo o qual 'a lei nova não atinge os*

*atos processuais já praticados, nem seus efeitos, mas se aplica aos atos processuais a praticar, sem limitações relativas às chamadas fases processuais'. Neste sentido, o CPC/2015 se posicionou no art. 14, em termos: A norma processual não retroagirá e será aplicável imediatamente aos processos em curso, respeitados os atos processuais praticados e as situações jurídicas consolidadas sob a vigência da norma revogada. No caso em exame, o ato processual em questão é a interposição de recurso (na vigência da lei anterior) e o efeito que se pretende analisar é a condenação em honorários recursais (na vigência do CPC/15). Em primeiro lugar, é relevante delimitar se esse efeito condenatório é decorrente estritamente daquele ato processual. Em outras palavras, se não houvesse interposição do recurso poderia haver a condenação em honorários recursais? Parece-nos que não; logo, o efeito condenatório decorre da interposição em si – e não de algum fato jurídico ao longo da tramitação do recurso ou mesmo do acórdão que o julgará. Nessa perspectiva, sendo os honorários recursais um efeito do ato de interposição (e havendo uma nítida relação de causalidade que deflagra a condenação honorária) é de se concluir que **nos recursos interpostos na vigência do CPC/73 não poderá haver condenação em honorários recursais previstos no CPC/15, visto que o efeito do ato realizado sob a égide do CPC/73 deve, também, ser regulado por este estatuto**. Esse entendimento se mostra como o mais adequado, pois, além de harmonizar-se com a teoria do isolamento dos atos processuais, protege legítimas expectativas e a boa-fé objetiva (art. 5º) do jurisdicionado (de que o ato de interposição, no momento em que foi realizado, não deflagraria a condenação em honorários recursais). Além disso, em nosso sentir, se entendemos que o recurso é desdobramento do direito de ação e de defesa, e que o âmbito recursal é mais um espaço dialógico para construção da decisão que solucionará o litígio, devem ser evitadas restrições antes não previstas ao espaço normativo de discussão".*
(, Dierle Nunes, Victor Barbosa Dutra e Délio Mota de Oliveira Júnior, in: Honorários advocatícios. Coleção grandes temas do Novo CPC. Salvador: Jus Podivm, 2015 (No prelo). Págs. 14 e 15).

Acompanho a posição dos ilustres processualistas acima citados, especialmente no que concerne à teoria do *isolamento dos atos processuais*.

Contudo, a não retroatividade da norma prevista no art. 85, §11, do novo C.P.C., em relação aos recursos interpostos sob a égide do C.P.C. de 1973, tem por fundamento alguns outros aspectos jurídicos.

Em primeiro lugar, não se aplica o art. 85, §11, do novo C.P.C. aos recursos interpostos sob a égide do C.P.C. de 1973, tendo em vista que a norma que prevê sanção processual (majoração de honorários) somente pode ser aplicado à conduta típica realizada quando da vigência da lei; mutatis mutantis, "não há crime sem lei anterior que o defina".

No caso, o C.P.C. de 1973 não previa como conduta típica a interposição de recurso meramente protelatório ou manifestamente improcedente para efeito de majoração dos honorários de advogados do recorrido.

Em segundo lugar, é de ser aplicado o disposto no art. 85, §11, do novo C.P.C. aos recursos interpostos na vigência do novo C.P.C., ainda que a sentença tenha sido proferida na vigência do código revogado, uma vez que a conduta típica sancionatória é justamente a interposição do recurso meramente protelatório ou categoricamente improcedente.

Apresenta o conteúdo normativo previsto no art. 85, §11, do novo C.P.C., como já se afirmou, caráter sancionatório pela interposição de recurso protelatório ou categoricamente improcedente, com o fim último de se prolongar no tempo a efetiva prestação da tutela jurisdicional.

Sobre o tema, o S.T.J. expediu o seguinte enunciado administrativo:

Enunciado administrativo número 7: Somente nos recursos interpostos contra decisão publicada a partir de 18 de março de 2016, será possível o arbitramento de honorários sucumbenciais recursais, na forma do art. 85, § 11, do novo CPC.

2.2.6.4. Situação jurídica consolidada e causas de impedimento e de suspeição do juiz.

O novo C.P.C., em seus arts. 144 e 145, apresenta hipóteses de impedimento e suspeição dos magistrados.

Em regra, as hipóteses de impedimento e suspeição são praticamente as mesmas previstas nos arts. 134 e 135 do C.P.C. de 1973.

Porém, o novo C.P.C. traz algumas hipóteses novas e importantes quanto ao impedimento e suspeição do juiz.

Em relação às causas de impedimento, o art. 144 do novo C.P.C. incorpora no ordenamento jurídico as seguintes situações novas: a) em que figure como parte instituição de ensino com a qual tenha relação de emprego ou decorrente de contrato de prestação de serviços; b) em que figure como parte cliente do escritório de advocacia de seu cônjuge, companheiro ou parente, consanguíneo ou afim, em linha reta ou colateral, até terceiro grau, inclusive, mesmo que patrocinado por advogado de outro escritório; esse impedimento também se verifica no caso de mandato conferido a membro de escritório de advocacia que tenha em seus quadros advogado que individualmente ostente a condição nele prevista, mesmo que não intervenha diretamente no processo; c) quando promover ação contra o advogado da parte.

No que concerne às causas de suspeição, o art. 145 do novo C.P.C. introduz uma importante causa de suspeição, a saber: ser o juiz amigo íntimo ou inimigo de qualquer dos advogados.

A problemática que se observa no campo do direito intertemporal, diz respeito à existência no processo de alguma dessas novas causas de impedimento ou suspeição do juiz quando da entrada em vigor do novo C.P.C.

Suponha-se que o juiz é empregado de uma instituição de ensino, e o objeto do processo diz respeito à instituição; que o juiz seja amigo íntimo ou inimigo de um dos advogados que atuam no processo; que o juiz atue num processo de um cliente do escritório de advocacia de seu cônjuge, cujo patrocínio é feito por advogado de outro escritório.

Diante dessas hipóteses, com a entrada em vigor do novo estatuto processual, deverá o juiz declarar-se suspeito ou impedido?

Poder-se-ia argumentar que no caso haveria uma *situação jurídica consolidada no passado*, pelo fato de o juiz já atuar no processo e não existir, sob a vigência do C.P.C. de 1973, qualquer dessas causas de impedimento ou suspeição.

Porém, penso que esse não é o melhor argumento, pois não há uma situação jurídica consolidada no caso presente, uma vez que as causas de impedimento ou suspeição do juiz são regras jurídicas decorrentes de um princípio e de uma garantia Constitucional, no caso, o princípio da imparcialidade do juiz, razão pela qual deverão ter aplicação imediata nos processos pendentes, com efeito *ex nunc*.

A imparcialidade passou a ser uma das noções garantistas mais difundidas na Modernidade.[70]

Apesar dessa constante referência à imparcialidade do juiz nos tratados e convenções internacionais, *"la definición de imparcialidad no ha sido jamás caracterizada (...)"*. Talvez porque em todos os tempos a imparcialidade não é uma

---

[70] "Desde luego, si afirmamos que la 'imparcialidad' constituye una de las garantías que debe reunir el 'proceso justo'". (VIAGAS BARTOLOMÉ. Plácido Fernández. *El juez imparcial*. Granada: Editorial Comares, 1997. p.19.).

expressão que possa ser conceituada, mas percebida pelas pessoas no mais profundo de sua consciência do justo e do injusto.[71]

Em razão dessa inconsistência conceitual, José Antonio Díaz Cabiale alertou que a imparcialidade seria: *"una de las cuestiones más arduas desde el punto de vista teórico en que se puede pensar"*.[72] A dificuldade torna-se ainda maior, a partir do momento em que se percebe que seu alcance não se circunscreve ao âmbito da subjetividade do juiz, senão que também corresponde a um elemento objetivo básico e inspirador de um processo justo.[73]

Para que a administração da justiça realize sua atividade com legitimidade e validade, devem ser observados os princípios e regras previstos na Constituição Federal, pois o sistema jurídico[74] do Estado de Direito Democrático brasileiro é um sistema normativo aberto de regras e princípios.[75]

Diante desse sistema aberto de princípios e regras fundamentais, qual seria a natureza jurídica da *imparcialidade do juiz*: regra, princípio ou um direito fundamental.

Ao tratar do ordenamento jurídico espanhol, Maria Isabel Valldecabres Ortiz adverte que a Constituição espanhola não menciona a *imparcialidade* como essência da atuação jurisdicional.[76] Aliás, essa pouca receptividade à

---

[71] QUIRÓS, Diego Zysman. *Imparcialidad judicial y enjuiciamiento penal – un estudio histórico--conceptual de modelos normativos de imparcialidad*. Disponível em: http://www.catedrahendler.org/materiales/zysman%20_%20Imparcialidad.PDF – 03/08/2005

[72] CABIALE, José Antonio Díaz. *Principios de aportación de parte y acusatorio: la imparcialidad del juez*. Granada: Editorial Comares, 1996. p.401.

[73] ORTIZ, Maria Isabel Valldecabres. *Imparcialidad del juez y médios de comunicación*. Valencia: Ed. Tirant lo Blanch, 2004. p.106.

[74] "(...)sempre que nos deparamos com uma verdadeira *ordem jurídica* e que devemos dominá--la mentalmente, a idéia de sistema é irrenunciável (...)".(FERNANDES, Fernando. *O processo penal como instrumento de política criminal*. Coimbra: Almedina, 2001. p.21).

[75] "Este ponto de partida carece de 'descodificação': 1) – é um sistema jurídico porque, (...) é um sistema dinâmico de normas; 2) – é um *sistema aberto* porque tem uma *estrutura dialógica*, (Caliess) traduzida na disponibilidade e 'capacidade de aprendizagem' das normas constitucionais para captarem a mudança da realidade e estarem abertas às concepções cambiantes da 'verdade' e da 'justiça'; 3) – é um *sistema normativo*, porque a estruturação das expectativas referentes a valores, programas, funções e pessoas, é feita através de *normas*; 4) – é um *sistema de regras e de princípios*, pois as normas do sistema tanto podem revelar-se sob a forma de *princípios* como sob a sua forma de *regras*".(CANOTILHO, José Joaquim Gomes. *Direito constitucional e teoria da constituição*. 7. ed. Coimbra: Livraria Almedina, 2003. p.1.159).

[76] ORTIZ, M. I. V., Op. Cit., p. 108.

incorporação da nota de imparcialidade como princípio característico da atividade jurisdicional é uma tendência no âmbito constitucional da maioria dos países da Europa continental.[77]

O Art. 2º da Constituição Federal brasileira, na tendência do constitucionalismo europeu, somente faz referência ao princípio da independência do Poder Judiciário, omitindo-se quanto à questão da imparcialidade dos juízes.

Apesar da ausência de referência expressa da imparcialidade no texto constitucional brasileiro, observar-se que no âmbito processual infraconstitucional há *regra jurídica* concernente à suspeição e impedimento do magistrado (Arts. 252 e 254 do C. P. P. e arts. 144 a 148 do novo C. P. C.).

A imparcialidade, no âmbito processual, apresenta a natureza de *regra jurídica*.

Trata-se de uma regra jurídica, porque diante das hipóteses de impedimento ou suspeição do juiz, a abstenção ou recusa do magistrado é de rigor, de maneira do tudo-ou-nada. Não há exceção, ou a regra é validade ou não é.

Diante das hipóteses estipuladas na legislação processual penal ou civil, o resultado estabelecido pela regra jurídica é aceito como necessário, preconizando o afastamento do juiz da relação jurídica processual.

Além de uma *regra jurídica processual* de abstenção e recusa do juiz, a *imparcialidade* também representa uma característica essencial da atividade jurisdicional, motivo pelo qual se recomenda que sua leitura seja contemplada como densificação de um *princípio constitucional ou como direito fundamental a um processo público e com todas as garantias*.

Apesar de a Constituição Federal brasileira não mencionar expressamente a *imparcialidade* como nota distintiva do Poder Judiciário no amplo catálogo

---

[77] "En verdad, el constitucionalismo europeo no se ha mostrado receptivo a incorporar la nota de *imparcialidad* como un principio característico de la función de juzgar. Ver, por ejemplo: Título X da Ley Fundamental de Bonn, que hace hincapié en la independencia del juez, pero no en la imparcialidad (art. 97); asimismo, la Constitución de Bélgica (Texto Refundido aprobado en 1994) tampoco lo recoge en sus arts. 144 a 159, dedicados al poder judicial; por su parte, la Constitución francesa de 1958, en sus Títulos VIII y IX también lo omite. La regulación completa que la Constitución griega dedica al poder judicial (Sección E de la Constitución de 1975) tampoco hace hincapié en ese dato. La Constitución portuguesa, también exhaustiva en este campo, resalta en su art. 206 la independencia, pero obvia cualquier referencia a la imparcialidad. Y, por último, la Constitución italiana de 1947 tampoco la acoge en sus arts. 100 y ss". (ASENSIO, Rafael Jiménez. *Imparcialidad judicial y derecho al juez imparcial*. Navarra: Aranzadi, 2002. p.67).

dos direitos fundamentais, o enunciado previsto no § 2º, do art. 5º, da Constituição Federal adverte que os direitos e garantias expressos na Constituição não excluem outros decorrentes do regime e dos princípios por ela adotados, ou dos tratados internacionais em que a República Federativa do Brasil seja parte. Esse dispositivo constitucional permite afirmar que ao lado de uma série de *direitos fundamentais exteriorizados como tais,* há outros direitos e garantias *ocultos* ou pelo menos não expressamente *nominados* no art. 5º, da C. F.[78]

Esse processo, segundo Flávia Piovesan, representa a incorporação de outros direitos fundamentais pelo texto constitucional.[79]

A Emenda Constitucional n. 45, de 2004, reforçando a importância dos direitos fundamentais *ocultos,* introduziu o § 3º, no art. 5º, da C. F., a fim de preconizar que os tratados e convenções internacionais sobre direitos humanos que forem aprovados em cada Casa do Congresso Nacional, em dois turnos, por três quintos dos votos respectivos membros, serão equivalentes às emendas constitucionais.[80]

A Constituição portuguesa apresenta normatização similar à do § 3º, do art. 5º, da nossa Constituição introduzida pela Emenda Constitucional 45/2004.[81]

Na América Latina, também a Carta Política argentina e chilena apresentam essa previsão no que se refere aos direitos humanos.[82]

Portanto, muito embora não haja referência expressa na Constituição Federal de um princípio ou de um direito fundamental subjetivo à imparcialidade do juiz, pode-se dizer que essa incorporação provém dos preceitos contidos em Tratados ou Pactos internacionais.

---

[78] Rafael Jiménez Asensio, no que concerne ao direito fundamental a um juiz imparcial, reconheceu que se trata de um *derecho oculto.* Com efeito, "(...) o derecho al juez imparcial es un ejemplo de *derecho oculto* (o sí prefiere no recogido expresamente) en el artículo 24 CE (...)"(Idem. Ibidem., p. 135).
[79] PIOVESAN, Flávia. *Direitos humanos e o direito constitucional internacional*. 5. ed. rev. ampl. e atual. São Paulo: Max Limonad, 2002. p. 65.
[80] "(...)De um ponto de vista histórico, ou seja, na dimensão empírica, os direitos fundamentais são, originalmente direitos humanos (...)." (GUERRA FILHO, Willis Santiago. A dimensão processual dos direitos fundamentais. In *Revista de Processo,* n. 87, ano 22, p.166 e 167, (166-174), São Paulo, Ed. Revista dos Tribunais, jul./set., 1997).
[81] COUTO DE BRITO, Aléxis Augusto. Direito penal internacional: direitos humanos, tratados internacionais e o princípio da legalidade. In *Revista Síntese de Direito Penal e Processual Penal.* Ano V, n. 27, ago./set. 2004, Curitiba, Editora Síntese (43-51), p.47.
[82] Idem. Ibidem. Loc. Cit.

A Carta constitucional espanhola não menciona expressamente a imparcialidade como essência da jurisdição, apesar disso, o Tribunal Constitucional espanhol reconheceu a imparcialidade como direito fundamental trazido pelos documentos normativos de caráter internacional em matéria de direitos e liberdades, em especial, a Declaração Universal de Direitos Humanos, o Convênio Europeu para a Proteção dos Direitos Humanos e das Liberdades Públicas e o Pacto Internacional de Direitos Civis e Políticos, os quais expressamente reconhecem o direito que tem uma pessoa de ser julgada por um *Tribunal imparcial*.[83]

O art. 10, da Declaração Universal dos Direitos Humanos, de 10 de dezembro de 1948, aprovada pelo Brasil, estabelece que: *"Toda pessoa tem o direito, em condições de plena igualdade, de ser ouvida publicamente e com justiça por um tribunal independente e imparcial (...)"*.

Da mesma forma o art. 14, do Pacto Internacional de Direitos Civis e Políticos, de 19 de dezembro de 1966, ratificado pelo Brasil, afirma: *"Todas as pessoas são iguais perante os Tribunais e as Cortes de Justiça. Toda pessoa terá o direito de ser ouvida publicamente e com as devidas garantias por um Tribunal competente, independente e imparcial (...)"*.

O Brasil, como signatário do Pacto Internacional de Direito Civis e Políticos, de 19 de dezembro de 1966, incorporou no rol de seus direitos constitucionais fundamentais a *imparcialidade* do juiz, conforme lhe autoriza o §2º, do art. 5º, da C. F.

Além disso, a *imparcialidade do* juiz também decorre do direito fundamental a um *processo público e com todas as garantias*.

Segundo afirma Joan Pico i Junoy, o Tribunal Constitucional espanhol reconheceu o direito fundamental a um *juiz imparcial* como essência de um *processo público e com todas as garantias*.[84] É bem verdade que num primeiro momento o Tribunal Constitucional espanhol vinculou o direito fundamental à *imparcialidade do juiz* ao princípio do *juiz natural*, com base no direito ao juiz

---

[83] "O artigo 6.1, do Convenio Europeu para proteção aos direitos humanos e às liberdades públicas diz que: "Toda pessoa tem o direito a que sua causa seja ouvida, eqüitativamente, publicamente e dentro de um prazo razoável, por um Tribunal independente e *imparcial*". (ASENSIO, R. J., Op. Cit., p. 136).

[84] PICÓ I JUNOY, Joan. *La imparcialidad judicial y sus garantías: la abstención y la recusación*. Barcelona: J. M. Bosch, 1998. p. 25.

ordinário predeterminado pela lei (juízo natural); enquanto que no segundo momento, iniciado a partir de 1987, situou o direito ao juiz imparcial como decorrência do direito a um *processo público com todas as* garantias. Essa segunda perspectiva foi consolidada pela Sentença do Tribunal Constitucional n. 145, de 1988 (RTC 1988, 145), a qual serviu de *leading case* para o tema.[85]

Por isso, ao se mencionar o direito constitucional fundamental a um juiz imparcial, não se pretende postular a criação de um novo direito fundamental, senão *"(...) detectar su existencia más o menos oculto dentro de un derecho fundamental base"*.[86] Não se cria um novo direito fundamental, mas o desvenda reflexamente do *direito a um processo público com todas as garantias,* ou em decorrência da permissibilidade constitucional para que o ordenamento jurídico incorpore outros direitos fundamentais previstos em tratados internacionais, dos quais o Brasil seja signatário.

O direito constitucional a *um processo público e com todas as garantias* representa, na realidade, um entroncamento entre o direito fundamental ao juiz natural, à igualdade das partes, ao contraditório e à *imparcialidade do juiz.*[87]

Mas além de ser um *direito fundamental subjetivo da parte,* a imparcialidade também incorpora a força normativa de um *subprincípio* densificador do princípio *estruturante* do Poder Judiciário, isto é, do *Princípio Democrático* que a legitima como *essência da atividade jurisdicional.*

A imparcialidade como princípio estruturante do Poder Judiciário é a essência do *justo processo penal ou civil.*

A imparcialidade do juiz é um direito fundamental do acusado ou da parte e *ao mesmo tempo se configura como um princípio regulador da função jurisdicional.*

---

[85] ASENSIO, R. J. Op. Cit., p. 142.
[86] ASENSIO, R. J., Op. Cit., p. 137.
[87] "Da un lato, c'é il giudice precostituito(...).
Dall'altro lato, ci sono il diritto dei destinatari del provvedimento giurisdizionale di partecipare al processo di formazione del medesimo, di svolgere, sul piede di simmetrica parità, innanzi e con quel giudice naturale, un pieno contraddittorio (nella completezza del quale consiste l'attuazione della inviolabilità della difesa); nonche il diritto di litiganti di conoscere la motivazione del provvedimento (e quindi l'utilizzazione e l'apprezzamento che il giudice abbia fatto dei risultati del processo) e quello d'impugnare.
Questi due piloni (...) sono uniti da una sola gittata: la imparcialita del giudice. Imparzialità, indipendenza del giudice, parità fra i litiganti s'implicano e interagiscono, in moto circolare, ciascuna a servizio delle altre". (FAZZALARI, Elio. La imparzialità del giudice. In *Rivista di Diritto Processuale*, Padova, Edizioni Cedam, n. 2, 1972, (p.193-203), p. 199).

A imparcialidade apresenta essa dupla característica: *direito fundamental e princípio geral constitucional informativo do Poder Judiciário*.

É *princípio*, pois é suporte estruturante e fundamental do ordenamento jurídico; é *geral*, uma vez que diz respeito a todo ordenamento jurídico, transcendendo preceitos jurídicos particularizados; é de *direito*, porque tem aplicação no mundo jurídico e não é critério ou regra moral ou de bom comportamento, não obstante também nessas esferas de relações humanas deva ser levado em consideração.[88]

Como princípio geral de direito processual penal ou civil, o princípio da imparcialidade impõe ao Poder Judiciário cânones informadores de toda sua atividade; por sua vez, como princípio constitucional impõe-se com especial força normativa e vinculante no ordenamento jurídico brasileiro.[89]

É importante salientar que os princípios gerais de direito processual não são estáticos, vez que são influenciados pelas circunstâncias espaços-temporais, pela situação cultural, pela concepção do homem e do mundo. Por isso, os princípios gerais de direito processual costumam evoluir segundo as próprias mutações que possam acontecer no ordenamento jurídico, na medida em que representam verdadeiras convicções ético-jurídicas de uma dada comunidade.[90] Assim, diante dessa concepção dinâmica dos princípios gerais de direito processual, e sendo a imparcialidade do juiz, não só uma regra processual, mas, principalmente, um princípio estruturante do processo civil democrático, tenho para mim que as novas causas de impedimento ou suspeição do juiz têm aplicação imediata.

Ressalte-se, por fim, que a leitura da *imparcialidade* como princípio estruturante do Poder Judiciário, segundo a perspectiva deste trabalho, deve ser realizada em duas vertentes, isto é, a vertente *negativa*, na qual se reclama um direito a um processo em que se apresente um julgador que não tenha qualquer inclinação para a denominada parcialidade negativa, e a outra vertente de caráter *positivo*, na qual se exige do juiz, diante das barreiras externas existentes (sociológica, cultural, econômica), o reconhecimento no transcurso e no desenvolvimento da relação jurídica processual dessas diferenças.

---

[88] GARCÍA DE ENTERRÍA, Eduardo; FERNANDEZ, Tomás Ramon. *Curso de direito administrativo*. Tradução Arnaldo Setti, São Paulo: RT, 1991, p.83.
[89] MELO RIBEIRO, M. T., Op. Cit., p. 90.
[90] GARCIA DE ENTERRÍA, E.; FERNANDEZ, T. R. Op. Cit., p.84.

2.2.6.5. Situação jurídica consolidada e contagem de prazo processual.

Uma das mais importantes inovações trazidas pela nova ordem jurídica processual encontra-se prevista no art. 219 do novo C.P.C, *in verbis*:

> Art. 219. *Na contagem de prazo em dias, estabelecido por lei ou pelo juiz, computar-se-ão somente os dias úteis.*
> *Parágrafo único. O disposto neste artigo aplica-se somente aos prazos processuais.*

Trata-se da contagem do prazo processual, legal ou judicial, o qual a partir da nova ordem processual passará a ser contado em *dias úteis*, ao contrário do que se dava sob a égide do C.P.C. de 1973, em que a contagem do prazo em dias se dava em dias corridos, somando-se os dias úteis com os dias não úteis.

Diante dessa importante modificação da contagem do prazo processual em dias, podem surgir algumas questões de ordem de direito intertemporal, a saber:

a) processo iniciado antes da vigência do novo C.P.C., sendo a contagem do prazo iniciado também antes da vigência da nova ordem processual;
b) processo iniciado antes da vigência do novo C.P.C., com contagem do prazo em curso quando da vigência da nova ordem processual;
c) processo iniciado antes da vigência do novo C.P.C., com contagem do prazo a ser iniciado após a vigência do novo C.P.C.;
d) processo iniciado após a nova ordem processual.

Na hipótese da letra 'a', do processo iniciado antes da vigência do novo C.P.C., com contagem do prazo iniciado antes da vigência da nova ordem processual, a lei que regulará a contagem do prazo em dias será a do C.P.C. de 1973, pois se está diante de situação jurídica consolidada quanto à contagem do prazo. Na hipótese da letra 'b', do processo iniciado antes da vigência do novo C.P.C., com contagem do prazo em curso quando da vigência da nova ordem processual, a lei que regulará a contagem do prazo em dias será a do C.P.C. de 1973, pois se está diante de situação jurídica consolidada quanto à contagem do prazo. Na hipótese da letra 'c', do processo iniciado antes da vigência do novo C.P.C., com a contagem do prazo a ser iniciado após a vigência do novo C.P.C., a normatização a ser aplicada é a do novo C.P.C., pois não houve situação jurídica consolidada, justamente porque não houve o início da contagem do prazo. Na hipótese da letra 'd', aplica-se de imediato o novo C.P.C.

2.2.6.6. Situação jurídica consolidada e ação ou demanda rescisória.
O novo C.P.C., em relação à ação ou demanda rescisória, estabelecia em seu art. 966 (na sua redação originária) as hipóteses que fundamentam a rescisão de uma decisão de mérito, transitada em julgado, *in verbis*:

> *Art. 966. A decisão de mérito, transitada em julgado, pode ser rescindida quando:*
> *I – se verificar que foi proferida por força de prevaricação, concussão ou corrupção do juiz;*
> *II – for proferida por juiz impedido ou por juízo absolutamente incompetente;*
> *III – resultar de dolo ou coação da parte vencedora em detrimento da parte vencida ou, ainda, de simulação ou colusão entre as partes, a fim de fraudar a lei;*
> *IV – ofender a coisa julgada;*
> *V – violar manifestamente norma jurídica;*
> *VI – for fundada em prova cuja falsidade tenha sido apurada em processo criminal ou venha a ser demonstrada na própria ação rescisória;*
> *VII – obtiver o autor, posteriormente ao trânsito em julgado, prova nova cuja existência ignorava ou de que não pôde fazer uso, capaz, por si só, de lhe assegurar pronunciamento favorável;*
> *VIII – for fundada em erro de fato verificável do exame dos autos.*
> *§ 1º Há erro de fato quando a decisão rescindenda admitir fato inexistente ou quando considerar inexistente fato efetivamente ocorrido, sendo indispensável, em ambos os casos, que o fato não represente ponto controvertido sobre o qual o juiz deveria ter se pronunciado.*
> *§ 2º Nas hipóteses previstas nos incisos do caput, será rescindível a decisão transitada em julgado que, embora não seja de mérito, impeça:*
> *I – nova propositura da demanda; ou*
> *II – admissibilidade do recurso correspondente.*
> *§ 3º A ação rescisória pode ter por objeto apenas 1 (um) capítulo da decisão.*

> *§ 4º Os atos de disposição de direitos, praticados pelas partes ou por outros participantes do processo e homologados pelo juízo, bem como os atos homologatórios praticados no curso da execução, estão sujeitos à anulação, nos termos da lei.*

Contudo, foi sancionada a Lei 13.256, de 4 de fevereiro de 2016 (que entrou em vigor na mesma data do novo C.P.C.), a qual acrescentou os §§ 5º e 6º ao art. 966 do atual C.P.C., a saber:

> *(...).*
> *§ 5º Cabe ação rescisória, com fundamento no inciso V do caput deste artigo, contra decisão baseada em enunciado de súmula ou acórdão proferido em julgamento de casos repetitivos que não tenha considerado a existência de distinção entre a questão discutida no processo e o padrão decisório que lhe deu fundamento.*
> *§ 6º Quando a ação rescisória fundar-se na hipótese do § 5º deste artigo, caberá ao autor, sob pena de inépcia, demonstrar, fundamentadamente, tratar-se de situação particularizada por hipótese fática distinta ou de questão jurídica não examinada, a impor outra solução jurídica." (NR)*

Portanto, a nova ordem processual poderá trazer importantes modificações à ação ou demanda rescisória, podendo incluir hipótese de rescisão não prevista sob a égide do C.P.C. de 1973.

Poderão alguns sustentar que o novo C.P.C. deverá ser aplicado, indistintamente, desde que a ação ou demanda rescisória venha a ser proposta sob sua égide, sem qualquer outra consideração.

Porém, a questão não é tão simples assim.

Sancionada a Lei 13.256, de 4 de fevereiro de 2016, a demanda rescisória passa a ter por fundamento, como hipótese de violação manifesta de norma jurídica (art. 966, inc. V, do novo C.P.C.), *decisão baseada em enunciado de súmula ou acórdão proferido em julgamento de casos repetitivos que não tenha considerado a existência de distinção entre a questão discutida no processo e o padrão decisório que lhe deu fundamento.*

Porém, quando do trânsito em julgado da decisão, objeto da rescisória, ainda sob a vigência do C.P.C. de 1973, não havia essa hipótese de violação da norma jurídica, como exigência normativa a ser seguida pelo juiz na prolação da sentença, nem como critério de fundamento para a demanda rescisória. Assim, permitir-se essa hipótese como critério de rescisória significa dar *efeito retroativo* ao novo estatuto processual para alcançar decisão já transitada em julgado, isto é, dar efeito retroativo à nova ordem processual para alcançar situação jurídica consolidada.

No caso, a situação jurídica consolidou-se justamente pelo *trânsito em julgado da decisão,* sendo que, nesse marco temporal, não havia previsão legal para que o juiz realizasse o cotejo normativo previsto no §5º do art. 966 do novo C.P.C. (texto com base na Lei 13.256/2016).

Em relação ao direito intertemporal, neste caso, deve-se aplicar a lei em vigor na data do trânsito em julgado, pois é nessa data que nasce a pretensão à rescisão da sentença, a qual se encontra vinculada ao fundamento expressamente previsto na lei à época de sua prolação e não a outro que possa vir a surgir no futuro. Assim, se a sentença transita em julgado sem que exista um determinado fundamento que possa ensejar sua nulidade, que somente passa a existir em lei posterior, não haverá espaço para o exercício de futura ação ou demanda rescisória, sob pena de mácula à situação jurídica consolidada.

2.2.6.6.1. Marco jurídico processual para contagem do prazo da ação (demanda) rescisória e sua análise com base no direito intertemporal.

Segundo preceitua o art. 975 do novo C.P.C., o direito à rescisão da sentença transitada em julgado se extingue em 2 (dois) anos contados do trânsito em julgado da última decisão proferida no processo.

Portanto, em regra, o prazo de 2 (dois) anos para rescisão conta-se do *trânsito em julgado* da última decisão proferida no processo.

Por sua vez, o §15 do art. 525 do novo C.P.C. apresenta outro momento jurídico para início do prazo de 2 (dois) anos para a interposição da ação (demanda) rescisória.

O art. 525, *caput,* do novo C.P.C., trata das hipóteses de impugnação ao cumprimento definitivo de sentença que reconhece a exigibilidade de obrigação de pagar quantia certa.

A impugnação ao cumprimento de sentença poderá basear-se nas seguintes hipóteses: I – falta ou nulidade da citação se, na fase de conhecimento, o processo correu à revelia; II – ilegitimidade de parte; III – inexequibilidade do título ou inexigibilidade da obrigação; IV – penhora incorreta ou avaliação errônea; V – excesso de execução ou cumulação indevida de execuções; VI – incompetência absoluta ou relativa do juízo da execução; VII – qualquer causa modificativa ou extintiva da obrigação, como pagamento, novação, compensação, transação ou prescrição, desde que superveniente à sentença.

O §12 do art. 525 do novo C.P.C. considera também como inexigível a obrigação reconhecida em título executivo judicial fundado em lei ou ato normativo considerado inconstitucional pelo Supremo Tribunal Federal, ou fundado em aplicação ou interpretação da lei ou do ato normativo tido pelo Supremo Tribunal Federal como incompatível com a Constituição Federal, em controle de constitucionalidade concentrado ou difuso.

Porém, se a decisão referida no §12 do art. 525 do novo C.P.C. for proferida após o trânsito em julgado da decisão exequenda, caberá ação rescisória, cujo prazo será contado do trânsito em julgado da decisão proferida pelo Supremo Tribunal Federal (§15 do art. 525 do novo C.P.C.).

Assim, o prazo de dois anos para a interposição da ação (demanda) rescisória conta-se do trânsito em julgado da última decisão proferida no processo, salvo a hipótese prevista no §15 do art. 525 do novo C.P.C., em que o prazo da rescisória será contado a partir do trânsito em julgado da decisão proferida pelo S.T.F.

Evidentemente, o disposto no §15 do art. 525 do novo C.P.C. somente será aplicado às decisões rescindendas transitadas em julgado após a entrada em vigor do novo C.P.C., uma vez que, em relação às sentenças transitadas em julgado antes da entrada em vigor da nova ordem processual, o prazo da rescisória conta-se da data do trânsito em julgado da decisão rescindenda, tendo em vista a consolidação da situação jurídica processual.

Portanto, em relação à demanda ou ação rescisória, deve-se verificar quais as regras que se encontravam em vigor quando do seu trânsito em julgado, pois nesse momento houve a consolidação da situação jurídica processual.

É certo que em relação ao prazo da ação ou demanda rescisória também poderia ter havido alteração, seja para diminuir ou aumentar o prazo para interposição da demanda rescisória, o que não houve. Porém, se houvesse, estando um direito sujeito a exercício em determinado prazo, seja mediante requerimento administrativo ou, se necessário, ajuizamento de ação judicial, dever-se-ia reconhecer eficácia à iniciativa tempestiva tomada pelo seu titular nesse sentido, pois tal resta resguardado pela proteção à confiança. Da mesma forma, não é possível que se fulmine, de imediato, prazos então em curso, sob pena de violação evidente e direta à garantia de acesso ao Judiciário. Pudesse o legislador impedir a jurisdição mediante reduções abruptas de prazo, com aplicação às pretensões pendentes ainda não ajuizadas, restaria em grande parte esvaziada a garantia de acesso à Justiça. O caráter, em geral, prospectivo das leis impede que se lhes atribua efeito retroativo sem que haja cláusula expressa nesse sentido. Havendo, tem-se, de qualquer modo, de resguardar os diversos conteúdos do princípio da segurança jurídica (RE 566.521/RS).

É certo, porém, que o próprio Supremo Tribunal Federal já considerou válida a aplicação de lei que reduziu prazo às prescrições em curso quando da sua vigência nos processos a partir de então ajuizados, conforme o enunciado 445 da Súmula do S.T.F.: *A Lei n. 2.437, de 7-3-55, que reduz prazo prescricional, é aplicável às prescrições em curso na data de sua vigência (1ª-1-56), salvo quanto aos processos então pendentes".* A Lei 2.437/55, alterando o Código Civil de 1916, reduziu diversos prazos, como o do art. 177, relativo às ações pessoais, e o do art. 550, relativo à usucapião, que passaram de 30 para 20 anos. O S.T.F., nessa hipótese, entendeu nos precedentes que deram origem ao enunciado acima citado, que tendo havido uma *vacatio legis* alargada, de 10 meses entre a publicação da lei e a vigência do novo prazo, tal fato teria dado oportunidade aos interessados para ajuizarem suas ações, interrompendo os prazos prescricionais em curso, sendo certo que, a partir de sua vigência, em 1º de janeiro de 1956, o novo prazo seria aplicável a qualquer caso ainda não ajuizado.

Assevera Antônio Luis da Câmara Leal, que a prescrição deve ser regulada pelo disposto no artigo 3º da Lei de Introdução ao Código Civil, que prescreve que a nova lei não poderá em caso algum prejudicar o direito adquirido, o ato jurídico perfeito, ou a coisa julgada. No entanto, acrescenta o ilustre doutrinador que em se tratando de prescrição, se esta ainda não se consumou por não ter havido o término do prazo prescricional, não há falar ainda em direito adquirido, visto que antes dessa consumação o que existe é uma mera expectativa de direito. Logo, advindo uma nova lei antes de expirado o prazo prescricional, esta norma posterior alcança a prescrição em curso, devendo exercer sobre ela a sua autoridade. Nas próprias palavras do autor supramencionado: *"Em nosso direito, portanto, que aceitou a doutrina da irretroatividade relativa da lei, negando-lhe somente quando esta viria ofender um direito adquirido, um ato jurídico perfeito ou a coisa julgada, não há dúvida que as leis que regem a prescrição são retroativas em relação às prescrições não consumadas, e irretroativas em relação às prescrições já consumadas".*[91]

Os nossos legisladores de 1916 foram omissos quanto às regras de aplicação de nova lei às prescrições ou decadências em curso. Sobre esse tema, o saudoso jurista Antônio Luis Câmara Leal, mencionando a lei alemã, apresenta o seguinte critério para solução do problema:

> *"... A lei alemã de Introdução ao Código Civil estatui: "As disposições do Código Civil sobre a prescrição se aplicam aos direitos nascidos e ainda não prescritos antes da vigência do Código. O começo, bem como a suspensão e a interrupção da prescrição, se determinam, entretanto, relativamente ao tempo anterior à vigência do Código, pelas leis anteriores. Se o prazo da prescrição, conforme o Código Civil, é mais curto que consoante as leis anteriores, o prazo mais curto é contado a partir da vigência do Código. Se, porém, o prazo mais longo, determinado pelas leis anteriores, termina mais cedo que o mais curto, determinado pelo Código a prescrição se completa com o expirar do prazo mais longo (...) .*
> *(...). Omitiu, porém, o nosso legislador as regras de aplicação da nova lei às prescrições em curso, afastando-se da lei alemã, que as estabelece, e deixando, portanto, a cargo da doutrina a sua fixação:*
> *Quanto ao início da prescrição, embora alterado pela lei nova, é claro que, tratando-se de um fato anterior a esta, deve reger-se pela lei vigente ao tempo em que se verificou.*
> *Quanto às condições, suspensão ou interrupção da prescrição, devem ser regidas pelas duas leis, cada uma regulando-se relativamente ao tempo decorrido sob sua vigência.*
> *Quanto ao prazo prescricional, três hipóteses podem verificar-se:*
> *1º) a nova lei mantém o mesmo prazo da lei antiga;*
> *2º) a nova lei estabelece um prazo mais curto do que a da lei antiga; .*
> *3º) a nova lei estabelece um prazo mais longo do que a da lei antiga (...).*

---

[91] Câmara Leal, Antônio Luis. *Da prescrição e da decadência*. 3ª edição. São Paulo: Forense, p. 88 e 89.

(...). Na segunda hipótese surgem as dúvidas, pela falta de uma norma expressa imposta pelo legislador (...).
(...). Na carência de normas especiais, parece-nos que devemos adotar o critério germânio, dada a filiação do nosso código à orientação alemã, consagrando o princípio da retroatividade da lei prescricional. E, assim formularemos as seguintes regras inspiradas na legislação teutônica.
1 – Estabelecendo a nova lei um prazo mais curto de prescrição, essa começará a correr da data da nova lei, salvo se a prescrição iniciada na vigência da lei antiga viesse a completar-se em menos tempo, segundo essa lei, que, nesse caso, continuaria a regê-la, relativamente ao prazo. (grifamos).
2 – Estabelecendo a nova lei um prazo mais longo de prescrição, essa obedecerá a esse novo prazo, contando-se, porém, para integrá-lo, o tempo já decorrido na vigência da lei antiga.
3 – O início, suspensão ou interrupção da prescrição serão regidos pela lei vigente ao tempo em que se verificarem."[92]

2.2.6.7. Direito intertemporal e cumprimento de decisão e processo de execução.

Poderão existir indagações sobre qual norma deverá ser aplicada na hipótese do cumprimento de sentença ou do processo de execução autônomo de título executivo extrajudicial.

Quando da entrada em vigor do novo C.P.C. português, Lei 41/2013, de 26 de junho, Pedro Pinheiros Torres assim avaliou a transição dos estatutos processuais em relação ao processo de execução:

"Consequência de sua entrada em vigor nas ações executivas pendentes.
Tal como para as ações declarativas, o NCPC será, também, aplicável de imediato, e com as necessárias adaptações, a todas as execuções pendentes à data da sua entrada em vigor (n. 1º do artigo 6º da Lei n. 41/2013, de 26 de junho). Nesta aplicação, estão expressamente previstas as seguintes adaptações:
– Nas execuções instauradas antes de 15 de setembro de 2013, os atos que, nos termos do CPC, sejam de competência de agente de execução serão praticados por oficial de justiça.

---

[92] CÂMARA LEAL, A. L., idem, p. 87 a 91.

> *O NCPC não se aplica às execuções pendentes em matéria de títulos executivos, formas de processo executivo, requerimento executivo e tramitação de fase introdutória.*
>
> *O NCPC não se aplica aos procedimentos e incidentes de natureza declarativa deduzidos antes da sua entrada em vigor".*[93]

Havendo eventuais alterações no âmbito do cumprimento de decisão ou no processo de execução autônomo de título executivo extrajudicial, em razão da modificação da legislação processual brasileira que ocorreu no dia 18 de março de 2016 (salvo se o Congresso deliberar de forma diversa), a questão do direito intertemporal será analisada com base no princípio da irretroatividade da norma processual para atingir atos jurídicos processuais perfeitos e as situações jurídicas consolidadas. Salvo nessas hipóteses, a nova ordem processual deverá ser aplicada de imediato em relação aos processos em curso.

Tendo em vista que o procedimento utilizado para a execução de título executivo judicial (cumprimento de decisão) assim como para o procedimento aplicado para execução de título executivo extrajudicial (processo autônomo) não sofreram importantes modificações no atual C.P.C., não se observa na transição dos estatutos processuais a problemática de direito intertemporal que ordenamento jurídico brasileiro teve que enfrentar quando da entrada em vigor da Lei 11.232/05, que modificou radicalmente o processo de execução de título executivo judicial, introduzindo em nosso sistema o sincretismo entre cognição e execução. A partir dessa legislação, a execução passou a ser uma fase sequencial do momento da prolação da decisão, desenvolvendo-se pelo denominado cumprimento de sentença. Portanto, o novo sistema de cumprimento de sentença seria compatível com o sistema antigo de processo executivo autônomo de título executivo judicial.

Segundo Nelson Nery Jr: *"Ajuizada a ação de execução fundada em título judicial antes da entrada em vigor da Lei 11.232/2005, que ocorreu em 24.06.2006, o regime jurídico dessa ação deverá ser o do Livro II do CPC: petição inicial, citação do devedor, penhora, intimação da penhora, embargos do devedor, apelação contra a sentença que*

---

[93] TORRES, Pedro Pinheiro. *Guia para o novo código de processo civil – correspondência e comparação de normas*. Editora Almedina: 2013. p. 9.

julgar os embargos. Uma vez iniciado o processo de execução sob o regime da lei anterior, não se poderá modificar o procedimento no curso da ação. Isto porque o novo sistema, introduzido no processo civil brasileiro com a entrada em vigor da Lei 11. 232/2005, é absolutamente incompatível com o velho sistema(...). O legislador da Lei 11.232/2005 não teve a preocupação de regular as situações de direito intertemporal e de direito transitório que poderão advir com o novo sistema. Nada obstante, podemos aplicar por extensão a sistemática introduzida pela Lei 11. 101/2005 (Nova Lei de Falências), porque as situações em tudo e por tudo se assemelham. Com efeito, diz a Nova Lei de Falência: 'Art. 192. Esta Lei não se aplica aos processos de falência ou de concordata ajuizados anteriormente ao início de sua vigência, que serão concluídos nos termos do Decreto-lei 7.661, de 21 de junho de 1945'. Esse dispositivo traz regra absolutamente correta, porque são completamente diferentes os sistemas da antiga Lei de Falências (DL 7.661/45) e da Nova Lei de Recuperação de Empresas e de Falências (Lei 11. 101/2005). Iniciado o processo de concordata ou de falências pela lei antiga, o processo falencial permanecerá regido pela Lei antiga até o seu término (...). Essa solução deve ser dada em face da incompatibilidade entre os regimes da antiga execução de sentença e do vigente instituto do cumprimento de sentença".[94]

Como se afirmou, como o novo C.P.C., em relação à execução, não trouxe profundas modificações procedimentais quanto ao sincretismo cognição e execução existente em nosso ordenamento jurídico, não se observará essa problemática jurídica de direito intertemporal evidenciada quando da vigência da Lei 11.232/2005.

Porém, é possível observar na análise do novo C.P.C. que haverá algumas modificações pontuais procedimentais que demandarão uma avaliação sob a ótica do direito intertemporal.

Vejamos algumas problemáticas em relação à execução:

2.2.6.7.1 Execução para entrega de coisa certa (arts. 806 a 810 do novo C.P.C.).

Pelo C.P.C. de 1973, o executado seria citado para no prazo de 10 (dez) dias entregar a coisa certa.

Já no novo C.P.C. esse prazo passa a ser de 15 (quinze) dias.

---

[94] NERY JR. N., op. Cit., p. 904.

Na hipótese de uma execução para entrega de coisa certa ajuizada sob a égide do C.P.C. de 1973, com despacho de citação – (10) dias – sendo efetivado antes da vigência do novo C.P.C., penso que se está diante de uma situação jurídica consolidada, ou seja, o prazo para entrega será de 10 (dez) dias. Se, porém, o despacho de citação for proferido após a entrada em vigor do novo C.P.C., o prazo para entrega será de 15 (quinze) dias, com base na aplicação imediata do novo estatuto processual.

2.2.6.7.2 Execução para entrega de coisa incerta (arts. 811 a 813 do novo C.P.C.)

Feita a escolha da coisa incerta (pelo exequente ou pelo executado), o C.P.C. de 1973 previa o prazo de 48 horas para que qualquer das partes pudesse impugnar a escolha.

O novo C.P.C. prevê o prazo de 15 dias para a impugnação.

Na execução para entrega de coisa incerta ajuizada sob a égide do C.P.C. de 1973, com despacho para manifestação sendo efetivado antes da vigência do novo C.P.C., penso que se está diante de uma situação jurídica consolidada, ou seja, o prazo para manifestação será de 48 horas. Se, porém, o despacho para manifestação for proferido após a entrada em vigor do novo C.P.C., o prazo para impugnação será de 15 (quinze) dias, com base na aplicação imediata do novo estatuto processual.

2.2.6.7.3. Execução de obrigação de fazer ou não fazer (arts. 814 a 823 do novo C.P.C.).

Não houve significativas alterações no âmbito da execução de fazer ou não fazer.

Uma modificação pontual nesse tipo de execução encontra-se no parágrafo único do art. 814 do novo C.P.C., a saber: *"se o valor da multa estiver previsto no título e for excessivo, o juiz poderá reduzi-lo"*.

Não obstante a falta de previsão normativa similar no C.P.C. de 1973, é certo que o S.T.J. há muito já vinha permitindo a redução de multa abusiva, ainda que prevista em título, por ser ele excessiva. Nesse sentido eis os seguintes precedentes:

RECURSO ESPECIAL. AÇÃO DE OBRIGAÇÃO DE FAZER CUMULADA COM COBRANÇA E INDENIZAÇÃO. LOCAÇÃO DE BANCO DE DADOS. CONTRATO DE ADESÃO. CARACTERÍSTICAS. INEXISTÊNCIA. EXCEÇÃO DO CONTRATO NÃO CUMPRIDO. INTERPRETAÇÃO DE CLÁUSULAS CONTRATUAIS. REEXAME DE PROVAS. NÃO CABIMENTO. SÚMULAS Nºs 5 E 7/STJ. CLÁUSULA PENAL. EXCESSO. REDUÇÃO.

1. Trata-se de ação de obrigação de fazer cumulada com cobrança e indenização, na qual se discute inadimplência em contrato de locação de banco de dados baseado na adoção do processo de filtragem denominado "merge and purge" (fusão e expurgo), que consiste no cruzamento de dados, de modo a eliminar duplicidade de registros, priorizando aqueles que devem ser utilizados em banco de dados do contratante.

2. O contrato de adesão tem como principal característica o fato de ser desprovido de fase pré-negocial, porquanto é elaborado unilateralmente, cabendo à outra parte contratante, que figura na condição de aderente, apenas aceitar as cláusulas padronizadas ali contidas, de modo que não lhe é assegurada interferência no conteúdo do ajuste.

3. O negócio jurídico em exame é dotado de singularidade, principalmente se observado seu objeto, qual seja, a locação de banco de dados. A inexistência de cláusulas padronizadas, a adoção do método de filtragem "merge and purge", o valor estipulado e outras peculiaridades afastam o caráter impositivo e unilateral da avença, de modo que a eventual existência de ambiguidade ou contradição na interpretação do contrato em tela não atrai a incidência do disposto no art. 423 do Código Civil.

4. Rever os fundamentos do acórdão recorrido no tocante à exceção de contrato não cumprido demandaria, na hipótese, interpretação de cláusulas contratuais e o revolvimento conjunto fático-probatório, providências vedadas em recurso especial pelas Súmulas nºs 5 e 7/STJ.

5. Constatado o excesso do montante estabelecido em cláusula penal, deve o magistrado reduzi-la a patamar razoável, de acordo com as obrigações cumpridas, observadas a natureza e a finalidade do contrato.

6. Recurso especial de American Express do Brasil Tempo Ltda. não provido. Recurso especial de Seta Empreendimentos e Participações S/C Ltda. provido

para fixar a multa contratual em 20% do valor da condenação, que corresponde à extensão das obrigações não cumpridas.
(REsp 1424074/SP, Rel. Ministro RICARDO VILLAS BÔAS CUEVA, TERCEIRA TURMA, julgado em 10/11/2015, DJe 16/11/2015)
AGRAVO REGIMENTAL EM RECURSO ESPECIAL. CONTRATO DE LOCAÇÃO COMERCIAL E OUTRAS AVENÇAS. INEXECUÇÃO CONTRATUAL. CLÁUSULA PENAL. REDUÇÃO. POSSIBILIDADE. ARTIGOS 924 DO CÓDIGO CIVIL/1916 E 413 DO CÓDIGO CIVIL/2002. 1. O acórdão recorrido está em harmonia com a orientação desta Corte no sentido de que, mesmo antes da entrada em vigor do Código Civil de 2002, era faculdade do órgão julgador reduzir o valor da cláusula penal se evidenciada a sua manifesta excessividade. Precedentes. 2. Agravo regimental não provido.
(AgRg no REsp 1.351.671/PR, Rel. Ministro RICARDO VILLAS BÔAS CUEVA, TERCEIRA TURMA, julgado em 5/2/2015, DJe de 12/2/2015).
RECURSO ESPECIAL. OFENSA AO ARTIGO 535 DO CÓDIGO DE PROCESSO CIVIL. NÃO OCORRÊNCIA. MULTA CONTRATUAL. REDUÇÃO PARA 2% OCORRIDA NAS INSTÂNCIAS ORDINÁRIAS. INVIABILIDADE. RESTABELECIMENTO DO ÍNDICE PACTUADO. CONTRATO CELEBRADO ANTES DA VIGÊNCIA DA LEI N. 9.298/96. CLÁUSULA PENAL. REDUÇÃO COM BASE NO 924 DO CC/1916. POSSIBILIDADE. PRETENSÃO DE ALTERAR O PATAMAR DEFINIDO NAS INSTÂNCIAS DE ORIGEM. IMPOSSIBILIDADE. ÓBICE NO ENUNCIADO SUMULAR N. 7 DESTE TRIBUNAL SUPERIOR. (...) 2. A multa contratual só pode ser reduzida ao percentual de 2% (dois por cento) nos contratos celebrados após a vigência da Lei n. 9.298/96. 3. O artigo 924 do Código Civil de 1916 facultava ao Juiz a redução proporcional da cláusula penal às hipóteses de cumprimento parcial da obrigação, sob pena de afronta ao princípio da vedação do enriquecimento sem causa. 4. Hipótese em que a obrigação foi parcialmente cumprida pelo devedor, a justificar a redução. 5. Inocorrência de aplicação retroativa do art. 413 do CC/02 que, ao contrário da faculdade trazida pela regra anterior, passou a estabelecer um dever ao juiz. 6. Interpretação conjunta dos enunciados normativos do art. 924 do CC/16 e do art. 413 do CC/2002 à luz da regra de transição do art. 2035 e seu parágrafo

único do CC/2002, recomendando a concreção do princípio da função social do contrato mesmo para pactos celebrados na vigência da anterior codificação civil. 7. Verificar se a redução da cláusula penal, da maneira como foi promovida pelo juiz de primeiro grau e confirmada pelo Tribunal a quo, atingiu patamar razoável e proporcional demandaria a interpretação das cláusulas contidas no contrato locatício, bem como das provas carreadas aos autos, atraindo os óbices dos enunciados n. 05 e n. 07 da Súmula desta Corte. 8. Doutrina e jurisprudência acerca das questões discutidas. 9. Recurso Especial parcialmente provido.
(REsp 887.946/MT, Rel. Ministro PAULO DE TARSO SANSEVERINO, TERCEIRA TURMA, julgado em 10/05/2011, DJe 18/05/2011)

Diante da referida interpretação jurisprudencial, sob a égide do C.P.C. de 1973, não haverá grandes problemáticas em relação ao direito intertemporal.

2.2.6.7.4. Execução por quantia certa (arts. 824 a 909 do novo C.P.C.).
A execução por quantia certa se dará pela expropriação de bens, seja pela adjudicação, alienação ou apropriação de frutos e rendimentos de empresa ou de estabelecimentos de outros bens. Tal forma de realização da execução por quantia certa não sofreu alteração pelo novo C.P.C.

2.2.6.7.4.1 Honorários de advogado
Uma modificação introduzida pelo novo C.P.C. diz respeito à fixação dos honorários de advogado quando do despacho da petição inicial executiva.

Pelo novo C.P.C., o juiz arbitrará honorários fixos no percentual de 10%. Sob a égide do C.P.C. de 1973, a fixação dar-se-ia entre 10% e 20%.

Assim, se o juiz, sob a égide do C.P.C. de 1973, já houvesse proferido despacho inicial da petição de execução, fixando os honorários de advogado do exequente em 15%, a entrada em vigor do novo C.P.C. não afeta o percentual dos honorários arbitrados, tendo em vista a existência de ato jurídico processual consumado.

Porém, se a petição de execução foi distribuída durante a vigência do C.P.C. de 1973, mas o despacho inicial somente ocorreu sob a égide do novo C.P.C., o valor máximo dos honorários será de 10%.

Ainda sobre os honorários na execução, o novo C.P.C., em seu art. 827, §2º, estabelece que o valor dos honorários poderá ser elevado até vinte por cento, quando rejeitados os embargos à execução, podendo a majoração, caso não opostos os embargos, ocorrer ao final do procedimento executivo, levando-se em conta o trabalho realizado pelo advogado. Tendo em vista que nessa hipótese não há situação jurídica consolidada, e em face da aplicação imediata da norma processual, essa elevação dos honorários poderá ocorrer em relação à execução iniciada antes da vigência do novo estatuto processual.

2.2.6.7.4.2 Expedição de certidão para averbação nos registros públicos.

O C.P.C. de 1973, em seu art. 615-A (redação dada pela Lei n. 11.382, de 2006), estabelecia que uma vez *distribuída a execução*, o exequente poderia obter certidão para averbação da execução nos registros públicos (bens móveis e imóveis), para o fim de se resguardar contra eventual fraude à execução.

O novo C.P.C. manteve essa prerrogativa legal em favor do exequente, conforme preconiza o seu art. 828: *"O exequente poderá obter certidão de que a execução foi admitida pelo juiz, com identificação das partes e do valor da causa, para fins de averbação no registro de imóveis, de veículos ou de outros bens sujeitos a penhora, arresto ou indisponibilidade".*

Observa-se, porém, uma importante modificação. Enquanto que no C.P.C. de 1973 a certidão poderia ser expedida logo que distribuída a execução, pelo novo C.P.C. a expedição da certidão somente poderá ocorrer após o juiz *admiti-la*.

Assim, se a distribuição da execução ocorreu antes da vigência do novo C.P.C., mas o pedido de certidão somente foi feito após tal circunstância, o exequente terá direito à certidão ainda que o juiz não tenha proferido o despacho de sua admissão, tendo em vista a existência de situação jurídica consolidada.

2.2.6.7.4.3. Arresto

Se o oficial de justiça não encontrar o devedor, arrestar-lhe-á tantos bens quanto bastem.

Segundo o C.P.C. de 1973, art. 653, p.u., efetivado o arresto, nos dez dias seguintes, o oficial de justiça deveria procurar o devedor por 3 (três) vezes em dias distinto. Não o encontrando, o oficial deveria certificar o ocorrido.

No novo C.P.C., segundo preconiza o seu art. 830, se o oficial de justiça não encontrar o executado, deverá arrestar-lhe tantos bens quantos bastem para garantir a execução. Nos 10 (dez) dias seguintes à efetivação do arresto, o oficial de justiça procurará o executado 2 (duas) vezes em dias distintos e, havendo suspeita de ocultação, realizará a citação com hora certa, certificando pormenorizadamente o ocorrido.

Uma importante modificação quanto ao arresto diz respeito ao número de vezes que o oficial de justiça deverá procurar o devedor para tentar citá-lo.

No C.P.C. de 1973 o oficial deveria procurar o devedor por 3 (três) vezes, enquanto que pelo novo C.P.C. deverá procurá-lo por 2 (duas) vezes.

Em relação ao direito intertemporal, tenho para mim que no momento em que o oficial de justiça realiza o *arresto*, consolida a situação jurídica pela qual deverá seguir o procedimento do arresto.

Assim, se antes da entrada em vigor do novo C.P.C. o arresto já tiver sido realizado, o oficial de justiça deverá procurar o devedor por 3 (três) vezes, com base no C.P.C. de 1973. Caso contrário, se o arresto somente foi perfectibilizado quando já em vigor o novo estatuto processual, o oficial de justiça deverá procurar o devedor por 2 (duas) vezes.

2.2.6.7.4.4. Penhora

O novo C.P.C. trouxe algumas modificações importantes em relação ao C.P.C. de 1973 quanto à sistemática jurídica da penhora.

Estabelece o art. 833, inc. IV, do novo C.P.C. que são impenhoráveis os vencimentos, os subsídios, os soldos, os salários, as remunerações, os proventos de aposentadoria, as pensões, os pecúlios e os montepios, bem como as quantias recebidas por liberalidade de terceiro e destinadas ao sustento do devedor e de sua família, os ganhos de trabalhador autônomo e os honorários de profissional liberal, ressalvado o §2º. Trata-se de uma normatização similar a existente no C.P.C. de 1973.

O art. 833, inc. X, do novo C.P.C. também considera impenhorável a quantia depositada em caderneta de poupança, até o limite de 40 (quarenta) salários-mínimos. Preceito similar encontra-se no C.P.C. de 1973.

Porém, o §2º do art. 833 do novo C.P.C. traz uma importante modificação em relação ao C.P.C. de 1973 ao estabelecer: *"O disposto nos incisos IV e X do caput não se aplica à hipótese de penhora para pagamento de prestação alimentícia, independentemente de sua origem, bem como às importâncias excedentes a 50 (cinquenta) salários-mínimos mensais, devendo a constrição observar o disposto no art. 528, § 8º, e no art. 529, § 3º".*

O art. 833, inc. IX e XII, do novo C.P.C. acrescentam hipóteses de impenhorabilidades que não existiam na égide do C.P.C. de 1973, a saber:

> *IX – os recursos públicos recebidos por instituições privadas para aplicação compulsória em educação, saúde ou assistência social;*
> *XII – os créditos oriundos de alienação de unidades imobiliárias, sob regime de incorporação imobiliária, vinculados à execução da obra.*

Em relação à preferência da ordem de penhora dos bens, o art. 835, inc. XII, do novo C.P.C. traz uma nova hipótese, a saber: *direitos aquisitivos derivados de promessa de compra e venda e de alienação fiduciária em garantia.*

Em se tratando de penhora de bem indivisível, o art. 843 do novo C.P.C. estabelece que o equivalente à quota-parte do coproprietário ou do cônjuge alheio à execução recairá sobre o produto da alienação do bem. Porém, não será levada a efeito expropriação por preço inferior ao da avaliação na qual o valor auferido seja incapaz de garantir, ao coproprietário ou ao cônjuge alheio à execução, o correspondente à sua quota-parte calculado sobre o valor da avaliação (§2º do art. 843 do novo C.P.C). A parte final do §2º do art. 843 do novo C.P.C. não havia no C.P.C. de 1973, razão pela qual a jurisprudência de nossos tribunais determinava que o valor correspondente à quota-parte do coproprietário ou do cônjuge fosse o valor da arrematação. Nesse sentido são os seguintes precedentes do S.T.J.:

> *RECURSO ESPECIAL – EMBARGOS DE TERCEIRO – PENHORA DE BEM IMÓVEL – MULHER CASADA – DEFESA DA MEAÇÃO – EXCLUSÃO EM CADA BEM – HASTA PÚBLICA – POSSIBILIDADE – RESERVA DE METADE DO VALOR AFERIDO NA ALIENAÇÃO JUDICIAL.*
> *1. Sendo a dívida pessoal de um dos cônjuges, haja vista que o ato ilícito do qual derivou o título executivo judicial foi praticado somente pelo marido e não reverteu em benefício da sociedade conjugal, somente o patrimônio deste garante a execução. Assim, cuidando-se de devedor casado e havendo bens comuns a*

garantia fica reduzida ao limite da sua meação, nos termos do art. 3º da Lei 4.121/62.

2. A execução não é ação divisória, pelo que inviável proceder a partilha de todo o patrimônio do casal de modo a atribuir a cada qual os bens que lhe cabem por inteiro. Deste modo, a proteção da meação da mulher casada deve ser aferida sobre cada bem de forma individualizada e não sobre a totalidade do patrimônio do casal.

3. Não se pode olvidar que embora a execução seja regida pelo princípio da menor onerosidade ao devedor, reveste-se de natureza satisfativa e deve levar a cabo o litígio. Destarte, com o fito de evitar a eternização do procedimento executório, decorrente da inevitável desestimulação da arrematação a vista da imposição de um condomínio forçado na hipótese de se levar à praça apenas a fração ideal do bem penhorado que não comporte cômoda divisão, assentou-se a orientação doutrinária e jurisprudencial no sentido de que, em casos tais, há de ser o bem alienado em sua totalidade, assegurando-se, todavia, ao cônjuge não executado a metade do produto da arrematação, protegendo-se, deste modo, a sua meação.

4. Conquanto seja legítima a pretensão da recorrente de ver assegurada a proteção de sua meação sobre cada bem de forma individualizada, importante garantir a efetividade do procedimento executório, pelo que, considerando-se que, in casu, recaiu a penhora sobre imóvel que não comporta cômoda divisão, há de se proceder a alienação do bem em hasta pública por inteiro reservando-se à mulher a metade do preço alcançado.

5. Recurso especial parcialmente provido.
(REsp 708.143/MA, Rel. Ministro JORGE SCARTEZZINI, QUARTA TURMA, julgado em 06/02/2007, DJ 26/02/2007, p. 596).

RIO. EMBARGOS DE TERCEIRO. EXECUÇÃO FISCAL. PENHORA. BEM INDIVISÍVEL. MEAÇÃO. ALIENAÇÃO.

1. Os bens indivisíveis, de propriedade comum decorrente do regime de comunhão no casamento, na execução podem ser levados à hasta pública por inteiro, reservando-se à esposa a metade do preço alcançado Corte Especial, REsp 200.251/SP, Rel. Min. Sálvio de Figueiredo Teixeira, DJU de 29/04/2002.

2. Como apenas a metade do produto da alienação judicial reverterá em benefício do exeqüente, sendo que a outra parte ficará com o cônjuge meeiro do executado, restará, pois, resguardada a meação.

3. Recurso Especial parcialmente provido.

(REsp 132.901/SP, Rel. Ministro CASTRO MEIRA, SEGUNDA TURMA, julgado em 05/02/2004, DJ 15/03/2004, p. 218).

Efetuar-se-á a penhora onde se encontrem os bens, ainda que sob a posse, a detenção ou a guarda de terceiros (art. 845 do novo C.P.C.). A penhora de imóveis, independentemente de onde se localizem, quando apresentada certidão da respectiva matrícula, e a penhora de veículos automotores, quando apresentada certidão que ateste a sua existência, serão realizadas por termo nos autos (§1º do art. 845 do novo C.P.C.). O novo C.P.C. insere como possibilidade de penhora por termo nos autos a de veículos, sendo que essa hipótese não havia no C.P.C. de 1973. Nesse caso, como não há hipótese de situação jurídica consolidada, haverá aplicação imediata do novo estatuto processual.

Questão interessante surge em relação ao disposto no art. 862, §3º e 4º, do novo C.P.C., *in verbis*:

> Art. 862. *Quando a penhora recair em estabelecimento comercial, industrial ou agrícola, bem como em semoventes, plantações ou edifícios em construção, o juiz nomeará administrador-depositário, determinando-lhe que apresente em 10 (dez) dias o plano de administração.*
> *§ 1º Ouvidas as partes, o juiz decidirá.*
> *§ 2º É lícito às partes ajustar a forma de administração e escolher o depositário, hipótese em que o juiz homologará por despacho a indicação.*
> **§ 3º Em relação aos edifícios em construção sob regime de incorporação imobiliária, a penhora somente poderá recair sobre as unidades imobiliárias ainda não comercializadas pelo incorporador.**
> **§ 4º Sendo necessário afastar o incorporador da administração da incorporação, será ela exercida pela comissão de representantes dos adquirentes ou, se se tratar de construção financiada, por empresa ou profissional indicado pela instituição fornecedora dos recursos para a obra, devendo ser ouvida, neste último caso, a comissão de representantes dos adquirentes.**

As previsões normativas dos §§3º e 4º do art. 862 do novo C.P.C. não havia no C.P.C. de 1973.

Muito embora a previsão normativa prevista no §3º do art. 862 do novo C.P.C. não conste do C.P.C. de 1973, a jurisprudência já vinha, de certa forma, adotando esse posicionamento. Nesse sentido eis os seguintes precedentes:

> CIVIL E PROCESSUAL. ACÓRDÃO ESTADUAL. NULIDADE NÃO CONFIGURADA. EXECUÇÃO. EMBARGOS DE TERCEIRO. TERRENO OBJETO DE ANTERIOR INCORPORAÇÃO E VENDA DE UNIDADES. PRÉVIA CIÊNCIA DO CREDOR. PENHORA DE APARTAMENTO NÃO REGISTRADO. PROVA. REEXAME. IMPOSSIBILIDADE. SÚMULA N. 7-STJ.
> *I. Não padece de nulidade o acórdão que enfrenta, suficientemente, as questões essenciais ao deslinde da controvérsia, apenas com conclusão adversa ao embargado.*
> *II. Firmado pelas instâncias ordinárias que existia documentação pública, constituída pelo registro de incorporação e construção de edifício residencial muito antes da penhora do imóvel, que possibilitava ampla ciência do credor sobre a alienação da unidade autônoma constritada, responde ele pelos ônus sucumbenciais dos embargos de terceiro, em face do princípio da causalidade, ainda que o compromisso de compra e venda do apartamento não estivesse registrado em nome da embargante.*
> *III. "A pretensão de simples reexame de prova não enseja recurso especial" – Súmula n. 7-STJ.*
> *IV. Recurso especial não conhecido.*
> (REsp 645.694/SP, Rel. Ministro ALDIR PASSARINHO JUNIOR, QUARTA TURMA, julgado em 02/02/2006, DJ 06/03/2006, p. 395).
> *Processual Civil. Recurso Especial. Dissídio jurisprudencial.*
> *Acórdão recorrido. Omissão. Inexistência. Execução hipotecária.*
> *Mútuo entre agente financeiro e incorporadora para construção de edifício de unidades residenciais. Penhora incidente sobre unidade alienada a terceiro. Compra e venda não registrada. Oposição de Embargos de Terceiro.*
> *– Há dissídio jurisprudencial quando os julgados comparados divergem sobre a mesma questão jurídica.*
> *– Inexiste omissão a ser suprida por meio de embargos de declaração em acórdão que aprecia todos os temas postos a desate, de maneira fundamentada.*

– *Admite-se a oposição de embargos de terceiro por quem adquire, mediante compra e venda sem registro, unidade de apartamento residencial, com o fito de excluí-la da penhora realizada em execução hipotecária, promovida pelo agente financeiro contra a construtora, com base em contrato de mútuo pactuado para a construção de edifício de unidades residenciais destinadas à venda.*
(REsp 444.430/PR, Rel. Ministra NANCY ANDRIGHI, TERCEIRA TURMA, julgado em 15/10/2002, DJ 02/12/2002, p. 309)
PROCESSUAL CIVIL. EMBARGOS DE TERCEIRO. FINANCIAMENTO PARA CONSTRUÇÃO. EXECUÇÃO DA DÍVIDA DA CONSTRUTORA PELO FINANCIADOR. HIPOTECA DO TERRENO ONDE CONSTRUÍDO O EDIFÍCIO DE APARTAMENTOS PROMETIDOS À VENDA. TERCEIROS COMPROMISSÁRIOS COMPRADORES. SÚMULA 84/STJ. PENHORA. BEM DE FAMÍLIA. LEI 8.009/90. IMPENHORABILIDADE.
– *São cabíveis os embargos de terceiro opostos pelos compromissários compradores de unidade residencial de edifício de apartamentos financiado, contra a penhora do terreno, efetivada no processo de execução hipotecária promovida pela instituição financeira contra a construtora devedora.*
– *Os terceiros embargantes não firmaram os contratos que instituíram a hipoteca em execução, razão pela qual não respondem pela dívida assumida exclusivamente pela construtora, com o bem imóvel destinado à moradia da família, prometido à venda, que se encontra imune à hipoteca instituída pela construtora em favor do banco financiador.*
– *Incidência da Súmula nº 84 do STJ às hipóteses de bem imóvel sobre o qual recai hipoteca oferecida pela construtora para a garantia do financiamento, que traz o seguinte enunciado: "É admissível a oposição de embargos de terceiro fundados em alegação de posse advinda de compromisso de compra e venda de imóvel, ainda que desprovido do registro".*
– *A Lei nº 8.009/90 alcança as penhoras já efetivadas, pois tornou inalienável o bem de família, sendo ineficaz e inútil a penhora já feita. Precedentes.*
– *Recurso especial conhecido e provido.*
(REsp 263.261/MG, Rel. Ministro CESAR ASFOR ROCHA, QUARTA TURMA, julgado em 12/03/2002, DJ 20/05/2002, p. 146).

Em relação ao §4º do art. 862 do novo C.P.C., observa-se uma nova possibilidade jurídica normativa introduzida em nosso ordenamento jurídico. Tendo em vista que não se observa qualquer situação jurídica consolidada, a norma processual aplica-se imediatamente.

Importante alteração introduzida pelo novo C.P.C. é a previsão normativa prevista nos §§3º, 4º e 5º do art. 782, a saber:

> Art. 782. Não dispondo a lei de modo diverso, o juiz determinará os atos executivos, e o oficial de justiça os cumprirá.
>
> § 1º O oficial de justiça poderá cumprir os atos executivos determinados pelo juiz também nas comarcas contíguas, de fácil comunicação, e nas que se situem na mesma região metropolitana.
>
> § 2º Sempre que, para efetivar a execução, for necessário o emprego de força policial, o juiz a requisitará.
>
> § 3º A requerimento da parte, o juiz pode determinar a inclusão do nome do executado em cadastros de inadimplentes.
>
> § 4º A inscrição será cancelada imediatamente se for efetuado o pagamento, se for garantida a execução ou se a execução for extinta por qualquer outro motivo.
>
> § 5º O disposto nos §§ 3º e 4º aplica-se à execução definitiva de título judicial.

Dentre os atos executivos que podem ser praticados pelo juiz, há, agora, mediante requerimento da parte, a inclusão do nome do executado em cadastros de inadimplentes.

Questão que poderá surgir é se esse ato executório poderá ser aplicado aos processos em andamentos.

Uma vez que se está diante de ato processual, ou seja, nova espécie de ato executório (inclusão do nome do devedor em cadastros de inadimplentes), a regra intertemporal a ser aplicada é da observância imediata dos atos processuais, pois não há situação jurídica consolidada.

Devem-se avaliar essas hipóteses de penhorabilidade ou impenhorabilidade de bens com base no direito intertemporal.

Inicialmente, é importante salientar que a penhora é outro exemplo clássico de consolidação do ato jurídico processual perfeito, quando reunidos todos os requisitos legais para sua perfeição e validade.

A legislação exige para a conclusão da penhora não somente a apreensão do bem, mas também a nomeação e entrega do bem a um depositário.

O depósito, portanto, é elemento essencial do ato processual da penhora, conforme preconiza o art. 838, inc. IV, do novo C.P.C., a saber:

> Art. 838. *A penhora será realizada mediante auto ou termo, que conterá:*
> *I – a indicação do dia, do mês, do ano e do lugar em que foi feita;*
> *II – os nomes do exequente e do executado;*
> *III – a descrição dos bens penhorados, com as suas características;*
> *IV – a nomeação do depositário dos bens.*

Observa-se, portanto, que o ato de penhora é um ato processual complexo, o qual se perfectibiliza mediante a conjugação de diversos elementos que podem se prolongar no tempo e no espaço.

Essa perspectiva não é nova no âmbito do direito material, e há muito já era analisada por Gabba. Ele denominava tal circunstância de *fatos aquisitivos*, quando discursava sobre o direito adquirido. Segundo ele, os fatos aquisitivos devem ocorrer por inteiro, antes de se alegar que daqueles fatos surgem direitos adquiridos. Porém, é importante distinguir os fatos aquisitivos *simples* dos *complexos*. Simples seriam aqueles fatos que se configuram num só instante, ou seja, não apresentam partes sucessivas, separadas por intervalo de tempo. Já os fatos complexos seriam aqueles compostos de partes que se aperfeiçoam separadamente e a distância de tempo, uma da outra. De três diversos modos podem ser complexos os fatos aquisitivos: a) quando uma mesma pessoa realize uma série de atos dentro de um certo lapso de tempo, como no caso da usucapião; b) quando duas ou mais pessoas devam efetuar, cada uma delas separadamente da outra, um fato próprio e distinto, como se dá com a *sucessão testamentária*, que põe, de um lado, o testamento válido e, do outro, a aceitação do herdeiro; c) quando ao ato de certa pessoa se deva ajuntar um acontecimento cuja verificação está fora do seu poder, *por exemplo*, as transmissões unilaterais sob condição.[95]

Por sua vez, Limongi França, no que concerne ao regime processual, fala em *direitos de aquisição por parte*, que são aqueles que se auferem mediante a

---

[95] Apud LIMONGI FRANÇA, R. op. Cit. P. 54.

perfeição autônoma de vários fatos conexos. Não há confundir os *direitos de aquisição por parte* com os *direitos de aquisição sucessiva*, pois, "naqueles, a aquisição se dá dia-a-dia, com o decurso do tempo; nos de que ora estamos tratando, a aquisição é igualmente gradativa, e embora, por vezes, se perfaça também com o decurso do tempo, a sua complementação se dá com a perfeição conexa de vários elementos em apartado. Naqueles se deve levar em conta a patrimonialidade do prazo iniciado; nestes, o valor subjetivo dos elementos componentes já realizados".[96]

Assim, se no curso da penhora houver modificação legislativa quanto aos seus requisitos ou conteúdo, essa mudança alcançará os processos em curso, desde que o ato da penhora não tenha ainda se concretizado, ou seja, desde que ainda não tenha sido nomeado um depositário para o bem. Porém, se já houve a nomeação do encargo de depositário, a lei nova não terá aplicação, pois o ato processual da penhora já havia se concretizado antes da modificação legislativa.

Sobre o tema eis o seguinte precedente do S.T.J.:

1. *A Lei n. 11.382/2006 alterou o CPC e incluiu os depósitos e aplicações em instituições financeiras como bens preferenciais na ordem de penhora, equiparando-os à dinheiro em espécie (artigo 655, I) e admitindo a constrição por meio eletrônico (artigo 655-A).*
2. *Consoante jurisprudência anterior à referida norma, esta Corte firmava o entendimento no sentido de que o juiz da execução fiscal só deveria deferir pedido de expedição de ofício ao BACEN após o exequente comprovar não ter logrado êxito em suas tentativas de obter as informações sobre o executado e seus bens. Precedentes: REsp 802897 / RS, DJ 30.03.2006 p. 203; RESP 282.717/SP, DJ de 11/12/2000; RESP 206.963/ES, DJ de 28/06/1999; RESP 204.329/MG, DJ de 19/06/2000 e RESP 251.121/SP, DJ de 26.03.2001.*
3. *A penhora, como ato processual, regula-se pela máxima tempus regit actum, segundo o que, consectariamente, à luz do direito intertemporal, implica a aplicação da lei nova imediatamente, inclusive aos processos em curso. Precedentes: AgRg no REsp 1012401/MG, DJ. 27.08.2008; AgRg no Ag 1041585/BA, DJ. 18.08.2008;*
REsp 1056246/RS, DJ. 23.06.2008).

---

[96] LIMONGI FRANÇA, R., idem p. 247.

4. *Após o advento da Lei n.º 11.382/2006, o juiz, ao decidir acerca do pedido de penhora on line de ativos financeiros do executado, não pode mais exigir a prova de que o credor esgotou as vias extrajudiciais na busca de bens a serem penhorados. Nesse sentido, julgados sob o regime do art. 543-C, do CPC, os seguintes precedentes: REsp 1.184.765/PA, Rel. Ministro LUIZ FUX, PRIMEIRA SEÇÃO, julgado em 24/11/2010, DJe de 03/12/2010 e REsp 1.112.943/MA, Rel. Ministra NANCY ANDRIGHI, CORTE ESPECIAL, julgado em 15/09/2010, DJe de 23/11/2010.*
5. *In casu, proferida a decisão que indeferiu a medida constritiva em 27.11.2007 (fls. 112), ou seja, após o advento da Lei n. 11.382/06, incidem os novos preceitos estabelecidos pela novel redação do art. 655, I c.c o art. 655-A, do CPC.*
6. *Agravo Regimental desprovido.*
(AgRg no Ag 1211671/SC, Rel. Ministro LUIZ FUX, PRIMEIRA TURMA, julgado em 15/02/2011, DJe 28/02/2011)

É bem verdade que a jurisprudência do S.T.J., ao determinar a aplicação da Lei 8.009/90 às penhoras concluídas antes da sua vigência, não se valeu da aplicação imediata da lei processual, mas, sim, deu efeito retroativo à Lei 8.009/90, o que de certa forma poderia ensejar algum paradoxo.

Porém, o efeito retroativo não decorre da simples aplicação ao passado da Lei 8.009/90, mas é proveniente da argumentação jurídica de que as regras de impenhorabilidade, previstas na Lei 8.009/90, têm por fundamento o conflito existente entre o princípio Constitucional da impenhorabilidade do bem de família, sinal de proteção aos direitos fundamentais previstos na Constituição Federal, e a regra processual de penhora de bens do executado.

A jurisprudência, nessa hipótese, optou pela força normativa dos princípios Constitucionais, afastando a regra jurídica da penhora de possíveis bens de família. Sobre o tema, eis os seguintes precedentes:

- *nocorrência no caso do alegado cerceamento de defesa, adstrita que fora a objeção do Banco embargado ao ônus da embargante de comprovar os requisitos estabelecidos na Lei nº 8.009/90.*
- *"Têm legitimidade a mulher os filhos para, em embargos de terceiro, defender bem de família sobre o qual recaiu medida coercitiva, mesmo que ela figure*

juntamente com o marido como executada, vedada tão-só a discussão do débito" (REsp nº 64.021-SP).
- **A Lei nº 8.009/90 aplica-se à penhora realizada antes de sua vigência (Súmula nº 205-STJ).**
- *A viúva, ainda que more só no imóvel residencial, acha-se protegida pela impenhorabilidade prevista na mencionada Lei nº 8.009/90.*
Recurso especial não conhecido
(REsp 434.856/PR, Rel. Ministro BARROS MONTEIRO, QUARTA TURMA, julgado em 22/10/2002, DJ 24/02/2003 p. 242)
RESP – CIVIL – BEM DE FAMILIA – IMPENHORABILIDADE – CONSTITUIDA A RELAÇÃO JURIDICA NA VIGENCIA QUE ASSEGURE A IMPENHORABILIDADE DO BEM DE FAMILIA, LEI POSTERIOR NÃO PODE AFETA-LA. CONSEQUENCIA DO PRINCIPIO DA GARANTIA DO ATO JURIDICO CONSTITUIDO E DA IRRETROATIVIDADE DA LEI.
(REsp 142.791/SP, Rel. Ministro LUIZ VICENTE CERNICCHIARO, SEXTA TURMA, julgado em 03/02/1998, DJ 22/06/1998 p. 190)

De certa forma, não existem grandes problemas quando a análise da irretroatividade da lei processual tem por objeto o ato processual já realizado, já consumado no tempo, tendo seus efeitos sido exauridos sob égide do estatuto processual revogado.

Problema maior encontra-se quando os efeitos do ato processual realizado no passado devam ser consolidados após a entrada em vigor da nova ordem processual.

A problemática mais preocupante ocorre em relação aos efeitos pendentes ou por vir dos atos processuais praticados no passado.

Nessa hipótese, penso que a solução da questão passa pela segunda parte do art. 14 do novo C.P.C., ou seja, diz respeito à questão das *situações jurídicas consolidadas*, que será avaliada no tópico a seguir.

2.2.6.7.4.5. Leilão
Em relação ao leilão judicial realizado em cumprimento de sentença ou em execução, questões sobre o direito intertemporal poderão ser suscitadas.

Pelo atual C.P.C., logo na primeira hasta pública os licitantes poderão ofertar lanço com base no preço mínimo fixado pelo juiz, ou se não foi fixado, pelo valor que não seja inferior a 50% do valor da avaliação. A partir do novo C.P.C., não haverá mais duas hastas públicas, como havia no C.P.C. de 1973, sendo que na primeira o lanço não poderia ser inferior ao valor da avaliação.

No edital de leilão, o juiz poderá estabelecer de plano o preço mínimo para que o bem possa vir a ser arrematado, considerando-se preço vil qualquer lanço inferior a esse preço mínimo. Deverá ainda o magistrado fixar no edital as condições de pagamento, ou seja, se é a vista, a prazo, em quantias parceladas, qual o índice de correção etc., assim como as garantias (caução, fiança, garantia real) do pagamento, especialmente se o pagamento for a prazo.

Como a questão dos critérios de arrematação é de ordem processual e não de direito material, a nova lei processual, entrando em vigor, alcançará os leilões que ainda não foram realizados, devendo, se for o caso, ser expedidos novos editais com os requisitos estabelecidos pelo atual C.P.C.

Se já houve a realização do primeiro leilão, com base na regra antiga, o segundo leilão, se ainda não realizado, deverá seguir as novas diretrizes processuais.

Mutatis mutantis, sobre o tema do conflito intertemporal, eis as seguintes decisões do S.T.J.:

> *1. Se, em execução de titulo extrajudicial, a Lei no 11.382/06 passou a vigorar depois da citação, mas antes de concluído o procedimento de penhora, o termo para oferecimento dos embargos deve ser contado a partir da intimação da penhora, mas já se computando o prazo da lei nova, de 15 (quinze) dias. Nessa circunstância, porém, os embargos já devem ser recebidos com base na nova sistemática de execução, portanto, sem efeito suspensivo.*
> *2. Nas execuções por carta precatória – de acordo com o modelo anterior às reforma simplementadas pela Lei 11.382/06 –, o termo inicial do prazo dos embargos era a juntada aos autos da carta precatória de intimação da penhora, devidamente cumprida.*
> *3. Recurso especial parcialmente provido.*
> (REsp 1185729/PR, Rel. Ministra NANCY ANDRIGHI, TERCEIRA TURMA, julgado em 07/04/2011, DJe 15/04/2011)

1. A Lei n. 11.382/2006 alterou o CPC e incluiu os depósitos e aplicações em instituições financeiras como bens preferenciais na ordem de penhora, equiparando-os ao dinheiro em espécie (artigo 655, I) e admitindo a constrição por meio eletrônico (artigo 655-A).
2. Consoante jurisprudência anterior a referida norma, esta Corte firmava o entendimento no sentido de que o juiz da execução fiscal só deveria deferir pedido de expedição de oficio ao BACEN apos o exequente comprovar não ter logrado êxito em suas tentativas de obter as informações sobre o executado e seus bens. Precedentes: REsp 802897/RS, DJ 30.03.2006 p. 203; RESP 282.717/SP, DJ de 11/12/2000; RESP 206.963/ES, DJ de 28/06/1999; RESP 204.329/MG, DJ de 19/06/2000 e RESP 251.121/SP, DJ de 26.03.2001.
3. A penhora, como ato processual, regula-se pela máxima tempus regit actum, segundo o que, consectariamente, a luz do direito intertemporal, implica a aplicação da lei nova imediatamente, inclusive aos processos em curso. Precedentes: AgRg no REsp 1012401/MG, DJ. 27.08.2008; AgRg no Ag 1041585/BA, DJ. 18.08.2008; REsp 1056246/RS, DJ. 23.06.2008).
4. Apos o advento da Lei no 11.382/2006, o juiz, ao decidir acerca do pedido de penhora on line de ativos financeiros do executado, não pode mais exigir a prova de que o credor esgotou as vias extrajudiciais na busca de bens a serem penhorados. Nesse sentido, julgados sob o regime do art. 543-C, do CPC, os seguintes precedentes:
REsp 1.184.765/PA, Rel. Ministro LUIZ FUX, PRIMEIRA SECAO, julgado em 24/11/2010, DJe de 03/12/2010 e REsp 1.112.943/MA, Rel. Ministra NANCY ANDRIGHI, CORTE ESPECIAL, julgado em 15/09/2010, DJe de 23/11/2010.
5. In casu, proferida a decisão que indeferiu a medida constritiva em 27.11.2007 (fls. 112), ou seja, apos o advento da Lei n. 11.382/06, incidem os novos preceitos estabelecidos pela novel redação do art. 655, I c.c o art. 655-A, do CPC.
6. Agravo Regimental desprovido.
(AgRg no Ag 1211671/SC, Rel. Ministro LUIZ FUX, PRIMEIRA TURMA, julgado em 15/02/2011, DJe 28/02/2011)
1. Controverte-se a respeito do parâmetro que deve nortear a aplicação da Lei 11.382/2006 em relação a penhora de dinheiro por meio do sistema Bacen Jud. Hipótese em que o requerimento se formalizou antes de sua entrada em vigor, e a decisão judicial foi proferida depois dela.

2. A norma do art. 655-A do CPC possui natureza processual e, por essa razão, aplica-se aos processos em curso. Precedentes do STJ.
3. Conforme decidido pela Corte Especial (REsp 1.112.943/MA, julgado no rito dos recursos repetitivos), com a vigência da Lei 11.382/2006, não mais se exige a comprovação de exaurimento das diligencias administrativas para penhora por meio do Bacen Jud.
4. A aplicação do novo regime devera levar em consideração a legislação vigente à data da decisão judicial, e não a do requerimento, pois o ato processual (penhora) será concretizado sob o império da lei nova (tempus regit actum). Precedente do STJ: ERESP 1.052.081/RS, Dje 26.5.2010.
5. Agravo Regimental não provido.
(AgRg no Ag 1148745/SP, Rel. Ministro HERMAN BENJAMIN, SEGUNDA TURMA, julgado em 04/11/2010, DJe 02/02/2011

2.2.6.7.4.6. Impugnação ao cumprimento de sentença e garantia do juízo.

O CPC/1973 exigia, em seu art. 475, §1º, como pressuposto para o recebimento de impugnação ao cumprimento de sentença, a garantia do juízo por penhora.

O novo CPC, em relação aos pressupostos para admissibilidade da impugnação de sentença, assim estabelece em seu art. 525:

> "Art. 525. Transcorrido o prazo previsto no art. 523 sem o pagamento voluntário, inicia-se o prazo de 15 (quinze) dias para que o executado, independentemente de penhora ou nova intimação, apresente, nos próprios autos, sua impugnação".

O problema dessa alteração de norma processual - uma exigindo a penhora e outra não para admissibilidade da impugnação torna-se mais evidente no âmbito do procedimento de cumprimento de sentença já iniciado quando da vigência do Código revogado, especialmente em relação aos prazos para impugnação que não foram abertos em razão da ausência de penhora ou garantia do juízo. Há, ainda, a hipótese em que as impugnações não foram recebidas por falta de garantia do juízo da execução.

Deve-se analisar a questão sob a ótica não somente do 'tempus regit actum', mas principalmente sob a perspectiva do princípio Constitucional do 'devido processo legal' na sua vertente da 'ampla defesa'.

No caso, a nova ordem processual reduziu as exigências legais para que o executado possa oferecer sua defesa (impugnação) no âmbito do cumprimento de sentença, tornando mais flexível e favorável o exercício da 'ampla defesa' em relação à exigência de penhora prevista no art. 475, §1º, do C.P.C.

Assim, nas hipóteses em que a não apresentação da impugnação ao cumprimento de sentença ou a sua rejeição se dê única e exclusivamente pela falta de garantia do juízo, deve-se possibilitar a admissibilidade da impugnação com base no art. 525 do novo C.P.C., aplicando-se de imediato a nova ordem jurídica processual, ou seja, 'tempus regit actum' e aplicação imediata das normas processuais nos termos do art. 14 do novo C.P.C.

É bem verdade que o prazo de 15 (quinze dias) previsto no art. 525 do novo C.P.C. para se apresentar a impugnação corre automaticamente do transcurso do prazo de intimação, também de 15 (quinze) dias para que o executado cumpra a obrigação.

É certo que, quando da intimação do executado para cumprir a obrigação, sob a égide do C.P.C. revogado, havia uma restrição legal (condição) para o exercício Constitucional do direito de ampla defesa, no caso, a exigência de garantia do juízo.

Assim, entendo que o executado não pode ser surpreendido pelo transcurso automático do prazo para impugnação com base na nova ordem processual, tendo em vista que posterior decisão de intempestividade da impugnação poderia ferir o disposto no art. 10 do novo C.P.C. que assim dispõe:

> "Art. 10. O juiz não pode decidir, em grau algum de jurisdição, com base em fundamento a respeito do qual não se tenha dado às partes oportunidade de se manifestar, ainda que se trate de matéria sobre a qual deva decidir de ofício".

Portanto, para se evitar 'decisão surpresa', bem como para se resguardar 'in totum' o princípio Constitucional da 'ampla defesa', entendo que se deve intimar o executado na pessoa de seu advogado ou se não o tiver pessoalmente para que, querendo, ofereça impugnação ao cumprimento de sentença no prazo de 15 (quinze) dias.

Nas hipóteses em que a impugnação não foi recebida por falta de garantia do juízo, tenho para mim que também se deve intimar o advogado ou o executado pessoalmente para que ele se manifeste sobre o seu interesse em ver processada a impugnação outrora apresentada.

Desta feita, penso que compete ao magistrado fazer uma triagem dos processos que se encontram nessa situação transitória para garantir o princípio Constitucional da ampla defesa.

2.2.7 Algumas decisões sobre a temática da aplicação imediata das normas processuais.

A jurisprudência, sobre a questão da aplicação imediata das normas processuais, assim tem se manifestado:

> *PROCESSUAL CIVIL. JUROS MORATÓRIOS. DIREITO INTERTEMPORAL. PRINCÍPIO DO TEMPUS REGIT ACTUM. ARTIGO 1º-F DA LEI Nº 9.494/97. MP 2.180-35/2001. LEI Nº 11.960/09. APLICAÇÃO AOS PROCESSOS EM CURSO.*
> *1. Publicado o julgamento do Recurso Especial nº 1.205.946/SP, submetido ao regime previsto no artigo 543-C do CPC, os demais recursos já distribuídos, fundados em idêntica controvérsia, deverão ser julgados pelo relator, consoante os artigos 557 do CPC e 5º, inciso I, da Resolução nº 08 do STJ.*
> ***2. As normas que dispõem sobre os juros moratórios possuem natureza eminentemente processual, aplicando-se aos processos em andamento, à luz do princípio tempus regit actum. Precedentes.***
> ***3. O artigo 1º-F da Lei 9.494/97, modificado pela Medida Provisória 2.180-35/2001 e, posteriormente pelo artigo 5º da Lei nº 11.960/09, tem natureza instrumental, devendo ser aplicado aos processos em tramitação. Precedente sob o rito do artigo 543-C, REsp 1.205.946/SP, Rel. Min. Benedito Gonçalves.***
> *4. Agravo regimental não provido.*
> (AgRg no REsp 1242954/SP, Rel. Ministro CASTRO MEIRA, SEGUNDA TURMA, julgado em 07/02/2012, DJe 16/02/2012)
> *PROCESSUAL CIVIL E TRIBUTÁRIO. EXECUÇÃO FISCAL. PRESCRIÇÃO INTERCORRENTE. ART. 40, § 4º, DA LEI 6.830/1980. NORMA DE NATUREZA PROCESSUAL. APLICAÇÃO IMEDIATA. EMBARGOS DECLARATÓRIOS. INTUITO DE PREQUESTIONAMENTO. MULTA INDEVIDA. SÚMULA 98/STJ.*

1. A solução integral da controvérsia, com fundamento suficiente, não caracteriza ofensa ao art. 535 do CPC.

2. A norma prevista no art. 40, § 4º, da Lei 6.830/1980, segundo a qual a prescrição intercorrente pode ser decretada ex officio pelo juiz, após ouvida a Fazenda Pública, é de natureza processual e, por essa razão, tem aplicação imediata sobre as Execuções Fiscais em curso.

3. Considerando que os Embargos de Declaração opostos pela recorrente tiveram propósito de prequestionamento, afasta-se a multa de 1% sobre o valor da causa aplicada pelo Tribunal de origem, nos termos da Súmula 98/STJ.

4. Recurso Especial parcialmente provido, apenas para afastar a multa imposta com fulcro no art. 538 do CPC.

REsp 1191847/MT, Rel. Ministro HERMAN BENJAMIN, SEGUNDA TURMA, julgado em 22/06/2010, DJe 01/07/2010)

PROCESSUAL CIVIL E TRIBUTÁRIO. EXCEÇÃO DE PRÉ-EXECUTIVIDADE. DCTF. PRESCRIÇÃO. TERMO INICIAL. INTERRUPÇÃO DO PRAZO PRESCRICIONAL PELO DESPACHO DO JUIZ QUE DETERMINA A CITAÇÃO. ART. 174 DO CTN, ALTERADO PELA LC 118/2005. APLICAÇÃO IMEDIATA AOS PROCESSOS EM CURSO. EXCEÇÃO AOS DESPACHOS PROFERIDOS ANTES DA VIGÊNCIA DA LEI.

1. A Primeira Seção do STJ, em sede de recurso especial repetitivo (art. 543-C do CPC), consolidou o entendimento de que, nos tributos sujeitos a lançamento por homologação, a apresentação de Declaração de Débitos e Créditos Tributários Federais? DCTF, de Guia de Informação e Apuração do ICMS? GIA, ou de outra declaração dessa natureza, prevista em lei, é suficiente para a cobrança dos valores nela declarados, dispensando-se qualquer outra providência por parte do Fisco. REsp 962.379/RS, Rel. Ministro Teori Albino Zavascki, Primeira Seção, julgado em 22/10/2008, DJe 28/10/2008.

2. Na espécie, a execução foi ajuizada contra a pessoa jurídica e o co-responsável. Destarte, considerando que a entrega da DCTF ocorreu em 15/4/1996, a citação do co-responsável em 22/5/2001 e não constando que a empresa foi citada nesse ínterim, conclui-se que tal crédito tributário encontra-se fulminado pela prescrição, pois não se verifica nesse lapso nenhum marco interruptivo.

3. A Primeira Seção do STJ, em sede de recurso especial repetitivo (art. 543-C do CPC), firmou a orientação no sentido de que o mero

despacho que determina a citação não possuía o efeito de interromper a prescrição, mas somente a citação pessoal do devedor, nos moldes da antiga redação do artigo 174, parágrafo único, I, do CTN; todavia, a Lei Complementar n. 118/2005 alterou o referido dispositivo para atribuir efeito interruptivo ao despacho ordinatório de citação. Por tal inovação se tratar de norma processual, aplica-se aos processos em curso. REsp 999.901/RS, Rel. Ministro Luiz Fux, Primeira Seção, julgado em 13/5/2009, DJe 10/06/2009.
4. O despacho citatório foi prolatado em 2001, não se aplicando a alteração promovida pela Lei Complementar n. 118/2005.
5. Agravo regimental não provido.
(AgRg no REsp 1113954/MG, Rel. Ministro BENEDITO GONÇALVES, PRIMEIRA TURMA, julgado em 15/04/2010, DJe 27/04/2010)
PROCESSUAL CIVIL. RECURSO ESPECIAL. LIQUIDAÇÃO DE SENTENÇA. DECISÃO PROFERIDA NA VIGÊNCIA DA LEI Nº 11.232/05. ART.475-H. DIREITO INTERTEMPORAL. RECURSO CABÍVEL. AGRAVO DE INSTRUMENTO. FUNGIBILIDADE RECURSAL. ERRO DE DIREITO. INAPLICABILIDADE.
1. A eficácia da lei processual no tempo obedece à regra geral no sentido de sua aplicação imediata (artigo 1.211 do CPC).
2. O processo, como um conjunto de atos, suscita severas indagações, fazendo-se mister isolá-los para o fim de aplicação da lei nova.
3. A regra mater, sob essa ótica, é a de que "a lei nova, encontrando um processo em desenvolvimento, respeita a eficácia dos atos processuais já realizados e disciplina o processo a partir de sua vigência (Amaral Santos)."
4. A regra tempus regit actum produz inúmeras conseqüências jurídicas no processo como relação complexa de atos processuais, impondo-se a técnica de isolamento.
5. *Publicada a decisão de liquidação quando já estava em vigor a Lei nº 11.232, de 22 de dezembro de 2005, que inseriu o artigo 475-H no Código de Processo Civil, o recurso cabível é o agravo de instrumento. Precedentes: (AgRg no Ag 987.290/RS, Rel. Ministro JOÃO OTÁVIO DE NORONHA, QUARTA TURMA, julgado em 23/09/2008, DJe 28/10/2008; AgRg no Ag 946.131/RS, Rel. Ministro ARI PARGENDLER, TERCEIRA TURMA, julgado em*

27/05/2008, DJe 05/08/2008; REsp 1131112/ES, Rel. Ministro CASTRO MEIRA, SEGUNDA TURMA, julgado em 01/09/2009, DJe 14/09/2009).
6. *In casu*, a sentença relativa à liquidação de sentença foi publicada no dia 24/11/2006 (fls. 321 ou e-stj 380), quando vigente a Lei n.º 11.232/2005 (em vigor desde 24/06/2006).
7. A lei vigente à época da prolação da decisão que se pretende reformar é que rege o cabimento e a admissibilidade do recurso.
Com o advento da Lei nº 11.232/2005, em vigor desde 24/06/2006, o recurso cabível para impugnar decisão proferida em liquidação é o agravo de instrumento (art. 475-H do CPC).
8. Recurso especial desprovido.
(REsp 1132774/ES, Rel. Ministro LUIZ FUX, PRIMEIRA TURMA, julgado em 09/02/2010, DJe 10/03/2010)

AGRAVO REGIMENTAL EM RECURSO ESPECIAL. DIREITO PROCESSUAL CIVIL.

EMBARGOS À EXECUÇÃO. VIOLAÇÃO DO ARTIGO 741, INCISO II, E PARÁGRAFO ÚNICO, DO CÓDIGO DE PROCESSO CIVIL. NÃO OCORRÊNCIA. JUROS DE MORA.

AÇÃO AJUIZADA APÓS A EDIÇÃO DA MEDIDA PROVISÓRIA Nº 2.180/2001.

RECURSO REPETITIVO. AGRAVO IMPROVIDO.

1. *"A Primeira Turma desta Corte, a partir do julgamento do REsp 720.953/ SC, rel. Min. Teori Albino Zavascki, DJ 22/08/2005, passou a adotar o entendimento de que o art. 741, parágrafo único, do CPC não se aplica aos casos de sentenças que tenham contrariado o entendimento firmado pelo Pretório Excelso no julgamento do RE 226.855-7, sob o fundamento de que o STF, no referido precedente, não declarou a inconstitucionalidade de qualquer norma, tendo resolvido tão-somente questão de direito intertemporal." (REsp nº 1.010.188/ SP, Relatora Ministra Eliana Calmon, Segunda Turma, in DJe 14/3/2008).*
2. *"O art. 1º-F, da Lei 9.494/97, que fixa os juros moratórios nas ações ajuizadas contra a Fazenda Pública no patamar de 6%, é de ser aplicado tão somente às demandas ajuizadas após a sua entrada em vigor. Inaplicabilidade do art. 406 do Código Civil de 2002.*
Precedentes." (REsp nº 1.086.944/SP, Relatora Ministra Maria Thereza de Assis Moura, Terceira Seção, in DJe 4/5/2009, submetido ao

regime dos recursos repetitivos do artigo 543-C do Código de Processo Civil e da Resolução nº 8/2008 do Superior Tribunal de Justiça).
3. Agravo regimental improvido.
(AgRg no REsp 1177929/DF, Rel. Ministro HAMILTON CARVALHIDO, PRIMEIRA TURMA, julgado em 19/10/2010, DJe 02/12/2010)
"ATO JURÍDICO PERFEITO. Segundo princípio do direito intertemporal, salvo alteração constitucional, o recurso próprio é o existente à data em que publicada a decisão"
(STJ – 2ª Seção, CC 1.133-RS, rel. Min. Sálvio de Figueiredo, j. 11.3.92, v.u., DJU 13.4.92, p. 4.971).
"Sendo constitucional o princípio de que a lei não pode prejudicar o ato jurídico perfeito, ela se aplica também às leis de ordem pública"
(RTJ 173/263);
"CABIMENTO DO RECURSO COM BASE NA LEI VIGENTE AO TEMPO DA INTIMAÇÃO DA DECISÃO RECORRIDA"
STF – RTJ 68/879, 79/569, 105/197"

3.
Exceções normativas expressas ao princípio da aplicação imediata das normas processuais

O direito processual civil apresenta norma particular sobre sua aplicação imediata.

Tendo em vista seu caráter instrumental e público, justifica-se que as normas processuais sejam aplicadas imediatamente, ou seja, tenham aplicação imediata a todos os atos processuais ainda não praticados nos processos em andamento, quando de sua entrada em vigor.

Alberto dos Reis apresenta a seguinte justificação à defesa desse princípio: *"O princípio que domina a aplicação das leis de processo quanto ao tempo é este: as leis de processo são, pela sua própria natureza, de aplicação imediata. Isto quer dizer que a lei nova se aplica a todos os atos que se realizarem a partir do momento em que ela entra em vigor. O princípio que fica enunciado deriva, como dissemos, da própria natureza das leis de processo e justifica-se, qualquer que seja a doutrina que se adote quanto ao problema geral da retroatividade das leis. As leis de processo referem-se, em última análise, ao exercício duma das funções do Estado – a função jurisdicional ou judiciária; quando se publica uma lei nova, isso significa que o Estado considera a lei anterior imperfeita e defeituosa para a administração da justiça ou para o regular funcionamento do poder judicial. Tanto basta para que a lei nova deva aplicar-se imediatamente.*[97]

---

[97] Apud. RODRIGUES, Fernando Pereira. *O novo Processo Civil – os princípios estruturantes*. Coimbra: Almedina, 2013.

No sentido da aplicação imediata das normas processuais, eis os seguintes precedentes do S.T.J.:

> PROCESSUAL CIVIL. AÇÃO RESCISÓRIA. DEPÓSITO PRÉVIO. DISPENSA.
> INÉPCIA DA INICIAL. NÃO CONFIGURADA. REVOGAÇÃO DE DECISÃO HOMOLOGATÓRIA DE ACORDO. APLICAÇÃO IMEDIATA DAS NORMAS PROCESSUAIS. COMPETÊNCIA FUNCIONAL. RECONHECIMENTO DE NULIDADE. AUSÊNCIA DE IMPUGNAÇÃO. PRECLUSÃO. AÇÃO RESCISÓRIA IMPROCEDENTE.
> 1. Os postulantes beneficiários da Justiça Gratuita estão dispensados do depósito prévio previsto no art. 488, II, do CPC.
> Precedentes.
> 2. Permitida a aferição do mérito da controvérsia por meio dos documentos acostados aos autos, fica superada a preliminar de inépcia da petição inicial.
> 3. A competência funcional tem caráter absoluto e improrrogável, razão pela qual acertada a conduta judicial de reconhecimento da nulidade e revogação de decisão anterior com vistas a sanar o vício despontado nos autos.
> 4. A ausência de manifestação contrária da parte, no momento processual adequado, acerca de decisão judicial, acarreta a incidência do instituto da preclusão.
> 5. Ação rescisória improcedente.
> (AR 2.628/RJ, Rel. Ministro NEFI CORDEIRO, TERCEIRA SEÇÃO, julgado em 13/08/2014, DJe 22/08/2014).
> AGRAVO REGIMENTAL NO RECURSO ESPECIAL. PROCESSUAL CIVIL E TRIBUTÁRIO. CONTRIBUIÇÃO PREVIDENCIÁRIA. MATÉRIA PENDENTE DE JULGAMENTO NO STF (ADI 4.357/DF) E SOBRESTAMENTO DO FEITO.
> DESCABIMENTO. JUROS MORATÓRIOS EM CONDENAÇÃO CONTRA A FAZENDA PÚBLICA. ALTERAÇÃO LEGISLATIVA. LEI 11.960/2009. NORMA DE CARÁTER PROCESSUAL. APLICAÇÃO IMEDIATA. INCONSTITUCIONALIDADE PARCIAL POR ARRASTAMENTO. PRECEDENTES: RESP. 1.270.439/PR, REL. MIN. CASTRO MEIRA, DJE 2.8.2011 E STF-AI 842.63/RS, REPERCUSSÃO GERAL, REL.

*MIN.CEZAR PELUSO, DJE 2.9.2011. DÍVIDA DE NATUREZA TRIBUTÁRIA.
PREVALÊNCIA DE REGRAS ESPECÍFICAS. AGRAVO REGIMENTAL DESPROVIDO.
1. O STJ orienta-se no sentido de que, para fins de aplicação do art. 543-C do CPC, é desnecessário que o Recurso Especial representativo de matéria repetitiva tenha transitado em julgado.
2. A pendência de julgamento no STF de ação em que se discute a constitucionalidade de lei não enseja o sobrestamento dos recursos que tramitam no STJ. Cabível o exame de tal pretensão somente em eventual juízo de admissibilidade de Recurso Extraordinário interposto nesta Corte Superior.
3. Conforme assentado no REsp. 1.205.946/SP, julgado sob o rito do art. 543-C do CPC, pela Corte Especial do STJ, Rel. Min. BENEDITO GONÇALVES, determinou-se que a incidência dos juros e da correção monetária havida no período anterior à vigência da Lei 11.960/09, que deu nova redação ao art. 1o.-F da Lei 9.494/97, deve seguir os parâmetros definidos pela legislação então vigente, em consonância ao princípio do tempus regit actum. Sendo uma norma de natureza eminentemente processual, deve ser aplicada de imediato aos processos pendentes, a partir de sua vigência.
4. No entanto, o colendo Supremo Tribunal Federal, ao examinar a questão por meio da ADI 4.357/DF (Rel. Min. AYRES BRITTO), declarou a inconstitucionalidade parcial, por arrastamento, do art. 5o. da Lei 11.960/09.
5. Assim, nessa linha de entendimento da Suprema Corte, a 1a. Seção do STJ, nos autos do REsp. 1.270.439/PR, julgado pelo rito dos Recursos Repetitivos, Rel. Min. CASTRO MEIRA, firmou o entendimento de que a partir da declaração de inconstitucionalidade parcial do art. 5o. da Lei 11.960/09: (a) a correção monetária das dívidas fazendárias deve observar índices que reflitam a inflação acumulada do período, a ela não se aplicando os índices de remuneração básica da caderneta de poupança; e (b) os juros moratórios serão equivalentes aos índices oficiais de remuneração básica e juros aplicáveis à caderneta de poupança, exceto quando a dívida ostentar natureza tributária, para a qual prevalecerão as regras específicas.
6. No caso em apreço, como a matéria aqui tratada se refere aos juros de mora relativos à restituição de indébito decorrente de Contribuição Previdenciária,*

> *a qual ostenta natureza tributária; logo são devidos juros à razão de 1% ao mês, segundo o art. 161, § 1o. do CTN, não se aplicando o art. 1o.-F da Lei 9.494/1997, acrescentado pela MP 2.180-35/2001.*
> *7. Tal entendimento ficou consolidado pela Primeira Seção, no julgamento do REsp 1.111.189/SP, Relator Min. TEORI ALBINO ZAVASCK, DJe de 26.5.2009, julgado sob o rito dos recursos repetitivos nos termos do art. 543-C do CPC.*
> *8. Agravo Regimental desprovido.*
> (AgRg no REsp 1377163/MG, Rel. Ministro NAPOLEÃO NUNES MAIA FILHO, PRIMEIRA TURMA, julgado em 12/08/2014, DJe 27/08/2014).

Porém, o novo C.P.C., em seu art. 14, estabelece uma situação jurídica *genérica e abstrata* em que não haverá a aplicação imediata da norma processual; isso ocorre quando se estiver diante de atos jurídicos processuais praticados ou das situações jurídicas consolidadas sob a vigência da norma revogada.

Já o art. 1.046, §1º, do novo C.P.C. apresenta situação jurídica *expressa e concreta* segundo a qual a norma processual não retroagirá e não terá efeito imediato.

Preceitua o §1º do art. 1.046 do novo C.P.C. que: *"as disposições da Lei nº 5.869, de 11 de janeiro de 1973, relativas ao procedimento sumário e aos procedimentos especiais que forem revogadas aplicar-se-ão às ações propostas e não sentenciadas até o início da vigência deste Código.*

Na realidade, a hipótese do §1º do art. 1.046 do novo C.P.C. não deixa de ser uma espécie normativamente concretizada de situação jurídica consolidada.

Trata-se de situação jurídica consolidada referente ao procedimento especial ou ao procedimento sumário desencadeado anteriormente à vigência do atual C.P.C.

A escolha do procedimento configura uma situação jurídica consolidada. E não poderia ser diferente.

Pense-se na hipótese de uma ação (demanda) de depósito proposta sob a égide do Código de Processo Civil de 1973, com base nos arts. 901 a 906. Na metade do desenvolvimento do processo, entra em vigor o novo C.P.C., o qual, por sua vez, não mais insere a ação (demanda) de depósito como procedimento especial. Isso causaria um tumulto processual importante, especialmente pela particularidade do procedimento especial da ação de depósito quando regulado pelo Código revogado.

Pense-se, igualmente, no processo em trâmite quando da entrada em vigor do novo C.P.C. e que tenha por objeto ação (demanda) de anulação e substituição de título ao portador, regulada nos arts. 907 a 913 do C.P.C. de 1973; ação (demanda) de nunciação de obra nova, regulada nos arts. 934 a 940 do C.P.C. de 1973; ação (demanda) de usucapião de terras particulares, regulada nos arts. 941 a 945 do C.P.C. de 1973. Todos esses procedimentos não constam mais no rol dos procedimentos especiais no novo C.P.C. Porém, em face da *consolidação da situação jurídica*, bem como em decorrência do que dispõe o art. 1.046 do atual C.P.C., esses procedimentos deverão prosseguir até que seja proferida a respectiva sentença.

O legislador estabeleceu como marco delimitador da situação jurídica consolidada do procedimento sumário e dos procedimentos especiais, quando da entrada em vigor do novo estatuto processual, a inexistência da prolação da sentença. Assim, se na entrada em vigor do novo estatuto processual, a sentença já tinha sido proferida, o procedimento passa a ser regulado integralmente pelo novo C.P.C.

Questão interessando surge na seguinte hipótese: Quando da entrada em vigor do novo estatuto processual encontrava-se pendente uma ação (demanda) de depósito, sem que houvesse ainda sido proferida a sentença. Nesse caso, nos termos do §1º do art. 1.046 do novo C.P.C., o procedimento continuará a ser regulado pelo C.P.C. de 1973. Proferida a sentença e interposto o respectivo recurso, o tribunal de apelação anula o procedimento desde a citação. Retornando o processo, qual normatização deverá ser seguida, a do C.P.C. de 1973 ou a do novo C.P.C.? Tenho para mim que o fato de o tribunal ter anulado o procedimento não retira os efeitos da situação jurídica consolidada pela opção do procedimento escolhido. Nessa hipótese, o novo processamento da demanda dar-se-á com base no C.P.C. de 1973.

Diferentemente seria a hipótese em que o processo é extinto sem julgamento de mérito, gerando coisa julgada formal. Nessa hipótese, se a parte autora renovar a demanda, o rito deverá observar a normatização prevista no novo C.P.C.

Assim, as disposições do C.P.C. de 1973, relativas ao procedimento sumário e aos procedimentos especiais, que tenham sido revogadas pelo novo C.P.C., continuarão a ser aplicadas às demandas proposta até a vigência do novo C.P.C., desde que ainda não tenham sido sentenciados os respectivos processos. Se já foram sentenciados, as disposições do novo C.P.C. passarão a reger o procedimento daí por diante.

4.
Processos especiais – aplicação subsidiária e supletiva do novo C.P.C.

Nos termos do art. 13 do novo C.P.C., a jurisdição civil será regida pelas normas processuais brasileiras, ressalvadas as disposições específicas previstas em tratados, convenções ou acordos internacionais de que o Brasil seja parte.

Muito embora a União tenha competência privativa para legislar sobre 'processo' (art. 22, inc. I, da C.F.), o certo é que lei complementar poderá autorizar aos Estados legislar sobre questões específicas de processo civil (p.u. do art. 22 da C.F.).

Além do mais, União, Estados e Distrito Federal poderão legislar, concorrentemente, sobre procedimentos em matéria processual (art. 94, inc. XI, da C.F.).

Em regra, o estatuto processual de maior amplitude normativa para regular o processo civil brasileiro é justamente a Lei 13.105 de 2015 (novo Código de Processo Civil brasileiro).

Portanto, são as normas processuais que regerão a jurisdição civil brasileira. E as normas processuais disciplinadoras da jurisdição civil brasileira estão descritas na Lei 13.105 de 2015 e nos demais dispositivos normativos processuais encontrados na legislação esparsa, inclusive na Constituição Federal.

Sem dúvida, a maior compilação de normas processuais encontra-se no novo C.P.C., pois se trata de um estatuto normativo de âmbito nacional. Porém, não se deve restringir os limites de aplicação das *normas processuais brasileiras* apenas ao conteúdo normativo previsto no atual Código de Processo Civil.

Na realidade, deve-se levar em consideração a seguinte advertência feita por Francesco Carnelutti: *"Por razão de sua essência, o Direito processual forma assim parte de um conjunto mais vasto de normas, que segundo critérios já expostos, deveria chamar-se 'Direito instrumental'. Pertence, de igual forma, por sua essência, a esse conjunto, o grupo de normas a que se dá o nome de 'Direito Constitucional'... Mas não se deve acreditar que o âmbito do Direito instrumental se detenha aqui: com efeito, existem normas instrumentais de grande valor no seio do próprio Direito civil..."*.[98]

As normas jurídicas processuais, como as de qualquer outra espécie, devem, antes de tudo, ser estudadas em si, ou seja, não pelo que dispõem, e sim pelo que *são*, separando o continente do conteúdo.[99]

As normas processuais poderão advir ainda dos costumes e da equidade. Conforme afirma Francesco Carnelutti, sobre o direito italiano *"o costume processual é, pois, abstratamente admissível, mas o Direito positivo italiano não poderia ser admitido a não ser quando fosse expressamente reclamado pela lei. Mas como essas invocações não existem em nosso ordenamento jurídico, resulta que o costume poderia ser, mas não o é, fonte do Direito processual. Entretanto, uma suposição de invocação do costume por acaso pode ser descoberta, em matéria de provas, na disposição do art. 1.332 do Código Civil"*.[100]

Por isso, as normas processuais que regem a jurisdição civil em território brasileiro estão disseminadas em diversas legislações paralelas, especialmente na Constituição Federal, razão pela qual elas não se encontram limitadas ao atual C.P.C.

Porém, o próprio legislador houve por bem disciplinar a forma e os limites de aplicação das normas processuais previstas no novo C.P.C.

A primeira regra disciplinadora da abrangência de aplicação do novo estatuto processual encontra-se prevista no art. 15 do novo C.P.C., a saber: *"na ausência de normas que regulem processos eleitorais, trabalhistas ou administrativos, as disposições deste Código serão aplicadas supletiva e subsidiariamente"*.

---

[98] CARNELUTTI, Francesco. *Lecciones sobre el proceso penal*. Trad. Santiago Sentís Melendo. Buenos Aires: Bosch Y Cía Editores, 1950. p. 237.
[99] CARNELUTTI, F., idem, p. 143.
[100] CARNELUTTI, F., idem, p. 151.

O art. 15 do novo C.P.C. permite a heterointegração entre os diversos sistemas processuais existentes no ordenamento jurídico brasileiro, ainda que de forma supletiva ou subsidiária, encampando aquilo que a doutrina denomina de 'diálogo das fontes'.

O art. 15 do novo C.P.C. permite que as normas processuais existentes na Lei 13.105 de 2015 sejam aplicadas *supletiva e subsidiariamente* aos processos *eleitorais, trabalhistas ou administrativos*.

O juiz, *"ao aplicar o ordenamento jurídico, deverá promover o diálogo das fontes entre o Direito Processual (civil, trabalhista, administrativo e tributário), o Direito Constitucional, os Direitos Humanos (ou Fundamentais) em todas as suas dimensões, o Direito Administrativo, o Direito Civil (direitos da personalidade), o Direito do Trabalho, etc.".*[101]

É importante salientar que a redação originária do art. 15 do novo C.P.C., quando ainda tramitava no Senado Federal o projeto de lei 166/2010, tinha o seguinte teor: *"Na ausência de normas que regulem processos penais, eleitorais ou administrativos, as disposições deste Código lhes serão aplicadas supletivamente.*

Observam-se duas alterações existentes entre a redação originária do art. 15 e sua aprovação final.

Na redação originária, as normas do novo C.P.C. também se aplicavam supletivamente ao processo penal. Tal referência foi excluída da redação final do art. 15 do novo C.P.C.

É bem verdade que a falta de referência expressa ao processo penal não tem o condão de impedir peremptoriamente que as normas de processo civil possam ser aplicadas subsidiariamente ao processo penal, quando houver necessidade sistêmica para tal finalidade.

Por outro lado, o novo C.P.C., além de permitir a aplicação supletiva também informa a aplicação subsidiária das normas processuais.

O art. 15 do novo C.P.C. determina a aplicação *supletiva e subsidiária* das normas processuais previstas no C.P.C. de 2015 em relação aos processos eleitorais, trabalhistas ou administrativos.

---

[101] BEZERRA LEITE, Carlos Henrique. Novo. A hermenêutica do novo CPC e suas repercussões no processo do trabalho. *In:* Carlos Henrique Bezerra Leite (Org.) *Novo CPC repercussões no processo do trabalho.* São Paulo: Saraiva, 2015. p. 24.

Questão que pode ser objeto de indagação é se haveria diferença semântica entre as expressões *supletiva* e *subsidiária*.[102]

Supletivo é aquilo que serve de complemento, que completa o sentido de outra coisa, observando-se a sistematização daquilo que se deseja completar.

Por sua vez, *subsidiário* significa aquilo que subsidia, aquilo que é secundário em relação a outro principal.

Portanto, o novo C.P.C. aplica-se como complemento e de forma substitutiva em relação aos processos eleitorais, trabalhistas ou administrativos.

A prevalência da normatização processual em relação aos processos eleitorais, trabalhistas ou administrativos dar-se-á segunda as respectivas legislações gerais, no caso, a Consolidação das Leis do Trabalho (Decreto-lei n. 5.452, de 1ª de maio de 1943), para as questões trabalhistas; o Código Eleitoral (Lei n. 4.737, de 15 de julho de 1965), para as questões de natureza eleitoral, e na Lei do Processo administrativo (Lei n. 9.784 de 29 de janeiro de 1999).

4.1. Processo trabalhista e aplicação subsidiária e suplementar do novo C.P.C.

Além de o art. 15 do novo C.P.C. expressamente determinar que as normas do processo civil sejam aplicadas supletiva e subsidiariamente ao processo trabalhista, também tal previsão normativa encontra-se inserida no art. 769 da C.L.T.:

Nos casos omissos, o direito processual comum será fonte subsidiária do direito processual do trabalho, exceto naquilo em que for incompatível com as normas deste Título.

No mesmo sentido é o art. 1º, §1º, da Instrução Normativa n. 39/16, Editada pela Resolução nº 203, de 15 de março de 2016, do Tribunal Superior do Trabalho – TST:

'Art. 1° Aplica-se o Código de Processo Civil, subsidiária e supletivamente, ao Processo do Trabalho, em caso de omissão e desde que haja

---

[102] "Comentando o art. 769 da CLT, já teve oportunidade de afirmar Eduardo Henrique Adamovich: *"aplicação supletiva ou subsidiária, se não são termos equivalentes ao menos na praxe do foro trabalhista, poderiam ser distinguidos para dizer-se que a primeira se dá quando o aplicador da lei supre lacunas invocando fontes de outros ramos jurídicos e a outra quando emprega essas fontes não propriamente para preencher um vazio, mas só para acrescentar, completar, melhorar o sentido das normas do Processo do Trabalho"* (ADAMOVICH, Eduardo H. *Comentários à CLT*. Rio de Janeiro: Forense, 2009. p. 423.

compatibilidade com as normas e princípios do Direito Processual do Trabalho, na forma dos arts. 769 e 889 da CLT e do art. 15 da Lei nº 13.105, de 17.03.2015.

É importante salientar que a Associação Nacional dos Magistrados do Trabalho (ANAMATRA) protocolizou no dia 5.5.2016 a ADI 5516 contra a Instrução Normativa n. 39 (Resolução n. 203, de 15.3.2016), editada pelo T.S.T. O pedido encontra-se com a Ministra do S.T.F. Carmen Lúcia. Para a Associação houve, em síntese, as seguintes violações: a) princípio da reserva legal (art. 5, inc. II, da C.F.); b) invasão de competência da União (art. 22, inc. I, da C.F.); c) competência privativa dos Tribunais para editar seus Regimentos Internos apenas sobre matérias internas (art. 96, inc. I, da C.F.); d) ausência de competência do T.S.T. para expedir instrução normativa com a finalidade de regulamentar a lei processual federal; e) violação ao princípio da independência dos magistrados.

Em relação ao processo trabalhista, vejamos algumas ponderações pontuais quanto à aplicação supletiva e subsidiária do novo C.P.C.

4.1.1. Contagem de prazo em dias úteis na Justiça do Trabalho.

Há na C.L.T. previsão de processo administrativo referente à fiscalização, autuação e imposição de multa administrativa (arts. 626 a 634 da C.L.T.).

No âmbito ainda do processo administrativo de fiscalização trabalhista, há também a oportunidade de interposição de recurso administrativo, nos termos do art. 635 da C.L.T., in verbis: *De tôda decisão que impuser multa por infração das leis e disposições reguladoras do trabalho, e não havendo forma especial de processo caberá recurso para o Diretor-Geral Departamento ou Serviço do Ministério do Trabalho e Previdência Social, que fôr competente na matéria.(Redação dada pelo Decreto-lei nº 229, de 28.2.1967).*

Os recursos administrativos, nos termos do art. 636 da C.L.T., devem ser interpostos no prazo de 10 (dez) dias, contados do recebimento da notificação, perante autoridade que houver imposta a multa, a qual, depois de informá-los encaminhá-los-á à autoridade de instância superior (art. 636 da C.L.T.).

Porém, o art. 636 da C.L.T. ao estabelecer o prazo de 10 (dez) dias para a interposição do recurso administrativo não preconizou a forma de contagem do prazo.

Já o art. 219 do novo C.P.C.: *Na contagem do prazo em dias, estabelecido por lei ou pelo juiz, computar-se-ão somente os dias úteis.*

Note-se que a mudança do sistema de contagem do prazo processual em dias pelo novo C.P.C. não se trata apenas de uma alteração formal. Ao contrário, tem por finalidade dar maior efetividade ao princípio Constitucional do *devido processo legal*, especialmente permitir uma maior amplitude para a realização do contraditório e da ampla defesa.

Em relação à contagem dos prazos do processo jurisdicional trabalhista, há norma expressa ditando a forma de sua contagem, conforme se pode verificar pelo disposto no art. 775 da C.L.T.: *Os prazos estabelecidos neste Título contam-se com exclusão do dia do começo e inclusão do dia do vencimento, e são* **contínuos** *e irreleváveis, podendo, entretanto, ser prorrogados pelo tempo estritamente necessário pelo juiz ou tribunal, ou em virtude de força maior, devidamente comprovada.*

Assim, como há norma expressa na C.L.T. estabelecendo que a contagem dos prazos, inclusive em dias, se dá de forma **contínua** *e irreleváveis*, não será o caso de se aplicar supletivamente o disposto no art. 219 do novo C.P.C. que determina a contagem apenas dos dias úteis.

Nesse sentido, aliás, é o disposto no art. 2º, inc. III, da Instrução Normativa n. 39/16, Editada pela Resolução nº 203, de 15 de março de 2016, do Tribunal Superior do Trabalho – TST:

> "Art. 2° Sem prejuízo de outros, não se aplicam ao Processo do Trabalho, em razão de inexistência de omissão ou por incompatibilidade, os seguintes preceitos do Código de Processo Civil:
> (...).
> III – art. 219 (contagem de prazos em dias úteis);".

4.1.2. Cooperação nacional e internacional na Justiça do Trabalho

Em relação à Justiça do Trabalho propriamente dita, estabelece o art. 646 da C.L.T. que os órgãos da Justiça do Trabalho funcionarão perfeitamente coordenados, em regime de mútua colaboração, sob a orientação do presidente do Tribunal Superior do Trabalho.

Diante dessa mútua colaboração que existe entre os diversos órgão da Justiça do Trabalho, muito pertinente será a aplicação supletiva e subsidiária do capítulo referente à cooperação nacional previsto no novo C.P.C., especialmente as disposições normativas inseridas nos arts. 67 a 69, *in verbis*:

> Art. 67. *Aos órgãos do Poder Judiciário, estadual ou federal, especializado ou comum, em todas as instâncias e graus de jurisdição, inclusive aos tribunais superiores, incumbe o dever de recíproca cooperação, por meio de seus magistrados e servidores.*
> Art. 68. *Os juízes poderão formular entre si pedido de cooperação para prática de qualquer ato processual.*
> Art. 69. *O pedido de cooperação jurisdicional deve ser prontamente atendido, prescinde de forma específica e pode ser executado como:*
> *I – auxílio direto;*
> *II – reunião ou apensamento de processos;*
> *III – prestação de informações;*
> *IV – atos concertados entre os juízes cooperantes.*
> *§ 1º As cartas de ordem, precatória e arbitral seguirão o regime previsto neste Código.*
> *§ 2º Os atos concertados entre os juízes cooperantes poderão consistir, além de outros, no estabelecimento de procedimento para:*
> *I – a prática de citação, intimação ou notificação de ato;*
> *II – a obtenção e apresentação de provas e a coleta de depoimentos;*
> *III – a efetivação de tutela provisória;*
> *IV – a efetivação de medidas e providências para recuperação e preservação de empresas;*
> *V – a facilitação de habilitação de créditos na falência e na recuperação judicial;*
> *VI – a centralização de processos repetitivos;*
> *VII – a execução de decisão jurisdicional.*
> *§ 3º O pedido de cooperação judiciária pode ser realizado entre órgãos jurisdicionais de diferentes ramos do Poder Judiciário.*

Não só no plano interno poderá haver cooperação entre órgãos do Poder Judiciário trabalhista, mas também no plano internacional, aplicando-se supletiva e subsidiariamente os dispostos nos arts. 26 a 41 do novo C.P.C.

Segundo Vitor Salino de Moura Eça: *"Inova a legislação nacional quando põe em destaque a cooperação internacional, por intermédio da qual os nossos juízes poderão colaborar mais direta e prontamente no encaminhamento dos pedidos de ordens judiciais a serem cumpridas no Brasil. Cada tribunal fica obrigado a designar pelo menos um juiz cooperador, a fim de agir como um facilitador no cumprimento de cartas rogatórias no âmbito daquela corte. Neste rol estão previstos os seguintes atos processuais: a cooperação jurídica internacional terá por objeto: I – citação, intimação e notificação judicial e extrajudicial; II – colheita de provas e obtenção de informações; III – homologação e cumprimento de decisão; IV – concessão de medida judicial de urgência; V – assistência jurídica internacional; VI – qualquer outra medida judicial ou extrajudicial não proibida pela lei brasileira".*[103]

4.1.3. Andamento dos processos trabalhistas segundo a ordem cronológica de recebimento ou conclusão

Em relação aos juízes trabalhistas e às secretarias das Juntas de Conciliação e Julgamento e dos Tribunais do Trabalho, é de se aplicar, supletiva e subsidiariamente, o disposto nos arts. 12 e 153 do novo C.P.C., com base na redação dada pela Lei 13.256, de 4, de fevereiro de 2016, *in verbis*:

> *Art. 12. Os juízes e os tribunais atenderão, **preferencialmente**, à ordem cronológica de conclusão para proferir sentença ou acórdão.*
>
> *§ 1º A lista de processos aptos a julgamento deverá estar permanentemente à disposição para consulta pública em cartório e na rede mundial de computadores.*
>
> *§ 2º Estão excluídos da regra do caput:*
>
> *I – as sentenças proferidas em audiência, homologatórias de acordo ou de improcedência liminar do pedido;*
>
> *II – o julgamento de processos em bloco para aplicação de tese jurídica firmada em julgamento de casos repetitivos;*
>
> *III – o julgamento de recursos repetitivos ou de incidente de resolução de demandas repetitivas;*
>
> *IV – as decisões proferidas com base nos arts. 485 e 932;*
>
> *V – o julgamento de embargos de declaração;*
>
> *VI – o julgamento de agravo interno;*

---

[103] EÇA, Vitor Salino. A função do magistrado na direção do processo no novo CPC e as repercussões no processo do trabalho. *In:* Carlos Henrique Bezerra Leite (Org.) *Novo CPC – repercussão no processo do trabalho.* São Paulo: Saraiva, 2015. p. 37.

VII – as preferências legais e as metas estabelecidas pelo Conselho Nacional de Justiça;
VIII – os processos criminais, nos órgãos jurisdicionais que tenham competência penal;
IX – a causa que exija urgência no julgamento, assim reconhecida por decisão fundamentada.
§ 3º Após elaboração de lista própria, respeitar-se-á a ordem cronológica das conclusões entre as preferências legais.
§ 4º Após a inclusão do processo na lista de que trata o § 1º, o requerimento formulado pela parte não altera a ordem cronológica para a decisão, exceto quando implicar a reabertura da instrução ou a conversão do julgamento em diligência.
§ 5º Decidido o requerimento previsto no § 4o, o processo retornará à mesma posição em que anteriormente se encontrava na lista.
§ 6º Ocupará o primeiro lugar na lista prevista no § 1º ou, conforme o caso, no § 3o, o processo que:
I – tiver sua sentença ou acórdão anulado, salvo quando houver necessidade de realização de diligência ou de complementação da instrução;
II – se enquadrar na hipótese do art. 1.040, inciso II.
Art. 153. O escrivão ou o chefe de secretaria atenderá, **preferencialmente**, à ordem cronológica de recebimento para publicação e efetivação dos pronunciamentos judiciais.
§ 1º A lista de processos recebidos deverá ser disponibilizada, de forma permanente, para consulta pública.
§ 2º Estão excluídos da regra do caput:
I – os atos urgentes, assim reconhecidos pelo juiz no pronunciamento judicial a ser efetivado;
II – as preferências legais.
§ 3º Após elaboração de lista própria, respeitar-se-ão a ordem cronológica de recebimento entre os atos urgentes e as preferências legais.
§ 4º A parte que se considerar preterida na ordem cronológica poderá reclamar, nos próprios autos, ao juiz do processo, que requisitará informações ao servidor, a serem prestadas no prazo de 2 (dois) dias.
§ 5º Constatada a preterição, o juiz determinará o imediato cumprimento do ato e a instauração de processo administrativo disciplinar contra o servidor.

A ordem cronológica dos processos para movimentação e julgamento, tendo em vista a sanção da Lei 13.256/16, deixou de ser obrigatória, permitindo-se que os juízes e servidores observem a lista apenas de forma preferencial.

4.1.4. Das normas fundamentais do processo trabalhista

Em relação às normas fundamentais do processo civil previstas nos arts. 1º a 11 do novo C.P.C., pode-se aduzir que terão aplicação suplementar e subsidiária em face do processo trabalhistas as seguintes regras e princípios:

a) O processo trabalhista será ordenado, disciplinado e interpretado conforme os valores e as normas fundamentais estabelecidas na Constituição da República Federativa do Brasil, observando-se, de forma suplementar e subsidiária, as disposições do novo C.P.C.

b) O processo trabalhista começa por iniciativa da parte e se desenvolve por impulso oficial, salvo as exceções previstas em lei (art. 114. inc. VII, da Constituição Federal: *a execução, de ofício, das contribuições sociais previstas no art. 195, I, a , e II, e seus acréscimos legais, decorrentes das sentenças que proferir; (Incluído pela Emenda Constitucional nº 45, de 2004);*

c) Não se excluirá da apreciação jurisdicional trabalhista ameaça ou lesão a direito;

d) O Estado promoverá, sempre que possível, a solução consensual dos conflitos trabalhistas.

e) A conciliação, a mediação e outros métodos de solução consensual de conflitos trabalhistas deverão ser estimulados por juízes, advogados, defensores públicos e membros do Ministério Público, inclusive no curso do processo. Aliás, nesse sentido já estabelece ao art. 764 da C.L.T.

f) As partes têm o direito de obter em prazo razoável a solução integral do mérito, incluída a atividade satisfativa.

g) Aquele que de qualquer forma participa do processo trabalhista deve comportar-se de acordo com a boa-fé.

h) Todos os sujeitos do processo trabalhista devem cooperar entre si para que se obtenha, em tempo razoável, decisão de mérito justa e efetiva.

i) É assegurada às partes paridades de tratamento em relação ao exercício de direito e faculdades processuais, aos meios de defesa, aos ônus, aos deveres e à aplicação de sanções processuais, competindo ao juiz trabalhista zelar pelo efetivo contraditório.
j) Ao aplicar o ordenamento jurídico, o juiz trabalhista atenderá aos fins sociais e às exigências do bem comum, resguardando e promovendo a dignidade da pessoa humana e observando a proporcionalidade, a razoabilidade, a legalidade, a publicidade e a eficiência.
k) Não se proferirá decisão contra uma das partes sem que ela seja previamente ouvida, salvo nas hipóteses de tutela provisória de urgência. Sobre o tema, estabelece o art. 4º da Instrução Normativa n. 39/16, Editada pela Resolução nº 203, de 15 de março de 2016, do Tribunal Superior do Trabalho – TST:

"Art. 4° Aplicam-se ao Processo do Trabalho as normas do CPC que regulam o princípio do contraditório, em especial os artigos 9º e 10, no que vedam a decisão surpresa.

§ 1º Entende-se por "decisão surpresa" a que, no julgamento final do mérito da causa, em qualquer grau de jurisdição, aplicar fundamento jurídico ou embasar-se em fato não submetido à audiência prévia de uma ou de ambas as partes.

§ 2º Não se considera 'decisão surpresa' a que, à luz do ordenamento jurídico nacional e dos princípios que informam o Direito Processual do Trabalho, as partes tinham obrigação de prever, concernente às condições da ação, aos pressupostos de admissibilidade de recurso e aos pressupostos processuais, salvo disposição legal expressa em contrário".
l) Todos os julgamentos dos órgãos do Poder Judiciário trabalhista serão públicos (salvo as exceções legais – ver art. 770 da C.L.T.) e fundamentadas todas as decisões, sob pena de nulidade.

Na visão de Carlos Henrique Bezerra Leite, *"os princípios do Novo CPC exercerão grande influência no Processo do Trabalho, seja pela nova dimensão e papel que exercem como fontes normativas primárias do ordenamento jurídico, seja pela necessidade de reconhecer o envelhecimento e a inadequação de diversos preceitos normativos de direito processual contidos na CLT, o que exigirá do juslaboralista formação continuada e uma nova postura hermenêutica, de modo a admitir que o Processo do Trabalho nada mais é do que o próprio direito constitucional aplicado à realidade social, política, cultural e econômica"*.[104]

O art. 3º, §1º, do novo C.P.C. preconiza que no âmbito do processo civil é permitida a *arbitragem*.

O juízo arbitral *"é prestigiado na nova ordem, como meio de solução extrajudicial de conflitos. Entretanto, em seara trabalhista a matéria ainda é vista com restrição, ante o temor de que direitos indisponíveis sejam transigidos sem a isenta participação do magistrado. Quer, no entanto, nos parecer que uma vez mais a questão está adstrita ao zelo com o qual o magistrado e o árbitro desempenham suas atividades. Presentes a ética e o profissionalismo, tudo se resolverá, pois, sem eles, porquanto a investidura no cargo de juiz não gera, por si só, comprometimento e o exercício da arbitragem, tampouco indica leviandade"*.[105]

No T.S.T. há entendimento de que no âmbito da Justiça do Trabalho não seria possível a adoção do juízo arbitral. Há precedentes da Oitava Turma do TST (RR-192700-74-2007502002) no sentido de que é direito fundamental do trabalhador promover demandas perante a Justiça do Trabalho ainda que tenha ele assinado cláusula compromissória arbitral.

É certo, porém, que o art. 37 da Lei 12.815 de 2013 (que dispõe sobre a exploração de portos, sobre as instalações portuárias e sobre as atividades desempenhadas pelos operadores portuários) assim estabelece:

> *Art. 37. Deve ser constituída, no âmbito do órgão de gestão de mão de obra, comissão paritária para solucionar litígios decorrentes da aplicação do disposto nos arts. 32, 33 e 35.*
> *§ 1º Em caso de impasse, as partes devem recorrer à arbitragem de ofertas finais.*
> *§ 2º Firmado o compromisso arbitral, não será admitida a desistência de qualquer das partes.*
> *§ 3º Os árbitros devem ser escolhidos de comum acordo entre as partes, e o laudo arbitral proferido para solução da pendência constitui título executivo extrajudicial.*
> *§ 4º As ações relativas aos créditos decorrentes da relação de trabalho avulso prescrevem em 5 (cinco) anos até o limite de 2 (dois) anos após o cancelamento do registro ou do cadastro no órgão gestor de mão de obra.*

---

[104] BEZERRA LEITE, C. H. , op. Cit., P. 27.
[105] EÇA, V. S. M., op. Cit. p. 37.

É bem verdade que o TST, ao apreciar a exigência prévia de arbitragem em questões envolvendo atividade portuária, com base na revogada Lei 8.630/93, assim se manifestou:

> *EMBARGOS REGIDOS PELA LEI Nº 11.496/2007. PORTUÁRIOS. SUBMISSÃO PRÉVIA DE DEMANDA À COMISSÃO PARITÁRIA. LEI Nº 8.630, DE 25/02/1993. INEXIGIBILIDADE. ORIENTAÇÃO JURISPRUDENCIAL Nº 391 DA SBDI-1 DO TST A decisão da Turma se encontra alinhada com o entendimento pacificado nesta Corte, consubstanciado na Orientação Jurisprudencial n° 391 da SBDI-1, que assim dispõe: – A submissão prévia de demanda a comissão paritária, constituída nos termos do art. 23 da Lei nº 8.630, de 25.02.1993 (Lei dos Portos), não é pressuposto de constituição e desenvolvimento válido e regular do processo, ante a ausência de previsão em lei-. Embargos não conhecidos.*
> (E-RR – 172600-43.2007.5.09.0022 , Relator Ministro: José Roberto Freire Pimenta, Data de Julgamento: 28/04/2011, Subseção I Especializada em Dissídios Individuais, Data de Publicação: DEJT 06/05//2011)

4.1.5. Proibição de decisão surpresa no processo trabalhista

Questão interessante sobre a aplicação supletiva e subsidiária do novo C.P.C. em relação ao processo trabalhista diz respeito ao disposto no art. 10 do novo C.P.C. que assim dispõe: *O juiz não pode decidir, em grau algum de jurisdição, com base em fundamento a respeito do qual não se tenha dado às partes oportunidade de se manifestar, ainda que se trate de matéria sobre a qual deva decidir de ofício.*

Sobre o princípio do contraditório nos fundamentos da demanda, assim já nos manifestamos em outra obra desta Coleção:

> *"Novamente o princípio do contraditório é a base de sustentação da dialética que deve existir no processo civil brasileiro, agora em especial aos fundamentos para a concessão ou não da tutela jurisdicional requerida.*
> *O art. 10 do novo C.P.C. brasileiro foi abeberar-se no preceito normativo previsto no art. 3º, n. 3., do Código de Processo Civil português, que assim dispõe: 'O juiz deve observar e fazer cumprir, ao longo de todo o processo, o princípio do contraditório, não lhe sendo lícito, salvo caso de manifesta desnecessidade,*

decidir questões de direito ou de fato, mesmo que e conhecimento oficioso, sem que as partes tenham tido a possibilidade de sobre elas se pronunciarem'.
No art. 9º do novo C.P.C. brasileiro, observou-se a exigência do contraditório no seu 'aspecto estático', ou seja, o juiz não poderá decidir qualquer conflito ou questão de fato ou de direito sem que a parte seja previamente ouvida.
Mas para que a garantia constitucional do contraditório seja efetiva, sua aplicação não se restringe apenas a determinada fase do processo jurisdicional, pois não é suficiência a aplicação do contraditório apenas no seu aspecto 'estático'. Há necessidade também de um contraditório 'dinâmico', mediante uma colaboração efetiva das partes durante o transcurso do processo, com possibilidade efetiva de influir, com suas próprias atividades de articulação e argumentação, na formação do convencimento do magistrado. Isso é o que significa dizer a garantia mínima da legalidade do 'justo processo', o contraditório entre as parte em condição de igualdade...
O preceito normativo previsto no art. 10 do novo C.P.C. brasileiro teve por finalidade permitir que a contraditoriedade não seja considerada uma mera 'referência programática' e constitua, efetivamente, uma via tendente a melhor satisfazer os interesses que gravitam na órbita dos tribunais: 'a base da administração da justiça, a justa composição dos litígios, a eficácia do sistema, a satisfação dos interesses dos cidadãos".[106]

A aplicação do princípio da 'proibição e decisões surpresas' no âmbito do processo trabalhista é decorrente do princípio do contraditório previsto na Constituição Federal.

Conforme já teve oportunidade de afirmar Carlos Henrique Bezerra Leite:

"A 'jurisdição justa' passa, então, a ser a gênese do sistema pós-moderno de acesso individual e coletivo à justiça (CF, art. 5º, XXXV), em função do que o Judiciário torna-se o Poder mais importante na 'era dos direitos'....
O Processo, no Estado Democrático de Direito, passa a ser compreendido a partir dos princípios e objetivos fundamentais (CF, arts. 1º, 3º e 4º), bem como pelos princípios processuais de acesso à justiça insculpidos no Título II ('Dos Direitos

---

[106] SOUZA, Artur César. *Das normas fundamentais do processo civil – uma análise luso-brasileira contemporânea.* São Paulo: Editora Almedina, 2015, p. 210 a 212.

e Garantias Fundamentais'), Capítulo I ('Dos Direitos e Deveres Individuais e Coletivos'), especialmente os princípios da inafastabilidade da jurisdição (CF, art. 5º, XXXV), do devido processo legal (idem, incisos LIV e LV), da ampla defesa (autor e réu) e contraditório e o da duração razoável do processo (idem, inciso LXXVIII)".[107]

Na realidade, a *constitucionalização do processo*, que possui seu escopo na adequação, tempestividade e efetividade do acesso individual e coletivo ao Poder Judiciário brasileiro, apresenta algumas características singulares como: *"a inversão dos papéis da lei da CF, pois a legislação deve ser compreendida a partir dos princípios constitucionais da justiça e dos direitos fundamentais; o novo conceito de princípios jurídicos, uma vez que estes, especialmente os que têm assento constitucional, passam a ser normas de introdução ao ordenamento jurídico, superando, assim a posição de meras fontes subsidiárias como prevista na Lei de Introdução às Normas do Direito Brasileiro (art. 4º)...".*[108]

Isso configura aquilo que a doutrina designa de '*direito constitucional aplicado*'.[109]

Sobre a proibição de 'decisão surpresa', estabelece o art. 4º da Instrução Normativa n. 39/16, Editada pela Resolução nº 203, de 15 de março de 2016, do Tribunal Superior do Trabalho – TST:

> *"Art. 4° Aplicam-se ao Processo do Trabalho as normas do CPC que regulam o princípio do contraditório, em especial os artigos 9º e 10, no que vedam a decisão surpresa.*
>
> *§ 1º Entende-se por "decisão surpresa" a que, no julgamento final do mérito da causa, em qualquer grau de jurisdição, aplicar fundamento jurídico ou embasar-se em fato não submetido à audiência prévia de uma ou de ambas as partes.*
>
> *§ 2º Não se considera 'decisão surpresa' a que, à luz do ordenamento jurídico nacional e dos princípios que informam o Direito Processual do Trabalho, as partes tinham obrigação de prever, concernente às condições da ação, aos pressupostos de admissibilidade de recurso e aos pressupostos processuais, salvo disposição legal expressa em contrário".*

---

[107] BEZERRA LEITE, C. H., op. Cit., p. 16.
[108] BEZERRA LEITE, C. H., idem, p. 17.
[109] OLIVEIRA. Carlos Alberto Álvaro. *Do formalismo no processo civil*. São Paulo: Saraiva, 2003.

A jurisprudência trabalhista, especialmente do TST, em face da sistemática própria da Justiça do Trabalho, não tem admitido, em algumas situações específicas, a aplicação supletiva ou subsidiária das normas do processo civil, como se pode observar pela seguinte decisão referente ao reconhecimento de ofício pelo juiz da prescrição, com base no art. 219, 5º, do C.P.C. de 1973 ou art. 332, §1º, do novo C.P.C.:

> *AGRAVO DE INSTRUMENTO EM RECURSO DE REVISTA. PRESCRIÇÃO. DECRETAÇÃO DE OFÍCIO. INAPLICABILIDADE DO ART. 219, § 5.º, DO CPC NO PROCESSO DO TRABALHO. Demonstrada a divergência jurisprudencial, na interpretação da questão da aplicabilidade do art. 219, § 5.º, do CPC, ao Processo do Trabalho, dá- se provimento ao agravo para determinar o processamento do recurso de revista. Agravo de instrumento provido. RECURSO DE REVISTA. PRESCRIÇÃO. DECRETAÇÃO DE OFÍCIO. INAPLICABILIDADE DO ART. 219, § 5.º, DO CPC NO PROCESSO DO TRABALHO. Conforme jurisprudência uniforme desta Corte, a pronúncia da prescrição de ofício prevista no art. 219, § 5.º, do CPC não se compatibiliza com os princípios do Processo do Trabalho. Dessa forma, não pode ser declarada, sem pedido da parte contrária. Recurso de revista conhecido e provido.*
> (RR – 3140-70.2009.5.13.0024 , Relatora Ministra: Delaíde Miranda Arantes, Data de Julgamento: 04/05/2011, 7ª Turma, Data de Publicação: DEJT 20/05/2011)

No voto da Ministra Delaíde Miranda Arantes encontra-se a seguinte conclusão:

> *"Inicialmente, observa-se que o direito de ação, garantia fundamental prevista na Constituição Federal, e a natureza alimentar das verbas pleiteadas na reclamação trabalhista, compatibilizados com os princípios da valorização do trabalho, da norma mais favorável e da proteção, levam ao entendimento de que a pronúncia de ofício da prescrição, prevista no art. 219, § 5.º, do CPC, não se aplica ao Processo do Trabalho. Portanto, indevido o reconhecimento de ofício da prescrição, realizado pelo juízo primário em sentença. O art. 769 da CLT dispõe que o direito processual comum, somente poderá ser utilizado como fonte*

subsidiária do direito processual do trabalho, nos casos omissos e naquilo em que for compatível. Assim, diante da evidente incompatibilidade do instituto, a decisão deve ser reformada".

Por sua vez, o art. 2º da Instrução Normativa n. 39/16, Editada pela Resolução nº 203, de 15 de março de 2016, do Tribunal Superior do Trabalho – TST, estabelece outros preceitos normativos do novo C.P.C. que não se aplicam ao Processo do Trabalho:

> "Art. 2° Sem prejuízo de outros, não se aplicam ao Processo do Trabalho, em razão de inexistência de omissão ou por incompatibilidade, os seguintes preceitos do Código de Processo Civil:
> I – art. 63 (modificação da competência territorial e eleição de foro);
> II – art. 190 e parágrafo único (negociação processual);
> III – art. 219 (contagem de prazos em dias úteis);
> IV –art. 334 (audiência de conciliação ou de mediação);
> V – art. 335 (prazo para contestação);
> VI – art. 362, III (adiamento da audiência em razão de atraso injustificado superior a 30 minutos);
> VII – art. 373, §§ 3º e 4º (distribuição diversa do ônus da prova por convenção das partes);
> VIII – arts. 921, §§ 4º e 5º, e 924, V (prescrição intercorrente);
> IX – art. 942 e parágrafos (prosseguimento de julgamento não unânime de apelação);
> X – art. 944 (notas taquigráficas para substituir acórdão);
> XI – art. 1010, § 3º(desnecessidade de o juízo a quo exercer controle de admissibilidade na apelação);
> XII – arts. 1043 e 1044 (embargos de divergência);
> XIII – art. 1070 (prazo para interposição de agravo)".

A referida Instrução Normativa n. 39/16 do T.S.T. ainda preconiza:

> a) Observar-se-á, em todo caso, o princípio da irrecorribilidade em separado das decisões interlocutórias, de conformidade com o art. 893, §1º da CLT e Súmula nº 214 do TST (art. 1º, §1º);

*b) o prazo para interpor e contrarrazoar todos os recursos trabalhistas, inclusive agravo interno e agravo regimental, é de oito dias (art. 6º da Lei n. 5.584/70 e art. 893 da CLT), exceto embargos de declaração (CLT, art. 897-A) (art. 1º, § 2º);
c) não se aplica ao Processo do Trabalho a norma do art. 459 do CPC no que permite a inquirição direta das testemunhas pela parte (CLT, art. 820) (art. 11);
d) não se aplica ao Processo do Trabalho o art. 165 do CPC, salvo nos conflitos coletivos de natureza econômica (Constituição Federal, art. 114, §§1º e 2º (art. 14);
e) para efeito de aplicação do §5º do art. 272 do CPC, não é causa de nulidade processual a intimação realizada na pessoa de advogado regularmente habilitado nos autos, ainda que conste pedido expresso para que as comunicações dos atos processuais sejam feitas em nome de outro advogado, se o profissional indicado não se encontra previamente cadastrado no Sistema de Processo Judicial Eletrônico, impedindo a serventia judicial de atender ao requerimento de envio da intimação direcionada. A decretação de nulidade não pode ser acolhida em favor da parte que lhe deu causa (CPC, art. 276) (art. 16).*

4.1.6. Poderes e deveres do juiz trabalhista.

A C.L.T., em seus arts. 658 e 659, indica quais são os deveres e poderes dos juízes trabalhistas, a saber:

*Art. 658 – São deveres precípuos dos Presidentes das Juntas, além dos que decorram do exercício de sua função: (Redação dada pelo Decreto-lei nº 8.737, 19.1.1946) (Vide Constituição Federal de 1988)
a) manter perfeita conduta pública e privada;(Redação dada pelo Decreto-lei nº 8.737, 19.1.1946)
b) abster-se de atender a solicitações ou recomendações relativamente aos feitos que hajam sido ou tenham de ser submetidos à sua apreciação;(Redação dada pelo Decreto-lei nº 8.737, 19.1.1946)
c) residir dentro dos limites de sua jurisdição, não podendo ausentar-se sem licença do Presidente do Tribunal Regional; (Redação dada pelo Decreto-lei nº 8.737, 19.1.1946)
d) despachar e praticar todos os atos decorrentes de suas funções, dentro dos prazos estabelecidos, sujeitando-se ao desconto correspondente a 1 (um) dia de vencimento para cada dia de retardamento. (Incluído pelo Decreto-lei nº 8.737, de 19.1.1946)*

> Art. 659 – Competem privativamente aos Presidentes das Juntas, além das que lhes forem conferidas neste Título e das decorrentes de seu cargo, as seguintes atribuições: (Vide Constituição Federal de 1988)
> I – presidir às audiências das Juntas; (Vide Constituição Federal de 1988)
> II – executar as suas próprias decisões, as proferidas pela Junta e aquelas cuja execução lhes for deprecada; (Vide Constituição Federal de 1988)
> III – dar posse aos vogais nomeados para a Junta, ao Secretário e aos demais funcionários da Secretaria; (Vide Constituição Federal de 1988)
> IV – convocar os suplentes dos vogais, no impedimento destes;
> V – representar ao Presidente do Tribunal Regional da respectiva jurisdição, no caso de falta de qualquer vogal a 3 (três) reuniões consecutivas, sem motivo justificado, para os fins do art. 727;
> VI – despachar os recursos interpostos pelas partes, fundamentando a decisão recorrida antes da remessa ao Tribunal Regional, ou submetendo-os à decisão da Junta, no caso do art. 894; (Vide Constituição Federal de 1988)
> VII – assinar as folhas de pagamento dos membros e funcionários da Junta;
> VIII – apresentar ao Presidente do Tribunal Regional, até 15 de fevereiro de cada ano, o relatório dos trabalhos do ano anterior;
> IX – conceder medida liminar, até decisão final do processo, em reclamações trabalhistas que visem a tornar sem efeito transferência disciplinada pelos parágrafos do artigo 469 desta Consolidação. (Incluído pela Lei nº 6.203, de 17.4.1975)
> X – conceder medida liminar, até decisão final do processo, em reclamações trabalhistas que visem reintegrar no emprego dirigente sindical afastado, suspenso ou dispensado pelo empregador. (Incluído pela Lei nº 9.270, de 1996)

Por sua vez, o novo C.P.C., em seu art. 139, trata com clareza e precisão dos poderes, deveres e da responsabilidade do magistrado, a saber:

> Art. 139. O juiz dirigirá o processo conforme as disposições deste Código, incumbindo-lhe:
> I – assegurar às partes igualdade de tratamento;
> II – velar pela duração razoável do processo;
> III – prevenir ou reprimir qualquer ato contrário à dignidade da justiça e indeferir postulações meramente protelatórias;

> *IV – determinar todas as medidas indutivas, coercitivas, mandamentais ou sub-rogatórias necessárias para assegurar o cumprimento de ordem judicial, inclusive nas ações que tenham por objeto prestação pecuniária;*
> *V – promover, a qualquer tempo, a autocomposição, preferencialmente com auxílio de conciliadores e mediadores judiciais;*
> *VI – dilatar os prazos processuais e alterar a ordem de produção dos meios de prova, adequando-os às necessidades do conflito de modo a conferir maior efetividade à tutela do direito;*
> *VII – exercer o poder de polícia, requisitando, quando necessário, força policial, além da segurança interna dos fóruns e tribunais;*
> *VIII – determinar, a qualquer tempo, o comparecimento pessoal das partes, para inquiri-las sobre os fatos da causa, hipótese em que não incidirá a pena de confesso;*
> *IX – determinar o suprimento de pressupostos processuais e o saneamento de outros vícios processuais;*
> *X – quando se deparar com diversas demandas individuais repetitivas, oficiar o Ministério Público, a Defensoria Pública e, na medida do possível, outros legitimados a que se referem o art. 5º da Lei no 7.347, de 24 de julho de 1985, e o art. 82 da Lei no 8.078, de 11 de setembro de 1990, para, se for o caso, promover a propositura da ação coletiva respectiva.*

Muito embora a legislação trabalhista indique quais são os poderes e deveres do juiz trabalhista, é de se aplicar o art. 139 do novo C.P.C. *supletivamente* aos magistrados, naquilo em que não contrarie os arts. 658 e 659 da C.L.T.

Sobre os poderes e deveres do juiz do trabalho, estabelece o art. 3º, inc. III, da Instrução Normativa n. 39/16 do T.S.T.:

> "Art. 3º. Sem prejuízo de outros, aplicam-se ao Processo do Trabalho, em face de omissão e compatibilidade, os preceitos do Código de Processo Civil que regulam os seguinte temas:
> (...);
> III - art. 139, exceto a parte final do inciso V (poderes, deveres e responsabilidade do juiz);".

4.1.7. O negócio jurídico processual na Justiça do Trabalho

O art. 190 do novo C.P.C. outorga maior liberdade às partes para regular o procedimento de um determinado processo jurisdicional.

Por sua vez, o art. 191 do novo C.P.C. trata da denominada *calendarização* do processo.

Eis o teor dos referidos dispositivos:

> *Art. 190. Versando o processo sobre direitos que admitam autocomposição, é lícito às partes plenamente capazes estipular mudanças no procedimento para ajustá-lo às especificidades da causa e convencionar sobre os seus ônus, poderes, faculdades e deveres processuais, antes ou durante o processo.*
>
> *Parágrafo único. De ofício ou a requerimento, o juiz controlará a validade das convenções previstas neste artigo, recusando-lhes aplicação somente nos casos de nulidade ou de inserção abusiva em contrato de adesão ou em que alguma parte se encontre em manifesta situação de vulnerabilidade.*
>
> *Art. 191. De comum acordo, o juiz e as partes podem fixar calendário para a prática dos atos processuais, quando for o caso.*
>
> *§ 1º O calendário vincula as partes e o juiz, e os prazos nele previstos somente serão modificados em casos excepcionais, devidamente justificados.*
>
> *§ 2º Dispensa-se a intimação das partes para a prática de ato processual ou a realização de audiência cujas datas tiverem sido designadas no calendário.*

Não há razão para não aplicação supletiva e subsidiária dos arts. 190 e 191 do novo C.P.C. ao processo trabalhista.

Conforme anota Vitor Salino de Moura Eça, *"O novo Código confere mais liberdade às partes quanto a práticas de atos processuais, contudo, sob a chancela judicial. Destarte, versando o processo sobre direitos que admitam autocomposição, é lícito às partes plenamente capazes estipular mudanças no procedimento para ajustá-lo às especificidades da causa e convencionar sobre os seus ônus, poderes, faculdades e deveres processuais, antes ou durante o processo. Em sendo assim, de ofício ou a requerimento, o juiz controlará a validade das convenções previstas neste artigo, recusando-lhes aplicação somente nos casos de nulidade ou de inserção abusiva em contrato de adesão ou em que alguma parte se encontre em manifesta situação de vulnerabilidade".*[110]

---

[110] EÇA, V. S. M., op. Cit.., p. 39.

Portanto, sendo as partes plenamente capazes, seria lícito a elas estipularem mudanças no procedimento para ajustá-lo às especificidades da causa e convencionar sobre os seus ônus, poderes, faculdade e deveres processuais, antes ou durante o processo.

Tendo em vista que na Justiça do Trabalho, por vezes o empregado encontra-se em manifesta situação de vulnerabilidade, o juiz trabalhista, de ofício ou mediante requerimento da parte, poderia recusar a aplicação do negócio jurídico processual, conforme estabelece o p.u. do art. 190, p.u., do novo C.P.C. Porém, não foi esse o entendimento adotado pelo T.S.T. no art. 2º, inc. II, da Instrução Normativa n. 39/16:

> "Art. 2º. Sem prejuízo de outros, não se aplicam ao Processo do Trabalho, em razão de inexistência de omissão ou por incompatibilidade, os seguintes preceitos:
> (...);
> II – art. 190 e parágrafo único (negociação processual)".

4.1.8. Improcedência liminar do pedido na Justiça do Trabalho.

É de se aplicar também supletiva e subsidiariamente no âmbito da Justiça do Trabalho o disposto no art. 332 do novo C.P.C., que trata da improcedência liminar do pedido, *in verbis*:

> Art. 332. *Nas causas que dispensem a fase instrutória, o juiz, independentemente da citação do réu, julgará liminarmente improcedente o pedido que contrariar:*
> *I – enunciado de súmula do Supremo Tribunal Federal ou do Superior Tribunal de Justiça;*
> *II – acórdão proferido pelo Supremo Tribunal Federal ou pelo Superior Tribunal de Justiça em julgamento de recursos repetitivos;*
> *III – entendimento firmado em incidente de resolução de demandas repetitivas ou de assunção de competência;*
> *IV – enunciado de súmula de tribunal de justiça sobre direito local.*
> *§ 1º O juiz também poderá julgar liminarmente improcedente o pedido se verificar, desde logo, a ocorrência de decadência ou de prescrição.*
> *§ 2º Não interposta a apelação, o réu será intimado do trânsito em julgado da sentença, nos termos do art. 241.*

§ 3º Interposta a apelação, o juiz poderá retratar-se em 5 (cinco) dias.

§ 4º Se houver retratação, o juiz determinará o prosseguimento do processo, com a citação do réu, e, se não houver retratação, determinará a citação do réu para apresentar contrarrazões, no prazo de 15 (quinze) dias.

Alguns pequenos ajustes haverão de ser feitos para a aplicação sistêmica do art. 332 do novo C.P.C. em relação ao processo trabalhista: a) inserir no inciso I também o enunciado de súmula do T.S.T.; II – inserir no inc. II acórdão proferido pelo T.S.T. em julgamento de recursos repetitivos (Lei n. 13.015 de 2014 que alterou a C.L.T. inserindo os arts. 896-B e 896-C); b) na hipótese do §4º, havendo retratação, o juiz determinará o prosseguimento do processo, com a citação do réu, e, se não houver retratação, determinará a citação do réu para apresentar contrarrazões, no prazo de 8 (oito) dias, pois esse é o prazo para a interposição de manifestação do recurso ordinário na Justiça do Trabalho.

Sobre o tema, estabelece o art. 7º da Instrução Normativa n. 39/16 do T.S.T.: "Art. 7º Aplicam-se ao Processo do Trabalho as normas do art. 332 do CPC, com as necessárias adaptações à legislação processual trabalhista, cumprindo ao juiz do trabalho julgar liminarmente improcedente o pedido que contrariar: I – enunciado de súmula do Supremo Tribunal Federal ou do Tribunal Superior do Trabalho (CPC, art. 927, inciso V); II – acórdão proferido pelo Supremo Tribunal Federal ou pelo Tribunal Superior do Trabalho em julgamento de recursos repetitivos (CLT, art. 896-B; CPC, art. 1046, § 4º); III – entendimento firmado em incidente de resolução de demandas repetitivas ou de assunção de competência; IV – enunciado de súmula de Tribunal Regional do Trabalho sobre direito local, convenção coletiva de trabalho, acordo coletivo de trabalho, sentença normativa ou regulamento empresarial de observância obrigatória em área territorial que não exceda à jurisdição do respectivo Tribunal (CLT, art. 896, "b", a contrario sensu).

Parágrafo único. O juiz também poderá julgar liminarmente improcedente o pedido se verificar, desde logo, a ocorrência de decadência".

4.1.9. Julgamento antecipado parcial de mérito na Justiça do Trabalho

O novo C.P.C. traz uma inovação no capítulo do julgamento conforme o estado do processo.

Trata-se do denominado julgamento antecipado parcial de mérito, previsto no art. 356 do novo C.P.C., a saber:

> Art. 356. O juiz decidirá parcialmente o mérito quando um ou mais dos pedidos formulados ou parcela deles:
> I – mostrar-se incontroverso;
> II – estiver em condições de imediato julgamento, nos termos do art. 355.
> § 1º A decisão que julgar parcialmente o mérito poderá reconhecer a existência de obrigação líquida ou ilíquida.
> § 2º A parte poderá liquidar ou executar, desde logo, a obrigação reconhecida na decisão que julgar parcialmente o mérito, independentemente de caução, ainda que haja recurso contra essa interposto.
> § 3º Na hipótese do § 2o, se houver trânsito em julgado da decisão, a execução será definitiva.
> § 4º A liquidação e o cumprimento da decisão que julgar parcialmente o mérito poderão ser processados em autos suplementares, a requerimento da parte ou a critério do juiz.
> § 5º A decisão proferida com base neste artigo é impugnável por agravo de instrumento.

Entendo que é de ser aplicado subsidiariamente, naquilo que for compatível com a sistemática trabalhista, o art. 356 do novo C.P.C. que trata do julgamento antecipado parcial de mérito.

Segundo Vitor Salino de Moura Eça, *"o julgamento 'antecipado parcial do mérito' deve ser urgentemente incorporado ao regime trabalhista, por sua total compatibilidade. Ele permite que o juiz decida parcialmente o mérito quando um ou mais dos pedidos formulados ou parcela deles: I – mostrar-se incontroverso; II – estiver em condições de imediato julgamento"*.[111]

Quando da entrada em vigor do C.P.C. de 1973, assim se manifestou Galeno Lacerda: *"O julgamento antecipado da lide poderá ser proferido nos processos em curso, se a fase do antigo saneamento ainda não estiver concluída na vigência do velho Código"*.[112]

---

[111] EÇA, V. S. M., idem, p. 41.
[112] LACERDA, G., op. Cit. p. 28.

Estabelece o art. 5º da Instrução Normativa n. 39/16 do T.S.T.:

"Art. 5º. Aplicam-se ao Processo do Trabalho as normas do art. 356, §§1º a 4º, do CPC que regem o julgamento antecipado parcial do mérito, cabendo recurso ordinário de imediato da sentença".

4.1.10. Matéria de defesa na Justiça do Trabalho

O novo C.P.C., em seu art. 337, consigna as matérias que impedem o conhecimento do mérito, devendo o réu apontá-las em sua contestação. Essas matérias poderão ser incorporadas ao processo trabalhista, no que couber, a saber:

I – inexistência ou nulidade da citação;
II – incompetência absoluta e relativa;
III – incorreção do valor da causa;
IV – inépcia da petição inicial;
V – perempção;
VI – litispendência;
VII – coisa julgada;
VIII – conexão;
IX – incapacidade da parte, defeito de representação ou falta de autorização;
X – convenção de arbitragem;
XI – ausência de legitimidade ou de interesse processual;
XII – falta de caução ou de outra prestação que a lei exige como preliminar;
XIII – indevida concessão do benefício de gratuidade de justiça.

Todas essas matérias, salvo a convenção de arbitragem e a incompetência relativa, o juiz trabalhista poderá conhecer de ofício.

Aliás, essa concentração de matéria de defesa no novo C.P.C., sem necessidade de se arguir exceções, decorre justamente da sistemática trabalhista, conforme estabelece o art. 847 da C.L.T.*Não havendo acordo, o reclamado terá vinte minutos para aduzir sua defesa, após a leitura da reclamação, quando esta não for dispensada por ambas as partes.*

O novo C.P.C. não prevê mais a arguição de exceção de incompetência relativa e a exceção de suspeição ou impedimento do juiz.

A incompetência relativa deverá ser arguida na contestação.

Já a suspeição ou impedimento do juiz deverá ser arguida na forma e no prazo estabelecido pelo art. 146 do novo C.P.C.: *No prazo de 15 (quinze) dias, a contar do conhecimento do fato, a parte alegará o impedimento ou a suspeição, em petição específica dirigida ao juiz do processo, na qual indicará o fundamento da recusa, podendo instruí-la com documentos em que se fundar a alegação e com rol de testemunhas.*

Porém, em relação ao processo trabalhista, o impedimento e a suspeição do juiz trabalhista deverão ser arguidos por meio de exceção, devendo as demais exceções ser arguidas como matéria de defesa, conforme estabelece o art. 799 e §1º da C.L.T., *in verbis:*

> *Art. 799. Nas causas da jurisdição da Justiça do Trabalho, somente podem ser opostas, com suspensão do feito, as exceções de suspeição ou incompetência. (Redação dada pelo Decreto-lei nº 8.737, de 19.1.1946)*
>
> *§ 1º – As demais exceções serão alegadas como matéria de defesa. (Redação dada pelo Decreto-lei nº 8.737, de 19.1.1946)*

4.1.11. Hipóteses de falta de fundamentação da decisão proferida por juiz do trabalho.

Questão interessante, sujeita a oscilações na doutrina e na jurisprudência, diz respeito à aplicação supletiva e subsidiária ao processo trabalhista do art. 489, §1º, do atual C.P.C. que trata das hipóteses em que não será considerada fundamentada a decisão judicial:

> *Art. 489. São elementos essenciais da sentença:*
> *I – o relatório, que conterá os nomes das partes, a identificação do caso, com a suma do pedido e da contestação, e o registro das principais ocorrências havidas no andamento do processo;*
> *II – os fundamentos, em que o juiz analisará as questões de fato e de direito;*
> *III – o dispositivo, em que o juiz resolverá as questões principais que as partes lhe submeterem.*
>
> *§ 1º Não se considera fundamentada qualquer decisão judicial, seja ela interlocutória, sentença ou acórdão, que:*

I – se limitar à indicação, à reprodução ou à paráfrase de ato normativo, sem explicar sua relação com a causa ou a questão decidida;
II – empregar conceitos jurídicos indeterminados, sem explicar o motivo concreto de sua incidência no caso;
III – invocar motivos que se prestariam a justificar qualquer outra decisão;
IV – não enfrentar todos os argumentos deduzidos no processo capazes de, em tese, infirmar a conclusão adotada pelo julgador;
V – se limitar a invocar precedente ou enunciado de súmula, sem identificar seus fundamentos determinantes nem demonstrar que o caso sob julgamento se ajusta àqueles fundamentos;
VI – deixar de seguir enunciado de súmula, jurisprudência ou precedente invocado pela parte, sem demonstrar a existência de distinção no caso em julgamento ou a superação do entendimento.

Tenho para mim que é de se aplicar de forma supletiva e subsidiária o referido dispositivo, pois ele concretiza o princípio da motivação das decisões dos órgãos do Poder Judiciário previsto na Constituição Federal.

Além do mais, o art. 489, §1º, do novo C.P.C. tem a virtude de indicar, de forma concreta e precisa, o que significa uma decisão sem motivação, evitando-se interpretações equivocadas por parte dos órgãos do Poder Judiciário Trabalhista.

Sobre o tema, estabelece o art. 15 da Instrução Normativa n. 39/16 do T.S.T.:

"Art. 15. O atendimento à exigência legal de fundamentação das decisões judiciais (CPC, art. 489, § 1º) no Processo do Trabalho observará o seguinte:
I – por força dos arts. 332 e 927 do CPC, adaptados ao Processo do Trabalho, para efeito dos incisos V e VI do § 1º do art. 489 considera-se "precedente" apenas:
a) acórdão proferido pelo Supremo Tribunal Federal ou pelo Tribunal Superior do Trabalho em julgamento de recursos repetitivos (CLT, art. 896-B; CPC, art. 1046, § 4º);
b) entendimento firmado em incidente de resolução de demandas repetitivas ou de assunção de competência;
c) decisão do Supremo Tribunal Federal em controle concentrado de constitucionalidade;

d) tese jurídica prevalecente em Tribunal Regional do Trabalho e não conflitante com súmula ou orientação jurisprudencial do Tribunal Superior do Trabalho (CLT, art. 896, § 6º);

e) decisão do plenário, do órgão especial ou de seção especializada competente para uniformizar a jurisprudência do tribunal a que o juiz estiver vinculado ou do Tribunal Superior do Trabalho.

II – para os fins do art. 489, § 1º, incisos V e VI do CPC, considerar-se-ão unicamente os precedentes referidos no item anterior, súmulas do Supremo Tribunal Federal, orientação jurisprudencial e súmula do Tribunal Superior do Trabalho, súmula de Tribunal Regional do Trabalho não conflitante com súmula ou orientação jurisprudencial do TST, que contenham explícita referência aos fundamentos determinantes da decisão (ratio decidendi).

III – não ofende o art. 489, § 1º, inciso IV do CPC a decisão que deixar de apreciar questões cujo exame haja ficado prejudicado em razão da análise anterior de questão subordinante.

IV – o art. 489, § 1º, IV, do CPC não obriga o juiz ou o Tribunal a enfrentar os fundamentos jurídicos invocados pela parte, quando já tenham sido examinados na formação dos precedentes obrigatórios ou nos fundamentos determinantes de enunciado de súmula.

V – decisão que aplica a tese jurídica firmada em precedente, nos termos do item I, não precisa enfrentar os fundamentos já analisados na decisão paradigma, sendo suficiente, para fins de atendimento das exigências constantes no art. 489, § 1º, do CPC, a correlação fática e jurídica entre o caso concreto e aquele apreciado no incidente de solução concentrada.

VI – é ônus da parte, para os fins do disposto no art. 489, § 1º, V e VI, do CPC, identificar os fundamentos determinantes ou demonstrar a existência de distinção no caso em julgamento ou a superação do entendimento, sempre que invocar precedente ou enunciado de súmula.

4.1.12. Incidente de desconsideração da personalidade jurídica.

O novo C.P.C., em seus arts. 133 a 137, dispõe sobre a sistemática do incidente de desconsideração da personalidade jurídica, instituto há muito usado pela Justiça do Trabalho.

O novo C.P.C., ao tratar do incidente de desconsideração da personalidade jurídica, prima pela observância do princípio do contraditório, nos termos do seu art. 135.

Por sua vez, é comum os juízes do trabalho, de ofício, e sem observância do contraditório, determinarem a constrição de bens particulares dos sócios da empresa executada, desde que esta não possua ou não ofereça à penhora bens suficientes para garantir a execução.[113]

É comum, portanto, no âmbito da Justiça do Trabalho, a desconsideração, de ofício, da personalidade jurídica, sem necessidade de qualquer requerimento prévio. Tenho para mim que tal procedimento há de permanecer, tendo em vista que o art. 878 da CLT permite, inclusive, a instauração de ofício da própria execução.

Porém, em relação ao contraditório prévio, penso que o correto seria a aplicação supletiva e subsidiária no processo trabalhista dos preceitos normativos previstos no art. 133 a 137 do novo C.P.C., especialmente pelo fato de que a CLT não estabelece a forma e o procedimento para a instauração do incidente de desconsideração da personalidade jurídica.

Por sua vez, Bruno Klippel defende que eventual instauração de produção probatória no âmbito da incidente de desconsideração da personalidade jurídica, com base no novo C.P.C., poderá prolongar demasiadamente no tempo o incidente, permitindo que o sócio utilize dessa demora para desviar bens, razão pela qual o correto seria postergar, no âmbito da Justiça do Trabalho, o contraditório.[114]

Outro aspecto particular no âmbito da Justiça do Trabalho, é que pela doutrina e jurisprudência majoritária, não há necessidade de comprovação dos pressupostos autorizadores da medida, prescritos nos arts. 50 do Código Civil e 28, §5º, do Código de Defesa do Consumidor, para que o juiz, de ofício, possa determinar a desconsideração da personalidade jurídica, uma vez que no âmbito da Justiça do Trabalho prevalece a *teoria menor* ou *objetiva*, segundo a qual é suficiente a inexistência de patrimônio da pessoa jurídica para determinar a inclusão dos sócios como responsáveis patrimoniais.[115]

---

[113] KLIPPEL, Bruno. O incidente de desconsideração da personalidade jurídica e suas repercussões no processo do trabalho. *In*: Carlos Henrique Bezerra Leite (Org.) *Novo CPC – repercussão no processo do trabalho*. São Paulo: Saraiva, 2015. p. 68.
[114] KLIPPEL, B., idem, p. 70.
[115] KLIPPEl, B., idem, p. 71.

Na lição de Bruno Klippel, *"justifica-se a aplicação da teoria 'menor' ou 'objetiva' pela incidência do princípio da proteção no âmbito processual trabalhista, já que a hipossuficiência do trabalhador faz com que medidas de efetivação da tutela jurisdicional sejam aplicadas pelo Magistrado, como o início da execução de ofício, previsto no art. 878 da CLT, e demais reflexos do princípio inquisitivo"*.[116]

Penso que dificilmente tal postura doutrinária e jurisprudencial será modificada em face do novo C.P.C.

Sobre o tema estabelece o art. 6º da Instrução Normativa n. 39/16 do T.S.T.:

> "Art. 6° Aplica-se ao Processo do Trabalho o incidente de desconsideração da personalidade jurídica regulado no Código de Processo Civil (arts. 133 a 137), assegurada a iniciativa também do juiz do trabalho na fase de execução (CLT, art. 878).
> § 1º Da decisão interlocutória que acolher ou rejeitar o incidente:
> I – na fase de cognição, não cabe recurso de imediato, na forma do art. 893, § 1º da CLT;
> II – na fase de execução, cabe agravo de petição, independentemente de garantia do juízo;
> III – cabe agravo interno se proferida pelo Relator, em incidente instaurado originariamente no tribunal (CPC, art. 932, inciso VI).
> § 2º A instauração do incidente suspenderá o processo, sem prejuízo de concessão da tutela de urgência de natureza cautelar de que trata o art. 301 do CPC".

4.1.13. Distribuição do ônus da prova no processo trabalhista.

Em relação à distribuição do ônus da prova no processo trabalhista, há muito a doutrina e a jurisprudência vêm aplicando concomitante o disposto no art. 818 da CLT e o preceito normativo previsto no art. 333 do C.P.C. de 1973.

Assim, compete ao reclamante o ônus da prova dos fatos constitutivos de seu direito, enquanto ao reclamado compete o ônus da prova dos fatos modificativos, impeditivos ou extintivos do direito do autor.

É certo que o p.u. do art. 333 do C.P.C. de 1973 já previa a *distribuição do ônus da prova* por convenção das partes, *in verbis:*

---

[116] KLIPPEL, B., idem, p. 72.

Art. 333. O ônus da prova incumbe:
I – ao autor, quanto ao fato constitutivo do seu direito;
II – ao réu, quanto à existência de fato impeditivo, modificativo ou extintivo do direito do autor.
Parágrafo único. É nula a convenção que distribui de maneira diversa o ônus da prova quando:
I – recair sobre direito indisponível da parte;
II – tornar excessivamente difícil a uma parte o exercício do direito.

O novo C.P.C mantém a distribuição legal e a distribuição convencional do ônus da prova, conforme se pode observar pelo disposto no art. 373 do novo C.P.C.

A grande inovação trazida pelo novo C.P.C. diz respeito à possibilidade de o juiz *promover a distribuição do ônus da prova,* nos termos do §1º do art. 373 do novo C.P.C., a saber:

Art. 373. O ônus da prova incumbe:
I – ao autor, quanto ao fato constitutivo de seu direito;
II – ao réu, quanto à existência de fato impeditivo, modificativo ou extintivo do direito do autor.
§ 1º Nos casos previstos em lei ou diante de peculiaridades da causa relacionadas à impossibilidade ou à excessiva dificuldade de cumprir o encargo nos termos do caput ou à maior facilidade de obtenção da prova do fato contrário, poderá o juiz atribuir o ônus da prova de modo diverso, desde que o faça por decisão fundamentada, caso em que deverá dar à parte a oportunidade de se desincumbir do ônus que lhe foi atribuído.
§ 2º A decisão prevista no § 1o deste artigo não pode gerar situação em que a desincumbência do encargo pela parte seja impossível ou excessivamente difícil.
§ 3º A distribuição diversa do ônus da prova também pode ocorrer por convenção das partes, salvo quando:
I – recair sobre direito indisponível da parte;
II – tornar excessivamente difícil a uma parte o exercício do direito.
§ 4º A convenção de que trata o § 3o pode ser celebrada antes ou durante o processo.

A indagação que se faz é se a dinamização do ônus da prova pelo juiz será aplicável no Processo do Trabalho: *"Sim, sem sombra de dúvidas, uma vez que a CLT é omissa e há compatibilidade entre a norma a ser aplicada e os princípios gerais do Processo do Trabalho, que no caso são principalmente a igualdade e a adequação. Frise-se, como já mencionado, que os Tribunais já vêm adotando a distribuição diversa do ônus da prova pelo juiz, como se pode observar, a exemplo, a Súmula 338, I, do TST:*

> *SÚMULA N. 338 DO TST. JORNADA DE TRABALHO. REGISTRO. ÔNUS DA PROVA (incorporadas as Orientações jurisprudenciais n. 234 e 306 da SBDI-1) – Res. 129/2005, DJ 20, 22 e 25.04.2005.*
> *1 – É ônus do empregador que conta com mais de 10 (dez empregados o registro da jornada de trabalho na forma do art. 74, §2º, da CLT. A não apresentação injustificada dos controles de freqüência gera presunção relativa de veracidade da jornada de trabalho, a qual pode ser elidida por prova em contrário (ex-Súmula 338 – alterada pela Res. 121/2003, DJ 21.11.2003)".*[117]

Porém, o T.S.T., ao editar a Instrução Normativa n. 39/16, aduz que é possível a aplicação subsidiária do art. 373, §§1º e 2º do novo C.P.C., refutando, contudo, essa aplicação em relação aos §§ 3º e 4º do mesmo dispositivo legal.

Estabelece o art. 2º, inc. VII, da Instrução Normativa n. 39/16 do T.S.T.:

> "Art. 2° Sem prejuízo de outros, não se aplicam ao Processo do Trabalho, em razão de inexistência de omissão ou por incompatibilidade, os seguintes preceitos do Código de Processo Civil:
> (...);
> VII - art. 373, §§ 3º e 4º (distribuição diversa do ônus da prova por convenção das partes);".

---

[117] SARAIVA, Renato; MANFREDINI, Aryanna. O ônus da prova no novo CPC e suas repercussões no processo do trabalho. *IN*: Carlos Henrique Bezerra Leite. *Novo CPC – repercussões no processo do trabalho.* São Paulo: Saraiva, 2015. p. 122..

Estabelece, por sua vez, o art. 3º, inc. VII da Instrução Normativa n. 39/16 do T.S.T.:

> "Art. 3° Sem prejuízo de outros, aplicam-se ao Processo do Trabalho, em face de omissão e compatibilidade, os preceitos do Código de Processo Civil que regulam os seguintes temas:
> (...);
> VII - art. 373, §§ 1º e 2º (distribuição dinâmica do ônus da prova);".

4.1.14. Tutela provisória no processo trabalhista.

Em relação ao Livro V do novo C.P.C. que trata especificamente da *tutela provisória*, a questão de sua aplicação supletiva e subsidiária no processo do trabalho poderá ensejar algumas considerações.

Em que pese a C.L.T. não traga um capítulo específico sobre a concessão da tutela provisória, essa permissão decorre do disposto no art. 659, incs. IX e X, da C.L.T, a saber:

> *Art. 659 – Competem privativamente aos Presidentes das Juntas, além das que lhes forem conferidas neste Título e das decorrentes de seu cargo, as seguintes atribuições: (Vide Constituição Federal de 1988)*
> *I – presidir às audiências das Juntas; (Vide Constituição Federal de 1988)*
> *II – executar as suas próprias decisões, as proferidas pela Junta e aquelas cuja execução lhes for deprecada; (Vide Constituição Federal de 1988)*
> *III – dar posse aos vogais nomeados para a Junta, ao Secretário e aos demais funcionários da Secretaria; (Vide Constituição Federal de 1988)*
> *IV – convocar os suplentes dos vogais, no impedimento destes;*
> *V – representar ao Presidente do Tribunal Regional da respectiva jurisdição, no caso de falta de qualquer vogal a 3 (três) reuniões consecutivas, sem motivo justificado, para os fins do art. 727;*
> *VI – despachar os recursos interpostos pelas partes, fundamentando a decisão recorrida antes da remessa ao Tribunal Regional, ou submetendo-os à decisão da Junta, no caso do art. 894; (Vide Constituição Federal de 1988)*
> *VII – assinar as folhas de pagamento dos membros e funcionários da Junta;*
> *VIII – apresentar ao Presidente do Tribunal Regional, até 15 de fevereiro de cada ano, o relatório dos trabalhos do ano anterior;*

> IX – conceder medida liminar, até decisão final do processo, em reclamações trabalhistas que visem a tornar sem efeito transferência disciplinada pelos parágrafos do artigo 469 desta Consolidação. (Incluído pela Lei nº 6.203, de 17.4.1975)
> X – conceder medida liminar, até decisão final do processo, em reclamações trabalhistas que visem reintegrar no emprego dirigente sindical afastado, suspenso ou dispensado pelo empregador.

Em complementação aos incs. IX e X do art. 659 da C.L.T., podem ser aplicadas supletiva e subsidiariamente a tutela de urgência, cautelar ou antecipatória e a tutela de evidência previstas no art. 311 do novo C.P.C. Nesse sentido, aliás, é o disposto no art. 3º, inc. VI, da Instrução Normativa n. 39/16 do T.S.T.:

> "Art. 3° Sem prejuízo de outros, aplicam-se ao Processo do Trabalho, em face de omissão e compatibilidade, os preceitos do Código de Processo Civil que regulam os seguintes temas:
> (...);
> VI – arts. 194 a 311 (tutela provisória);".

Também é plausível no âmbito do processo trabalhista a concessão de tutela cautelar e tutela antecipatória de caráter *antecedente*, nos termos do art. 294, p.u., do novo C.P.C., ou seja, antes da formulação da demanda principal.

Tendo sido concedida a tutela antecipada antecedente, o reclamante deverá aditar a petição inicial no prazo de 15 (quinze) dias ou outro que o juiz fixar, nos termos do art. 303, §1º, inc. I, do novo C.P.C., sob pena de extinção do processo sem resolução de mérito.

Não havendo a concessão da tutela antecipada antecedente, o aditamento da petição inicial deverá ocorrer no prazo de 5 (cinco) dias, nos termos do art. 303, §6º, do novo C.P.C., sob pena de ser indeferida a petição inicial e o processo ser extinto sem resolução de mérito.

Não será aplicado ao processo trabalhista, porém, o disposto no art. 333, inc. II, do novo C.P.C., pois a citação do reclamado na Justiça do Trabalho não se dá para comparecimento em audiência exclusiva de conciliação ou de mediação, mas, sim, para a audiência una de conciliação e instrução e julgamento, devendo o reclamado apresentar contestação em audiência, sob pena de revelia. Nesse sentido, aliás, é o art. 2º, inc. IV, da Instrução Normativa n. 39/16 do T.S.T.:

> "Art. 2º. Sem prejuízo de outros, não se aplicam ao Processo do Trabalho, em razão de inexistência de omissão ou por incompatibilidade, os seguintes preceitos do Código de Processo Civil:
> (...).
> IV – art. 334 (audiência de conciliação ou de mediação)".

Segundo Otavio Amaral Calvet, *"os §§ 2º a 5º do art. 303 do NCPC são todos aplicáveis ao processo trabalhista, apenas com o reparo de que em qualquer caso não haverá pagamento de custas de forma adiantada e ainda que, em caso de o reclamante não indicar o valor da causa, poderá o juiz fixá-lo de ofício, segundo a regra da Lei n. 5.584/70, em seu art. 2º"*.[118]

O art. 304 do novo C.P.C. assim estabelece:

> Art. 304. A tutela antecipada, concedida nos termos do art. 303, torna-se estável se da decisão que a conceder não for interposto o respectivo recurso.
> § 1º No caso previsto no caput, o processo será extinto.
> § 2º Qualquer das partes poderá demandar a outra com o intuito de rever, reformar ou invalidar a tutela antecipada estabilizada nos termos do caput.
> § 3º A tutela antecipada conservará seus efeitos enquanto não revista, reformada ou invalidada por decisão de mérito proferida na ação de que trata o § 2º.
> § 4º Qualquer das partes poderá requerer o desarquivamento dos autos em que foi concedida a medida, para instruir a petição inicial da ação a que se refere o § 2º, prevento o juízo em que a tutela antecipada foi concedida.
> § 5º O direito de rever, reformar ou invalidar a tutela antecipada, previsto no § 2º deste artigo, extingue-se após 2 (dois) anos, contados da ciência da decisão que extinguiu o processo, nos termos do § 1o.

---

[118] CALVET, Otavio Amaral. As tutelas de urgência e da evidência e suas repercussões no processo do trabalho. *IN*: Carlos Henrique Bezerra Leite. *Novo CPC – repercussões no processo do trabalho*. São Paulo: Saraiva, 2015. p. 188.

> *§ 6º A decisão que concede a tutela não fará coisa julgada, mas a estabilidade dos respectivos efeitos só será afastada por decisão que a revir, reformar ou invalidar, proferida em ação ajuizada por uma das partes, nos termos do § 2º deste artigo.*

Em tese, não haverá espaço no processo trabalhista para a aplicação do art. 304 do novo C.P.C., ou seja, para a incidência da *estabilização ou ultratividade* dos efeitos da tutela antecipada antecedente concedida, justamente pelo fato de que não há possibilidade de a parte reclamada interpor recurso respectivo contra a decisão interlocutória concedida, como ocorre no âmbito do processo civil comum, em que há previsão expressa do recurso de agravo de instrumento. Nesse sentido, aliás, é o disposto no §1º do art.. 1º da Instrução Normativa n. 39/16 do T.S.T.:

> "(...).
> §1º Observar-se-á, em todo caso, o princípio da irrecorribilidade em separado das decisões interlocutórias, de conformidade com o art. 893, §1º da CLT e Súmula nº 214 do TST".

Porém, na visão de Otavio Amaral Calvet: *"Após a concessão da tutela de urgência em caráter antecedente, dois rumos pode tomar o processo a depender da conduta da parte ré: se houver ou não apresentação de resposta e/ou recurso. O Primeiro caminho, mais habitual, será o da regular tramitação do feito, no caso trabalhista com a designação de audiência em que a resposta será apresentada. Vale lembrar que, por se tratar de decisão interlocutória, não cabe de imediato recurso no Processo do Trabalho contra a decisão do juiz que defere antecipação de tutela. Entretanto, como já amplamente pacificado, poderá a parte adversa manejar mandado de segurança com a finalidade de impugnar a mencionada decisão, o que, para fins de disposto no art. 304 do NCPC, deve ser interpretado como a conduta do réu que se insurge contra a concessão da medida".*[119]

É importante salientar que a estabilização ou ultratividade dos efeitos da tutela não ocorre em relação à tutela cautelar antecedente.

Em se tratando de tutela cautelar antecedente, uma vez efetivada a tutela (e não meramente concedida), o reclamante deverá apresentar nova petição,

---

[119] CALVET, O. A., idem, p. 190.

no prazo de 30 (trinta) dias, formulando a demanda principal, sob pena de extinção do processo sem resolução de mérito (art. 308 do novo C.P.C.).

Caso o juiz entenda que o pedido de cautelaridade apresenta caráter de antecipação de tutela, poderá aplicar o princípio da fungibilidade, observando o que dispõe o art. 303 do novo C.P.C. (p.u. do art. 305).

O reclamado será citado para, no prazo de 5 (cinco) dias, contestar o pedido e indicar as provas que pretende produzir (art. 306 do novo C.P.C.).

Não sendo contestado o pedido, os fatos alegados pelo autor (somente em relação à demanda cautelar) presumir-se-ão aceitos pelo réu como ocorridos, caso em que o juiz decidirá (a cautelar) dentro de 5 (cinco) dias (art. 307 do novo C.P.C.).

Contestado o pedido no prazo legal, observar-se-á o procedimento comum (p.u. do art. 307 do novo C.P.C.).

Aplica-se igualmente no processo trabalhista as causas de cessação de eficácia da tutela cautelar concedida, nos termos do art. 309 do novo C.P.C.

É importante salientar que o indeferimento da tutela cautelar não obsta que a parte formule o pedido principal, nem influi no julgamento desse, salvo se o motivo do indeferimento for o reconhecimento da decadência ou de prescrição (art. 310 do novo C.P.C.).

4.1.15. Incidente de demandas repetitivas (IRDR) no processo trabalhista

O novo C.P.C. introduz em nosso ordenamento jurídico um importante instituto voltado à resolução de demandas repetitivas.

Trata-se do denominado Incidente de Resolução de Demandas Repetitivas – IRDR regulado nos arts. 976 a 987 do novo C.P.C.

É cabível a instauração do incidente de resolução de demandas repetitivas quando houver, simultaneamente, efetiva repetição de processos que contenham controvérsia sobre a mesma questão unicamente de direito e risco de ofensa à isonomia e à segurança jurídica.

O pedido de instauração do incidente será dirigido ao presidente de tribunal, pelo juiz ou relator, por ofício, pelas partes, por petição, pelo Ministério Público ou pela Defensoria Pública, por petição.

O julgamento do incidente caberá ao órgão indicado pelo regimento interno dentre aqueles responsáveis pela uniformização de jurisprudência do tribunal.

Admitido o incidente, o relator: a) suspenderá os processos pendentes, individuais ou coletivos, que tramitam no Estado ou na região, conforme o caso; b) poderá requisitar informações a órgãos em cujo juízo tramita processo no qual se discute o objeto do incidente, que as prestarão no prazo de 15 (quinze) dias; c) intimará o Ministério Público para, querendo, manifestar-se no prazo de 15 (quinze) dias.

Idêntica providência de suspensão dos feitos pode ser aplicada pelos tribunais superiores, no caso, pelo TST, nos termos do §3º do art. 982 do novo C.P.C., o que ocorre de forma precária, pois estará condicionada à interposição do recurso ao tribunal superior.

Julgado o incidente, a tese jurídica será aplicada: a) a todos os processos individuais ou coletivos que versem sobre idêntica questão de direito e que tramitem na área de jurisdição do respectivo tribunal, inclusive àqueles que tramitem nos juizados especiais do respectivo Estado ou região; b) aos casos futuros que versem idêntica questão de direito e que venham a tramitar no território de competência do tribunal, salvo revisão na forma do art. 986 do novo C.P.C.

Não sendo observada a tese adotada no incidente, caberá reclamação.

Muito embora o novo C.P.C. tenha idealizado o IRDR pensando no Tribunal de Justiça e no Tribunal Regional Federal, nada impede que os Tribunais Regionais do Trabalho se utilizem desse importante incidente de resolução de demandas repetitivas no âmbito da Justiça do Trabalho.

Em suma, *"diante de incontrovérsia dos fatos, resta ao juiz apenas decidir a questão jurídica. Exemplo: trabalhadora alega gravidez e despedida injusta e pede reintegração. A empresa alega gravidez e despedida injusta, mas contesta o direito à reintegração da empregada detentora de estabilidade provisória. Cabe, então, aqui, ao juiz, apenas decidir a questão jurídica relativa ao direito à reintegração do empregado detentor de estabilidade provisória. Questão jurídica, mas que tem por pressuposto a existência de um fato que se tornou incontroverso"*.[120]

Questão interessante diz respeito ao art. 976, §4º, do novo C.P.C., que assim dispõe: *"É incabível o incidente de resolução de demandas repetitivas quando*

---

[120] MEIRELES, Edilton. Do incidente de resolução de demandas repetitivas no processo civil brasileiro e suas repercussões no processo do trabalho. In: Carlos Henrique Bezerra Leite (Org.) *Novo CPC – repercussões no processo do trabalho*. São Paulo: Saraiva, 2015. p. 199.

um dos tribunais superiores, no âmbito de sua respectiva competência, já tiver afetado recurso para definição de tese sobre questão de direito material ou processual repetitiva".

Segundo Edilton Meireles, o art. 976, §4º, do novo C.P.C., gera muitas dúvidas, especialmente pelo fato de que na Justiça do Trabalho a afetação de recurso não se dá para dois tribunais diversos (S.T.J. e S.T.F.), como ocorre na justiça comum. Com isso se quer, *"no Processo Civil, dizer que, se a questão for infraconstitucional, há de existir um recurso especial afetado no STJ. Se se tratar de uma questão constitucional, cabe investigar a existência de um recurso extraordinário repetitivo ou recebido em repercussão geral pelo STF. Mas, na Justiça do Trabalho, ao TST é reservada a competência para deliberar, em recurso de revista (de natureza extraordinária), sobre questões constitucionais ou infraconstitucionais. Daí fica a dúvida: se tiver afetado no TST um recurso repetitivo em matéria constitucional, tal situação impede a instauração do IRDR no Processo do Trabalho, já que, sobre essa questão (constitucional), a última palavra é do STF? É certo que, existindo recurso extraordinário trabalhista repetitivo ou recebido em repercussão geral, tal fato impedirá a instauração do IRDR. O mesmo se diga de recurso de revista repetitivo em matéria infraconstitucional. Já quanto ao recurso de revista em matéria constitucional, ainda que a decisão do TST possa ser revista pelo STF, entendemos no mesmo sentido. Isso porque o que se quer com tais procedimentos (recursos repetitivos ou IRDR) é uniformizar a jurisprudência. Logo, não tem cabimento, no âmbito da Justiça do Trabalho, processar dois incidentes distintos que podem conduzir a decisões geradoras de 'risco de ofensa à isonomia e à segurança jurídica".*[121]

Sobre o tema, estabelece o art. 8º da Instrução Normativa n. 39/16 do T.S.T.:

> "Art. 8° Aplicam-se ao Processo do Trabalho as normas dos arts. 976 a 986 do CPC que regem o incidente de resolução de demandas repetitivas (IRDR).
> § 1º Admitido o incidente, o relator suspenderá o julgamento dos processos pendentes, individuais ou coletivos, que tramitam na Região, no tocante ao tema objeto de IRDR, sem prejuízo da instrução integral das causas e do julgamento dos eventuais pedidos distintos e cumulativos igualmente deduzidos em tais processos, inclusive, se for o caso, do julgamento antecipado parcial do mérito.

---

[121] MEIRELES, E., idem, p. 201.

§ 2º Do julgamento do mérito do incidente caberá recurso de revista para o Tribunal Superior do Trabalho, dotado de efeito meramente devolutivo, nos termos dos arts. 896 e 899 da CLT.

§ 3º Apreciado o mérito do recurso, a tese jurídica adotada pelo Tribunal Superior do Trabalho será aplicada no território nacional a todos os processos, individuais ou coletivos, que versem sobre idêntica questão de direito".

4.1.16. Cumprimento de sentença na Justiça do Trabalho

Em relação às disposições sobre o cumprimento de sentença do novo C.P.C. e sua aplicação ao processo trabalhista, podem ser feitas algumas considerações.

O §1º do art. 523 do novo C.P.C. prevê, em caso de não pagamento de condenação de obrigação de quantia certa, a fixação de multa de dez por cento e, também, a fixação de honorários de advogado de dez por cento.

O Tribunal Superior do Trabalho, analisando a aplicação do 475-J do C.P.C. de 1973 no processo trabalhista, assim se posicionou:

RECURSO DE REVISTA. EXECUÇÃO. MULTA DO ARTIGO 475-J DO CÓDIGO DE PROCESSO CIVIL. A disposição contida no artigo 475-J do CPC é inaplicável ao processo do trabalho, tendo em vista a existência de regramento próprio, no âmbito do direito processual do trabalho, contido nos artigos 880 e 883 da Consolidação das Leis do Trabalho, acerca dos efeitos do não-pagamento espontâneo pelo executado de quantia certa oriunda de condenação judicial. Além disso, a norma do Código de Processo Civil é manifestamente incompatível com a regra contida no artigo 880 da Consolidação das Leis do Trabalho, a qual contém o prazo de 48 horas para que se proceda ao pagamento da execução, após a citação, sem que haja cominação de multa pelo não-pagamento, mas sim de penhora. Ao contrário da regra processual civil, em que o prazo para cumprimento da obrigação é mais dilatado (15 dias) e há a cominação da referida multa, o que também impede a aplicação do artigo 475-J do CPC, nos exatos termos do artigo 769 da Consolidação das Leis do Trabalho. Recurso de revista conhecido e provido.

(RR – 47300-37.2007.5.15.0141 , Relator Ministro: Renato de Lacerda Paiva, Data de Julgamento: 06/04/2011, 2ª Turma, Data de Publicação: DEJT 19/04/2011)

RECURSO DE REVISTA. 1. ADICIONAL DE INSALUBRIDADE. BASE DE CÁLCULO. Escorreita a decisão regional que fixou a base de cálculo do adicional de insalubridade como sendo o piso da categoria, uma vez que, no caso vertente, a norma coletiva estipula expressamente que a base de cálculo do adicional de insalubridade deve ser o piso da categoria. Recurso de revista não conhecido. 2. MULTA DO ARTIGO 475-J DO CPC. INAPLICABILIDADE AO PROCESSO DO TRABALHO. Consoante o entendimento de que o art. 475-J do CPC é inaplicável ao processo do trabalho, por não haver omissão no texto celetista e por possuir regramento próprio quanto à execução de seus créditos, no capítulo V da CLT (arts. 876 a 892), inclusive com prazos próprios e diferenciados, a decisão proferida pelo Tribunal a quo merece reforma, para excluir da condenação a aplicação de tal dispositivo à futura execução trabalhista. Recurso de revista conhecido e provido. 3. ADICIONAL DE INSALUBRIDADE EM GRAU MÁXIMO. Decisão regional apoiada nos elementos de prova dos autos. Óbice da Súmula 126 do TST. Recurso de revista não conhecido. 4. RESCISÃO INDIRETA. AUSÊNCIA DE RECOLHIMENTO DOS DEPÓSITOS DO FGTS. FALTA GRAVE DO EMPREGADOR. O descumprimento da obrigação relativa aos depósitos alusivos ao FGTS constitui fundamento válido para a aplicação do art. 483, alínea "d", da CLT. Precedentes. Recurso de revista não conhecido.
(RR - 118500-04.2006.5.17.0006 , Relatora Ministra: Dora Maria da Costa, Data de Julgamento: 04/05/2011, 8ª Turma, Data de Publicação: DEJT 06/05/2011)
RECURSO DE REVISTA. MULTA DO ART. 475-J DO CPC. INAPLICABILIDADE NO PROCESSO DO TRABALHO. A jurisprudência prevalecente desta Corte Superior, ressalvado o entendimento pessoal da Ministra Relatora, orienta-se no sentido de que inaplicável ao processo do trabalho a regra inserta no art. 475-J do CPC, ante a existência de normatização específica na CLT acerca da forma de cumprimento do título executivo judicial no âmbito do processo do trabalho, com trâmites e princípios próprios, não se configurando omissão que justifique a aplicação subsidiária da lei processual civil no aspecto, nos termos do art. 769 da CLT. Recurso de revista conhecido e provido.
(RR - 50400-58.2009.5.13.0020 , Relatora Ministra: Rosa Maria Weber, Data de Julgamento: 30/03/2011, 3ª Turma, Data de Publicação: DEJT 08/04/2011)

Leonardo Dias Borges, diante do que dispõe o art. 15 do novo C.P.C., apresenta a seguinte opinião: *"Ora, se considerarmos a regra de aplicação de que lei nova revoga lei velha, poderemos ter casos que o Novo Código de Processo Civil se aplicará integralmente ao Processo do Trabalho, sem o cuidado de sua compatibilidade com este. Assim, por exemplo, não obstante a minha opinião pessoal de que é cabível no processo de execução trabalhista, a multa de 10% (dez por cento) quando intimado o executado ao pagamento da dívida fixada em liquidação, e este não promover voluntariamente o seu adimplemento, ao contrário do que tem decidido o Tribunal Superior do Trabalho, é possível que agora, diante do que dispõe o art. 15 do NCPC, a multa venha a ser aplicada, superando-se a jurisprudência do TST. Estes entre tantos outros problemas serão criados, diante da regra do referido art. 15".*[122]

Em que pese sob a égide do C.P.C. de 1973 havia muitas dúvidas sobre a necessidade de intimação expressa do executado para cumprir a decisão condenatória, ou se esse cumprimento deveria ser automático, inclusive no âmbito do Tribunal Superior do Trabalho, o novo C.P.C., mediante aplicação supletiva e subsidiária, veio eliminar essa dúvida, ao preconizar a necessidade de intimação do executado, em regra, na pessoa de seu advogado, conforme estabelece o seu art. 513, *in verbis*:

> Art. 513. *O cumprimento da sentença será feito segundo as regras deste Título, observando-se, no que couber e conforme a natureza da obrigação, o disposto no Livro II da Parte Especial deste Código.*
> *§ 1º O cumprimento da sentença que reconhece o dever de pagar quantia, provisório ou definitivo, far-se-á a requerimento do exequente.*
> *§ 2º O devedor será intimado para cumprir a sentença:*
> *I – pelo Diário da Justiça, na pessoa de seu advogado constituído nos autos;*
> *II – por carta com aviso de recebimento, quando representado pela Defensoria Pública ou quando não tiver procurador constituído nos autos, ressalvada a hipótese do inciso IV;*
> *III – por meio eletrônico, quando, no caso do § 1º do art. 246, não tiver procurador constituído nos autos*

---

[122] BORGES, Leonardo Dias. O cumprimento da sentença no novo CPC e algumas repercussões no processo do trabalho. *In*: Carlos Henrique Bezerra Leite. *Novo CPC – repercussões no processo do trabalho*. São Paulo: Saraiva, 2015. p. 246.

IV – por edital, quando, citado na forma do art. 256, tiver sido revel na fase de conhecimento.

§ 3º Na hipótese do § 2º, incisos II e III, considera-se realizada a intimação quando o devedor houver mudado de endereço sem prévia comunicação ao juízo, observado o disposto no parágrafo único do art. 274.

§ 4º Se o requerimento a que alude o § 1º for formulado após 1 (um) ano do trânsito em julgado da sentença, a intimação será feita na pessoa do devedor, por meio de carta com aviso de recebimento encaminhada ao endereço constante dos autos, observado o disposto no parágrafo único do art. 274 e no § 3º deste artigo.

§ 5º O cumprimento da sentença não poderá ser promovido em face do fiador, do coobrigado ou do corresponsável que não tiver participado da fase de conhecimento.

Sobre o tema, estabelece o art. 3º, incs. XII a XXI, da Instrução Normativa n. 39/16 do T.S.T.:

> *"Art. 3º Sem prejuízo de outros, aplicam-se ao Processo do Trabalho, em face de omissão e compatibilidade, os preceitos do Código de Processo Civil que regulam os seguintes temas:*
> *(...).;*
> *XII – arts. 536 a 538 (cumprimento de sentença que reconheça a exigibilidade de obrigação de fazer, de não fazer ou de entregar coisa);*
> *XIII – arts. 789 a 796 (responsabilidade patrimonial);*
> *XIV – art. 805 e parágrafo único (obrigação de o executado indicar outros meios mais eficazes e menos onerosos para promover a execução);*
> *XV – art. 833, incisos e parágrafos (bens impenhoráveis);*
> *XVI – art. 835, incisos e §§ 1º e 2º (ordem preferencial de penhora);*
> *XVII – art. 836, §§ 1º e 2º (procedimento quando não encontrados bens penhoráveis);*
> *XVIII – art. 841, §§ 1º e 2º (intimação da penhora);*
> *XIX – art. 854 e parágrafos (BacenJUD);*
> *XX – art. 895 (pagamento parcelado do lanço);*
> *XXI – art. 916 e parágrafos (parcelamento do crédito exequendo);*
> *XXII – art. 918 e parágrafo único (rejeição liminar dos embargos à execução);".*

4.1.17. Protesto da decisão judicial trabalhista

O art. 517 do novo C.P.C. expressamente permite que a decisão judicial transitada em julgado possa ser protestada, *in verbis:*

> *Art. 517. A decisão judicial transitada em julgado poderá ser levada a protesto, nos termos da lei, depois de transcorrido o prazo para pagamento voluntário previsto no art. 523.*
> *§ 1º Para efetivar o protesto, incumbe ao exequente apresentar certidão de teor da decisão.*
> *§ 2º A certidão de teor da decisão deverá ser fornecida no prazo de 3 (três) dias e indicará o nome e a qualificação do exequente e do executado, o número do processo, o valor da dívida e a data de decurso do prazo para pagamento voluntário.*
> *§ 3º O executado que tiver proposto ação rescisória para impugnar a decisão exequenda pode requerer, a suas expensas e sob sua responsabilidade, a anotação da propositura da ação à margem do título protestado.*
> *§ 4º A requerimento do executado, o protesto será cancelado por determinação do juiz, mediante ofício a ser expedido ao cartório, no prazo de 3 (três) dias, contado da data de protocolo do requerimento, desde que comprovada a satisfação integral da obrigação.*

Não se verifica empecilho quanto à aplicação supletiva do disposto no art. 517 do novo C.P.C. em relação ao processo trabalhista.

Aliás, de certa forma, assim já vinha entendendo a Justiça do Trabalho, conforme decisão abaixo:

> 7ª Turma do Tribunal Regional do Trabalho de Minas Gerais:
> *EMENTA: PROTESTO EXTRAJUDICIAL. TÍTULO JUDICIAL TRABALHISTA EM EXECUÇÃO. A Lei 9.492/97 não restringe o protesto extrajudicial em face do devedor, reconhecido como tal em título judicial, já tendo sido, inclusive, celebrado convênio entre este Eg. TRT e os tabeliães de protesto do Estado de Minas Gerais visando à implementação de protestos decorrentes de decisões proferidas pela Justiça do Trabalho da 3ª Região, com expressa permissão para a inclusão de nomes de devedores em listas de proteção ao crédito. A medida constitui importante instrumento de coerção indireta do executado ao pagamento da dívida, em face da publicidade de que*

se reveste e da sua repercussão nas relações sociais, civis e comerciais do devedor. Agravo de petição provido para determinar o protesto extrajudicial do título, verificada a tentativa frustrada de localização do devedor e de bens passíveis de penhora.
(AP 01676-2004-077-03-00-1 – Sétima Turma – TRT-MG – Juiz Relator: Juiz Convocado Jesse Claudio Franco de Alencar – Publicado em 04.03.2010)

Sobre o tema, estabelece o art. 17 da Instrução Normativa n. 39/16 do T.S.T.:

"Art. 17. Sem prejuízo da inclusão do devedor no Banco Nacional de Devedores Trabalhistas (CLT, art. 642-A), aplicam-se à execução trabalhista as normas dos artigos 495, 517 e 782, §§ 3º, 4º e 5º do CPC, que tratam respectivamente da hipoteca judiciária, do protesto de decisão judicial e da inclusão do nome do executado em cadastros de inadimplentes".

4.1.18. Outras aplicações subsidiárias.

A Instrução Normativa n. 39/16 do T.S.T. ainda permite as seguintes aplicações subsidiárias do novo C.P.C.:

a) art. 76, §§1º e 2º (saneamento de incapacidade processual ou de irregularidade de representação);
b) art.138 e parágrafos (amicus curiae);
c) art. 292, V (valor pretendido na ação indenizatória, inclusive fundada em dano moral);
d) art. 292, §3º (correção de ofício do valor da causa);
e) art. 496 e parágrafos (remessa necessária);
f) art. 497 a 501 (tutela específica);
g) arts. 926 a 928 (jurisprudência dos tribunais);
h) art. 940 (vista regimental);
i) art. 947 e parágrafos (incidente de assunção de competência);
j) arts. 966 a 976 (ação rescisória);
l) arts. 988 a 993 (reclamação);
m) arts. 1013 a 1014 (efeito devolutivo do recurso ordinário - força maior);
n) art. 1021 (salvo quanto a prazo do agravo interno);

o) o cabimento dos embargos de declaração no Processo de Trabalho, para impugnar qualquer decisão judicial, rege-se pelo art. 897-A da CLT e, supletivamente, pelo Código de Processo Civil (arts. 1022 a 1025; §§2º, 3º e 4º do art. 1026), excetuada a garantia de prazo em dobro para litisconsortes (§1º do art. 1.023);

p) a omissão para fins do prequestionamento ficto a que alude o art. 1025 do CPC dá-se no caso de o Tribunal Regional do Trabalho, mesmo instado mediante embargos de declaração, recusar-se a emitir tese sobre questão jurídica pertinente, na forma da Súmula 297, item III, do T.S.T.;

q) aplicam-se ao Processo do Trabalho as normas do parágrafo único do art. 932 do CPC, §§1º a 4º do art. 938 e §§2º e 7º do art. 1007. A insuficiência do valor do preparo do recurso, no Processo do Trabalho, para os efeitos do §2º do art. 1007 do CPC, concerne unicamente às custas processuais, não ao depósito recursal;

r) aplica-se ao Processo do Trabalho o parágrafo único do art. 1034 do CPC. Assim, admitido o recurso de revista por um fundamento, devolve-se ao Tribunal Superior do Trabalho o conhecimento dos demais fundamentos para a solução apenas do capítulo impugnado;

s) por aplicação supletiva do art. 784 , I (art. 15 do CPC), o cheque e a nota promissória emitidos em reconhecimento de dívida inequivocamente de natureza trabalhista também são títulos extrajudiciais para efeito de execução perante a Justiça do Trabalho, na forma do art. 876 da CLT.

4.2. Processo eleitoral e aplicação subsidiária e suplementar do novo C.P.C.

O art. 15 do novo C.P.C. preconiza que na ausência de normas que regulem processos eleitorais, as disposições do novo C.P.C. lhes serão aplicadas supletiva e subsidiariamente.

O processo eleitoral em sentido amplo, segundo o Tribunal Superior Eleitoral (http://www.tse.jus.br/eleicoes/processo-eleitoral-brasileiro/funcionamento-do-processo-eleitoral-no-brasil) diz respeito às fases organizativas das eleições, compreendendo também um breve período posterior. É organizado pela Justiça Eleitoral (JE), em nível municipal, estadual e federal. Na esfera federal, a J.E. possui como órgão máximo o Tribunal Superior Eleitoral (TSE), com sede em Brasília. Em cada estado da Federação e no Distrito Federal há um Tribunal Regional Eleitoral (TRE), bem como juízes e juntas eleitorais.

A Justiça Eleitoral organiza, fiscaliza e realiza as eleições regulamentando o processo eleitoral, examinando as contas de partidos e candidatos em campanhas, controlando o cumprimento da legislação pertinente em período eleitoral e julgando os processos relacionados com as eleições.

Embora as etapas de votação, totalização e divulgação dos resultados sejam as mais conhecidas, o processo eleitoral possui outras fases muito importantes como o cadastro eleitoral, a etapa de candidaturas, a prestação de contas e a logística eleitoral. Há ainda a fase de pós-eleições, que compreende, entre outras atividades, a diplomação dos eleitos.

Em todo o processo eleitoral, há mecanismos para garantir a normalidade dos pleitos, a segurança do voto e a liberdade democrática. Por esses critérios, o Brasil se tornou referência mundial em eleições.

O processo eleitoral, dentre outras normas regulamentares, é regido, em regra, pelas Leis n. 4.737/65, n. 9.096/95 e n. 9.504/97, bem como pelas normas editadas pelo TSE.

É bem verdade que diante da particularidade própria do processo eleitoral, a aplicação supletiva e subsidiária do novo C.P.C. será muito restrita.

4.2.1. Contagem de prazo em dias na Justiça Eleitoral

No processo eleitoral, ainda sob a vigência do C.P.C. de 1973, sempre foi observada a regra dos arts. 178 a 184 do Código revogado no que concerne à contagem dos prazos processuais (na época contínuos, não sendo interrompidos em feriados e finais de semana).

Porém, nos períodos estritamente eleitorais (a partir do registro de candidatura até o encerramento do ano das eleições), adotam-se regras legislativas próprias, afastando-se da normatização do C.P.C. 1973. Uma dessas regras é a prevista no art. 16 da Lei Complementar n. 64 de 1990, que assim dispõe: "Os prazos a que se referem o art. 3º e seguintes desta lei complementar são peremptórios e contínuos e correm em secretaria ou Cartório e, a partir da data do encerramento do prazo para registro de candidatos, não se suspendem aos sábados, domingos e feriados".

Nesse sentido, inclusive, é o seguinte precedente do T.S.E.:

> "AGRAVO REGIMENTAL. REGISTRO DE CANDIDATURA. INTEMPESTIVIDADE.
> 1. É intempestivo o agravo regimental interposto após o prazo de três dias contados da publicação em sessão da decisão monocrática proferida em processo de registro de candidatura.
> 2. Na linha da jurisprudência desta Corte Superior, os prazos relativos aos processos de registro de candidatura são contínuos e peremptórios, não se suspendendo aos sábados, domingos e feriados, conforme a disciplina do art. 16 da Lei Complementar nº 64/90.
>
> Agravo regimental não conhecido.
> (Agravo Regimental em Recurso Especial Eleitoral nº 68230, Acórdão de 18/09/2014, Relator(a) Min. HENRIQUE NEVES DA SILVA, Publicação: PSESS - Publicado em Sessão, Data 8/09/2014).

É certo que havendo normatização eleitoral própria, inclusive proveniente de Resolução do T.S.E. no que concerne à contagem de prazo, não será aplicada a metodologia do art. 219 do novo C.P.C.

Não havendo legislação específica, a regra do art. 219 do novo C.P.C. deverá ser observada subsidiariamente e de forma complementar em relação ao processo eleitoral.

Na realidade, pode-se adotar a diferenciação feita por Rodrigo Pereira e Rafael Lobato no artigo publicado no Conjur (www.conjur.com.br), intitulado 'A contagem de prazo no novo CPC e o processo eleitoral'. Para os referidos autores: "há que se fazer uma diferenciação entre os prazos eleitorais que chamaremos de 'ordinários', e que correm normalmente, daqueles prazos chamados de 'extraordinários', verificados durante o período eleitoral (desde o encerramento do prazo para registro de candidaturas até dezembro do ano eleitoral). No caso dos prazos eleitorais 'ordinários, ou seja, aqueles que ocorram fora do período das eleições, aplica-se o artigo 219 do novo C.P.C., de modo que a contagem dos prazos deverá se dar apenas em dias úteis".

Há previsão no Código Eleitoral de incidente de multa administrativa, a qual está sujeita a processo administrativo, com aplicação supletiva e subsidiária do novo C.P.C., conforme se verifica pela imposição de sanção administrativa eleitoral prevista no art. 8º do Código Eleitoral, Lei n. 4.737 de 1965, *in verbis: O brasileiro nato que não se alistar até os dezenove anos ou o naturalizado que não se alistar até um ano depois de adquirida a nacionalidade brasileira incorrerá na multa de três a dez por cento sobre o valor do salário mínimo da região, imposta pelo Juiz e cobrada no ato da inscrição eleitoral através de selo federal inutilizado no próprio requerimento.*

A imposição e a cobrança de qualquer multa, salvo no caso das condenações criminais, obedecerão às normas previstas no art. 367 do Código Eleitoral.

Se o eleitor não satisfizer o pagamento no prazo de 30 (trinta) dias, será considerada a dívida líquida e certa, para efeito de cobrança mediante executivo fiscal, sendo observado, no que couber e de forma supletiva e subsidiária as normas do novo C.P.C. em relação ao processo de execução de título executivo extrajudicial.

A cobrança judicial da dívida será feita por ação executiva, na forma prevista para a cobrança da dívida ativa da Fazenda Pública, correndo a ação perante os Juízos Eleitorais.

Os recursos cabíveis, nos processos para cobrança da dívida decorrente de multa, serão interpostos para a instância superior da Justiça Eleitoral.

Em relação aos recursos que possam ser interpostos no processo eleitoral, o Código Eleitoral, Lei n. 4.737/65, prevê as seguintes modalidades:

a) Disposições Gerais – arts. 257 a 264.
b) Dos Recursos perante as Juntas e Juízos Eleitorais – arts. 265 a 267.
c) Dos Recursos nos Tribunais Regionais – arts. 268 a 279.
d) Dos Recursos no Tribunal Superior – arts. 280 a 282.

Estabelecem os arts. 258 e 264 do Código Eleitoral, Lei n. 4.737/65:

> *Art. 258. Sempre que a lei não fixar prazo especial, o recurso deverá ser interposto em três dias da publicação do ato, resolução ou despacho.*
> *Art. 264. Para os Tribunais Regionais e para o Tribunal Superior caberá, dentro de 3 (três) dias, recurso dos atos, resoluções ou despachos dos respectivos Presidentes.*

Porém, os arts. 258 e 264, ao estabelecerem o prazo de 3 (três) dias para a interposição do recurso na Justiça Eleitoral, não preconizaram a forma de contagem do prazo.

Assim, como não há indicação quanto à forma de contagem do prazo de 3 (dez) dias, tenho para mim que deve ser aplicado supletiva e subsidiariamente o art. 219 do novo C.P.C.: *Na contagem do prazo em dias, estabelecido por lei ou pelo juiz, computar-se-ão somente os dias úteis.*

Note-se que a mudança do sistema de contagem do prazo processual em dias pelo novo C.P.C. não se trata apenas de uma alteração formal. Ao contrário, tem por finalidade dar maior efetividade ao princípio constitucional do *devido processo legal*, especialmente permitir uma maior amplitude para a realização do contraditório e da ampla defesa.

É certo, porém, que o Tribunal Superior Eleitoral por vezes é refratário à aplicação subsidiária da regras do processo civil comum em relação ao processo eleitoral.

O Tribunal Superior Eleitoral, no Ac.-TSE, de 2.3.2011, no AgR-REspe nº 36693, optou pela inaplicabilidade aos feitos eleitorais do art. 191 do CPC (Lei nº 5.869/1973) que tratava da contagem de prazo em dobro aos litisconsortes com diferentes procuradores.

4.2.2 Cooperação entre órgãos da Justiça Eleitoral

Tendo em vista que a Justiça Eleitoral tem amplitude nacional, apesar de ser regionalizada em certos aspectos, penso ser pertinente a aproximação dos órgãos jurisdicionais por meio de cooperação.

Diante dessa mútua colaboração que existe entre os diversos órgãos da Justiça Eleitoral, muito pertinente será a aplicação supletiva e subsidiária do capítulo referente à cooperação nacional previsto no novo C.P.C., especialmente as disposições normativas inseridas nos arts. 67 a 69, *in verbis*:

> *Art. 67. Aos órgãos do Poder Judiciário, estadual ou federal, especializado ou comum, em todas as instâncias e graus de jurisdição, inclusive aos tribunais superiores, incumbe o dever de recíproca cooperação, por meio de seus magistrados e servidores.*
> *Art. 68. Os juízos poderão formular entre si pedido de cooperação para prática de qualquer ato processual.*
> *Art. 69. O pedido de cooperação jurisdicional deve ser prontamente atendido, prescinde de forma específica e pode ser executado como:*
> *I – auxílio direto;*

II – reunião ou apensamento de processos;
III – prestação de informações;
IV – atos concertados entre os juízes cooperantes.
§ 1º As cartas de ordem, precatória e arbitral seguirão o regime previsto neste Código.
§ 2º Os atos concertados entre os juízes cooperantes poderão consistir, além de outros, no estabelecimento de procedimento para:
I – a prática de citação, intimação ou notificação de ato;
II – a obtenção e apresentação de provas e a coleta de depoimentos;
III – a efetivação de tutela provisória;
IV – a efetivação de medidas e providências para recuperação e preservação de empresas;
V – a facilitação de habilitação de créditos na falência e na recuperação judicial;
VI – a centralização de processos repetitivos;
VII – a execução de decisão jurisdicional.
§ 3º O pedido de cooperação judiciária pode ser realizado entre órgãos jurisdicionais de diferentes ramos do Poder Judiciário.

4.2.3. Ordem cronológica de movimentação e julgamento dos processos na Justiça Eleitoral.

Em relação aos juízes eleitorais, juntas eleitorais e cartórios eleitorais, é de se aplicar, supletiva e subsidiariamente, o disposto nos arts. 12 e 153 do novo C.P.C., com a redação dada pela Lei 13.256, de 4 de fevereiro de 2016, a saber:

> *Art. 12. Os juízes e os tribunais atenderão, **preferencialmente**, à ordem cronológica de conclusão para proferir sentença ou acórdão.*
> *§ 1º A lista de processos aptos a julgamento deverá estar permanentemente à disposição para consulta pública em cartório e na rede mundial de computadores.*
> *§ 2º Estão excluídos da regra do caput:*
> *I – as sentenças proferidas em audiência, homologatórias de acordo ou de improcedência liminar do pedido;*
> *II – o julgamento de processos em bloco para aplicação de tese jurídica firmada em julgamento de casos repetitivos;*
> *III – o julgamento de recursos repetitivos ou de incidente de resolução de demandas repetitivas;*

IV – as decisões proferidas com base nos arts. 485 e 932;
V – o julgamento de embargos de declaração;
VI – o julgamento de agravo interno;
VII – as preferências legais e as metas estabelecidas pelo Conselho Nacional de Justiça;
VIII – os processos criminais, nos órgãos jurisdicionais que tenham competência penal;
IX – a causa que exija urgência no julgamento, assim reconhecida por decisão fundamentada.

§ 3º Após elaboração de lista própria, respeitar-se-á a ordem cronológica das conclusões entre as preferências legais.

§ 4º Após a inclusão do processo na lista de que trata o § 1o, o requerimento formulado pela parte não altera a ordem cronológica para a decisão, exceto quando implicar a reabertura da instrução ou a conversão do julgamento em diligência.

§ 5º Decidido o requerimento previsto no § 4o, o processo retornará à mesma posição em que anteriormente se encontrava na lista.

§ 6º Ocupará o primeiro lugar na lista prevista no § 1º ou, conforme o caso, no § 3o, o processo que:

I – tiver sua sentença ou acórdão anulado, salvo quando houver necessidade de realização de diligência ou de complementação da instrução;
II – se enquadrar na hipótese do art. 1.040, inciso II.

Art. 153. O escrivão ou o chefe de secretaria atenderá, **preferencialmente,** à ordem cronológica de recebimento para publicação e efetivação dos pronunciamentos judiciais.

§ 1º A lista de processos recebidos deverá ser disponibilizada, de forma permanente, para consulta pública.

§ 2º Estão excluídos da regra do caput:
I – os atos urgentes, assim reconhecidos pelo juiz no pronunciamento judicial a ser efetivado;
II – as preferências legais.

§ 3º Após elaboração de lista própria, respeitar-se-ão a ordem cronológica de recebimento entre os atos urgentes e as preferências legais.

§ 4º A parte que se considerar preterida na ordem cronológica poderá reclamar, nos próprios autos, ao juiz do processo, que requisitará informações ao servidor, a serem prestadas no prazo de 2 (dois) dias.

§ 5º *Constatada a preterição, o juiz determinará o imediato cumprimento do ato e a instauração de processo administrativo disciplinar contra o servidor.*

Portanto, com a sanção da Lei 13.256/16, a ordem cronológica dos processos para movimentação e julgamento deixou de ser obrigatória, permitindo-se que os juízes e servidores observem a lista apenas de forma preferencial.

4.2.4. Normas processuais fundamentais do processo eleitoral

Em relação às normas fundamentais do processo civil previstas nos arts. 1º a 11 do novo C.P.C., pode-se aduzir que terão aplicação suplementar e subsidiária em face do processo eleitoral as seguintes regras e princípios:

a) O processo eleitoral será ordenado, disciplinado e interpretado conforme os valores e as normas fundamentais estabelecidas na Constituição da República Federativa do Brasil, observando-se, de forma suplementar e subsidiária, as disposições do novo C.P.C.

b) Não se excluirá da apreciação jurisdicional eleitoral ameaça ou lesão a direito;

c) As partes têm o direito de obter em prazo razoável a solução integral do mérito, incluída a atividade satisfativa.

d) Aquele que de qualquer forma participa do processo eleitoral deve comportar-se de acordo com a boa-fé.

e) Todos os sujeitos do processo devem cooperar entre si para que se obtenha, em tempo razoável, decisão de mérito justa e efetiva.

f) É assegurada às partes paridades de tratamento em relação ao exercício de direito e faculdades processuais, aos meios de defesa, aos ônus, aos deveres e à aplicação de sanções processuais, competindo ao juiz eleitoral zelar pelo efetivo contraditório.

g) Ao aplicar o ordenamento jurídico, o juiz eleitoral atenderá aos fins sociais e às exigências do bem comum, resguardando e promovendo a dignidade da pessoa humana e observando a proporcionalidade, a razoabilidade, a legalidade, a publicidade e a eficiência.

h) Não se proferirá decisão contra uma das partes sem que ela seja previamente ouvida, salvo nas hipóteses de tutela provisória de urgência.

i) Todos os julgamentos dos órgãos do Poder Judiciário eleitoral serão públicos (salvo exceções legais) e fundamentadas todas as decisões, sob pena de nulidade.

4.2.5. Embargos de declaração no processo eleitoral

Em relação aos embargos de declaração interpostos no âmbito do processo eleitoral, o art. 1.067 do novo C.P.C. preconiza que o art. 275 da Lei n° 4.737, de 15 de julho de 1965 (Código Eleitoral), passa a vigorar com a seguinte redação:

> "Art. 275. São admissíveis embargos de declaração nas hipóteses previstas no Código de Processo Civil.
> § 1º Os embargos de declaração serão opostos no prazo de 3 (três) dias, contado da data de publicação da decisão embargada, em petição dirigida ao juiz ou relator, com a indicação do ponto que lhes deu causa.
> § 2º Os embargos de declaração não estão sujeitos a preparo.
> § 3º O juiz julgará os embargos em 5 (cinco) dias.
> § 4º Nos tribunais:
> I – o relator apresentará os embargos em mesa na sessão subsequente, proferindo voto;
> II – não havendo julgamento na sessão referida no inciso I, será o recurso incluído em pauta;
> III – vencido o relator, outro será designado para lavrar o acórdão.
> § 5º Os embargos de declaração interrompem o prazo para a interposição de recurso.
> § 6º Quando manifestamente protelatórios os embargos de declaração, o juiz ou o tribunal, em decisão fundamentada, condenará o embargante a pagar ao embargado multa não excedente a 2 (dois) salários-mínimos.
> § 7º Na reiteração de embargos de declaração manifestamente protelatórios, a multa será elevada a até 10 (dez) salários-mínimos." (NR)

A redação originaria do art. 275 da Lei 4.737, de 15 de julho de 1965 (Código Eleitoral) era a seguinte:

> Art. 275. São admissíveis embargos de declaração: (Vide Lei nº 13.105, de 2015) (Vigência)
> I – quando há no acórdão obscuridade, dúvida ou contradição;

II – quando fôr omitido ponto sôbre que devia pronunciar-se o Tribunal.
§ 1º Os embargos serão opostos dentro em 3 (três) dias da data da publicação do acórdão, em petição dirigida ao relator, na qual será indicado o ponto obscuro, duvidoso, contraditório ou omisso.
§ 2º O relator porá os embargos em mesa para julgamento, na primeira sessão seguinte proferindo o seu voto.
§ 3º Vencido o relator, outro será designado para lavrar o acórdão.
§ 4º Os embargos de declaração suspendem o prazo para a interposição de outros recursos, salvo se manifestamente protelatórios e assim declarados na decisão que os rejeitar.

As principais modificações introduzidas pelo novo C.P.C., no âmbito do processo eleitoral, no que concerne aos embargos de declaração são:

a) as hipóteses de interposição dos embargos de declaração estão previstas no art. 1.022 do novo C.P.C., a saber:
Art. 1.022. Cabem embargos de declaração contra qualquer decisão judicial para:
I – esclarecer obscuridade ou eliminar contradição;
II – suprir omissão de ponto ou questão sobre o qual devia se pronunciar o juiz de ofício ou a requerimento;
III – corrigir erro material.

Será considerada omissa a decisão, nos termos do *parágrafo único do art. 1.022* do novo C.P.C., que: *I – deixe de se manifestar sobre tese firmada em julgamento de casos repetitivos ou em incidente de assunção de competência aplicável ao caso sob julgamento; II – incorra em qualquer das condutas descritas no art. 489, § 1º.*
Por sua vez, prescreve o §1º do art. 489 do novo C.P.C.:

(...).
§ 1º Não se considera fundamentada qualquer decisão judicial, seja ela interlocutória, sentença ou acórdão, que:
I – se limitar à indicação, à reprodução ou à paráfrase de ato normativo, sem explicar sua relação com a causa ou a questão decidida;
II – empregar conceitos jurídicos indeterminados, sem explicar o motivo concreto de sua incidência no caso;

III – invocar motivos que se prestariam a justificar qualquer outra decisão;
IV – não enfrentar todos os argumentos deduzidos no processo capazes de, em tese, infirmar a conclusão adotada pelo julgador;
V – se limitar a invocar precedente ou enunciado de súmula, sem identificar seus fundamentos determinantes nem demonstrar que o caso sob julgamento se ajusta àqueles fundamentos;
VI – deixar de seguir enunciado de súmula, jurisprudência ou precedente invocado pela parte, sem demonstrar a existência de distinção no caso em julgamento ou a superação do entendimento.

b) os embargos de declaração são opostos, no prazo de 3 (três) dias contra *decisão embargada*, ou seja, contra sentença, acórdão ou decisão interlocutória;
c) o juiz julgará os embargos em 5 (cinco) dias, sendo que nos tribunais o relator apresentará os embargos em mesa na sessão subsequente, proferindo voto; não havendo julgamento na sessão referida acima, será o recurso incluído em pauta;
d) os embargos *interrompem* o prazo para a interposição de outro recurso.
e) Quando manifestamente protelatórios os embargos de declaração, o juiz ou o tribunal, em decisão fundamentada, condenará o embargante a pagar ao embargado multa não excedente a 2 (dois) salários-mínimos.
f) Na reiteração de embargos de declaração manifestamente protelatórios, a multa será elevada a até 10 (dez) salários-mínimos."

4.3. Processo administrativo e aplicação subsidiária e suplementar do novo C.P.C.

A Lei n. 9.784 de 29 de janeiro de 1999 regula o processo administrativo no âmbito da Administração Pública Federal, sem prejuízo de outras legislações que também tratam de processo administrativo no âmbito federal, estadual e municipal.

Vamos nos ater à legislação geral do processo administrativo no âmbito da Administração Pública Federal, para fins de análise da aplicação supletiva e subsidiária das normas do novo C.P.C.

4.3.1. Normas fundamentais do processo administrativo.

A Lei 9.784/99 estabelece normas básicas sobre o processo administrativo no âmbito da Administração Federal direta e indireta, visando, em especial, à proteção dos direitos dos administrados e ao melhor cumprimento dos fins da Administração. Os preceitos traçados na referida normatização também se aplicam aos órgãos dos Poderes Legislativo e Judiciário da União, quando no desempenho da função administrativa.

A Administração Pública obedecerá, dentre outros, aos princípios da legalidade, finalidade, motivação, razoabilidade, proporcionalidade, moralidade, ampla defesa, contraditório, segurança jurídica, interesse público e eficiência.

Nos processos administrativos serão observados, entre outros, os critérios estabelecidos no art. 2º, p.u., da Lei 9.784/99, a saber:

> I – atuação conforme a lei e o Direito;
> II – atendimento a fins de interesse geral, vedada a renúncia total ou parcial de poderes ou competências, salvo autorização em lei;
> III – objetividade no atendimento do interesse público, vedada a promoção pessoal de agentes ou autoridades;
> IV – atuação segundo padrões éticos de probidade, decoro e boa-fé;
> V – divulgação oficial dos atos administrativos, ressalvadas as hipóteses de sigilo previstas na Constituição;
> VI – adequação entre meios e fins, vedada a imposição de obrigações, restrições e sanções em medida superior àquelas estritamente necessárias ao atendimento do interesse público;
> VII – indicação dos pressupostos de fato e de direito que determinarem a decisão;
> VIII – observância das formalidades essenciais à garantia dos direitos dos administrados;
> IX – adoção de formas simples, suficientes para propiciar adequado grau de certeza, segurança e respeito aos direitos dos administrados;
> X – garantia dos direitos à comunicação, à apresentação de alegações finais, à produção de provas e à interposição de recursos, nos processos de que possam resultar sanções e nas situações de litígio;

XI – proibição de cobrança de despesas processuais, ressalvadas as previstas em lei;
XII – impulsão, de ofício, do processo administrativo, sem prejuízo da atuação dos interessados;
XIII – interpretação da norma administrativa da forma que melhor garanta o atendimento do fim público a que se dirige, vedada aplicação retroativa de nova interpretação.

Pode-se observar que muitos dos critérios estabelecidos no art.2º, p.u., da Lei 9.784/99, estão em sintonia com as normas fundamentais do processo civil brasileiro, dentre elas:

a) o impulso oficial nos mesmos termos da parte final do art. 2º do novo C.P.C.: *O processo começa por iniciativa da parte e se desenvolve por impulso oficial, salvo as exceções previstas em lei.* É importante salientar que o processo administrativo terá início de ofício ou a pedido do interessado, conforme preconiza o art. 5º da Lei 9.784/99;
b) atuação segundo padrões éticos de probidade, decoro e boa-fé, nos mesmos termos do art. 5º do novo C.P.C.: *Aquele que de qualquer forma participa do processo deve comportar-se de acordo com a boa-fé;*
c) divulgação oficial dos atos administrativos, ressalvadas as hipóteses de sigilo previstas na Constituição, nos mesmos termos da primeira parte do art. 11 do novo C.P.C.: *Todos os julgamentos dos órgãos do Poder Judiciário serão públicos, e fundamentadas todas as decisões, sob pena de nulidade;*
d) indicação dos pressupostos de fato e de direito que determinarem a decisão, nos mesmos termos da parte final do art. 11 do novo C.P.C.: *Todos os julgamentos dos órgãos do Poder Judiciário serão públicos, e fundamentadas todas as decisões, sob pena de nulidade.* Em complementação, estabelece o art. 50 da Lei 9.784/90: *Os atos administrativos deverão ser motivados, com indicação dos fatos e dos fundamentos jurídicos, quando: I – neguem, limitem ou afetem direitos ou interesses; II – imponham ou agravem deveres, encargos ou sanções; III – decidam processos administrativos de concurso ou seleção pública; IV – dispensem ou declarem a inexigibilidade de processo licitatório; V – decidam recursos administrativos; VI – decorram de reexame de ofício; VII – deixem de aplicar jurisprudência firmada sobre a*

questão ou discrepem de pareceres, laudos, propostas e relatórios oficiais; VIII – importem anulação, revogação, suspensão ou convalidação de ato administrativo. § 1º A motivação deve ser explícita, clara e congruente, podendo consistir em declaração de concordância com fundamentos de anteriores pareceres, informações, decisões ou propostas, que, neste caso, serão parte integrante do ato. § 2º Na solução de vários assuntos da mesma natureza, pode ser utilizado meio mecânico que reproduza os fundamentos das decisões, desde que não prejudique direito ou garantia dos interessados. § 3º A motivação das decisões de órgãos colegiados e comissões ou de decisões orais constará da respectiva ata ou de termo escrito.

e) garantia dos direitos à comunicação, à apresentação de alegações finais, à produção de provas e à interposição de recursos, nos processos que possam resultar sanções e nas situações de litígio, nos mesmos termos do art. 7º do novo C.P.C.: *É assegurada às partes paridade de tratamento em relação ao exercício de direitos e faculdades processuais, aos meios de defesa, aos ônus, aos deveres e à aplicação de sanções processuais, competindo ao juiz zelar pelo efetivo contraditório;*

f) interpretação da norma administrativa da forma que melhor garanta o atendimento do fim público a que se dirige, vedada aplicação retroativa de nova interpretação, nos termos do art. 8º do novo C.P.C.: *Ao aplicar o ordenamento jurídico, o juiz atenderá aos fins sociais e às exigências do bem comum, resguardando e promovendo a dignidade da pessoa humana e observando a proporcionalidade, a razoabilidade, a legalidade, a publicidade e a eficiência.*

Além das normas fundamentais já incorporadas pela Lei n. 9.784/99, serão aplicados supletiva e subsidiariamente ao processo administrativo os preceitos normativos previstos nos arts. 1º a 12 do novo C.P.C.:

a) O processo administrativo será ordenado, disciplinado e interpretado conforme os valores e as normas fundamentais estabelecidos na Constituição da República Federativa do Brasil;
b) A arbitragem na forma da lei;
c) O Estado promoverá, sempre que possível, a forma consensual de conflitos;

d) As partes têm o direito de obter em prazo razoável a solução integral do mérito, incluída a atividade satisfativa;
e) Todos os sujeitos do processo devem cooperar entre si para que se obtenha, em tempo razoável, decisão de mérito justa e efetiva. O art. 49 da Lei 9.784/99 preconiza que *concluída a instrução de processo administrativo, a Administração tem o prazo de até trinta dias para decidir, salvo prorrogação por igual período expressamente motivada.*
f) Não se proferirá decisão contra uma das partes sem que ela seja previamente ouvida, salvo em se tratando de tutela de urgência;
g) A autoridade administrativa não pode decidir, em grau algum de sua competência administrativa, com base em fundamento a respeito do qual não se tenha dado às partes oportunidade de se manifestar, ainda que se trate de matéria sobre a qual deva decidir de ofício;
h) As autoridades administrativas deverão obedecer *preferencialmente* à ordem cronológica de conclusão para proferir decisão.

4.3.2. Cooperação entre autoridades no âmbito do processo administrativo.

Entendo que no âmbito do processo administrativo também poderão ser aplicados supletiva e subsidiariamente, e no que forem aplicáveis, os dispositivos referentes à cooperação interna previstos nos arts. 67 a 69 do novo C.P.C.

Uma espécie de cooperação, melhor dizendo, delegação de competência, encontra-se no art. 12 a 14 da Lei 9.784/99, a saber:

> *Art. 12. Um órgão administrativo e seu titular poderão, se não houver impedimento legal, delegar parte da sua competência a outros órgãos ou titulares, ainda que estes não lhe sejam hierarquicamente subordinados, quando for conveniente, em razão de circunstâncias de índole técnica, social, econômica, jurídica ou territorial.*
> *Parágrafo único. O disposto no caput deste artigo aplica-se à delegação de competência dos órgãos colegiados aos respectivos presidentes.*
> *Art. 13. Não podem ser objeto de delegação:*
> *I – a edição de atos de caráter normativo;*
> *II – a decisão de recursos administrativos;*
> *III – as matérias de competência exclusiva do órgão ou autoridade.*

Art. 14. O ato de delegação e sua revogação deverão ser publicados no meio oficial.

§ 1º O ato de delegação especificará as matérias e poderes transferidos, os limites da atuação do delegado, a duração e os objetivos da delegação e o recurso cabível, podendo conter ressalva de exercício da atribuição delegada.

§ 2º O ato de delegação é revogável a qualquer tempo pela autoridade delegante.

§ 3º As decisões adotadas por delegação devem mencionar explicitamente esta qualidade e considerar-se-ão editadas pelo delegado.

4.3.3. Deveres dos administrados no processo administrativo

Os deveres dos administrados estão previstos no art. 4º da Lei n. 9.784/99, *in verbis*:

Art. 4º São deveres do administrado perante a Administração, sem prejuízo de outros previstos em ato normativo:
I – expor os fatos conforme a verdade;
II – proceder com lealdade, urbanidade e boa-fé;
III – não agir de modo temerário;
IV – prestar as informações que lhe forem solicitadas e colaborar para o esclarecimento dos fatos.

Não obstante alguns desses deveres já se encontram expressamente consignados no art. 77 do novo C.P.C., entendo que os demais deveres previstos no referido dispositivo normativo devem ser aplicados supletiva e subsidiariamente.

Estabelece o art. 77 do novo C.P.C.:

Art. 77. Além de outros previstos neste Código, são deveres das partes, de seus procuradores e de todos aqueles que de qualquer forma participem do processo:
I – expor os fatos em juízo conforme a verdade;
II – não formular pretensão ou de apresentar defesa quando cientes de que são destituídas de fundamento;
III – não produzir provas e não praticar atos inúteis ou desnecessários à declaração ou à defesa do direito;
IV – cumprir com exatidão as decisões jurisdicionais, de natureza provisória ou final, e não criar embaraços à sua efetivação;

> V – declinar, no primeiro momento que lhes couber falar nos autos, o endereço residencial ou profissional onde receberão intimações, atualizando essa informação sempre que ocorrer qualquer modificação temporária ou definitiva;
> VI – não praticar inovação ilegal no estado de fato de bem ou direito litigioso.

4.3.4. Impedimento e suspeição no processo administrativo.

O art. 18 da Lei n. 9.784/99 estabelece as hipóteses de impedimento

> Art. 18. É impedido de atuar em processo administrativo o servidor ou autoridade que:
> I – tenha interesse direto ou indireto na matéria;
> II – tenha participado ou venha a participar como perito, testemunha ou representante, ou se tais situações ocorrem quanto ao cônjuge, companheiro ou parente e afins até o terceiro grau;
> III – esteja litigando judicial ou administrativamente com o interessado ou respectivo cônjuge ou companheiro.

Por sua vez, os arts. 144 e 145 do novo C.P.C. apresentam as hipóteses de impedimento e suspeição do juiz, sendo essas hipóteses mais abrangentes do que as hipóteses previstas no art. 18 da Lei 9.784/99, *in verbis*:

> Art. 144. Há impedimento do juiz, sendo-lhe vedado exercer suas funções no processo:
> I – em que interveio como mandatário da parte, oficiou como perito, funcionou como membro do Ministério Público ou prestou depoimento como testemunha;
> II – de que conheceu em outro grau de jurisdição, tendo proferido decisão;
> III – quando nele estiver postulando, como defensor público, advogado ou membro do Ministério Público, seu cônjuge ou companheiro, ou qualquer parente, consanguíneo ou afim, em linha reta ou colateral, até o terceiro grau, inclusive;
> IV – quando for parte no processo ele próprio, seu cônjuge ou companheiro, ou parente, consanguíneo ou afim, em linha reta ou colateral, até o terceiro grau, inclusive;
> V – quando for sócio ou membro de direção ou de administração de pessoa jurídica parte no processo;

VI – quando for herdeiro presuntivo, donatário ou empregador de qualquer das partes;
VII – em que figure como parte instituição de ensino com a qual tenha relação de emprego ou decorrente de contrato de prestação de serviços;
VIII – em que figure como parte cliente do escritório de advocacia de seu cônjuge, companheiro ou parente, consanguíneo ou afim, em linha reta ou colateral, até o terceiro grau, inclusive, mesmo que patrocinado por advogado de outro escritório;
IX – quando promover ação contra a parte ou seu advogado.
§ 1º Na hipótese do inciso III, o impedimento só se verifica quando o defensor público, o advogado ou o membro do Ministério Público já integrava o processo antes do início da atividade judicante do juiz.
§ 2º É vedada a criação de fato superveniente a fim de caracterizar impedimento do juiz.
§ 3º O impedimento previsto no inciso III também se verifica no caso de mandato conferido a membro de escritório de advocacia que tenha em seus quadros advogado que individualmente ostente a condição nele prevista, mesmo que não intervenha diretamente no processo.
Art. 145. Há suspeição do juiz:
I – amigo íntimo ou inimigo de qualquer das partes ou de seus advogados;
II – que receber presentes de pessoas que tiverem interesse na causa antes ou depois de iniciado o processo, que aconselhar alguma das partes acerca do objeto da causa ou que subministrar meios para atender às despesas do litígio;
III – quando qualquer das partes for sua credora ou devedora, de seu cônjuge ou companheiro ou de parentes destes, em linha reta até o terceiro grau, inclusive;
IV – interessado no julgamento do processo em favor de qualquer das partes.
§ 1º Poderá o juiz declarar-se suspeito por motivo de foro íntimo, sem necessidade de declarar suas razões.
§ 2º Será ilegítima a alegação de suspeição quando:
I – houver sido provocada por quem a alega;
II – a parte que a alega houver praticado ato que signifique manifesta aceitação do arguido.

As hipóteses de impedimento ou suspeição previstas nos arts. 144 e 145 do novo C.P.C. devem ser aplicadas supletiva e subsidiariamente no sentido de complementar e dar maior abrangência às hipóteses de impedimento do servidor ou da autoridade previstas no art. 18 da Lei n. 9.784/99, tendo em vista que o *princípio da imparcialidade* não está circunscrito somente ao processo jurisdicional.

É certo que alguns insistem em afirmar que o *princípio da imparcialidade* somente teria aplicação em relação ao juiz, que é sujeito processual não vinculado às partes.

Por muito tempo imperou na doutrina a existência de contradição lógica e de uma impossibilidade prática entre a posição de parte numa dada relação jurídica processual e a exigência de imparcialidade como condição ou regra de conduta.

Para essa concepção, o simples fato de ser parte de uma relação jurídica processual já demonstrava a parcialidade do sujeito.

A parcialidade, por exemplo, da administração pública no processo administrativo ou mesmo do Ministério Público na persecução penal, era apontada como característica distintiva da imparcialidade própria dos juízes e da função judicial.[123]

Para Marcello Caetano, analisando o direito português, a imparcialidade é, desta maneira, característica exclusiva da função jurisdicional, pois somente os órgãos jurisdicionais não são parte interessada no conflito que visam a resolver, colocando-se numa posição supraparte. Na verdade, apenas os órgãos jurisdicionais têm o dever de ouvir todos os interessados antes de proferir sua decisão. Somente em relação a esses órgãos faria sentido impor garantias de imparcialidade, tais como os impedimentos e suspeição.[124]

Contudo, Marcello Caetano não explica o porquê da exigência das garantias de imparcialidade dos juízes (art. 14, n. 1, do Código de Processo Civil português) também em relação ao Ministério Público, órgão encarregado de representar os interesses do Estado (na perspectiva do próprio Marcello Caetano).[125]

---

[123] ALLEGRETTI, Umberto. *L'imparzialità amministrativa*. Padova: CEDAM – Casa Editrice Dott. Antonio Milani, 1965. p. 55.
[124] Apud MELO RIBEIRO, Maria Teresa de. *O princípio da imparcialidade da administração pública*. Coimbra: Almedina, 1996. p. 113 e 114.
[125] Idem. Ibidem., p. 114.

A doutrina, principalmente a partir de um estudo direcionado à administração pública, começou a colocar em questão a afirmação de que o simples fato de ser parte já configura sua parcialidade.

Percebeu-se que os interesses defendidos pela Administração Pública não são iguais aos interesses postulados pelos particulares, uma vez que os interesses da administração ou por ela perseguidos são interesses públicos e por natureza objetivos. Assim, não obstante possa a administração ter certa discricionariedade na perseguição de seus interesses, isso não lhe retira a prerrogativa constitucional de ser imparcial.

Atualmente, para a generalidade dos autores: *"A Administração Pública, apesar de vinculada ao princípio da imparcialidade, ocupa uma posição jurídico-institucional especial, que resulta da natureza pública dos interesses que persegue e da obrigação de agir imparcialmente; em suma, do facto de figurar no procedimento, simultaneamente, como parte e juiz: parte porque 'é um verdadeiro agente empenhado no exercício de um poder de iniciativa na efectiva realização de projectos e interesses próprios'; juiz porque 'há-de designadamente ponderar o valor relativo dos interesses que a sua decisão vai sacrificar, por modo a não discriminar contra algum deles ou privilegiar algum por razões estranhas à lei que os tutela ou ao interesse público que visa satisfazer"*.[126]

Diante desse quadro, começou-se a formular a tese de existência de parte "imparcial", principalmente a partir do momento em que se passou a reconhecer a "imparcialidade" diante da administração pública, com base, inclusive, no próprio texto Constitucional português.[127]

4.3.5. Contagem do prazo para manifestação no processo administrativo

No âmbito ainda do processo administrativo, há também oportunidade de manifestação da autoridade administrativa e do administrado, bem como a possibilidade de interposição de recurso, em determinado prazo legal.

Segundo estabelece o art. 24 da Lei n. 9.784/99, *inexistindo disposição específica, os atos do órgão ou autoridade responsável pelo processo e dos administrados que dele participem devem ser praticados no prazo de cinco dias, salvo motivo de força maior.*

---

[126] Idem. Ibidem., p. 115.
[127] Idem. Ibidem., Loc. Cit.

Em relação ao prazo para interposição de recurso, estabelece o art. 59 da Lei 9.784/99:

> Art. 59. *Salvo disposição legal específica, é de dez dias o prazo para interposição de recurso administrativo, contado a partir da ciência ou divulgação oficial da decisão recorrida.*
>
> *§ 1º Quando a lei não fixar prazo diferente, o recurso administrativo deverá ser decidido no prazo máximo de trinta dias, a partir do recebimento dos autos pelo órgão competente.*
>
> *§ 2º O prazo mencionado no parágrafo anterior poderá ser prorrogado por igual período, ante justificativa explícita.*

Por sua vez, preconiza o art. 56, §1º, da Lei n. 9.784/99: *O recurso será dirigido à autoridade que proferiu a decisão, a qual, se não a reconsiderar no prazo de cinco dias, o encaminhará à autoridade superior.*

Por fim, estabelece o art. 62 da Lei 9.784/99: *Interposto o recurso, o órgão competente para dele conhecer deverá intimar os demais interessados para que, no prazo de cinco dias úteis, apresentem alegações.*

Portanto, os art. 24, 56, 59 e 62 da Lei n. 9.784/99 estabelecem prazos em dias para a realização de atos processuais administrativos, sendo que o último artigo menciona expressamente *dias úteis*.

O art. 219 do novo C.P.C. preconiza que n*a contagem do prazo em dias, estabelecido por lei ou pelo juiz, computar-se-ão somente os dias úteis.*

Porém, não será caso de aplicação supletiva ou subsidiária do art. 219 do novo C.P.C., em relação ao processo administrativo, tendo em vista o que dispõe o art. §2º do art. 66 da Lei 9.784/99, *in verbis*:

> Art. 66. *Os prazos começam a correr a partir da data da cientificação oficial, excluindo-se da contagem o dia do começo e incluindo-se o do vencimento.*
>
> *§ 1º Considera-se prorrogado o prazo até o primeiro dia útil seguinte se o vencimento cair em dia em que não houver expediente ou este for encerrado antes da hora normal.*
>
> *§ 2º Os prazos expressos em dias contam-se de modo contínuo.*

§ 3º Os prazos fixados em meses ou anos contam-se de data a data. Se no mês do vencimento não houver o dia equivalente àquele do início do prazo, tem-se como termo o último dia do mês.

Portanto, há regra expressa de que a contagem dos prazos em dias no âmbito do processo administrativo deverá ocorrer de *modo contínuo*, salvo na hipótese do art. 62 da Lei 9.784/99.

4.3.6. Prioridade de tramitação processual no âmbito administrativo

O art. 69-A da Lei 9.784/99 preconiza que terão prioridade na tramitação, em qualquer órgão ou instância, os procedimentos administrativos em que figure como parte ou interessado: (Incluído pela Lei nº 12.008, de 2009). I – pessoa com idade igual ou superior a 60 (sessenta) anos; (Incluído pela Lei nº 12.008, de 2009). II – pessoa portadora de deficiência, física ou mental; (Incluído pela Lei nº 12.008, de 2009). III – (VETADO) (Incluído pela Lei nº 12.008, de 2009). IV – pessoa portadora de tuberculose ativa, esclerose múltipla, neoplasia maligna, hanseníase, paralisia irreversível e incapacitante, cardiopatia grave, doença de Parkinson, espondiloartrose anquilosante, nefropatia grave, hepatopatia grave, estados avançados da doença de Paget (osteíte deformante), contaminação por radiação, síndrome de imunodeficiência adquirida, ou outra doença grave, com base em conclusão da medicina especializada, mesmo que a doença tenha sido contraída após o início do processo. (Incluído pela Lei nº 12.008, de 2009).

Porém, o art. 1.040 do novo C.P.C. estabelece que terão prioridade de tramitação, em qualquer juízo ou tribunal, os procedimentos judiciais: I – em que figure como parte ou interessado pessoa com idade igual ou superior a 60 (sessenta) anos ou portadora de doença grave, assim compreendida qualquer das enumeradas no art. 6º, inciso XIV, da Lei nº 7.713, de 22 de dezembro de 1988; II – regulados pela Lei nº 8.069, de 13 de julho de 1990 (Estatuto da Criança e do Adolescente).

Tenho para mim que deve ser aplicado o art. 1.040 do novo C.P.C. de forma suplementar em relação ao art. 69-A da Lei 9.784/99, uma vez que nada justifica estabelecer critérios diferenciados de preferência no trâmite processual entre o processo civil comum e o processo administrativo.

5.
Disposições especiais dos procedimentos regulados em outras leis e a aplicação supletiva do novo C.P.C.

O §2º do art. 1.046 do novo C.P.C. estabelece que permanecem em vigor as disposições especiais dos procedimentos regulados em outras leis, aos quais se aplicará supletivamente o novo estatuto processual civil.

Indaga-se qual seria a diferença normativa entre o §2º do art. 1.046 do novo C.P.C. e o art. 15 do mesmo estatuto processual, que assim dispõe: *na ausência de normas que regulem processos eleitorais, trabalhistas ou administrativos, as disposições deste Código lhes serão aplicadas supletiva e subsidiariamente.*

Enquanto o §2º do art. 1046 do novo C.P.C. trata de *procedimentos especiais* regulados por outras leis, o art. 15 do mesmo estatuto processual faz referência a *processos eleitorais, trabalhistas ou administrativos*.

O legislador, portanto, apresenta nítida distinção entre *processo* e *procedimento*.

Sobre a diferenciação entre *processo* e *procedimento* remetemos o leitor para nossa obra *Contraditório e Revelia – perspectiva crítica dos efeitos da revelia em face da natureza dialética do processo*, São Paulo: Editora R.T., 2003, pois lá se fez um trabalho minucioso no sentido de se apontar a essência do processo jurisdicional em contraponto ao procedimento.

O certo é que a atividade eleitoral, trabalhista ou administrativa vai além de simples procedimento, inserindo-se na essência do processo jurisdicional ou administrativo.

Por sua vez, o processo de conhecimento regulado pelo novo C.P.C. desenvolve-se por meio de um procedimento comum, que é um procedimento geral e subsidiário, ou pelo procedimento especial contencioso ou voluntário, todos regulados expressamente pelo novo estatuto processual.

Ocorre que no âmbito do processo jurisdicional, poderão existir procedimentos especiais regulados por outras legislações que não o novo C.P.C. O §2º do art. 1.046 faz referência específica a essa alteridade procedimental prevista em normas diversas às do novo C.P.C.

Note-se que o legislador delimitou a forma de aplicação do novo C.P.C. em relação aos procedimentos especiais regulados em outras leis, somente prevendo essa aplicação de forma *supletiva* e não subsidiária.

Supletivo é aquilo que serve de complemento, que completa o sentido de outra coisa, observando-se a sistematização daquilo que se deseja completar.

Evidentemente que não se poderá analisar a aplicação supletiva do novo C.P.C. em relação a todas as leis que regulam procedimentos especiais, o que, por si só, demandaria uma nova obra somente para tratar desse assunto.

Mas já se pode afirmar que o novo C.P.C. será aplicado, de forma suplementar aos seguintes procedimentos especiais: Ação Civil Pública (Lei n. 7.347/85); Ação Popular (Lei n. 4.717/65); Alienação Fiduciária (Dec. 911/69); Alimentos (Lei n. 5.478/68); Desapropriação (Decreto-lei n. 3.365/41); Lei de Recuperação Judicial e Falência (Lei n. 11.101/05) etc.

Porém, entendo pertinente a análise da aplicação suplementar do novo C.P.C. em relação a dois procedimentos específicos, quais sejam: a) juizados especiais; b) execução fiscal.

O que se disser em relação à aplicação suplementar do novo C.P.C. em face aos juizados especiais cíveis e à execução fiscal servirá de subsídio para os demais procedimentos especiais.

5.1. Juizados especiais.

Os juizados especiais cíveis estaduais são regulados pela Lei 9.099, de 26.09.1995, enquanto que os juizados especiais cíveis federais são regulados pela Lei 10.259, de 12.07.2001.

Como o legislador não inseriu os juizados especiais cíveis no âmbito do art. 15 do novo C.P.C., isso significa dizer que não se está diante de uma nova espécie de processo jurisdicional, mas, sim, de um procedimento regulado por legislação própria e diverso do procedimento comum e especial previsto no novo C.P.C.[128]

Aliás, o próprio art. 1º da Lei 9.099 de 26.09.1995, estabelece que os juizados especiais cíveis são órgãos da *Justiça Ordinária*, ou seja, são regulados pelo processo de jurisdição comum.

Trata-se de um microssistema próprio e específico, cujo procedimento encontra-se previsto expressamente na Constituição Federal de 1988, mais precisamente em seu art. 98, que assim dispõe:

> *Art. 98. A União, no Distrito Federal e nos Territórios, e os Estados criarão:*
> *I – juizados especiais, providos por juízes togados, ou togados e leigos, competentes para a conciliação, o julgamento e a execução de causas cíveis de menor complexidade e infrações penais de menor potencial ofensivo, mediante os procedimentos orais e sumariíssimo, permitidos, nas hipóteses previstas em lei, a transação e o julgamento de recursos por turmas de juízes de primeiro grau;*
> *II – justiça de paz, remunerada, composta de cidadãos eleitos pelo voto direto, universal e secreto, com mandato de quatro anos e competência para, na forma da lei, celebrar casamentos, verificar, de ofício ou em face de impugnação apresentada, o processo de habilitação e exercer atribuições conciliatórias, sem caráter jurisdicional, além de outras previstas na legislação.*
> *Parágrafo único. Lei federal disporá sobre a criação de juizados especiais no âmbito da Justiça Federal. (Incluído pela Emenda Constitucional nº 22, de 1999)*
> *§ 1º Lei federal disporá sobre a criação de juizados especiais no âmbito da Justiça Federal. (Renumerado pela Emenda Constitucional nº 45, de 2004)*

---

[128] Em sentido contrário:*"Ademais, conforme já assinalamos em outra oportunidade, tanto a Lei 9.099/95 quanto a Lei 10/259/2001 não tratam apenas de um novo procedimento (sumariíssimo), pois transcendem a barreira da ritualística para encontrar no art. 98, I e seu §1º, da Constituição Federal, seus escopos metajurídicos de natureza sócio-política, nos quais residem o 'novo processo' e o novo 'rito diferenciado' fundados na 'oralidade máxima'. Em outros termos, não estamos diante de apenas um novo procedimento sumariíssimo, mas acima de tudo de um novo instrumento constitucional, um verdadeiro 'processo especialíssimo'".* TOURINHO NETO, Fernando da Costa; FIGUEIRA JÚNIOR, Joel Dias. *Juizados especiais federais cíveis e criminais – comentários à lei 10.259 de 12.07.2001*. 3º Ed. São Paulo: R.T. 2010. p 69.

DISPOSIÇÕES FINAIS E DIREITO TRANSITÓRIO

§ 2º *As custas e emolumentos serão destinados exclusivamente ao custeio dos serviços afetos às atividades específicas da Justiça. (Incluído pela Emenda Constitucional nº 45, de 2004).*

Há, ainda, a aplicação subsidiária da Lei 9.099, de 26 de setembro de 1995 (Lei dos Juizados Especiais Cíveis e Criminais) em relação aos Juizados Especiais Federais Cíveis e Criminais. Sobre esse aspecto, anotam Fernando da Costa Tourinho Neto e Joel Dias Figueira Júnior: *"Três opções político-legislativas seriam cabíveis para a regulamentação dos Juizados Especiais Federais: a) criação de um microssistema específico e amplo, isto é, versando a respeito das normas de direito instrumental de ordem criminal e civil que se fizerem mister, a exemplo do que se verificou com a Lei 9.099/95; b) a simples regulamentação dos Juizados Especiais Federais, por meio de um novo capítulo III a ser criado na própria Lei 9.099/95 para este fim específico; c) criação de um microssistema específico de caráter processual e procedimental normativo restrito, com a aplicação subsidiária da Lei 9.099/95, naquilo que lhe fosse aplicável. Fez-se opção legislativa, desde o início dos primeiros esboços de anteprojetos de lei, pela terceira forma aludida, qual seja, aquela preconizada no Projeto de Lei 3.099-A de 2001 (Poder Executivo), que se transformou na atual Lei 10.259/2001, delineando--se um microssistema específico para os Juizados Especiais Federais, a ser regido por normas próprias, somando-se a aplicação subsidiária da Lei 9.099/95. Nesse sentido, deixou bem claro o legislador no dispositivo inaugural da nova Lei 'in verbis': 'São instituídos os Juizados Especiais Cíveis e Criminais da Justiça Federal, aos quais se aplica, no que não conflitar com esta Lei, o disposto na Lei 9.099, de 26 de setembro de 1995'".*[129]

O procedimento dos juizados especiais está consignado no art. 59 da Lei 9.099/95.

O procedimento dos juizados especiais deverá orientar-se pelos critérios da oralidade, simplicidade, informalidade, economia processual e celeridade, buscando, sempre que possível a conciliação ou a transação (art. 2º da Lei 9.099/95).

Na lição de Humberto Theodoro Júnior, esses princípios indicam a ideologia inspiradora do novo instituto processual, razão pela qual o aplicador do

---

[129] TOURINHO NETO, F. C.; FIGUEIRA JÚNIOR, J. D, idem, p. 68.

novo instrumento de pacificação social deve compreendê-los e guardar-lhes fidelidade para que esse instrumento possa cumprir sua função".[130]

Na visão de Alexandre Freitas Câmara, *"Sua generalidade os torna vetores hermenêuticos, o que significa dizer que toda interpretação do Estatuto dos Juizados Especiais Cíveis só será legítima se levar em conta tais princípios. Sendo assim, para que um desses princípios seja afastado em alguma situação é preciso que haja regra expressa excepcionando sua incidência, ou que haja algum conflito entre dois princípios, caso em que apenas um deles – o que proteger o interesse mais relevante no caso sub examine – poderá incidir".*[131]

A concepção ideológica dos juizados especiais é bem resumida por José Alexandre Manzano Oliani: *"No microssistema dos Juizados Especiais o juiz dirigirá o processo com liberdade para determinar as provas a serem produzidas, para apreciá--las e para dar especial valor às regras de experiência comum ou técnica. O juiz também tem 'liberdade' para adotar, em cada caso, a decisão que reputar mais justa e equânime, atendendo aos fins sociais da lei e às exigências do bem comum. Nesse contexto, o juiz, em certa medida, atua como um verdadeiro 'law maker'. Crê-se, todavia, que essa 'liberdade' outorgada pela lei ao juiz não o autoriza a decidir por equidade, à margem da lei. Essa liberdade na direção do processo liga-se às 'formas dos atos processuais' e não às decisões judiciais, que devem ser tomadas com base na lei. Não se ignora que a extensão e alcance dos poderes do juiz no âmbito dos Juizados Cíveis é objeto de interessantes investigações doutrinárias, cujo exame não cabe nos estreitos limites do presente ensaio. Aceita-se a idéia de que no microssistema dos Juizados Especiais Cíveis a forma dos atos processuais é livre, desde que sejam atingidos os respectivos objetivos e não haja prejuízo (Lei 9.099/95, art. 13), mas a decisão da causa deve ser tomada com base na lei".*[132]

Os dispositivos que tratam dos juizados especiais, na maioria das vezes, albergam princípios ou conceitos vagos, razão pela qual a interpretação e eventual colmatação das lacunas existentes na lei vêm sendo realizadas pela prática processual cotidiana, merecendo destaque os Enunciados editados pelo Fonaje – Fórum Nacional dos Juizados Especiais (aproximadamente 150

---

[130] THEODORO JÚNIOR, Humberto. *Curso de direito processual civil – procedimentos especiais.* Rio de Janeiro: Forense, 2010. p. 420.

[131] CÂMARA, Alexandre Freitas. *Juizados especiais cíveis estaduais, federais e da fazenda pública: uma abordagem crítica.* 6. Ed. – Rio de Janeiro: Lumen Juris, 2010.

[132] OLIANI, José Alexandre Manzano. Meio de impugnação às decisões dos juizados especiais cíveis estaduais. *In: Revista de Processo – REPRO,* ano 40, n. 242, abril/15. pág.252.

Enunciados) e a jurisprudência que está se formando no Superior Tribunal de Justiça e na Turma Nacional de Uniformização – TNU.[133]

Agora, além dos Enunciados editados pelo Fonaje e da jurisprudência do S.T.J., pode-se afirmar que as normas do novo C.P.C., naquilo que for aplicável e de acordo com a sistemática do microssistema dos juizados especiais, também serão aplicadas supletivamente, conforme previsão expressa no §2º do art. 1.046 do novo C.P.C., previsão essa que não havia no C.P.C. de 1973.

Conforme aduzem Fernando da Costa Tourinho Neto e Joel Dias Figueira Júnior, *"Não se pode perder de vista que, nada obstante o silêncio da Lei 10.259/2001, o Código de Processo Civil e o Código de Processo Penal são macrossistemas instrumentais e, nesta qualidade, independem de quaisquer referências legislativas expressas para encontrar ressonância e aplicabilidade...*

De outra parte, no que concerne à aplicação subsidiária do Código de Processo Civil, há de se observar que, assim como se verifica na Lei 7.244/1984, o legislador deixou de fazer também na Lei 9.099/95 e na Lei 10.259/2001 qualquer referência ao macrossistema como legislação supletiva das normas especiais, para os casos em que se verificasse alguma omissão. Todavia, essa constatação preliminar não serve para excluirmos, de antemão, a sua aplicação subsidiária, mormente aquelas regras estatuídas no Livro I, que fixam as linhas mestras do processo de conhecimento e que funcionam como espinha dorsal em matéria instrumental, como se fosse uma espécie de 'Parte Geral' para o sistema processual civil brasileiro, e, o Livro III, que trata do processo cautelar, relativo às providências assecurativas, de ampla aplicabilidade.

Dessa feita, há de se recepcionar a aplicabilidade das normas instrumentais delineadas no Código de Processo Civil em sede de Juizados Especiais Federais, sem perde de vista que elas só terão incidência em casos excepcionais, em hipóteses de omissão legislativa dos microssistemas e desde que se encontrem em perfeita consonância com orientadores dos Juizados Especiais (diga-se o mesmo a respeito dos Juizados Estaduais).

Tanto essa é a melhor exegese que a Lei 12.153, de 22 de dezembro de 2009, reguladora dos Juizados Especiais da Fazenda Pública, colocou pá de cal sobre essa questão ao dispor, 'in verbis': 'Art. 27. Aplica-se subsidiariamente o disposto nas Lei 5.869, de 11 de janeiro de 1973 – Código de Processo Civil, 9.099, de 26 de setembro de 1995, e 10.259 de 12 de julho de 2001'. Por certo, o legislador disso o óbvio, e, assim procedendo,

---

[133] OLIANI, J. A. M., idem, p. 252.

agiu bem, pois calou os mais descrentes e relutantes em aceitar a aplicação subsidiária do CPC aos microssistemas dos Juizados Especiais.

Porém, o intérprete e aplicador da norma haverá atentar para a ordem de incidência dessas normas subsidiárias que não é aquela apontada aleatoriamente pelo legislador ao redigir o referido dispositivo da Lei 12.153/2009.

Nessa toada, haverá o intérprete de visitar primeiramente a Lei 10.259/2001, porquanto fonte originária reguladora dos Juizados Especiais Federais; em sequência, encontrando omissão na Lei específica, haverá então de visitar a Lei 9.099/1995, fonte primária dos Juizados e, por isto, detentora de maior completude legislativa, nos planos processual e procedimental. Por último, passará o intérprete a buscar subsídios no Código de Processo Civil sem, contudo, perder de vista os princípios orientadores dos Juizados Especiais Cíveis, recepcionados no art. 2º da Lei 9.099/1995.

Em linhas gerais, aplicar-se-ão aos Juizados Especiais Federais as disposições contidas nas Leis 10.259/2001, 9.099/1995 e, por último, as regras contidas no CPC se e quando forem omissas as leis específicas. Para que dúvidas não pairem, ressalta-se que o Código de Processo Civil somente encontrará aplicação nas hipóteses de omissão legislativa dos microssistemas específicos e desde que a regra perseguida esteja em perfeita consonância com os princípios orientadores dos Juizados Especiais, o que não será de difícil verificação, pois as Leis 10.259/2001 e 9.099/95 abordam direta ou indiretamente inúmeros institutos de natureza instrumental e procedimental, tornando-se, muitas vezes, desnecessária a aplicação do macrossistema codificado CPC)".[134]

É certo que o interprete não haverá simplesmente de saltar para a aplicação do novo C.P.C. em relação ao procedimento dos juizados especiais *"sem antes proceder a uma visitação acurada a todos os termos da norma direta (Lei 9.099/95), em busca de solução para a hipótese em concreto de ordem processual ou procedimental"*.[135]

5.1.1. Estabilização ou ultratividade da tutela provisória antecipada antecedente nos juizados especiais.

O art. 304 do novo C.P.C. assim estabelece:

> Art. 304. A tutela antecipada, concedida nos termos do art. 303, torna-se estável se da decisão que a conceder não for interposto o respectivo recurso.

---
[134] TOURINHO NETO, F. C.; FIGUEIRA JÚNIOR, J. D, idem, pags. 69 e 70.
[135] TOURINHO NETO, F. C.; FIGUEIRA JÚNIOR, J. D., idem, p 82.

> § 1º No caso previsto no caput, o processo será extinto.
>
> § 2º Qualquer das partes poderá demandar a outra com o intuito de rever, reformar ou invalidar a tutela antecipada estabilizada nos termos do caput.
>
> § 3º A tutela antecipada conservará seus efeitos enquanto não revista, reformada ou invalidada por decisão de mérito proferida na ação de que trata o § 2º.
>
> § 4º Qualquer das partes poderá requerer o desarquivamento dos autos em que foi concedida a medida, para instruir a petição inicial da ação a que se refere o § 2º, prevento o juízo em que a tutela antecipada foi concedida.
>
> § 5º O direito de rever, reformar ou invalidar a tutela antecipada, previsto no § 2º deste artigo, extingue-se após 2 (dois) anos, contados da ciência da decisão que extinguiu o processo, nos termos do § 1o.
>
> § 6º A decisão que concede a tutela não fará coisa julgada, mas a estabilidade dos respectivos efeitos só será afastada por decisão que a revir, reformar ou invalidar, proferida em ação ajuizada por uma das partes, nos termos do § 2o deste artigo.

O art. 304 do novo C.P.C. trata do novel instituto jurídico processual denominado de *estabilização ou ultratividade* da tutela antecipada antecedente quando for ela concedida nos termos do art. 303 do novo estatuto processual e não for interposto o respectivo recurso contra sua concessão.

Assim, uma vez concedida a tutela provisória antecipada antecedente no âmbito do novo C.P.C., e não havendo a interposição do respectivo recurso por parte do réu, o juiz extinguirá o processo, sem resolução do mérito, tornando-se estável a decisão interlocutória concessiva da tutela provisória antecipada antecedente.

Indaga-se se haveria espaço para a estabilização ou ultratividade da tutela provisória antecipada antecedente no âmbito do procedimento dos juizados especiais.

Em tese, o recurso cabível contra a concessão da tutela provisória antecipada antecedente e, por consequência, contra a estabilização de seus efeitos no âmbito do processo regulado pelo novo C.P.C. é o recurso de agravo de instrumento, nos termos do art. 1.015, inc. I, do novo C.P.C., *in verbis*:

> Art. 1.015. Cabe agravo de instrumento contra as decisões interlocutórias que versarem sobre:
> I – tutelas provisórias.

Porém, entendo que eventual pedido de suspensão da execução da liminar nas ações contra o Poder Público ou seus agentes, nos termos do 4º da Lei n. 8.437/92, apresenta o mesmo efeito que a interposição do recurso de agravo de instrumento para os fins de se evitar a ultratividade ou estabilização da tutela antecipada antecedente, eventualmente concedida.

Questão que se coloca é se haverá espaço no procedimento dos juizados especiais cíveis para a estabilização ou ultratividade da tutela provisória antecipada antecedente concedida.

Em tese, não haveria espaço no procedimento dos juizados especiais para a aplicação do art. 304 do novo C.P.C., ou seja, para a incidência da *estabilização ou ultratividade* dos efeitos da tutela antecipada antecedente concedida, justamente pelo fato de que não há possibilidade de a parte interpor recurso respectivo contra a decisão interlocutória concedida, como ocorre no âmbito do procedimento civil comum, em que há previsão expressa do recurso de agravo de instrumento.

Nesse sentido é o teor do Enunciado 15 do FONAJE: *"Nos Juizados Especiais não é cabível o recurso de agravo, exceto nas hipóteses dos artigos 554 e 557 do CPC. (nova redação – XXI Encontro – Vitória/ES).*

Tendo em vista os princípios da celeridade e concentração que regem o procedimento dos juizados especiais, os quais determinam que sejam decidas todas as questões processuais na audiência ou na sentença, grande parte da doutrina não admite a interposição de recurso contra decisão interlocutória proferida no âmbito dos juizados especiais. Em razão disso, a questão poderá ser novamente levantada quando da interposição do recurso inominado a ser interposto contra a sentença do juízo de primeiro grau.

Nesse sentido é o pensamento doutrinário de Alexandre Freitas Câmara:

> *"Assim, por exemplo, se uma prova for indeferida, ou se determinada pergunta que a parte queira que se faça a uma testemunha for rejeitada pelo juízo, contra tais decisões interlocutórias não se poderá interpor qualquer recurso. Aplica-se, pois, em sede de Juizados Especiais Cíveis, a máxima estabelecida por Liebman para o processo civil comum italiano: os vícios do processo, uma vez proferida a sentença, transformam-se em razões de apelação. Significa isso dizer que, uma vez proferida a decisão interlocutória, contra ela não cabe recurso, mas, por outro lado, a matéria sobre a qual a mesma versa não fica coberta pela preclusão.*

Desse modo, uma vez proferida a sentença, será, possível, no recurso que contra ela venha a ser interposto, sejam suscitadas todas as matérias que tenham sido objeto das decisões interlocutórias proferidas ao longo do processo".[136]

Portanto, segundo essa visão doutrinária, os recursos cabíveis no âmbito dos juizados especiais seriam apenas o recurso de embargos de declaração (arts. 48 a 50 da Lei n. 9.099/95), o recurso inominado (art. 41 da Lei 9.099/95) e o Recurso Extraordinário contra acórdão proferido pela Turma Recursal ou Colégios Recursais dos Juizados Especiais Cíveis.

Estabelece a Súmula 640 do Supremo Tribunal Federal: *"É cabível recurso extraordinário contra decisão proferida por juiz de primeiro grau nas causas de alçada, ou por turma recursal de juizado especial cível ou criminal".*

Há também no âmbito do Juizado Especial Federal (Lei 10.259, de 2001) a possibilidade de pedido de uniformização perante Turma Regional de Uniformização, quando houver divergência entre Turmas Recursais da mesma Região.

Se ocorrer divergência entre decisões de turmas de diferentes regiões ou da proferida em contrariedade a súmula ou jurisprudência dominante do S.T.J., o julgamento dar-se-á pela Turma Nacional de Uniformização (T.N.U.), integrada por juízes de Turmas Recursais, sob a presidência do Coordenador-Geral da Justiça Federal.

É possível, também, a interposição de Reclamação perante o S.T.J. em relação a acórdão de Turma dos Juizados Especiais estaduais, conforme os seguintes precedentes:

> *PROCESSUAL CIVIL. RECLAMAÇÃO. HIPÓTESE DE CABIMENTO. PRESERVAÇÃO DA COMPETÊNCIA DO STJ E GARANTIA DA AUTORIDADE DE SUAS DECISÕES. JUIZADO ESPECIAL. RESOLUÇÃO STJ Nº 12/2009. RECLAMAÇÃO QUE NÃO SE ENQUADRA EM NENHUMA DAS HIPÓTESES ELENCADAS.*
> *1. Conforme dispõem os arts. 105, f, da Constituição Federal e 187 do RISTJ, compete ao Superior Tribunal de Justiça processar e julgar, originariamente,*

---

[136] CÂMARA, A.F., op. Cit. P. 13 e 14.

a reclamação para a preservação de sua competência e garantia da autoridade de suas decisões.

2. É possível também o ajuizamento de reclamação perante esta Corte com a finalidade de adequar as decisões proferidas pelas turmas recursais dos juizados especiais estaduais à súmula ou jurisprudência dominante do STJ, de modo a evitar a manutenção daquelas conflitantes a respeito da interpretação da legislação infraconstitucional no âmbito do Judiciário (Resolução STJ nº 12, de 14 de dezembro de 2009).

3. Na hipótese, a reclamante requer a nulidade de todos os julgamentos proferidos por juíza que, segundo alega, mandou apagar do sistema do Tribunal decisão colegiada que foi publicada, bem como a procedência do mandado de segurança que impetrou contra a mesma juíza, o que não se enquadra em nenhuma das hipóteses de cabimento de reclamação, elencadas acima.

4. Agravo regimental não provido.

(AgRg na Rcl 25.606/RJ, Rel. Ministro MOURA RIBEIRO, SEGUNDA SEÇÃO, julgado em 11/11/2015, DJe 16/11/2015).

PROCESSUAL CIVIL. RECLAMAÇÃO CONTRA ACÓRDÃO PROFERIDO PELA TURMA RECURSAL DA FAZENDA PÚBLICA DO ESTADO DE RONDÔNIA, QUE NÃO CONHECEU DO PEDIDO DE UNIFORMIZAÇÃO DE INTERPRETAÇÃO DE LEI, FORMULADO COM FUNDAMENTO NO ART. 18, § 3º, DA LEI 12.153/2009, MANIFESTADO PERANTE O PRESIDENTE DA ALUDIDA TURMA RECURSAL E COM EXPRESSO REQUERIMENTO DE SEU ENCAMINHAMENTO AO STJ. PEDIDO DE UNIFORMIZAÇÃO EM QUE O ESTADO DE RONDÔNIA ALEGOU DIVERGÊNCIA ENTRE ACÓRDÃO DA TURMA RECURSAL DO JUIZADO ESPECIAL DA FAZENDA PÚBLICA DO ESTADO DE RONDÔNIA E DECISÕES DE TURMAS RECURSAIS DE JUIZADOS ESPECIAIS DA FAZENDA PÚBLICA DO ESTADO DO RIO GRANDE DO SUL E DO DISTRITO FEDERAL. DECISÃO RECLAMADA QUE USURPOU A COMPETÊNCIA CONFERIDA, AO STJ, PELO ART. 18, § 3º, DA LEI 12.153/2009. PRETENSÃO DE SOBRESTAMENTO, ATRAVÉS DESTA RECLAMAÇÃO CONSTITUCIONAL, DE OUTROS PROCESSOS EM CURSO, PERANTE A TURMA RECURSAL RECLAMADA.

IMPOSSIBILIDADE. RECLAMAÇÃO PARCIALMENTE PROCEDENTE.
I. Nos termos do art. 105, I, f, da CF/88 c/c art. 187 do RISTJ, cabe Reclamação da parte interessada ou do Ministério Público, para preservar a competência do Superior Tribunal de Justiça ou para garantir a autoridade das suas decisões.
II. A Lei 12.153/2009, em seus arts. 18 e 19, enumera, de modo taxativo, as restritas hipóteses em que cabível impugnação contra acórdão de Turma Recursal do Juizado Especial da Fazenda Pública: prevê o Pedido de Uniformização de Interpretação de Lei, quando Turmas de Juizados Especiais da Fazenda Pública de diferentes Estados derem, à lei federal, interpretações divergentes ou quando a decisão proferida contrariar súmula do Superior Tribunal de Justiça, ou quando Turma de Uniformização do mesmo Estado proferir decisão em contrariedade a súmula do STJ (art. 18, § 3º, e art. 19 da Lei 12.153/2009).
III. A aludida Lei 12.153/2009, ao criar os Juizados Especiais da Fazenda Pública, determinou, expressamente, em seu art. 18, § 3º, que, "quando as Turmas de diferentes Estados derem a lei federal interpretações divergentes, ou quando a decisão proferida estiver em contrariedade com súmula do Superior Tribunal de Justiça, o pedido será por este julgado".
IV. Conquanto tenha sido denominado de "Pedido de Uniformização de Jurisprudência", extrai-se dos autos que o pedido foi formulado com fundamento no art. 18, § 3º, da Lei 12.153/2009 – que prevê a competência do STJ para julgar o incidente, quando Turmas Recursais de diferentes Estados (no caso, Rondônia, Rio Grande do Sul e Distrito Federal) derem, à lei federal, interpretações divergentes – e apresentado perante o Presidente da Turma Recursal do Juizado Especial da Fazenda Pública do Estado de Rondônia, constando expresso requerimento de seu encaminhamento ao STJ.
V. No caso em apreço, a presente Reclamação é a via adequada para preservar a competência do Superior Tribunal de Justiça, pois o Estado de Rondônia ajuizou Pedido de Uniformização de Interpretação de Lei, com fundamento no art. 18, § 3º, da Lei 12.153/2009, dirigido a este Tribunal, pleito que não restou conhecido, por decisão monocrática do Juiz Relator, posteriormente confirmada, em sede de Agravo Regimental, pela Turma Recursal do Juizado Especial da Fazenda Pública do Estado de Rondônia. Ocorre que o Estado reclamante, em seu Pedido de Uniformização de Interpretação de Lei, demonstrou que o acórdão, proferido pela Turma Recursal do Juizado Especial da Fazenda Pública do

Estado de Rondônia, ao decidir pela não incidência de Imposto de Renda sobre o terço constitucional de férias gozadas, divergiu de precedentes das Turmas Recursais de Juizados Especiais da Fazenda Pública do Estado do Rio Grande do Sul e do Distrito Federal, que, em sentido contrário, afirmam que o adicional constitucional de férias gozadas sujeita-se à incidência do Imposto de Renda.

VI. Portanto, ao decidir pelo não conhecimento do Pedido de Uniformização de Interpretação de Lei – apresentado perante o Presidente da Turma Recursal do Juizado Especial da Fazenda Pública do Estado de Rondônia, com expresso requerimento de seu encaminhamento ao STJ -, a aludida Turma Recursal impediu a análise, pelo Superior Tribunal de Justiça, de demanda de sua competência, tal como previsto no art. 18, § 3º, da Lei 12.153/2009, usurpando a sua competência, razão pela qual a presente Reclamação deve ser julgada parcialmente procedente. Precedentes da Primeira Seção do STJ, em casos análogos: Rcl 14.176/DF, Rel. Ministro BENEDITO GONÇALVES, DJe de 20/05/2014; Rcl 13.592/DF, Rel. Ministro BENEDITO GONÇALVES, DJe de 29/10/2013; Rcl 12.381/DF, Rel. Ministro HERMAN BENJAMIN, DJe de 18/09/2013; Rcl 12.810/DF, Rel. Ministro ARI PARGENDLER, DJe de 14/10/2013; Rcl 12.382/DF, Rel. Ministra ASSUSETE MAGALHÃES, DJe de 21/08/2014.

VII. Entretanto, o deferimento desta Reclamação não pode ter seus efeitos estendidos a outros processos em curso, perante o Juizado Especial da Fazenda Pública do Estado de Rondônia – como se pretende -, por absoluta falta de fundamento para tanto, tendo em vista que a Reclamação, nos moldes do art. 105, I, f, da CF/88, não se confunde com o Pedido de Uniformização, previsto no art. 18, § 3º, da Lei 12.153/2009.

VIII. Reclamação julgada procedente, em parte, tão somente para determinar a subida dos autos principais, a fim de que seja julgado, pelo STJ, o Pedido de Uniformização de Interpretação de Lei, de que trata o art. 18, § 3º, da Lei 12.153/2009.

(Rcl 25.927/RO, Rel. Ministra ASSUSETE MAGALHÃES, PRIMEIRA SEÇÃO, julgado em 28/10/2015, DJe 16/11/2015).

PROCESSUAL CIVIL. PEDIDO DE RECONSIDERAÇÃO RECEBIDO COMO AGRAVO REGIMENTAL, EM RAZÃO DO PRINCÍPIO DA FUNGIBILIDADE RECURSAL. RECLAMAÇÃO COM AMPARO NA RESOLUÇÃO STJ 12/2009. ACÓRDÃO IMPUGNADO PROFERIDO POR TURMA RECURSAL DO JUIZADO ESPECIAL DA FAZENDA

PÚBLICA. DESCABIMENTO. LEI 12.153/2009. REGIME PRÓPRIO DE SOLUÇÃO DE DIVERGÊNCIA. ARTS. 18 E 19 DA LEI 12.153/2009. TURMA DE UNIFORMIZAÇÃO ESTADUAL AINDA NÃO INSTALADA. DESCABIMENTO DA RECLAMAÇÃO PREVISTA NA RESOLUÇÃO STJ 12/2009. SUCEDÂNEO RECURSAL. IMPOSSIBILIDADE. PRINCÍPIO DA FUNGIBILIDADE. INAPLICABILIDADE.
PRECEDENTES DO STJ. CLÁUSULA DE RESERVA DE PLENÁRIO. NÃO VIOLAÇÃO. AGRAVO REGIMENTAL IMPROVIDO.

I. Trata-se de pedido de reconsideração de decisão monocrática que, liminarmente, extinguiu a Reclamação, aviada contra acórdão proferido por Turma Recursal do Juizado Especial da Fazenda Pública Estadual, previsto na Lei 12.153/2009.

II. Tendo em vista o escopo de reforma do julgado, aplica-se o princípio da fungibilidade recursal, para conhecer da manifestação da parte como Agravo Regimental. Precedentes.

III. A Reclamação é ação de natureza constitucional, que assegura a preservação da competência desta Corte ou a garantia da autoridade de suas decisões, conforme dispõem o art. 105, I, f, da Constituição Federal e o art. 187 do RISTJ. Relativamente aos Juizados Especiais Estaduais (Lei 9.099/95), o Supremo Tribunal Federal decidiu que, enquanto não criado, por lei federal, um Órgão uniformizador da jurisprudência oriunda dos Juizados Especiais Estaduais, o Superior Tribunal de Justiça ficará encarregado da resolução das controvérsias, devendo sua jurisdição ser provocada por meio de Reclamação (STF, EDcl no RE 571.572/BA, Rel. Ministra ELLEN GRACIE, TRIBUNAL PLENO, DJe de 27/11/2009). Nesse contexto, o STJ, pela Resolução 12, de 14/12/2009, prevê a admissibilidade da Reclamação, para "dirimir divergência entre acórdão prolatado por turma recursal estadual e a jurisprudência do Superior Tribunal de Justiça, suas súmulas ou orientações decorrentes do julgamento do art. 543-C do Código de Processo Civil".

IV. A Lei 12.153/2009, em seus arts. 18 e 19, enumera, de modo taxativo, as restritas hipóteses em que cabível impugnação contra acórdão de Turma Recursal do Juizado Especial da Fazenda Pública: prevê o Pedido de Uniformização de Interpretação de Lei, quando Turmas de Juizados Especiais da Fazenda Pública de diferentes Estados derem, à lei federal, interpretações divergentes ou quando a decisão proferida contrariar súmula do Superior Tribunal de Justiça, ou quando Turma de Uniformização do mesmo Estado proferir decisão em contrariedade a súmula do STJ (art. 18, § 3º, e art. 19 da Lei 12.153/2009).

V. "A Primeira Seção desta Corte firmou entendimento no sentido de que a reclamação disciplinada pela Resolução 12/2009-STJ não é o meio processual adequado de insurgência contra decisão proferida em Juizado Especial da Fazenda Pública, tendo em vista que o art. 18 da Lei n. 12.153/2009 previu o cabimento de pedido de uniformização de interpretação de lei, em relação às questões de direito material" (STJ, EDcl na Rcl 12.198/SP, Rel. Ministro HUMBERTO MARTINS, PRIMEIRA SEÇÃO, DJe de 02/08/2013).

VI. Na forma da jurisprudência da 1ª Seção do STJ, "desnecessária a aplicação do art. 97 da CF/1988, pois a prevalência do dispositivo legal sobre a Resolução STJ 12/2009 não decorreu de juízo quanto à sua constitucionalidade ou não" (STJ, RCD na Rcl 10.581/SP, Rel.

Ministro HERMAN BENJAMIN, PRIMEIRA SEÇÃO, DJe de 24/09/2013).

VII. Não é aplicável, ao caso, o entendimento firmado no julgamento da Rcl 7.752/SP (STJ, Rel. Ministro HUMBERTO MARTINS, PRIMEIRA SEÇÃO, DJe de 30/05/2012), porquanto a presente Reclamação não se funda na divergência entre decisões proferidas por Turmas Recursais do mesmo Estado, motivo pelo qual eventual não implantação, de modo efetivo, da Turma de Uniformização do Juizado Especial da Fazenda Pública no Estado de São Paulo, tal como previsto no art. 18, § 3º, da Lei 12.153/2009, não implica autorização para o ajuizamento de reclamação baseada em hipótese não prevista na aludida Lei 12.153/2009. Precedente: STJ, RCDESP na Rcl 9.646/SP, Rel. Ministro MAURO CAMPBELL MARQUES, PRIMEIRA SEÇÃO, DJe de 02/10/2012.

VIII. Considerando-se que o acórdão impugnado pelo ora agravante é oriundo de Juizado Especial da Fazenda Pública, mostra-se incabível a Reclamação, prevista na Resolução STJ 12/2009, não havendo falar na possibilidade de recebê-la como sucedâneo recursal, tampouco como Incidente de Uniformização de Interpretação de Lei, porquanto caracterizado erro grosseiro, consoante precedentes do STJ (RCD na Rcl 15.161/SP, Rel. Ministro ARNALDO ESTEVES LIMA, PRIMEIRA SEÇÃO, DJe de 18/12/2013; RCD na Rcl 9.646/SP, Rel. Ministro MAURO CAMPBELL MARQUES, PRIMEIRA SEÇÃO, DJe de 02/10/2012).

IX. Pedido de reconsideração recebido como Agravo Regimental, ao qual se nega provimento.
(RCD na Rcl 12.418/SP, Rel. Ministra ASSUSETE MAGALHÃES, PRIMEIRA SEÇÃO, julgado em 12/08/2015, DJe 03/09/2015)

Porém, em relação à Reclamação ao S.T.J. de acórdão de Turma Recursal Federal, eis o seguinte precedente:

RECLAMAÇÃO. JUIZADOS ESPECIAIS FEDERAIS.
A reclamação para o Superior Tribunal de Justiça é destinada à "preservação de sua competência e garantia da autoridade de suas decisões" (CF, art. 105, I, f) e a dirimir divergência entre acórdão prolatado por turma recursal estadual e a jurisprudência deste Tribunal consolidada em súmula ou em julgamento de recurso repetitivo (Resolução nº 12, de 2009, art. 1º – STJ); não serve para impugnar julgado de Turma Recursal Federal que alegadamente discrepe da jurisprudência do Superior Tribunal de Justiça, porquanto há meio próprio para esse efeito (art. 14 da Lei nº 10.259, de 2001).
Agravo regimental desprovido.
(AgRg na Rcl 14.100/RS, Rel. Ministro ARI PARGENDLER, PRIMEIRA SEÇÃO, julgado em 11/06/2014, DJe 17/06/2014)

A uniformização de jurisprudência no âmbito dos Juizados Especiais Federais é regulada pelo art. 14 da Lei 10.259 de 12 de julho de 2001, a saber:

Art. 14. Caberá pedido de uniformização de interpretação de lei federal quando houver divergência entre decisões sobre questões de direito material proferidas por Turmas Recursais na interpretação da lei.
§ 1º O pedido fundado em divergência entre Turmas da mesma Região será julgado em reunião conjunta das Turmas em conflito, sob a presidência do Juiz Coordenador.
§ 2º O pedido fundado em divergência entre decisões de turmas de diferentes regiões ou da proferida em contrariedade a súmula ou jurisprudência dominante do STJ será julgado por Turma de Uniformização, integrada por juízes de Turmas Recursais, sob a presidência do Coordenador da Justiça Federal.
§ 3º A reunião de juízes domiciliados em cidades diversas será feita pela via eletrônica.

§ 4º Quando a orientação acolhida pela Turma de Uniformização, em questões de direito material, contrariar súmula ou jurisprudência dominante no Superior Tribunal de Justiça -STJ, a parte interessada poderá provocar a manifestação deste, que dirimirá a divergência.

§ 5º No caso do § 4o, presente a plausibilidade do direito invocado e havendo fundado receio de dano de difícil reparação, poderá o relator conceder, de ofício ou a requerimento do interessado, medida liminar determinando a suspensão dos processos nos quais a controvérsia esteja estabelecida.

§ 6º Eventuais pedidos de uniformização idênticos, recebidos subseqüentemente em quaisquer Turmas Recursais, ficarão retidos nos autos, aguardando-se pronunciamento do Superior Tribunal de Justiça.

§ 7º Se necessário, o relator pedirá informações ao Presidente da Turma Recursal ou Coordenador da Turma de Uniformização e ouvirá o Ministério Público, no prazo de cinco dias. Eventuais interessados, ainda que não sejam partes no processo, poderão se manifestar, no prazo de trinta dias.

§ 8º Decorridos os prazos referidos no § 7o, o relator incluirá o pedido em pauta na Seção, com preferência sobre todos os demais feitos, ressalvados os processos com réus presos, os habeas corpus e os mandados de segurança.

§ 9º Publicado o acórdão respectivo, os pedidos retidos referidos no § 6o serão apreciados pelas Turmas Recursais, que poderão exercer juízo de retratação ou declará-los prejudicados, se veicularem tese não acolhida pelo Superior Tribunal de Justiça.

§ 10. Os Tribunais Regionais, o Superior Tribunal de Justiça e o Supremo Tribunal Federal, no âmbito de suas competências, expedirão normas regulamentando a composição dos órgãos e os procedimentos a serem adotados para o processamento e o julgamento do pedido de uniformização e do recurso extraordinário.

Há previsão expressa de concessão de tutela cautelar e antecipatória no art. 3º da Lei n. 12.153/09, que dispõe sobre os Juizados Especiais da Fazenda Pública no âmbito dos Estados, do Distrito Federal, dos Territórios e dos Municípios, *in verbis: O juiz poderá, de ofício ou a requerimento das partes, deferir quaisquer providências cautelares e antecipatórias no curso do processo, para evitar dano de difícil ou de incerta reparação.*

A previsão de concessão de tutela cautelar, de ofício ou mediante requerimento da parte, também se encontra no art. 4º da Lei n. 10.259, de 12 de julho de 2001, *in verbis: "o juiz poderá, de ofício ou a requerimento das partes, deferir medidas cautelares ou curso do processo, para evitar dano de difícil reparação".*

Evidentemente que no conteúdo normativo previsto no art. 4º da Lei 10.259, de 12 de julho de 2001, mediante interpretação extensiva, encontra-se também a possibilidade de se conceder, mediante requerimento da parte, tutela provisória antecipada antecedente.

Nesse sentido é o teor do Enunciado n. 26 do FONAJE: *São cabíveis a tutela acautelatória e antecipatória nos Juizados Especiais Cíveis (nova redação XXIV Encontro – Florianópolis/SC).*

É importante salientar que o art. 5º da Lei 10.259/01 assim preconiza: *Exceto nos casos do art. 4o, somente será admitido recurso de sentença definitiva.* No mesmo sentido é o disposto no art. 4º da Lei 12.153/09: *Exceto nos casos do art. 3º, somente será admitido recurso contra a sentença.*

A melhor e mais consentânea interpretação a ser dada ao referido art. 5º da Lei 10.259/01 e ao art. 4º da Lei 12.153/09 é que nos juizados especiais somente será admitido recurso contra sentença definitiva e não em relação às decisões interlocutórias, salvo nas hipóteses do art. 5º e 4º dos respectivos preceitos normativos, ou seja, salvo quando concedida tutela provisória de urgência antecipada ou cautelar, momento em que será permitida a interposição de recurso, no caso, de recurso de agravo de instrumento com base na aplicação supletiva do novo C.P.C.

Nesse sentido é a lição de Fernando da Costa Tourinho Filho e Joel Dias Figueira Júnior: *"Por esses motivos, verificando-se a prolação de decisão interlocutória de mérito (liminares concessivas ou denegatórias de natureza cautelar ou antecipatória) excluídas, portanto, as interlocutórias de cunho meramente processual, há de se admitir, em caráter excepcional, o recurso de 'agravo por instrumento'. Aliás, nesses casos idênticos, isto é, aqueles que envolvem tutelas de urgência, a Lei dos Juizados Especiais Federais admite textualmente a interposição de recurso das decisões interlocutórias de mérito (art. 4º c/c art. 5º da Lei 10.259/2001). Ora, como a Lei 10.259/2001 é omissa a respeito da espécie de recurso e aplicação subsidiária do Código de Processo Civil, é inegável que estamos diante do agravo por instrumento, tendo-se em conta que o agravo na modalidade retida, é desprovido de pressuposto de admissibilidade por falta de interesse".*[137]

---

[137] TOURINHO NETO, Fernando da Costa; FIGUEIRA JÚNIOR, Joel Dias, op. Cit., p. 91.

Muito embora a Lei 9.099/95 não tenha tratado de recurso ou impugnação de decisões interlocutórias, essa previsão surgiu no ordenamento jurídico com a vigência do art. 5º da Lei 10.259/01, ou seja, com a Lei dos Juizados Especiais Federais e com a Lei dos Juizados Especiais da Fazenda Pública, prevendo-se o recurso de agravo de instrumento contra decisões interlocutórias concessiva de antecipação de tutela ou medida cautelar.

Abre-se, assim, *"exceção ao postulado da irrecorribilidade das decisões interlocutórias, inerente ao princípio da oralidade"*.[138]

Nesse sentido, aliás, é o Enunciado n. 60, do CSSJE (Conselho Supervisor do Sistema dos Juizados Especiais: *"no sistema dos Juizados especiais cabe agravo de instrumento somente contra decisão suscetível de causar à parte lesão grave e de difícil reparação, bem como nos casos de inadmissão do recurso inominado"*.

Conforme anota José Alexandre Manzano Oliani: *"A orientação paulista é a mais adequada, uma vez que ao outorgar à parte prejudicada por decisão interlocutória, uma via processual para buscar a reforma ou a cassação da decisão, alinha-se ao princípio processual constitucional do duplo grau de jurisdição. Como o cabimento do agravo de instrumento não está disciplinado pela Lei dos Juizados Especiais, aplicam-se as normas do Código de Processo Civil acerca do prazo e demais formalidades do agravo de instrumento"*.[139]

Nesse sentido é a seguinte decisão do Tribunal de Justiça de São Paulo:

> *Juizado Especial Cível: agravo de instrumento – Admissibilidade excepcional: Enunciado Cível 2, CRSP. Antecipação de tutela – Reexame: requisitos (Enunciado Cível 7, CRSP). Inscrição em cadastro de inadimplentes: débito desconhecido do devedor – Agravo do credor que nada acrescenta quanto à origem do compromisso: manutenção da liminar. Empréstimo: encargos abusivos – Contracautela: caução, real ou fidejussória (art. 826, CPC), do valor da obrigação principal, acrescida de correção monetária e juros de 12% ao ano, encargos que o devedor admite incidir na espécie. Recurso parcialmente provido. A Turma Julgadora, de acordo e nos termos do voto do Sr Relator, conheceu e deu provimento parcial ao recurso. Votação unânime.*

---

[138] CAMARA, A. F., op. Cit.., p. 241.
[139] OLIANI, J. A. M., op. Cit., p. 254.

(TJ-SP – AG: 8407 SP , Relator: Claudio Lima Bueno de Camargo, Data de Julgamento: 20/01/2009, 1ª Turma Criminal, Data de Publicação: 25/02/2009).

Adotando a mesma posição é o Enunciado n. 02 do I Encontro do Primeiro Colégio Recursal dos Juizados Especiais Cíveis da Capital do Estado de São Paulo: *"É admissível, no caso de lesão grave e difícil reparação, o recurso de agravo de instrumento no juizado especial cível",* tendo sido aprovado por votação unânime.

Segundo Marciel Erick Silva Vitalino, um questionamento interessante surge em face de qual seria o motivo pelo qual as Lei 10.259/01 e 12.153/09, que respectivamente dispõem sobre juizado especial federal e juizado especial da fazenda pública, prevêem a possibilidade de as partes recorrerem das decisões interlocutórias e não haver tal previsão na Lei 9.099/95. Responde o referido autor: *Seria isso devido às pessoas que figuram como rés nas referidas leis, União, Estados e Municípios, ou do amadurecimento no trato da matéria e da verificação prática que em determinadas hipóteses a impossibilidade de impugnação poderia gerar dano irreparável ou de difícil reparação? É possível sustentar que só os entes públicos precisam de meios de defesa contra a utilização errônea da técnica da tutela antecipada? O recurso de agravo de instrumento deve ser conhecido quando houver risco de lesão irreparável ou de difícil reparação, aplicando subsidiariamente o Código de Processo Civil, pois, muitas vezes o Juiz do Juizado Especial é obrigado a conceder ou negar medidas cautelares a antecipações de tutela tão logo recebe o pedido inicial ou mesmo no curso do processo, já que a lei especial não o proíbe e a medida pode mostrar-se imprescindível para garantir a eficácia da sentença ou evitar prejuízos irreparáveis ou de difícil reparação.* Em relação ao cabimento do Agravo de Instrumento contra decisões interlocutórias proferidas nos Juizados Especiais Cíveis, o doutrinador Humberto Theodoro Junior (2010, p. 437) já sedimentou o seu entendimento, nos seguintes termos *"A propósito das decisões interlocutórias, a Lei n. 9.099/1995 silenciou. Isto não quer dizer que o agravo seja de todo incompatível com o Juizado Especial Civil. Em princípio, devendo o procedimento concentrar-se numa só audiência, todos os incidentes nela verificados e decididos poderiam ser revistos no recurso inominado ao final interposto. Mas nem sempre isso se dará de maneira tão singela. Questões preliminares poderão ser dirimidas antes da audiência ou no intervalo entre a de conciliação e de instrução e julgamento. Havendo risco de configurar-se a preclusão em prejuízo de uma das partes, caberá o recurso de agravo, por invocação supletiva do Código de Processo Civil".* Nesse sentido:

As decisões interlocutórias proferidas nos processos dos Juizados Especiais não precluem e podem ser objeto de questionamento no Recurso Inominado. O Agravo de Instrumento somente deve ter seguimento caso esteja evidenciado que a decisão atacada pode causar dano irreparável ou de difícil reparação. Negativa de seguimento do recurso de agravo pelo relator. Aplicação subsidiária do art. 557 do CPC (Recurso de Agravo n. 10.616, 1º Colégio Recursal de São Paulo, rel. Juiz Ricardo Chimenti)...Em síntese, as decisões interlocutórias proferidas nos processos dos Juizados Especiais não precluem e podem ser objeto de questionamento no Recurso Inominado. E o agravo de Instrumento somente deve ter seguimento caso esteja evidenciado que a decisão atacada pode causar dano irreparável ou de difícil reparação.[140]

Portanto, admitindo-se a possibilidade do recurso de agravo de instrumento contra decisão concessiva de tutela provisória antecipada antecedente outorgada nos juizados especiais, é de se sustentar a aplicação do preceito normativo previsto nos arts. 303 e 304 do novo C.P.C., ou seja:

a) Posssibilidade, nos juizados especiais, de requerimento isolado de pedido de antecipação de tutela antecedente;
b) concedida a tutela antecipada, o autor deverá aditar a petição inicial, com a complementação de sua argumentação, a juntada de novos documentos e a conformação do pedido de tutela final, em 15 (quinze) dias ou em outro prazo maior que o juiz fixar;
c) não realizado o aditamento, o processo será extinto sem resolução de mérito;
d) o aditamento dar-se-á nos mesmos autos;
e) na petição inicial referida no art. 303 do novo C.P.C., o autor terá de indicar o valor da causa, que deve levar em consideração o pedido de tutela final;
f) o autor indicará na petição inicial, ainda, que pretende valer-se do benefício previsto no 'caput' do artigo 303 do novo C.P.C.;
g) caso entenda que não há elementos para a concessão de tutela antecipada, o órgão jurisdicional determinará a emenda da petição inicial

---

[140] VITALINO, Marciel Eric Silva. *Recorribilidade das decisões interlocutórias no juizado especial civil.* http://ambito-juridico.com.br/site/?n_link=revista_artigos_leitura&artigo_id=14055

em até 5 (cinco) dias, sob pena de ser indeferida e de o processo ser extinto sem resolução de mérito.
h) a tutela antecipada, concedida nos termos do art. 303 do novo C.P.C., torna-se estável se da decisão que a conceder não for interposto o respectivo recurso.
i) não interposto o respectivo recurso, no caso, em regra, o agravo de instrumento, o processo será extinto sem resolução de mérito;
j) qualquer das partes poderá demandar a outra com o intuito de rever, reformar ou invalidar a tutela antecipada estabilizada nos termos do art. 304 do novo C.P.C.;
k) a tutela antecipada conservará seus efeitos enquanto não revista, reformada ou invalidada por decisão de mérito proferida na ação de que trata o §2º do art. 304 do novo C.P.C.;
l) qualquer das partes poderá requerer o desarquivamento dos autos em que foi concedida a medida, para instruir a petição inicial da ação a que se refere o §2º do art. 304 do novo C.P.C., prevento o juízo em que a tutela antecipada foi concedida;
m) O direito de rever, reformar ou invalidar a tutela antecipada, previsto no §2º do art. 304 do novo C.P.C., extingue-se após 2 (dois) anos, contados da ciência da decisão que extinguiu o processo, nos termos do §1º do art. 304 do novo C.P.C.;
n) As decisões que concede a tutela não farão coisa julgada, mas a estabilidade dos respectivos efeitos só será afastada por decisão que a revir, reformar ou invalidar, proferida em ação ajuizada por uma das partes, nos termos do §2º do art. 304 do novo C.P.C.

Não há dúvida de que se prevalecer o entendimento de que não se aplicam os artigos 303 e 304 aos juizados especiais, haverá grande retrocesso na aplicação dos próprios princípios norteadores dessa espécie específica de procedimento.

Os arts. 303 e 304 estão intimamente ligados com os princípios da informalidade, da economia processual e da rápida solução de litígios, especialmente ao implantarem no nosso sistema jurídico o instituto da ultratividade ou estabilização da tutela provisória antecipada antecedente.

Seria lastimável se a ultratividade dos efeitos da tutela antecipada antecedente não pudesse ser aplicada no âmbito dos juizados especiais.

Conforme anotam Fernando da Costa Tourinho Filho e Joel Dias Figueira Júnior:

> *"Princípio da informalidade. Informalidade: desapego às formas processuais rígidas, burocráticas. Procurarão o juiz, os conciliadores e os servidores do Juizado evitar ao máximo o formalismo, a exigência desproporcional no cumprimento das normas processuais e cartorárias; o cerimonial que inibe e atormenta as partes; mas isso não quer dizer que o tratamento seja íntimo, é preciso que seja um pouco cerimonioso...*
> *Princípio da economia processual. A diminuição de fases e atos processuais leva à rapidez, economia de tempo, logo, economia de custos. O objetivo é obter-se o 'máximo resultado com o mínimo emprego possível de atividade processuais (Moacyr Amaral Santos)...".* [141]

5.1.2. – Autocomposição – aplicação suplementar do novo C.P.C.

Aduz-se que os juizados especiais são uma forma alternativa de resolução de controvérsias, figurando como um novo cenário de prestação de tutela jurisdicional estatal, trazendo em seu bojo novas formas e técnicas.[142]

A autocomposição, nas diversas modalidades por ela abrangidas (transação, renúncia ao direito, reconhecimento do pedido), sempre visando à conciliação, possibilita não apenas a resolução amigável da lide, por meio de uma sentença de resolução de mérito (art. 22, p.u. da Lei 9.099/95 c/c o art. 1º da Lei 10.259/91), como não raras vezes a própria solução dos conflitos sociológicos de interesses intersubjetivos, pacificando, de fato e de direito, os contendores.[143]

Dentre essas novas técnicas de resolução de conflitos apresentadas no procedimento dos juizados especiais há a efetiva participação de juízes leigos, conciliadores, inovando na prestação da tutela jurisdicional, dando-se ênfase

---

[141] TOURINHO NETO, Fernando da Costa; FIGUEIRA JÚNIOR. Joel Dias. *Juizados especiais federais cíveis e criminais – comentários à lei 10.259, de 12.07.2001.* 3ª Ed. São Paulo: Editora : R.T., 2010. p. 61 a 63.
[142] TOURINHO NETO, F. C.; FIGUEIRA JÚNIOR, J. D., idem, p. 77.
[143] TOURINHO NETO, F.C.; FIGUEIRA JÚNIOR, J.D., idem, p. 78.

àquilo que Cappelletti denominava de *justiça participativa*.[144] Os juízes leigos poderão inclusive ser indicados como árbitros, casos as partes optem pelo juízo arbitral.

O juizado especial apresenta forma de resolução de conflitos mediante técnicas *não adversariais*, sendo uma das primeiras fases do procedimento a busca incessante de composição do conflito.

Sem dúvida, *"a composição amigável é a melhor forma de solucionar conflitos jurídicos e sociológicos, na medida em que a sentença de mérito de procedência ou improcedência do pedido põe termo apenas à lide no plano do Direito e nem sempre, ou não necessariamente, extingue o litígio dos contendores na órbita social. A sentença, por intermédio do comando específico a ela agregado e seus efeitos respectivos, gerador da 'coisa julgada' material, produz para os litigantes segurança e estabilidade jurídica a respeito da questão"*.[145]

Esse critério há muito experimentado pelos juizados especiais contaminou a proposta legislativa do novo C.P.C.

O novo C.P.C. igualmente passou a adotar essa técnica de *justiça participativa* ou *não adversarial* logo no início do procedimento comum, conforme se pode observar pelo disposto no art. 334 do novo C.P.C., a saber:

> *Art. 334. Se a petição inicial preencher os requisitos essenciais e não for o caso de improcedência liminar do pedido, o juiz designará audiência de conciliação ou de mediação com antecedência mínima de 30 (trinta) dias, devendo ser citado o réu com pelo menos 20 (vinte) dias de antecedência.*
>
> *§ 1º O conciliador ou mediador, onde houver, atuará necessariamente na audiência de conciliação ou de mediação, observando o disposto neste Código, bem como as disposições da lei de organização judiciária.*
>
> *§ 2º Poderá haver mais de uma sessão destinada à conciliação e à mediação, não podendo exceder a 2 (dois) meses da data de realização da primeira sessão, desde que necessárias à composição das partes.*
>
> *§ 3º A intimação do autor para a audiência será feita na pessoa de seu advogado.*
>
> *§ 4º A audiência não será realizada:*

---

[144] TOURINHO NETO, F. C.; FIGUEIRA JÚNIOR, J. D., idem, p. 77.
[145] TOURINHO NETO, F. C.; FIGUEIRA JÚNIOR, J. D., idem, p. 78

I – se ambas as partes manifestarem, expressamente, desinteresse na composição consensual;
II – quando não se admitir a autocomposição.
§ 5º O autor deverá indicar, na petição inicial, seu desinteresse na autocomposição, e o réu deverá fazê-lo, por petição, apresentada com 10 (dez) dias de antecedência, contados da data da audiência.
§ 6º Havendo litisconsórcio, o desinteresse na realização da audiência deve ser manifestado por todos os litisconsortes.
§ 7º A audiência de conciliação ou de mediação pode realizar-se por meio eletrônico, nos termos da lei.
§ 8º O não comparecimento injustificado do autor ou do réu à audiência de conciliação é considerado ato atentatório à dignidade da justiça e será sancionado com multa de até dois por cento da vantagem econômica pretendida ou do valor da causa, revertida em favor da União ou do Estado.
§ 9º As partes devem estar acompanhadas por seus advogados ou defensores públicos.
§ 10. A parte poderá constituir representante, por meio de procuração específica, com poderes para negociar e transigir.
§ 11. A autocomposição obtida será reduzida a termo e homologada por sentença.
§ 12. A pauta das audiências de conciliação ou de mediação será organizada de modo a respeitar o intervalo mínimo de 20 (vinte) minutos entre o início de uma e o início da seguinte.

O novo C.P.C., além de buscar subsídios na justiça participativa como critério norteador do procedimento dos juizados especiais, foi mais além, pois uma vez proposta a demanda com base no procedimento comum, o réu não é mais citado para contestar, mas, sim, para participar da audiência de conciliação ou de mediação. O prazo para contestação, em regra, somente terá início a partir da data da audiência, no caso de frustração na tentativa de conciliação ou mediação, conforme estabelece o art.335 do novo C.P.C.

A questão que se coloca é se o aperfeiçoamento e o amadurecimento da conciliação ou mediação por parte do novo C.P.C. terá aplicação subsidiária em relação aos juizados especiais.

O novo C.P.C. preconiza que se a petição inicial preencher os requisitos essenciais e não for o caso de improcedência liminar do pedido, o juiz designará audiência de conciliação ou de mediação com antecedência mínima de 30 (trinta) dias, devendo ser citado o réu com pelo menos 20 (vinte) dias de antecedência.

Já o art. 16 da Lei n. 9.099/95, estabelece que registrado o pedido, independentemente de distribuição e autuação, a Secretaria do Juizado designará a sessão de conciliação, a realizar-se no prazo de quinze dias.

Há muita similitude entre uma e outra normatização jurídica; porém, como a lei do juizado regula expressamente a questão, deverá ser seguida, apenas acrescentando no art. 16 também a possibilidade de mediação.

Uma importante diferença que se observa entre as disposições do novo C.P.C. e a lei dos juizados especiais, diz respeito às consequências jurídicas pelo não comparecimento das partes à audiência de conciliação e mediação.

Pelo novo C.P.C., nos termos do art. 334, §8º, o não comparecimento injustificado do autor ou do réu à audiência de conciliação ou mediação é considerado ato atentatório à dignidade da justiça e será sancionado com multa de até dois por cento da vantagem econômica pretendida ou do valor da causa, revertida em favor da União ou do Estado. Não obstante a incidência da multa, o não comparecimento do réu não o torna revel, pois o prazo da contestação somente começará a correr a partir da audiência de conciliação ou mediação que não se realizou.

Já nos juizados especiais, o não comparecimento do autor à audiência de conciliação ou mediação acarretará a extinção do processo sem julgamento de mérito, nos termos do art. 51, inc. I, da Lei n. 9.099/95.

Por sua vez, o art. 20 da Lei n. 9.099/95 estabelece que não comparecendo o demandado à sessão de conciliação ou à audiência de instrução e julgamento, reputar-se-ão verdadeiros os fatos alegados no pedido inicial, salvo se o contrário resultar da convicção do Juiz. Além do mais, não comparecendo o demandado, o juiz togado proferirá sentença.

Outra diferença importante é que a contestação no processo comum se dá por escrito, enquanto que nos juizados especiais ela pode ser oral ou por escrito. Nos juizados não se admite a reconvenção, mas, sim, pedido contraposto, enquanto que no processo comum admite-se o contrário.

Assim, como a lei dos juizados regula de forma expressa a questão da revelia, não haverá aplicação subsidiária do novo C.P.C.

Sobre o recrutamento dos conciliadores e Juízes leigos, prescrevem os arts. 7º e 15 da Lei 9.099/95:

> Art. 7º *Os conciliadores e Juízes leigos são auxiliares da Justiça, recrutados, os primeiros, preferentemente, entre os bacharéis em Direito, e os segundos, entre advogados com mais de cinco anos de experiência.*

Em relação aos Juizados Especiais da Fazenda Pública, prescreve o art. 15 da Lei 12.153/09:

> Art. 15. *Serão designados, na forma da legislação dos Estados e do Distrito Federal, conciliadores e juízes leigos dos Juizados Especiais da Fazenda Pública, observadas as atribuições previstas nos arts. 22, 37 e 40 da Lei no 9.099, de 26 de setembro de 1995.*
> § 1º *Os conciliadores e juízes leigos são auxiliares da Justiça, recrutados, os primeiros, preferentemente, entre os bacharéis em Direito, e os segundos, entre advogados com mais de 2 (dois) anos de experiência.*
> § 2º *Os juízes leigos ficarão impedidos de exercer a advocacia perante todos os Juizados Especiais da Fazenda Pública instalados em território nacional, enquanto no desempenho de suas funções.*

Em relação aos Juizados Especiais Federais, a indicação dos conciliadores é regulada no art. 18 da Lei 10.259/01, que assim dispõe: *Os Juizados Especiais serão instalados por decisão do Tribunal Regional Federal. O Juiz presidente do Juizado designará os conciliadores pelo período de dois anos, admitida a recondução. O exercício dessas funções será gratuito, assegurados os direitos e prerrogativas do jurado (art. 437 do Código de Processo Penal).*

Já o novo C.P.C. regula a conciliação e mediação nos arts. 165 a 175, a saber:

> Art. 165. *Os tribunais criarão centros judiciários de solução consensual de conflitos, responsáveis pela realização de sessões e audiências de conciliação e mediação e pelo desenvolvimento de programas destinados a auxiliar, orientar e estimular a autocomposição.*

§ 1º A composição e a organização dos centros serão definidas pelo respectivo tribunal, observadas as normas do Conselho Nacional de Justiça.

§ 2º O conciliador, que atuará preferencialmente nos casos em que não houver vínculo anterior entre as partes, poderá sugerir soluções para o litígio, sendo vedada a utilização de qualquer tipo de constrangimento ou intimidação para que as partes conciliem.

§ 3º O mediador, que atuará preferencialmente nos casos em que houver vínculo anterior entre as partes, auxiliará aos interessados a compreender as questões e os interesses em conflito, de modo que eles possam, pelo restabelecimento da comunicação, identificar, por si próprios, soluções consensuais que gerem benefícios mútuos.

Art. 166. A conciliação e a mediação são informadas pelos princípios da independência, da imparcialidade, da autonomia da vontade, da confidencialidade, da oralidade, da informalidade e da decisão informada.

§ 1º A confidencialidade estende-se a todas as informações produzidas no curso do procedimento, cujo teor não poderá ser utilizado para fim diverso daquele previsto por expressa deliberação das partes.

§ 2º Em razão do dever de sigilo, inerente às suas funções, o conciliador e o mediador, assim como os membros de suas equipes, não poderão divulgar ou depor acerca de fatos ou elementos oriundos da conciliação ou da mediação.

§ 3º Admite-se a aplicação de técnicas negociais, com o objetivo de proporcionar ambiente favorável à autocomposição.

§ 4º A mediação e a conciliação serão regidas conforme a livre autonomia dos interessados, inclusive no que diz respeito à definição das regras procedimentais.

Art. 167. Os conciliadores, os mediadores e as câmaras privadas de conciliação e mediação serão inscritos em cadastro nacional e em cadastro de tribunal de justiça ou de tribunal regional federal, que manterá registro de profissionais habilitados, com indicação de sua área profissional.

§ 1º Preenchendo o requisito da capacitação mínima, por meio de curso realizado por entidade credenciada, conforme parâmetro curricular definido pelo Conselho Nacional de Justiça em conjunto com o Ministério da Justiça, o conciliador ou o mediador, com o respectivo certificado, poderá requerer sua inscrição no cadastro nacional e no cadastro de tribunal de justiça ou de tribunal regional federal.

§ 2º Efetivado o registro, que poderá ser precedido de concurso público, o tribunal remeterá ao diretor do foro da comarca, seção ou subseção judiciária onde atuará o conciliador ou o mediador os dados necessários para que seu nome

passe a constar da respectiva lista, a ser observada na distribuição alternada e aleatória, respeitado o princípio da igualdade dentro da mesma área de atuação profissional.

§ 3º Do credenciamento das câmaras e do cadastro de conciliadores e mediadores constarão todos os dados relevantes para a sua atuação, tais como o número de processos de que participou, o sucesso ou insucesso da atividade, a matéria sobre a qual versou a controvérsia, bem como outros dados que o tribunal julgar relevantes.

§ 4º Os dados colhidos na forma do § 3o serão classificados sistematicamente pelo tribunal, que os publicará, ao menos anualmente, para conhecimento da população e para fins estatísticos e de avaliação da conciliação, da mediação, das câmaras privadas de conciliação e de mediação, dos conciliadores e dos mediadores.

§ 5º Os conciliadores e mediadores judiciais cadastrados na forma do caput, se advogados, estarão impedidos de exercer a advocacia nos juízos em que desempenhem suas funções.

§ 6º O tribunal poderá optar pela criação de quadro próprio de conciliadores e mediadores, a ser preenchido por concurso público de provas e títulos, observadas as disposições deste Capítulo.

Art. 168. *As partes podem escolher, de comum acordo, o conciliador, o mediador ou a câmara privada de conciliação e de mediação.*

§ 1º O conciliador ou mediador escolhido pelas partes poderá ou não estar cadastrado no tribunal.

§ 2º Inexistindo acordo quanto à escolha do mediador ou conciliador, haverá distribuição entre aqueles cadastrados no registro do tribunal, observada a respectiva formação.

§ 3º Sempre que recomendável, haverá a designação de mais de um mediador ou conciliador.

Art. 169. *Ressalvada a hipótese do art. 167, § 6o, o conciliador e o mediador receberão pelo seu trabalho remuneração prevista em tabela fixada pelo tribunal, conforme parâmetros estabelecidos pelo Conselho Nacional de Justiça.*

§ 1º A mediação e a conciliação podem ser realizadas como trabalho voluntário, observada a legislação pertinente e a regulamentação do tribunal.

§ 2º Os tribunais determinarão o percentual de audiências não remuneradas que deverão ser suportadas pelas câmaras privadas de conciliação e mediação,

com o fim de atender aos processos em que deferida gratuidade da justiça, como contrapartida de seu credenciamento.

Art. 170. No caso de impedimento, o conciliador ou mediador o comunicará imediatamente, de preferência por meio eletrônico, e devolverá os autos ao juiz do processo ou ao coordenador do centro judiciário de solução de conflitos, devendo este realizar nova distribuição.

Parágrafo único. Se a causa de impedimento for apurada quando já iniciado o procedimento, a atividade será interrompida, lavrando-se ata com relatório do ocorrido e solicitação de distribuição para novo conciliador ou mediador.

Art. 171. No caso de impossibilidade temporária do exercício da função, o conciliador ou mediador informará o fato ao centro, preferencialmente por meio eletrônico, para que, durante o período em que perdurar a impossibilidade, não haja novas distribuições

Art. 172. O conciliador e o mediador ficam impedidos, pelo prazo de 1 (um) ano, contado do término da última audiência em que atuaram, de assessorar, representar ou patrocinar qualquer das partes.

Art. 173. Será excluído do cadastro de conciliadores e mediadores aquele que:
I – agir com dolo ou culpa na condução da conciliação ou da mediação sob sua responsabilidade ou violar qualquer dos deveres decorrentes do art. 166, §§ 1º e 2º;
II – atuar em procedimento de mediação ou conciliação, apesar de impedido ou suspeito.

§ 1o Os casos previstos neste artigo serão apurados em processo administrativo.

§ 2o O juiz do processo ou o juiz coordenador do centro de conciliação e mediação, se houver, verificando atuação inadequada do mediador ou conciliador, poderá afastá-lo de suas atividades por até 180 (cento e oitenta) dias, por decisão fundamentada, informando o fato imediatamente ao tribunal para instauração do respectivo processo administrativo.

Art. 174. A União, os Estados, o Distrito Federal e os Municípios criarão câmaras de mediação e conciliação, com atribuições relacionadas à solução consensual de conflitos no âmbito administrativo, tais como:
I – dirimir conflitos envolvendo órgãos e entidades da administração pública;
II – avaliar a admissibilidade dos pedidos de resolução de conflitos, por meio de conciliação, no âmbito da administração pública;
III – promover, quando couber, a celebração de termo de ajustamento de conduta.

> *Art. 175. As disposições desta Seção não excluem outras formas de conciliação e mediação extrajudiciais vinculadas a órgãos institucionais ou realizadas por intermédio de profissionais independentes, que poderão ser regulamentadas por lei específica.*
> *Parágrafo único. Os dispositivos desta Seção aplicam-se, no que couber, às câmaras privadas de conciliação e mediação.*

Entendo que os juizados especiais poderão utilizar alguns dos requisitos normativos sobre conciliação e mediação previstos no novo C.P.C., salvo naqueles pontos em que a própria lei do juizado regula esses sistemas de autocomposição do conflito.

Muito embora seja de competência do Juiz presidente do Juizado designar os conciliadores pelo período de dois anos, admitida a recondução, o certo é que para se dar maior transparência e igualdade entre os pretendentes à função de conciliadores, poder-se-á observar o critério de escolha dos conciliadores estabelecidos pelo novo C.P.C., inclusive quanto à questão da remuneração a ser paga a esses auxiliares da Justiça, pois não se justifica o percebimento de remuneração para os conciliadores atuantes no processo civil comum e não no procedimento dos juizados especiais.

5.1.3. Contagem de prazo nos juizados especiais.

Tendo em vista a observância do *princípio da concentração dos atos processuais* nas audiências no âmbito dos juizados especiais, no sentido de que a realização dos atos processuais seja o máximo possível concretizada nas audiências de conciliação, mediação ou instrução e julgamento, preferencialmente em uma única audiência, sobra muito pouco espaço para a concessão de prazos processuais às partes em momento singular.

Há, porém, nos juizados especiais dois prazos específicos expressamente consignados na Lei n. 9.099/95, um referente ao prazo para interposição dos embargos de declaração e outro que diz respeito ao recurso inominado contra sentença, a saber:

> *Art. 49. Os embargos de declaração serão interpostos por escrito ou oralmente, no prazo de cinco dias, contados da ciência da decisão.*

> Art. 42. *O recurso será interposto no prazo de dez dias, contados da ciência da sentença, por petição escrita, da qual constarão as razões e o pedido do recorrente.*

O novo C.P.C., por sua vez, no que concerne à contagem dos prazos em dia, assim preconiza em seu art. 219: n*a contagem do prazo em dias, estabelecido por lei ou pelo juiz, computar-se-ão somente os dias úteis.*

Questão que se coloca, é se os prazos previstos nos art. 42 e 49 da Lei 9.099/95 deverão ser contados de forma ininterrupta ou se deverão observar o disposto no art. 219 do novo C.P.C., ou seja, na contagem do prazo computar-se-ão somente os dias úteis.

Recentemente o Fórum Nacional de Juizados Especiais – FONAJE – elaborou a Nota Técnica n. 01/16, orientando pela inaplicabilidade do disposto no artigo 219, do novo CPC aos processos regidos pela Lei n. 9099/95, mantendo, por assim ser, a contagem de prazos em dias corridos nos Juizados Especiais. Para o FONAJE, a contagem dos prazos em dias úteis como prevê o Artigo 219, do novo CPC aumentaria sensivelmente a duração do processo, contrariando a um só tempo o Princípio Constitucional da Razoável Duração do Processo e o Princípio da Celeridade, este informador do sistema dos Juizados Especiais, tornando-se por isso incompatível com os processos regidos pela lei especial.

Porém, como bem estabelece Rogério de Licastro Torres de Mello, em seu artigo 'Contagem de prazos nos juizados especiais deve obedecer regra do novo CPC', in : http://www.conjur.com.br/2016-mar-31/contagem-prazos-juizados-especiais-obedecer-cpc?utm_source=dlvr.it&utm_medium=facebook:

> "De conformidade com tal nota técnica, aos prazos dos juizados especiais cíveis não se aplicaria o disposto no artigo 219 do novo CPC, que estabelece a contagem de prazos processuais apenas em dias úteis, desconsiderando-se os dias não úteis. Em suma, de conformidade com a nota técnica em relevo, haveria incompatibilidade entre o princípio da celeridade dos Juizados Especiais e o cômputo de prazos apenas em dias úteis (novo CPC, artigo 219), além de não se aplicar o artigo 219 do novo CPC à Lei 9.099/95 por ausência de expressa precisão a respeito no primeiro. Com a devida vênia a quem pensa

de maneira distinta, não procedem ambas as justificativas aduzidas pelo Fonaje em sua Nota Técnica 01/16 para afastar do rito da Lei 9.099/95 o cômputo de prazos apenas em dias úteis. A primeira das justificativas erguidas na Nota Técnica 01/2016, qual seja, a de que princípio da celeridade que norteia a aplicação da Lei 9.099/95 a tornaria incompatível com a aplicação do cômputo de prazos exclusivamente em dias úteis, peca pela falta de amparo na razoabilidade e na verificação da prática quotidiana do que sucede no âmbito dos juizados especiais cíveis. De fato, não é razoável ponderar que contar apenas dias úteis para fins de cumprimento de prazos no âmbito da Lei 9.099/95 tornaria o rito desta moroso, ou ainda mais moroso (pragmaticamente falando). É de domínio público que as ações judiciais que tramitam nos juizados especiais cíveis Brasil afora exigem meses e anos para que atinjam sua conclusão, meses e anos estes que não deixarão de ser, com o perdão pela repetição, meses e anos porque alguns poucos dias não úteis foram excluídos do cômputo de prazos! (...)
O que prevaleceu a respeito, aliás, foi a ideia de que é por vezes absurdamente desumana, para o jurisdicionado e para seu advogado, a prática de se considerar dias não úteis no cômputo de prazos processuais, pois tal conduta, por não relevar que em dias não úteis não há expediente em repartições públicas ou em muitas particulares (para fins de obtenção de cópias e de elementos de prova, por exemplo), pode representar nefasto cerceamento de acesso à justiça. Ou alguém duvida do que ora se afirma quando se está diante do temível – e absurdo – início do prazo de cinco dias às quartas-feiras para a prática de determinado ato processual, caso em que, a rigor, de cinco dias totais temos, quando muito, dois ou três úteis integrais, excluindo-se o dia da publicação, o dia da prática do ato e o final de semana? E, se o processo for físico e tramitar em comarca longínqua, por vezes em outro Estado, o problema só faz agigantar, exigindo trabalho hercúleo para a parte e para seu advogado.
O segundo argumento erigido na nota técnica 01/2016 do Fonaje, no sentido de que as disposições do CPC novo apenas se aplicarão ao rito da Lei 9.099/95 nas hipóteses de expressa previsão permissiva a respeito (artigos 1063 a 1066 do novo CPC, em que não se inclui

qualquer referência à contagem de prazos em dias úteis, apenas) igualmente nos parece robustamente equivocado, vênia concessa. Dizer que a Lei 9.099/95 é imune ao cômputo dos prazos em dias úteis apenas (como determina o Novo CPC) porque se trata de lei específica e informada pelos princípios da celeridade e da razoável duração do processo, que não consistiriam em princípios informativos do novo CPC, perfaz rematado equívoco, notadamente à luz do artigo 4º da nova codificação, cuja clareza é solar: 'Art. 4º As partes têm o direito de obter em prazo razoável a solução integral do mérito, incluída a atividade satisfativa.'
> Notem bem: hoje, induvidosamente, não é de maneira alguma possível afirmar-se que apenas a Lei 9.099/95 seria balizada pelo princípio da razoável duração do processo, e não o seria o novo CPC. Em face da clareza do artigo 4º do CPC novo, cujo teor foi acima reproduzido, é forçoso concluir que ambos, Lei 9.099/95 e novo CPC, têm como bússola os princípios da celeridade e da razoável duração do processo...".

Note-se que a mudança do sistema de contagem do prazo processual em dias pelo novo C.P.C. não decorre somente de uma alteração meramente formal. Ao contrário, tem por finalidade dar maior efetividade ao princípio Constitucional do *devido processo legal*, especialmente permitir uma maior amplitude para a realização do contraditório e da ampla defesa.

É importante salientar que o Conselho de Justiça (CJF), em sessão realizada, aprovou resolução que altera e revoga dispositivos do Regimento Interno da Turma Nacional de Uniformização dos Juizados Especiais Federais (TNU), instituído pela Resolução n. 22/08. Em relação ao agravo regimental, as modificações foram configuradas na Resolução n. CJF-RES-2016/00393 de 19 de abril de 2016, sendo que em seu art. 6º, determina a contagem do prazo em dias 'úteis'.

Assim, como a Lei 9.099/95 não estabelece a forma e o critério de contagem dos prazos em dias fixados pela lei ou pelo juiz, deve-se aplicar suplementarmente o disposto no art. 219 do novo C.P.C., ou seja, somente computando-se os dias úteis.

Tendo em vista o princípio da concentração dos atos processuais e de que somente há dois prazos legais contados em dias (arts. 42 e 49 da Lei 9.099/95) no âmbito dos juizados especiais, não haverá qualquer mácula ao princípio da celeridade e economia processual a observação do art. 219 do novo C.P.C., especialmente pela singularidade das hipóteses em que o prazo no âmbito dos juizados especiais é contado em dias.

É certo que alguns poderiam aduzir que o art. 219 do novo C.P.C. não se aplica aos juizados especiais tendo em vista o prazo para se apresentar a contestação previsto no art. 9º da Lei 10.259/01, que assim dispõe: "Não haverá prazo diferenciado para a prática de qualquer ato processual pelas pessoas jurídicas de direito público, inclusive a interposição de recursos, devendo a citação para audiência de conciliação ser efetuada com antecedência mínima de trinta dias".

Segundo o meu sentir, o art. 219 do novo C.P.C. somente determina a utilização de dias úteis quando a norma processual estabelecer prazo em que se exija sua 'CONTAGEM' para efeito de data de início e data final do prazo. Portanto, essa contagem demanda a existência de um dia do começo e um dia final, sem o que não se poderá falar em 'CONTAGEM'.

No caso do art. 9º da Lei n. 10.259/01 não há contagem de prazo a ser efetuada, mas sim uma regra processual que indica um limite jurídico (30 dias) temporal para que ocorra a citação nos juizados especiais.

Portanto, o prazo do art. 9º da Lei n. 10.259 deverá ser analisado em dias corridos, pois não está inserido no âmbito regulamentador do art. 219 do novo C.P.C.

5.1.4. Preparo do recurso.

Em relação ao preparo do recurso, o novo C.P.C. brasileiro apresenta uma grande inovação no sentido de se relativizar a deserção do recurso.

Essa inovação está prevista no art. 1007 do novo C.P.C., a saber:

> Art. 1.007. *No ato de interposição do recurso, o recorrente comprovará, quando exigido pela legislação pertinente, o respectivo preparo, inclusive porte de remessa e de retorno, sob pena de deserção.*
> *§ 1º São dispensados de preparo, inclusive porte de remessa e de retorno, os recursos interpostos pelo Ministério Público, pela União, pelo Distrito Federal, pelos Estados, pelos Municípios, e respectivas autarquias, e pelos que gozam de isenção legal.*

§ 2º A insuficiência no valor do preparo, inclusive porte de remessa e de retorno, implicará deserção se o recorrente, intimado na pessoa de seu advogado, não vier a supri-lo no prazo de 5 (cinco) dias.

§ 3º É dispensado o recolhimento do porte de remessa e de retorno no processo em autos eletrônicos.

§ 4º O recorrente que não comprovar, no ato de interposição do recurso, o recolhimento do preparo, inclusive porte de remessa e de retorno, será intimado, na pessoa de seu advogado, para realizar o recolhimento em dobro, sob pena de deserção.

§ 5º É vedada a complementação se houver insuficiência parcial do preparo, inclusive porte de remessa e de retorno, no recolhimento realizado na forma do § 4º.

§ 6º Provando o recorrente justo impedimento, o relator relevará a pena de deserção, por decisão irrecorrível, fixando-lhe prazo de 5 (cinco) dias para efetuar o preparo.

§ 7º O equívoco no preenchimento da guia de custas não implicará a aplicação da pena de deserção, cabendo ao relator, na hipótese de dúvida quanto ao recolhimento, intimar o recorrente para sanar o vício no prazo de 5 (cinco) dias.

A inovação que se observa no art. 1.007 do novo C.P.C. é no sentido de que se o recorrente não comprovar, no ato de interposição do recurso, o recolhimento do preparo, inclusive porte de remessa e de retorno, será ele intimado, na pessoa de seu advogado, para realizar o recolhimento em dobro, sob pena de deserção. Há, portanto, uma segunda chance de recolhimento do preparo do recurso, desde que esse recolhimento seja em dobro.

Já a sistemática do preparo do recurso no âmbito dos juizados especiais se dá nos termos do art. 42 da Lei 9.099/95, *in verbis*:

Art. 42. O recurso será interposto no prazo de dez dias, contados da ciência da sentença, por petição escrita, da qual constarão as razões e o pedido do recorrente.

§ 1º O preparo será feito, independentemente de intimação, nas quarenta e oito horas seguintes à interposição, sob pena de deserção.

§ 2º Após o preparo, a Secretaria intimará o recorrido para oferecer resposta escrita no prazo de dez dias.

Assim, o preparo será feito, independentemente de intimação, nas quarenta e oito horas seguintes à interposição do recurso inominado, sob pena de deserção.

Não há espaço para a aplicação supletiva do art. 1.007 do novo C.P.C. em relação aos juizados especiais, justamente pelo fato de que o art. 42 da Lei 9.099/95 expressamente consigna que o preparo será realizado *independentemente de intimação*.

5.1.5. Cooperação nacional nos juizados especiais.
No âmbito dos juizados especiais, os atos processuais serão válidos sempre que preencherem as finalidades para as quais forem realizados, atendidos os critérios indicados no art. 2º da Lei dos Juizados.

Por sua vez, a prática dos atos processuais em outras comarcas poderá ser solicitada por qualquer meio idôneo de comunicação (§2º do art. 13 da Lei 9.099/95).

O novo C.P.C., no que concerne à cooperação nacional, preconiza, em seu art. 67, que aos órgãos do Poder Judiciário, estadual ou federal, especializado ou comum, em todas as instâncias e graus de jurisdição, inclusive aos tribunais superiores, incumbe o dever de recíproca cooperação por meio de seus magistrados e servidores.

Prescreve o art. 68 do novo C.P.C. que os juízos poderão formular entre si pedido de cooperação para prática de qualquer ato processual.

Esse dever de recíproca cooperação direciona-se igualmente aos órgãos jurisdicionais dos juizados especiais, tendo em vista que o novo C.P.C. aplica-se complementarmente.

O pedido de cooperação jurisdicional deve ser prontamente atendido, prescinde de forma específica e pode ser executado, nos termos do art. 69 do novo C.P.C., como: I – auxílio direto; II – reunião ou apensamento de processos; III – prestação de informações; IV – atos concertados entre os juízes cooperantes.

O pedido de cooperação judiciária pode ser realizado entre órgãos jurisdicionais de diferentes ramos do Poder Judiciário.

Os atos concertados entre os juízes cooperantes poderão consistir, além de outros, no estabelecimento de procedimento para: a) a prática da citação, intimação ou notificação de ato; b) a obtenção e apresentação de provas e a coleta de depoimentos; c) efetivação de tutela provisória; d) a centralização de processos repetitivos; e) execução de decisão jurisdicional.

Haverá, sem dúvida, muita aplicação no procedimento dos juizados especiais das formas de cooperação preconizadas no art. 69 do novo C.P.C.

5.1.6. Do incidente de resolução de demandas repetitivas no âmbito dos juizados especiais.

O novo C.P.C. introduz em nosso ordenamento jurídico um novel instituto jurídico processual denominado de incidente de resolução de demandas repetitivas – IRDR.

O IRDR é regulado pelos arts. 976 a 987 do novo C.P.C.

O IRDR é cabível quando houver, simultaneamente, efetiva repetição de processos que contenham controvérsia sobre a mesma questão unicamente de direito e risco de ofensa à isonomia e à segurança jurídica.

O pedido de instauração do incidente, segundo preconiza o art. 977 do novo C.P.C., será dirigido ao presidente do tribunal (tribunal de apelação): a) pelo juiz ou relator, por ofício; b) pelas partes, por petição ou c) pelo Ministério Público ou pela Defensoria Pública, por petição.

Numa interpretação restritiva do art. 977 do novo C.P.C., não se poderia admitir a aplicação do IRDR no âmbito dos juizados especiais, tendo em vista que as Turmas Recursais não apresentam a natureza de Tribunais.

Porém, não obstante o art. 977 do novo C.P.C. faça referência apenas a 'tribunais', poder-se-ia pensar na aplicação do IRDR no âmbito dos juizados especiais por analogia, especialmente pela grande utilidade que essa espécie de incidente apresenta para a resolução de demandas repetitivas, que são muitas, especialmente nos juizados especiais federais.

O diferencial do IRDR quanto às demandas repetitivas seria:

a) a possibilidade de suspensão dos processos em tramitação em primeiro e segundo graus no âmbito de jurisdição do respectivo tribunal, até que seja julgado o IRDR;
b) julgado o incidente, a tese jurídica será aplicada a todos os processos individuais ou coletivos que versem sobre idêntica questão de direito e que tramitem na área de jurisdição da respectiva turma recursal, aos casos futuros que versem idêntica questão de direito e que venham a

tramitar no território de competência da turma recursal, salvo revisão na forma do art. 986 do novo C.P.C.;
c) se o incidente tiver por objeto questão relativa à prestação de serviço concedido, permitido ou autorizado, o resultado do julgamento será comunicado ao órgão, ao ente ou à agência reguladora competente para fiscalização da efetiva aplicação, por parte dos entes sujeitos a regulação, da tese adotada.

É certo, porém, que os juizados especiais já apresentam institutos de uniformização de jurisprudência (não na forma e na abrangência do IRDR) como é o caso do julgamento realizado pelas Turmas Regionais e pela Turma Nacional de Uniformização. Na realidade, *"diferentemente do que ocorreu com a Lei 9.099/95, que teve o seu art. 47 vetado pelo Presidente da República, obstando que viesse a lume os embargos de 'divergência' (infringentes) (v. item n. 15.5., supra) a Lei 10.259/2001 trouxe previsão expressa que agasalha o 'pedido de uniformização de jurisprudência (art. 14) com o escopo de padronizar os entendimentos jurisprudenciais em interpretação sobre direito material em prol de uma pseudo 'segurança jurídica' que, na verdade pouco ou nada importa ao jurisdicionado que acorre à justiça especial, cuja proposta alardeada é a simplicidade, a informalidade dos atos, economia processual e financeira e, em sobretudo, rapidez na prestação da tutela jurisdicional objetivando a pronta satisfação do vencedor da demanda no plano material"*.[146]

É certo, também, que pela sistemática do IRDR configurada pelo legislador do novo C.P.C. não sobrou espaço para sua utilização no âmbito dos juizados especiais. Tal afirmação decorre do conteúdo normativo previsto no art. 985, inc. I, do novo C.P.C., *in verbis*:

> *Art. 985. Julgado o incidente, a tese jurídica será aplicada:*
> *I – a todos os processos individuais ou coletivos que versem sobre idêntica questão de direito e que tramitem na área de jurisdição do respectivo tribunal, inclusive àqueles que tramitem nos juizados especiais do respectivo Estado ou região;*

Na ótica do legislador do novo C.P.C. não haveria espaço para a utilização do IRDR pelos juizados especiais, tendo em vista que este órgão jurisdicional

---

[146] TOURINHO NETO, F. C.; FIGUEIRA JÚNIOR, J. F., op. Cit., p. 301.

estaria sujeito ao resultado do julgamento do incidente pelo Tribunal de Justiça ou pelo Tribunal Regional Federal, nos termos do art. 985, inc. I, do novo C.P.C.

Em relação a essa vinculação dos juizados especiais aos julgamentos proferidos pelos Tribunais de Justiça e pelo Tribunal Regional Federal, já tivemos oportunidade de fazer a seguinte crítica em nossa obra *Código de Processo Civil – anotado, comentado e interpretado*:

> "O art. 985 do atual C.P.C. determina que a tese jurídica seja aplicada às demandas individuais, como também em relação às demandas coletivas, incluindo os processos que tramitem nos juizados especiais do respectivo Estado ou região. Porém, há dúvida sobre a constitucionalidade deste dispositivo, ao determinar o efeito vinculante e erga omnes do julgamento do incidente de resolução de demandas repetitivas também em relação aos juizados especiais, especialmente pelo fato de que os juizados especiais não estão sujeitos à jurisdição do Tribunal Regional Federal ou do Tribunal de Justiça no que concerne à uniformização de entendimento, justamente pelo fato de que existe no âmbito dos juizados especiais a Turma Nacional de Uniformização".[147]

Por fim, é importante salientar que a jurisprudência do S.T.J. é no sentido de que juízo de juizado especial não está vinculado *jurisdicionalmente* ao tribunal com quem tem vínculo administrativo, conforme se verifica do seguinte precedente:

> CONFLITO DE COMPETÊNCIA. JUÍZO FEDERAL DE JUIZADO ESPECIAL E JUÍZO FEDERAL DE JUIZADO COMUM. COMPETÊNCIA DO STJ PARA APRECIAR O CONFLITO. FORNECIMENTO DE MEDICAMENTO. CAUSA DE VALOR INFERIOR A SESSENTA SALÁRIOS MÍNIMOS. COMPLEXIDADE DA CAUSA. CRITÉRIO NÃO ADOTADO PELA LEI PARA DEFINIR O JUÍZO COMPETENTE. COMPETÊNCIA DOS JUIZADOS ESPECIAIS.

---

[147] SOUZA, Artur César. *Código de Processo Civil – anotado, comentado e interpretado*. Vol. III. São Paulo: Editora Almedina (Coimbra), 2015. p. 985.

1. A jurisprudência do STJ é no sentido de que juízo de juizado especial não está vinculado jurisdicionalmente ao tribunal com quem tem vínculo administrativo, razão pela qual o conflito entre ele e juízo comum caracteriza-se como conflito entre juízos não vinculados ao mesmo tribunal, o que determina a competência do STJ para dirimi-lo, nos termos do art. 105, I, d, da Constituição. Precedentes.
2. A Lei 10.259/01, que instituiu os Juizados Cíveis e Criminais no âmbito da Justiça Federal, estabeleceu que a competência desses Juizados tem natureza absoluta e que, em matéria cível, obedece como regra geral a do valor da causa: são da sua competência as causas com valor de até sessenta salários mínimos (art. 3º). A essa regra foram estabelecidas exceções ditadas (a) pela natureza da demanda ou do pedido (critério material), (b) pelo tipo de procedimento (critério processual) e (c) pelos figurantes da relação processual (critério subjetivo).
3. É certo que a Constituição limitou a competência dos Juizados Federais, em matéria cível, a causas de "menor complexidade" (CF, art. 98, § único). Mas, não se pode ter por inconstitucional o critério para esse fim adotado pelo legislador, baseado no menor valor da causa, com as exceções enunciadas. A necessidade de produção de prova pericial, além de não ser o critério próprio para definir a competência, não é sequer incompatível com o rito dos Juizados Federais, que prevê expressamente a produção dessa espécie de prova (art. 12 da Lei 10.259/01).
4. Competência do Juizado Especial Federal, o suscitado. Agravo regimental improvido.
(AgRg no CC 102.912/SC, Rel. Ministro TEORI ALBINO ZAVASCKI, PRIMEIRA SEÇÃO, julgado em 13/05/2009, DJe 25/05/2009)

5.1.7. Dos embargos de declaração nos juizados especiais.

A Lei 9.099/95 regulamentou os embargos de declaração nos juizados especiais, nos termos do art. 48, 50 e 83:

> Art. 48. Caberão embargos de declaração quando, na sentença ou acórdão, houver obscuridade, contradição, omissão ou dúvida.
> Parágrafo único. Os erros materiais podem ser corrigidos de ofício.
> Art. 49. Os embargos de declaração serão interpostos por escrito ou oralmente, no prazo de cinco dias, contados da ciência da decisão.

> *Art. 50. Quando interpostos contra sentença, os embargos de declaração suspenderão o prazo para recurso.*
> *Art. 83. Caberão embargos de declaração quando, em sentença ou acórdão, houver obscuridade, contradição, omissão ou dúvida. (Vide Lei nº 13.105, de 2015) (Vigência)*
> *§ 1º Os embargos de declaração serão opostos por escrito ou oralmente, no prazo de cinco dias, contados da ciência da decisão.*
> *§ 2º Quando opostos contra sentença, os embargos de declaração suspenderão o prazo para o recurso. (Vide Lei nº 13.105, de 2015) (Vigência)*
> *§ 3º Os erros materiais podem ser corrigidos de ofício.*

O art. 83 da Lei 9.099/95 preconizava que os embargos de declaração teriam cabimento quando, na sentença ou no acórdão, houvesse obscuridade, contradição, omissão ou dúvida.

Porém, o art. 1.066 do novo C.P.C. estabelece que o art. 83 da Lei 9.099/95 passa a vigorar com a seguinte redação: *"Art. 83. Cabem embargos de declaração quando, em sentença ou acórdão, houver obscuridade, contradição ou omissão.*

Portanto, não haverá mais espaço para interposição de embargos de declaração perante os juizados especiais para simples esclarecimento de *dúvida* interpretativa por parte do embargante.

Aliás, conforme a lúcida lição de Barbosa Moreira: *"Caberão estes embargos, segundo a dicção da lei: a) quando na decisão houver 'obscuridade, dúvida ou contradição' (art. 464, n. 1, e 535, n. I do C.P.C. de 1973), sendo manifestamente imprópria e supérflua a alusão à 'dúvida', que jamais pode 'existir na decisão', mas apenas 'ser gerada por ela', em razão da obscuridade ou da contradição".*[148]

Por outro lado, a regra preconizada no art. 50 da Lei 9.099/95 expressamente estabelecia que a interposição de embargos de declaração contra sentença do juízo de primeiro grau teria o efeito de *suspendê-la*.

Conforme lecionam Fernando da Costa Tourinho Neto e Joel Dias Figueira Júnior: *"Diversamente do que dispõe o art. 538, 'caput', do CPC, estamos diante de 'suspensão', e não de 'interrupção' do prazo. Significa dizer que os dias já decorridos não serão*

---

[148] BARBOSA MOREIRA, José Calos. *O novo processo civil brasileiro.* 6ª Ed. Rio de Janeiro: Forense, 1984. p. 221.

recuperados, ou, em outras palavras, o prazo não recomeça a fluir 'ex novo', e em toda a sua inteireza. Para a interposição do recurso principal restam os dias que lhe sobejarem".[149]

O novo C.P.C., no seu Livro Complementar, trouxe dispositivos que de certa forma, além de suprir algumas dúvidas, apresentam nova regulamentação dos embargos de declaração no âmbito dos juizados especiais.

O art. 1.064 do novo C.P.C. estabelece que o caput do art. 48 da Lei nº 9.099, de 26 de setembro de 1995, passa a vigorar com a seguinte redação: *"Art. 48. Caberão embargos de declaração contra sentença ou acórdão nos casos previstos no Código de Processo Civil.*

Este dispositivo veio uniformizar as hipóteses de cabimento dos embargos de declaração, seja no procedimento comum regulador pelo novo C.P.C., seja no âmbito dos juizados especiais.

Assim, as hipóteses suscetíveis de embargos de declaração nos juizados especiais passam a ser as mesmas descritas no art. .1022 do novo C.P.C., a saber:

> *Art. 1.022. Cabem embargos de declaração contra qualquer decisão judicial para:*
> *I – esclarecer obscuridade ou eliminar contradição;*
> *II – suprir omissão de ponto ou questão sobre o qual devia se pronunciar o juiz de ofício ou a requerimento;*
> *III – corrigir erro material.*

Por sua vez, nos termos do p.u. do art. 1.022 do novo C.P.C., considera-se omissa a decisão que: I – deixe de se manifestar sobre tese firmada em julgamento de casos repetitivos ou em incidente de assunção de competência aplicável ao caso sob julgamento; II- incorra em qualquer das condutas descritas no art. 489, §1º, do novo C.P.C.

No âmbito dos juizados especiais, pode-se considerar omissa a decisão que deixar de se manifestar sobre tese firmada em julgamento de casos repetitivos, no caso, julgamento proferido no IRDR (incidente de resolução de demandas repetitivas) ou nos casos de julgamento de recurso repetitivo perante o S.T.F. ou S.T.J.

---

[149] TOURINHO NETO, F. C.; FIGUEIRA JÚNIOR, J. F., op. Cit., p. 300.

Não é porque no âmbito dos juizados especiais prevalece o princípio da informalidade e da simplicidade, que a decisão proferida nesse tipo de procedimento não deverá ser motivada e fundamentada. Prevalece, no caso, o princípio Constitucional previsto no art. 93, inc. IX, da C.F.: *todos os julgamentos dos órgãos do Poder Judiciário serão públicos, e fundamentadas todas as decisões, sob pena de nulidade, podendo a lei limitar a presença, em determinados atos, às próprias partes e a seus advogados, ou somente a estes, em casos nos quais a preservação do direito à intimidade do interessado no sigilo não prejudique o interesse público à informação; (Redação dada pela Emenda Constitucional nº 45, de 2004).*

Também será considerada não motivada a decisão que incorre em qualquer das condutas descritas no art. 489, §1º, do novo C.P.C., a saber:

> Art. 489 (...).
> § 1º Não se considera fundamentada qualquer decisão judicial, seja ela interlocutória, sentença ou acórdão, que:
> I – se limitar à indicação, à reprodução ou à paráfrase de ato normativo, sem explicar sua relação com a causa ou a questão decidida;
> II – empregar conceitos jurídicos indeterminados, sem explicar o motivo concreto de sua incidência no caso;
> III – invocar motivos que se prestariam a justificar qualquer outra decisão;
> IV – não enfrentar todos os argumentos deduzidos no processo capazes de, em tese, infirmar a conclusão adotada pelo julgador;
> V – se limitar a invocar precedente ou enunciado de súmula, sem identificar seus fundamentos determinantes nem demonstrar que o caso sob julgamento se ajusta àqueles fundamentos;
> VI – deixar de seguir enunciado de súmula, jurisprudência ou precedente invocado pela parte, sem demonstrar a existência de distinção no caso em julgamento ou a superação do entendimento.

Não há dúvida de que a decisão proferida no âmbito dos juizados especiais deverá observar, de forma suplementar, o disposto no art. 489 e §1º sob pena de nulidade.

Na realidade, não é porque nos juizados especiais observa-se o princípio da simplicidade que a decisão ali proferida terá legitimidade se não for fundamentada.

Na hipótese de se entender que a decisão proferida nos juizados não precisa ser fundamentada, tal interpretação seria contrária ao princípio constitucional de que todas as decisões do Poder Judiciário devem ser fundamentadas.

Conforme já tivemos oportunidade de afirmar: *"No relatório o juiz expõe sucintamente as circunstâncias e questões suscitadas de fato e de direito.*

Já na motivação, o juiz exteriorizará os fundamentos em que ele, juiz, analisará as questões de fato e de direito inseridas pelas partes, assim como exteriorizará os seus fundamentos de fato e de direito que darão suporte à decisão...

Numa perspectiva mais fecunda poderia partir do pressuposto de que a norma constitucional em questão represente não somente o paradigma de congruência constitucional da normatividade ordinária, senão que ademais seria uma 'norma para o juiz', não tanto no sentido formal de impor-lhe a obrigação de motivar suas decisões, dado que a mesma normatividade ordinária já contém preceitos pontuais para esse fim, senão mais no sentido substancial de fixação dos requisitos mínimos que são necessários para que se possa dizer que uma sentença está efetivamente motivada".[150]

Evidentemente, não somente por uma questão de adequação normativa constitucional, mas, também, por uma questão de logicidade e de racionalidade, não se pode considerar fundamentada uma decisão proferida no âmbito do procedimento dos juizados especiais que:

a) Limitar-se à indicação, à reprodução ou à paráfrase de ato normativo, sem explicar sua relação com a causa.

Assim, não será considerada fundamentada a decisão que estabelece simplesmente:

a.1.) indicação do ato normativo:

O réu deve igualmente ser responsabilizado pelo dano moral, uma vez que assim estabelece o art. 186 do C.C.B.

a.2.) reprodução do ato normativo:

O réu deve igualmente ser responsabilizado pelo dano moral, nos termos do art. 186 do C.C.b., que assim dispõe: "Aquele que, por ação ou omissão voluntária, negligência ou imprudência, violar direito e causar dano a outrem, ainda que exclusivamente moral, comete ato ilícito".

---

[150] SOUZA, Artur César. *Código de processo civil – anotado, comentado e interpretado*. Vol. II. São Paulo: Editora Almedina (Coimbra), 2015. p. 775 e 776.

a.3.) paráfrase do ato normativo:
"Paráfrase" é um tipo de equivalência semântica responsável pela interligação de resultados. É um texto que procura tornar mais claro e objetivo aquilo que se disse em outro texto.

A paráfrase tem por base a transcrição, com palavras diferentes, onde as ideias centrais são representadas pelas palavras de um texto

O réu igualmente deverá ser responsabilizado pelos danos morais, uma vez que viola direito, ainda que exclusivamente moral, a ação do réu praticada voluntariamente com negligência, imprudência ou imperícia.

Todas as formas de argumentação acima referidas não são suficientes para configurar uma decisão fundamentada, pois, em regra, não estabelecem uma ligação entre o preceito normativo indicado, reproduzido ou parafraseado com a causa ou questão decidida.

O órgão jurisdicional, portanto, ao proferir sua decisão deverá indicar pontos convergentes entre o conteúdo normativo e a solução que o levou à resolução da causa posta em juízo.

b) Empregar conceitos jurídicos indeterminados, sem explicar o motivo concreto de sua incidência no caso.

Expressões como boa-fé, moralidade, dignidade da pessoa humana, fé pública, razoabilidade, proporcionalidade, apresentam certa indeterminação que demandam maior cuidado do julgador no momento da motivação da decisão.

Em relação aos conceitos jurídicos indeterminados, já tivemos oportunidade de afirmar:

"Um dos problemas centrais da motivação das decisões encontra-se justamente na utilização pelo juiz de conceitos jurídicos indeterminados.

A imprecisão do significado do termo conceito jurídico indeterminado, e, portanto, das noções dos conceitos e das classificações pode ser uma característica de determinada norma jurídica.

Expressões como boa-fé, moralidade, dignidade da pessoa humana, fé pública, razoabilidade, proporcionalidade, apresentam certa indeterminação que demandam maior cuidado do julgador no momento da motivação da decisão".[151]

---

[151] SOUZA, Artur César. *Código de processo civil – anotado, comentado e interpretado.* Vol. II. São Paulo: Editora Almedina, 2015. p. 785.

Conforme leciona Michele Taruffo, ao analisar como as normas definem os fatos e, portanto, de como é individualizado o fato que serve de base para a decisão, há algumas dificuldades que devem ser resolvidas por quem pretenda estabelecer que fato deve ser provado como pressuposto para aplicação de uma determinada norma: *"A primeira dificuldade consiste na 'vaguedad' da linguagem das normas, que está sempre notoriamente presente, porém que se dá especialmente na parte da norma referida a observação do fato. Nesse sentido, parece pelo menos sensato a observação de que as normas deveriam ser as mais claras e precisas possíveis, precisamente, na individualização do pressuposto fático de sua aplicação. Porém, mais além do fato de que não é possível uma precisão absoluta, resulta que em concreto as normas são a princípio vagas precisamente na individualização daqueles pressupostos. O 'grau' de imprecisão e clareza da linguagem usado, ademais do grau de concreção/generalidade das determinações fáticas: resulta intuitivo que uma norma que fala de 'automóveis' é mais específica e menos vaga que uma norma que fala de 'veículos', porém, mais além do fato de que obviamente tem distintos campos de aplicação – ambas normas seguem sendo (em distintos graus) vagas (sendo, por exemplo, necessário determinar se, e em que casos, uma ambulância é um automóvel e se, em que casos, um carrinho para criança é um veículo".*[152]. Assim, qualificações como 'alto', 'pesado', 'veloz', 'custoso', 'velho', 'grande', 'muito', 'habitualmente', 'na maioria dos casos' etc são tipicamente expressões normativas vagas porque expressam valorações ou características significativas porém que carecem de determinação precisa. O problema que se observa disso não é unicamente que essas qualificações têm habitualmente natureza valorativa e não rigorosamente fática, senão principalmente que introduzem, precisamente na medida em que são vagas, elementos de indeterminações e imprecisões no discurso, de forma que resulta duvidosa a possibilidade de construir um discurso racional.[153] Assim, conforme preceitua Michele Taruffo, *"frente a conceitos vagos e a preposições que os contém (e que, portanto, resulta por sua vez mais imprecisas quanto mais empregam conceitos e qualificações desse tipo), podem adotar-se distintas soluções possíveis. Uma primeira possibilidade consiste em eliminar a*

---

[152] TARUFFO, Michele. *La prueba de los hechos*. Madrid: Editorial Trotta, 2005. p. 108 e 109.
[153] TARUFFO, M., idem, p. 229.

imprecisão substituindo a qualificação vaga por uma determinação precisa ou por uma valoração adequada para resolver o problema. Se, por exemplo, frente à asserção 'Tício é alto' é possível medir a altura de Tício, a incerteza se elimina dizendo: 'resulta que Tício mede 1,80m de altura'. Desta forma, o fato é determinado por uma perspectiva não vaga. Do mesmo modo, a expressão: o sol se havia posto há pouco' pode ser substituída pela expressão precisa 'o sol se havia posto às 18:45'. Também algumas quantificações vagas podem ser 'precisadas' por dados estatísticos precisos: 'a inflação nos anos setenta era alta' equivale, com efeito, a um conjunto de dados determináveis com exatidão. Quando a valoração contida na determinação vaga não pode ser eliminada com uma medida, o problema pode ser igualmente resolvido: se se trata de dizer que se verificou um dano grave, é necessário por um lado quantificar o dano (o que equivale a dar uma medida precisa do mesmo) e, por outro, a valoração da 'gravidade' deve ser formulada em separado de acordo com uma determinada escala de valores".[154]

Diante de conceitos normativos vagos, o juiz deve explicar os motivos concretos que justificam a sua aplicação ao caso concreto.

É bem verdade que a doutrina também sustenta que diante de determinadas situações há dificuldade de se explicar quais seriam os motivos concretos que justificam a aplicação de um determinado conceito normativo impreciso.

Para essas situações já há teorias específicas, como é o caso da teoria dos *fuzzy sets*. Esta teoria parte de um escrito de Lofti Zadeh de 1965 e conheceu em poucos anos uma amplíssima elaboração, especialmente no âmbito dos denominados 'sistemas expertos' em setores que antes não eram suscetíveis de tratamento informatizado. A lógica dos 'conjuntos fuzzy' tem, com efeito, a grande vantagem, em relação à dos 'conjuntos precisos', de permitir esse tratamento pondo a base de cálculo e de programação em muitos setores caracterizados pela 'vagueza irredutíveis dos conceitos empregados'. A teoria dos 'conjuntos fuzzy' considera a vagueza não como um inconveniente a eliminar senão como uma característica não eliminável e pretende construir procedimentos racionais acerca dos conceitos vagos. Trata-se, pois, de uma teoria do 'raciocínio inexato', ou 'aproximado', que encontra sua

---

[154] TARUFFO, M., idem, p. 230.

base na possibilidade de formular inferências entre proposições fundadas em noções vagas ou conceitos imprecisos. Em termos da teoria dos conjuntos isso implica um conceito de conjunto não exatamente determinado, no sentido de que pertencer o indivíduo ao conjunto não está exatamente determinado em termos absolutos positivos ou negativos, senão que somente é definível por graus; daí a definição dos 'fuzzy sets' como funções de grau de pertencer e a possibilidade de construir cálculos referentes às relações entre sistemas vagos. Evidentemente, não é nosso objetivo discutir o desenvolvimento matemático e informático da teoria dos *fuzzy*, mas, sim, indicar a demonstração da possibilidade de se construir procedimentos racionais que tenham por objeto conceitos vagos. Em outras palavras, a vagueza não é por si só um fato de subjetivismo ou de irracionalidade: simplesmente é uma característica muito frequente e a princípio irredutível de linguagem, que requer uma lógica especial para ser formalizada, porém que não exclui *a priori* toda possível racionalização. Na realidade, em linhas gerais, o que importa nessa análise é o grau de pertencer ao conjunto vago, isto é, o significado de qualificações vagas relativas a valores ou a quantidades, não podem ser indicados com números senão com séries de números que definem o conjunto. Em outras palavras, conceitos vagos como 'alto', 'pesado' ou 'preço baixo' não podem ser indicados com uma só medida, porém podem ser indicados com escalas de medida. "Alto" pode, portanto, corresponder a um valor indeterminado entre 1,70 e 2,00 m; 'pesado' pode corresponder a um valor entre 1 e 10 Kg, 'preço baixo' pode corresponder a um valor entre 100 e 1.000 reais e assim sucessivamente. Deste modo, a vagueza das qualificações não é eliminada, porém tampouco persiste como fator capaz de impedir uma argumentação racional. Aquela é, ao contrário, reduzida e convertida em calculável: um valor incerto resulta menos incerto se se estabelecem os limites da escala entre os que aquele se situa (e ainda menos incerto se a escala está composta por valores discretos e determinados); essa escala funciona pois como definição do conjunto vago e sobre essa base se funda a possibilidade do cálculo informático.[155]

---

[155] TARUFFO, M., idem, p. 231 a 233.

Evidentemente, o juiz ao se utilizar das cláusulas gerais tem por finalidade dar maior operatividade aos princípios jurídicos, pois, em tese, as cláusulas gerais possibilitam a introdução de valores éticos para permitir a operatividade dos princípios jurídicos. Os critérios traçados pela doutrina para se identificar uma cláusula geral normativa são: a) a sua extensão semântica; b) o forte teor valorativo; c) a utilização de conceitos jurídicos indeterminados. São exemplos de cláusula geral e de princípios jurídicos: *boa fé objetiva; má fé; função social da propriedade; culpa in contrahendo.*

Muito embora não se devam confundir cláusulas gerais com princípios, pois enquanto estes são normas/princípios, aquelas, apesar de gerais, são regras/normas (regras dotadas de alto grau de generalidade na sua concretização, pois não apresentam com precisão os casos que serão por elas regulados ou como se fará a sua regulação), o certo é que há muita similitude entre os princípios e as cláusulas gerais, principalmente no que concerne ao forte teor valorativo e à utilização de conceitos indeterminados.

Sem dúvida que tanto os princípios jurídicos como as cláusulas gerais apresentam conceitos e categorias abertas, razão pela qual a sua *otimização* se dá no momento de sua aplicação ao caso concreto, quando o juiz ao aplicá-los deve expor de forma analítica o sentido em que compreende e interpretou essas categorias abertas, não bastando apenas a sua menção sem qualquer justificação ou esclarecimento para que se possa valorar a correção de sua concepção hermenêutica. E essa exposição tem sua razão de ser, pois o juiz diante dos princípios ou das cláusulas gerais, como é o caso de conceitos abertos como o de *boa fé*, e em face da autorização dada pelo próprio ordenamento jurídico, tem a tarefa de adequar a sua decisão às modificações sociais, uma vez que os limites dos fatos previstos por essas categorias abertas são móveis e adaptáveis.

Sem dúvida, conforme leciona Clóvis V. do Couto e Silva, a aplicação das cláusulas gerais tem por função harmonizadora, conciliando o rigorismo lógico-dedutivo da ciência do direito do século passado com a vida e as exigências éticas atuais, abrindo, por assim dizer, no *hortus conclusus* do sistema do positivismo jurídico, 'janelas para o ético'.

Nessa conciliação, a atividade do juiz exerce tarefa de importância. Seu arbítrio, no entanto, na aplicação do princípio da boa-fé, não é subjetivo, pois que limitado pelos demais princípios jurídicos, os quais, igualmente, têm de aplicar. Nesse mútuo condicionamento de regras, quais serão as relativizações ditadas pela boa-fé? A resposta não pode ser dada *a priori*. A boa-fé dá o critério para a valorização judicial, não a solução prévia. Num sistema jurídico sem lacunas, a função do juiz resume-se em elaborar mecanicamente as soluções, esvaziando-se o direito de conteúdo vital. Num sistema jurídico concebido, não como uma *Geschlossenheit*, como um mundo fechado, mas sim como algo com aberturas por onde penetram os princípios gerais que o vivificam, não se poderá chegar a uma solução concreta apenas por processo dedutivo ou lógico matemático. Com a aplicação do princípio da boa-fé, outros princípios, havidos como absolutos, serão relativizados, flexibilizados, ao contrato com a ética.[156]

c) Invocar motivos que se prestariam a justificar qualquer outra decisão. Essa causa de falta de motivação da decisão veio positivar no ordenamento jurídico o precedente jurisprudencial encontrado no Recurso Extraordinário n. 217.631, Rel. Ministro Sepúlveda Pertence:

"Não satisfaz a exigência constitucional de que sejam fundamentadas todas as decisões do Poder Judiciário (CF, art. 93, IX) a afirmação de que a alegação deduzida pela parte é inviável juridicamente, uma vez que não retrata a verdade dos compêndios legais': **não servem à motivação de uma decisão judicial afirmação que, a rigor, se prestaria a justificar qualquer outra** *(RE 217. 631, Rel Min. Sepúlveda Pertence)*

No referido R.E., o tribunal 'a quo' rejeitou a preliminar de incompetência alegada com a simples alusão de que: *"é inviável juridicamente, uma vez que não retrata a verdade dos compêndios legais".*

No Voto do Ministro Sepúlveda Pertence, há a seguinte afirmação:

"Com efeito, a recusa da incompetência alegada, sob o argumento de ser ela 'inviável juridicamente, uma vez que não retrata a verdade dos compêndios legais' não satisfaz a exigência constitucional de que sejam fundamentadas

---

[156] COUTO E SILVA, Clóvis V. do. *A obrigação como processo*. 4ª ed. Rio de Janeiro: FGV, 2010. p. 42.

todas as decisões do Poder Judiciário: não é adequada a motivação quando, nos termos em que deduzida, serviria a decisão de rejeição de qualquer preliminar".
No mesmo sentido é o seguinte precedente do S.T.F.:
1. Não cabe ao Supremo Tribunal Federal julgar habeas corpus substitutivo de recurso ordinário, em razão da taxatividade da competência da Corte definida em rol numerus clausus pela Constituição da República (CF, art. 102, I, d e i). Precedente: HC 109.956, Rel. Min. Marco Aurélio, Primeira Turma, julgado em 07/08/2012). 2. O Supremo Tribunal Federal rechaça a prisão preventiva decretada somente com base na gravidade em abstrato do delito ou mediante a repetição dos predicados legais e a utilização de fórmulas retóricas que, em tese, serviriam para qualquer situação. Precedentes: RE 217631, Rel. Min. Sepúlveda Pertence, Primeira Turma, julgado em 09/09/1997; HC 98006, Rel. Min. Carlos Britto, Primeira Turma, julgado em 24/11/2009). 3. In casu, o magistrado plantonista não analisou as circunstâncias concretas do delito praticado, se limitando a repetir os pressupostos legais para a prisão preventiva. In foco, ao utilizar expressões como "o delito de tráfico de drogas [...] se qualifica como um delito de origem para vários outros, especialmente que envolvem violência ou grave ameaça à pessoa, com grave perturbação da paz social" o Juízo a quo tomou como fundamento da segregação cautelar a gravidade em abstrato do delito. 4. Habeas Corpus julgado extinto, concedida a ordem ex officio. (HC 114932, Relator(a): Min. MARCO AURÉLIO, Relator(a) p/ Acórdão: Min. LUIZ FUX, Primeira Turma, julgado em 02/12/2014, PROCESSO ELETRÔNICO DJe-025 DIVULG 05-02-2015 PUBLIC 06-02-2015).
Entendo ainda que o referido dispositivo está direcionado também ao juízo recursal do procedimento comum, pois não pode o Tribunal, a título de motivação do acórdão, apenas transcrever a decisão proferida pelo juízo de primeiro grau, sem efetivamente introduzir no acórdão motivos próprios de fundamentação. Isso não significa dizer que o tribunal não possa se valer de alguns tópicos existentes na sentença de primeiro grau a título de reforço de fundamentação, mas o que não se justifica, apenas para efeitos de estatísticas numéricas de decisões proferidas, simplesmente repetir a motivação da sentença de primeiro grau como tem ocorrido com certa frequência nos tribunais brasileiros. É certo que no âmbito dos juizados especiais há a previsão expressa consignada no art. 46 da Lei n. 9.099/95 de que a sentença poderá ser

confirmada pelos próprios fundamentos, *in verbis: O julgamento em segunda instância constará apenas da ata, com a indicação suficiente do processo, fundamentação sucinta e parte dispositiva. Se a sentença for confirmada pelos próprios fundamentos, a súmula do julgamento servirá de acórdão.*

O mesmo raciocínio deve ser aplicado na hipótese de um juízo simplesmente valer-se da fundamentação de outra decisão proferida por outro juízo diverso.

Tal fato caracteriza também falta de motivação substancial e própria da decisão.

Assim, o juiz não pode simplesmente copiar uma jurisprudência, sem cotejar sua aplicação ao caso concreto ou sem inserir outro critério de fundamentação para dar base à sua decisão. O reenvio aos precedentes ou às autoridades jurisprudenciais tem, no contexto do raciocínio justificativo, o papel de um 'obiter dictum', em particular se o ponto decidido ao que se refere está acompanhado por uma adequada motivação fundada a aliunde: nesse caso se trata de um expediente retórico orientado a reforçar a eficácia persuasiva do discurso, cuja presença não incide por si só na idoneidade da argumentação justificativa. O reenvio em questão tem, dentro desse limite, somente a função de inserir a decisão em uma orientação jurisprudencial mais geral, reforçando sua aceitabilidade.

Sobre a motivação *per relacionem*, assim tem se manifestado o S.T.J.: (...).

3. *"Esta Corte Superior de Justiça, bem como o Supremo Tribunal Federal, há muito já sedimentaram o entendimento de que não há cogitar nulidade do acórdão por ausência de fundamentação ou ofensa ao artigo 93, inciso IX, da Constituição Federal, se o Colegiado estadual, ao fundamentar o decisum, reporta-se à sentença condenatória, ou mesmo ao parecer do Ministério Público, valendo-se da denominada fundamentação per relationem"* (HC 242.995/SP, 6ª Turma, Rel. Min. MARIA THEREZA DE ASSIS MOURA, DJe de 24/03/2014).

4. *O Tribunal de origem, ao valorar o conjunto fático-probatório dos autos, manteve a condenação do Paciente, ocasião em que citou termos do parecer da Procuradoria- Geral de Justiça, mediante a técnica da fundamentação per relationem ou aliunde.*

Não há falar, pois, em nulidade por inobservância da exigência constitucional de motivação das decisões judiciais (art. 93, inciso IX, da Constituição Federal).
5. Ordem de habeas corpus não conhecida.
(HC 274.894/SP, Rel. Ministra LAURITA VAZ, QUINTA TURMA, julgado em 22/04/2014, DJe 30/04/2014).

É muito comum, especialmente nos tribunais, proferir-se decisão em embargos de declaração, invocando-se motivos que se prestariam a justificar qualquer outra decisão, como no exemplo a seguir:

"(...).
É o relatório
Decido.
Os embargos de declaração possuem rígidos contornos processuais, como dispõe o art. 535 do CPC de 1973, de modo que, para serem acolhidos, uma das hipóteses de cabimento deve estar presente.
O fato de a decisão impugnada contrariar as pretensões da recorrente não possibilita o uso da via dos embargos declaratórios, sob pena de se lhes atribuir efeitos infringentes, hipótese que só é admitida excepcionalmente, como, por exemplo, para corrigir erro material.
No caso vertente, pela fundamentação invocada não se verifica a ocorrência de qualquer uma das hipóteses ensejadoras do recurso em apreço, pois a decisão está devidamente motivada, com a apreciação dos pressupostos legais para o deferimento da antecipação da tutela recursal.
Assim, vejo que a pretensão veiculada guarda nítidos contornos infringentes e a pretensão da ora embargante não é de sanar qualquer irregularidade no corpo da decisão, na forma do disposto no artigo 535 do CPC, mas de buscar a reforma do julgado.
Isto posto, rejeito os embargos de declaração.
Intimem-se.

Pelo novo C.P.C., especificamente pelo conteúdo normativo previsto no art. 489, §1º, inc. III, tal metodologia não será mais possível.

d) Não enfrentar todos os argumentos deduzidos no processo capazes de, em tese, infirmar a conclusão adotada pelo julgador.

Essa causa de falta de motivação da decisão judicial fez com que a doutrina crítica ao novo C.P.C., especialmente por parte dos magistrados e das associações de magistrados, preconizasse que a partir

da vigência do novo C.P.C. o juiz estaria obrigado a apreciar todas as questões trazidas pelas partes na petição inicial ou na contestação.
Parece-me que houve um ligeiro equívoco nessa interpretação.
O aludido dispositivo legal, ao condicionar a análise dos argumentos das partes na motivação, desde que esses argumentos possam refutar a escolha adotada pelo juiz, significa dizer que obrigatoriedade de motivação não implica o dever de o juiz examinar analiticamente todas as deduções e as argumentações das partes, nem a obrigação de considerar todas as fontes probatórias.
O juiz somente deverá enfrentar os argumentos deduzidos, desde que esses argumentos sejam capazes, em tese, de enfraquecer, tirar a força ou reduzir a autoridade da decisão a ser proferida.
Mas isso sempre foi assim, pois se a parte apresenta algum argumento importante, que, em tese, possa infirmar a decisão do juiz, o magistrado deverá obrigatoriamente manifestar-se sobre esse argumento, sob pena de ocorrer omissão no julgamento, reparável por meio de embargos de declaração.
Outrossim, se o argumento da parte não puder, mesmo que em tese, enfraquecer a decisão judicial, não há necessidade de o juiz apreciá-lo.
Por outro lado, se a parte apresentar diversos argumentos que, em tese, poderiam infirmar a decisão judicial, e o juiz acolher um deles, não precisará ingressar nos demais, pois o acolhimento de um argumento já atendeu à expectativa da parte.
Conforme leciona Michele Taruffo, o princípio da obrigatoriedade da motivação pode ser interpretado em um sentido débil e em um sentido forte: *"no sentido débil, exclui a necessidade de que a motivação se refira especificamente às argumentações das partes em todos os seus detalhes, em particular quando não tem uma incidência direta na decisão ou quando são supérfluas. Do mesmo modo, é excluída a necessidade da motivação específica dos elementos probatórios que resultam irrelevantes. Por isso, resulta suficiente a motivação que leva em conta o 'sistema defensivo 'das partes e o 'conjunto das provas' adquiridas em juízo. O princípio, dentro destes limites, resulta aceitável ainda que seja casos irrelevantes, pois somente serve para excluir argumentos inúteis. Entendido em seu significado forte, ao contrário, o princípio da*

motivação implícita permite ao juiz omitir a motivação expressa sobre qualquer aspecto da controvérsia, em particular quando existam afirmações expressas que sejam incompatíveis com uma solução diferente das questões que se resolvem de forma implícita."[157]

Atualmente, o S.T.J. tem assim se manifestado, com base no sentido 'débil' de argumentação:

(...).

1. Não prospera a alegada violação do arts. 458 e 535 do CPC, pois a prestação jurisdicional foi dada na medida da pretensão deduzida. É sabido que o juiz não fica obrigado a manifestar-se sobre todas as alegações das partes, nem a ater-se aos fundamentos indicados por elas ou a responder, um a um, a todos os seus argumentos, quando já encontrou motivo suficiente para fundamentar a decisão, o que de fato ocorreu.

(...).

(AgRg no REsp 1436079/RS, Rel. Ministro HUMBERTO MARTINS, SEGUNDA TURMA, julgado em 08/05/2014, DJe 15/05/2014)

Evidentemente, este precedente somente poderá ser aplicado se o argumento encontrado for em favor da parte recorrente. Porém, se for contrário, o juiz obrigatoriamente deverá apreciar todos os demais argumentos expendidos pela parte se eles forem, ainda que em tese, capazes de infirmar a decisão a ser proferida pelo juiz.

e) Limitar-se a invocar precedente ou enunciado de súmula, sem identificar seus fundamentos determinantes nem demonstrar que o caso sob julgamento se ajusta àqueles fundamentos e

f) Não se considera fundamentada a decisão interlocutória, sentença ou acórdão quando o juiz deixar de seguir enunciado de súmula, jurisprudência ou precedente invocado pela parte, sem demonstrar a existência de distinção no caso em julgamento ou a superação do entendimento.

Assim, o juiz não pode simplesmente invocar precedente (por vezes simples citação de ementa) ou enunciado de súmula, sem que antes proceda a uma identificação pontual dos fundamentos determinantes do precedente ou da súmula, a fim de realizar um quadro comparativo

---

[157] TARUFFO, M., op. Cit, p. 370.

e de modulação desses entendimentos jurisprudenciais com o caso concreto em julgamento.

Pode-se dizer que o juiz deve realizar um confronto analítico entre o caso em julgamento e os fundamentos que deram origem ao precedente ou à súmula.

Também não deve o juiz deixar simplesmente de adotar precedentes ou súmulas de jurisprudência invocado pela parte, sem que de forma expressa e pontual demonstre os motivos pelos quais a citação jurisprudencial não se enquadra como fundamento para resolução do caso concreto.

Por fim, prescrevem os §§2º e 3º do art. 489 do novo C.P.C., os quais devem ser aplicados de forma suplementar ao procedimento dos juizados especiais:

§ 2º No caso de colisão entre normas, o juiz deve justificar o objeto e os critérios gerais da ponderação efetuada, enunciando as razões que autorizam a interferência na norma afastada e as premissas fáticas que fundamentam a conclusão.

§ 3º A decisão judicial deve ser interpretada a partir da conjugação de todos os seus elementos e em conformidade com o princípio da boa-fé.

O art. 1.065 do novo C.P.C. preconiza que o art.50 da Lei no 9.099, de 26 de setembro de 1995, passa a vigorar com a seguinte redação: *Art. 50. Os embargos de declaração interrompem o prazo para a interposição de recurso." (NR).*

Por sua vez, o art. 1.066 do novo C.P.C. estabelece que o art. 83 da Lei nº 9.099, de 26 de setembro de 1995, passa a vigorar com a seguinte redação:

Art. 83.Cabem embargos de declaração quando, em sentença ou acórdão, houver obscuridade, contradição ou omissão.
(...).
§ 2º Os embargos de declaração interrompem o prazo para a interposição de recurso.

Estes dispositivos vieram unificar os efeitos jurídicos dos embargos de declaração interpostos no âmbito do procedimento comum e no âmbito dos juizados especiais e, especialmente, em relação à sua interposição contra sentença e contra decisão de Turma Recursal.

O art. 50 da Lei 9.099/95 estabelecia que *"quando interpostos contra sentença, os embargos de declaração suspenderão o prazo para recurso"*.

A doutrina, ao interpretar o referido dispositivo normativo, assim se consolidou:

> *"Diversamente do que dispõe o art. 538, 'caput', do CPC, estamos diante de 'suspensão', e não de 'interrupção' do prazo. Significa dizer que os dias já decorridos não serão recuperados, ou, em outras palavras, o prazo não recomeça a fluir 'ex novo', e em toda a sua inteireza. Para a interposição do recurso principal restam os dias que lhe sobejarem"*.[158]

Nesse sentido é o seguinte precedente do S.T.F., que entendeu que os embargos de declaração somente interromperiam o prazo de recurso contra acórdão de turma recursal:

> *AGRAVO REGIMENTAL EM AGRAVO DE INSTRUMENTO. JUIZADO ESPECIAL. EMBARGOS DE DECLARAÇÃO CONTRA ACÓRDÃO DA TURMA RECURSAL. EFEITOS. RECURSO PROVIDO. 1. Lei 9.099/95, artigos 48 e 50. Cabimento de embargos de declaração contra sentença. Suspensão do prazo recursal. Norma restritiva aplicável a sentenças, que não pode ser estendida à hipótese de embargos declaratórios opostos contra acórdão de turma recursal, apesar de os juizados especiais estarem alicerçados sobre o princípio da celeridade processual, cuja observância não deve implicar redução do prazo recursal. 2. Embargos declaratórios opostos contra acórdão de turma recursal. Efeito. Interrupção do prazo estabelecido para eventual recurso. Aplicação da regra prevista no Código de Processo Civil. Norma restritiva. Interpretação. As normas restritivas interpretam-se restritivamente. 3. Agravo regimental provido, para afastar a intempestividade prematuramente declarada pelo juízo "a quo", determinando-se a subida do recurso extraordinário, que somente deverá ocorrer após o transcurso do prazo concedido ao recorrido para apresentar contra-razões.* (STF – AI: 451078 RJ , Relator: Min. EROS GRAU, Data de Julgamento: 31/08/2004, Primeira Turma, Data de

---

[158] TOURINHO NETO, F. C.; FIGUEIRA JÚNIOR, J. F., op. Cit., p. 300.

Publicação: DJ 24-09-2004 PP-00004 EMENT VOL-01544-01 PP-00032 RF v. 101, n. 378, 2005, p. 263-265 RTJ VOL 00192-01 PP-00385).

No mesmo sentido é a seguinte decisão da Turma Nacional de Uniformização dos Juizados Especiais Federais:

> *VOTO AGRAVO REGIMENTAL EM INCIDENTE DE UNIFORMIZAÇÃO INTERPOSTO PELA UNIÃO. SERVIDOR PÚBLICO FEDERAL. PEDIDO DE CONDENAÇÃO DA UNIÃO FEDERAL AO PAGAMENTO EM PARCELA ÚNICA DE REPOSIÇÃO DE PERDAS SALARIAIS, CORRESPONDENTE AO REAJUSTE DE 3,17% (TRÊS VÍRGULA DEZESSETE POR CENTO). EMBARGOS DE DECLARAÇÃO OPOSTOS CONTRA ACÓRDÃO DE TURMA RECURSAL. INTERRUPÇÃO DO PRAZO PARA A APRESENTAÇÃO DO PEDIDO DE UNIFORMIZAÇÃO. RECONHECIMENTO DA PRESCRIÇÃO NOS TERMOS DA SÚMULA 85 DO STJ. CONHECIMENTO E PROVIMENTO DO RECURSO.*
> *1. Pedido formulado por servidor público, concernente à condenação, da UNIÃO FEDERAL, ao pagamento de reposição de perdas salariais, correspondente ao reajuste de 3,17% (três vírgula dezessete por cento) em parcela única. 2. Sentença de parcial procedência do pedido. Afastamento da prescrição e determinação de integral pagamento dos valores devidos (fls. 77/83). 3. Reforma parcial da sentença pela Turma Recursal do Rio de Janeiro, apenas no tocante ao percentual de juros de mora. 4. Incidente de uniformização interposto pela União, nos termos do art. 14, da Lei nº 10.259/2.001. Defesa do entendimento de que há prescrição quinquenal a partir da edição da Medida Provisória n.º 2.225/2001, não sendo mais possível qualquer impugnação quanto ao parcelamento do débito. 5. Negativa de seguimento, ao incidente, pela Presidência da Turma Recursal do Rio de Janeiro. Reconhecimento da suspensão do prazo recursal com a interposição de embargos, nos termos do artigo 50 da Lei n.º 9.099/95. Intempestividade. 6. Decisão da lavra do Ministro Presidente da TNU – Turma Nacional de Uniformização, no sentido de inadmitir o incidente, com fundamento no art. 7º, inciso VI, do Regimento Interno do Colegiado. 7. Interposição de agravo regimental pela União. 8. Distribuição do agravo regimental. 9. Distribuição do incidente em 15-04-2009. 10. No caso dos autos, o requerente foi intimado da decisão que rejeitou os Embargos de Declaração interpostos em face de decisão*

da Turma Recursal, em cumprimento à Ordem de Serviço n.º 02-pres/trjef de 05-12-2003, em03-04-2009, tendo iniciado a contagem do prazo recursal em 06-04-2009 e findado em 15-04-2009.11. Artigo 50, da Lei n.º 9.099/95 regra aplicada, restritivamente, aos embargos de declaração oposto contra sentença. Fora desta hipótese excepcionalmente regulada pela lei, os embargos de declaração se sujeitam à regra geral prevista no art. 538 do CPC.12. Aplicação do artigo 538, do Código de Processo Civil, in verbis: "Art. 538. Os embargos de declaração interrompem o prazo para a interposição de outros recursos, por qualquer das partes."13. Interrupção do prazo para apresentação do pedido de uniformização. Tempestividade do incidente.14. Provimento ao agravo interposto, com reconhecimento da ausência de decurso de prazo para apresentação do incidente de uniformização de jurisprudência.
(...).
(TNU – PEDILEF: 200651590006680 RJ , Relator: JUÍZA FEDERAL VANESSA VIEIRA DE MELLO, Data de Julgamento: 25/04/2012, Data de Publicação: DOU 25/05/2012) (grifo nosso)

Porém, agora com os preceitos normativos previstos nos arts. 1.065 e 1.066 do novo C.P.C., que deram nova redação aos arts. 50 e 83, §2º, da Lei 9.099/95, não há mais dúvida de que a interposição de embargos de declaração contra *sentença* proferida pelos juizados especiais *interrompe* o prazo recursal.

5.1.8. Incidente de desconsideração da personalidade jurídica e os juizados especiais.

O incidente de desconsideração da personalidade jurídica há muito vem sendo aplicado no processo jurisdicional brasileiro, muito embora não estivesse expressamente regulado pelo C.P.C. de 1973.

No âmbito do direito material, a desconsideração da personalidade jurídica encontra-se prevista no art. 50 do Código Civil brasileiro, *in verbis*:

> *Art. 50. Em caso de abuso da personalidade jurídica, caracterizado pelo desvio de finalidade, ou pela confusão patrimonial, pode o juiz decidir, a requerimento da parte, ou do Ministério Público quando lhe couber intervir no processo, que os efeitos de certas e determinadas relações de obrigações sejam estendidos aos bens particulares dos administradores ou sócios da pessoa jurídica.*

A Legislação Consumerista (Lei 8.078/90) previu a denominada Teoria Menor da desconsideração da personalidade jurídica, ao preconizar:

> Art. 28. O juiz poderá desconsiderar a personalidade jurídica da sociedade quando, em detrimento do consumidor, houver abuso de direito, excesso de poder, infração da lei, fato ou ato ilícito ou violação dos estatutos ou contrato social. A desconsideração também será efetivada quando houver falência, estado de insolvência, encerramento ou inatividade da pessoa jurídica provocados por má administração.

Também poderá ser desconsiderada a pessoa jurídica sempre que sua personalidade for, de alguma forma, obstáculo ao ressarcimento de prejuízos causados aos consumidores (§5º do art. 28 do C.D.C.).

Sobre o tema, eis os seguintes precedentes do S.T.J.:

> DIREITO DO CONSUMIDOR E PROCESSUAL CIVIL. RECURSO ESPECIAL. EXECUÇÃO FRUSTRADA. PEDIDO DE DESCONSIDERAÇÃO DA PERSONALIDADE JURÍDICA. INDEFERIMENTO. FUNDAMENTAÇÃO APOIADA NA INEXISTÊNCIA DOS REQUISITOS PREVISTOS NO ART. 50 DO CÓDIGO CIVIL DE 2002 (TEORIA MAIOR). ALEGAÇÃO DE QUE SE TRATAVA DE RELAÇÃO DE CONSUMO. INCIDÊNCIA DO ART. 28, § 5º, DO CDC (TEORIA MENOR). OMISSÃO. OFENSA AO ART. 535 DO CPC RECONHECIDA.
> 1. É possível, em linha de princípio, em se tratando de vínculo de índole consumerista, a utilização da chamada Teoria Menor da desconsideração da personalidade jurídica, a qual se contenta com o estado de insolvência do fornecedor, somado à má administração da empresa, ou, ainda, com o fato de a personalidade jurídica representar um "obstáculo ao ressarcimento de prejuízos causados aos consumidores" (art. 28 e seu § 5º, do Código de Defesa do Consumidor).
> 2. Omitindo-se o Tribunal a quo quanto à tese de incidência do art. 28, § 5º, do CDC (Teoria Menor), acolhe-se a alegação de ofensa ao art. 535 do CPC.
> 3. Recurso especial parcialmente conhecido e provido.
> (REsp 1111153/RJ, Rel. Ministro LUIS FELIPE SALOMÃO, QUARTA TURMA, julgado em 06/12/2012, DJe 04/02/2013).

DIREITO CIVIL E DO CONSUMIDOR. DESCONSIDERAÇÃO DA PERSONALIDADE JURÍDICA. PRESSUPOSTOS PROCESSUAIS E MATERIAIS. OBSERVÂNCIA. CITAÇÃO DOS SÓCIOS EM PREJUÍZO DE QUEM FOI DECRETADA A DESCONSIDERAÇÃO. DESNECESSIDADE. AMPLA DEFESA E CONTRADITÓRIO GARANTIDOS COM A INTIMAÇÃO DA CONSTRIÇÃO. IMPUGNAÇÃO AO CUMPRIMENTO DE SENTENÇA. VIA ADEQUADA PARA A DISCUSSÃO ACERCA DO CABIMENTO DA DISREGARD. RELAÇÃO DE CONSUMO. ESPAÇO PRÓPRIO PARA A INCIDÊNCIA DA TEORIA MENOR DA DESCONSIDERAÇÃO. ART. 28, § 5º, CDC. PRECEDENTES.

1. A desconsideração da personalidade jurídica é instrumento afeito a situações limítrofes, nas quais a má-fé, o abuso da personalidade jurídica ou confusão patrimonial estão revelados, circunstâncias que reclamam, a toda evidência, providência expedita por parte do Judiciário. Com efeito, exigir o amplo e prévio contraditório em ação de conhecimento própria para tal mister, no mais das vezes, redundaria em esvaziamento do instituto nobre.

2. A superação da pessoa jurídica afirma-se como um incidente processual e não como um processo incidente, razão pela qual pode ser deferida nos próprios autos, dispensando-se também a citação dos sócios, em desfavor de quem foi superada a pessoa jurídica, bastando a defesa apresentada a posteriori, mediante embargos, impugnação ao cumprimento de sentença ou exceção de pré-executividade.

3. Assim, não prospera a tese segundo a qual não seria cabível, em sede de impugnação ao cumprimento de sentença, a discussão acerca da validade da desconsideração da personalidade jurídica. Em realidade, se no caso concreto e no campo do direito material fosse descabida a aplicação da Disregard Doctrine, estar-se-ia diante de ilegitimidade passiva para responder pelo débito, insurgência apreciável na via da impugnação, consoante art. 475-L, inciso IV. Ainda que assim não fosse, poder-se-ia cogitar de oposição de exceção de pré-executividade, a qual, segundo entendimento de doutrina autorizada, não só foi mantida, como ganhou mais relevo a partir da Lei n. 11.232/2005.

4. Portanto, não se havendo falar em prejuízo à ampla defesa e ao contraditório, em razão da ausência de citação ou de intimação para o pagamento da dívida (art. 475-J do CPC), e sob pena de tornar-se infrutuosa a desconsideração da personalidade jurídica, afigura-se bastante – quando, no âmbito do direito material, forem detectados os pressupostos autorizadores da medida – a intimação superveniente da penhora dos bens dos ex-sócios, providência que, em concreto, foi realizada.

5. No caso, percebe-se que a fundamentação para a desconsideração da pessoa jurídica está ancorada em "abuso da personalidade" e na "ausência de bens passíveis de penhora", remetendo o voto condutor às provas e aos documentos carreados aos autos. Nessa circunstância, o entendimento a que chegou o Tribunal a quo, além de ostentar fundamentação consentânea com a jurisprudência da Casa, não pode ser revisto por força da Súmula 7/STJ.

6. Não fosse por isso, cuidando-se de vínculo de índole consumerista, admite-se, a título de exceção, a utilização da chamada "teoria menor" da desconsideração da personalidade jurídica, a qual se contenta com o estado de insolvência do fornecedor somado à má administração da empresa, ou, ainda, com o fato de a personalidade jurídica representar um "obstáculo ao ressarcimento de prejuízos causados aos consumidores", mercê da parte final do caput do art. 28, e seu § 5º, do Código de Defesa do Consumidor.

7. A investigação acerca da natureza da verba bloqueada nas contas do recorrente encontra óbice na Súmula 7/STJ.

8. Recurso especial não provido.

(REsp 1096604/DF, Rel. Ministro LUIS FELIPE SALOMÃO, QUARTA TURMA, julgado em 02/08/2012, DJe 16/10/2012)

RECURSO ESPECIAL. AÇÃO DE RESOLUÇÃO DE CONTRATO DE PROMESSA DE COMPRA E VENDA DE IMÓVEL PROPOSTA CONTRA A CONSTRUTORA E SEUS SÓCIOS. DESCONSIDERAÇÃO DA PERSONALIDADE JURÍDICA. ART. 28, CAPUT E § 5º, DO CDC. PREJUÍZO A CONSUMIDORES. INATIVIDADE DA EMPRESA POR MÁ ADMINISTRAÇÃO.

1. Ação de resolução de contrato de promessa de compra e venda de imóvel movida contra a construtora e seus sócios.

2. Reconhecimento pelas instâncias ordinárias de que, em detrimento das consumidoras demandantes, houve inatividade da pessoa jurídica, decorrente da má administração, circunstância apta, de per si, a ensejar a desconsideração, com fundamento no art. 28, caput, do CDC.

3. No contexto das relações de consumo, em atenção ao art. 28, § 5º, do CDC, os credores não negociais da pessoa jurídica podem ter acesso ao patrimônio dos sócios, mediante a aplicação da disregard doctrine, bastando a caracterização

da dificuldade de reparação dos prejuízos sofridos em face da insolvência da sociedade empresária.
4. Precedente específico desta Corte acerca do tema (REsp. nº 279.273/SP, Rel. Min. ARI PARGENDLER, Rel. p/ Acórdão Min. NANCY ANDRIGHI, Terceira Turma, DJ de 29.03.2004).
5. RECURSO ESPECIAL CONHECIDO E PROVIDO.
(REsp 737.000/MG, Rel. Ministro PAULO DE TARSO SANSEVERINO, TERCEIRA TURMA, julgado em 01/09/2011, DJe 12/09/2011)
EMBARGOS DE DECLARAÇÃO RECEBIDOS COMO AGRAVO REGIMENTAL NO RECURSO ESPECIAL. PRINCÍPIOS DA FUNGIBILIDADE, CELERIDADE E ECONOMIA PROCESSUAL. ALEGAÇÃO DE NULIDADES. INOVAÇÃO RECURSAL. DESCONSIDERAÇÃO DA PERSONALIDADE JURÍDICA. DIREITO POTESTATIVO QUE NÃO SE EXTINGUE PELO NÃO-USO. PRESCRIÇÃO INTERCORRENTE. INEXISTÊNCIA. DECISÃO MANTIDA.
1. Os embargos de declaração opostos com o fito de rediscutir a causa devidamente decidida podem ser recebidos como agravo regimental, em conformidade com o princípio da fungibilidade recursal e economia processual.
2. Quanto às alegadas nulidades, verifica-se que tais questões somente foram levantadas em sede de embargos de declaração, constituindo inadmissível inovação recursal.
3. Correspondendo o pedido de desconsideração da personalidade jurídica a direito potestativo, sujeito a prazo decadencial, para cujo exercício a lei não previu prazo especial, prevalece a regra geral da inesgotabilidade ou da perpetuidade, segundo a qual os direitos não se extinguem pelo não-uso. Assim, à míngua de previsão legal, o pedido de desconsideração da personalidade jurídica, quando preenchidos os requisitos da medida, poderá ser realizado a qualquer tempo. Precedentes.
4. Embargos de declaração recebidos como agravo regimental a que se nega provimento.
(EDcl no REsp 1401234/CE, Rel. Ministro LUIS FELIPE SALOMÃO, QUARTA TURMA, julgado em 01/09/2015, DJe 08/09/2015)

O novo C.P.C. introduz no âmbito normativo do direito processual civil brasileiro o *incidente de desconsideração da personalidade jurídica*, que até então, como aspecto processual, somente era delineado nas decisões judiciais com base na teoria da *disregard of legal entity* ou *durchgriff der juristichen Personen*.

O incidente de desconsideração da personalidade jurídica será instaurado a pedido da parte ou do Ministério Público, quando lhe couber intervir no processo.

Em caso de abuso da personalidade jurídica, *caracterizado na forma da lei*, o juiz pode em qualquer processo ou procedimento, mediante incidente ou não, decidir a requerimento da parte ou do Ministério Público, quando lhe couber intervir no processo, que os efeitos de certas e determinadas obrigações sejam estendidos aos bens particulares dos administradores ou dos sócios da pessoa jurídica ou aos bens da empresa do mesmo grupo econômico.

Não compete ao magistrado, porém, desconsiderar a personalidade da pessoa jurídica de ofício.

A desconsideração dependerá de requerimento da parte ou do Ministério Público (nos casos em que deve intervir no processo).

O novo C.P.C. procedimentalizou o incidente de desconsideração da personalidade jurídica em seus arts. 133 a 137:

> Art. 133. *O incidente de desconsideração da personalidade jurídica será instaurado a pedido da parte ou do Ministério Público, quando lhe couber intervir no processo.*
> § 1º *O pedido de desconsideração da personalidade jurídica observará os pressupostos previstos em lei.*
> § 2º *Aplica-se o disposto neste Capítulo à hipótese de desconsideração inversa da personalidade jurídica.*
> Art. 134. *O incidente de desconsideração é cabível em todas as fases do processo de conhecimento, no cumprimento de sentença e na execução fundada em título executivo extrajudicial.*
> § 1º *A instauração do incidente será imediatamente comunicada ao distribuidor para as anotações devidas.*
> § 2º *Dispensa-se a instauração do incidente se a desconsideração da personalidade jurídica for requerida na petição inicial, hipótese em que será citado o sócio ou a pessoa jurídica.*
> § 3º *A instauração do incidente suspenderá o processo, salvo na hipótese do § 2º.*

§ 4º O requerimento deve demonstrar o preenchimento dos pressupostos legais específicos para desconsideração da personalidade jurídica.
Art. 135. Instaurado o incidente, o sócio ou a pessoa jurídica será citado para manifestar-se e requerer as provas cabíveis no prazo de 15 (quinze) dias.
Art. 136. Concluída a instrução, se necessária, o incidente será resolvido por decisão interlocutória.
Parágrafo único. Se a decisão for proferida pelo relator, cabe agravo interno.
Art. 137. Acolhido o pedido de desconsideração, a alienação ou a oneração de bens, havida em fraude de execução, será ineficaz em relação ao requerente.

Preceitua o *§2º do art. 133* do atual C.P.C. que se *aplica o disposto neste Capítulo à hipótese de desconsideração inversa da personalidade jurídica.*

A desconsideração inversa da personalidade jurídica caracteriza-se pelo afastamento da autonomia patrimonial da sociedade, para, contrariamente do que ocorre na desconsideração da personalidade propriamente dita, atingir o ente coletivo e seu patrimônio social, de modo a responsabilizar a pessoa jurídica por obrigações do sócio controlador.

Considerando que a finalidade da *disregard doctrine* é combater a utilização indevida do ente societário por seus sócios, o que pode ocorrer também nos casos em que o sócio controlador esvazia o seu patrimônio pessoal e o integraliza na pessoa jurídica, conclui-se, de uma interpretação teleológica do art. 50 do CC/02, ser possível a desconsideração inversa da personalidade jurídica, de modo a atingir bens da sociedade em razão de dívidas contraídas pelo sócio controlador, desde que preenchidos os requisitos previstos na norma. Sobre o tema, eis o seguinte precedente do S.T.J.:

> *PROCESSUAL CIVIL E CIVIL. RECURSO ESPECIAL. EXECUÇÃO DE TÍTULO JUDICIAL. ART. 50 DO CC/02. DESCONSIDERAÇÃO DA PERSONALIDADE JURÍDICA INVERSA. POSSIBILIDADE.*
> *I. A ausência de decisão acerca dos dispositivos legais indicados como violados impede o conhecimento do recurso especial. Súmula 211/STJ.*
> *II. Os embargos declaratórios têm como objetivo sanear eventual obscuridade, contradição ou omissão existentes na decisão recorrida.*

Inexiste ofensa ao art. 535 do CPC, quando o Tribunal a quo pronuncia-se de forma clara e precisa sobre a questão posta nos autos, assentando-se em fundamentos suficientes para embasar a decisão, como ocorrido na espécie.
III. A desconsideração inversa da personalidade jurídica caracteriza-se pelo afastamento da autonomia patrimonial da sociedade, para, contrariamente do que ocorre na desconsideração da personalidade propriamente dita, atingir o ente coletivo e seu patrimônio social, de modo a responsabilizar a pessoa jurídica por obrigações do sócio controlador.
IV. Considerando-se que a finalidade da disregard doctrine é combater a utilização indevida do ente societário por seus sócios, o que pode ocorrer também nos casos em que o sócio controlador esvazia o seu patrimônio pessoal e o integraliza na pessoa jurídica, conclui-se, de uma interpretação teleológica do art. 50 do CC/02, ser possível a desconsideração inversa da personalidade jurídica, de modo a atingir bens da sociedade em razão de dívidas contraídas pelo sócio controlador, conquanto preenchidos os requisitos previstos na norma.
V . A desconsideração da personalidade jurídica configura-se como medida excepcional. Sua adoção somente é recomendada quando forem atendidos os pressupostos específicos relacionados com a fraude ou abuso de direito estabelecidos no art. 50 do CC/02. Somente se forem verificados os requisitos de sua incidência, poderá o juiz, no próprio processo de execução, levantar o véu da personalidade jurídica para que o ato de expropriação atinja os bens da empresa.
VI. À luz das provas produzidas, a decisão proferida no primeiro grau de jurisdição, entendeu, mediante minuciosa fundamentação, pela ocorrência de confusão patrimonial e abuso de direito por parte do recorrente, ao se utilizar indevidamente de sua empresa para adquirir bens de uso particular.
VII. Em conclusão, a r. decisão atacada, ao manter a decisão proferida no primeiro grau de jurisdição, afigurou-se escorreita, merecendo assim ser mantida por seus próprios fundamentos.
Recurso especial não provido.
(REsp 948.117/MS, Rel. Ministra NANCY ANDRIGHI, TERCEIRA TURMA, julgado em 22/06/2010, DJe 03/08/2010)

O incidente de desconsideração da personalidade jurídica, previsto nos arts. 133 a 137 do novo C.P.C., aplica-se também no procedimento dos juizados especiais, conforme previsão expressa consignada no art. 1.062 do novo

C.P.C.: *O incidente de desconsideração da personalidade jurídica aplica-se ao processo de competência dos juizados especiais.*

Portanto, se havia alguma dúvida sobre a possibilidade da desconsideração da personalidade jurídica no procedimento dos juizados especais, a partir do novo C.P.C. não há mais.

Aliás, nesse sentido é o Enunciado n. 60 do FONAJEF:

> ENUNCIADO 60 – É CABÍVEL A APLICAÇÃO DA DESCONSIDE-RAÇÃO DA PERSONALIDADE JURÍDICA, INCLUSIVE NA FASE DE EXECUÇÃO. (REDAÇÃO ALTERADA NO XIII ENCONTRO – CAMPO GRANDE/MS).

5.1.9. Procedimento sumário (art. 275, inc. II, do C.P.C. de 1973) e os juizados especiais.

Segundo Galeno Lacerda, *"quanto às alterações no procedimento, vigora a regra da aplicação imediata da lei nova, respeitados os atos já praticados..."*.[159]

Em relação ao procedimento *sumário* previsto no art. 275 da Lei n. 5.869, de 11 de janeiro de 1973, o novo C.P.C., em seu art. 1.046, §1º, preconiza que *as disposições da Lei n. 5.869, de 11 de janeiro de 1973, relativas ao procedimento sumário e aos procedimentos especiais que forem revogadas aplicar-se-ão às ações propostas e não sentenciadas até o início da vigência deste Código.*

O novo C.P.C. não prevê mais o procedimento sumário, pois as únicas espécies de procedimentos indicadas para o processo de conhecimento são o procedimento comum e o procedimento especial.

O C.P.C. de 1973 previa duas hipóteses jurídicas que determinavam a observância do procedimento *sumário*: a) nas causas cujo valor não excedesse a 60 (sessenta) vezes o valor do salário mínimo; b) nas causas, qualquer que fosse o valor, indicadas no inc. II do art. 275 do C.P.C. de 1973.

Portanto, a incidência do procedimento sumário na vigência do C.P.C. de 1973 era taxativa em decorrência de dois critérios: a) o do valor; b) e em razão da matéria.

Com a extinção do procedimento sumário pelo novo C.P.C., as causas em razão do valor, segundo o inc. I do art. 275 do novo C.P.C., incorporaram-se

---

[159] LACERDA, G., op. Cit. p. 28.

definitivamente ao rito dos juizados especiais estaduais, até o limite de quarenta salários mínimos (art. 3º, inc. I, da Lei n. 9.099/95) ou ao rito dos juizados especiais federais, até o limite de sessenta salários mínimos (art. 3º da Lei n. 10.259/01).

O novo C.P.C., em complementação ao art. 1.046, §1º, preconiza em seu art. 1.063 que *até a edição de lei específica, os juizados especiais cíveis previstos na Lei n. 9.099, de 26 de setembro de 1995, continuam competentes para o processamento e julgamento das causas previstas no art. 275, inciso II, da Lei n. 5.869, de 11 de janeiro de 1973.*

O art. 1.063 do novo C.P.C. normatiza competência provisória dos juizados especiais estaduais e federais, pois faz menção a lei específica para a regulação do procedimento das causas descritas no art. 275, inc. II, do C.P.C. de 1973, a saber:

> *Art. 275. Observar-se-á o procedimento sumário: (Redação dada pela Lei nº 9.245, de 26.12.1995)*
>
> *(...).*
>
> *II – nas causas, qualquer que seja o valor (Redação dada pela Lei nº 9.245, de 26.12.1995)*
>
> *a) de arrendamento rural e de parceria agrícola; (Redação dada pela Lei nº 9.245, de 26.12.1995)*
>
> *b) de cobrança ao condômino de quaisquer quantias devidas ao condomínio; (Redação dada pela Lei nº 9.245, de 26.12.1995)*
>
> *c) de ressarcimento por danos em prédio urbano ou rústico; (Redação dada pela Lei nº 9.245, de 26.12.1995)*
>
> *d) de ressarcimento por danos causados em acidente de veículo de via terrestre; (Redação dada pela Lei nº 9.245, de 26.12.1995)*
>
> *e) de cobrança de seguro, relativamente aos danos causados em acidente de veículo, ressalvados os casos de processo de execução; (Redação dada pela Lei nº 9.245, de 26.12.1995)*
>
> *f) de cobrança de honorários dos profissionais liberais, ressalvado o disposto em legislação especial; (Redação dada pela Lei nº 9.245, de 26.12.1995)*
>
> *g) que versem sobre revogação de doação; (Redação dada pela Lei nº 9.245, de 26.12.1995)*
>
> *h) nos demais casos previstos em lei. (Incluído pela Lei nº 12.122, de 2009).*

É certo, porém, que as causas descritas no art. 275, inc. II, do C.P.C. de 1973 já eram de competência dos juizados especiais cíveis, conforme estabelece o art. 3º, inc. II, da Lei n. 9.099/95, *in verbis*:

> *Art. 3º O Juizado Especial Cível tem competência para conciliação, processo e julgamento das causas cíveis de menor complexidade, assim consideradas:*
> *(....)*
> *II – as enumeradas no art. 275, inciso II, do Código de Processo Civil;*
> *III – a ação de despejo para uso próprio;*
> *IV – as ações possessórias sobre bens imóveis de valor não excedente ao fixado no inciso I deste artigo.*

Portanto, desde 1995 as causas descritas no art. 275, inc. II, do C.P.C. de 1973 são de competência dos juizados especiais cíveis.

Porém, há decisão do S.T.J. que diz que as matérias reguladas no art. 275, inc. II, do C.P.C. de 1973 somente serão de competência absoluta dos juizados especiais cíveis se não forem de grande complexidade e desde que não ultrapassem o valor previsto nos juizados especiais. Nesse sentido, eis o seguinte precedente do S.T.J.:

> *RECURSO ORDINÁRIO EM MANDADO DE SEGURANÇA. JUIZADOS ESPECIAIS CÍVEIS E CRIMINAIS. AÇÃO DE OBRIGAÇÃO DE FAZER VISANDO OBTER CADASTRAMENTO DE LOTE PARA FUTURA REGULARIZAÇÃO DE CONDOMÍNIO COM O PODER PÚBLICO. ELEVADO VALOR PATRIMONIAL. COMPLEXIDADE DA MATÉRIA. INCOMPETÊNCIA ABSOLUTA DOS JUIZADOS ESPECIAIS. MANDAMUS IMPETRADO PERANTE O TRIBUNAL DE JUSTIÇA PARA CONTROLE DE COMPETÊNCIA DOS JUIZADOS. CABIMENTO. ATO JUDICIAL TRANSITADO EM JULGADO. DECISÃO NULA. RECURSO ORDINÁRIO PROVIDO.*
> *1. É cabível a impetração de mandado de segurança perante Tribunal de Justiça para o controle da competência dos Juizados Especiais para conhecer e julgar determinado litígio que lhes foi apresentado.*
> *A eg. Corte Especial, no julgamento do RMS 17.524/BA, de relatoria da em. Min. NANCY ANDRIGHI, decidiu ser "necessário estabelecer um mecanismo*

de controle da competência dos Juizados, sob pena de lhes conferir um poder desproporcional: o de decidir, em caráter definitivo, inclusive as causas para as quais são absolutamente incompetentes, nos termos da lei civil".

2. No caso, o mandamus é admitido mesmo contra ato judicial transitado em julgado, na medida em que o juízo prolator da decisão atacada era absolutamente incompetente em razão da matéria, sendo a decisão, na verdade, nula de pleno direito, ou seja, substancialmente inexistente.

3. A ação apresentada a julgamento perante o Juizado Especial revela notória complexidade, tendo por objeto bem de elevado valor patrimonial, por envolver lide acerca de regularização imobiliária, matéria incompatível com a singeleza e com o rito previstos na Lei 9.099/95.

4. Recurso ordinário provido para reconhecer a incompetência absoluta dos Juizados Especiais Cíveis e Criminais para julgar a ação de obrigação de fazer cumulada com pedido cominatório, declarando-se nulos todos os atos decisórios proferidos no feito e determinando-se a remessa dos autos à Justiça Comum para que conheça e julgue a causa como entender de direito.

(RMS 39.041/DF, Rel. Ministro RAUL ARAÚJO, QUARTA TURMA, julgado em 07/05/2013, DJe 26/08/2013)

No mesmo sentido, no que concerne à exclusão da competência dos juizados especiais causas complexas, é o teor do Enunciado n. 12 do FONAJEF.

Ocorre que, o próprio S.T.J., em 2015, apresentou manifestação diversa, entendendo que a competência absoluta dos juizados especiais cíveis para conhecer das matérias indicadas no art. 275, inc. II, do C.P.C. de 1973, *independe do valor*. Nesse sentido é a seguinte decisão:

> *PROCESSUAL CIVIL. RECURSO ORDINÁRIO EM MANDADO DE SEGURANÇA. CONTROLE DE COMPETÊNCIA DE JUIZADOS ESPECIAIS CÍVEIS. ADEQUAÇÃO DA VIA ELEITA. INAPLICABILIDADE DA SÚMULA Nº 376/STJ. DECADÊNCIA. ART. 23 DA LEI Nº 12.016/2009. MANDAMUS IMPETRADO APÓS MAIS DE 120 DIAS DO TRÂNSITO EM JULGADO DA SENTENÇA IMPUGNADA. DECADÊNCIA. ACIDENTE DE TRÂNSITO. COMPETÊNCIA QUE INDEPENDER DO VALOR DA CAUSA. AUSÊNCIA DE COMPLEXIDADE DA DEMANDA. RECURSO NÃO PROVIDO.*

1. Consoante a jurisprudência desta Corte, admite-se a impetração de mandado de segurança perante os Tribunais de Justiça dos Estados para o exercício do controle de competência dos juizados especiais, ficando a cargo das Turmas Recursais, a teor do que dispõe a Súmula nº 376 do STJ, o writ que tenha por escopo o controle de mérito dos atos de juizado especial. Precedentes.
2. A teor do disposto no art. 23 da Lei nº 12.016/2009, o direito de postular, pela via do mandado de segurança, a desconstituição de sentença por suposta incompetência do juizado especial prolator, extingue-se após transcorrido in albis o prazo de 120 (cento e vinte) dias a contar da data em que se operou o trânsito em julgado do referido decisum.
3. No caso, o transcurso de prazo superior a três anos entre o trânsito em julgado da sentença que se pretende desconstituir e a data da impetração impõe o reconhecimento da decadência.
4. Nos termos do art. 3º, II, da Lei nº 9.099/97, conjugado com o art. 275, II, d, do CPC, cabe aos Juizados Especiais Cíveis julgar as demandas de ressarcimento por danos causados em acidente de veículo de via terrestre, qualquer que seja o valor da causa.
5. A suposta necessidade de realização de prova pericial, por si só, não afasta a menor complexidade da causa.
6. Recurso ordinário em mandado de segurança não provido.
(RMS 46.955/GO, Rel. Ministro MOURA RIBEIRO, TERCEIRA TURMA, julgado em 23/06/2015, DJe 17/08/2015)

No voto do Ministro Moura Ribeiro encontra-se a seguintes passagem:

"(...)
De qualquer forma, a tese da incompetência do juizado especial não prospera. As ações de ressarcimento de danos decorrentes de acidentes de veículos, hipótese dos autos, são abrangidas pela competência dos Juizados Especiais qualquer que seja o valor da causa. A mera leitura dos termos da Lei nº 9.099/95 permite tal compreensão: Art. 3º O Juizado Especial Cível tem competência para conciliação, processo e julgamento das causas cíveis de menor complexidade, assim consideradas: I – as causas cujo valor não exceda a quarenta vezes o salário mínimo; II – as enumeradas no art. 275, inciso II, do Código de Processo Civil. A propósito, dispõe o art. 275 do CPC: Art. 275. Observar-se-á

o procedimento sumário: I – nas causas cujo valor não exceda a 60 (sessenta) vezes o valor do salário mínimo; II – nas causas, qualquer que seja o valor [...] d) de ressarcimento por danos causados em acidente de veículo de via terrestre (sem destaques no original). Como se vê, o valor da causa é um dos critérios fixadores da competência dos Juizados Especiais Cíveis, mas não é o único. O limite de quarenta salários mínimos não se aplica às causas cuja competência é determinada em razão da matéria, tendo em vista que os critérios não são cumulativos. Tanto isso é verdade que a lei, quando quis conjugar o requisito valor com a matéria para fixação da competência dos juizados, o fez expressamente: *Lei nº 9.099/95 Art. 3º O Juizado Especial Cível tem competência para conciliação, processo e julgamento das causas cíveis de menor complexidade, assim consideradas:*

[...] IV – as ações possessórias sobre bens imóveis de valor não excedente ao fixado no inciso I deste artigo (sem destaques no original). No sentido do aqui exposto, confira-se o seguinte precedente: *PROCESSUAL CIVIL. MANDADO DE SEGURANÇA. JUIZADO ESPECIAL CÍVEL. COMPLEXIDADE DA CAUSA. NECESSIDADE DE PERÍCIA. CONDENAÇÃO SUPERIOR A 40 SALÁRIOS MÍNIMOS. CONTROLE DE COMPETÊNCIA. TRIBUNAIS DE JUSTIÇA DOS ESTADOS. POSSIBILIDADE. MANDADO DE SEGURANÇA. DECISÃO TRANSITADA EM JULGADO. CABIMENTO. [...] 3. O art. 3º da Lei 9.099/95 adota dois critérios distintos – quantitativo (valor econômico da pretensão) e qualitativo (matéria envolvida) – para definir o que são "causas cíveis de menor complexidade". Exige-se a presença de apenas um desses requisitos e não a sua cumulação, salvo na hipótese do art. 3º, IV, da Lei 9.099/95. Assim, em regra, o limite de 40 salários mínimos não se aplica quando a competência dos Juizados Especiais Cíveis é fixada com base na matéria . [...] (RMS 30.170/SC, Rel. Ministra NANCY ANDRIGHI, Terceira Turma, j. 5/10/2010, DJe 13/10/2010, sem destaques no original)* O Juizado Especial, portanto, detinha competência para a apreciação da demanda. No caso dos autos, cabia ao autor da demanda optar pelo Juizado Especial ou pelo Juízo comum (REsp 146.189/RJ, Rel. Ministro BARROS MONTEIRO, Quarta Turma, j. 24/3/1998, DJ 29/6/1998, p. 196). Vale salientar que *os Juizados Especiais têm competência para a execução de seus julgados: Lei nº 9.099/95 Art. 3º [...] § 1º Compete ao Juizado Especial promover a execução: I – dos seus julgados;*

Quanto à suposta complexidade de demanda, o que também seria, no entender de AGENOR, causa suficiente para afastar a competência do Juizado Especial Cível, vale observar que a própria sentença já afastou a necessidade de produção de prova pericial (e-STJ, fls. 232-244). Isso porque o conjunto probatório dos autos (boletim de ocorrência e prova testemunhal) foi suficiente para que o juízo de piso firmasse seu convencimento acerca da dinâmica do acidente. Ademais, ainda que a prova pericial tivesse se mostrado necessária, o que, como mencionado, não foi o entendimento do juízo da causa, não haveria necessariamente exclusão da competência do Juizado Especial. A mera realização de prova pericial não conduz, por si só, ao afastamento da menor complexidade da causa. Nesse sentido, confira-se o seguinte precedente: PROCESSO CIVIL. MEDIDA CAUTELAR COM O FITO DE OBTER A ANTECIPAÇÃO DOS EFEITOS DA TUTELA RECURSAL. RECURSO ORDINÁRIO EM MANDADO DE SEGURANÇA. POSSIBILIDADE, DESDE QUE DEMONSTRADOS O PERICULUM IN MORA E O FUMUS BONI IURIS. JUIZADO ESPECIAL CÍVEL. COMPETÊNCIA. COMPLEXIDADE DA CAUSA. NECESSIDADE DE PERÍCIA. CONDENAÇÃO SUPERIOR A 40 SALÁRIOS MÍNIMOS. POSSIBILIDADE. COMPETÊNCIA. CONTROLE. TRIBUNAIS DE JUSTIÇA DOS ESTADOS. MANDADO DE SEGURANÇA. DECISÃO TRANSITADA EM JULGADO. CABIMENTO. [...] – Não há dispositivo na Lei 9.099/95 que permita inferir que a complexidade da causa – e, por conseguinte, a competência do Juizado Especial Cível – esteja relacionada à necessidade ou não de perícia. [...] (MC 15.465/SC, Rel. Ministra NANCY ANDRIGHI, Terceira Turma, j. 28/4/2009, DJe 3/9/2009) Por fim, saliente-se que a via mandamental não é adequada à discussão acerca da necessidade ou não da realização de prova pericial. Nesse sentido: PROCESSUAL CIVIL. AGRAVO REGIMENTAL NO RECURSO ORDINÁRIO EM MANDADO DE SEGURANÇA. COMPETÊNCIA DOS JUIZADOS ESPECIAIS. CONTROLE PELO TRIBUNAL DE ORIGEM. IMPETRAÇÃO DO WRIT. POSSIBILIDADE. EXCEÇÃO À REGRA GERAL. [...]
2. No caso concreto, a ação mandamental, a despeito de mencionar a incompetência do Juizado Especial, encerra pretensão de reexame do mérito da decisão proferida pela Turma Recursal, mormente no que se refere à realização da prova (e-STJ fl. 105), providência incompatível com a via eleita. 3. Agravo regimental

*desprovido. (AgRg no RMS 28.262/RJ, Rel. Ministro ANTONIO CARLOS FERREIRA, Quarta Turma, j. 6/6/2013, DJe 19/6/2013)
(...).".*

Também no sentido de que a competência dos juizados especiais se dá pelo valor ou em razão da matéria, eis a seguinte decisão do S.T.J.:

CONFLITO DE COMPETÊNCIA. JUÍZO FEDERAL DE JUIZADO ESPECIAL E *JUÍZO FEDERAL DE JUIZADO COMUM. COMPETÊNCIA DO STJ PARA APRECIAR O CONFLITO. FORNECIMENTO DE MEDICAMENTO. CAUSA DE VALOR INFERIOR A SESSENTA SALÁRIOS MÍNIMOS. COMPLEXIDADE DA CAUSA. CRITÉRIO NÃO ADOTADO PELA LEI PARA DEFINIR O JUÍZO COMPETENTE. COMPETÊNCIA DOS JUIZADOS ESPECIAIS.*
1. A jurisprudência do STJ é no sentido de que juízo de juizado especial não está vinculado jurisdicionalmente ao tribunal com quem tem vínculo administrativo, razão pela qual o conflito entre ele e juízo comum caracteriza-se como conflito entre juízos não vinculados ao mesmo tribunal, o que determina a competência do STJ para dirimi-lo, nos termos do art. 105, I, d, da Constituição. Precedentes.
2. A Lei 10.259/01, que instituiu os Juizados Cíveis e Criminais no âmbito da Justiça Federal, estabeleceu que a competência desses Juizados tem natureza absoluta e que, em matéria cível, obedece como regra geral a do valor da causa: são da sua competência as causas com valor de até sessenta salários mínimos (art. 3º). A essa regra foram estabelecidas exceções ditadas (a) pela natureza da demanda ou do pedido (critério material), (b) pelo tipo de procedimento (critério processual) e (c) pelos figurantes da relação processual (critério subjetivo).
3. É certo que a Constituição limitou a competência dos Juizados Federais, em matéria cível, a causas de "menor complexidade" (CF, art. 98, § único). Mas, não se pode ter por inconstitucional o critério para esse fim adotado pelo legislador, baseado no menor valor da causa, com as exceções enunciadas. A necessidade de produção de prova pericial, além de não ser o critério próprio para definir a competência, não é sequer incompatível com o rito dos Juizados Federais, que prevê expressamente a produção dessa espécie de prova (art. 12 da Lei 10.259/01).

4. *Competência do Juizado Especial Federal, o suscitado. Agravo regimental improvido.*
(AgRg no CC 102.912/SC, Rel. Ministro TEORI ALBINO ZAVASCKI, PRIMEIRA SEÇÃO, julgado em 13/05/2009, DJe 25/05/2009)

5.2. Execução fiscal.

A Lei n. 6.830, de 22 de setembro de 1980 (Lei de Execução Fiscal), regula o procedimento de cobrança judicial da Dívida Ativa da Fazenda Pública, estabelecendo o rito processual executivo.

Conforme estabelece o art. 1.046, §2º, do novo C.P.C., permanecem em vigor as disposições especiais dos procedimentos regulados em outras leis, aos quais se aplicará supletivamente o novo C.P.C.

Portanto, o novo C.P.C. é aplicado supletivamente à Lei de Execução Fiscal.

Mas o novo C.P.C. também se aplica *subsidiariamente* ao rito procedimental da execução fiscal, conforme estabelece o art. 1º da Lei n. 6.830 de 1980, a saber: *"A execução judicial para cobrança da Dívida Ativa da União, dos Estados, do Distrito Federal, dos Municípios e respectivas autarquias será regida por esta Lei e, subsidiariamente, pelo Código de Processo Civil".*

5.2.1. Contagem de prazo na execução fiscal.

A Lei n. 6.830 de 1980 apresenta os seguintes prazos processuais:

a) Art. 8º – o executado será citado para, no prazo de 5 (cinco) dias, pagar a dívida com os juros e multa de mora e encargos indicados na Certidão de Dívida Ativa, ou garantir a execução;
b) Art. 8º, inc. II – a citação pelo correio considera-se feita na data da entrega da carta no endereço do executado, ou, se a data for omitida, no aviso de recepção, 10 (dez) dias após a entrega da carta à agência postal;
c) Art. 8º, inc. III – se o aviso de recepção não retornar no prazo de 15 (quinze) dias da entrega da carta à agência postal, a citação será feita por Oficial de Justiça ou por edital;
d) Art. 8º, inc. IV – o edital de citação será afixado na sede do Juízo, publicado uma só vez no órgão oficial, gratuitamente, como expediente

judiciário, com o prazo de 30 (trinta) dias, e conterá, apenas, a indicação da exequente, o nome do devedor e dos co-responsáveis, a quantia devida, a natureza da dívida, a data e o número da inscrição no Registro da Dívida Ativa, o prazo e o endereço da sede do Juízo;

e) Art. 8º, §1º – o executado ausente do País será citado por edital, com prazo de 60 (sessenta) dias;

f) Art. 13º, § 2º – Se não houver, na Comarca, avaliador oficial ou este não puder apresentar o laudo de avaliação no prazo de 15 (quinze) dias, será nomeada pessoa ou entidade habilitada a critério do Juiz.

g) Art. 16 – O executado oferecerá embargos, no prazo de 30 (trinta) dias, contados;

h) Art. 17 – Recebidos os embargos, o Juiz mandará intimar a Fazenda, para impugná-los no prazo de 30 (trinta) dias, designando, em seguida, audiência de instrução e julgamento.

i) Art. 17, parágrafo único – Não se realizará audiência, se os embargos versarem sobre matéria de direito, ou, sendo de direito e de fato, a prova for exclusivamente documental, caso em que o Juiz proferirá a sentença no prazo de 30 (trinta) dias.

j) Art. 19 – Não sendo embargada a execução ou sendo rejeitados os embargos, no caso de garantia prestada por terceiro, será este intimado, sob pena de contra ele prosseguir a execução nos próprios autos, para, no prazo de 15 (quinze) dias;

l) Art. 22, § 1º – O prazo entre as datas de publicação do edital e do leilão não poderá ser superior a 30 (trinta), nem inferior a 10 (dez) dias;

m) Art. 22, § 2º – O representante judicial da Fazenda Pública, será intimado, pessoalmente, da realização do leilão, com a antecedência prevista no parágrafo anterior;

n) Art. 24, inc. II, letra b) – havendo licitantes, com preferência, em igualdade de condições com a melhor oferta, no prazo de 30 (trinta) dias;

o) Art. 24, parágrafo único – Se o preço da avaliação ou o valor da melhor oferta for superior ao dos créditos da Fazenda Pública, a adjudicação somente será deferida pelo Juiz se a diferença for depositada, pela exequente, à ordem do Juízo, no prazo de 30 (trinta) dias;

p) Art. 34, §2º – Os embargos infringentes, instruídos, ou não, com documentos novos, serão deduzidos, no prazo de 10 (dez) dias perante o mesmo Juízo, em petição fundamentada;

q) Art. 34, § 3º – Ouvido o embargado, no prazo de 10 (dez) dias, serão os autos conclusos ao Juiz, que, dentro de 20 (vinte) dias, os rejeitará ou reformará a sentença;

r) Art. 37, parágrafo único – o Oficial de Justiça deverá efetuar, em 10 (dez) dias, as diligências que lhe forem ordenadas, salvo motivo de força maior devidamente justificado perante o Juízo;

O novo C.P.C., por sua vez, no que concerne à contagem dos prazos em dia, assim preconiza em seu art. 219: n*a contagem do prazo em dias, estabelecido por lei ou pelo juiz, computar-se-ão somente os dias úteis.*

Questão que se coloca, é se os prazos previstos nas letras a) a r) acima indicados deverão ser contados de forma ininterrupta ou se deverão observar o disposto no art. 219 do novo C.P.C., ou seja, na contagem do prazo computar-se-ão somente os dias úteis.

Note-se que a mudança do sistema de contagem do prazo processual em dias pelo novo C.P.C. não decorre somente de uma alteração meramente formal. Ao contrário, tem por finalidade dar maior efetividade ao princípio Constitucional do *devido processo legal*, especialmente permitir uma maior amplitude para a realização do contraditório e da ampla defesa.

Assim, como a Lei 6.830/80 não estabelece a forma e o critério de contagem dos prazos em dias fixados pela lei ou pelo juiz, deve-se aplicar suplementarmente e subsidiariamente o disposto no art. 219 do novo C.P.C., ou seja, somente computando-se os dias úteis.

Apenas em relação ao art. 22, §§1º e 2º, é que não será observado o prazo em dias úteis, pois não se trata de contagem de prazo mas de limite jurídico processual para a prática de ato processual.

5.2.2. Requisitos da petição inicial e novo C.P.C.

A certidão de dívida ativa, segundo art. 784 do novo C.P.C., caracteriza-se como título executivo extrajudicial, estando sujeita ao procedimento executivo fiscal, Lei 6.830/80, e supletiva e subsidiariamente às normas que regulam a execução de título executivo extrajudicial, previstas no Livro II da Parte Especial do novo C.P.C.

Por força do que dispõe o art. 771, p.u., do novo C.P.C., aplicam-se subsidiariamente à execução as disposições do Livro I da Parte Especial, no que concerne ao cumprimento de sentença.

Os requisitos da petição inicial da execução fiscal estão previstos no art. 6º da Lei 6.830/80, a saber:

> Art. 6º – A petição inicial indicará apenas:
> I – o Juiz a quem é dirigida;
> II – o pedido; e
> III – o requerimento para a citação.
> § 1º – A petição inicial será instruída com a Certidão da Dívida Ativa, que dela fará parte integrante, como se estivesse transcrita.
> § 2º – A petição inicial e a Certidão de Dívida Ativa poderão constituir um único documento, preparado inclusive por processo eletrônico.
> § 3º – A produção de provas pela Fazenda Pública independe de requerimento na petição inicial.
> § 4º – O valor da causa será o da dívida constante da certidão, com os encargos legais.

Se o juiz verificar que falta algum dos requisitos exigidos pela norma, deverá aplicar subsidiariamente o disposto no art. 801 do novo C.P.C., a saber: *verificando que a petição inicial está incompleta ou que não está acompanhada dos documentos indispensáveis à propositura da execução, o juiz determinará que o exequente a corrija, no prazo de 15 (quinze) dias, sob pena de indeferimento.*

5.2.3. Bens sujeitos à execução fiscal.

O art. 790 do novo C.P.C. estabelece:

> Art. 790. São sujeitos à execução os bens:
> I – do sucessor a título singular, tratando-se de execução fundada em direito real ou obrigação reipersecutória;
> II – do sócio, nos termos da lei;

> *III – do devedor, ainda que em poder de terceiros;*
> *IV – do cônjuge ou companheiro, nos casos em que seus bens próprios ou de sua meação respondem pela dívida;*
> *V – alienados ou gravados com ônus real em fraude à execução;*
> *VI – cuja alienação ou gravação com ônus real tenha sido anulada em razão do reconhecimento, em ação autônoma, de fraude contra credores;*
> *VII – do responsável, nos casos de desconsideração da personalidade jurídica.*

Já o art. 4º da Lei 6.830/80 prescreve:

> *Art. 4º – A execução fiscal poderá ser promovida contra:*
> *I – o devedor;*
> *II – o fiador;*
> *III – o espólio;*
> *IV – a massa;*
> *V – o responsável, nos termos da lei, por dívidas, tributárias ou não, de pessoas físicas ou pessoas jurídicas de direito privado; e*
> *VI – os sucessores a qualquer título.*

Na aplicação supletiva do novo C.P.C. em relação à execução fiscal, pode-se afirmar que os bens do cônjuge ou companheiro estão sujeitos à execução, desde que fique demonstrado que seus bens próprios ou meação respondem pelas dívidas, pois nesse caso serão considerados como devedores do crédito tributário.

Também estarão sujeitos à execução fiscal os bens alienados ou gravados com ônus real em fraude à execução ou cuja alienação ou gravação com ônus real tenha sido anulada em razão do reconhecimento, em ação autônoma, de fraude contra credores, pois tal alienação ou inserção de ônus não tem eficácia em relação ao credor, Fazenda Pública, em se tratando de fraude à execução, ou será considerada nula, em se tratando de fraude contra credores.

A execução fiscal também será promovida ou terá prosseguimento em relação ao responsável, nos casos de desconsideração da personalidade jurídica, desde que observadas as regras do incidente de desconsideração da personalidade jurídica previstas nos arts. 133 a 137 do novo C.P.C.

Se a obrigação tributária ou não tributária tiver por objeto obrigação de que seja sujeito passivo o proprietário de terreno submetido ao regime do direito de superfície, ou o superficiário, responderá pela dívida, exclusivamente, o direito real do qual é titular o executado, recaindo a penhora ou outros atos de constrição exclusivamente sobre o terreno, no primeiro caso, ou sobre a construção ou a plantação, no segundo caso, nos termos da aplicação suplementar do art. 791 do novo C.P.C. Aplica-se, no que couber, o disposto no art. 791 à enfiteuse, à concessão de uso especial para fins de moradia e à concessão de direito real de uso.

Por sua vez, ao propor a execução fiscal, incumbe ao exequente, em razão da aplicação suplementar do art. 799 do novo C.P.C.:

> I – requerer a intimação do credor pignoratício, hipotecário, anticrético ou fiduciário, quando a penhora recair sobre bens gravados por penhor, hipoteca, anticrese ou alienação fiduciária;
>
> II – requerer a intimação do titular de usufruto, uso ou habitação, quando a penhora recair sobre bem gravado por usufruto, uso ou habitação;
>
> III – requerer a intimação do promitente comprador, quando a penhora recair sobre bem em relação ao qual haja promessa de compra e venda registrada;
>
> IV – requerer a intimação do promitente vendedor, quando a penhora recair sobre direito aquisitivo derivado de promessa de compra e venda registrada;
>
> V – requerer a intimação do superficiário, enfiteuta ou concessionário, em caso de direito de superfície, enfiteuse, concessão de uso especial para fins de moradia ou concessão de direito real de uso, quando a penhora recair sobre imóvel submetido ao regime do direito de superfície, enfiteuse ou concessão;
>
> VI – requerer a intimação do proprietário de terreno com regime de direito de superfície, enfiteuse, concessão de uso especial para fins de moradia ou concessão de direito real de uso, quando a penhora recair sobre direitos do superficiário, do enfiteuta ou do concessionário;
>
> VII – requerer a intimação da sociedade, no caso de penhora de quota social ou de ação de sociedade anônima fechada, para o fim previsto no art. 876, § 7o;
>
> VIII – pleitear, se for o caso, medidas urgentes;
>
> IX – proceder à averbação em registro público do ato de propositura da execução e dos atos de constrição realizados, para conhecimento de terceiros.

5.2.4. Prazo para pagamento da dívida

Muito embora o art. 829 do novo C.P.C. estabeleça que o executado será citado para pagar a dívida no prazo de 3 (três) dias, a contar da citação, a Lei 6.830/80 estabelece prazo diferenciado para pagamento da dívida em seu art. 8º, ou seja, preconiza que o pagamento deverá ocorrer no prazo de 5 (cinco) dias. Nessa hipótese, não haverá aplicação subsidiária ou suplementar do novo C.P.C.

Porém, é possível a aplicação suplementar à execução fiscal do disposto no §1º do art. 827 do novo C.P.C. Assim, na hipótese de pagamento integral do débito fiscal no prazo de 5 (cinco) dias, o valor dos honorários advocatícios será reduzido pela metade.

5.2.5. Ordem de preferência e intimação da penhora

O art. 835 do novo C.P.C. estabelece a ordem de preferência na realização da penhora, *in verbis*:

> Art. 835. *A penhora observará, preferencialmente, a seguinte ordem:*
> *I – dinheiro, em espécie ou em depósito ou aplicação em instituição financeira;*
> *II – títulos da dívida pública da União, dos Estados e do Distrito Federal com cotação em mercado;*
> *III – títulos e valores mobiliários com cotação em mercado;*
> *IV – veículos de via terrestre;*
> *V – bens imóveis;*
> *VI – bens móveis em geral;*
> *VII – semoventes;*
> *VIII – navios e aeronaves;*
> *IX – ações e quotas de sociedades simples e empresárias;*
> *X – percentual do faturamento de empresa devedora;*
> *XI – pedras e metais preciosos;*
> *XII – direitos aquisitivos derivados de promessa de compra e venda e de alienação fiduciária em garantia;*
> *XIII – outros direitos.*

Já o art. 11 da Lei 6.830/80 apresenta a seguinte ordem de preferência:

> Art. 11 – *A penhora ou arresto de bens obedecerá à seguinte ordem:*

I – dinheiro;
II – título da dívida pública, bem como título de crédito, que tenham cotação em bolsa;
III – pedras e metais preciosos;
IV – imóveis;
V – navios e aeronaves;
VI – veículos;
VII – móveis ou semoventes; e
VIII – direitos e ações.

Deverá prevalecer a ordem de preferência estabelecida pelo art. 11 da Lei de Execução Fiscal, não se aplicando o disposto no art. 835 do novo C.P.C.

Sobre a forma de intimação da penhora, estabelece o art. 841 do novo C.P.C.:

> *Art. 841. Formalizada a penhora por qualquer dos meios legais, dela será imediatamente intimado o executado.*
> *§ 1º A intimação da penhora será feita ao advogado do executado ou à sociedade de advogados a que aquele pertença.*
> *§ 2º Se não houver constituído advogado nos autos, o executado será intimado pessoalmente, de preferência por via postal.*
> *§ 3º O disposto no § 1o não se aplica aos casos de penhora realizada na presença do executado, que se reputa intimado.*
> *§ 4º Considera-se realizada a intimação a que se refere o § 2o quando o executado houver mudado de endereço sem prévia comunicação ao juízo, observado o disposto no parágrafo único do art. 274.*

Já o art. 12 da Lei 6.830 de 1980 estabelece a sistemática de intimação do executado da penhora, a saber:

> *Art. 12 – Na execução fiscal, far-se-á a intimação da penhora ao executado, mediante publicação, no órgão oficial, do ato de juntada do termo ou do auto de penhora.*

> *§ 1º – Nas Comarcas do interior dos Estados, a intimação poderá ser feita pela remessa de cópia do termo ou do auto de penhora, pelo correio, na forma estabelecida no artigo 8º, incisos I e II, para a citação.*
> *§ 2º – Se a penhora recair sobre imóvel, far-se-á a intimação ao cônjuge, observadas as normas previstas para a citação.*
> *§ 3º – Far-se-á a intimação da penhora pessoalmente ao executado se, na citação feita pelo correio, o aviso de recepção não contiver a assinatura do próprio executado, ou de seu representante legal.*

Diante da aplicação suplementar do novo C.P.C. ao procedimento de execução fiscal, pode-se afirmar que em relação à intimação da penhora no executivo fiscal poder-se-á observar, além da regra do artigo 12 da Lei de Execução Fiscal, também as seguintes disposições do art. 841 do novo C.P.C.:

a) a intimação do ato de juntada do termo ou auto de penhora poderá ser pelo diário oficial ou pelo sistema eletrônico ao advogado ou à sociedade de advogados.
b) não possuindo o executado advogado nos autos, a intimação poderá ser realizada pela remessa do auto ou termo de penhora pelo correio;
c) considera-se realizada a intimação a que se refere a letra b) quando o executado houver mudado de endereço sem prévia comunicação ao juízo, observado o disposto no parágrafo único do art. 274 do novo C.P.C.
d) considera-se intimado da penhora o executado, quando esta for realizada na sua presença;
e) far-se-á a intimação da penhora pessoalmente ao executado se, na citação feita pelo correio, o aviso de recepção não contiver a assinatura do próprio executado, ou de seu representante legal.

5.2.6. Averbação do arresto ou da penhora.

O art. 844 do novo C.P.C. preconiza que para presunção absoluta de conhecimento por terceiros, cabe ao exequente providenciar a averbação do arresto ou da penhora no registro competente, mediante apresentação de cópia do auto ou do termo, independentemente de mandado judicial.

Por sua vez, o art. 14 da Lei n. 6.830/80 preceitua que o oficial de justiça entregará contrafé e cópia do termo ou do auto de penhora ou arresto, com a ordem de registro de que trata o artigo 7º, inc. IV, da Lei de Execução Fiscal, no Ofício próprio, se o bem for imóvel ou a ele equiparado; na repartição competente para emissão de certificado de registro, se for veículo; na Junta Comercial, na Bolsa de Valores, e na sociedade comercial, se forem ações, debênture, parte beneficiária, cota ou qualquer outro título, crédito ou dinheiro societário nominativo.

Assim, como a Lei de Execução Fiscal trata expressamente da sistemática de registro do auto ou termo de penhora no registro competente, deverá ser observado o disposto no art. 14 da Lei 6.830/80, competindo ao Oficial de Justiça proceder ao registro e não ao exequente.

5.2.7. Prazo para interposição dos embargos do executado.

Em relação à defesa do executado, o art. 16 da Lei de Execução Fiscal prescreve:

> *Art. 16 – O executado oferecerá embargos, no prazo de 30 (trinta) dias, contados:*
> *I – do depósito;*
> *II – da juntada da prova da fiança bancária ou do seguro garantia; (Redação dada pela Lei nº 13.043, de 2014)*
> *III – da intimação da penhora.*

Portanto, em regra geral, o prazo para o oferecimento dos embargos à execução fiscal é de trinta dias, contado da *intimação da penhora*.

Além do mais, segundo estabelece o §1º do art. 16 da Lei n. 6.830/80, *não são admissíveis embargos do executado antes de garantida a execução.*

O novo C.P.C., em relação aos embargos do executado, assim estabelece em seus arts. 914 e 915:

> *Art. 914. O executado, independentemente de penhora, depósito ou caução, poderá se opor à execução por meio de embargos.*
> *§ 1º Os embargos à execução serão distribuídos por dependência, autuados em apartado e instruídos com cópias das peças processuais relevantes, que poderão ser declaradas autênticas pelo próprio advogado, sob sua responsabilidade pessoal.*

§ 2º Na execução por carta, os embargos serão oferecidos no juízo deprecante ou no juízo deprecado, mas a competência para julgá-los é do juízo deprecante, salvo se versarem unicamente sobre vícios ou defeitos da penhora, da avaliação ou da alienação dos bens efetuadas no juízo deprecado.
Art. 915. Os embargos serão oferecidos no prazo de 15 (quinze) dias, contado, conforme o caso, na forma do art. 231.
§ 1º Quando houver mais de um executado, o prazo para cada um deles embargar conta-se a partir da juntada do respectivo comprovante da citação, salvo no caso de cônjuges ou de companheiros, quando será contado a partir da juntada do último.
§ 2º Nas execuções por carta, o prazo para embargos será contado:
I – da juntada, na carta, da certificação da citação, quando versarem unicamente sobre vícios ou defeitos da penhora, da avaliação ou da alienação dos bens;
II – da juntada, nos autos de origem, do comunicado de que trata o § 4o deste artigo ou, não havendo este, da juntada da carta devidamente cumprida, quando versarem sobre questões diversas da prevista no inciso I deste parágrafo.
§ 3º Em relação ao prazo para oferecimento dos embargos à execução, não se aplica o disposto no art. 229.
§ 4º Nos atos de comunicação por carta precatória, rogatória ou de ordem, a realização da citação será imediatamente informada, por meio eletrônico, pelo juiz deprecado ao juiz deprecante.

Assim, nos termos do novo C.P.C., o executado, independentemente de penhora, depósito ou caução, poderá se opor à execução por meio de embargos, no prazo de 15 (quinze) dias, contado, em regra: a) da data de juntada aos autos do aviso de recebimento, quando a citação ou a intimação for pelo correio; b) da data de juntada aos autos do mandado cumprido, quando a citação ou a intimação for por oficial de justiça; c) da data de ocorrência da citação, quando ela se der por ato do escrivão ou do chefe de secretaria; d) do dia útil seguinte ao fim da dilação assinada pelo juiz, quando a citação for por edital; e) do dia útil seguinte à consulta ao teor da citação ou ao término do prazo para que a consulta se dê, quando a citação for eletrônica; f) da data de juntada do comunicado de que trata o art. 232 do novo C.P.C. ou, não havendo esse, a data de juntada da carta aos autos de origem devidamente cumprida, quando a citação se realizar em cumprimento de carta;

Tendo em vista que a Lei de Execução Fiscal regula expressamente a sistemática do prazo para interposição dos embargos à execução fiscal, não haverá aplicação subsidiária do art. 914 e 915 do novo C.P.C.

Assim, os embargos, na execução fiscal, dependem de penhora, sendo que o prazo será de 30 (trinta) dias contado da data da intimação da penhora, e não da juntada do respectivo documento.

Nesse sentido, são os seguintes precedentes do S.T.J.:

> *PROCESSUAL CIVIL. EMBARGOS À EXECUÇÃO. TEMPESTIVIDADE. SUSPENSÃO DO PRAZO. PORTARIA 01/2009. INCIDÊNCIA DA SÚMULA 7/STJ. FUNDAMENTO INATACADO. SÚMULA 283/STF. TERMO INICIAL DO PRAZO PARA AJUIZAMENTO DOS EMBARGOS À EXECUÇÃO FISCAL. SUSPENSÃO. ATO ADMINISTRATIVO. AUSÊNCIA DE PREVISÃO LEGAL. APLICAÇÃO DOS ARTS. 187, E 249, § 2.º, DO CPC.*
>
> *1. A jurisprudência desta Corte há muito se firmou no sentido de que o prazo para a oposição dos embargos à execução inicia-se da intimação da penhora nos termos do art. 16, III, da Lei 6.830/80.*
>
> *2. No caso dos autos, entretanto, houve uma peculiaridade. Conforme fixado no acórdão recorrido, houve suspensão do prazo recursal nos termos da Portaria 01/2009, razão pela qual o prazo para a proposição dos embargos à execução foi estendido.*
>
> *3. O recurso especial não reúne condições de ser conhecido. Isso porque a tese do recorrente ignorou a ocorrência da suspensão do prazo recursal, nos termos da Portaria 01/2009, consoante fixado no acórdão recorrido. Assim, refutar essas afirmações demanda a reapreciação do conjunto fático-probatório dos autos, impossível na via do recurso especial, conforme estabelece a Súmula 7 do STJ.*
>
> *4. As razões do recurso especial, ao limitarem-se a impugnar o dever de observância do prazo para oposição dos embargos à execução, deixam de infirmar o principal fundamento do acórdão, atinente à suspensão do prazo, o que atrai a incidência da Súmula 283/STF.*
>
> *5. Sem razão ainda o agravante quando defende a impossibilidade de suspensão do prazo previsto no art. 16 da Lei 6.830/80, mediante portaria, como aconteceu nos presente autos, porquanto peremptório, visto que, nos termos dos arts. 187 e 249, § 2º do CPC, havendo motivo justificado, poderá exceder, por igual*

tempo, o prazo legal para a prática de determinado ato, sobretudo em atenção aos princípios do devido processo legal e da ampla defesa.
Agravo regimental improvido.
(AgRg no AREsp 769.651/BA, Rel. Ministro HUMBERTO MARTINS, SEGUNDA TURMA, julgado em 01/12/2015, DJe 10/12/2015)
TRIBUTÁRIO. PROCESSUAL CIVIL. AUSÊNCIA DE VIOLAÇÃO DO ART. 535 DO CPC. TERMO INICIAL PARA OPOSIÇÃO DE EMBARGOS À EXECUÇÃO FISCAL. INTIMAÇÃO DA PENHORA. AUSÊNCIA DE INTIMAÇÃO PESSOAL. REEXAME DE FATOS E PROVAS. IMPOSSIBILIDADE. INCIDÊNCIA DA SÚMULA 7/STJ.
1. Inexiste violação do art. 535 do CPC quando a prestação jurisdicional é dada na medida da pretensão deduzida, com enfrentamento e resolução das questões abordadas no recurso.
2. A Primeira Seção, em sede de recurso especial representativo de controvérsia (art. 543-C do CPC), firmou o entendimento de que "o termo inicial para a oposição de Embargos à Execução Fiscal é a data da efetiva intimação da penhora, e não a da juntada aos autos do mandado cumprido" (REsp 1.112.416/MG, Rel. Ministro Herman Benjamin, DJe 9/9/2009.).
3. Hipótese em que os embargos somente foram opostos quando já expirado o prazo legal de 30 dias. Logo, os embargos à execução são intempestivos, como bem determinou o Tribunal de origem.
4. Verificar a alegada ausência de intimação pessoal do devedor, quando o Tribunal de origem expressamente consignou que esta ocorreu, requer, necessariamente, o reexame de fatos e provas, o que é vedado ao STJ, em recurso especial, por esbarrar no óbice da Súmula 7/STJ.
Agravo regimental improvido.
(AgRg no REsp 1566508/SP, Rel. Ministro HUMBERTO MARTINS, SEGUNDA TURMA, julgado em 24/11/2015, DJe 01/12/2015)

É certo que o S.T.J. firmou entendimento de que em determinadas situações excepcionais o executado poderá oferecer embargos à execução fiscal, independentemente de penhora. Nesse sentido é o seguinte precedente:

TRIBUTÁRIO. PROCESSUAL CIVIL. RECURSO ESPECIAL REPRESENTATIVO DE CONTROVÉRSIA. ART. 543-C, DO CPC. EMBARGOS

À EXECUÇÃO FISCAL. DETERMINAÇÃO DE REFORÇO DE PENHORA PELO JUIZ EX OFFICIO. IMPOSSIBILIDADE. EXISTÊNCIA DE REQUERIMENTO PELA FAZENDA EXEQUENTE, IN CASU. INSUFICIÊNCIA DA PENHORA. ADMISSIBILIDADE DOS EMBARGOS. VIOLAÇÃO DO ART. 535 DO CPC NÃO CONFIGURADA. [...] 11. O pleito de imediato prosseguimento dos embargos, à revelia da referida decisão judicial, não merece acolhimento, haja vista que, conquanto a insuficiência patrimonial do devedor seja justificativa plausível à apreciação dos embargos à execução sem que o executado proceda ao reforço da penhora, deve ser a mesma comprovada inequivocamente. Nesse sentido, in verbis: "Caso o devedor não disponha de patrimônio suficiente para a garantia integral do crédito exequendo, cabe-lhe comprovar inequivocamente tal situação. Neste caso, dever-se-á admitir os embargos, excepcionalmente, sob pena de se violar o princípio da isonomia sem um critério de discrímen sustentável, eis que dar seguimento à execução, realizando os atos de alienação do patrimônio penhorado e que era insuficiente para garantir toda a dívida, negando ao devedor a via dos embargos, implicaria restrição dos seus direitos apenas em razão da sua situação de insuficiência patrimonial. Em palavras simples, poder-se-ia dizer que tal implicaria em garantir o direito de defesa ao "rico", que dispõe de patrimônio suficiente para segurar o Juízo, e negar o direito de defesa ao "pobre", cujo patrimônio insuficiente passaria a ser de pronto alienado para a satisfação parcial do crédito. Não trato da hipótese de inexistência de patrimônio penhorável pois, em tal situação, sequer haveria como prosseguir com a execução, que restaria completamente frustrada." (Leandro Paulsen, in Direito Processual Tributário, Processo Administrativo Fiscal e Execução Fiscal à luz da Doutrina e da Jurisprudência, Ed. Livraria do Advogado, 5ª ed.; p. 333/334). [...] 14. Recurso a que se nega provimento. Acórdão submetido ao regime do art. 543-C do CPC e da Resolução STJ 08/2008 (REsp 1127815 / SP, Primeira Seção, Rel. Min. Luiz Fux, julgado em 24.11.2010).

Em relação à impugnação dos embargos à execução fiscal, prescreve o art.17 da Lei de Execução Fiscal:

Art. 17 – Recebidos os embargos, o Juiz mandará intimar a Fazenda, para impugná-los no prazo de 30 (trinta) dias, designando, em seguida, audiência de instrução e julgamento.

> *Parágrafo Único – Não se realizará audiência, se os embargos versarem sobre matéria de direito, ou, sendo de direito e de fato, a prova for exclusivamente documental, caso em que o Juiz proferirá a sentença no prazo de 30 (trinta) dias.*

Há, portanto, regra específica sobre a forma e prazo para impugnação dos embargos à execução fiscal.

5.2.8. Procedimento para alienação judicial.

Em relação ao procedimento da alienação judicial, especialmente a arrematação, o novo C.P.C., em seu 885, preconiza que o juiz da execução estabelecerá o *preço mínimo*, as condições de pagamento e as garantias que poderão ser prestadas pelo arrematante.

Por sua vez, o art. 891 do novo C.P.C. estabelece que não será aceito lance que ofereça *preço vil*. Considera-se preço vil o preço inferior ao mínimo estipulado pelo juiz e constante do edital, e, não tendo sido fixado preço mínimo, considera-se vil o preço inferior a cinquenta por cento do valor da avaliação (p.u. do art.891 do novo C.P.C.).

Da conjugação dos art. 885 e 891 do novo C.P.C., observa-se que a partir do novo C.P.C. haverá, em regra, apenas um leilão judicial no qual a arrematação poderá ser feita pelo preço mínimo fixado pelo juiz ou, não havendo preço mínimo, por valor não inferior a 50% da avaliação.

Comentando o art. 891 do novo C.P.C., assim nos manifestamos:

> *Muito embora a execução deva realizar-se de acordo com os interesses do exequente, não se pode esquecer que haverá necessidade também de se resguardar o patrimônio do executado, a fim de que os atos processuais sejam realizados de forma menos onerosa ao executado.*
>
> *Na sistemática do C.P.C. de 1973, art. 686, inc. VI, havia duas hastas públicas de praça ou de leilão. Na primeira, a alienação não poderia ser realizada por preço inferior ao da avaliação. Na segunda, a alienação poderia consumar-se por preço inferior ao da avaliação.*
>
> *O novo C.P.C. adotou sistemática diversa, isto é, permitiu que logo na primeira hasta pública a arrematação possa ser consumada pelo preço mínimo fixado pelo juiz, o qual poderá ser inferior ou superior ao da avaliação, ou, ainda, por*

preço inferior ao da avaliação, desde que respeitado o limite de 50% do valor da avaliação.
Não tendo sido fixado preço mínimo pelo juiz, o lanço não poderá ser inferior a 50% do valor da avaliação.
O art. 692 do C.P.C. de 1973, com a redação dada pela Lei n. 8.953/94, impedia que a alienação em segunda hasta pública pudesse ser realizada com base em preço vil.
Porém, o C.P.C. de 1973 não definiu o que se deveria entender por preço vil, acarretando com isso diversas interpretações doutrinárias e jurisprudenciais.
A inexistência de definição na lei do que se poderia entender por preço vil, obrigou a jurisprudência a estabelecer um limite valorativo razoável para se concretizar a alienação do bem penhorado.
(...)."[160]

No que concerne à alienação judicial no âmbito da execução fiscal, preceituam os arts. 22 a 24 da Lei 6.830/80:

Art. 22 – A arrematação será precedida de edital, afixado no local de costume, na sede do Juízo, e publicado em resumo, uma só vez, gratuitamente, como expediente judiciário, no órgão oficial.
§ 1º – O prazo entre as datas de publicação do edital e do leilão não poderá ser superior a 30 (trinta), nem inferior a 10 (dez) dias.
§ 2º – O representante judicial da Fazenda Pública, será intimado, pessoalmente, da realização do leilão, com a antecedência prevista no parágrafo anterior.
Art. 23 – A alienação de quaisquer bens penhorados será feita em leilão público, no lugar designado pelo Juiz.
§ 1º – A Fazenda Pública e o executado poderão requerer que os bens sejam leiloados englobadamente ou em lotes que indicarem.
§ 2º – Cabe ao arrematante o pagamento da comissão do leiloeiro e demais despesas indicadas no edital.
Art. 24 – A Fazenda Pública poderá adjudicar os bens penhorados:

---

[160] SOUZA, Artur César. *Código de processo civil – anotado, comentado e interpretado*. Vol.III. São Paulo: Editora Almedina (Coimbra), 2015. p. 980.

I – antes do leilão, pelo preço da avaliação, se a execução não for embargada ou se rejeitados os embargos;
II – findo o leilão:
a) se não houver licitante, pelo preço da avaliação;
b) havendo licitantes, com preferência, em igualdade de condições com a melhor oferta, no prazo de 30 (trinta) dias.
Parágrafo Único – Se o preço da avaliação ou o valor da melhor oferta for superior ao dos créditos da Fazenda Pública, a adjudicação somente será deferida pelo Juiz se a diferença for depositada, pela exeqüente, à ordem do Juízo, no prazo de 30 (trinta) dias.

Tendo em vista que a Lei de Execução Fiscal não regula integralmente a metodologia do leilão para arrematação dos bens penhorados, aplicar-se-ão supletivamente o disposto nos art. 885 e 891 do novo C.P.C., assim como as demais regras de formalização jurídica do leilão.

6.
Processos referidos no art. 1.218 da Lei n. 5.869, de 11 de janeiro de 1973 (C.P.C. de 1973)

A modificação da legislação processual civil brasileira ocorrida em 1973, com a Lei 5.869, de 11 de janeiro de 1973, não rompeu integralmente com as regras processuais existentes no Decreto-lei n. 1.608, de 18 de setembro de 1939 (C.P.C. de 1939), mantendo em vigor, em caráter transitório, alguns procedimentos ali regulados.

Tal metodologia legislativa é compreensível, pois a modificação de determinados procedimentos exige lei especial, não sendo suficiente sua previsão ou regulação em normas gerais previstas no código de processo civil.

Diante da necessidade dessa regra de transição, o art. 1.218 da Lei n. 5.869, de 11 de janeiro de 1973 (C.P.C. de 1973), assim estabeleceu:

Art. 1.218. Continuam em vigor até serem incorporados nas leis especiais os procedimentos regulados pelo Decreto-lei nº 1.608, de 18 de setembro de 1939, concernentes:

I – ao loteamento e venda de imóveis a prestações (arts. 345 a 349);
II – ao despejo (arts. 350 a 353);
III – à renovação de contrato de locação de imóveis destinados a fins comerciais (arts. 354 a 365);
IV – ao Registro Torrens (arts. 457 a 464);
V – às averbações ou retificações do registro civil (arts. 595 a 599);

Vl – ao bem de família (arts. 647 a 651);

Vll – à dissolução e liquidação das sociedades (arts. 655 a 674);

Vlll – aos protestos formados a bordo (arts. 725 a 729); (Incluído pela Lei nº 6.780, de 12.5.1980)

IX – à habilitação para casamento (arts. 742 a 745); (Inciso VIII renumerado pela Lei nº 6.780, de 12.5.1980)

X – ao dinheiro a risco (arts. 754 e 755); (Inciso IX renumerado pela Lei nº 6.780, de 12.5.1980)

Xl – à vistoria de fazendas avariadas (art. 756); (Inciso X renumerado pela Lei nº 6.780, de 12.5.1980)

XII – à apreensão de embarcações (arts. 757 a 761); (Inciso XI renumerado pela Lei nº 6.780, de 12.5.1980)

XIII – à avaria a cargo do segurador (arts. 762 a 764); (Inciso XII renumerado pela Lei nº 6.780, de 12.5.1980)

XIV – às avarias (arts. 765 a 768); (Inciso XIII renumerado pela Lei nº 6.780, de 12.5.1980)

XV – aos salvados marítimos (arts. 769 a 771); (Inciso XIV renumerado pela Lei nº 6.780, de 12.5.1980) (Revogado pela Lei no 7.542, de 26.9.1986)

XVI – às arribadas forçadas (arts. 772 a 775). (Inciso XV renumerado pela Lei nº 6.780, de 12.5.1980)

O §3º do art. 1.046 do novo C.P.C., em face do direito transitório existente no art. 1.218 do C.P.C. de 1973, trouxe o seguinte regramento para os procedimentos previstos no Decreto-lei n. 1.608, de 18 de setembro de 1939 (C.P.C. de 1939), e que ainda não foram objeto de regulação por leis especiais, *in verbis*:

> *Art. 1.046 (...).*
> *(...).*
> *§ 3º Os processos mencionados no art. 1.218 da Lei nº 5.869, de 11 de janeiro de 1973, cujo procedimento ainda não tenha sido incorporado por lei submetem-se ao procedimento comum previsto neste Código.*

Portanto, se existir algum procedimento indicado no art. 1.218 do C.P.C. de 1973, e que ainda não foi objeto de incorporação por lei especial, será ele submetido ao procedimento comum previsto no novo C.P.C. brasileiro.

Vejamos então os procedimentos indicados no art. 1.218 do C.P.C. de 1973.

6.1. Loteamento e venda de imóveis a prestações.

O loteamento e venda de imóveis a prestações estava regulado nos arts. 345 a 349 do Decreto-lei n. 1.608, de 18 de setembro de 1939 (C.P.C. de 1939), nos seguintes termos:

> *Art. 345. Quando terceiro impugnar o registro de imóvel loteado para venda em prestações, ou quando o oficial tiver dúvida em registrá-lo, os autos serão conclusos ao juiz competente para conhecer da impugnação ou dúvida.*
>
> *§ 1º A impugnação não fundada em direito real comprovado será rejeitada in limine.*
>
> *§ 2º Se a impugnação for acompanhada de prova de direito real, o juiz dará vista ao impugnado pelo prazo da cinco (5) dias, findo o qual proferirá a decisão, que será publicada pelo oficial, em cartório, para ciência dos interessados*
>
> *§ 3º Em caso de dúvida manifestada pelo oficial, o juiz poderá ouvir quem promoveu o registro.*
>
> *Art. 346. Recusando-se o comprometente a outorgar escritura definitiva de compra e venda, será intimado, se o requerer o compromissário, a dá-la nos cinco (5) dias seguintes, que correrão em cartório.*
>
> *§ 1º Se o comprometente nada alegar, o juiz, depositado o restante do preço, adjudicará o lote ao comprador, mandando:*
>
> *a) que se consignem no termo, além de outras especificações, as cláusulas do compromisso;*
>
> *b) que se expeça a carta de adjudicação, depois de pagos os impostos devidos, inclusive o de transmissão;*
>
> *c) que se cancele a inscrição hipotecária relativa aos lotes adjudicados.*
>
> *§ 2º Se, no prazo referido neste artigo, o comprometente alegar matéria relevante, o juiz mandará que o compromissário a conteste em cinco (5) dias.*
>
> *§ 3º Havendo alegações que dependam de prova, proceder-se-á de conformidade com o disposto no art. 685.*

> *§ 4º Estando a propriedade hipotecada, será também citado o credor para autorizar o cancelamento parcial da inscrição, quanto aos lotes comprometidos.*
> *Art. 347. O compromitente que houver recebido todas as prestações, e apresentar documento comprobatório do registro, poderá requerer a notificação do compromissário, para, no prazo de trinta (30) dias, que correrá em cartório, receber a escritura definitiva de compra e venda.*
> *Parágrafo único. Não sendo assinada a escritura nesse prazo, o lote comprometido será depositado, por conta e risco do compromissário, que responderá pelas despesas judiciais e custas do depósito.*
> *Art. 348. No mesmo despacho em que conceder penhora, arresto ou sequestro de imóvel loteado, o juiz, ex-officio, mandará fazer, no registro, as devidas anotações.*
> *Art. 349. As multas previstas na lei civil serão impostas pelo juiz, à vista de comunicação documentada do oficial, e inscritas e cobradas pela União.*

O regramento jurídico do loteamento e venda de imóveis a prestações foi incorporado pelo Decreto-lei n. 58, de 10 de dezembro de 1937, o qual tratou da ação de adjudicação compulsória.

6.2. Despejo.

O despejo estava regulado nos arts. 350 a 353 do Decreto-lei n. 1.608, de 18 de setembro de 1939 (C.P.C. de 1939), nos seguintes termos:

> *Art. 350. A ação de despejo, uma vez contestada, prosseguirá com o rito ordinário, e, se não o for, os autos serão conclusos para sentença.(Redação dada pelo Decreto Lei nº 890, de 1969)*
> *Parágrafo único. O juiz conhecerá, entretanto, diretamente do pedido, proferindo sentença definitiva, quando a questão de mérito for unicamente de direito, ou, sendo de direito e fato, não houver necessidade de produzir prova em audiência. (Redação dada pelo Decreto Lei nº 890, de 1969)*
> *Art. 351. Quando o prédio for abandonado antes de proferida a sentença, o juiz, si o requerer o autor, expedir-lhe-á, mandado de imissão de posse.*
> *Art. 352. A execução da sentença que decretar o despejo far-se-á por notificação ao réu, e, quando presentes, às pessoas que habitem o prédio, para que o desocupem no prazo de dez (10) dias, sob pena de despejo.*

§ 1º Findo o prazo, o prédio será despejado por dois oficiais de justiça, com o emprego de força, inclusive arrombamento.

§ 2º Os oficiais entregarão os móveis à guarda de depositário judicial, si os não quiser retirar o despejado.

Art. 353. Sob pena de suspensão ou demissão, os oficiais não executarão o despejo até o sétimo dia seguinte ao do falecimento do cônjuge, ascendente, descendente ou irmão de qualquer das pessoas que o habitem, e sobrestarão, até nova ordem, quando houver no prédio pessoa acometida de enfermidade grave.

O regramento jurídico do despejo foi incorporado pelos arts. 59 a 66 da Lei n. 8.245, de 18 de outubro de 1991 (Lei de Locação de Imóveis Urbanos).

6.3. Renovação de contrato de locação de imóveis destinados a fins comerciais.

A renovação de contrato de locação de imóveis destinados a fins comerciais estava regulada nos arts. 354 a 365 do Decreto-lei n. 1.608, de 18 de setembro de 1939 (C.P.C. de 1939), nos seguintes termos:

Art. 354. Nas ações para renovação de contrato de locação de imóveis destinados a fim comercial ou industrial, a revelia do réu, ou a não contestação do pedido no prazo de dez dias (art. 292), induzirá a aceitação imediata da proposta do autor, que será homologada por sentença.(Redação dada pelo Decreto-Lei nº 4.565, de 1942).

Parágrafo único. Contestada, a ação seguirá o curso ordinário. (Redação dada pelo Decreto-Lei nº 4.565, de 1942).

Art. 355. Passada em julgado a sentença que decretar a renovação do contrato de arrendamento, executar-se-á no próprio juízo da ação, mediante mandado contra o oficial do Registo de Títulos e Documentos, que registará a prorrogação, contando-se da data do registo o prazo de duração do contrato prorrogado.

§ 1º Si a sentença não houver passado em julgado até o dia do vencimento da locação, descontar-se-á do prazo renovado o tempo excedido.

§ 2º O mandado reproduzirá integralmente a decisão exequenda e as condições do contrato.

Art. 356. Si o contrato prorrogado estipular cláusula de vigência no caso de alienação, deverá ser registado tambem no Registo de Imóveis.

Art. 357. Feito o registo do mandado, que se arquivará no cartório competente, dar-se-á ao locador ciência da data e número de ordem.

Art. 358. Quando o locador, opondo-se ao pedido de renovação do contrato, alegar necessidade do imovel para pessôa de sua família, deverá provar que o mesmo se destina a transferência de fundo de comércio existente ha mais de um ano.

Art. 359. Ao fixar a indenização, o juiz atenderá à valorização do imovel, para a qual o locatário haja contribuido, ao valor do fundo de comércio e à clientela do negócio.

Art. 360. Julgado improcedente o pedido de renovação do contrato, terá o locatário, para desocupar o imovel, o prazo de seis (6) meses, da data em que transitar em julgado a decisão.

Art. 361. Nos contratos em que se inverter o onus do pagamento de impostos, taxas e contribuições, o locatário será considerado em móra, para os efeitos de rescisão do contrato, si, notificado pelo proprietário, não efetuar o pagamento nos dez (10) dias seguintes à notificação.

Art. 362. Quando o locatário fizer parte de sociedade comercial, a que passe a pertencer o fundo de comércio instalado no imovel, a ação renovatária caberá ao locatário ou à sociedade.

Art. 363. Dissolvida a sociedade comercial por morte de um dos sócios, proceder--se-á à liquidação para apurar os haveres do morto, ficando o sócio sobrevivente subrogado, de pleno direito, nos benefícios da lei, desde que continue a explorar o mesmo ramo de negocio.

Art. 364. O sub-locatário do imovel, ou de parte dele, que exercer a ação de renovação, citará o sub-locador e o proprietário como litisconsortes.

§ 1º Procedente a ação, o proprietário ficará, diretamente obrigado à renovação.

§ 2º Será dispensada a citação do proprietário, quando, em virtude de locação originária ou renovada, o sub-locador dispuser de prazo que admita renovar-se a sub-locação.

Art. 365. O sub-locatário que, nos termos do artigo antecedente, puder opôr ao proprietário a renovação da sub-locação, prestará, em falta de acordo, caução de valor correspondente a seis (6) meses de aluguel.

O regramento jurídico da ação renovatória foi incorporado pelos arts. 71 a 75 da Lei n. 8.245, de 18 de outubro de 1991 (Lei de Locação de Imóveis Urbanos).

6.4. Registro Torrens.

O Registro Torrens estava regulado nos arts. 457 a 464 do Decreto-lei n. 1.608, de 18 de setembro de 1939 (C.P.C. de 1939), nos seguintes termos:

> Art. 457. *O proprietário de imóvel rural poderá requerer-lhe a inscrição no registro Torrens.*
>
> Art. 458. *Em caso de condomínio, o imóvel poderá ser inscrito no registro Torrens, a requerimento de todos os condôminos.*
>
> *Parágrafo único. O imóvel sujeito a hipoteca, ou ônus real, não será admitido a registro, sem consentimento expresso do credor hipotecário ou da pessoa em favor de quem se tenha instituído o ônus.*
>
> Art. 459. *O requerimento será instruído:*
>
> *I – com os documentos comprobatórios do domínio do requerente;*
>
> *II – com a prova de quaisquer atos que modifiquem ou limitem a sua propriedade;*
>
> *III – com memorial de que constem os encargos do imóvel, os nomes dos ocupantes, confrontantes e quaisquer interessados, e a indicação das respectivas residências;*
>
> *IV – com a planta do imóvel e o respectivo relatório (arts. 432 a 436j.*
>
> Art. 460. *O requerimento será entregue ao oficial do registro, que o submeterá a despacho, si o achar em termos, lançando nele, em caso contrário, a dúvida que tiver.*
>
> *§ 1º – No caso de dúvida, o requerimento será devolvido à parte, que a impugnará ou não.*
>
> *§ 2º Em qualquer hipótese, será ouvido o órgão do Ministério Público, que poderá impugnar o registro por falta de prova completa do domínio ou preterição de outra formalidade legal.*
>
> Art. 461. *Quando os documentos justificarem a propriedade do requerente, o juiz mandará lavrar editais, que serão afixados no lugar do costume e publicados, uma vez, no órgão oficial do Estado e três (3) na imprensa local, si houver, marcando-se prazo, não menor de dois (2) meses, nem maior de quatro (4), para a matrícula, desde que não surja oposição.*
>
> Art. 462. *O juiz ordenará, ex-officio ou a requerimento da parte, que à custa do peticionário se notifiquem do requerimento as pessoas nele indicadas, arquivando-se a notificação no cartório do oficial do registro.*

> Art. 463. Feita regularmente a publicação dos editais, a pessoa que se julgar com direito ao imóvel ou parte dele, poderá opor-se ao registro, no prazo do art. 461, por meio de contestação, que será recebida, se contiver matéria relevante.
>
> § 1º a contestação mencionará o nome e a residência do réu, fará a descrição exata do imóvel e indicará os direitos reclamados e os títulos em que se fundarem.
>
> § 2º Se contestado, o registro ficará suspenso enquanto o contestante não for considerado carecedor de direito, não prosseguindo o oficial no processo de matrícula senão cinco (5) dias depois de intimar ao contestante a sentença que houver julgado improcedente a oposição.
>
> § 3º O juiz não receberá a contestação, se fundada unicamente na ausência de provas legais da capacidade de qualquer dos antepossuidores do imóvel.
>
> § 4º Se não houver contestação ou não for recebida a que se oferecer, o juiz ordenará a matrícula.
>
> Art. 464. Recebida a contestação, a ação seguirá curso ordinário.

O regramento jurídico do Registro Torrens foi incorporado pelos arts. 278 a 289 da Lei n. 6.015 de 31 de dezembro de 1973 (Lei de Registros Públicos).

6.5. – Averbações ou retificações do registro civil.

As averbações ou retificações do registro civil estavam reguladas nos arts. 595 a 599 do Decreto-lei n. 1.608, de 18 de setembro de 1939 (C.P.C. de 1939), nos seguintes termos:

> Art. 595. Quem pretender que se restaure. supra ou retifique assentamento no Registro Civil, requererá, em petição motivada, e instruída com a prova documental e rol de testemunhas, que o juiz o ordene. depois de ouvidos o órgão do Ministério Público e os interessados, no prazo comum de cinco (5) dias, que correrá em cartório.
>
> § 1º Se o órgão do Ministério Público ou qualquer interessado impugnar o pedido, apresentará o rol de testemunhas e requererá o interrogatório do justificando e a prova pericial.
>
> § 2º Findo o prazo de cinco(5) dias, serão os autos conclusos ao juiz, que decidirá, se não houver impugnação, ou havendo, si o justificando ou o impugnante não tiver requerido provas.

> § 3º *Quando, porém, na petição inicial, ou na impugnação, forem requeridas provas, o juiz nomeará perito, se for o caso, e marcará audiência para instrução e julgamento, procedendo-se na conformidade do disposto no art. 685.*
> *Art. 596. Julgada procedente a justificação. o juiz ordenará se passe mandado de abertura de novo assentamento ou de retificação do existente, indicando com precisão os fatos, ou circunstancias, que devam ser retificados, e em que sentido, ou os que devam ser objeto do novo assentamento.*
> *Art. 597. O despacho do juiz, que mande restaurar, suprir, ou retificar o assentamento, não fará caso ,julgado nas ações fundadas nos fatos que constituírem objeto do novo assentamento ou da retificação ordenada.*
> *Art. 598. Quando de sentença resultar a mudança de estado civil de qualquer das partes, o juiz expedirá mandado para a necessária averbação no Registro Civil.*
> *§ 1º Se houver de ser cumprido em jurisdição diversa, o mandado será remetido, para o ofício, ao juiz sob a jurisdição do qual estiver O cartório do Registro Civil, e, com o seu "cumpra-se, executar-se-á.*
> *§ 2º Em qualquer caso, a averbação poderá ser diretamente pedida ao oficial do Registro pelo interessado, que juntará certidão da sentença ou do termo de casamento, de que houver resultado a alteração do seu estado civil.*
> *Art. 599. Salvo os casos expressos em lei, a retificação de assentamento relativo a filiação, legítima ou ilegítima, far-se-á para meio das ações competentes.*

O regramento jurídico de averbações ou retificações de registro civil foi incorporado pelas regras disseminadas na Lei n. 6.015 de 31 de dezembro de 1973 (Lei de Registros Públicos).

6.6. Bem de família.
A constituição do bem de família estava regulada nos arts. 647 a 651 do Decreto-lei n. 1.608, de 18 de setembro de 1939 (C.P.C. de 1939), nos seguintes termos:

> *Art. 647. A instituição do bem de família far-se-á por escritura pública, declarando o instituidor que determinado prédio se destina a domicílio de sua família e ficará isento de execução por dívidas.*

Art. 648. De posse da escritura, o instituidor a entregará ao oficial do registro de imóveis, para que mande publicá-la na imprensa da localidade e, à falta, na da Capital do Estado ou Território.

Art. 649. Da publicação, feita em forma de edital, constarão:

I – o resumo da escritura, nome, naturalidade e profissão do instituidor, data do instrumento e nome do tabelião que o fez, situação e característicos do prédio;

II – o aviso de que, se alguém se julgar prejudicado, deverá, dentro em trinta (30) dias, contados da data da publicação, reclamar contra a instituição, por escrito e perante o oficial.

Art. 650. Findo o prazo do artigo anterior, sem que tenha havido reclamação, o oficial transcreverá a escritura, verbo ad verbum, em livro próprio, lançará as respectivas indicações nos indicadores real e pessoal, e arquivará um exemplar do jornal em que a publicação houver sido feita, restituindo o instrumento à parte, com a nota da transcrição.

Art. 651. Da reclamação, que será arquivada, o oficial fornecerá ao instituidor cópia autêntica, devolvendo-lhe a escritura, com a declaração escrita de ter sido suspenso o registro.

§ 1º O instituidor poderá requerer ao juiz de direito da comarca que ordene o registro sem embargo da reclamação.

§ 2º Se o juiz determinar que se proceda ao registro, ressalvará ao reclamante o direito de recorrer à ação competente para anular a instituição, ou de fazer execução sobre o prédio instituído, na hipótese de tratar-se de dívida anterior e cuja solução se tornou inexequível em virtude do ato da instituição.

§ 3º A transcrição compreenderá também o despacho do juiz.

O regramento jurídico de instituição de bem de família foi incorporado pelos arts. 261 a 266 da Lei n. 6.015 de 31 de dezembro de 1973 (Lei de Registros Públicos).

6.7. Dissolução e liquidação das sociedades.

A dissolução e liquidação das sociedades estavam reguladas nos arts. 655 a 674 do Decreto-lei n. 1.608, de 18 de setembro de 1939 (C.P.C. de 1939), nos seguintes termos:

Art. 655. A dissolução de sociedade civil, ou mercantil, nos casos previstos em lei ou no contrato social, poderá ser declarada, a requerimento de qualquer interessado, para o fim de ser promovida a liquidação judicial.

Art. 656. A petição inicial será instruída com o contrato social ou com os estatutos.

§ 1º Nos casos de dissolução de pleno direito, o juiz ouvirá os interessados no prazo de quarenta e oito (48) horas e decidirá.

§ 2º Nos casos de dissolução contenciosa, apresentada a petição e ouvidos os interessados no prazo de cinco (5) dias, o juiz proferirá imediatamente a sentença, se julgar provadas as alegações do requerente.

Se a prova não for suficiente, o juiz designará audiência para instrução e julgamento, e procederá de conformidade com o disposto nos arts. 267 a 272.

Art. 657. Se o juiz declarar, ou decretar, a dissolução, na mesma sentença nomeará liquidante a pessoa a quem, pelo contrato, pelos estatutos, ou pela lei, competir tal função.

§ 1º Se a lei, o contrato e os estatutos nada dispuserem a respeito, o liquidante será escolhido pelos interessados, por meio de votos entregues em cartório.

A decisão tomar-se-á por maioria, computada pelo capital dos sócios que votarem e, nas sociedades de capital variável, naquelas em que houver divergência sobre o capital de cada sócio e nas de fins não econômicos, pelo número de sócios votantes, tendo os sucessores apenas um voto.

§ 2º Se forem somente dois (2) os sócios e divergirem, a escolha do liquidante será feita pelo juiz entre pessoas estranhas à sociedade.

§ 3º Em qualquer caso, porém, poderão os interessados, si concordes, indicar, em petição, o liquidante.

Art. 658. Nomeado, o liquidante assinará, dentro de quarenta e oito (48) horas, o respectivo termo; não comparecendo, ou recusando a nomeação, o juiz nomeará o imediato em votos, ou terceiro estranho, se por aquele também recusada a nomeação.

Art. 659. Se houver fundado receio de rixa, crime, ou extravio, ou danificação de bens sociais, o juiz poderá, a requerimento do interessado, decretar o sequestro daqueles bens e nomear depositário idôneo para administrá-los, até nomeação do liquidante.

Art. 660. O liquidante deverá:

I – levantar o inventário dos bens e fazer o balanço da sociedade, nos quinze (15) dias seguintes à nomeação, prazo que o juiz poderá prorrogar por motivo justo;
II – promover a cobrança das dívidas ativas e pagar as passivas, certas e exigíveis, reclamando dos sócios, na proporção de suas quotas na sociedade, os fundos necessários, quando insuficientes os da caixa;
III – vender, com autorização do juiz, os bens de fácil deterioração, ou de guarda dispendiosa, e os indispensáveis para os encargos da liquidação, quando as recusarem os sócios a suprir os fundos necessários;
IV – praticar os atos necessários para assegurar os direitos da sociedade, e representá-la ativa e passivamente nas ações que interessarem a liquidação, podendo contratar advogado e empregados com autorização do juiz e ouvidos os sócios;
V – apresentar, mensalmente, ou sempre que o juiz o determinar, balancete da liquidação;
VI – propor a forma da divisão, ou partilha, ou do pagamento dos sócios, quando ultimada a liquidação, apresentando relatório dos atos e operações que houver praticado;
VII – prestar contas de sua gestão, quando terminados os trabalhos, ou destituído das funções.
Art. 661. Os liquidantes serão destituídos pelo juiz, ex-officio, ou a requerimento de qualquer interessado si faltarem ao cumprimento do dever, ou retardarem injustificadamente o andamento do processo, ou procederem com dolo ou má fé, ou tiverem interesse contrário ao da liquidação.
Art. 662. As reclamações contra a nomeação do liquidante e os pedidos de sua destituição serão processados e julgados na forma do Título XXVIII deste Livro.
Art. 663. Feito o inventário e levantado o balanço, os interessados serão ouvidos no prazo comum de cinco (5) dias, e o juiz decidirá as reclamações, si as comportar a natureza do processo, ou, em caso contrário, remeterá os reclamantes para as vias ordinárias.
Art. 664. Apresentado o plano de partilha, sobre ele dirão os interessados, em prazo comum de cinco (5) dias, que correrá em cartório; e, o liquidante, em seguida, dirá em igual prazo, sobre as reclamações.
Art. 665. Vencidos os prazos do artigo antecedente e conclusos os autos, o juiz aprovará, ou não, o plano de partilha, homologando-a por sentença, ou mandando proceder ao respectivo cálculo, depois de decidir as dúvidas e reclamações.

Art. 666. Se a impugnação formulada pelos interessados exigir prova, o juiz designará dia e hora para a audiência de instrução e julgamento.

Art. 667. Ao liquidante estranho o juiz arbitrará a comissão de um a cinco por cento (1 a 5 %) sobre o ativo líquido, atendendo à importância do acervo social e ao trabalho da liquidação.

Art. 668. Se a morte de qualquer dos sócios não causar a dissolução da sociedade, serão apurados exclusivamente os haveres do falecido, e seus herdeiros ou sucessores serão pagos pelo modo estabelecido no contrato social, ou pelo proposto e aceito.

Art. 668. Se a morte ou a retirada de qualquer dos sócios não causar a dissolução da sociedade, serão apurados exclusivamente os seus haveres, fazendo-se o pagamento pelo modo estabelecido no contrato social, ou pelo convencionado, ou, ainda, pelo determinado na sentença.(Redação dada pelo Decreto-Lei nº 4.565, de 1942).

Art. 669. A liquidação de firma individual far-se-á no juízo onde for requerido o inventário.

Art. 670. A sociedade civil com personalidade jurídica, que promover atividade ilícita ou imoral, será dissolvida por ação direta, mediante denúncia de qualquer do povo, ou do órgão do Ministério Público.

Art. 671. A divisão e a partilha dos bens sociais serão feitas de acordo com os princípios que regem a partilha dos bens da herança.

Parágrafo único. Os bens que aparecerem depois de julgada a partilha serão sobrepartilhados pelo mesmo processo estabelecido para a partilha dos bens da herança.

Art. 672. Não sendo mercantil a sociedade, as importâncias em dinheiro pertencentes à liquidação serão recolhidas ao Banco do Brasil, ou, si não houver agência desse Banco, a outro estabelecimento bancário acreditado, de onde só por alvará do juiz poderão ser retiradas.

Art. 673. Não havendo contrato ou instrumento de constituição de sociedade, que regule os direitos e obrigações dos sócios, a dissolução judicial será requerida pela forma do processo ordinário e a liquidação far-se-á pelo modo estabelecido para a liquidação das sentenças.

Art. 674. A dissolução das sociedades anônimas far-se-á na forma do processo ordinário.

> *Se não for contestada, o juiz mandará que se proceda à liquidação, na forma estabelecida para a liquidação das sociedades civis ou mercantis.*

O regramento jurídico sobre dissolução e liquidação das sociedades encontra-se nos arts. 1.028 a 1038, 1085 a 1087 e 1102 a 1112 do Código Civil brasileiro.

O procedimento para dissolução parcial da sociedade encontra-se no art. 599 a 609 do novo C.P.C. brasileiro.

Já em relação à dissolução total de sociedade, tenho para mim que além da regulação prevista no Código Civil brasileiro, deverá ser aplicado o procedimento comum previsto novo C.P.C., nos termos do art. 1.046, §3º, do novo C.P.C.

6.8. Protesto formado a bordo.

O protesto formado a bordo estava regulado nos arts. 725 a 729 do Decreto-lei n. 1.608, de 18 de setembro de 1939 (C.P.C. de 1939), nos seguintes termos:

> *Art. 725. O protesto ou processo testemunhável formado a bordo declarará os motivos da determinação do capitão, conterá relatório circunstanciado do sinistro e referirá, em resumo, a derrota até o ponto do mesmo sinistro, declarando a altura em que ocorreu.*
>
> *Art. 726. O protesto ou processo testemunhável será escrito pelo piloto, datado e assinado pelo capitão, pelos maiores da tripulação – imediato, chefe de máquina, médico, pilotos, mestres, e por igual número de passageiros, com a indicação dos respectivos domicílios.*
>
> *Parágrafo único. Lavrar-se-á no diário de navegação ata, que precederá o protesto e conterá a determinação motivada do capitão.*
>
> *Art. 727. Dentro das vinte e quatro (24) horas úteis da entrada do navio no porto, o capitão se apresentará ao juiz, fazendo-lhe entrega do protesto ou processo testemunhável, formado a bordo, e do diário de navegação.*
>
> *O juiz não admitirá a ratificação, se a ata não constar do diário.*
>
> *Art. 728. Feita a notificação dos interessados, o juiz, nomeando curador aos ausentes, procederá na forma do art. 685.*
>
> *Art. 729. Finda a inquirição e conclusos os autos, o juiz, por sentença, ratificará o protesto, mandando dar instrumento à parte.*

Até o presente momento não há uma lei especial regulando o procedimento do protesto a bordo, razão pela qual deverá seguir o procedimento comum previsto no novo C.P.C., conforme determina o art. 1.046, §3º, do novo C.P.C.

Já em relação às avarias grossas, o procedimento a ser seguido será o dos arts. 707 a 711 do novo C.P.C.

6.9. Habilitação para casamento.
A habilitação para casamento estava regulada nos arts. 742 a 745 do Decreto-lei n. 1.608, de 18 de setembro de 1939 (C.P.C. de 1939), nos seguintes termos:

> *Art. 742. Na habilitação para casamento, os interessados apresentarão, além dos documentos exigidos pela lei civil, atestado de residência firmado pela autoridade policial, se o exigir o órgão do Ministério Público.*
> *Art. 743. As justificações requeridas serão feitas com a ciência do órgão do Ministério Público e julgadas pelo juiz.*
> *O órgão do Ministério Público acompanhará os processos de habilitação e requererá, o que fôr conveniente à sua regularidade.*
> *Art. 744. Para a dispensa de proclamas, nos casos em que a lei a permite, os contraentes, em petição dirigida ao juiz, deduzirão os motivos da urgência do casamento, provando-os desde logo por documentos ou testemunhas ouvidas com a ciência do órgão do Ministério Público.*
> *Parágrafo único. Quando o pedido se fundar em crime contra a honra da mulher, a dispensa dos proclamas será precedida de audiência dos contraentes, em separado, e em segredo de justiça.*
> *Art. 745. Nos casamentos celebrados em iminente risco de vida, sem a presença da autoridade competente, os depoimentos das testemunhas serão reduzidos a termo, dentro de um tríduo, pelo processo das justificações avulsas, e o juiz verificará si os contraentes poderiam ter-se habilitado na forma comum e decidirá, afinal, no prazo de dez (10) dias, ouvidos os interessados que o requererem.*

O regramento jurídico sobre a habilitação para casamento encontra-se nos arts. 68 a 70 da Lei n. 6.015 de 31 de dezembro de 1973 (Lei de Registros Públicos).

6.10. Dinheiro a risco

O dinheiro a risco estava regulado nos arts. 754 a 755 do Decreto-lei n. 1.608, de 18 de setembro de 1939 (C.P.C. de 1939), nos seguintes termos:

> *Art. 754. Para que o capitão, à falta de outros meios, possa tomar dinheiro a risco sobre o casco e pertenças do navio e remanescentes dos fretes, ou vender mercadorias da carga, é indispensável:*
> *I – que prove o pagamento das soldadas;*
> *II – que prove absoluta falta de fundos em seu poder, pertencentes à embarcação;*
> *III – que não se ache presente o proprietário da embarcação, ou mandatário ou consignatário, nem qualquer interessado na carga, ou que, presente qualquer deles, prove o capitão haver-lhe, sem resultado, pedido providências;*
> *IV – que seja a deliberação tomada de acordo com os oficiais, lavrando-se, no diário de navegação, termo de que conste a necessidade da medida.*
> *Art. 755. A justificação desses requisitos far-se-á perante o juiz de direito do porto onde se tomar o dinheiro a risco ou se venderem as mercadorias, e será julgada procedente para produzir os efeitos de direito.*

Até o presente momento não há uma lei especial regulando o procedimento de dinheiro a risco, razão pela qual deverá seguir o procedimento comum previsto no novo C.P.C., conforme determina o art. 1.046, §3º, do novo C.P.C.

6.11. Vistoria de fazendas avariadas.

A vistoria de fazendas avariadas estava regulada no art. 756 do Decreto-lei n. 1.608, de 18 de setembro de 1939 (C.P.C. de 1939), nos seguintes termos:

> *Art. 756. Salvo prova em contrário, o recebimento de bagagem ou mercadoria, sem protesto do destinatário, constituirá presunção de que foram entregues em bom estado e em conformidade com o documento de transporte.*
> *§ 1º Em caso de avaria, o destinatário deverá protestar junto ao transportador dentro em três (3) dias do recebimento da bagagem, e em cinco (5) da data do recebimento da mercadoria.*
> *§ 2º A reclamação por motivo de atraso far-se-á dentro de quinze (15) dias, contados daquele em que a bagagem ou mercadoria tiver sido posta à disposição do destinatário.*

§ 3º *O protesto, nos casos acima, far-se-á mediante ressalva no próprio documento de transporte, ou em separado.*

§ 4º *Salvo o caso de fraude do transportador, contra êle não se admitirá ação, se não houver protesto nos prazos dêste artigo.*

Até o presente momento não há uma lei especial regulando o procedimento de vistoria de fazendas avariadas, razão pela qual deverá seguir o procedimento comum previsto no novo C.P.C., conforme determina o art. 1.046, §3º, do novo C.P.C.

Já em relação às avarias grossas, o procedimento a ser seguido será o dos arts. 707 a 711 do novo C.P.C.

6.12. Apreensão de embarcações.

A apreensão de embarcações estava regulada nos arts. 757 a 761 do Decreto-lei n. 1.608, de 18 de setembro de 1939 (C.P.C. de 1939), nos seguintes termos:

> *Art. 757. Provando-se que navio registrado como nacional obteve o registro subrepticiamente, ou que perdeu, há mais de seis (6) meses, as condições para continuar considerado nacional, a autoridade fiscal competente do lugar em que se houver realizado o registro, ou do lugar onde se verificar a infração dos preceitos legais, apreenderá o navio, pondo-o imediatamente à disposição do juiz de direito da comarca.*
> *Art. 758. Enquanto o juiz não nomear depositário, exercerá tal função a autoridade a quem competia o registro, a qual procederá ao arrolamento e inventário do que existir a bordo, mediante termo assinado pelo capitão, ou pelo mestre, se o quiser assinar.*
> *Art. 759. As mercadorias encontradas a bordo serão, para todos os efeitos, havidas como contrabando.*
> *Parágrafo único. Serão da competência das autoridades fiscais a apreensão do contrabando e o processo administrativo, inclusive a aplicação de multas.*
> *Art. 760. O juiz julgará por sentença a apreensão e mandará proceder, à venda, em hasta pública, da coisa apreendida.*
> *Art. 761. Efetuada a venda e deduzidas as despesas, inclusive a percentagem do depositário, arbitrada pelo juiz, depositar-se-á o saldo para ser levantado por quem de direito.*

Até o presente momento não há uma lei especial regulando o procedimento para apreensão de embarcações, razão pela qual deverá seguir o procedimento comum previsto no novo C.P.C., conforme determina o art. 1.046, §3º, do novo C.P.C.

6.13. Avaria a cargo do segurador

A avaria a cargo do segurador estava regulada nos arts. 762 a 764 do Decreto-lei n. 1.608, de 18 de setembro de 1939 (C.P.C. de 1939), nos seguintes termos:

> *Art. 762. Para que o dano sofrido pelo navio ou por sua carga se considere avaria, a cargo do segurador, dois (2) peritos arbitradores declararão, após os exames necessários:*
> *I – a causa do dano;*
> *II – a parte da carga avariada, com indicação de marcas, números ou volumes;*
> *III – o valor dos objetos avariados e o custo provável do concerto ou restauração, se se tratar do navio ou de suas pertenças.*
> *§ 1º As diligências, vistorias e exames se processarão com a presença dos interessados, por ordem do juiz de direito da comarca, que, na ausência das partes, nomeará, ex-officio, pessoa idônea que as represente.*
> *§ 2º As diligências, vistorias e exames relativos ao casco do navio e suas pertenças serão realizados antes de iniciado o concerto.*
> *Art. 763. Os efeitos avariados serão vendidos em leilão público a quem mais dér, e pagos no ato da arrematação. Quando o navio tiver de ser vendido, o juiz determinará a venda, em separado, do casco e de cada pertença, si lhe parecer conveniente.*
> *Art. 764. A estimação do preço para o cálculo da avaria será feita em conformidade com o disposto na lei comercial.*

Salvo em relação à avaria grossa, até o presente momento não há uma lei especial regulando o procedimento de avaria a cargo do segurador, razão pela qual deverá seguir o procedimento comum previsto no novo C.P.C., conforme determina o art. 1.046, §3º, do novo C.P.C.

6.14. Das avarias.

A avaria estava regulada nos arts. 765 a 768 do Decreto-lei n. 1.608, de 18 de setembro de 1939 (C.P.C. de 1939), nos seguintes termos:

> *Art. 765. O capitão, antes de abrir as escotilhas do navio, poderá exigir dos consignatários da carga que caucionem o pagamento da avaria, a que suas respectivas mercadorias foram obrigadas no rateio da contribuição comum.*
> *Recusando-se os consignatários a prestar a caução, o capitão poderá requerer depósito judicial dos efeitos obrigados à contribuição, ficando o preço da venda subrogado para com êle efetuar-se o pagamento da avaria comum, logo que se proceda ao rateio.*
> *Art. 766. Nos prazos de sessenta (60) dias, si se tratar de embarcadores residentes no Brasil, e de cento e vinte (120), si de residentes no estrangeiro, contados do dia em que tiver sido requerida a caução de que trata o artigo antecedente, o armador fornecerá os documentos necessários ao ajustador para regular a avaria, sob pena de ficar sujeito aos juros da mora.*
> *O ajustador terá o prazo de um ano, contado da data da entrega dos documentos, para apresentar o regulamento da avaria, sob pena de desconto de dez por cento (10%) dos honorários, por mês de retardamento, aplicada pelo juiz, ex-officio, e cobrável em sêlos, quando conclusos os autos para o despacho de homologação.*
> *Art. 767. Oferecido o regulamento da avaria, dele terão vista os interessados em cartório, por vinte (20) dias. Não havendo impugnação, o regulamento será homologado; em caso contrário, terá o ajustador o prazo de dez (10) dias para contrariá-la, subindo o processo, em seguida, ao juiz.*
> *Art. 768. A sentença que homologar a repartição das avarias comuns mandará indenizar cada um dos contribuintes, tendo força de definitiva e sendo exequível desde logo, ainda que dela se recorra.*

O novo C.P.C., no Título III, dos Procedimentos Especiais, regula a *avaria grossa* em seus arts. 707 a 708, a saber:

> *Art. 707. Quando inexistir consenso acerca da nomeação de um regulador de avarias, o juiz de direito da comarca do primeiro porto onde o navio houver chegado, provocado por qualquer parte interessada, nomeará um de notório conhecimento.*
> *Art. 708. O regulador declarará justificadamente se os danos são passíveis de rateio na forma de avaria grossa e exigirá das partes envolvidas a apresentação de garantias idôneas para que possam ser liberadas as cargas aos consignatários.*

> *§ 1º A parte que não concordar com o regulador quanto à declaração de abertura da avaria grossa deverá justificar suas razões ao juiz, que decidirá no prazo de 10 (dez) dias.*
>
> *§ 2º Se o consignatário não apresentar garantia idônea a critério do regulador, este fixará o valor da contribuição provisória com base nos fatos narrados e nos documentos que instruírem a petição inicial, que deverá ser caucionado sob a forma de depósito judicial ou de garantia bancária.*
>
> *§ 3º Recusando-se o consignatário a prestar caução, o regulador requererá ao juiz a alienação judicial de sua carga na forma dos arts. 879 a 903.*
>
> *§ 4º É permitido o levantamento, por alvará, das quantias necessárias ao pagamento das despesas da alienação a serem arcadas pelo consignatário, mantendo-se o saldo remanescente em depósito judicial até o encerramento da regulação.*
>
> *Art. 709. As partes deverão apresentar nos autos os documentos necessários à regulação da avaria grossa em prazo razoável a ser fixado pelo regulador.*
>
> *Art. 710. O regulador apresentará o regulamento da avaria grossa no prazo de até 12 (doze) meses, contado da data da entrega dos documentos nos autos pelas partes, podendo o prazo ser estendido a critério do juiz.*
>
> *§ 1º Oferecido o regulamento da avaria grossa, dele terão vista as partes pelo prazo comum de 15 (quinze) dias, e, não havendo impugnação, o regulamento será homologado por sentença.*
>
> *§ 2º Havendo impugnação ao regulamento, o juiz decidirá no prazo de 10 (dez) dias, após a oitiva do regulador.*
>
> *Art. 711. Aplicam-se ao regulador de avarias os arts. 156 a 158, no que couber.*

Porém, em se tratando de *avaria simples*, até o presente momento não há lei especial regulando o aludido procedimento, razão pela qual deverá ser observado o procedimento comum, conforme determina o art. 1.046, §3º, do novo C.P.C.

6.15. Arribadas forçadas.

A arribada forçada estava regulada nos arts. 772 a 775 do Decreto-lei n. 1.608, de 18 de setembro de 1939 (C.P.C. de 1939), nos seguintes termos:

> *Art. 772. Nos portos não alfandegados ou não habilitados, competirá ao juiz autorizar a descarga do navio arribado que necessitar de concerto.*

O juiz que autorizar a descarga comunicará logo o ocorrido à alfândega ou mesa de rendas mais próxima, afim de que providencie de acôrdo com as leis alfandegárias.

Art. 773. As providências do artigo precedente serão também autorizadas nos seguintes casos:

I – quando, abandonado o navio arribado, ou havido por inavegável, o capitão requererá depósito da carga ou baldeação desta para outro navio;

II – quando a descarga fôr necessária para aliviar navio encalhado em baixio ou banco, em águas jurisdicionais.

Art. 774. Nas hipóteses dos artigos anteriores, se necessária a venda de mercadorias da carga do navio arribado, para pagamento de despesas com seu concerto, ou com a descarga, ou com o depósito e reembarque das mercadorias, ou seu aparelhamento para navegação, ou outras despesas semelhantes, o capitão, ou o consignatário, requererá ao juiz, nos casos em que este fôr competente, autorização para a venda.

§ 1º A venda não será autorizada sem caução para garantia do pagamento dos impostos devidos.

§ 2º O juiz que autorizar a venda comunicará logo o fato à alfândega ou mesa de rendas mais próxima e ao Ministério da Fazenda.

§ 3º Igualmente se procederá no caso de ser requerida venda de mercadorias avariadas não suscetíveis de beneficência.

Art. 775. A decisão das dúvidas e contestações sobre a entrega das mercadorias, ou do seu produto, competirá privativamente ao juiz de direito, ainda que se trate de embarcações estrangeiras, quando não houver, na localidade, agente consular do país com o qual que Brasil tenha celebrado tratado ou convenção.

Parágrafo único. Ouvido no prazo de cinco (5) dias o órgão do Ministério Público, ou o Procurador da República, se o houver na comarca, o juiz decidirá no mesmo prazo, à vista da promoção e das alegações e provas produzidas pelo interessados.

Em se tratando de *arribada forçada*, até o presente momento não há lei especial regulando o aludido procedimento, razão pela qual deverá ser observado o procedimento comum, conforme determina o art. 1.046, §3º, do novo C.P.C.

7.
Correspondência de dispositivos do C.P.C. revogado com o novo C.P.C.

Quando da entrada em vigor do novo C.P.C. brasileiro, é natural que inúmeras legislações em vigência no ordenamento jurídico façam referência expressa a dispositivos normativos previstos no C.P.C. de 1973 (revogado).

Pensando nisso, o legislador do novo C.P.C. apresenta o conteúdo normativo previsto no art. 1.046, §3º, que assim dispõe: *as remissões a disposições do Código de Processo Civil revogado, existentes em outras leis, passam a referir-se às que lhes são correspondentes neste Código.*

São exemplos de remissões de disposições processuais expressamente consignadas em outras leis:

a) O art. 5, §5º, da Lei 12.016/09 (Lei de Mandado de Segurança) estabelece: *denega-se o mandado de segurança nos casos previstos pelo* art. 267 da Lei no 5.869, de 11 de janeiro de 1973 – Código de Processo Civil. No caso, a remissão ao art. 267 do C.P.C. revogado diz respeito ao art. 485 do novo C.P.C.

b) O art. 67, inc. I, da Lei 8.245, de 18 de outubro de 1991(Lei de Locação) estabelece: *a petição inicial, além dos requisitos exigidos pelo* art. 282 do Código de Processo Civil, *deverá especificar os aluguéis e acessórios da locação com indicação dos respectivos valores.* No caso, a remissão ao art. 282 do C.P.C. revogado diz respeito ao art. 319 do novo C.P.C.

c) O art. 19 da Lei n 7.347/85 (Ação Civil Pública) não se refere a um dispositivo específico processual, apresentando uma conotação mais abrangente ao afirmar: *Aplica-se à ação civil pública, prevista nesta Lei, o Código de Processo Civil, aprovado pela Lei nº 5.869, de 11 de janeiro de 1973, naquilo em que não contrarie suas disposições.* Nos termos do §3º do art. 1.046 do novo C.P.C., a referência à Lei 5.869, de 11 de janeiro de 1973, deve ser substituída pela Lei 13.105 de 16 de março de 2015.

d) Há, porém, remissões que são um pouco mais complexas.

O art. 15 do Decreto-lei n. 3.365, de 21 de junho de 1941 (Ação de Desapropriação por Utilidade Pública), assim estabelece: *Art. 15. Se o expropriante alegar urgência e depositar quantia arbitrada de conformidade com o art. 685 do Código de Processo Civil, o juiz mandará imiti-lo provisoriamente na posse dos bens.*

Tendo em vista que o Decreto-lei n. 3.365 é do ano de 1941, a referência constante no art. 15 ao art. 685 é, sem dúvida, do Decreto-lei n. 1.608, de 18 de setembro de 1939 (C.P.C. de 1939), *in verbis*:

> *Art. 685. Despachada a petição, feitas as citações necessárias e, no prazo de quarenta e oito (48) horas, contestado, ou não, o pedido, o juiz procederá a uma instrução sumária, facultando às partes a produção de provas, dentro de um tríduo, e decidindo, em seguida, de acordo com o seu livre convencimento.*
> *Parágrafo único. A faculdade de livre convencimento não exime o juiz do dever de motivar a decisão, indicando as provas e as razões em que se fundar.*

Tendo em vista que o art. 685 do C.P.C. de 1939 não apresenta correspondência específica no C.P.C. de 1973, o mais próximo que se pode chegar à concessão de tutela preventiva são os arts. 802 e 803 do C.P.C. de 1973, a saber:

> *Art. 802. O requerido será citado, qualquer que seja o procedimento cautelar, para, no prazo de 5 (cinco) dias, contestar o pedido, indicando as provas que pretende produzir.*
> *Parágrafo único. Conta-se o prazo, da juntada aos autos do mandado:*
> *I – de citação devidamente cumprido;*

II – da execução da medida cautelar, quando concedida liminarmente ou após justificação prévia.
Art. 803. *Não sendo contestado o pedido, presumir-se-ão aceitos pelo requerido, como verdadeiros, os fatos alegados pelo requerente (arts. 285 e 319); caso em que o juiz decidirá dentro em 5 (cinco) dias. (Redação dada pela Lei nº 5.925, de 1º.10.1973)*
Parágrafo único. Se o requerido contestar no prazo legal, o juiz designará audiência de instrução e julgamento, havendo prova a ser nela produzida. (Redação dada pela Lei nº 5.925, de 1º.10.1973)

Em relação ao novo C.P.C., a referência ao art. 802 e 803 do C.P.C. de 1973 deve ser substituída pelos arts. 306 e 307, a saber:

Art. 306. *O réu será citado para, no prazo de 5 (cinco) dias, contestar o pedido e indicar as provas que pretende produzir.*
Art. 307. *Não sendo contestado o pedido, os fatos alegados pelo autor presumir-se-ão aceitos pelo réu como ocorridos, caso em que o juiz decidirá dentro de 5 (cinco) dias.*
Parágrafo único. Contestado o pedido no prazo legal, observar-se-á o procedimento comum.

8.
Direito intertemporal e o direito probatório

As normas processuais, em regra, têm aplicação imediata, razão pela qual o art. 1.046 do novo C.P.C. estabelece que *ao entrar em vigor este Código, suas disposições se aplicarão desde logo aos processos pendentes, ficando revogada a Lei n. 5.869, de 11 de janeiro de 1973.*

Porém, se todas as normas do novo estatuto processual fossem aplicadas de imediato, problemas insolúveis ou de grande repercussão poderiam surgir no âmbito da relação jurídica processual, especialmente no campo do direito probatório.

Por isso, o art. 1.044 do novo C.P.C. estabelece que *as disposições de direito probatório adotadas neste Código aplicam-se apenas às provas que tenham sido requeridas ou determinadas de ofício a partir da data de início da sua vigência.*

No Substitutivo da Câmara dos Deputados, fazia-se referência não às provas requeridas, mas, sim, às provas *deferidas*.

Segundo lição de Adolfo Schönke, *"se entiende por 'prueba' a actividad de las partes y del Tribunal encaminhada a proporcionar al Juez la convición de la verdad o falsedad de un hecho"*.[161]

Portanto, todo ato jurídico processual consistente na atividade que visa proporcionar ao juiz elementos que possam levar à verdade ou falsidade de um fato, diz respeito ao direito probatório.

---

[161] SCHÖNKE, Adolfo. *Derecho procesal civil*. Barcelona: Bosch, Casa Editorial, 1950. p. 198.

O direito à prova está disseminado no âmbito do novo C.P.C. em diversas disposições normativas.

Porém, no Capítulo XII, da Parte Especial, Livro I, do novo C.P.C. há maior concentração de disposições normativas tratando da 'prova'.

Segundo estabelece o art. 369 do novo C.P.C., as partes têm o direito de empregar todos os meios legais, bem como os moralmente legítimos, ainda que não especificados neste Código, para provar a verdade dos fatos em que se funda o pedido ou a defesa e influir eficazmente na convicção do juiz.

Na análise comparativa entre as disposições sobre o direito à prova do C.P.C. de 1973 e o novo C.P.C. podem-se observar algumas modificações pontuais importantes, as quais podem modificar de maneira profunda o direito à prova.

Um exemplo bem elucidativo dessa alteração encontra-se no preceito normativo do art. 373, §§ 1º, 2º e 3º do novo C.P.C., que assim dispõe:

> *Art. 373. O ônus da prova incumbe:*
>
> *I – ao autor, quanto ao fato constitutivo de seu direito;*
>
> *II – ao réu, quanto à existência de fato impeditivo, modificativo ou extintivo do direito do autor.*
>
> *§ 1º Nos casos previstos em lei ou diante de peculiaridades da causa relacionadas à impossibilidade ou à excessiva dificuldade de cumprir o encargo nos termos do caput ou à maior facilidade de obtenção da prova do fato contrário, poderá o juiz atribuir o ônus da prova de modo diverso, desde que o faça por decisão fundamentada, caso em que deverá dar à parte a oportunidade de se desincumbir do ônus que lhe foi atribuído.*
>
> *§ 2º A decisão prevista no § 1o deste artigo não pode gerar situação em que a desincumbência do encargo pela parte seja impossível ou excessivamente difícil.*
>
> *§ 3º A distribuição diversa do ônus da prova também pode ocorrer por convenção das partes, salvo quando:*
>
> *I – recair sobre direito indisponível da parte;*
>
> *II – tornar excessivamente difícil a uma parte o exercício do direito.*
>
> *§ 4º A convenção de que trata o § 3o pode ser celebrada antes ou durante o processo.*

Pelo atual art. 373, §1º, do novo C.P.C., a distribuição diversa do ônus da prova poderá ocorrer por determinação legal ou diante da peculiaridade da causa relacionada à impossibilidade ou à excessiva dificuldade de cumprir o encargo do *caput* do aludido dispositivo.

As circunstâncias da causa que justificam a possibilidade de o juiz distribuir diversamente o *ônus da prova* são mais abrangentes que a inversão do ônus da prova prevista no Código de Defesa do Consumidor, pois podem decorrer não apenas de circunstâncias de *hipossuficiência*, mas também de qualquer outra questão de natureza social, econômica ou mesmo cultural que possa ensejar a impossibilidade ou a excessiva dificuldade de cumprir o encargo, nos termos do *caput* do art. 373, ou à maior facilidade de obtenção da prova do fato contrário.

Portanto, diante de um *hipossuficiente* cultural, econômico ou social, poderá o juiz *distribuir inversamente o ônus da prova*, determinando à parte que se encontra em melhores condições sociais, econômicas ou mesmo cultural o dever de produzir a prova que, em tese, seria de incumbência da outra parte.

Assim, poderá o juiz determinar ao réu que comprove a inexistência de fato constitutivo do direito do autor, diante da mera alegação da pretensão formulada na demanda, ou mesmo, estabelecer que o autor comprove a inexistência de fato impeditivo, modificativo ou extintivo de seu direito, quando tais circunstâncias forem alegadas pelo réu em sua contestação.

Este dispositivo faz com que o juiz observe no processo as diferenças sociais, econômicas e culturais das partes, a fim de que, diante dessas diferenças e dificuldades delas resultantes, determine, ele juiz, a *distribuição inversa do ônus da prova*.

Pode-se dizer que a inserção desse instituto no âmbito do processo civil brasileiro, de certa forma, relativiza o *princípio da imparcialidade do juiz*.

A postulação da aplicação do princípio da *parcialidade positiva do juiz* já foi por nós defendida em outra oportunidade.[162]

---

[162] SOUZA, Artur César de Souza. *A parcialidade positiva do juiz*. São Paulo: Editora Revista dos Tribunais, 2008.

Porém, diante dessa nova sistemática sobre o dever do ônus de provar fatos alegados ou não, surge a questão referente ao direito intertemporal sobre a prova e sua aplicação imediata aos processos em andamento.

O art. 1.044 do novo C.P.C. é claro ao estabelecer que as disposições de direito probatório adotadas pelo novo C.P.C. aplicam-se apenas às provas que tenham sido requeridas ou determinadas de ofício a partir da data de início da sua vigência.

Porém, a questão da inversão do ônus da prova não está diretamente inserida no art. 1.044, tendo necessidade de se buscar uma interpretação adequada e que de certa forma venha a respeitar o disposto no referido dispositivo normativo.

Penso que deve ser conjugado o art. 373 c/c o art. 357 do novo C.P.C. para efeitos de aplicação do direito transitório.

O art. 357 do novo C.P.C. trata do saneamento e da organização do processo, nos seguintes termos:

> *Art. 357. Não ocorrendo nenhuma das hipóteses deste Capítulo, deverá o juiz, em decisão de saneamento e de organização do processo:*
> *I – resolver as questões processuais pendentes, se houver;*
> *II – delimitar as questões de fato sobre as quais recairá a atividade probatória, especificando os meios de prova admitidos;*
> *III – definir a distribuição do ônus da prova, observado o art. 373;*
> *IV – delimitar as questões de direito relevantes para a decisão do mérito;*
> *V – designar, se necessário, audiência de instrução e julgamento.*

Portanto, se ainda não surgiu a fase de saneamento e de organização do processo prevista no art. 357 quando da entrada em vigor do novo C.P.C., poderá o juiz valer-se da distribuição inversa do ônus da prova, aplicando, se for o caso, o disposto no art. 373 do novo estatuto processual.

Porém, se quando da entrada em vigor do novo C.P.C., já tiver sido ultrapassada a fase processual de saneamento ou organização do processo, conforme preconiza o art. 357 do novo estatuto processual, não haverá mais espaço para aplicação, pelo juiz, da regulação sobre o ônus da prova prevista no art. 373 do novo C.P.C.

O C.P.C. de 1973, no que concerne à prova exclusivamente testemunhal, preconizava em seu art. 401: *A prova exclusivamente testemunhal só se admite nos contratos cujo valor não exceda o décuplo do maior salário mínimo vigente no país, ao tempo em que foram celebrados.*

O art. 401 do C.P.C. de 1973 não foi repetido pelo novo C.P.C.

Porém, essa previsão legal de que não se admite a prova exclusivamente testemunhal para a comprovação dos fatos, também se encontrava inserida no art. 227 do C.c.brasileiro, a saber: *"Salvo os casos expressos, a prova exclusivamente testemunhal só se admite nos negócios jurídicos cujo valor não ultrapasse o décuplo do maior salário mínimo vigente no País ao tempo em que foram celebrados".*

O Código Civil italiano apresenta normatização similar. Prescrevem os arts. 2.721, 2.725 e 2.726 do C.c.italiano:

> *Art.2.721. Admissibilidade: limite de valor. A prova por testemunha dos contratos não é admitida quando o valor do objeto excede a cinco mil liras. Todavia, a autoridade pode consentir a prova além do limite referido, tendo em conta a qualidade das partes, da natureza do contrato e toda outra circunstância.*
>
> *Art. 2.725. Atos pelos quais é solicitada prova por escrito ou forma escrita. Quando, segundo a lei ou a vontade das partes, um contrato deve ser provado por escrito, a prova por testemunha é admitida somente no caso indicado no n. 3 do art. precedente (o qual diz: quando o contraente, sem culpa sua, perdeu o documento que fornecia a prova).*
>
> *A mesma regra se aplica nos casos em que a forma escrita é solicitada sob pena de nulidade.*
>
> *Art. 2.726. Prova do pagamento da remissão. As normas estabelecidas para a prova testemunhal dos contratos aplicam-se também ao pagamento e à remissão do débito.*

Sobre os limites objetivos de admissibilidade da prova testemunhal, ensinam Comoglio, Ferri e Taruffo: *"As limitações mais relevantes à admissibilidade da prova testemunhal atendem, segundo uma tradição retirada dos ordenamentos que seguem o modelo francês, a prova dos contratos. O art. 2.721 exclui a prova testemunhal dos contratos quando o valor do objeto supera as 5.000L. Este limite era bastante elevado no momento da entrada em vigor do código, mas não foi mais atualizado e hoje é evidentemente ridículo e não razoável. A conseqüência é que tornou-se normal a aplicação do inc. 2 do próprio art. 2.721, segundo o qual o juiz pode consentir a prova testemunhal além do limite, 'levando em conta a qualidade das partes, da natureza do contrato e de toda outra circunstância'. A exceção tornou-se assim a regra e o limite vem substancialmente não mais aplicado. A não aplicação do limite depende sempre de uma valoração discricionária do juiz: de regra essa não vem nem sequer explicitada e motivada, e as provas testemunhais vêm admitidas sem problema além do limite em exame. Todavia em jurisprudência exclui-se às vezes a prova testemunhal em particular hipótese nas quais se observa que o valor elevado do contrato justifique a exclusão da prova testemunhal. Trata-se de uma eventualidade não prevista na norma, que não confia ao juiz um poder geral discricionário de excluir a prova testemunhal com base no valor do contrato, mas somente o poder discricionário de estabelecer se aplica ou não aplica o limite de valor estabelecido no inciso 1...*

Limites ainda mais relevantes à admissibilidade da prova testemunhal são reclamados pelo art. 2.725, que regula duas distintas categorias de hipóteses. A primeira dessas compreende os casos nos quais, por lei ou por vontade das partes, o contrato 'deve ser provado por escrito'. Trata-se dos casos em que a forma escrita é exigida 'ad probationem tantum', ou seja, como forma necessária de prova do contrato. Trata-se, por exemplo, do contrato de seguro (art. 1888 c.c. italiano), da transação (art. 1965 c.c.italiano) e da simulação entre as partes (art. 1417 do c.c. italiano), ou seja, de casos em que de vez em quando o legislador prevê que o contrato, porque substancialmente válido ainda que não estipulado pela forma escrita, deva ser demonstrado somente com provas escritas.

A segunda categoria compreende os casos nos quais o contrato 'deve ser estipulado em forma escrita', sob pena de nulidade, como nos casos elencados pelo art. 1.350 c.c. italiano, ou seja, quando a forma escrita do contrato é exigida 'ad substantiam'. O art. 2725, inc. 2, transforma a regra de forma do contrato em regra de prova do contrato, prevendo de todo modo que não se possa provar por testemunha o contrato que deve ser estipulado de forma escrita.

As regras de inadmissibilidade de prova testemunhal, e de privilégio da prova escrita dos contratos, são, portanto, numerosas e relevantes, e garantem um espesso grupo de contratos".[163]

---

[163] COMOGLIO, Luigi Paolo; CORRADO, Ferri; TARUFFO, Michele. *Lezioni sul processo civile – Il processo ordinário di cognizione.* Bologna, 2006. p. 446.

A regra constante no art. 2.271, inc. II, do C.c.italiano, é de extrema importância para impedir que a prova do contrato seja exclusivamente testemunhal, quando o seu objeto tenha valor superior a 5.000L. Este dispositivo, ainda, confere ao juiz a possibilidade de superar a proibição legal da prova exclusivamente testemunhal, tendo em conta a qualidade das partes, a natureza do contrato ou qualquer outra circunstância preponderante.

O art. 227 do C.c.b. apresentava orientação similar para o ordenamento jurídico brasileiro.

Porém, conforme estabelece art. 1.072, inc.II, do atual C.P.C., o art. 227 do C.c.b. foi revogado, não havendo mais na legislação civil brasileira limitação para a comprovação de negócio jurídico contratual mediante prova exclusivamente testemunhal em razão do valor do negócio jurídico.

Com a revogação do art. 227 do C.c.b., permite-se a comprovação do contrato, qualquer que seja seu valor, por meio de prova exclusivamente testemunhal, salvo na hipótese do art. 444 do novo C.P.C.: *Nos casos em que a lei exigir prova escrita da obrigação, é admissível a prova testemunhal quando houver começo de prova por escrito, emanado da parte contra a qual se pretende produzir a prova.*

A questão que se coloca, diz respeito ao direito intertemporal sobre a prova do contrato, quando seu valor for superior ao *décuplo do maior salário mínimo vigente no País ao tempo em que foram celebrados.*

Tendo em vista que o disposto no art. 401 do C.P.C. de 1973 e do art. 227 do C.c.b. traziam disposição 'ad probationem' e não 'ad substantiam' do negócio jurídico, a regra de direito intertemporal a ser aplicada é a do art. 1.044 do novo C.P.C.

Portanto, se a prova testemunhal para comprovação de negócio jurídico contratual de valor superior ao décuplo do maior salário mínimo vigente no país foi requerida ou determinada de ofício antes da vigência do novo C.P.C., o negócio jurídico contratual não poderá ser comprovado exclusivamente por meio de prova testemunhal. Porém, se a prova testemunhal foi requerida ou determinada de ofício após a vigência do novo C.P.C., o negócio jurídico poderá ser comprovado exclusivamente por meio de prova testemunhal.

Assim, se a exigência de forma escrita do contrato é elemento de prova 'ad solemnitatem', a lei que deverá reger o negócio jurídico será aquela em vigor quando de sua perfectibilização; ao contrário, se a exigência de forma escrita do contrato diz respeito a um elemento 'ad probationem', a lei que deve reger a prova do contrato é aquela em que a prova foi requerida ou determinada de ofício pelo juiz.

O art. 413 e 416 do C.P.C. de 1973 preconizavam que o juiz inquiriria a testemunha separada e sucessivamente. O juiz interrogaria a testemunha sobre os fatos articulados, cabendo, primeiro à parte, que a arrolou, e depois à parte contrária, formular perguntas tendentes a esclarecer ou completar o depoimento.

O novo C.P.C., em seu art. 459, permite que as perguntas sejam formuladas diretamente pelas partes à testemunha, podendo o juiz inquirir a testemunha tanto antes quanto depois da inquirição realizada pelas partes.

Para se saber qual será o método de inquirição da testemunha, deve-se aplicar, no âmbito do direito intertemporal da prova, o disposto no art. 1.044 do novo C.P.C.

Assim, se o requerimento para produção da prova testemunhal, ou sua determinação de ofício, deu-se antes da vigência do novo C.P.C., caberá ao juiz, em primeiro lugar, inquirir a testemunha, dando oportunidade posteriormente às partes para realizar a inquirição. Se, porém, o requerimento da prova testemunhal ou sua realização de ofício ocorrer após a vigência do novo C.P.C., a metodologia de inquirição da testemunha dar-se-á nos termos do art. 459 do novo C.P.C., ou seja, o juiz poderá inquirir a testemunha antes ou depois das partes, sendo que as partes formularão questionamento diretamente à testemunha, sem o intercâmbio do juiz.

Portanto, as normas de conteúdo probatório previstas no novo C.P.C. somente serão aplicadas às provas que tenham sido requeridas, a pedido da parte ou determinadas ex *officio*, a partir da vigência do novo C.P.C.

Em relação à prova pericial, estabelecia o art. 421 do C.P.C. de 1973:

> *Art. 421. O juiz nomeará o perito, fixando de imediato o prazo para a entrega do laudo. (Redação dada pela Lei nº 8.455, de 24.8.1992)*
> *§ 1º Incumbe às partes, dentro em 5 (cinco) dias, contados da intimação do despacho de nomeação do perito:*
> *I – indicar o assistente técnico;*
> *II – apresentar quesitos.*
> *§ 2º Quando a natureza do fato o permitir, a perícia poderá consistir apenas na inquirição pelo juiz do perito e dos assistentes, por ocasião da audiência*

de instrução e julgamento a respeito das coisas que houverem informalmente examinado ou avaliado.

Por sua vez, preconiza o art. 465 do novo C.P.C.:

> Art. 465. O juiz nomeará perito especializado no objeto da perícia e fixará de imediato o prazo para a entrega do laudo.
> § 1º Incumbe às partes, dentro de 15 (quinze) dias contados da intimação do despacho de nomeação do perito:
> I – arguir o impedimento ou a suspeição do perito, se for o caso;
> II – indicar assistente técnico;
> III – apresentar quesitos.
> § 2º Ciente da nomeação, o perito apresentará em 5 (cinco) dias:
> I – proposta de honorários;
> II – currículo, com comprovação de especialização;
> III – contatos profissionais, em especial o endereço eletrônico, para onde serão dirigidas as intimações pessoais.
> § 3º As partes serão intimadas da proposta de honorários para, querendo, manifestar-se no prazo comum de 5 (cinco) dias, após o que o juiz arbitrará o valor, intimando-se as partes para os fins do art. 95.
> § 4º O juiz poderá autorizar o pagamento de até cinquenta por cento dos honorários arbitrados a favor do perito no início dos trabalhos, devendo o remanescente ser pago apenas ao final, depois de entregue o laudo e prestados todos os esclarecimentos necessários.
> § 5º Quando a perícia for inconclusiva ou deficiente, o juiz poderá reduzir a remuneração inicialmente arbitrada para o trabalho.
> § 6º Quando tiver de realizar-se por carta, poder-se-á proceder à nomeação de perito e à indicação de assistentes técnicos no juízo ao qual se requisitar a perícia.

Assim, se quando da entrada em vigor do novo C.P.C. a parte já houver requerido ou o juiz já houver determinado de ofício a prova pericial, o regramento a ser observado referente à perícia será o do art. 421 do C.P.C. de 1973 e não o do art. 465 do novo C.P.C.

Portanto, se o requerimento da prova ou sua determinação de ofício deu--se na vigência do C.P.C. de 1973, por este Código deverá ser regulado o seu procedimento.

9.
Prioridade de tramitação dos procedimentos

Segundo preceitua o art. 1.045 do novo C.P.C., terão prioridade de tramitação em qualquer juízo ou tribunal os procedimentos judiciais: I – em que figure como parte ou interessado pessoa com idade igual ou superior a sessenta anos ou portadora de doença grave, assim compreendida qualquer das enumeradas no art. 6º, inciso XIV, da Lei 7.713, de 22 de dezembro de 1988; II – regulados pela Lei n. 8.069, de 13 de julho de 1990.

Trata-se de dispositivo que visa a indicar as partes ou interessados que terão direito à prioridade de procedimento em qualquer juízo ou tribunal, especialmente em razão de sua idade ou por ser portador de determinada doença grave.

A prioridade na tramitação de procedimento de pessoa com mais de sessenta anos ou portadora de doença grave já era prevista no art. 1.211-A do C.P.C. de 1973, a saber: *Os procedimentos judiciais em que figure como parte ou interessado pessoa com idade igual ou superior a 60 (sessenta) anos, ou portadora de doença grave, terão prioridade de tramitação em todas as instâncias.*

Aliás, a prioridade de tramitação dos procedimentos de pessoas com mais de sessenta anos foi incluída na Lei 10.741/03 (Estatuto do Idoso), art. 71, *in verbis*:

> *Art. 71. É assegurada prioridade na tramitação dos processos e procedimentos e na execução dos atos e diligências judiciais em que figure como parte ou*

interveniente pessoa com idade igual ou superior a 60 (sessenta) anos, em qualquer instância.

§ 1º O interessado na obtenção da prioridade a que alude este artigo, fazendo prova de sua idade, requererá o benefício à autoridade judiciária competente para decidir o feito, que determinará as providências a serem cumpridas, anotando-se essa circunstância em local visível nos autos do processo.

§ 2º A prioridade não cessará com a morte do beneficiado, estendendo-se em favor do cônjuge supérstite, companheiro ou companheira, com união estável, maior de 60 (sessenta) anos.

§ 3º A prioridade se estende aos processos e procedimentos na Administração Pública, empresas prestadoras de serviços públicos e instituições financeiras, ao atendimento preferencial junto à Defensoria Publica da União, dos Estados e do Distrito Federal em relação aos Serviços de Assistência Judiciária.

§ 4º Para o atendimento prioritário será garantido ao idoso o fácil acesso aos assentos e caixas, identificados com a destinação a idosos em local visível e caracteres legíveis.

Além da posição preferencial do idoso com mais de sessenta anos para a tramitação preferencial do procedimento, também a parte ou interessado portador de doença grave, assim compreendida qualquer das enumeradas no art. 6º, inc. XIV, da Lei n. 7.713/88, também terá preferência na tramitação do procedimento.

A doença grave que justifica a tramitação preferencial do procedimento diz respeito àquelas indicadas no art. 6º, inc. XIV, da Lei n. 7.713/88, a saber – *os proventos de aposentadoria ou reforma motivada por acidente em serviço e os percebidos pelos portadores de moléstia profissional, tuberculose ativa, alienação mental, esclerose múltipla, neoplasia maligna, cegueira, hanseníase, paralisia irreversível e incapacitante, cardiopatia grave, doença de Parkinson, espondiloartrose anquilosante, nefropatia grave, hepatopatia grave, estados avançados da doença de Paget (osteíte deformante), contaminação por radiação, síndrome da imunodeficiência adquirida, com base em conclusão da medicina especializada, mesmo que a doença tenha sido contraída depois da aposentadoria ou reforma; (Redação dada pela Lei nº 11.052, de 2004).*

Aliás, essa preocupação com a pessoa idosa maior de 60 (sessenta) anos de idade ou que seja portadora de doença grave encontra fundamento na própria Constituição Federal, conforme se pode verificar pelo disposto no §2º do art.

100 da C.F.: *Os débitos de natureza alimentícia cujos titulares tenham 60 (sessenta) anos de idade ou mais na data de expedição do precatório, ou sejam portadores de doença grave, definidos na forma da lei, serão pagos com preferência sobre todos os demais débitos, até o valor equivalente ao triplo do fixado em lei para os fins do disposto no § 3º deste artigo, admitido o fracionamento para essa finalidade, sendo que o restante será pago na ordem cronológica de apresentação do precatório. (Redação dada pela Emenda Constitucional nº 62, de 2009).*

O referido dispositivo constitucional garante a preferência no pagamento dos precatórios de débito alimentar para aquelas pessoas que tenham 60 (sessenta) anos de idade ou mais na data da expedição do precatório. Essa regra constitucional está em sintonia com os princípios fundamentais do Estatuto do Idoso, Lei 10.741 de 1º de outubro de 2003. Aliás, estabelece o art. 71 do Estatuto do Idoso: *"É assegurada prioridade na tramitação dos processos e procedimentos e na execução dos atos e diligências em que figure como parte ou interveniente pessoa com idade igual ou superior a 60 (sessenta) anos, em qualquer instância".*

Também terão prioridade no pagamento de débitos alimentares as pessoas portadoras de doença grave, definidos na forma da lei.

A Lei 12.008, de 29 de julho de 2009, além de alterar o C.P.C. de 1973, também passou a estabelecer, em seu art. 4º, quais seriam as doenças graves para efeito de celeridade processual no âmbito administrativo. Eis o teor dessa legislação.

O PRESIDENTE DA REPÚBLICA *Faço saber que o Congresso Nacional decreta e eu sanciono a seguinte Lei:*

> Art. 1º O art. 1.211-A da Lei nº 5.869, de 11 de janeiro de 1973 – Código de Processo Civil, passa a vigorar com a seguinte redação:
> "Art. 1.211-A. Os procedimentos judiciais em que figure como parte ou interessado pessoa com idade igual ou superior a 60 (sessenta) anos, ou portadora de doença grave, terão prioridade de tramitação em todas as instâncias.
> Parágrafo único. (VETADO)" (NR)
> Art. 2º O art. 1.211-B da Lei nº 5.869, de 1973 – Código de Processo Civil, passa a vigorar com a seguinte redação:
> "Art. 1.211-B. A pessoa interessada na obtenção do benefício, juntando prova de sua condição, deverá requerê-lo à autoridade judiciária competente para decidir o feito, que determinará ao cartório do juízo as providências a serem cumpridas.

§ 1º *Deferida a prioridade, os autos receberão identificação própria que evidencie o regime de tramitação prioritária.*
§ 2º *(VETADO)*
§ 3º *(VETADO)" (NR)*
Art. 3º O art. 1.211-C da Lei nº 5.869, de 1973 – Código de Processo Civil, passa a vigorar com a seguinte redação:
"Art. 1.211-C. *Concedida a prioridade, essa não cessará com a morte do beneficiado, estendendo-se em favor do cônjuge supérstite, companheiro ou companheira, em união estável." (NR)*
Art. 4º A Lei nº 9.784, de 29 de janeiro de 1999, passa a vigorar acrescida do seguinte art. 69-A:
"Art. 69-A. *Terão prioridade na tramitação, em qualquer órgão ou instância, os procedimentos administrativos em que figure como parte ou interessado:*
I – pessoa com idade igual ou superior a 60 (sessenta) anos;
II – pessoa portadora de deficiência, física ou mental;
III – (VETADO)
IV – pessoa portadora de tuberculose ativa, esclerose múltipla, neoplasia maligna, hanseníase, paralisia irreversível e incapacitante, cardiopatia grave, doença de Parkinson, espondiloartrose anquilosante, nefropatia grave, hepatopatia grave, estados avançados da doença de Paget (osteíte deformante), contaminação por radiação, síndrome de imunodeficiência adquirida, ou outra doença grave, com base em conclusão da medicina especializada, mesmo que a doença tenha sido contraída após o início do processo.
§ 1º *A pessoa interessada na obtenção do benefício, juntando prova de sua condição, deverá requerê-lo à autoridade administrativa competente, que determinará as providências a serem cumpridas.*
§ 2º *Deferida a prioridade, os autos receberão identificação própria que evidencie o regime de tramitação prioritária.*
§ 3º *(VETADO)*
§ 4º *(VETADO)*
Art. 5º *Esta Lei entra em vigor na data de sua publicação.*

Tenho para mim que a questão de doença grave deve ser conjugada com o art. 6º, inc. XIV, da Lei n. 7.713/88, c/c art. 69-A da Lei 9.784/99.

É importante salientar que as doenças graves indicadas nos incs. II e IV do art. 69-A da Lei 9.784/99 são meramente exemplificativas, uma vez que a autoridade judiciária, valendo-se de informação de médicos especialistas, poderá, por analogia, outorgar o benefício a outro tipo de doença existente ou por existir, mas que para todos os efeitos seja considerada pela medicina como doença grave.

Antes mesmo da inserção da nova redação do §2º do art. 100 da C.F. pela Emenda Constitucional n. 61, de 2009, o Supremo Tribunal Federal, aplicando o princípio que tenho denominado de *parcialidade positiva do juiz*,[164] já vinha dando um tratamento diferenciado à pessoa portadora de doença grave, fazendo nítida distinção entre as partes que compõem a relação jurídica processual, priorizando e distinguindo a parte portadora de doença grave. Nesse sentido, eis o seguinte precedente:

> *EMENTA: PRECATÓRIO. SEQÜESTRO DE VERBAS PÚBLICAS. CONSTRIÇÃO FUNDADA NO QUADRO DE SAÚDE DO INTERESSADO. AUSÊNCIA DE INDICAÇÃO DE PRETERIÇÃO OU QUEBRA DE ORDEM CRONOLÓGICA. VIOLAÇÃO DA AUTORIDADE DA ADI 1.662. 1. Não cabe reclamação contra ato futuro indeterminado. A reclamação pressupõe a prática de ato específico para que possa ser conhecida. 2. Por ocasião do julgamento da ADI 1.662 (rel. min. Maurício Corrêa), a Corte decidiu que a ausência de previsão orçamentária ou o pagamento irregular de crédito que devesse ser solvido por precatório não se equiparam à quebra de ordem cronológica ou à preterição do direito do credor (art. 100, § 2º, da Constituição). 3. Naquela assentada, a Corte não ponderou acerca da influência do direito fundamental à saúde e à vida na formação das normas que regem a sistemática de pagamentos de precatório. Portanto, ordem de bloqueio de verbas públicas, para pagamento de precatório, fundada no quadro de saúde do interessado, não viola a autoridade do acórdão prolatado durante o julgamento da ADI 1.662. 4. Ressalva do ministro-relator, quanto à possibilidade do exame da ponderação, cálculo ou hierarquização entre o direito fundamental à saúde e a sistemática que rege os precatórios em outra oportunidade. 5.*

---

[164] SOUZA, Artur César. *A parcialidade positiva do juiz*. São Paulo: Editora Revista dos Tribunais, 2010.

Reclamação conhecida parcialmente e, na parte conhecida, julgada improcedente. (Rcl 3982, Relator(a): Min. JOAQUIM BARBOSA, Tribunal Pleno, julgado em 19/11/2007, DJe-162 DIVULG 13-12-2007 PUBLIC 14-12-2007 DJ 14-12-2007 PP-00049 EMENT VOL-02303-01 PP-00064 RTJ VOL-00204-01 PP-00238)

O art. 1.045 do novo C.P.C. também estabelece como prioridade de tramitação em qualquer juízo ou tribunal os procedimentos judiciais regulados pela Lei n. 8.069, de 13 de julho de 1990 (Estatuto da Criança e do Adolescente).

Assim, os procedimentos que digam respeito à criança e ao adolescente, regulados pela Lei n. 8.096, de 13 de julho de 1990, terão prioridade na tramitação.

Poder-se-ia indagar se haveria alguma ordem de prioridade de tramitação de procedimento no confronto entre maior de sessenta anos, portador de doença grave e criança ou adolescente. Nessa hipótese, a prioridade deverá ser de acordo com a antiguidade do processo, segundo a ordem de distribuição ou conclusão.

Porém, estabelece o art. 47, §9º, da Lei 8.069/90 (Estatuto da Criança e do Adolescente): *"Terão prioridade de tramitação os processos de adoção em que o adotando for criança ou adolescente com deficiência ou com doença crônica".*

No que concerne à prioridade para a prolação de sentença ou acórdão, o art. 12 da Lei 13.105 de 2015 (novo C.P.C.), com a redação dada pela Lei 13.256, de 4 de fevereiro de 2016, assim estabelece:

> *Art. 12. Os juízes e os tribunais atenderão*, **preferencialmente**, *à ordem cronológica de conclusão para proferir sentença ou acórdão.*
>
> *§ 1º A lista de processos aptos a julgamento deverá estar permanentemente à disposição para consulta pública em cartório e na rede mundial de computadores.*
>
> *§ 2º Estão excluídos da regra do caput:*
>
> *I – as sentenças proferidas em audiência, homologatórias de acordo ou de improcedência liminar do pedido;*
>
> *II – o julgamento de processos em bloco para aplicação de tese jurídica firmada em julgamento de casos repetitivos;*
>
> *III – o julgamento de recursos repetitivos ou de incidente de resolução de demandas repetitivas;*
>
> *IV – as decisões proferidas com base nos arts. 485 e 932;*

V – o julgamento de embargos de declaração;
VI – o julgamento de agravo interno;
VII – as preferências legais e as metas estabelecidas pelo Conselho Nacional de Justiça;
VIII – os processos criminais, nos órgãos jurisdicionais que tenham competência penal;
IX – a causa que exija urgência no julgamento, assim reconhecida por decisão fundamentada.

§ 3º Após elaboração de lista própria, respeitar-se-á a ordem cronológica das conclusões entre as preferências legais.

§ 4º Após a inclusão do processo na lista de que trata o § 1o, o requerimento formulado pela parte não altera a ordem cronológica para a decisão, exceto quando implicar a reabertura da instrução ou a conversão do julgamento em diligência.

§ 5º Decidido o requerimento previsto no § 4o, o processo retornará à mesma posição em que anteriormente se encontrava na lista.

§ 6º Ocupará o primeiro lugar na lista prevista no § 1o ou, conforme o caso, no § 3º, o processo que:
I – tiver sua sentença ou acórdão anulado, salvo quando houver necessidade de realização de diligência ou de complementação da instrução;
II – se enquadrar na hipótese do art. 1.040, inciso II.

Portanto, a observância da ordem de conclusão para prolação de sentença ou acórdão pelos órgãos do Poder Judiciário deixou de ser obrigatória para ser considerada meramente preferencial.

Penso que não agiu com acerto o legislador ao modificar a redação originária do art. 12 do novo C.P.C., pois a obrigatoriedade de observância da ordem de conclusão para efeito de prolação de sentença ou de acórdão era uma forma de se respeitar o princípio da celeridade processual e o princípio da isonomia entre os sujeitos que promovem suas demandas no âmbito do Poder Judiciário.

Além do mais, o próprio art. 12 já traz diversas hipóteses que excepcionam a obrigatoriedade de observância da ordem de conclusão, dentre elas, as preferência legais do art. 1.045 do novo C.P.C.

Não obstante a modificação normativa introduzida no art. 12 do novo C.P.C. pela Lei 13.256/16, a lista de ordem cronológica de processos deverá existir, pois o juiz poderá *preferencialmente* proferir a sentença ou o acórdão de acordo com a ordem de conclusão.

Porém, a primeira lista de processos para julgamento em ordem cronológica observará a antiguidade da distribuição entre os já conclusos na data da entrada em vigor do novo C.P.C., conforme determina o §5º do art. 1.046 do novo estatuto processual.

A pessoa que tiver interesse em que seu processo tenha trâmite prioritário, nos termos do art.1.045 do novo C.P.C., deverá comprovar sua condição preferencial, requerendo essa preferência perante a autoridade judiciária competente para decidir o feito, que determinará ao cartório do juízo as providências a serem cumpridas (*§1º* do art. 1.045 do novo C.P.C.).

A comprovação de sua condição preferencial dar-se-á por documento que demonstre sua idade, atestado ou perícia médica que indique sua doença grave, ou certidão que demonstre que o procedimento é regulado pelo Estatuto da Criança ou Adolescente.

Uma vez deferida a prioridade, a Secretaria do juízo identificará os autos com identificação própria que evidencie o processo como regime de tramitação prioritária, seja no processo fisco ou eletrônico (*§2º* do art. 1.045 do novo C.P.C.).

Sendo concedido o trâmite prioritário ao processo, esse não cessará com a morte do beneficiado, estendendo-se o benefício em favor do cônjuge supérstite ou companheiro em união estável (*§3º* do art. 1.045 do novo C.P.C.).

O benefício, porém, não será concedido aos demais herdeiros legítimos, salvo se o herdeiro também tiver preferência legal.

Por fim, uma vez requerido o benefício pela parte, o trâmite preferencial independe de deferimento por parte do órgão jurisdicional, devendo o processo ser imediatamente identificado com o regime preferencial pela Secretaria do juízo diante da prova da condição de beneficiário (*§4º* do art. 1.045 do novo C.P.C.).

10.
Remessa a procedimento previsto no novo C.P.C., sem especificação por parte de lei especial

Nos termos do que dispõe o art. 1.049 do novo C.P.C., sempre que a lei remeter a procedimento previsto na lei processual sem especificá-lo, será observado o procedimento comum previsto no novo C.P.C.

Essa determinação normativa, que dá preferência ao procedimento comum, tem sua razão de ser, justamente pelo fato de que o novo C.P.C. não prevê mais o procedimento sumário como alternativa viável ao procedimento comum.

Assim, toda legislação avulsa que estabelecer que o procedimento a ser observado será aquele regulado pelo novo C.P.C., sem fazer referência a qualquer outro procedimento especial ou sumário, deverá ser observado o procedimento comum.

O §6º do art. 10 da Lei 11.101 de 2005 (Regula a recuperação judicial, extrajudicial e a falência do empresário e da sociedade empresária), assim dispõe: *Após a homologação do quadro-geral de credores, aqueles que não habilitaram seu crédito poderão, observado, no que couber, o procedimento ordinário previsto no Código de Processo Civil, requerer ao juízo da falência ou da recuperação judicial a retificação do quadro-geral para inclusão do respectivo crédito.*

Como o novo C.P.C., ao tratar do procedimento comum, não faz mais distinção entre procedimento ordinário e sumário, a referência contida no §6º do art. 10 da Lei 11.101 de 2005 diz respeito ao procedimento comum do novo C.P.C.

DISPOSIÇÕES FINAIS E DIREITO TRANSITÓRIO

Na hipótese de a lei remeter ao procedimento sumário, será observado o procedimento comum previsto no novo C.P.C., com as modificações previstas na própria lei especial, se houver (parágrafo único do art. 1.049 do novo C.P.C.).

Um exemplo de legislação especial que faz menção ao procedimento *sumaríssimo*, encontra-se previsto no art. 5º da Lei 6.969 de 10 de dezembro de 1981 (dispõe sobre a aquisição, por usucapião especial, de imóveis rurais e dá outras providências), *in verbis:*

> *Adotar-se-á, na ação de usucapião especial, o* **procedimento sumaríssimo***, assegurada a preferência à sua instrução e julgamento.*

Assim, nas demandas de usucapião especial, com base na Lei 6.969/81, propostas após o novo C.P.C., observar-se-á o procedimento comum do novo C.P.C. com as modificações existentes na própria legislação especial.

Outras referências ao procedimento sumário previstas em lei especial:

a) Art. 68 da Lei 8.245/91 (Lei de Locação): *Na ação revisional de aluguel, que terá o* **rito sumário,** *observar-se-á o seguinte (...).*

b) Art. 129, inc. II, da Lei 8.213/91 (Planos e Benefício da Previdência Social: *Art. 129. Os litígios e medidas cautelares relativos a acidentes do trabalho serão apreciados: (...) e,II – na via judicial, pela Justiça dos Estados e do Distrito Federal, segundo* **o rito sumaríssimo***, inclusive durante as férias forenses, mediante petição instruída pela prova de efetiva notificação do evento à Previdência Social, através de Comunicação de Acidente do Trabalho–CAT.*

c) Art. 20 da Lei 6.383/76 (Processo Discriminatório de Terras Devolutas da União): *No processo discriminatório judicial será observado o* **procedimento sumaríssimo** *de que trata o Código de Processo Civil.*

d) Art. 12 da Lei 8.374/91 (Seguro Obrigatório de Danos Pessoais Causados por Embarcações ou por sua Carga): *Observar-se-á o* **procedimento sumaríssimo** *do Código de Processo Civil nas causas relativas aos danos pessoais regulados na presente lei.*

e) Art. 39 da Lei 4.886/65 (Regula a Atividade dos Representantes Comerciais Autônomos): *Para julgamento das controvérsias que surgirem entre representante e representado é competente a Justiça Comum e o foro do domicílio do representante, aplicando-se o* **procedimento sumaríssimo** *previsto no* art. 275 do Código de Processo Civil, ressalvada a competência do Juizado de Pequenas Causas. (Redação dada pela Lei nº 8.420, de 8.5.1992).

É certo, porém, que o parágrafo único do art. 1.049 deverá ser interpretado conjuntamente com o §1º do art. 1.046, ambos do novo C.P.C. Preceitua este último dispositivo:

> Art. 1.046. Ao entrar em vigor este Código, suas disposições se aplicarão desde logo aos processos pendentes, ficando revogada a Lei no 5.869, de 11 de janeiro de 1973.
> § 1º As disposições da Lei nº 5.869, de 11 de janeiro de 1973, relativas ao procedimento sumário e aos procedimentos especiais que forem revogadas aplicar-se-ão às ações propostas e não sentenciadas até o início da vigência deste Código.

Assim, se quando da entrada em vigor do novo C.P.C., as demandas reguladas em lei especial já tivessem sido propostas, mas ainda não sentenciadas, dever-se-á observar o procedimento sumário, conforme determinação expressa do §1 do art. 1.046 do novo C.P.C.

No direito português, a consequência da entrada em vigor do NCPC (Lei 41/2013, de 26 de junho) em diplomas avulso, foi assim analisada por Pedro Pinheiros Torres:

> "Nos termos do n.1 do artigo 2º da Le n. 41/2013, de 26 de junho, prevê-se que as referências do processo declarativo ordinário, sumário ou sumaríssimo, constantes de qualquer diploma, se consideram feitas para o processo declarativo comum.
> De modo semelhante, prevê-se, ainda, no n. 2 desse artigo 2º, que nos processos de natureza civil não previstos no CPC, as referências feitas ao tribunal coletivo, que deva intervir nos termos previstos no NCPC, consideram-se feitas ao juiz singular, com as necessárias adaptações, a menos que a intervenção do tribunal coletivo tenha sido já admitida, nos quais intervirá o tribunal coletivo nos termos previstos na data da admissão".[165]

---

[165] TORRES, Pedro Pinheiro. *Guia para o novo código de processo civil – do velho ao novo código – correspondência e comparação de normas*. Coimbra: Editora Almedina, 2013. p. 9.

Comentando o art. 2º da Lei n. 41/2013 (C.P.C. português), aduz Rui Pinto:

> "1. Referências avulsas ao processo ordinário, sumário ou sumaríssimo. Remissões para as formas de processo pretéritas acham-se, nomeadamente, nos artigos 139º e 148º do Código de Insolvência e da Recuperação de Empresas, no artigo 49º n. 2 do Código do Processo de Trabalho, no artigo 42º n. 2 do Código de Processo nos Tribunais Administrativos, no artigo 76º n. 2 do Código Notariado e no artigo 126º da Lei n. 147/99, de 1 de Setembro (Lei de Protecção de Crianças e de Jovens em Perigo).
> 2. Referências avulsas ao tribunal coletivo. Afiguram-se vários exemplos de normas relativas a processos cíveis perante tribunal coletivo fora do Código de Processo Civil. Assim, sucede com o artigo 42º n. 2 do Código de Processo nos Tribunais Administrativos e com o artigo 72º n. 1 al. g) do Código de Processo Penal.
> 3. Remissões subsidiárias. Embora fora do objeto deste artigo, importa não esquecer que a mudança de Código de Processo Civil tem consequências indiretas nos procedimentos que para ele remetem a título subsidiário ou a título de aplicação isolada. Assim, sucede, entre vários outros locais, nos artigos 9º n.2, 14º n.1, 17º, 25º n.2 , 38º n. 6 al. a), 136º, n.3, 150º, n. 1 e 5, 164º n.s. 4 e 6, entre outros, do Código de Insolvência e da Recuperação de Empresas (...)".[166]

---

[166] PINTO, Rui. *Notas ao código de processo civil*. Coimbra: Coimbra Editora, 2014. p. 8.

11.
Cadastramento dos entes políticos, entidades da administração indireta, Ministério Público, Defensora Pública e Advocacia Pública

No âmbito do processo judicial eletrônico, a comunicação dos atos processuais dar-se-á de forma eletrônica, seguindo a sistemática desenvolvida para esse tipo de processo judicial.

A regulamentação do uso de meio eletrônico na tramitação de processos judiciais, comunicação de atos e transmissão de peças processuais foi feita pela Lei 11.419 de 19 de dezembro de 2006.

Assim, tanto a intimação como as citações das partes serão realizadas pela via eletrônica e não pelas formas tradicionais de comunicação do ato processual.

Em relação à citação, preconiza o art. 246, inc. V, do novo C.P.C.:

> *Art. 246. A citação será feita:*
> *I – pelo correio;*
> *II – por oficial de justiça;*
> *III – pelo escrivão ou chefe de secretaria, se o citando comparecer em cartório;*
> *IV – por edital;*
> *V – por meio eletrônico, conforme regulado em lei.*

Em relação às intimações, estabelece o art. 270, parágrafo único, do novo C.P.C.:

> *Art. 270. As intimações realizam-se, sempre que possível, por meio eletrônico, na forma da lei.*
> *Parágrafo único. Aplica-se ao Ministério Público, à Defensoria Pública e à Advocacia Pública o disposto no § 1o do art. 246.*

A comunicação dos atos processuais eletrônicos encontra-se regulada nos arts. 4º a 7º da Lei 11.419 de 2006, a saber:

> *Art. 4o Os tribunais poderão criar Diário da Justiça eletrônico, disponibilizado em sítio da rede mundial de computadores, para publicação de atos judiciais e administrativos próprios e dos órgãos a eles subordinados, bem como comunicações em geral.*
> *§ 1º O sítio e o conteúdo das publicações de que trata este artigo deverão ser assinados digitalmente com base em certificado emitido por Autoridade Certificadora credenciada na forma da lei específica.*
> *§ 2º A publicação eletrônica na forma deste artigo substitui qualquer outro meio e publicação oficial, para quaisquer efeitos legais, à exceção dos casos que, por lei, exigem intimação ou vista pessoal.*
> *§ 3º Considera-se como data da publicação o primeiro dia útil seguinte ao da disponibilização da informação no Diário da Justiça eletrônico.*
> *§ 4º Os prazos processuais terão início no primeiro dia útil que seguir ao considerado como data da publicação.*
> *§ 5º A criação do Diário da Justiça eletrônico deverá ser acompanhada de ampla divulgação, e o ato administrativo correspondente será publicado durante 30 (trinta) dias no diário oficial em uso.*
> *Art. 5º As intimações serão feitas por meio eletrônico em portal próprio aos que se cadastrarem na forma do art. 2o desta Lei, dispensando-se a publicação no órgão oficial, inclusive eletrônico.*
> *§ 1º Considerar-se-á realizada a intimação no dia em que o intimando efetivar a consulta eletrônica ao teor da intimação, certificando-se nos autos a sua realização.*

§ 2º Na hipótese do § 1o deste artigo, nos casos em que a consulta se dê em dia não útil, a intimação será considerada como realizada no primeiro dia útil seguinte.

§ 3º A consulta referida nos §§ 1o e 2o deste artigo deverá ser feita em até 10 (dez) dias corridos contados da data do envio da intimação, sob pena de considerar-se a intimação automaticamente realizada na data do término desse prazo.

§ 4º Em caráter informativo, poderá ser efetivada remessa de correspondência eletrônica, comunicando o envio da intimação e a abertura automática do prazo processual nos termos do § 3o deste artigo, aos que manifestarem interesse por esse serviço.

§ 5º Nos casos urgentes em que a intimação feita na forma deste artigo possa causar prejuízo a quaisquer das partes ou nos casos em que for evidenciada qualquer tentativa de burla ao sistema, o ato processual deverá ser realizado por outro meio que atinja a sua finalidade, conforme determinado pelo juiz.

§ 6º As intimações feitas na forma deste artigo, inclusive da Fazenda Pública, serão consideradas pessoais para todos os efeitos legais.

Art. 6º Observadas as formas e as cautelas do art. 5o desta Lei, as citações, inclusive da Fazenda Pública, excetuadas as dos Direitos Processuais Criminal e Infracional, poderão ser feitas por meio eletrônico, desde que a íntegra dos autos seja acessível ao citando.

Art. 7º As cartas precatórias, rogatórias, de ordem e, de um modo geral, todas as comunicações oficiais que transitem entre órgãos do Poder Judiciário, bem como entre os deste e os dos demais Poderes, serão feitas preferentemente por meio eletrônico.

Portanto, no âmbito do processo judicial eletrônico, a comunicação dos atos processuais poderá ocorrer pelo Diário da Justiça Eletrônico, ou pela forma estabelecida no art. 5º da Lei 11.419/06, ou seja, por meio eletrônico em portal próprio aos que se cadastrarem na forma do art. 2º do aludido preceito normativo.

A comunicação dos atos processuais, nos termos do art. 5º da Lei 11.419/06, poderá ser tanto para intimações como para citações (art. 6º da Lei 11.419/06).

DISPOSIÇÕES FINAIS E DIREITO TRANSITÓRIO

O Tribunal Regional Federal da 4º Região, com a finalidade de regulamentar o art. 5º e 6º da Lei 11.419/06, expediu a Resolução n. 17, de 26 de março de 2010 (Regulamenta o Processo Judicial Eletrônico – e-proc). O art. 23 da referida resolução, assim estabelece:

> Art. 23. As citações, intimações e notificações serão realizadas diretamente no e-Proc, dispensada a publicação em diário oficial ou a expedição de mandado, excetuadas as citações de feitos que envolvam os Direitos Processuais Criminal e Infracional (artigo 6º da Lei nº 11.419/2006) ou quando determinado pelo magistrado da causa.
>
> § 1º Não se aplica a regra prevista no caput às intimações realizadas em audiência ou em secretaria, cabendo à Vara Federal ou secretaria realizar o seu registro no e-Proc.
>
> § 2º Considerar-se-á realizada a intimação e a citação pelo sistema no dia em que o destinatário efetivar a consulta eletrônica ao teor da decisão, certificando-se automaticamente nos autos a sua realização, na forma do art. 5º da Lei nº 11.419/2006.
>
> § 3º A consulta referida no parágrafo anterior deverá ser feita em até 10 (dez) dias corridos, contados da data do envio da intimação, sob pena de considerar-se a intimação automaticamente realizada na data do término desse prazo.
>
> § 4º Quando for inviável o uso do e-Proc para a realização de citação, intimação ou notificação, esses atos processuais poderão ser praticados mediante a expedição de mandado ou carta de citação, em que constará a chave para acesso ao inteiro teor do processo no sítio próprio da Internet, sendo desnecessário o encaminhamento de cópia impressa de qualquer documento.

Mas para que a comunicação eletrônica do ato processual possa ser realizada na forma do art. 5º e 6º da Lei 11.419/06 ou do art. 23 da Resolução n. 17/2010 do TRF4ª Região, é necessário que as partes estejam devidamente cadastradas no sistema judicial eletrônico.

Sobre o cadastramento de partes e advogados, no âmbito do processo eletrônico – e-proc – do Tribunal Regional Federal da 4ª Região, prescrevem os arts. 9º e 10º da Resolução n. 17/2010:

> Art. 9º O credenciamento dos usuários no e-Proc será efetuado:

I – para magistrados e usuários gerentes, pela Diretoria Judiciária e Núcleos de Apoio Judiciário;

II – para os demais usuários internos, pela respectiva chefia que possua função de gerência do sistema;

III – para o Ministério Público Federal mediante o comparecimento pessoal do Procurador-Chefe a qualquer unidade da Justiça Federal, munido de identificação profissional, para o seu cadastramento no sistema, oportunidade em que registrará sua senha pessoal, cadastrará cada uma das unidades da Procuradoria da República nas respectivas Subseções Judiciárias, para que esta possa receber e enviar os feitos sob responsabilidade dos membros do parquet que nela oficiarem, bem como receberá instruções quanto aos procedimentos que deverá adotar para cadastrar os gerentes da entidade, que ficarão responsáveis pelo cadastro dos demais membros do Ministério Público Federal e pela distribuição interna dos processos;

IV – para os advogados, mediante o preenchimento de formulário próprio na rede mundial de computadores, no domínio da Seção Judiciária do Estado em que o profissional atuará, e comparecimento pessoal em qualquer unidade da Justiça Federal, munido de identificação profissional, oportunidade em que serão conferidas as informações e autorizado o uso do sistema, na forma da Lei nº 11.419/2006;

V – para o advogado titular da sociedade de advogados, mediante o comparecimento pessoal a qualquer unidade da Justiça Federal, apresentando os atos constitutivos e solicitando o seu registro, ficando sob sua responsabilidade o cadastramento ou vinculação dos demais usuários da sociedade;

VI- para os procuradores públicos, mediante comparecimento pessoal do Procurador-Chefe a qualquer unidade da Justiça Federal, munido de identificação profissional e do documento que lhe outorga poderes para representar a entidade, especialmente para receber citação, para o seu cadastramento no sistema, oportunidade em que registrará sua senha pessoal e receberá instruções quanto aos procedimentos que deverá adotar para cadastrar gerente da entidade, demais usuários da procuradoria, e seu eventual sucessor, responsabilizando-se pela gestão do respectivo acervo.

VII – Para pessoas físicas, cadastrados como usuários externos, mediante comparecimento a qualquer unidade da Justiça Federal, munido de documento de identidade, CPF e comprovante de endereço.

VIII – para os demais usuários externos, mediante procedimento no qual seja assegurada a identificação presencial do interessado perante servidor autorizado.

§ 1º Os advogados já cadastrados no e-Proc (versão 1) dos Juizados Especiais Federais não necessitam fazer novo cadastro para atuar no e-Proc (nova versão).

§ 2º O pedido de credenciamento a que se refere o inciso IV, quando assinado digitalmente mediante certificação digital emitida pelas regras da AC-OAB, dispensa a validação pessoal para todos os fins.

§ 3º A validação do cadastro feita em uma Seção Judiciária aproveita às demais, bem como ao Tribunal Regional Federal da 4ª Região.

§ 4º A troca da senha poderá ser efetivada no e-Proc pelo próprio usuário.

§ 5º Em caso de perda da senha, o advogado/Procurador-Chefe deverá comparecer pessoalmente à sede de uma das Subseções Judiciárias da 4ª Região, munido de identificação profissional, ou preencher formulário específico no sistema, assinando digitalmente mediante AC-OAB, para registrar nova senha. Os demais usuários deverão reportar-se ao respectivo gerente para registrar nova senha.

§ 6º Na hipótese de desvinculação de usuário interno, a chefia imediata procederá à inibição de seu acesso ao sistema do processo eletrônico.

§ 7º A inibição de acesso de usuário externo ao sistema será feita por solicitação deste ou por determinação de autoridade competente, pelo gerente responsável pelo seu credenciamento.

§ 8º Pessoas físicas, não advogados, poderão cadastrar-se no e-Proc exclusivamente para peticionar em processos de competência dos Juizados Especiais Federais em que forem parte ou representante, nas fases em que a legislação admitir a atuação sem a necessidade de advogado.

§ 9º Os pedidos formulados em unidades da Justiça Federal de outras regiões, na forma do Provimento nº 15/2014 do CJF da Corregedoria-Geral da Justiça Federal serão recebidos via e-mail institucional pela Secretaria de Registros e Informações Processuais – SRIP – do Tribunal Regional Federal da 4ª Região, que fará a conferência da documentação recebida e a autorização no sistema, comunicando ao interessado a sigla e a senha.

Art. 10. O Ministério Público Federal, a Advocacia-Geral da União, a Procuradoria da Fazenda, a Procuradoria Federal, as Procuradorias dos Estados e dos Municípios, e as instituições que possam ser demandadas na Justiça Federal que não cadastrarem um responsável para receber as citações ou intimações em *cada Subseção, serão intimados pelo juízo para fazê-lo em 5 (cinco) dias, quando do recebimento da primeira ação em que figurarem.*

§ 1º O descumprimento da intimação implicará a posterior citação ou intimação do órgão ou entidade por meio físico, o qual, não apresentando resposta no prazo, ficará sujeito às consequências legais.

§ 2º Após a citação ou primeira intimação, o órgão passará a ser representado pelo profissional que se manifestar nos autos, o qual será intimado dos demais atos do processo.

§ 3º A substituição dos responsáveis pela representação será feita pelo próprio órgão diretamente no sistema.

§ 4º No caso de mandado de segurança impetrado contra autoridade que não conste como usuário cadastrado no e-Proc, poderá ser feita a notificação por meio físico, com registro no processo, facultando-se que a prestação das informações seja juntada pela Procuradoria do órgão ao qual a autoridade está vinculada (artigo 7º, II, da Lei nº 12.016/2009).

§ 5º O disposto no parágrafo anterior aplica-se aos pedidos de habeas corpus e habeas data, no que couber.

O novo C.P.C., com a finalidade de possibilitar de forma concreta a intimação e a citação de partes pelo sistema judicial eletrônico, estabeleceu, no §1º do art. 246, que, com exceção das microempresas e das empresas de pequeno porte, as empresas públicas e privadas são obrigadas a manter cadastro nos sistemas de processo em autos eletrônicos, para efeito de recebimento de citações e intimações, as quais serão efetuadas preferencialmente por esse meio.

Essa obrigação de manutenção de cadastro, segundo os ditames do §2º do art. 246 do novo C.P.C., aplica-se à União, aos Estados, ao Distrito Federal, aos Municípios e às entidades da administração indireta.

Também se aplica essa obrigação de manutenção de cadastro, nos termos do parágrafo único do art. 270 do novo C.P.C., ao Ministério Público, à Defensoria Pública e à Advocacia Pública.

O novo C.P.C. também estabeleceu um prazo limite para que o cadastro previsto no §1º do art. 246 fosse realizado. Esse prazo encontra-se definido no art. 1.050 do novo estatuto processual, *in verbis: A União, os Estados, o Distrito Federal, os Municípios, suas respectivas entidades da administração indireta, o Ministério Público, a Defensoria Pública e a Advocacia Pública, no prazo de 30 (trinta) dias a contar da data da entrada em vigor deste Código, deverão se cadastrar perante a administração do tribunal no qual atuem para cumprimento do disposto nos arts. 246, § 2o, e 270, parágrafo único.*

As empresas públicas e privadas, exceto as microempresas e as empresas de pequeno porte, devem realizar o cadastro referido no art. 246, §1º, do novo C.P.C., também no prazo de 30 (trinta) dias, a contar da data de inscrição do ato constitutivo da pessoa jurídica, perante o juízo onde tenham sede ou filial (art. 1.051 do novo C.P.C.).

Entendo que a expressão empresa pública contida no art. 1.051 do novo C.P.C. diz respeito tanto à empresa pública definida no direito administrativo quanto à sociedade de economia mista, às fundações públicas, aos consórcios públicos de personalidade jurídica de direito público, às agências reguladoras e às agências executivas.

Em relação às empresas públicas ou privadas já constituídas quando da entrada em vigor do novo estatuto processual, o cadastramento deverá ocorrer, por analogia, no prazo previsto no art. 1.051 do novo C.P.C., contado a partir da entrada em vigor do Código.

O novo C.P.C., porém, não estabelece as consequências jurídicas da falta de cadastramento no prazo estabelecido.

12.
Convalidação dos atos processuais praticados por meio eletrônico

Pelo novo C.P.C., os atos processuais eletrônicos, a fim de que tenham segurança jurídica, deverão ser realizados por meio de certificação digital.

O sistema de Infra-Estrutura de Chaves Públicas foi instituído pela Medida Provisória n. 2.200-2, de 24 de agosto de 2001, a saber:

> *O PRESIDENTE DA REPÚBLICA, no uso da atribuição que lhe confere o art. 62º da Constituição, adota a seguinte Medida Provisória, com força de lei: Art. 1º Fica instituída a Infra-Estrutura de Chaves Públicas Brasileira – ICP- -Brasil, para garantir a autenticidade, a integridade e a validade jurídica de documentos em forma eletrônica, das aplicações de suporte e das aplicações habilitadas que utilizem certificados digitais, bem como a realização de transações eletrônicas seguras. Art. 2º A ICP-Brasil, cuja organização será definida em regulamento, será composta por uma autoridade gestora de políticas e pela cadeia de autoridades certificadoras composta pela Autoridade Certificadora Raiz – AC Raiz, pelas Autoridades Certificadoras – AC e pelas Autoridades de Registro – AR. Art. 3º A função de autoridade gestora de políticas será exercida pelo Comitê Gestor da ICP-Brasil, vinculado à Casa Civil da Presidência da República e composto por cinco representantes da sociedade civil, integrantes de setores interessados, designados pelo Presidente da República, e um representante de cada um dos seguintes órgãos, indicados por seus titulares:*

I – Ministério da Justiça; II – Ministério da Fazenda; III – Ministério do Desenvolvimento, Indústria e Comércio Exterior; IV – Ministério do Planejamento, Orçamento e Gestão; V – Ministério da Ciência e Tecnologia; VI – Casa Civil da Presidência da República; e VII – Gabinete de Segurança Institucional da Presidência da República. § 1º A coordenação do Comitê Gestor da ICP-Brasil será exercida pelo representante da Casa Civil da Presidência da República. § 2º Os representantes da sociedade civil serão designados para períodos de dois anos, permitida a recondução. § 3º A participação no Comitê Gestor da ICP-Brasil é de relevante interesse público e não será remunerada. § 4º O Comitê Gestor da ICP-Brasil terá uma Secretaria-Executiva, na forma do regulamento. Art. 4º Compete ao Comitê Gestor da ICP-Brasil: I – adotar as medidas necessárias e coordenar a implantação e o funcionamento da ICP-Brasil; II – estabelecer a política, os critérios e as normas técnicas para o credenciamento das AC, das AR e dos demais prestadores de serviço de suporte à ICP-Brasil, em todos os níveis da cadeia de certificação; III – estabelecer a política de certificação e as regras operacionais da AC Raiz; IV – homologar, auditar e fiscalizar a AC Raiz e os seus prestadores de serviço; V – estabelecer diretrizes e normas técnicas para a formulação de políticas de certificados e regras operacionais das AC e das AR e definir níveis da cadeia de certificação; 1 VI – aprovar políticas de certificados, práticas de certificação e regras operacionais, credenciar e autorizar o funcionamento das AC e das AR, bem como autorizar a AC Raiz a emitir o correspondente certificado; VII – identificar e avaliar as políticas de ICP externas, negociar e aprovar acordos de certificação bilateral, de certificação cruzada, regras de interoperabilidade e outras formas de cooperação internacional, certificar, quando for o caso, sua compatibilidade com a ICP-Brasil, observado o disposto em tratados, acordos ou atos internacionais; e VIII – atualizar, ajustar e revisar os procedimentos e as práticas estabelecidas para a ICP-Brasil, garantir sua compatibilidade e promover a atualização tecnológica do sistema e a sua conformidade com as políticas de segurança. Parágrafo único. O Comitê Gestor poderá delegar atribuições à AC Raiz. Art. 5º À AC Raiz, primeira autoridade da cadeia de certificação, executora das Políticas de Certificados e normas técnicas e operacionais aprovadas pelo Comitê Gestor da ICP-Brasil, compete emitir, expedir, distribuir, revogar e gerenciar os certificados das AC de nível imediatamente subseqüente ao seu, gerenciar a lista de certificados emitidos, revogados e vencidos, e executar atividades de fiscalização e auditoria das AC e das AR e dos prestadores de serviço habilitados na ICP, em conformidade com as diretrizes e normas técnicas estabelecidas pelo Comitê Gestor da ICP-Brasil, e exercer outras atribuições que lhe forem cometidas pela autoridade gestora de políticas. Parágrafo único. É vedado à AC Raiz emitir certificados para o usuário final. Art. 6º Às AC, entidades credenciadas a emitir certificados digitais vinculando pares de chaves criptográficas ao respectivo titular, compete emitir, expedir, distribuir, revogar e gerenciar os certificados, bem como colocar à disposição dos usuários listas de certificados revogados e outras informações pertinentes e manter registro de suas operações. Parágrafo único. O par de chaves criptográficas será gerado sempre pelo próprio titular e sua chave privada de assinatura será de seu exclusivo controle, uso e conhecimento. Art. 7º Às AR, entidades operacionalmente vinculadas a determinada AC, compete identificar e cadastrar usuários na presença destes, encaminhar solicitações de certificados às AC e manter registros de suas operações. Art. 8º Observados os critérios a serem estabelecidos pelo Comitê Gestor da ICP-Brasil, poderão ser credenciados como AC e AR os órgãos e as entidades públicos e as pessoas jurídicas de direito privado. Art. 9º É vedado a qualquer AC certificar nível diverso do imediatamente subseqüente ao seu, exceto nos casos de acordos de certificação lateral ou cruzada, previamente aprovados pelo Comitê Gestor da ICP-Brasil. Art. 10º Consideram-se documentos públicos ou particulares, para todos os fins legais, os documentos eletrônicos de que trata esta Medida Provisória. § 1º As declarações constantes dos documentos em forma eletrônica produzidos com a utilização de processo de certificação disponibilizado pela ICP-Brasil presumem-se verdadeiros em relação aos signatários, na forma do art. 131 da Lei nº 3.071, de 1º de janeiro de 1916 – Código Civil. § 2º O disposto nesta Medida Provisória não obsta a utilização de outro meio de comprovação da autoria e integridade de documentos em forma eletrônica, inclusive os que utilizem certificados não emitidos pela ICP-Brasil, desde que admitido pelas partes como válido ou aceito pela pessoa a quem for oposto o documento. Art. 11º A utilização de documento eletrônico para fins tributários atenderá, ainda, ao disposto no art. 100 da Lei no 5.172, de 25 de outubro de 1966 – Código Tributário Nacional. Art. 12º Fica transformado em autarquia federal, vinculada ao Ministério da Ciência e Tecnologia, o Instituto Nacional de Tecnologia da Informação – ITI, com sede e foro no Distrito Federal. 2 Art. 13º O ITI é a Autoridade Certificadora Raiz da Infra-Estrutura de Chaves

Públicas Brasileira. Art. 14º No exercício de suas atribuições, o ITI desempenhará atividade de fiscalização, podendo ainda aplicar sanções e penalidades, na forma da lei. Art. 15º Integrarão a estrutura básica do ITI uma Presidência, uma Diretoria de Tecnologia da Informação, uma Diretoria de Infra-Estrutura de Chaves Públicas e uma Procuradoria-Geral. Parágrafo único. A Diretoria de Tecnologia da Informação poderá ser estabelecida na cidade de Campinas, no Estado de São Paulo. Art. 16º Para a consecução dos seus objetivos, o ITI poderá, na forma da lei, contratar serviços de terceiros. § 1º O Diretor-Presidente do ITI poderá requisitar, para ter exercício exclusivo na Diretoria de Infra-Estrutura de Chaves Públicas, por período não superior a um ano, servidores, civis ou militares, e empregados de órgãos e entidades integrantes da Administração Pública Federal direta ou indireta, quaisquer que sejam as funções a serem exercidas. § 2º Aos requisitados nos termos deste artigo serão assegurados todos os direitos e vantagens a que façam jus no órgão ou na entidade de origem, considerando-se o período de requisição para todos os efeitos da vida funcional, como efetivo exercício no cargo, posto, graduação ou emprego que ocupe no órgão ou na entidade de origem. Art. 17º Fica o Poder Executivo autorizado a transferir para o ITI: I – os acervos técnico e patrimonial, as obrigações e os direitos do Instituto Nacional de Tecnologia da Informação do Ministério da Ciência e Tecnologia; e II – remanejar, transpor, transferir, ou utilizar, as dotações orçamentárias aprovadas na Lei Orçamentária de 2001, consignadas ao Ministério da Ciência e Tecnologia, referentes às atribuições do órgão ora transformado, mantida a mesma classificação orçamentária, expressa por categoria de programação em seu menor nível, observado o disposto no § 2º do art. 3º da Lei no 9.995, de 25 de julho de 2000, assim como o respectivo detalhamento por esfera orçamentária, grupos de despesa, fontes de recursos, modalidades de aplicação e identificadores de uso. Art. 18º Enquanto não for implantada a sua Procuradoria Geral, o ITI será representado em juízo pela Advocacia Geral da União. Art. 19º Ficam convalidados os atos praticados com base na Medida Provisória no 2.200-1, de 27 de julho de 2001. Art. 20º Esta Medida Provisória entra em vigor na data de sua publicação.

Conforme estabelece o art. 411, inc. II, do novo C.P.C., considera-se autêntico o documento quando a autoria estiver identificada por qualquer outro meio legal de certificação, inclusive eletrônico, nos termos da lei.

Porém, é possível que tenham sido praticados atos processuais no âmbito do processo judicial sem a observância dos requisitos mínimos exigidos pelo novo C.P.C. Nessa hipótese, estabelece o art. 1.053 do novo estatuto processual que os atos processuais praticados por meio eletrônico até a transição definitiva para certificação digital ficam convalidados, ainda que não tenham observados os requisitos mínimos estabelecidos pelo novo Código, desde que tenham atingido sua finalidade e não tenha havido prejuízo à defesa de qualquer das partes.

Aplica-se, portanto, o princípio da instrumentalidade das formas, bem como o disposto no art. 277 do novo C.P.C., que assim dispõe: *Quando a lei prescrever determinada forma, o juiz considerará válido o ato se, realizado de outro modo, lhe alcançar a finalidade.*

13.
Execução contra devedor insolvente

O C.P.C. de 1973 tratava em capítulos diversos da execução por quantia certa contra devedor *solvente* (arts. 646 a 724) e da execução de quantia certa contra devedor *insolvente* (arts. 748 a 786-A).

O novo C.P.C. (Lei 13.105 de 2015) somente regulou a execução por quantia certa contra devedor *solvente.*

Segundo estabelece o art. 797 do novo C.P.C., *ressalvado o caso de insolvência do devedor, em que tem lugar o concurso universal, realiza-se a execução no interesse do exequente que adquire, pela penhora, o direito de preferência sobre os bens penhorados.*

Muito embora o novo C.P.C. somente tenha regulado a execução por quantia certa contra devedor *solvente,* o *concurso universal* continuou a ser previsto pelo novo estatuto processual como forma de execução contra devedor *insolvente* (dá-se a insolvência toda vez que as dívidas excederem à importância dos bens do devedor).

Na insolvência, a execução se dá mediante concurso universal, não sendo realizada no interesse do exequente, o qual não adquire, pela penhora, o direito de preferência sobre os bens penhorados.

Porém, a regulamentação da execução por quantia certa contra devedor *insolvente* depende de *legislação especial* a ser aprovada pelo Congresso Nacional, conforme estabelece o art. 1.052 do novo C.P.C, *in verbis: Até a edição de lei específica, as execuções contra devedor insolvente, em curso ou que venham a ser propostas, permanecem reguladas pelo Livro II, Título IV, da Lei no 5.869, de 11 de janeiro de 1973.*

Portanto, a execução de quantia certa contra devedor *insolvente* depende de lei especial, sendo que, até que seja editada lei específica, as execuções contra devedor insolvente, em curso ou que venham a ser proposta após a entrada em vigor do novo C.P.C., continuarão a ser reguladas pelo Livro II, Título IV, da Lei n. 5.869 de 1973, que assim dispõe:

TÍTULO IV
DA EXECUÇÃO POR QUANTIA CERTA CONTRA DEVEDOR INSOLVENTE
CAPÍTULO I
DA INSOLVÊNCIA

Art. 748. Dá-se a insolvência toda vez que as dívidas excederem à importância dos bens do devedor.

Art. 749. Se o devedor for casado e o outro cônjuge, assumindo a responsabilidade por dívidas, não possuir bens próprios que bastem ao pagamento de todos os credores, poderá ser declarada, nos autos do mesmo processo, a insolvência de ambos.

Art. 750. Presume-se a insolvência quando:

I – o devedor não possuir outros bens livres e desembaraçados para nomear à penhora;

II – forem arrestados bens do devedor, com fundamento no art. 813, I, II e III.

Art. 751. A declaração de insolvência do devedor produz:

I – o vencimento antecipado das suas dívidas;

II – a arrecadação de todos os seus bens suscetíveis de penhora, quer os atuais, quer os adquiridos no curso do processo;

III – a execução por concurso universal dos seus credores.

Art. 752. Declarada a insolvência, o devedor perde o direito de administrar os seus bens e de dispor deles, até a liquidação total da massa.

Art. 753. A declaração de insolvência pode ser requerida:

I – por qualquer credor quirografário;

II – pelo devedor;

III – pelo inventariante do espólio do devedor.

CAPÍTULO II
DA INSOLVÊNCIA REQUERIDA PELO CREDOR

Art. 754. O credor requererá a declaração de insolvência do devedor, instruindo o pedido com título executivo judicial ou extrajudicial (art. 586).

Art. 755. O devedor será citado para, no prazo de 10 (dez) dias, opor embargos; se os não oferecer, o juiz proferirá, em 10 (dez) dias, a sentença.

Art. 756. Nos embargos pode o devedor alegar:

I – que não paga por ocorrer alguma das causas enumeradas nos arts. 741, 742 e 745, conforme o pedido de insolvência se funde em título judicial ou extrajudicial;

II – que o seu ativo é superior ao passivo.

Art. 757. O devedor ilidirá o pedido de insolvência se, no prazo para opor embargos, depositar a importância do crédito, para lhe discutir a legitimidade ou o valor.

Art. 758. Não havendo provas a produzir, o juiz dará a sentença em 10 (dez) dias; havendo-as, designará audiência de instrução e julgamento.

CAPÍTULO III
DA INSOLVÊNCIA REQUERIDA PELO DEVEDOR OU PELO SEU ESPÓLIO

Art. 759. É lícito ao devedor ou ao seu espólio, a todo tempo, requerer a declaração de insolvência.

Art. 760. A petição, dirigida ao juiz da comarca em que o devedor tem o seu domicílio, conterá:

I – a relação nominal de todos os credores, com a indicação do domicílio de cada um, bem como da importância e da natureza dos respectivos créditos;

II – a individuação de todos os bens, com a estimativa do valor de cada um;

III – o relatório do estado patrimonial, com a exposição das causas que determinaram a insolvência.

CAPÍTULO IV
DA DECLARAÇÃO JUDICIAL DE INSOLVÊNCIA

Art. 761. Na sentença, que declarar a insolvência, o juiz:

I – nomeará, dentre os maiores credores, um administrador da massa;

II – mandará expedir edital, convocando os credores para que apresentem, no prazo de 20 (vinte) dias, a declaração do crédito, acompanhada do respectivo título.

Art. 762. Ao juízo da insolvência concorrerão todos os credores do devedor comum.

§ 1º As execuções movidas por credores individuais serão remetidas ao juízo da insolvência.

§ 2º Havendo, em alguma execução, dia designado para a praça ou o leilão, far-se-á a arrematação, entrando para a massa o produto dos bens.

CAPÍTULO V
DAS ATRIBUIÇÕES DO ADMINISTRADOR

Art. 763. A massa dos bens do devedor insolvente ficará sob a custódia e responsabilidade de um administrador, que exercerá as suas atribuições, sob a direção e superintendência do juiz.

Art. 764. Nomeado o administrador, o escrivão o intimará a assinar, dentro de 24 (vinte e quatro) horas, termo de compromisso de desempenhar bem e fielmente o cargo.

Art. 765. Ao assinar o termo, o administrador entregará a declaração de crédito, acompanhada do título executivo. Não o tendo em seu poder, juntá-lo-á no prazo fixado pelo art. 761, II.

Art. 766. Cumpre ao administrador:

I – arrecadar todos os bens do devedor, onde quer que estejam, requerendo para esse fim as medidas judiciais necessárias;

II – representar a massa, ativa e passivamente, contratando advogado, cujos honorários serão previamente ajustados e submetidos à aprovação judicial;

III – praticar todos os atos conservatórios de direitos e de ações, bem como promover a cobrança das dívidas ativas;

IV – alienar em praça ou em leilão, com autorização judicial, os bens da massa.

Art. 767. O administrador terá direito a uma remuneração, que o juiz arbitrará, atendendo à sua diligência, ao trabalho, à responsabilidade da função e à importância da massa.

CAPÍTULO VI
DA VERIFICAÇÃO E DA CLASSIFICAÇÃO DOS CRÉDITOS

Art. 768. Findo o prazo, a que se refere o nº II do art. 761, o escrivão, dentro de 5 (cinco) dias, ordenará todas as declarações, autuando cada uma com o seu respectivo título. Em seguida intimará, por edital, todos os credores para, no prazo de 20 (vinte) dias, que lhes é comum, alegarem as suas preferências, bem como a nulidade, simulação, fraude, ou falsidade de dívidas e contratos.

Parágrafo único. No prazo, a que se refere este artigo, o devedor poderá impugnar quaisquer créditos.

Art. 769. Não havendo impugnações, o escrivão remeterá os autos ao contador, que organizará o quadro geral dos credores, observando, quanto à classificação dos créditos e dos títulos legais de preferência, o que dispõe a lei civil.

Parágrafo único. Se concorrerem aos bens apenas credores quirografários, o contador organizará o quadro, relacionando-os em ordem alfabética.

Art. 770. Se, quando for organizado o quadro geral dos credores, os bens da massa já tiverem sido alienados, o contador indicará a percentagem, que caberá a cada credor no rateio.

Art. 771. Ouvidos todos os interessados, no prazo de 10 (dez) dias, sobre o quadro geral dos credores, o juiz proferirá sentença.

Art. 772. Havendo impugnação pelo credor ou pelo devedor, o juiz deferirá, quando necessário, a produção de provas e em seguida proferirá sentença.

§ 1º Se for necessária prova oral, o juiz designará audiência de instrução e julgamento.

§ 2º Transitada em julgado a sentença, observar-se-á o que dispõem os três artigos antecedentes.

Art. 773. Se os bens não foram alienados antes da organização do quadro geral, o juiz determinará a alienação em praça ou em leilão, destinando-se o produto ao pagamento dos credores.

CAPÍTULO VII
DO SALDO DEVEDOR

Art. 774. Liquidada a massa sem que tenha sido efetuado o pagamento integral a todos os credores, o devedor insolvente continua obrigado pelo saldo.

Art. 775. Pelo pagamento dos saldos respondem os bens penhoráveis que o devedor adquirir, até que se lhe declare a extinção das obrigações.

Art. 776. Os bens do devedor poderão ser arrecadados nos autos do mesmo processo, a requerimento de qualquer credor incluído no quadro geral, a que se refere o art. 769, procedendo-se à sua alienação e à distribuição do respectivo produto aos credores, na proporção dos seus saldos.

CAPÍTULO VIII
DA EXTINÇÃO DAS OBRIGAÇÕES

Art. 777. A prescrição das obrigações, interrompida com a instauração do concurso universal de credores, recomeça a correr no dia em que passar em julgado a sentença que encerrar o processo de insolvência.

Art. 778. Consideram-se extintas todas as obrigações do devedor, decorrido o prazo de 5 (cinco) anos, contados da data do encerramento do processo de insolvência.

Art. 779. É lícito ao devedor requerer ao juízo da insolvência a extinção das obrigações; o juiz mandará publicar edital, com o prazo de 30 (trinta) dias, no órgão oficial e em outro jornal de grande circulação.

Art. 780. No prazo estabelecido no artigo antecedente, qualquer credor poderá opor-se ao pedido, alegando que:

I – não transcorreram 5 (cinco) anos da data do encerramento da insolvência;

II – o devedor adquiriu bens, sujeitos à arrecadação (art. 776).

Art. 781. Ouvido o devedor no prazo de 10 (dez) dias, o juiz proferirá sentença; havendo provas a produzir, o juiz designará audiência de instrução e julgamento.

Art. 782. A sentença, que declarar extintas as obrigações, será publicada por edital, ficando o devedor habilitado a praticar todos os atos da vida civil.

CAPÍTULO IX
DAS DISPOSIÇÕES GERAIS

Art. 783. O devedor insolvente poderá, depois da aprovação do quadro a que se refere o art. 769, acordar com os seus credores, propondo-lhes a forma de pagamento. Ouvidos os credores, se não houver oposição, o juiz aprovará a proposta por sentença.

Art. 784. Ao credor retardatário é assegurado o direito de disputar, por ação direta, antes do rateio final, a prelação ou a cota proporcional ao seu crédito.

Art. 785. O devedor, que caiu em estado de insolvência sem culpa sua, pode requerer ao juiz, se a massa o comportar, que lhe arbitre uma pensão, até a alienação dos bens. Ouvidos os credores, o juiz decidirá.

Art. 786. As disposições deste Título aplicam-se às sociedades civis, qualquer que seja a sua forma.

Art. 786-A – Os editais referidos neste Título também serão publicados, quando for o caso, nos órgãos oficiais dos Estados em que o devedor tenha filiais ou representantes. (Incluído pela Lei nº 9.462, de 19.6.1997)

Citam-se abaixo alguns precedentes jurisprudenciais sobre o tema da execução por quantia certa contra devedor insolvente regulada pelo C.P.C. de 1973:

DIREITO EMPRESARIAL. FALÊNCIA. IMPONTUALIDADE INJUSTIFICADA. ART. 94, INCISO I, DA LEI N. 11.101/2005. INSOLVÊNCIA ECONÔMICA.
DEMONSTRAÇÃO. DESNECESSIDADE. PARÂMETRO: INSOLVÊNCIA JURÍDICA. DEPÓSITO ELISIVO. EXTINÇÃO DO FEITO. DESCABIMENTO. ATALHAMENTO DAS VIAS ORDINÁRIAS PELO PROCESSO DE FALÊNCIA. NÃO OCORRÊNCIA.
1. Os dois sistemas de execução por concurso universal existentes no direito pátrio – insolvência civil e falência -, entre outras diferenças, distanciam-se um do outro no tocante à concepção do que seja estado de insolvência, necessário em ambos. O sistema falimentar, ao contrário da insolvência civil (art. 748 do CPC), não tem alicerce na insolvência econômica.
2. O pressuposto para a instauração de processo de falência é a insolvência jurídica, que é caracterizada a partir de situações objetivamente apontadas pelo

ordenamento jurídico. No caso do direito brasileiro, caracteriza a insolvência jurídica, nos termos do art. 94 da Lei n. 11.101/2005, a impontualidade injustificada (inciso I), execução frustrada (inciso II) e a prática de atos de falência (inciso III).

3. Com efeito, para o propósito buscado no presente recurso – que é a extinção do feito sem resolução de mérito -, é de todo irrelevante a argumentação da recorrente, no sentido de ser uma das maiores empresas do ramo e de ter notória solidez financeira. Há uma presunção legal de insolvência que beneficia o credor, cabendo ao devedor elidir tal presunção no curso da ação, e não ao devedor fazer prova do estado de insolvência, que é caracterizado ex lege.

4. O depósito elisivo da falência (art. 98, parágrafo único, da Lei n. 11.101/2005), por óbvio, não é fato que autoriza o fim do processo. Elide-se o estado de insolvência presumida, de modo que a decretação da falência fica afastada, mas o processo converte-se em verdadeiro rito de cobrança, pois remanescem as questões alusivas à existência e exigibilidade da dívida cobrada.

5. No sistema inaugurado pela Lei n. 11.101/2005, os pedidos de falência por impontualidade de dívidas aquém do piso de 40 (quarenta) salários mínimos são legalmente considerados abusivos, e a própria lei encarrega-se de embaraçar o atalhamento processual, pois elevou tal requisito à condição de procedibilidade da falência (art. 94, inciso I). Porém, superando-se esse valor, a ponderação legal já foi realizada segundo a ótica e prudência do legislador.

6. Assim, tendo o pedido de falência sido aparelhado em impontualidade injustificada de títulos que superam o piso previsto na lei (art. 94, I, Lei n. 11.101/2005), por absoluta presunção legal, fica afastada a alegação de atalhamento do processo de execução/cobrança pela via falimentar. Não cabe ao Judiciário, nesses casos, obstar pedidos de falência que observaram os critérios estabelecidos pela lei, a partir dos quais o legislador separou as situações já de longa data conhecidas, de uso controlado e abusivo da via falimentar.

7. Recurso especial não provido.

(REsp 1433652/RJ, Rel. Ministro LUIS FELIPE SALOMÃO, QUARTA TURMA, julgado em 18/09/2014, DJe 29/10/2014)

RECURSO ESPECIAL. CIVIL E PROCESSUAL CIVIL. EXECUÇÃO COLETIVA.

PROCESSO DE INSOLVÊNCIA. PAGAMENTOS EFETUADOS POR AVALISTAS DO DEVEDOR INSOLVENTE. SUBMISSÃO DOS

AVALISTAS SUBROGADOS AO CONCURSO DE CREDORES. AUSÊNCIA DE INTERESSE EM PROMOVER AÇÃO INDIVIDUAL DE COBRANÇA.
1. Inexistência dos vícios tipificados no art. 535 do Código de Processo Civil a inquinar o acórdão embargado.
2. Pretensão de avalistas de devedor insolvente, que efetuaram o pagamento de títulos vencidos, de ressarcimento do seu crédito mediante ação individual de cobrança.
3. Submissão dos avalistas subrogados pelo pagamento das dívidas do devedor insolvente ao concurso de credores instaurado com o processo de insolvência.
4. Interpretação do artigo 762 e seu § 1º do CPC.
5. Ausência de interesse em promover ação individual de cobrança.
6. RECURSO ESPECIAL DESPROVIDO.
(REsp 1217619/MG, Rel. Ministro PAULO DE TARSO SANSEVERINO, TERCEIRA TURMA, julgado em 19/09/2013, DJe 24/09/2013)
PROCESSUAL CIVIL. TRIBUTÁRIO. EXECUÇÃO FISCAL. PROPRIEDADE DOS VALORES DEPOSITADOS. SÚMULA 7/STJ. PENHORA. PREFERÊNCIA DO CRÉDITO. DIREITO MATERIAL SOBREPÕE-SE AO DIREITO PROCESSUAL. CONCURSO DE CREDORES. DEVEDOR SOLVENTE OU INSOLVENTE. CRITÉRIO ALHEIO À PREVISÃO LEGAL. PRETENSÃO SEM AMPARO NA JURISPRUDÊNCIA DO STJ.
1. O agravante sustenta a tese de que o valor penhorado já não pertencia à empresa executada, entendimento não compartilhado pelo Tribunal de origem, que expressamente assentou que o depósito efetuado "não saiu propriamente da esfera patrimonial da executada Pioneiros".
2. Modificar a conclusão do Tribunal de origem a fim de acolher o argumento recursal da agravante demandaria reexame do acervo fático-probatório dos autos, inviável de análise em sede de recurso especial, sob pena de violar a Súmula 7/STJ.
3. A premissa fática traçada pela Corte de origem é clara em delinear a existência concomitante de duas execuções: uma, proposta pela agravante e que possui valores penhorados; e outra, proposta pela Fazenda Pública do Estado de São Paulo que, ao saber da constrição, requer o bloqueio dos valores para formalizar habilitação no concurso singular de credores – pretensão viável em decorrência do disposto no art. 711 do CPC.

4. "A preferência dos créditos trabalhistas sobre os créditos tributários, prevista no art. 186, do CTN, não se limita ao concurso universal de credores, em razão de insolvência civil ou falência, aplicando-se, da mesma forma, aos casos de execução contra devedor solvente." (...) "Raciocínio inverso conspiraria contra a ratio essendi do art. 186, do CTN, o qual visa resguardar a satisfação do crédito trabalhista, tendo em vista a natureza alimentar de referidas verbas, sendo irrelevante para a incidência do preceito, a natureza jurídica da relação que originou a execução fiscal, sobre se contra devedor solvente ou insolvente." (REsp 871.190/SP, Rel.
Min. Luiz Fux, Primeira Turma, julgado em 07/10/2008, DJe 03/11/2008.) Agravo regimental improvido.
(AgRg no AREsp 215.749/SP, Rel. Ministro HUMBERTO MARTINS, SEGUNDA TURMA, julgado em 16/10/2012, DJe 24/10/2012)
PROCESSUAL CIVIL. CONFLITO (NEGATIVO) DE COMPETÊNCIA. JUSTIÇA FEDERAL E JUSTIÇA ESTADUAL. INSOLVÊNCIA CIVIL REQUERIDA PELA UNIÃO. COMPETÊNCIA DO JUÍZO UNIVERSAL PARA PROMOVER A EXECUÇÃO CONCURSAL.
1. Nos termos do art. 109, I, da CF/88, aos juízes federais compete processar e julgar "as causas em que a União, entidade autárquica ou empresa pública federal forem interessadas na condição de autoras, rés, assistentes ou oponentes, exceto as de falência, as de acidentes de trabalho e as sujeitas à Justiça Eleitoral e à Justiça do Trabalho" (grifou-se). Não obstante a Constituição Federal não tenha excepcionado a insolvência civil, não há razões que justifiquem a adoção de critério distinto de fixação de competência entre a falência e a insolvência civil.
2. Corroboram esse entendimento: (a) o princípio estabelecido na Súmula 244 do extinto TFR ("a intervenção da União, suas autarquias e empresas públicas em concurso de credores ou de preferência não desloca a competência para a Justiça Federal"); (b) os precedentes da Segunda Seção deste Tribunal: CC 9.867/MG, 2ª Seção, Rel. Min.
Waldemar Zveiter, DJ de 20.2.95; REsp 292.383/MS, 3ª Turma, Rel.
Min. Carlos Alberto Menezes Direito, DJ de 8.10.2001; REsp 45.634/MG, 4ª Turma, Rel. Min. Sálvio de Figueiredo Teixeira, DJ de 23.6.97; (c) o entendimento doutrinário de Nelson Nery Junior (e Rosa Maria de Andrade Nery), Humberto Theodoro Junior e Cândido Rangel Dinamarco.

3. Destarte, ainda que se trate de insolvência requerida pela União, entidade autárquica ou empresa pública federal, subsiste a competência do juízo universal, sobretudo em razão das peculiaridades existentes no processo de insolvência civil (processo concursal — aspecto em que se assemelha ao processo de falência), ou seja, compete à Justiça Comum Estadual promover a execução concursal, excluída a competência da Justiça Federal.

4. Conflito conhecido para declarar a competência do Juízo de Direito da 2ª Vara Cível e Criminal de Santana do Ipanema/AL, o suscitante.

(CC 117.210/AL, Rel. Ministro MAURO CAMPBELL MARQUES, PRIMEIRA SEÇÃO, julgado em 09/11/2011, DJe 18/11/2011)

TRIBUTÁRIO. EMBARGOS À EXECUÇÃO FISCAL. INSOLVÊNCIA CIVIL. EXCLUSÃO DA MULTA. JUROS MORATÓRIOS. APLICAÇÃO ANALÓGICA DA LEI DE FALÊNCIAS. POSSIBILIDADE.

1. A Lei de Falências há de ser aplicada analogicamente à execução de quantia certa contra devedor insolvente nos casos em que a lei processual civil apresenta-se omissa, como sói ocorrer quanto à multa moratória e aos juros, porquanto ubi eadem ratio ubi eadem dispositio. (Precedente: REsp 21.255/PR, Rel. MIN. SALVIO DE FIGUEIREDO TEIXEIRA, QUARTA TURMA, DJ 21/11/1994) 2. É que, declarada a insolvência, cria-se uma universalidade do juízo concursal, ocorrendo a intervenção do administrador da massa, situação similar à engendrada quando da decretação de falência, vislumbrando-se identidade dos institutos no tocante à sua causa e finalidade, uma vez que, consoante Humberto Theodoro Junior, "ambos se fundam no estado patrimonial deficitário e ambos têm em vista a realização de todo o patrimônio do devedor para rateio entre todos os credores do insolvente". (in A Insolvência Civil: execução por quantia certa contra devedor insolvente. Rio de Janeiro, Forense, p. 41) 3. "Aplicação da lei falencial ao concurso civil – O exercício habitual de atos de comércio implica uma ampla interação de negócios que não encontra paralelo na conduta do devedor civil. Nada obstante, a universalização subjetiva e objetiva da execução coletiva importa, por igual, amplas repercussões em longínquas esferas. E a disciplina legal do Código de Processo Civil, e da lei substantiva, se oferece, à primeira vista, parca e inadequada.

Certas questões transcendentes receberam relevo insuficiente. Ao contrário dela, o Dec.-Lei 7.661/45 se esmerou em extensas disposições, naturalmente aproveitáveis em campo diverso, quer por sua adequação, quer pelo corpo comum dos

institutos. Por isso, aplica-se o Dec.-Lei 7.661/45, analogicamente, ao concurso civil." (Edson Ribas Malachini e Araken de Assis, in Comentários ao Código de Processo Civil, Vol. 10, Editora Revista dos Tribunais, 2001).
4. Recurso especial desprovido.
(REsp 1108831/PR, Rel. Ministro LUIZ FUX, PRIMEIRA TURMA, julgado em 23/11/2010, DJe 03/12/2010).
PROCESSUAL CIVIL. EXECUÇÃO. CONVERSÃO EM INSOLVÊNCIA CIVIL.
IMPOSSIBILIDADE. HONORÁRIOS ADVOCATÍCIOS. SENTENÇA TERMINATIVA. FIXAÇÃO SOBRE O VALOR DA CAUSA. POSSIBILIDADE.
1. Mostra-se inviável a conversão do processo de execução singular em insolvência civil, dadas as peculiaridades de cada procedimento e a natureza concursal do último, implicando, eventualmente, até mesmo diferentes competências de foro, por isso o juízo poderá, de ofício, reconhecer a impossibilidade jurídica do pedido.
2. Diferentemente do que ocorria no sistema revogado do Código de Processo Civil de 1939, no seu art. 929, que insculpira a insolvência civil como "incidente de execução singular", o atual sistema prevê uma "principialidade" para a insolvência civil, repelindo, pela própria sistemática, a ampliação dos sujeitos ativos, no sentido de transformar a execução individual em um concurso universal de credores. Vale dizer, o processo de insolvência civil nasce com feição de processo principal e não como um incidente no processo de execução.
3. Não há violação ao art. 20, § 4º, do CPC, quando, em sentença terminativa, fixam-se as verbas advocatícias em 10% sobre o valor da causa, desde que esse percentual equivalha a valores razoáveis.
Precedentes.
4. Recurso especial improvido.
(REsp 1138109/MG, Rel. Ministro LUIS FELIPE SALOMÃO, QUARTA TURMA, julgado em 18/05/2010, DJe 26/05/2010)
PROCESSUAL CIVIL. EXECUÇÃO. MÚLTIPLAS CONSTRIÇÕES SOBRE O MESMO BEM. PENHORA NO ROSTO DOS AUTOS. CONCURSO. MODALIDADE. COMPETÊNCIA.
– A incidência de múltiplas penhoras sobre um mesmo bem não induz o concurso universal de credores, cuja instauração pressupõe a insolvência do devedor. A

coexistência de duas ou mais penhoras sobre o mesmo bem implica concurso especial ou particular, previsto no art. 613 do CPC, que não reúne todos os credores do executado, tampouco todos os seus bens, consequências próprias do concurso universal. No concurso particular concorrem apenas os exequentes cujo crédito frente ao executado é garantido por um mesmo bem, sucessivamente penhorado.

– Em princípio, havendo, em juízos diferentes, mais de uma penhora contra o mesmo devedor, o concurso efetuar-se-á naquele em que se houver feito a primeira. Essa regra, porém, comporta exceções. Sua aplicabilidade se restringe às hipóteses de competência relativa, que se modificam pela conexão. Tramitando as diversas execuções em Justiças diversas, haverá manifesta incompatibilidade funcional entre os respectivos juízos, inerente à competência absoluta, inviabilizando a reunião dos processos.

– Em se tratando de penhora no rosto dos autos, a competência será do próprio juízo onde efetuada tal penhora, pois é nele que se concentram todos os pedidos de constrição. Ademais, a relação jurídica processual estabelecida na ação em que houve as referidas penhoras somente estará definitivamente encerrada após a satisfação do autor daquele processo. Outro ponto que favorece a competência do juízo onde realizada a penhora no rosto dos autos é sua imparcialidade, na medida em que nele não tramita nenhuma das execuções, de modo que ficará assegurada a total isenção no processamento do concurso especial.

– O concurso especial deverá ser processado em incidente apartado, apenso aos autos principais, com a intimação de todos aqueles que efetivaram penhora no rosto dos autos, a fim que seja instalado o contraditório e respeitado o devido processo legal, na forma dos arts. 711 a 713 do CPC. O incidente estabelece verdadeiro processo de conhecimento, sujeito a sentença, em que será definida a ordem de pagamento dos credores habilitados, havendo margem inclusive para a produção de provas tendentes à demonstração do direito de preferência e da anterioridade da penhora.

Recurso especial parcialmente provido.

(REsp 976.522/SP, Rel. Ministra NANCY ANDRIGHI, TERCEIRA TURMA, julgado em 02/02/2010, DJe 25/02/2010)

PROCESSO CIVIL. INSOLVÊNCIA CIVIL. PROVA DA PLURALIDADE DE CREDORES. DESNECESSIDADE. RECURSO ESPECIAL. ADMISSIBILIDADE. DISSÍDIO NÃO COMPROVADO.

– Não se exige que o quirografário comprove a existência da pluralidade de credores para que possa vir a juízo requerer a insolvência civil do devedor. O concurso de credores é a conseqüência da insolvência civil, e não sua causa, com bem denota o art. 751, CPC, ao afirmar que "a declaração da insolvência do devedor produz (...) a execução por concurso universal dos seus credores".
– Não se conhece do recurso especial, pela divergência, quando não comprovado o dissídio jurisprudencial nos moldes legal e regimental.
Recurso Especial não conhecido.
(REsp 875.982/RJ, Rel. Ministra NANCY ANDRIGHI, TERCEIRA TURMA, julgado em 02/12/2008, DJe 20/05/2009)
CIVIL E PROCESSUAL. INSOLVÊNCIA CIVIL. EXECUÇÕES EM CURSO.
HABILITAÇÃO AUTOMÁTICA. INEXISTÊNCIA. HABILITAÇÃO RETARDATÁRIA MEDIANTE AÇÃO DIRETA TAMPOUCO OCORRIDA. EXTINÇÃO DA INSOLVÊNCIA PELO PAGAMENTO DA DÍVIDA HABILITADA. PRETENSÃO DE RECONHECIMENTO DO DIREITO DE PROSSEGUIR INDIVIDUALMENTE COM EXECUÇÕES ANTERIORES AO CONCURSO UNIVERSAL DE CREDORES, NÃO HABILITADAS. IMPOSSIBILIDADE. NECESSIDADE DE REABERTURA DA EXECUÇÃO COLETIVA. RECURSO ESPECIAL. PREQUESTIONAMENTO INSUFICIENTE. DISSÍDIO NÃO DEMONSTRADO.
I. Ausência de dissídio jurisprudencial, inobstante a menção à letra "c" do autorizador constitucional.
II. Insuficiência de prequestionamento, a inviabilizar o exame de tese que exigiria a interpretação conjunta de normas legais processuais.
III. Com a instauração do concurso universal pela declaração judicial da insolvência civil do devedor, os créditos representados pelas execuções em curso devem ser formalmente habilitados, inexistente a pretendida habilitação automática.
IV. A omissão inicial do credor ainda lhe possibilita, retardatariamente, mediante ação direta contra a massa, participar do processo de insolvência, desde que o faça antes do rateio final (CPC, art. 784).
V. Assim não agindo o credor, portanto não participando, sequer retardatariamente, do processo judicial de insolvência, mesmo que as dívidas habilitadas tenham sido integralmente pagas, somente poderá ele cobrar a dívida que ficou

mediante pedido de reabertura da execução coletiva e habilitação de seu crédito, respeitado o prazo qüinqüenal do art. 778 do CPC, sendo-lhe vedada a pretensão, aqui vindicada, de prosseguir na cobrança sem o cumprimento de tais requisitos, já ressalvado tal direito pelo acórdão a quo.
VI. Recurso especial não conhecido.
(REsp 57.774/MG, Rel. Ministro ALDIR PASSARINHO JUNIOR, QUARTA TURMA, julgado em 14/06/2005, DJ 22/08/2005, p. 274)
CONFLITO POSITIVO DE COMPETÊNCIA – DÉBITOS DE COOPERATIVA EM REGIME DE LIQUIDAÇÃO – EXECUÇÃO TRABALHISTA E EXECUÇÃO FISCAL – PENHORA NO ROSTO DOS AUTOS – AUSÊNCIA DE NUMERÁRIO EXCEDENTE – CORRETO INDEFERIMENTO DA CONSTRIÇÃO JUDICIAL – AUSÊNCIA DOS PRESSUPOSTOS PARA CARACTERIZAÇÃO DO CONFLITO – NÃO-CONHECIMENTO.
1. Nos termos do art. 115 do Código de Processo Civil, para a existência de conflito é necessário que dois ou mais juízes se declarem competentes ou incompetentes para o julgamento do mesmo processo.
2. Conflito suscitado por juízo trabalhista em face do juízo da execução fiscal, em razão desse último ter indeferido penhora no rosto dos autos em decorrência da falta de numerário excedente em favor do devedor.
3. A mera declaração feita pelo juízo suscitado sobre a impossibilidade de realização da pretendida penhora no rosto dos autos não é apta a ensejar o surgimento do conflito de competência, pois cada um dos juízos envolvidos é competente para processar e julgar a execução que tramita sob sua jurisdição.
4. No caso dos autos, em que já houve o praceamento e a arrematação do bem penhorado na execução fiscal, restando apenas pendentes de pagamento algumas parcelas assumidas pelo arrematante, em valores suficientes tão-somente para o pagamento do crédito executado pelo INSS, não há irregularidade na decisão do juízo suscitado ao não acolher a pretendida penhora no rosto dos autos, em virtude da falta de montante residual em favor da cooperativa devedora.
5. Ademais, segundo a jurisprudência desta Corte Superior, no caso de concurso de credores em processo de liquidação judicial de cooperativa, os créditos trabalhistas estão sujeitos à habilitação perante o juízo universal. Por outro lado, a liquidação de cooperativa não suspende o processo de execução fiscal. Precedentes.

6. É inviável o conhecimento do presente conflito, pois não há como o juízo da execução trabalhista intervir em uma execução fiscal praticamente já finda, pretendendo a penhora no rosto dos autos em que não há numerário excedente. Registre-se que, no caso de comprovação da insolvência da cooperativa executada, não será o juízo trabalhista o competente para decidir sobre concurso de credores, mas sim o juízo universal da liquidação.

7. Conflito de competência não conhecido.
(CC 37.952/SP, Rel. Ministra DENISE ARRUDA, PRIMEIRA SEÇÃO, julgado em 13/04/2005, DJ 09/05/2005, p. 287)

Execução Trabalhista. Insolvência civil. Concurso universal de credores.

Os atos de execução devem ser praticados no juízo em que se processa a insolvência.
(CC 19.049/PR, Rel. Ministro EDUARDO RIBEIRO, SEGUNDA SEÇÃO, julgado em 09/12/1998, DJ 03/05/1999, p. 87)

DIREITO PROCESSUAL CIVIL. INSOLVENCIA CIVIL. HABILITAÇÃO DE CREDITOS. TITULAR DE EXECUÇÃO SINGULAR. EXEGESE DO ART. 762, PAR. 1., CPC. DOUTRINA. RECURSO DESACOLHIDO.

I – A REMESSA DAS EXECUÇÕES INDIVIDUAIS AO JUIZO UNIVERSAL DA INSOLVENCIA NÃO SUPRE A NECESSIDADE DE HABILITAÇÃO. A EXCEÇÃO DA FAZENDA PUBLICA, TODOS OS CREDORES ESTÃO SUJEITOS A HABILITAÇÃO ATRAVES DE PETIÇÃO ESCRITA QUE ATENDA AOS REQUISITOS DO ART. 282, CPC.

II – JUSTIFICA-SE A EXIGENCIA INCLUSIVE PARA O FIEL CUMPRIMENTO DO DISPOSTO NOS ARTS. 761, II E 768, CPC.
(REsp 45.634/MG, Rel. Ministro SÁLVIO DE FIGUEIREDO TEIXEIRA, QUARTA TURMA, julgado em 26/05/1997, DJ 23/06/1997, p. 29133, REPDJ 25/08/1997, p. 39374)

PROCESSO CIVIL. INSOLVÊNCIA CIVIL. EXECUÇÃO INDIVIDUAL PROPOSTA COM BASE NO MESMO TÍTULO EXECUTIVO. NECESSIDADE DE PRÉVIA DESISTÊNCIA DA EXECUÇÃO SINGULAR PARA POSSIBILITAR A PROPOSITURA DA AÇÃO DECLARATÓRIA DA INSOLVÊNCIA.

1. O autor da execução individual frustrada só pode ingressar com ação visando à declaração de insolvência do devedor – para instaurar o concurso universal

–, se antes desistir da execução singular, pois há impossibilidade de utilização simultânea de duas vias judiciais para obtenção de um único bem da vida, sendo certo que a desistência, como causa de extinção da relação processual anterior, necessita ser homologada pelo Juízo. Precedente do STF.

2. No caso concreto, o recorrente não desistiu da execução anteriormente ajuizada – malgrado esta encontrar-se suspensa por falta de bens penhoráveis –, tendo, inclusive, solicitado a distribuição deste feito por dependência àqueloutro, o que inviabiliza a propositura da presente ação declaratória de insolvência.

3. Recurso especial não provido.

(REsp 1104470/DF, Rel. Ministro LUIS FELIPE SALOMÃO, QUARTA TURMA, julgado em 19/03/2013, DJe 21/05/2013).

RECURSO ESPECIAL – PROCESSO CIVIL – AUDIÊNCIA DE CONCILIAÇÃO – REALIZAÇÃO – DESNECESSIDADE – SÚMULA 7/STJ – DISSÍDIO NÃO COMPROVADO – INSOLVÊNCIA CIVIL – DESISTÊNCIA – IMPOSSIBILIDADE – ANÁLISE PELAS INSTÂNCIAS ORDINÁRIAS.

1. O Tribunal de origem, ao constatar a situação de manifesta insolvência do recorrente, assentou ser inviável qualquer tentativa de acordo, tendo por base a prova documental e pericial realizadas, restando consignado no v. aresto objurgado que "inobstante todas as oportunidades que teve, não logrou comprovar o seu atual estado de solvabilidade para elidir o pedido dos autores de ver declarada judicialmente a sua insolvência". Não há que se falar em cerceamento de defesa ou na existência de fato controvertido, até porque entender de maneira diversa do v. acórdão recorrido implica, necessariamente, no reexame do material fático-probatório apresentado nos autos, o que encontra óbice na Súmula 7 desta Corte (AgRg no Ag 677417/MG, Ministro BARROS MONTEIRO, DJ 19.12.2005).

2. Com relação ao dissídio, esta Corte tem decidido que, a teor do artigo 255 e parágrafos do RISTJ, para comprovação e apreciação do dissídio jurisprudencial, devem ser mencionadas e expostas as circunstâncias que identificam ou assemelham os casos confrontados, bem como juntadas cópias integrais de tais julgados ou, ainda, citado repositório oficial de jurisprudência. Referidos requisitos não foram observados na espécie, uma vez que não foram juntadas cópias dos julgados, nem foi citado qualquer repositório oficial de jurisprudência de onde foram os mesmos retirados, cabendo salientar que este Tribunal Superior

não aceita a simples referência ao Diário da Justiça. In casu, ademais, inexiste o indispensável cotejo analítico.
3. Descabe o pedido de suspensão do feito formulado para suposta composição amigável, ante a vedação contida no art. 752 do CPC, que estabelece a perda do direito do devedor de administrar e de dispor de seus bens em decorrência da declaração de insolvência civil.
Assim como se veda ao devedor celebrar acordo com apenas parte dos credores, com vistas ao levantamento da insolvência, não se permite, outrossim, que haja desistência do pedido de insolvência dos credores que ajuizaram tal pedido, sem que todos os demais credores se manifestem. A análise acerca dos acordos anunciados, da renúncia à insolvência pelos credores do presente feito, e da regularização da representação dos mesmos, há de ser relegada às instâncias ordinárias, com a abertura do concurso de credores.
5. Recurso não conhecido.
(REsp 518.698/RJ, Rel. Ministro JORGE SCARTEZZINI, QUARTA TURMA, julgado em 18/04/2006, DJ 15/05/2006, p. 216).
PROCESSO CIVIL. DECLARAÇÃO DE INSOLVENCIA. REQUERIMENTO DO CREDOR. INEXISTENCIA DE BENS ARRECADAVEIS. INTERESSE DE AGIR. RECURSO PROVIDO.
I – TEM O CREDOR INTERESSE NA DECLARAÇÃO DE INSOLVENCIA DO DEVEDOR, MESMO QUE NÃO EXISTAM BENS PASSIVEIS DE ARRECADAÇÃO, POSTO QUE O CONCURSO UNIVERSAL ALCANÇARA NÃO APENAS OS BENS PRESENTES DO DEVEDOR, MAS TAMBEM OS FUTUROS.
II – A INEXISTENCIA DE BENS ARRECADAVEIS APENAS IMPÕE A SUSPENSÃO DA AÇÃO, ENQUANTO PERSISTIR ESSE ESTADO.
(REsp 78.966/DF, Rel. MIN. SALVIO DE FIGUEIREDO TEIXEIRA, QUARTA TURMA, julgado em 30/04/1998, DJ 29/06/1998, p. 189)

14.
Da questão prejudicial e da coisa julgada

Segundo estabelece o art. 503 do novo C.P.C., a decisão que julgar total ou parcialmente o mérito tem força de lei nos limites da questão principalmente expressamente decidida.

Este dispositivo vem reforçar a diferenciação entre eficácia da sentença e coisa julgada. Quando ele menciona que a decisão que julgar o mérito tem "*força de lei*" nos limites da questão principal expressamente decidida, isso significa dizer que mesmo antes do seu trânsito em julgado ela tem *força de lei*, ou seja, tem eficácia *erga omnes*, pois um dos efeitos dessa força legal é justamente atingir a todos indistintamente. Aliás, *"pelo fato de a sentença aplicar a vontade da lei ao caso concreto, esta deve ser obedecida como a própria lei, isto é, com 'força de lei'.*[167]

Essa força de lei está restrita aos limites das questões principais expressamente decididas.

Normalmente, para decidir a causa, o juiz deve examinar não só as questões de fato e de direito diretamente ligadas à relação jurídica controvertida (questão *principal*), mas também questões que digam respeito a outros estados ou relações jurídicas, que poderiam ser, por si mesmas, objeto de um processo autônomo e independente. Essas questões são denominadas de *prejudiciais*.

---

[167] ALVIM, Thereza. *Questões prévias e os limites objetivos da coisa julgada*. São Paulo: Editora Revista dos Tribunais, 1976. p. 90

Antes de enfrentar e decidir a questão *principal*, reconhecendo ou negando o bem reclamado (propriedade, servidão, usufruto, herança, soma de dinheiro etc), o juiz pode deparar-se com uma séria mais ou menos longa de *pontos* que representam o antecedente lógico da questão final *(pontos prejudiciais)*, os quais, uma vez objeto de controvérsia, poderão dar ensejo a *questões (questões prejudiciais)*.[168]

Theresa Alvim apresenta nítida distinção entre ponto, questão e causa prejudicial, a saber: *"Resta-nos, agora, distinguir entre 'questão' e 'causa prejudicial'. A questão prejudicial e a causa prejudicial já ficaram diferenciadas, uma da outra, pelo simples fato de termos afirmado que será questão prejudicial aquela, cuja decisão influenciará o teor da solução de outra questão, 'na mesma lide'. Vejamos, em decidindo a questão do valor da causa em relação ao tipo de procedimento (exemplo dado), o juiz emprega o mesmo raciocínio que usa ao proferir a sentença, aplicando a norma processual ao fato. Assim, teremos uma 'questão prejudicial' que, todavia, não poderá constituir objeto de ação autônoma, só tendo sentido dentro daquele processo. Ainda, A propõe ação contra B, visando o pagamento de uma multa contratual. B, ao contestar, alega a nulidade do contrato. Teremos uma 'questão prejudicial', a da validade do contrato, que poderia ser objeto de ação autônoma, mas não o é. Já, a causa prejudicial surge, efetivamente como 'causa' (lide) 'no mesmo' (através da declaratória incidental) ou 'em outro processo', desde que seja processos pendentes contemporaneamente. Assim, a prejudicial, se controversa, é 'questão prejudicial', a qual poderá tornar-se uma lide, transformando-se em 'causa prejudicial'. Entretanto, a abrangência da questão prejudicial é mais ampla do que o da causa. Portanto, nem toda a questão prejudicial pode ser objeto de ação autônoma ou causa prejudicial, mas esta, sempre, poderia ser discutida como questão. Já, se a prejudicial de uma questão tiver sido, anteriormente ao processo, decidida com força de coisa julgada material, temos o 'ponto prejudicial'. Igualmente só podemos falar em 'ponto prejudicial se as partes não levantam a controvérsia sobre uma assertiva da outra'. 'Il punto pregiudiziale è dunque il precedente lógico su cui le parti non sollevano una controversia – sia che non possano sollevarla, sia che non vogliano – o su cui la controversia è già stata risolta', diz Menestrina... Muitas vezes, porém, a expressão ponto prejudicial vem confundida com questão e até com causa. Chiovenda, por exemplo, assim se exprime: 'a lei pode exigir que um 'ponto prejudicial' seja objeto, mais do que*

---

[168] CHIOVENDA, Giuseppe. *Instituições de direito processual civil*. Trad. J. Guimarães Menegale. Vol. 1. São Paulo: Edição Saraiva, 1965. p. 385.

de simples cognição, de verdadeira 'declaração incidente...'. Pontes de Miranda salienta que a prejudicial pode ser o ponto, a questão ou causa. 'No 'ponto prejudicial, há algo de assente' (isto é, 'não controverso') ou de resolvido entre as partes, implícita ou explicitamente anteposto à matéria a ser decidida. Na 'questão prejudicial', há comunicação de conhecimento, a ser apreciada pelo juiz, que funciona, como antecedente lógico, sem ser preciso ou sem ser provável formar processo separado... Na causa prejudicial, quer surja antes, com, ou depois do processo principal, supõe-se... seja apreciado pelo mesmo ou por outro juiz, noutro processo".[169]

Os romanos, por exemplo, davam o nome de *res iudicata* ao bem da vida reconhecido ou desconhecido pelo juiz, não incluindo nessa conceituação a decisão das questões prejudiciais. Seriam exemplos dessas questões prejudiciais: *a) Questão prejudicial de estado incidental numa causa hereditária; b) questão prejudicial de estado incidental numa causa incidental de alimentos.*[170]

É bem verdade que às vezes a contestação sobre um ponto prejudicial assume o grau de uma ação declaratória (*causa prejudicial; declaração incidental*).

O projeto originário do novo C.P.C., n. 8.046/10, estabelecia em seu art. 20 que *"se, no curso do processo, se tornar litigiosa relação jurídica de cuja existência ou inexistência depender o julgamento da lide, o juiz, assegurado o contraditório, a declarará na sentença, com força de coisa julgada".*

O art. 5º do C.P.C. de 1973 apresentava, por sua vez, a seguinte redação: *Se, no curso do processo, se tornar litigiosa relação jurídica de cuja existência ou inexistência depender o julgamento da lide, qualquer das partes poderá requerer que o juiz a declare por sentença. (Redação dada pela Lei nº 5.925, de 1973).*

Já o novo C.P.C., no §1º, incs. I a III, e no §2º do art. 503 preconiza;

> Art. 503. A decisão que julgar total ou parcialmente o mérito tem força de lei nos limites da questão principal expressamente decidida.
>
> § 1º O disposto no caput aplica-se à resolução de questão prejudicial, decidida expressa e incidentemente no processo, se:
>
> I – dessa resolução depender o julgamento do mérito;
>
> II – a seu respeito tiver havido contraditório prévio e efetivo, não se aplicando no caso de revelia;

---

[169] ALVIM, T., op. Cit, p. 27 a 29.
[170] CHIOVENDA, G., op. Cit., p. 386.

> III – o juízo tiver competência em razão da matéria e da pessoa para resolvê-la como questão principal.
>
> § 2º A hipótese do § 1o não se aplica se no processo houver restrições probatórias ou limitações à cognição que impeçam o aprofundamento da análise da questão prejudicial.

O novo C.P.C. não manteve a ação declaratória incidental conforme era regulada no C.P.C. de 1973, pois se houver necessidade de resolução de questão prejudicial durante a relação jurídica processual principal, e essa questão prejudicial apresentar os requisitos dos incisos I a III do §1º do art. 503 do atual C.P.C., o juiz deverá resolvê-la incidentemente no processo, sendo que essa decisão terá autoridade de coisa julgada.

Muito embora o novo C.P.C. não tenha sido tão claro quanto o seu projeto originário, o certo que essa resolução poderá ser mediante requerimento das partes ou de ofício pelo juiz.

Assim, quando em torno de um ponto prejudicial surge uma 'questão' prejudicial alegada por uma das partes, seja o autor, seja o réu, ou pelo juiz, de ofício, este a declarará (resolverá) na decisão (em um capítulo da sentença) com efeitos de coisa julgada.

Esse sistema, elaborado pela doutrina francesa, estendeu-se ao direito italiano e ao direito alemão.

Giuseppe Chiovenda, em sua clássica obra, analisando o direito italiano à época, aponta algumas *questões prejudiciais* que poderiam ou não constituir coisa julgada. Vejamos o que diz o mestre italiano:

> a) *Não será, 'em regra', questão prejudicial, no sentido que estamos indicando, a questão relativa a um simples 'fato jurídico'. Em circunstâncias normais, os fatos jurídicos, que só têm importância enquanto servem à formação e à aplicação 'de uma vontade da lei', somente são certificados pelo juiz como 'premissa' do silogismo que conduz a declaração 'dessa vontade'; e só por si não podem constituir 'objeto principal' de uma declaração. Tal, porém, é possível excepcionalmente. Assim, quando a lei permite que se pleiteie por via principal o reconhecimento ou verificação duma escritura, e a declaração de falsidade dum documento. Entende-se que, se se propõem incidentalmente essas questões num processo, poderão elas dar lugar a uma declaração incidental; assim, no caso de*

alegação de falsidade, 'quer em qualquer caso', a lei quer que sobre essa questão se realize uma declaração definitiva com efeitos de coisa julgada... Em outros casos encontramos, por norma expressa de lei, questões prejudiciais (aptas a dar lugar a uma declaração incidental) sobre fatos jurídicos, incapazes, só por si, de constituir objeto 'principal' de um processo autônomo. Assim, 'quando no curso de um processo civil aparece algum 'fato' no qual se possa advir um crime... se se inicia a ação penal e a cognição do crime influi sobre a decisão da controvérsia civil, suspende-se o processo... até que se profira, na instrução, a impronúncia ou, no processo, a sentença irrevogável...

Entre os fatos jurídicos inserem-se também os 'atributos' das pessoas, das coisas, dos atos. O estabelecer que uma 'pessoa' tenha uma idade em vez de outra, seja homem ou mulher, sadia ou enferma mental; que uma parte seja comerciante, uma sociedade seja comercial; que uma 'coisa' seja sagrada ou não, comercial ou não, divisível, imóvel; que um 'ato' seja comercial ou civil, pode constituir 'ponto' prejudicial em lides diferentes; uma vez, porém, que não seria concebível um processo autônomo que tivesse por objeto unicamente a questão concernente àquele atributo, essa questão, suscitada num processo principal, não será prejudicial, no sentido que vamos assinalando, ou seja, apta a dar lugar a uma declaração incidental.

b) *Será, ao contrário, por sua natureza, 'questão prejudicial', toda questão relativa a um 'estado jurídico', entendido em sentido lato, isto é, compreensivo de toda condição jurídica que, sendo comum a variadíssimas relações jurídicas, seja pelo direito considerada como possível objeto principal dum processo autônomo. Assim, o estado de cidadania, de família, de matrimônio, pode dar ensejo a uma questão prejudicial relativa a essa qualidade ou estado.*

c) *Será 'questão prejudicial' a questão sobre a existência de uma 'relação jurídica complexa' suscitada no processo em que se alegue certo direito adquirido oriundo dessa relação. Quando uma relação jurídica se esgota num único direito (por exemplo, empréstimo em dinheiro, sem juros), não pode haver questão propriamente prejudicial. Poderá haver, antes, uma questão sobre a existência da relação distinta da questão sobre a existência do direito (por exemplo, vencimento da obrigação de restituir o mútuo), mas será necessariamente objeto, também, da demanda de restituição a declaração da existência da relação. Por simples, porém, que seja uma relação, sua existência ou validez poderá sempre constituir uma questão prejudicial com respeito às ações 'derivadas' da ação originária.*

Por exemplo: reclamam-se perante o pretor danos que somam 1.000 liras pelo inadimplemento dum contrato do valor de 6.000 liras, e contesta-se a existência do contrato.

Nas relações jurídicas 'complexas', pelo contrário, das quais, por definição, derivam múltiplos direitos e obrigações, outro é o problema: se se alega com a demanda um só dos direitos, a relação jurídica será, em verdade, 'deduzida em juízo' como 'causa petendi' (poderá, assim, por exemplo, servir a uma reconvenção...); não constituirá, no entanto, por si, objeto da 'demanda' e do 'julgado'. Em tal hipótese, contudo, poderá dar-se que, por 'ocasião' da ação própria, seja contestada a existência da relação jurídica, e advenha, nessas condições, com referência a ela (locação, sociedade ou outra) uma questão prejudicial.

Quanto mais complexa é a relação jurídica, tanto mais nítida se apresenta a distinção entre a questão que tem por objeto a própria relação jurídica e as diversas ações que equivalem a derivações ou emanações da relação mesma, que nos aparece como seu pressuposto, por vezes, remoto. Assim, a ação hereditária em referência à questão sobre a qualidade do herdeiro; a ação confessória com respeito à questão da 'propriedade'; as ações por danos e prejuízos aos imóveis urbanos e rústicos, cercas, fechos, plantas e frutos, a propósito da questão da 'propriedade' ou 'posse'... O fenômeno se assemelha, aí, ao que se manifesta nas questões de estado.

Urge, entretanto, distinguir nas relações jurídicas complexas, entre os vários direitos, que delas participam, aqueles que têm caráter 'principal', ou 'fundamental', ou 'central', visto como, quando são alegados, deve considerar-se que objeto da demanda e do julgado é, sem mais e diretamente, em conjunto com o direito que se alega, a própria relação jurídica. Assim, no direito de propriedade, a faculdade 'principal' consiste em pretender que 'todos' se abstenham do gozo da coisa e, portanto, da posse, que é condição de gozo; por isso a reivindicação não é, em realidade, senão o mesmo direito de propriedade que se faz valer 'inteiramente' contra o possuidor atual, o que se exprime com a asserção de que o direito de propriedade não é simplesmente prejudicial à reivindicação, mas faz valer com ela (opinião dominante, sempre debatida).

d) *Constituirá 'questão prejudicial' a questão sobre a existência de uma 'relação jurídica com obrigações em quotas periódicas', suscitada no processo em que se cobra a prestação. Entre as relações jurídicas complexas ocupam lugar especial as com obrigações em quotas periódicas: tais são os débitos pagáveis por partes,* ou a prazos (locações de coisa e de obra, relação de emprego, prestação de aluguel, pensões alimentícias, impostos, mútuos, e outros). Cada prestação em si pode constituir objeto de demanda e processo; e, na ocasião da demanda de uma prestação, pode agitar-se uma questão prejudicial sobre a relação jurídica, em virtude da qual a prestação é devida.

e) Questão prejudicial é a que versa sobre a existência de uma 'relação jurídica condição da principal'. Muitas vezes a relação existente entre duas pessoas depende da existência de outra relação entre essas pessoas ou entre uma delas e um terceiro ou ainda entre dois terceiros. A relação de sublocação depende de locação; a fiança depende da obrigação principal.

f) Questão prejudicial é, enfim, também, aquela sobre a existência de uma 'relação jurídica incompatível com a principal'. Até agora consideramos a hipótese de que o réu se limite a contestar o fundamento da ação 'negando' simplesmente a existência ou a validez da relação em que a ação se funda. Pode acontecer, porém, que o réu se defenda de forma positiva, isto é, afirmando a existência de outra relação 'incompatível' com a existência, pelo menos atual, do direito afirmado pelo autor e dando, assim, lugar a uma questão prejudicial sobre essa relação (que, por sua vez, poderá dar ensejo a uma declaração incidental). O caso mais comum é o da exceção de compensação em que a incompatibilidade só se origina com a exceção.... Quem é citado para o pagamento de um aluguel ou para a restituição da coisa alugada ou para a restituição dum depósito, em vez de limitar-se a negar a locação ou o depósito, 'pode opor a condição de proprietário ou usufrutuário da coisa' ...".[171]

Chiovenda, portanto, com tais ensinamentos, encara o problema de estabelecer se tais questões prejudiciais devem ser simplesmente 'conhecidas' pelo juiz para fim de julgar a demanda, ou se devem ser, ao contrário, 'decididas' pelo magistrado de maneira que a autoridade da coisa julgada a elas abranja. Assim, na primeira operação o juiz realiza um puro ato de inteligência; já na segunda operação, ao mesmo tempo um ato de inteligência e de vontade.

Que a atividade lógica desenvolvida pelo juiz no processo não está inserida no âmbito da autoridade da coisa julgada, cuja abrangência se limita

---

[171] CHIOVENDA, G., idem p. 385 a 391.

ao dispositivo da decisão de mérito, é pacífico perante o C.P.C. de 1973, não sendo diferente em relação ao atual C.P.C.

O C.P.C. de 1939, conforme já teve oportunidade de afirmar Ada Pellegrini Grinover, havia dado margem a intermináveis dúvidas ao estabelecer, no parágrafo único do art. 287, que "considerar-se-ão decididas todas as questões que constituem premissa necessária da conclusão". À luz desse dispositivo, parte da doutrina havia reavivado o velho pensamento de Savigny, estendendo a coisa julgada aos fundamentos da decisão. A doutrina dominante, porém, já se firmara no sentido restritivo, entendendo que a abrangência da coisa julgada se limita ao dispositivo da decisão de mérito. Inclusive, Barbosa Moreira dedicou ao tema uma monografia (Questões Prejudiciais e Coisa Julgada), ressalvando que o parágrafo único do art. 287 não podia ser separado do caput do dispositivo, devendo entender-se que se consideram decidas as questões que constituam premissa necessária do julgamento, ainda que implicitamente decididas, desde que nos limites da lide.[172]

O novo C.P.C. preconiza que somente terá força de lei as questões prejudiciais que forem expressamente decididas, não podendo essa decisão ser implícita.

Atualmente, a autoridade da coisa julgada está delimitada ao *dispositivo* da decisão de mérito, pois, segundo estabelece o art. 504, incs. I e II, do atual C.P.C., não fazem coisa julgada os motivos, ainda que importantes para determinar o alcance da parte dispositiva da sentença, assim como a verdade dos fatos, estabelecida como fundamento da sentença.

Ocorre que o art. 469 do C.P.C. de 1973 estabelecia que não fazia coisa julgada, além dos motivos e da verdade dos fatos, também a apreciação da questão prejudicial decidida incidentalmente no processo (inc. III).

Na égide do C.P.C. revogado, a questão prejudicial somente faria coisa julgada se fosse decidida em ação declaratória incidental, nos termos do art. 5ª do C.P.C. de 1973, *in verbis: Se, no curso do processo, se tornar litigiosa relação jurídica de cuja existência ou inexistência depender o julgamento da lide, qualquer das partes poderá requerer que o juiz a declare por sentença. (Redação dada pela Lei nº 5.925, de 1973)*

---

[172] Apud. LIEBMAN, Enrico Tullio. *Manuale di diritto processuale civile – principi*. Sesta edizione. Milano: Giuffrè Editore, 2002. p. 10.

O §1º do art. 503 do atual C.P.C. não repetiu a necessidade de que a questão prejudicial seja decidida por meio de ação declaratória incidental para ser abrangida pela coisa julgada.

Observa-se, portanto, que pelo atual C.P.C. não há mais falar em ação declaratória incidental, uma vez que surgindo no curso do processo certa litigiosidade de relação jurídica de cuja existência ou inexistência depender o julgamento do mérito, o juiz, de ofício, ou mediante requerimento das partes, assegurado o contraditório, a declarará na sentença, com força de coisa julgada.

Assim, a coisa julgada abrangerá as questões prejudiciais expressa e incidentalmente decididas pelo juiz, seja a requerimento da parte, ou de ofício, independentemente da ação declaratória incidental, bastando para isso que o magistrado resguarde o contraditório.

Mas, além do contraditório, o §1º do art. 503 do atual C.P.C. também apresenta outros requisitos necessários para que a resolução de uma questão prejudicial incidental possa gerar coisa julgada material, a saber: I – dessa resolução dependa o julgamento do mérito; II – a seu respeito tiver havido contraditório prévio e efetivo, não se aplicando no caso de revelia; III – o juízo tiver competência em razão da matéria e da pessoa para resolvê-la como questão principal.

Portanto, se da resolução da questão prejudicial não depender o julgamento do mérito, ou se não houver o contraditório prévio e efetivo, ou se se tratar de réu revel, ou, por fim, se o juiz não tiver competência em razão da matéria ou da pessoa para resolver a questão prejudicial como questão principal, não se poderá falar em coisa julgada material.

Somente se poderá configurar a coisa julgada se a resolução da questão prejudicial for imprescindível para a solução do mérito da questão principal. Pense-se na hipótese da responsabilidade civil do patrão em relação ao empregado, na qual há uma questão prejudicial que diz respeito à própria existência do contrato de trabalho.

Não se poderia pensar em conferir autoridade de coisa julgada material à questão prejudicial se não fosse permitido a ambas as partes realizar o contraditório prévio e pleno, oportunizando ampla dialética em relação à questão prejudicial. Daí porque não se admite a autoridade de coisa julgada em relação ao julgamento da questão prejudicial se o réu for revel, pois, nesse caso, uma das partes não concretizou o contraditório prévio e efetivo na relação jurídica processual.

Por fim, para que se possa conferir a autoridade de coisa julgada à decisão que resolver a questão prejudicial, deve o juiz ter competência em razão da matéria e da pessoa para resolvê-la como se fosse questão principal.

Assim, se somente o juiz federal poderia resolver a questão prejudicial como principal, não será conferida autoridade de coisa julgada à resolução da questão prejudicial feita por juiz estadual.

Em relação ao direito intertemporal, preceitua o art. 1.054 do atual C.P.C. que *o disposto no art. 503, § 1º, somente se aplica aos processos iniciados após a vigência deste Código, aplicando-se aos anteriores o disposto nos arts. 5º, 325 e 470 da Lei nº 5.869, de 11 de janeiro de 1973.*

Portanto, em relação aos processos iniciados antes da vigência do novo C.P.C., a resolução de questão prejudicial dependerá: a) de requerimento expresso de qualquer das partes (art. 5º do C.P.C. de 1973); b) contestando o réu o direito que constitui fundamento do pedido, o autor poderá requerer, no prazo de 10 (dez) dias, que sobre ele o juiz profira sentença incidente, se da declaração da existência ou da inexistência do direito depender, no todo ou em parte, o julgamento da lide (art. 5º) (art. 325 do C.P.C. de 1973); c) faz, todavia, coisa julgada a resolução da questão prejudicial, se a parte o requerer (arts. 5º e 325), o juiz for competente em razão da matéria e constituir pressuposto necessário para o julgamento da lide (art. 470 do C.P.C. de 1973).

Sobre o tema da ação declaratória incidental na égide do C.P.C. de 1973, eis as seguintes decisões do S.T.J.:

1. *Não há ofensa ao art. 535 do CPC quando o acórdão recorrido, integrado pelo julgado proferido nos embargos de declaração, dirime, de forma expressa, congruente e motivada, as questões suscitadas nas razões recursais.*
2. *O oferecimento de terceiros embargos declaratórios que se voltam contra o resultado do julgamento, e não contra vícios existentes no julgado embargado, configura a hipótese prevista no parágrafo único do art. 538 do CPC, atraindo a aplicação de multa.*
3. *Conquanto, no rito sumário, não seja admitida ação declaratória incidental, o exame de questões prejudiciais à solução do mérito, adotado como motivação do*

julgado, não viola o rito procedimental, resultando apenas em que essas questões, assim decididas, não terão a cobertura da coisa julgada.

4. *Não implica ofensa ao princípio tantum devolutum quantum apelatum o exame pelo Tribunal da prescrição incidente sobre parcela do pedido não impugnada expressamente na apelação, por tratar-se de matéria de ordem pública.*
5. *No contrato verbal de representação comercial, não há falar em presunção relativa de exclusividade de zona de atuação.*
6. *O prazo prescricional de cinco anos para o representante comercial pleitear os direitos que lhe são garantidos pela Lei n. 4.886/1965 (parágrafo único do art. 44) não interfere na base de cálculo da indenização prevista no art. 27, alínea "j", do mesmo diploma legal.*
7. *Recurso especial parcialmente conhecido e provido em parte.*

(REsp 1274569/MG, Rel. Ministro JOÃO OTÁVIO DE NORONHA, TERCEIRA TURMA, julgado em 08/05/2014, DJe 19/05/2014)

1. *Nos termos do art. 469, incisos I, II e III, do Código de Processo Civil, não fazem coisa julgada: (a) os motivos, ainda que importantes para determinar o alcance da parte dispositiva da sentença; (b) a verdade dos fatos, estabelecida como fundamento da sentença; e (c) a apreciação da questão prejudicial, decidida incidentemente no processo, a não ser, quanto a essa última hipótese, ante a propositura de ação declaratória incidental.*
Precedentes.
2. *Na parte dispositiva da sentença exequenda, não consta expressa determinação para que seja afastada a reestruturação determinada pela Lei n.º 9.654/98, o que infirma a tese de ofensa à coisa julgada.*
3. *O entendimento deste Superior Tribunal de Justiça é no sentido de que a limitação temporal prevista no art. 10 da Medida Provisória n.º 2.225-45/2001, não afronta a coisa julgada.*
4. *A entrada em vigor da Lei 9.654/98, conforme disposto no art. 10 da Medida Provisória 2.225-45/01, constitui termo final para a incidência do resíduo de 3,17% aos integrantes da carreira Policial Rodoviário Federal. Precedentes.*
5. *A orientação deste Superior Tribunal de Justiça é no sentido de que, quanto à base de incidência do reajuste de 3,17%, o cômputo do aludido percentual deve recair sobre a remuneração do servidor.*

6. *O reajuste residual de 3,17% também incide sobre o índice de 28, 86%, bem como sobre as vantagens pagas pelo exercício de cargo em comissão e de função gratificada, além das vantagens pessoais incorporadas a tal título.*
7. *Na via especial, a reavaliação da fixação dos honorários advocatícios, feita pela Corte de origem, encontra óbice na Súmula n.º 07 do Superior Tribunal de Justiça.*
8. *Agravos regimentais desprovidos.*

(AgRg nos EDcl no REsp 1118351/PR, Rel. Ministra LAURITA VAZ, QUINTA TURMA, julgado em 06/10/2011, DJe 17/10/2011).

1. *Restando sub judice ação declaratória de inconstitucionalidade perante a Corte Maior, que encarta a causa de pedir da ação civil pública, revela-se precipitado pretender submeter o tema ao crivo incidental e difuso de órgão jurisdicional hierarquicamente subordinado, o que autoriza a aplicação do artigo 265, IV, "a", do CPC, que determina a suspensão do processo quando a sentença de mérito depender do julgamento de outra causa, ou da declaração da existência ou inexistência da relação jurídica, que constitua o objeto principal de outro processo pendente.*
2. *Entrementes, a suspensão por prejudicialidade obedece a um prazo "improrrogável", ex vi do § 5º, do aludido dispositivo legal: "Nos casos enumerados nas letras a, b e c do nº IV, o período de suspensão nunca poderá exceder 1 (um) ano". Desta sorte, ultrapassado o "período ânuo" de suspensão o valor celeridade supera o valor certeza e autoriza o juiz a apreciar a questão prejudicial o quanto suficiente (incidenter tantum) para fundamentar a decisão, não se revestindo, essa análise, da força da coisa julgada material (art. 469, inciso III, do CPC).*
3. *Ademais, a análise de questões preliminares controvertidas (impossibilidade jurídica do pedido formulado em sede de ação civil pública e ilegitimidade ad causam do parquet para discutir matéria tributária), ínsitas à presente demanda, pode ensejar a extinção do processo sem julgamento do mérito, não se revelando razoável obstar seu andamento por período superior ao prazo legal.*
4. *In casu, a decisão que determinou a suspensão do curso da ação civil pública, na qual se pretende a declaração da nulidade do Termo de Acordo de Regime Especial – TARE, até o julgamento da ADIN 2.440/DF, pelo Supremo Tribunal Federal, foi datada de 18/03/2005, tendo sido excedido sobremaneira o período máximo e improrrogável de suspensão do processo.*
5. *Recursos especiais desprovidos.*

(REsp 813.055/DF, Rel. Ministro LUIZ FUX, PRIMEIRA TURMA, julgado em 17/05/2007, DJ 31/05/2007, p. 363)

I – *O Ministério Público tem legitimidade para propor ação civil pública visando à reparação de dano cometido contra o erário público, ex vi do disposto nos arts. 1º e 5º da Lei n. 7347/85 e no art. 129, inc. III, da Constituição Federal. Precedentes: REsp nº 173.414/MG, Rel. Min. FRANCISCO PEÇANHA MARTINS, DJ de 26/04/2004 e REsp nº 510.150/MA, Rel. Min. LUIZ FUX, DJ de 29/03/2004.*

II – *A Egrégia Primeira Seção desta Corte pacificou entendimento no sentido de que se revela viável a declaração incidental de inconstitucionalidade na ação civil pública, porquanto a decisão sobre a questão prejudicial ou incidental não faz coisa julgada material, uma vez que se trata de controle difuso de constitucionalidade, que pode ser revista pelo Colendo Supremo Tribunal Federal, através do competente recurso extraordinário, sendo insubsistente, portanto, a tese de que tal sistemática teria os mesmos efeitos da ação declaratória de inconstitucionalidade.*

Precedentes: REsp nº 294022/DF, Rel. Min. JOÃO OTÁVIO DE NORONHA, DJ de 19/09/2005; EREsp nº 327.401/SP, Rel. Min. CASTRO MEIRA, DJ de 09/08/2004; EREsp nº 439.539/DF, Rel. Min. ELIANA CALMON, DJ de 28/10/2003 e EREsp nº 327.206/DF, Rel. Min. TEORI ALBINO ZAVASCKI, DJ de 15/03/2004.

III – *O sobrestamento do recurso especial até o julgamento da ADIN nº 2.440 em nada influencia no deslinde da controvérsia sub examen, eis que, até esta altura, somente se está discutindo a legitimidade do Ministério Público para propor Ação Civil Pública que busca defender o patrimônio público e não o interesse dos contribuintes, sendo que o mérito da mesma ainda será decidido pelo Tribunal a quo.*

IV – *Agravo regimental improvido.*

(AgRg no AgRg no REsp 773.121/DF, Rel. Ministro FRANCISCO FALCÃO, PRIMEIRA TURMA, julgado em 04/04/2006, DJ 02/05/2006, p. 261)

1. *Descabe em sede de recurso especial o exame de violações a dispositivos constitucionais.*
2. *Em nosso sistema processual, o juiz não está adstrito aos fundamentos jurídicos apontados pelas partes. Exige-se, apenas, que a decisão seja fundamentada,*

aplicando o magistrado ao caso concreto a legislação considerada pertinente. Inocorrência de omissão ou contradição.
3. A lide pode ser julgada antecipadamente em hipóteses em que não se faz necessária a dilação probatória (art. 330 do CPC).
4. É possível a declaração incidental de inconstitucionalidade, na ação civil pública, de quaisquer leis ou atos normativos do Poder Público, desde que a controvérsia constitucional não figure como pedido, mas sim como causa de pedir, fundamento ou simples questão prejudicial, indispensável à resolução do litígio principal, em torno da tutela do interesse público.
5. A declaração incidental de inconstitucionalidade na ação civil pública não faz coisa julgada material, pois se trata de controle difuso de constitucionalidade, sujeito ao crivo do Supremo Tribunal Federal, via recurso extraordinário, sendo insubsistente, portando, a tese de que tal sistemática teria os mesmos efeitos da ação declaratória de inconstitucionalidade.
6. O efeito erga omnes da coisa julgada material na ação civil pública será de âmbito nacional, regional ou local conforme a extensão e a indivisibilidade do dano ou ameaça de dano, atuando no plano dos fatos e litígios concretos, por meio, principalmente, das tutelas condenatória, executiva e mandamental, que lhe asseguram eficácia prática, diferentemente da ação declaratória de inconstitucionalidade, que faz coisa julgada material erga omnes no âmbito da vigência espacial da lei ou ato normativo impugnado.
7. Recurso especial improvido.
(REsp 621.378/GO, Rel. Ministra ELIANA CALMON, SEGUNDA TURMA, julgado em 15/09/2005, DJ 03/10/2005, p. 179)
COISA JULGADA – LIMITES OBJETIVOS.
NÃO FAZ COISA JULGADA A DECISÃO SOBRE QUESTÃO PREJUDICIAL, SALVO SE PEDIDA DECLARAÇÃO INCIDENTAL.
(REsp 105.847/RJ, Rel. Ministro EDUARDO RIBEIRO, TERCEIRA TURMA, julgado em 04/03/1997, DJ 07/04/1997, p. 11119)
AÇÃO DE DESPEJO POR FALTA DE PAGAMENTO E AÇÃO DECLARATORIA INCIDENTAL. NEGOCIO FIDUCIARIO. COISA JULGADA. INEXISTENCIA DE COISA JULGADA, PORQUE A QUESTÃO REFERENTE AO NEGOCIO FIDUCIARIO NÃO FORA ANTERIORMENTE DECIDIDA. QUESTÃO PREJUDICIAL, A CUJO RESPEITOSO OPERA A COISA JULGADA SE A PARTE REQUER AO JUIZ

QUE A DECLARE POR SENTENÇA. CASO EM QUE SO OCORREU A DECLARAÇÃO NO JULGAMENTO DE AÇÃO DECLARATORIA INCIDENTAL. COD. DE PR. CIVIL, ARTS. 5., 325 E 470. RECURSO ESPECIAL NÃO CONHECIDO.
(REsp 20.393/SP, Rel. Ministro NILSON NAVES, TERCEIRA TURMA, julgado em 27/04/1993, DJ 31/05/1993, p. 10660)

15.
Pagamento de tributos pelo devedor ou arrendatário

O art. 1.055 do projeto originário do novo C.P.C. preconizava: "o *devedor ou arrendatário não se exime da obrigação de pagamento dos tributos, das multas e das taxas incidentes sobre os bens vinculados e de outros encargos previstos em contrato, exceto se a obrigação de pagar não for de sua responsabilidade, conforme contrato, ou for objeto de suspensão em tutela provisória*."

O C.P.C. de 1973, em seu art. 285-B, trazia preceito normativo idêntico ao disposto no art. 1.055 do projeto originário do novo C.P.C., a saber:

Art. 285-B. Nos litígios que tenham por objeto obrigações decorrentes de empréstimo, financiamento ou arrendamento mercantil, o autor deverá discriminar na petição inicial, dentre as obrigações contratuais, aquelas que pretende controverter, quantificando o valor incontroverso. (Incluído pela Lei nº 12.810, de 2013)

§ 1º O valor incontroverso deverá continuar sendo pago no tempo e modo contratados. (Renumerado do parágrafo único pela Lei nº 12.873, de 2013)

§ 2º O devedor ou arrendatário não se exime da obrigação de pagamento dos tributos, multas e taxas incidentes sobre os bens vinculados e de outros encargos previstos em contrato, exceto se a obrigação de pagar não for de sua responsabilidade, conforme contrato, ou for objeto de suspensão em medida liminar, em medida cautelar ou antecipação dos efeitos da tutela. (Incluído pela Lei nº 12.873, de 2013)

O art. 285-B do C.P.C. de 1973 delimitava a responsabilidade do devedor ou arrendatário pelo pagamento dos tributos, multas e taxas incidentes sobre os bens vinculados e de outros encargos previstos em contrato aos negócios jurídicos decorrentes de empréstimo, financiamento ou arrendamento mercantil.

Já o art. 1.055 do projeto originário do novo C.P.C., por ser um dispositivo autônomo, não fez essa limitação, tendo aplicação a qualquer negócio jurídico.

Diante da amplitude normativa do art. 1.055 do projeto originário do novo C.P.C., a Presidente da República, quando da sanção da Lei 13.105/15 (novo C.P.C.), vetou expressamente o referido art. 1055, apresentando as seguintes razões para o veto: *"Ao converter em artigo autônomo o § 2o do art. 285-B do Código de Processo Civil de 1973, as hipóteses de sua aplicação, hoje restritas, ficariam imprecisas e ensejariam interpretações equivocadas, tais como possibilitar a transferência de responsabilidade tributária por meio de contrato."*

16.
Prescrição intercorrente

Nos termos do art. 924, inc. V, do atual C.P.C., extingue-se a execução quando ocorrer a *prescrição intercorrente*.

O instituto jurídico da prescrição intercorrente não deve ser confundido com a prescrição da pretensão ao crédito, ou seja, a prescrição que poderia vir a ser interrompida pelo despacho do juiz no âmbito do processo executivo, ou mesmo pelo protesto judicial.

A prescrição intercorrente é uma prescrição que atinge a própria pretensão processual à tutela jurisdicional satisfativa executiva, por fato imputado ao credor, que por inércia, deixa transparecer no processo que praticamente não tem mais interesse na pretensão ao crédito.

O prazo da prescrição intercorrente será o mesmo da pretensão de cobrança do crédito na via executiva, conforme estabelece a Súmula n. 150 do S.T.F.

Assim, tratando-se de cumprimento de sentença, a prescrição intercorrente ocorre no mesmo prazo da prescrição da pretensão da demanda cognitiva.

Na hipótese de título executivo extrajudicial, a prescrição intercorrente dar-se-á no mesmo prazo estabelecido pela lei material para a prescrição da pretensão de cobrança do crédito pela via executiva.

Sobre o tema, eis a seguinte decisão do S.T.J.:

> *ADMINISTRATIVO E PROCESSUAL CIVIL. PRESCRIÇÃO DA PRETENSÃO EXECUTÓRIA. SÚMULA 7/STJ.*

> *1. O cerne do debate refere-se à verificação da fluência do prazo prescricional da pretensão executiva contra a fazenda estadual.*
> *2. A jurisprudência desta Corte e a do Supremo Tribunal Federal são uníssonas em afirmar que o prazo da execução é o mesmo da ação de conhecimento, nos termos da Súmula 150/STF.*
> *3. O mero transcurso de prazo não é causa bastante para que seja reconhecida a prescrição intercorrente; se a culpa pela paralisação do processo executivo não pode ser imputada ao credor exequente.*
> *4. O Tribunal a quo reconheceu que o Estado Apelado tentou obstacularizar o direito dos apelantes em obter as informações necessárias para que pudessem proceder a execução do julgado.*
> *5. Da análise das razões do acórdão recorrido, observa-se que este delineou a controvérsia dentro do universo fático-comprobatório.*
>
> Caso em que não há como aferir eventual violação dos dispositivos infraconstitucionais alegados sem que se abram provas ao reexame. A pretensão de simples análise de provas, além de escapar da função constitucional deste Tribunal, esbarra no óbice da Súmula 7 do STJ, cuja incidência é induvidosa no caso sob exame.
>
> *Agravo regimental improvido.*
> (AgRg no AREsp 230.253/RN, Rel. Ministro HUMBERTO MARTINS, SEGUNDA TURMA, julgado em 23/10/2012, DJe 30/10/2012)

A prescrição intercorrente tem por objetivo evitar a eternização dos processos executivos, por mais que a execução forçada seja uma tutela muitas vezes eminentemente patrimonialista.

O juiz poderá decretar de ofício a prescrição intercorrente, desde que ouvido previamente o exequente e o executado.

A primeira previsão normativa inserida em nosso ordenamento jurídico sobre a prescrição intercorrente surge na execução fiscal, com a inserção do §4º do art. 40 da Lei 6.830/80, introduzido pela Lei 11.051, de 2004. Assim, se a execução fiscal permanecer arquivada por prazo prescricional suficiente, o juiz, depois de ouvido a Fazenda Pública, poderá, de ofício, reconhecer a prescrição intercorrente e decretá-la de imediato.

Sobre a questão da prescrição intercorrente no âmbito do executivo fiscal, assim tem se manifestado o S.T.J.:

*TRIBUTÁRIO. EXECUÇÃO FISCAL. PRESCRIÇÃO INTERCOR-
RENTE NÃO CARACTERIZADA.*

1. Conforme posicionamento consolidado no STJ, há prescrição intercorrente quando, proposta a Execução Fiscal e decorrido o prazo de suspensão (um ano), o feito permanecer paralisado por mais de cinco anos, contados da data do arquivamento, por culpa da exequente, podendo, ainda, ser decretada ex officio pelo magistrado, desde que previamente ouvida a Fazenda Pública, conforme previsão do art. 40, § 4º, da Lei n. 6.830/80, acrescentado pela Lei 11.051//2004.

2. Na hipótese dos autos, houve sucessivos pedidos de concessão de prazo de suspensão do processo requeridos pela parte exequente. O Tribunal a quo entendeu que "todas as paralisações do feito executivo ocorreram com autorização judicial, ou seja, não houve inércia da parte exequente que pudesse, neste momento, ser punida com a aplicação do instituto da prescrição intercorrente, já que todos os pedidos foram fundamentos no sentido de buscar meios para prosseguimento do executivo fiscal".

3. In casu, tendo em vista inexistência de decisão judicial que determine o arquivamento dos autos e ausência de inércia da Fazenda Pública, não transcorreu o prazo que configuraria a prescrição intercorrente.

4. Agravo Regimental não provido.

(AgRg no AREsp 232.917/RS, Rel. Ministro HERMAN BENJAMIN, SEGUNDA TURMA, julgado em 23/10/2012, DJe 31/10/2012)

PROCESSO CIVIL – TRIBUTÁRIO – EXECUÇÃO FISCAL – PRESCRIÇÃO INTERCORRENTE – VIOLAÇÃO AO ART. 458 DO CPC – INEXISTÊNCIA – SUFICIÊNCIA DA PRESTAÇÃO JURISDICIONAL – QUESTÃO DECIDIDA – ART. 40 DA LEF – SÚMULA 314/STJ – INEXISTÊNCIA DE SUSPENSÃO OU ARQUIVAMENTO DA EXECUÇÃO FISCAL.

1. Inexiste violação ao art. 458 do CPC se o acórdão recorrido apresenta a estrutura exigida pela legislação processual.

2. Não ocorre ofensa ao art. 535, II, do CPC, se o Tribunal de origem decide, fundamentadamente, as questões essenciais ao julgamento da lide, embora sem aludir ao dispositivo de lei aplicável à questão jurídica.

3. Nos termos da Súmula 314/STJ, somente a suspensão da execução fiscal pela inexistência de citação ou de localização de bens penhoráveis com o posterior

arquivamento provisório do feito implica no curso do prazo de prescrição intercorrente previsto no art. 40 da LEF.
4. Recurso especial provido com inversão da sucumbência, nos termos da Súmula 168/TFR.
(REsp 1320505/MG, Rel. Ministra ELIANA CALMON, SEGUNDA TURMA, julgado em 18/10/2012, DJe 29/10/2012)
TRIBUTÁRIO. PROCESSUAL CIVIL. EXECUÇÃO FISCAL. AGRAVO REGIMENTAL NO AGRAVO EM RECURSO ESPECIAL. EXECUÇÃO FISCAL. PARALISAÇÃO DO FEITO. INÉRCIA DO EXEQUENTE. SÚMULA 314/STJ. AGRAVO NÃO PROVIDO.
1. "Em execução fiscal, não localizados bens penhoráveis, suspende-se o processo por um ano, findo o qual se inicia o prazo da prescrição quinquenal intercorrente" (Súmula 314/STJ).
2. "Ainda que tenha sido reconhecida a prescrição sem a prévia intimação da Fazenda Pública, como ocorreu na hipótese dos autos, só se justificaria a anulação da sentença se a exequente demonstrasse efetivo prejuízo decorrente do ato judicial impugnado" (AgRg no REsp 1.190.845/MG, Rel. Min. BENEDITO GONÇALVES, Primeira Turma, DJe 31/8/10).
3. Agravo regimental não provido.
(AgRg no AREsp 170.253/RJ, Rel. Ministro ARNALDO ESTEVES LIMA, PRIMEIRA TURMA, julgado em 09/10/2012, DJe 16/10/2012)
TRIBUTÁRIO. AGRAVO REGIMENTAL NO AGRAVO EM RECURSO ESPECIAL.
EXECUÇÃO FISCAL. PRESCRIÇÃO INTERCORRENTE. DESNECESSIDADE DE INTIMAÇÃO DA FAZENDA PÚBLICA DA DECISÃO QUE SUSPENDE E ARQUIVA O FEITO. PARALISAÇÃO POR MAIS DE CINCO ANOS. SÚMULA 314/STJ.
1. Caso em que o Tribunal de origem julgou extinto a execução fiscal, em razão do reconhecimento da prescrição intercorrente, ante o transcurso do prazo de 7 anos entre o pedido de arquivamento dos autos e a manifestação da Fazenda Pública.
2. É despicienda a intimação da Fazenda Pública da suspensão por ela mesma requerida, bem como do arquivamento, pois este último decorre automaticamente do transcurso do prazo de um ano, conforme dispõe a Súmula 314/STJ, in verbis: "Em execução fiscal, não localizados bens penhoráveis, suspende-se

o processo por um ano, findo o qual se inicia o prazo da prescrição qüinqüenal intercorrente".
3. A verificação de responsabilidade pela demora na prática dos atos processuais implica indispensável reexame de matéria fático-probatória, o que é vedado a esta Corte Superior, na estreita via do recurso especial, ante o disposto na Súmula 7/STJ (REsp 1.102.431/RJ, de relatoria do Ministro Luiz Fux, sistemática do art. 543-C do CPC).
4. Agravo regimental não provido.
(AgRg no AREsp 232.083/PR, Rel. Ministro BENEDITO GONÇALVES, PRIMEIRA TURMA, julgado em 09/10/2012, DJe 16/10//2012).

O S.T.J. também vem adotando a prescrição intercorrente em relação ao pedido de redirecionamento da execução fiscal contra o sócio gerente ou diretor, quando o devedor principal, que é a empresa, não possuir bens suficientes para o pagamento do crédito do exequente. Assim, uma vez ultrapassado o prazo prescricional entre a data do despacho que determinou a citação da empresa (primeiro fato interruptivo da prescrição) e a data do despacho que determinou a citação do sócio ou diretor, por negligência do exequente, deve-se declarar a prescrição intercorrente para a responsabilização do sócio ou diretor. Sobre o tema, eis o seguinte precedente do S.T.J.:

PROCESSUAL CIVIL. EXECUÇÃO FISCAL. EXCEÇÃO DE PRÉ-EXECUTIVIDADE.
ARGÜIÇÃO DE PRESCRIÇÃO INTERCORRENTE. POSSIBILIDADE. REDIRECIONAMENTO DA EXECUÇÃO FISCAL. ENTENDIMENTO CONSOLIDADO PELA 1ª SEÇÃO. RELAÇÃO PROCESSUAL FORMADA APÓS A VIGÊNCIA DA LC 118/05. TERMO AD QUEM. DESPACHO QUE ORDENA A CITAÇÃO.
1. O espectro das matérias suscitáveis através da exceção de pré-executividade tem sido ampliado por força da exegese jurisprudencial mais recente, admitindo-se a argüição de prescrição e de ilegitimidade passiva do executado, desde que não demande dilação probatória (exceção secundum eventus probationis).
2. A prescrição, por ser causa extintiva do direito exeqüente, é passível de ser veiculada em exceção de pré-executividade.

Precedentes: REsp 577.613/RS, DJ de 08/11/2004; REsp 537.617/PR, DJ de 08/03/2004 e REsp 388.000/RS, DJ de 18/03/2002.
3. A responsabilidade patrimonial secundária do sócio, na jurisprudência do E. STJ, funda-se na regra de que o redirecionamento da execução fiscal, e seus consectários legais, para o sócio-gerente da empresa, somente é cabível quando reste demonstrado que este agiu com excesso de poderes, infração à lei ou contra o estatuto, ou na hipótese de dissolução irregular da empresa.
4. O redirecionamento da execução contra o sócio deve dar-se no prazo de cinco anos da citação da pessoa jurídica, sendo inaplicável o disposto no art. 40 da Lei n.º 6.830/80 que, além de referir-se ao devedor, e não ao responsável tributário, deve harmonizar-se com as hipóteses previstas no art. 174 do CTN, de modo a não tornar imprescritível a dívida fiscal. Precedentes: REsp 205887, Rel. DJ 01.08.2005; REsp 736030, DJ 20.06.2005; AgRg no REsp 445658, DJ 16.05.2005; AgRg no Ag 541255, DJ 11.04.2005.
5. Desta sorte, não obstante a citação válida da pessoa jurídica interrompa a prescrição em relação aos responsáveis solidários, decorridos mais de 05 (cinco) anos após a citação da empresa, ocorre a prescrição intercorrente inclusive para os sócios.
6. In casu, verifica-se que a empresa foi citada em 22.12.2002, o pedido de redirecionamento foi feito em 30.07.2007, o despacho que ordenou a citação do sócio ocorreu em 08.08.2007, tendo a citação pessoal do sócio ocorrido em 12.06.2008 (quando a parte compareceu espontaneamente aos autos).
7. A Primeira Seção, no julgamento do AgRg nos EREsp 761488/SC, Rel. Ministro HAMILTON CARVALHIDO, pacificou o referido entendimento: "por suas duas Turmas de Direito Público, consolidou o entendimento de que, não obstante a citação válida da pessoa jurídica interrompa a prescrição em relação aos responsáveis solidários, no caso de redirecionamento da execução fiscal, há prescrição intercorrente se decorridos mais de cinco anos entre a citação da empresa e a citação pessoal dos sócios, de modo a não tornar imprescritível a dívida fiscal. (AgRg nos EREsp 761488/SC, Rel. Ministro HAMILTON CARVALHIDO, PRIMEIRA SEÇÃO, julgado em 25/11/2009, DJe 07/12//2009)
8. Ocorre que a prescrição, posto referir-se à ação, quando alterada por novel legislação, tem aplicação imediata, conforme cediço na jurisprudência do Egrégio STJ.

9. Originariamente, prevalecia o entendimento de que o artigo 40 da Lei n.º 6.830/80 não podia se sobrepor ao CTN, por ser norma de hierarquia inferior, e sua aplicação sofria os limites impostos pelo artigo 174 do referido Código.

10. Nesse diapasão, a mera prolação do despacho ordinatório da citação do executado não produzia, por si só, o efeito de interromper a prescrição, impondo-se a interpretação sistemática do art. 8º, § 2º, da Lei nº 6.830/80, em combinação com o art. 219, § 4º, do CPC e com o art. 174 e seu parágrafo único do CTN.

11. A Lei Complementar 118, de 9 de fevereiro de 2005 (vigência a partir de 09.06.2005), alterou o artigo 174 do CTN para atribuir ao despacho do juiz que ordenar a citação o efeito interruptivo da prescrição. (Precedentes: REsp 860128/RS, DJ de 782.867/SP, DJ 20.10.2006; REsp 708.186/SP, DJ 03.04.2006).

12. Destarte, consubstanciando norma processual, a referida Lei Complementar é aplicada imediatamente aos processos em curso, o que tem como consectário lógico que a data da propositura da ação pode ser anterior à sua vigência. Todavia, a data do despacho que ordenar a citação deve ser posterior à sua entrada em vigor, sob pena de retroação da novel legislação. Precedentes: REsp 1156250/ RS, Rel. Ministra ELIANA CALMON, SEGUNDA TURMA, julgado em 23/02/2010, DJe 04/03/2010; AgRg no REsp 702.985/MT, Rel. Ministro MAURO CAMPBELL MARQUES, SEGUNDA TURMA, julgado em 17/12/2009, DJe 04/02/2010; REsp 1116092/ES, Rel. Ministro BENEDITO GONÇALVES, PRIMEIRA TURMA, julgado em 15/09/2009, DJe 23/09/2009

13. Como visto, entre os marcos temporais citação da empresa e o despacho que ordenou, no redirecionamento da execução, a citação do sócio, já sob a égide da LC 118/05, não transcorreu o prazo prescricional qüinqüenal e, consectariamente, ressoa inequívoca a não ocorrência da prescrição.

14. Agravo regimental desprovido.
(AgRg no REsp 1202195/PR, Rel. Ministro LUIZ FUX, PRIMEIRA TURMA, julgado em 03/02/2011, DJe 22/02/2011).

Contudo, é importante salientar que o prazo da prescrição intercorrente em relação ao sócio ou diretor somente deve ter início a partir do conhecimento pelo exequente do fato que comprovadamente possibilita o redirecionamento, ou seja, quando efetivamente evidenciado que o sócio ou diretor agiu mediante infração à lei ou com excesso de poderes de *presentação* da empresa devedora. Assim, somente com a *actio in nata* é que se inicia o prazo da prescrição intercorrente para redirecionamento da execução contra o sócio ou diretor. Nesse sentido é o seguinte precedente do S.T.J.:

> *PROCESSUAL CIVIL E TRIBUTÁRIO. EXECUÇÃO FISCAL. REDIRECIONAMENTO. CITAÇÃO DA EMPRESA E DO SÓCIO-GERENTE. PRAZO SUPERIOR A CINCO ANOS. PRESCRIÇÃO. PRINCÍPIO DA ACTIO NATA.*
>
> *1. O Tribunal de origem reconheceu, in casu, que a Fazenda Pública sempre promoveu regularmente o andamento do feito e que somente após seis anos da citação da empresa se consolidou a pretensão do redirecionamento, daí reiniciando o prazo prescricional.*
>
> *2. A prescrição é medida que pune a negligência ou inércia do titular de pretensão não exercida, quando o poderia ser.*
>
> *3. A citação do sócio-gerente foi realizada após o transcurso de prazo superior a cinco anos, contados da citação da empresa. Não houve prescrição, contudo, porque se trata de responsabilidade subsidiária, de modo que o redirecionamento só se tornou possível a partir do momento em que o juízo de origem se convenceu da inexistência de patrimônio da pessoa jurídica. Aplicação do princípio da actio nata.*
>
> *4. Agravo Regimental provido.*
>
> (AgRg no REsp 1062571/RS, Rel. Ministro HERMAN BENJAMIN, SEGUNDA TURMA, julgado em 20/11/2008, DJe 24/03/2009).

Ocorre que o próprio S.T.J., ao mesmo tempo em que aceita a aplicação da *actio in nata*, também afirma que esta teoria não será aplicada se transcorrido o prazo de prescrição entre a data da citação (ou despacho de citação) da empresa e o pedido de redirecionamento ao sócio ou diretor. Nesse sentido é o seguinte precedente do S.T.J.:

> *EMBARGOS DECLARATÓRIOS. AUSÊNCIA. OMISSÃO. ACOLHIMENTO PARA ESCLARECIMENTO. EXECUÇÃO. FISCAL.*

REDIRECIONAMENTO PARA SÓCIOS. PRESCRIÇÃO. AUSÊNCIA. CARACTERIZAÇÃO. INÉRCIA. PEDIDO. REDIRECIONAMENTO POSTERIOR AO QUINQUÍDEO. PRESCRIÇÃO INTERCORRENTE CONFIGURADA. INCIDÊNCIA. ART. 174 DO CTN. INAPLICABILIDADE. TEORIA DA "ACTIO NATA."
1. Os embargos declaratórios são cabíveis em caso de omissão, contradição ou obscuridade, nos termos do art. 535, II do CPC.
2. O magistrado não está obrigado a rebater, um a um, os argumentos trazidos pela parte, desde que os fundamentos utilizados tenham sido suficientes para embasar a decisão.
3. Todavia, a solução da lide deve ser realizada de modo a restar induvidoso os limites da prestação jurisdicional entregue aos postulantes. Desta feita, são cabíveis os embargos declaratórios para fins de esclarecimento.
4. O redirecionamento da execução contra o sócio deve dar-se no prazo de cinco anos da citação da pessoa jurídica, sendo inaplicável o disposto no art. 40 da Lei n.º 6.830/80 que, além de referir-se ao devedor, e não ao responsável tributário, deve harmonizar-se com as hipóteses previstas no art. 174 do CTN, de modo a não tornar imprescritível a dívida fiscal (Precedentes: REsp n.º 205.887, DJU de 01/08/2005; REsp n.º 736.030, DJU de 20/06/2005; AgRg no REsp n.º 445.658, DJU de 16.05.2005; AgRg no Ag n.º 541.255, DJU de 11/04//2005).
4. Desta sorte, não obstante a citação válida da pessoa jurídica interrompa a prescrição em relação aos responsáveis solidários, decorridos mais de 05 (cinco) anos após a citação da empresa, ocorre a prescrição intercorrente inclusive para os sócios.
5. In casu, verifica-se que a empresa executada foi citada em 07/07/1999. O pedido de redirecionamento do feito foi formulado em 12/03/2008. Evidencia-se, portanto, a ocorrência da prescrição.
6. A aplicação da Teoria da Actio Nata requer que o pedido do redirecionamento seja feito dentro do período de 5 anos que sucedem a citação da pessoa jurídica, ainda que não tenha sido caracterizada a inércia da autarquia fazendária. (REsp 975.691/RS, Rel. Ministro CASTRO MEIRA, SEGUNDA TURMA, julgado em 09/10/2007, DJ 26/10/2007 p.355)
7. Embargos declaratórios acolhidos somente para fins de esclarecimento mantendo o teor da decisão agravada.

(EDcl no AgRg no Ag 1272349/SP, Rel. Ministro LUIZ FUX, PRIMEIRA TURMA, julgado em 02/12/2010, DJe 14/12/2010).

No voto do Eminente Ministro Luiz Fux, encontra-se a seguinte advertência:

"*Assim sendo, resta inaplicável a Teoria da Actio Nata haja vista que o pedido do redirecionamento foi realizado após decorrido o período de 5 anos que sucede a citação da pessoa jurídica. Nessa esteira o precedente:*
'*RECURSO ESPECIAL. PROCESSO CIVIL. TRIBUTÁRIO. EXECUÇÃO FISCAL.*
PRESCRIÇÃO. INTERRUPÇÃO. REDIRECIONAMENTO CONTRA O SÓCIO. CITAÇÃO DA PESSOA JURÍDICA. OCORRÊNCIA. TEORIA DA ACTIO NATA. INAPLICÁVEL. HONORÁRIOS ADVOCATÍCIOS. FIXAÇÃO. ART. 20, § 4º, DO CPC. AUSÊNCIA DE FUNDAMENTAÇÃO. EMBARGOS DE DECLARAÇÃO. PERSISTÊNCIA DA FALTA DE FUNDAMENTAÇÃO. VIOLAÇÃO DO ART. 535 E 458, II, DO CPC. OCORRÊNCIA.
1. A pretensão da Fazenda de ver satisfeito seu crédito, ainda que por um pagamento a ser atendido pelo responsável tributário, nos termos do art. 135 do CTN, surge com o inadimplemento da dívida tributária após sua regular constituição. A teoria da actio nata não leva à conclusão de que a prescrição quanto ao sócio só teria início a partir do deferimento do pedido de redirecionamento da execução fiscal.
2. Não há que se falar no transcurso de um prazo prescricional em relação ao contribuinte e outro referente ao responsável do art. 135 do CTN. Ambos têm origem no inadimplemento da dívida e se interrompem, também conjuntamente, pelas causas previstas no art. 174 do CTN.
3. Para se responsabilizar, nos termos do art. 135, III, do CTN, o sócio da pessoa jurídica pelo pagamento de dívida tributária, não é necessário que a prova de ter ele agido com excesso de poderes ou infração de lei, contrato social ou estatutos seja necessariamente produzida nos autos do processo de execução ajuizado contra a empresa. Pode o credor identificar uma dessas circunstâncias antes de proposta a ação contra pessoa jurídica e, desde já, ajuizar a execução contra o

> *responsável tributário, uma vez que sua responsabilidade é pessoal (art. 135, caput, do CTN).*
> *4. O redirecionamento da execução contra o sócio deve dar-se no prazo de cinco anos da citação da pessoa jurídica, o que não ocorreu no caso dos autos. Precedentes: REsp 751.508/RS, Rel. Min. Francisco Peçanha Martins, DJ 13.02.2006, REsp 769.152/RS, Rel. Min. João Otávio de Noronha, DJ 04.12.2006 e REsp 625.061/RS, Rel. Min. Denise Arruda, DJ 18.06.2007.*
> *5. Não houve pronunciamento da Corte local a respeito da fundamentação para a fixação dos honorários advocatícios. Ainda que opostos embargos de declaração para questionar a aplicação da verba em percentual equivalente a 59,98% do crédito exeqüendo, permaneceu omisso em relação a uma manifestação sobre essa proporcionalidade.*
> *Infringência aos arts. 458, II, e 535, II, do CPC. Retorno dos autos a origem para se manifestar sobre o ponto.*
> *6. Recurso especial provido em parte.*
> *(REsp 975691/RS, Rel. Ministro CASTRO MEIRA, SEGUNDA TURMA, julgado em 09/10/2007, DJ 26/10/2007, p. 355)'.*
> *Assim a aplicação do Princípio da 'Actio Nata' não afasta a necessidade, ainda que não demonstrada a inércia da autarquia fazendária, que o pedido de redirecionamento da execução para os sócios se dê no prazo de cinco anos a contar da citação da pessoa jurídica...".*

Observa-se, porém, que esta decisão do S.T.J., da lavra do Eminente Ministro Luiz Fux, apresenta certa contradição.

Inicialmente, deve-se registrar que esta decisão trata de crédito tributário, razão pela qual estabelece que o redirecionamento da execução fiscal contra o sócio gerente deve ocorrer no prazo de cinco anos a contar da data da citação da empresa.

Contudo, a partir do momento em que o S.T.J. exige que a Teoria da *Actio in Nata* somente terá aplicação se o pedido de redirecionamento do sócio ocorrer no prazo de cinco anos a contar da data de citação da empresa, praticamente este Tribunal desnaturou a própria essência da prescrição.

Como se sabe, a prescrição atinge a *pretensão*.

Somente quando há *pretensão* é que se pode falar em prescrição.

Em relação ao crédito tributário, o S.T.J. tem afirmado que o sócio gerente somente poderá ser responsabilizado, pelas dívidas da sociedade, nas hipóteses do art. 135 do C.T.N., ou seja, quando ficar demonstrado que agiu com excesso de poder ou infração à lei.

Dentre as hipóteses de infração à lei, o S.T.J entende que a *dissolução irregular da empresa* pelo sócio gerente caracteriza ato infracional.

Suponhamos que a Fazenda Pública tenha ingressado com um processo de execução fiscal contra uma determinada empresa, sociedade por quotas de responsabilidade, no ano de 2006. Devidamente citada, a empresa, em maio de 2006, ofereceu bens a penhora, pois estava em plena atividade. Levados os bens a leilão em 2011, o valor apurado não foi suficiente para o pagamento da dívida, especialmente pelo fato de que a arrematação se concretizou no percentual de 60% do valor da avaliação.

Encerrado o leilão, a Fazenda Pública, em janeiro de 2012, requer reforço de penhora.

O Oficial de Justiça, ao tentar buscar novos bens, verifica que a empresa/executada encerrou irregularmente suas atividades em dezembro de 2012, portanto, há mais de cinco anos da data do despacho da citação da empresa, que ocorrera em janeiro de 2006.

Neste exemplo, pode-se verificar que a Fazenda Pública, durante todo o transcurso dos cinco anos, a contar da data do despacho de citação da empresa, não poderia exercer sua pretensão de execução contra o sócio gerente, pois não havia qualquer elemento constante nos autos que demonstrasse excesso de poder ou infração à lei por parte do sócio gerente.

A *actio in nata* que gerou a pretensão da Fazenda Pública para o redirecionamento da execução contra o sócio gerente surge somente após os cinco anos, ou seja, com a *dissolução irregular da sociedade*, no ano de 2012.

Assim, verifica-se que não tem fundamento a exigência do S.T.J. de que a Teoria da *Actio in Nata* somente possa ser aplicada no redirecionamento, se esse pedido for formulado no prazo de cinco anos, contado da citação ou do despacho de citação da empresa devedora.

Na verdade, sem que haja a *actio nata* (ou seja, o nascimento da pretensão), não se pode contar o prazo prescricional, muito menos o prazo prescricional intercorrente. Não se trata de simples inércia do exequente, no caso, da

Fazenda Pública, mas de total inexistência de fato gerador da pretensão do exequente contra o sócio gerente.

O novo estatuto processual, nos mesmos termos do art. 40, §§ 4º e 5º da Lei 6.830/80 (Lei de Execução Fiscal), previu expressamente a *prescrição intercorrente* em seu art. 924, inc. V.

Não obstante a ausência de dispositivo normativo expresso no C.P.C. de 1973 sobre a prescrição intercorrente, o certo é que referida forma de extinção da execução já era devidamente permitida pela jurisprudência. *Mutatis mutantis*, nesse sentido eis os seguintes precedentes do S.T.J.:

> RECURSO ESPECIAL. CIVIL. PROCESSUAL CIVIL. EXECUÇÃO. AUSÊNCIA DE BENS PASSÍVEIS DE PENHORA. SUSPENSÃO DO PROCESSO. INÉRCIA DO EXEQUENTE POR MAIS DE TREZE ANOS. PRESCRIÇÃO INTERCORRENTE.
> OCORRÊNCIA. SÚMULA 150/STF. NEGATIVA DE PRESTAÇÃO JURISDICIONAL. NÃO OCORRÊNCIA. HONORÁRIOS ADVOCATÍCIOS. REVISÃO ÓBICE DA SÚMULA 7/STJ.
> 1. Inocorrência de maltrato ao art. 535 do CPC quando o acórdão recorrido, ainda que de forma sucinta, aprecia com clareza as questões essenciais ao julgamento da lide.
> 2. "Prescreve a execução no mesmo prazo da prescrição da ação" (Súmula 150/STF).
> 3. "Suspende-se a execução: [...] quando o devedor não possuir bens penhoráveis" (art. 791, inciso III, do CPC).
> 4. Ocorrência de prescrição intercorrente, se o exequente permanecer inerte por prazo superior ao de prescrição do direito material vindicado.
> 5. Hipótese em que a execução permaneceu suspensa por treze anos sem que o exequente tenha adotado qualquer providência para a localização de bens penhoráveis.
> 6. Desnecessidade de prévia intimação do exequente para dar andamento ao feito.
> 7. Distinção entre abandono da causa, fenômeno processual, e prescrição, instituto de direito material.
> 8. Ocorrência de prescrição intercorrente no caso concreto.

9. *Entendimento em sintonia com o novo Código de Processo Civil.*
10. *Revisão da jurisprudência desta Turma.*
11. *Incidência do óbice da Súmula 7/STJ no que tange à alegação de excesso no arbitramento dos honorários advocatícios.*
12. *RECURSO ESPECIAL DESPROVIDO.*
(REsp 1522092/MS, Rel. Ministro PAULO DE TARSO SANSEVERINO, TERCEIRA TURMA, julgado em 06/10/2015, DJe 13/10/2015)
AGRAVO REGIMENTAL. AGRAVO EM RECURSO ESPECIAL. PROCESSO CIVIL. RECURSO ESPECIAL. AÇÃO DE EXECUÇÃO POR QUANTIA CERTA. PRESCRIÇÃO INTERCORRENTE. NECESSIDADE DE INTIMAÇÃO PESSOAL DA PARTE.
1. *Para o reconhecimento da prescrição intercorrente, é necessária a intimação pessoal da parte para dar prosseguimento ao feito e sua posterior inércia em cumprir a ordem contida na intimação.*
2. *Agravo regimental desprovido.*
(AgRg no REsp 1390602/SC, Rel. Ministro JOÃO OTÁVIO DE NORONHA, TERCEIRA TURMA, julgado em 24/11/2015, DJe 01/12/2015).
AGRAVO REGIMENTAL. RECURSO ESPECIAL. PROCESSO CIVIL. AÇÃO DE EXECUÇÃO DE TÍTULO EXTRAJUDICIAL. AUSÊNCIA DE BENS PENHORÁVEIS. PRESCRIÇÃO INTERCORRENTE AFASTADA. NECESSIDADE DE INTIMAÇÃO PESSOAL DO CREDOR. REQUERIMENTO DE SUSPENSÃO DO PROCESSO. AUTORIZAÇÃO JUDICIAL. NÃO OCORRÊNCIA DE INÉRCIA DA PARTE. SÚMULA N. 7 DO STJ. AFASTAMENTO.
1. *O reconhecimento da prescrição intercorrente em razão da suspensão do processo por inexistência de bens penhoráveis exige a prévia intimação pessoal da parte autora para tomar diligências no processo.*
2. *A suspensão do processo autorizada judicialmente impede o decurso da prescrição intercorrente ante a não ocorrência de inércia da parte.*
3. *Não há falar em aplicação do óbice contido na Súmula n. 7/STJ quando a análise da controvérsia não demandar o reexame do conjunto fático-probatório dos autos.*
4. *Agravo regimental desprovido.*
(AgRg no REsp 1538845/RS, Rel. Ministro JOÃO OTÁVIO DE NORONHA, TERCEIRA TURMA, julgado em 24/11/2015, DJe 01/12/2015).

AGRAVO REGIMENTAL NO RECURSO ESPECIAL. CIVIL E PROCESSUAL CIVIL. PROCESSO DE EXECUÇÃO SUSPENSO. AUSÊNCIA DE BENS PENHORÁVEIS. INEXISTÊNCIA DE INTIMAÇÃO DO CREDOR PARA DAR ANDAMENTO AO FEITO. IMPOSSIBILIDADE DE RECONHECIMENTO DA PRESCRIÇÃO INTERCORRENTE. PRECEDENTES. RECURSO ESPECIAL PROVIDO.
1. Suspenso o processo de execução por ausência de bens penhoráveis, não flui o prazo prescricional, inclusive aquele atinente à prescrição intercorrente.
2. AGRAVO REGIMENTAL DESPROVIDO.
(AgRg nos EDcl no REsp 1417228/PR, Rel. Ministro PAULO DE TARSO SANSEVERINO, TERCEIRA TURMA, julgado em 15/10/2015, DJe 20/10/2015).

AGRAVO REGIMENTAL NO RECURSO ESPECIAL. EXECUÇÃO. PRESCRIÇÃO INTERCORRENTE. ACÓRDÃO QUE AFASTOU A EXTINÇÃO DA EXECUÇÃO ANTE A AUSÊNCIA DE INTIMAÇÃO DA PARTE CREDORA PARA IMPULSIONAR O FEITO.
1. "De acordo com precedentes do STJ, a prescrição intercorrente só poderá ser reconhecida no processo executivo se, após a intimação pessoal da parte exequente para dar andamento ao feito, a mesma permanece inerte." (AgRg no AREsp 131.359/GO, Rel. Ministro MARCO BUZZI, QUARTA TURMA, julgado em 20/11/2014, DJe 26/11/2014).
2. Na hipótese, não tendo havido intimação pessoal da parte exequente para dar andamento ao feito, não há falar em prescrição.
3. Agravo regimental a que se nega provimento.
(AgRg no REsp 1245412/MT, Rel. Ministro LUIS FELIPE SALOMÃO, QUARTA TURMA, julgado em 18/08/2015, DJe 31/08/2015)

AGRAVO REGIMENTAL NO AGRAVO EM RECURSO ESPECIAL. PROCESSUAL CIVIL. AÇÃO MONITÓRIA. DUPLICATA. PRESCRIÇÃO INTERCORRENTE. OCORRÊNCIA. RECURSO NÃO PROVIDO.
1. O título venceu em 18/11/2004, e a ação veio a ser ajuizada em 26/5/2008, todavia, até a data em que prolatada a sentença, em 31/1/2013, o credor não havia fornecido endereço correto do réu para que fosse citado, nem requereu ao Juízo que procedesse à sua citação, por edital, não estando caracterizada demora do Judiciário.

> *2. Não efetivada a citação tradicional, nem tendo o credor requerido ao Juízo fosse feita a citação por edital, possibilidade essa prevista na legislação processual, o prazo transcorreu sem interrupção da prescrição, acarretando a configuração da prescrição intercorrente.*
> *3. Agravo regimental não provido.*
> (AgRg no AREsp 594.607/DF, Rel. Ministro RAUL ARAÚJO, QUARTA TURMA, julgado em 12/02/2015, DJe 13/03/2015)

Em relação ao direito intertemporal, estabelece o art. 1.056 do atual C.P.C. que se considerará como termo inicial do prazo da prescrição prevista no art. 924, inciso V, inclusive para as execuções em curso, a data de vigência do novo C.P.C.

Assim, o prazo da prescrição intercorrente prevista no art. 924, inc. V., inclusive para as execuções em andamento quando da entrada em vigor do novo estatuto processual, terá início somente a partir da data da vigência do novo C.P.C.

Ocorre que o legislador não percebeu que a prescrição intercorrente já vinha, há muito, sendo aplicada pelos nossos tribunais nos processos em curso.

Assim, este dispositivo poderá dobrar o prazo da prescrição intercorrente ao determinar que o início do prazo em relação aos processos em curso se dê a partir da vigência do novo C.P.C.

Portanto, como a jurisprudência já permitia a extinção da execução em razão da prescrição intercorrente, deve-se levar em conta eventual prazo de inércia do exequente ocorrido antes da vigência do novo C.P.C.

17.
Inexigibilidade de obrigação fundada em título executivo judicial – declaração de inconstitucionalidade pelo S.T.F.

No cumprimento definitivo de sentença que reconhece a exigibilidade de obrigação de pagar quantia certa, inclusive em relação à Fazenda Pública, poderá o devedor apresentar impugnação à execução, nos termos do art. 525 e 535 do novo C.P.C, sendo que uma das matérias que poderá ser objeto de impugnação diz respeito à *inexigibilidade da obrigação.*

Por sua vez, o §12º do art. 525, assim como o §5º do art. 535, apresentam a seguinte hipótese de *inexigibilidade da obrigação:*

> Art. 525 (...).
> § 12. *Para efeito do disposto no inciso III do § 1o deste artigo, considera-se também inexigível a obrigação reconhecida em título executivo judicial fundado em lei ou ato normativo considerado inconstitucional pelo Supremo Tribunal Federal, ou fundado em aplicação ou interpretação da lei ou do ato normativo tido pelo Supremo Tribunal Federal como incompatível com a Constituição Federal, em controle de constitucionalidade concentrado ou difuso.*
> Art. 535 (...).
> § 5º *Para efeito do disposto no inciso III do caput deste artigo, considera-se também inexigível a obrigação reconhecida em título executivo judicial fundado*

> *em lei ou ato normativo considerado inconstitucional pelo Supremo Tribunal Federal, ou fundado em aplicação ou interpretação da lei ou do ato normativo tido pelo Supremo Tribunal Federal como incompatível com a Constituição Federal, em controle de constitucionalidade concentrado ou difuso.*

Assim, é possível que determinada pessoa física ou jurídica tenha sido favorecida por uma decisão, cuja fundamentação se dê com base em determinada lei ou ato normativo declarado como constitucional, ou, ainda, com base em determinada aplicação ou interpretação de norma tida por constitucional.

Porém, também é possível que após a prolação da referida decisão, mas antes do seu trânsito em julgado, o Supremo Tribunal Federal, em controle concentrado ou difuso de constitucionalidade, declare a inconstitucionalidade da norma que serviu de base para a decisão acima referida, ou dê aplicação ou interpretação à lei ou ao ato normativo, em face da Constituição Federal, de forma diversa daquela dada pela decisão acima mencionada.

Convém ressaltar que a supremacia das normas constitucionais e a presunção de constitucionalidade das leis exigem a escolha pelo intérprete do sentido da norma que esteja em conformidade com a Constituição Federal, evitando-se, assim, sempre que viável, a sua declaração de inconstitucionalidade e consequente retirada do mundo jurídico.

A interpretação conforme a Constituição, como técnica de hermenêutica, pode e deve ser realizada por todo e qualquer juízo, monocrático ou colegiado. Trata-se de técnica de controle da constitucionalidade da lei, tendo cabimento quando a norma oferecer diferentes significados, uns compatíveis com as normas constitucionais e outros não. Segundo o STF, essa técnica *"só é utilizável quando a norma impugnada admite, dentre as várias interpretações possíveis, uma que a compatibilize com a Carta Magna, e não quando o sentido da norma é unívoco"* (Pleno, Adin n.º 1344-1/ES, medida liminar – Rel. Min. Moreira Alves, DJ, Seção 1, 19-04-96, p. 12.212.). Tal método, no entanto, não é utilizável quando contrariar texto expresso de lei, que não possibilite qualquer interpretação em conformidade com a Constituição Federal, porquanto o Poder Legislativo não poderá ser substituído pelo Poder Judiciário, atuando como legislador positivo. Nesses casos, o Judiciário deverá declarar a inconstitucionalidade da lei ou do ato normativo incompatível com a CF.

É importante salientar que compete ao S.T.F. dar a última palavra sobre a questão de constitucionalidade ou inconstitucionalidade da norma jurídica, razão pela qual entendo que se deve prestigiar o teor normativo do artigo 525, §12 e do artigo 535, §5º, ambos do novo C.P.C., em sua maior extensão possível, pois num Estado Democrático de Direito a definição final sobre a constitucionalidade ou não da norma deve ser de competência de um único órgão jurisdicional, no nosso caso, o Supremo Tribunal Federal.

A questão é de tamanha gravidade, podendo gerar grandes distorções econômicas e sociais. Pense-se na hipótese de uma empresa que foi beneficiada por uma decisão que declarou a inconstitucionalidade da incidência do IPI e do ICMs sobre sua produção industrial e comercial. Porém, somente essa empresa foi beneficiada pela referida decisão, uma vez que o S.T.F., posteriormente, declarou a constitucionalidade da incidência dos referidos tributos em relação às demais empresas. Prevalecendo a decisão anterior, haverá colapso no sistema econômico e social, pois a concorrência entre as empresas será desleal, além de promover a quebra de diversas empresas cuja incidência tributária foi declarada constitucional pelo S.T.F.

Há, também, a seguinte hipótese: Uma determinada empresa obtém no Poder Judiciário uma decisão que lhe garante a isenção do IPI e do ICMS com base numa determina lei. Posteriormente, o S.T.F., em controle difuso ou concentrado, declara a inconstitucionalidade da referida norma jurídica.

Não há dúvida que a gravidade da questão se dá em ambos os exemplos formulados.

Note-se que a norma processual prevista no §12 do art. 525 e no §5º do art. 535 do novo C.P.C. não traz uma nova espécie de demanda rescisória, pois não rescinde o conteúdo do título executivo judicial, mas apenas declara sua *inexigibilidade*, justamente para torná-lo novamente exigível caso o S.T.F., no futuro, altere o seu posicionamento.

A inexigibilidade do título executivo judicial decorre tanto do controle concentrado quanto do controle difuso de constitucionalidade.

Tendo em vista que o art. 741, p.u., do C.P.C. de 1973, trazia preceito similar ao do §12 do art. 525 e do §5º do art. 535 do novo C.P.C., tal questão já se encontrava sob o crivo do S.T.F.

Sobre o tema, eis as seguintes decisões do Supremo Tribunal Federal:

EMENTA: AGRAVO REGIMENTAL NO AGRAVO DE INSTRUMEN-TO. REAJUSTE DE VENCIMENTOS NO PERCENTUAL DE 11,98%. ADI N. 2.323. LAPSO TEMPORAL. ADI N. 1.797. 1. O Supremo Tribunal firmou orientação no sentido de que os servidores públicos que recebiam antecipadamente seus vencimentos têm direito ao reajuste na razão de 11,98% (onze vírgula noventa e oito por cento), percentual este excluído da remuneração dos agentes públicos em virtude da errônea conversão dos seus estipêndios em URV (ADI n. 2.323, Relator o Ministro Ilmar Galvão, Plenário, DJ de 20.04.01). 2. A decisão de mérito proferida em ação direta de inconstitucionalidade tem efeito vinculante e erga omnes, portanto, em decorrência desse julgamento (ADI n. 1.797), ao juízo da execução cumprirá, no ponto, assentar a inexigibilidade do título judicial (CPC, artigo 741, parágrafo único). Agravo regimental a que se nega provimento.
(AI 553669 AgR, Relator(a): Min. EROS GRAU, Segunda Turma, julgado em 18/04/2006, DJ 12-05-2006 PP-00020 EMENT VOL-02232-06 PP-01076)
EMENTA: AGRAVO REGIMENTAL EM AGRAVO DE INSTRUMEN-TO. REAJUSTE DE VENCIMENTOS NO PERCENTUAL DE 11,98%. LAPSO TEMPORAL. ADI N. 1.797. A decisão de mérito proferida em ação direta de inconstitucionalidade tem efeito vinculante e erga omnes, portanto, em decorrência desse julgamento, ao juízo da execução cumprirá, no ponto, assentar a inexigibilidade do título judicial (CPC, artigo 741, parágrafo único). Agravo regimental a que se nega provimento. (AI 481990 AgR, Relator(a): Min. EROS GRAU, Primeira Turma, julgado em 16/12/2004, DJ 08-04-2005 PP-00018 EMENT VOL-02186-06 PP-01042)

Percebe-se, portanto, que a questão da constitucionalidade do §12 do art. 525 e do §5º do art. 535 do atual C.P.C. encontra-se aberta no âmbito do S.T.F.

O Superior Tribunal de Justiça, por sua vez, apresenta entendimento de que o parágrafo único do art. 741 do C.P.C. de 1973, correspondente ao atual art. 525, §12 e art. 535, §5º, do novo C.P.C., tem incidência imediata, ressalvadas as situações consolidadas antes de seu advento:

PROCESSUAL CIVIL. NULIDADE DA EXECUÇÃO POR AUSÊNCIA DE INTIMAÇÃO PESSOAL DA FAZENDA PÚBLICA. INOVAÇÃO RECURSAL. IMPOSSIBILIDADE. ART. 741, PARÁGRAFO ÚNICO, CPC. NÃO INCIDÊNCIA. TÍTULO JUDICIAL TRANSITADO APÓS A MEDIDA PROVISÓRIA Nº 2.180/2001.

1. A questão relativa à nulidade da execução por ausência de intimação pessoal da União no processo de conhecimento não foi suscitada nas razões de recurso especial.

2. É inviável a apreciação de matéria que não foi arguida no momento processual adequado, pois à parte é vedado inovar pedidos quando da interposição de agravo regimental.

3. O parágrafo único do artigo 741 do Código de Processo Civil, acrescentado pela Medida Provisória nº 2.180/2001, determina que se considera inexigível o título judicial fundado em lei ou ato normativo declarados inconstitucionais pelo Supremo Tribunal Federal ou cuja aplicação ou interpretação foram tidos por incompatíveis com a Carta Constitucional.

4. Na compreensão assente na Terceira Seção, a aludida modificação tem incidência imediata, ressalvadas as situações consolidadas antes de seu advento. Assim, se o título judicial transitou em julgado antes da vigência da mencionada Medida Provisória, inaplicável a novel legislação.

5. Agravo regimental improvido.

(AgRg no REsp 926.198/AL, Rel. Ministro JORGE MUSSI, QUINTA TURMA, julgado em 10/08/2010, DJe 13/09/2010).

Prescreve o §13 do art. 525 do atual C.P.C. que no caso do § 12 do mesmo dispositivo legal, os efeitos da decisão do Supremo Tribunal Federal poderão ser modulados no tempo, em atenção à segurança jurídica.

No mesmo sentido é o disposto no §6º do art. 535 do novo C.P.C.: *No caso do § 5o, os efeitos da decisão do Supremo Tribunal Federal poderão ser modulados no tempo, de modo a favorecer a segurança jurídica.*

A modulação dos efeitos de ação declaratória de inconstitucionalidade de lei ou de ato normativo encontra-se expressamente prevista no art. 27 da Lei 9.868, de 10 de novembro de 1999, que assim dispõe: *"Ao declarar a inconstitucionalidade de lei ou ato normativo, e tendo em vista razões de segurança jurídica ou de excepcional interesse social, poderá o Supremo Tribunal Federal, por*

DISPOSIÇÕES FINAIS E DIREITO TRANSITÓRIO

maioria de dois terços de seus membros, restringir os efeitos daquela declaração ou decidir que ela só tenha eficácia a partir de seu trânsito em julgado ou de outro momento que venha a ser fixado".

Essa modulação de efeitos é importante para se evitar mácula ao princípio da segurança jurídica.

Aduz o §14 do art. 525 do atual C.P.C. que a decisão do Supremo Tribunal Federal referida no §12 do mesmo dispositivo deve ser anterior ao trânsito em julgado da decisão exequenda.

No mesmo sentido é o disposto no §7º do art. 535 do novo C.P.C.: *A decisão do Supremo Tribunal Federal referida no § 5o deve ter sido proferida antes do trânsito em julgado da decisão exequenda.*

O legislador do atual C.P.C. estabeleceu um marco temporal para que se possa reconhecer a inexigibilidade da decisão exequenda, com base em questão de constitucionalidade da norma.

No caso, a decisão do Supremo Tribunal Federal, contrária aos fundamentos contidos na decisão exequenda, deverá ter sido proferida (ainda que não transitada em julgado) antes do trânsito em julgado da decisão exequenda.

Se a decisão do S.T.F. foi posterior à decisão exequenda, não será possível aplicar o disposto no §12 do art. 525 ou o disposto no §5º do art. 535 do novo C.P.C.

Por fim, preceitua o §15 do art. 525 do novo C.P.C. que se a decisão referida no §12 do mesmo dispositivo for proferida após o trânsito em julgado da decisão exequenda, caberá ação rescisória, cujo prazo será contado do trânsito em julgado da decisão proferida pelo Supremo Tribunal Federal.

No mesmo sentido é o disposto no §8º do art. 535 do novo C.P.C.: *Se a decisão referida no § 5º for proferida após o trânsito em julgado da decisão exequenda, caberá ação rescisória, cujo prazo será contado do trânsito em julgado da decisão proferida pelo Supremo Tribunal Federal.*

Portanto, se a decisão do S.T.F. for posterior ao trânsito em julgado da decisão exequenda, sua desconstituição dependerá da propositura da demanda rescisória no prazo de dois anos contado do trânsito em julgado da decisão proferida pelo Supremo Tribunal Federal.

Trata-se de uma regra de exceção, uma vez que o prazo de dois anos da rescisória conta-se da data do trânsito em julgado da própria decisão que se pretende rescindir, e não de outra que servirá de fundamento para sua eventual rescisão.

O problema é que o S.T.F., em recente decisão, tem afirmado que não é possível se rescindir decisão com base na divergência ou modificação da jurisprudência, ainda que essa jurisprudência trate de matéria Constitucional.

Contudo, agora há previsão expressa na norma legal (§15 do art. 525 e §8º do art. 535) de que a decisão do S.T.F. em matéria referente à constitucionalidade de norma passa a ser fundamento para a demanda rescisória.

O art. 1.057, tendo por objetivo estabelecer uma norma de transição ou de direito transitório sobre a causa de inexigibilidade de título executivo judicial, prevista nos arts. 525, §12 e 535, §5º, do novo C.P.C., apresenta uma linha demarcatória que tem por fundamento a data do trânsito em julgado antes ou depois da vigência do novo C.P.C.

Estabelece o art. 1.057 do novo C.P.C.: *o disposto no art. 525, §§ 14 e 15, e no art. 535, §§ 7o e 8o, aplica-se às decisões transitadas em julgado após a entrada em vigor deste Código, e, às decisões transitadas em julgado anteriormente, aplica-se o disposto no art. 475-L, § 1º, e no art. 741, parágrafo único, da Lei no 5.869, de 11 de janeiro de 1973.*

Estabelecem os §§14 e 15 do art. 525 e os §§7º e 8º do art. 535 do novo C.P.C.:

> *Art. 525 (...).*
> *(...).*
> *§ 14. A decisão do Supremo Tribunal Federal referida no § 12 deve ser anterior ao trânsito em julgado da decisão exequenda.*
> *§ 15. Se a decisão referida no § 12 for proferida após o trânsito em julgado da decisão exequenda, caberá ação rescisória, cujo prazo será contado do trânsito em julgado da decisão proferida pelo Supremo Tribunal Federal.*
> *Art. 535 (...).*
> *(...).*
> *§ 7º A decisão do Supremo Tribunal Federal referida no § 5o deve ter sido proferida antes do trânsito em julgado da decisão exequenda.*

§ 8º Se a decisão referida no § 5o for proferida após o trânsito em julgado da decisão exequenda, caberá ação rescisória, cujo prazo será contado do trânsito em julgado da decisão proferida pelo Supremo Tribunal Federal.

As decisões transitadas em julgado referidas no art. 1.057 do novo C.P.C. são aquelas proferidas pelo S.T.F. e não a do título executivo judicial.

Portanto, se a decisão do S.T.F. que declara a inconstitucionalidade de lei ou ato normativo ou que dá interpretação constitucional diversa da decisão que gerou o título executivo judicial transitar em julgado *após a entrada em vigor do novo C.P.C.*, a regra a ser observada será a dos §§ 14 e 15 do art. 525 e a dos §§ 7º e 8º do art. 535 do novo C.P.C., isto é: *se a decisão do S.T.F. tiver sido proferida antes do trânsito em julgado da decisão exeqüenda, poderá ser alegada a sua 'inexigibilidade'; porém, se a decisão do S.T.F. for proferida após o trânsito em julgado da decisão exeqüenda, não será caso de argüição de inexigibilidade do título executivo judicial, mas, sim, de propositura de ação (demanda) rescisória, cujo prazo de dois anos será contado do trânsito em julgado da decisão proferida pelo S.T.F.*

Contudo, se a decisão do S.T.F. que declara a inconstitucionalidade de lei ou ato normativo ou que dá interpretação constitucional diversa da decisão que gerou o título executivo judicial transitar em julgado antes da entrada em vigor do novo C.P.C., a regra a ser observada será a do art. 475-L, §1º, e a do art. 741, parágrafo único, da Lei n. 5.869, de 11 de janeiro de 1973 (C.P.C. de 1973), a saber:

> *Art. 475-L. A impugnação somente poderá versar sobre: (Incluído pela Lei nº 11.232, de 2005)*
>
> *I – falta ou nulidade da citação, se o processo correu à revelia; (Incluído pela Lei nº 11.232, de 2005)*
>
> *II – inexigibilidade do título; (Incluído pela Lei nº 11.232, de 2005)*
>
> *III – penhora incorreta ou avaliação errônea; (Incluído pela Lei nº 11.232, de 2005)*
>
> *IV – ilegitimidade das partes; (Incluído pela Lei nº 11.232, de 2005)*
>
> *V – excesso de execução; (Incluído pela Lei nº 11.232, de 2005)*
>
> *VI – qualquer causa impeditiva, modificativa ou extintiva da obrigação, como pagamento, novação, compensação, transação ou prescrição, desde que superveniente à sentença. (Incluído pela Lei nº 11.232, de 2005)*

§ 1º Para efeito do disposto no inciso II do caput deste artigo, considera-se também inexigível o título judicial fundado em lei ou ato normativo declarados inconstitucionais pelo Supremo Tribunal Federal, ou fundado em aplicação ou interpretação da lei ou ato normativo tidas pelo Supremo Tribunal Federal como incompatíveis com a Constituição Federal. (Incluído pela Lei nº 11.232, de 2005)

Art. 741. Na execução contra a Fazenda Pública, os embargos só poderão versar sobre: (Redação dada pela Lei nº 11.232, de 2005)

I – falta ou nulidade da citação, se o processo correu à revelia; (Redação dada pela Lei nº 11.232, de 2005)

II – inexigibilidade do título;

III – ilegitimidade das partes;

IV – cumulação indevida de execuções;

V – excesso de execução; (Redação dada pela Lei nº 11.232, de 2005)

VI – qualquer causa impeditiva, modificativa ou extintiva da obrigação, como pagamento, novação, compensação, transação ou prescrição, desde que superveniente à sentença; (Redação dada pela Lei nº 11.232, de 2005)

Vll – incompetência do juízo da execução, bem como suspeição ou impedimento do juiz.

Parágrafo único. Para efeito do disposto no inciso II do caput deste artigo, considera-se também inexigível o título judicial fundado em lei ou ato normativo declarados inconstitucionais pelo Supremo Tribunal Federal, ou fundado em aplicação ou interpretação da lei ou ato normativo tidas pelo Supremo Tribunal Federal como incompatíveis com a Constituição Federal. (Redação pela Lei nº 11.232, de 2005).

Portanto, se a decisão do S.T.F. que declara a inconstitucionalidade de lei ou ato normativo ou que dá interpretação constitucional diversa da decisão que gerou o título executivo judicial transitar em julgado *antes da entrada em vigor do novo C.P.C.*, a solução será a seguinte: somente poderá ser alegada a *inexigibilidade* do título executivo, não havendo espaço para se ingressar com demanda rescisória.

É importante salientar que a questão da interpretação do art. 741, parágrafo único, do C.P.C. de 1973 foi submetida ao instituto de repercussão geral no S.T.F., a saber:

*CONSTITUCIONAL E PROCESSUAL CIVIL. EMBARGOS À EXECUÇÃO. ADEQUAÇÃO DOS TÍTULOS JUDICIAIS EXEQÜENDOS ÀS DECISÕES DO SUPREMO TRIBUNAL FEDERAL. PARÁGRAFO ÚNICO DO ART. 741 DO CÓDIGO DE PROCESSO CIVIL. COISA JULGADA. PRESENÇA DA REPERCUSSÃO GERAL NA QUESTÃO CONSTITUCIONAL DISCUTIDA. Possui repercussão geral a questão constitucional atinente à compatibilidade entre a garantia constitucional da coisa julgada e o parágrafo único do art. 741 do Código de Processo Civil. (*RE 611503 RG, Relator(a): Min. AYRES BRITTO, julgado em 16/12/2010, DJe-109 DIVULG 07-06-2011 PUBLIC 08-06-2011 EMENT VOL-02539-03 PP-00443)

Processo Civil. Execução. Inexigibilidade do título executivo judicial (artigo 741, parágrafo único do CPC). Aplicabilidade no âmbito dos juizados especiais. Pensão por morte (Lei nº 9.032/1995). Decisão do Supremo Tribunal Federal. Extensão do precedente aos casos com trânsito em julgado. Coisa julgada (artigo 5º, XXXVI, da Constituição Federal). Existência de repercussão geral, dada a relevância da questão versada. (RE 586068 RG, Relator(a): Min. ELLEN GRACIE, julgado em 02/08/2008, DJe-157 DIVULG 21-08-2008 PUBLIC 22-08-2008 EMENT VOL-02329-04 PP-00687)

Em decisão monocrática, assim decidiu o Ministro Celso de Mello no julgamento proferido em 25.05.2010, no RE n. 594.350:

EMENTA: COISA JULGADA EM SENTIDO MATERIAL. INDISCUTIBILIDADE, IMUTABILIDADE E COERCIBILIDADE: ATRIBUTOS ESPECIAIS QUE QUALIFICAM OS EFEITOS RESULTANTES DO COMANDO SENTENCIAL. PROTEÇÃO CONSTITUCIONAL QUE AMPARA E PRESERVA A AUTORIDADE DA COISA JULGADA. EXIGÊNCIA DE CERTEZA E DE SEGURANÇA JURÍDICAS. VALORES FUNDAMENTAIS INERENTES AO ESTADO DEMOCRÁTICO DE DIREITO. EFICÁCIA PRECLUSIVA DA "RES JUDICATA". "TANTUM JUDICATUM QUANTUM DISPUTATUM VEL DISPUTARI DEBEBAT". CONSEQÜENTE IMPOSSIBILIDADE DE REDISCUSSÃO DE CONTROVÉRSIA JÁ APRECIADA EM DECISÃO TRANSITADA EM JULGADO, AINDA QUE PROFERIDA EM CONFRONTO COM A

JURISPRUDÊNCIA PREDOMINANTE NO SUPREMO TRIBUNAL FEDERAL. A QUESTÃO DO ALCANCE DO PARÁGRAFO ÚNICO DO ART. 741 DO CPC. MAGISTÉRIO DA DOUTRINA. RE CONHE-CIDO, PORÉM IMPROVIDO. – A sentença de mérito transitada em julgado só pode ser desconstituída mediante ajuizamento de específica ação autônoma de impugnação (ação rescisória) que haja sido proposta na fluência do prazo decadencial previsto em lei, pois, com o exaurimento de referido lapso temporal, estar-se-á diante da coisa soberanamente julgada, insuscetível de ulterior modificação, ainda que o ato sentencial encontre fundamento em legislação que, em momento posterior, tenha sido declarada inconstitucional pelo Supremo Tribunal Federal, quer em sede de controle abstrato, quer no âmbito de fiscalização incidental de constitucionalidade. – A decisão do Supremo Tribunal Federal que haja declarado inconstitucional determinado diploma legislativo em que se apóie o título judicial, ainda que impregnada de eficácia "ex tunc", como sucede com os julgamentos proferidos em sede de fiscalização concentrada (RTJ 87/758 – RTJ 164/506-509 – RTJ 201/765), detém-se ante a autoridade da coisa julgada, que traduz, nesse contexto, limite insuperável à força retroativa resultante dos pronunciamentos que emanam, "in abstracto", da Suprema Corte. Doutrina. Precedentes. DECISÃO: Trata-se de recurso extraordinário interposto contra acórdão, que, proferido por Tribunal de jurisdição inferior, manteve decisão prolatada em execução de sentença. Não há como acolher o presente recurso extraordinário, eis que a parte recorrente, na realidade, busca rescindir o julgado, pretendendo, em sede processualmente inadequada e de maneira absolutamente imprópria, o reexame do fundo da controvérsia, que já constituiu objeto de decisão – tornada irrecorrível – proferida no processo de conhecimento. É importante rememorar, no ponto, o alto significado de que se reveste, em nosso sistema jurídico, o instituto da "res judicata", que constitui atributo específico da jurisdição e que se revela pela dupla qualidade que tipifica os efeitos emergentes do ato sentencial: a imutabilidade, de um lado, e a coercibilidade, de outro. Esses atributos que caracterizam a coisa julgada em sentido material, notadamente a imutabilidade dos efeitos inerentes ao comando sentencial, recebem, diretamente, da própria Constituição, especial proteção destinada a preservar a inalterabilidade dos pronunciamentos emanados dos Juízes e Tribunais, criando, desse modo, situação de certeza, de estabilidade e de segurança para as relações jurídicas. É por essa razão que HUMBERTO

THEODORO JÚNIOR ("Curso de Direito Processual Civil", vol. I/539-540, item n. 509, 51ª ed., 2010, Forense), discorrendo sobre o fundamento da autoridade da coisa julgada, esclarece que o legislador, ao instituir a "res judicata", objetivou atender, tão-somente, "uma exigência de ordem prática (...), de não mais permitir que se volte a discutir acerca das questões já soberanamente decididas pelo Poder Judiciário", expressando, desse modo, a verdadeira razão de ser do instituto em questão: preocupação em garantir a segurança nas relações jurídicas e em preservar a paz no convívio social. Mostra-se tão intensa a intangibilidade da coisa julgada, considerada a própria disciplina constitucional que a rege, que nem mesmo lei posterior – que haja alterado (ou, até mesmo, revogado) prescrições normativas que tenham sido aplicadas, jurisdicionalmente, na resolução do litígio – tem o poder de afetar ou de desconstituir a autoridade da coisa julgada. Daí o preciso magistério de JOSÉ FREDERICO MARQUES ("Manual de Direito Processual Civil", vol. III/329, item n. 687, 2ª ed./2ª tir., 2000, Millennium Editora) em torno das relações entre a coisa julgada e a Constituição: "A coisa julgada cria, para a segurança dos direitos subjetivos, situação de imutabilidade que nem mesmo a lei pode destruir ou vulnerar – é o que se infere do art. 5º, XXXVI, da Lei Maior. E sob esse aspecto é que se pode qualificar a 'res iudicata' como garantia constitucional de tutela a direito individual. Por outro lado, essa garantia, outorgada na Constituição, dá mais ênfase e realce àquela da tutela jurisdicional, constitucionalmente consagrada, no art. 5º, XXXV, para a defesa de direito atingido por ato lesivo, visto que a torna intangível até mesmo em face de 'lex posterius', depois que o Judiciário exaure o exercício da referida tutela, decidindo e compondo a lide." (grifei) Não custa enfatizar, de outro lado, na perspectiva da eficácia preclusiva da "res judicata", que, em sede de execução, não mais se justifica a renovação do litígio que foi objeto de resolução no processo de conhecimento, especialmente quando a decisão que apreciou a controvérsia apresenta-se revestida da autoridade da coisa julgada, hipótese em que, nos termos do art. 474 do CPC, "reputar-se-ão deduzidas e repelidas todas as alegações e defesas que a parte poderia opor (...) à rejeição do pedido" (grifei). Cabe ter presente, neste ponto, a advertência da doutrina (NELSON NERY JUNIOR/ROSA MARIA ANDRADE NERY, "Código de Processo Civil Comentado", p. 709, 10ª ed., 2007, RT), cujo magistério – em lição plenamente aplicável ao caso ora em exame – assim analisa o princípio do "tantum judicatum quantum disputatum vel disputari debebat": "Transitada em julgado a sentença de mérito, as partes ficam impossibilitadas de alegar qualquer outra questão relacionada com a lide sobre a qual pesa a autoridade da coisa julgada. A norma reputa repelidas todas as alegações que as partes poderiam ter feito na petição inicial e contestação a respeito da lide e não o fizeram. Isto quer significar que não se admite a propositura de nova demanda para rediscutir a lide, com base em novas alegações." (grifei) Esse entendimento – que sustenta a extensão da autoridade da coisa julgada em sentido material tanto ao que foi efetivamente argüido quanto ao que poderia ter sido alegado, mas não o foi, desde que tais alegações e defesas se contenham no objeto do processo – também encontra apoio no magistério doutrinário de outros eminentes autores, tais como HUMBERTO THEODORO JÚNIOR ("Curso de Direito Processual Civil", vol. I/550-553, itens ns. 516/516-a, 51ª ed., 2010, Forense), VICENTE GRECO FILHO ("Direito Processual Civil Brasileiro", vol. 2/267, item n. 57.2, 11ª ed., 1996, Saraiva), MOACYR AMARAL SANTOS ("Primeiras Linhas de Direito Processual Civil", vol. 3/56, item n. 754, 21ª ed., 2003, Saraiva), EGAS MONIZ DE ARAGÃO ("Sentença e Coisa Julgada", p. 324/328, itens ns. 224/227, 1992, Aide) e JOSÉ FREDERICO MARQUES ("Manual de Direito Processual Civil", vol. III/332, item n. 689, 2ª ed., 2000, Millennium Editora). Lapidar, sob tal aspecto, a autorizadíssima lição de ENRICO TULLIO LIEBMAN ("Eficácia e Autoridade da Sentença", p. 52/53, item n. 16, nota de rodapé, tradução de Alfredo Buzaid/Benvindo Aires, 1945, Forense), que, ao referir-se ao tema dos limites objetivos da coisa julgada, acentua que esta abrange "tanto as questões que foram discutidas como as que o poderiam ser": "(...) se uma questão pudesse ser discutida no processo, mas de fato não o foi, também a ela se estende, não obstante, a coisa julgada, no sentido de que aquela questão não poderia ser utilizada para negar ou contestar o resultado a que se chegou naquele processo. Por exemplo, o réu não opôs uma série de deduções defensivas que teria podido opor, e foi condenado. Não poderá ele valer-se daquelas deduções para contestar a coisa julgada. A finalidade prática do instituto exige que a coisa julgada permaneça firme, embora a discussão das questões relevantes tenha sido eventualmente incompleta; absorve ela, desse modo, necessariamente, tanto as questões que foram discutidas como as que o poderiam ser." (grifei) A necessária observância da autoridade da coisa julgada representa expressivo consectário da ordem constitucional, que consagra, dentre os vários princípios que dela resultam, aquele concernente à segurança jurídica. É por essa razão que o Supremo Tribunal Federal, por mais de uma vez, já fez consignar advertência que põe em destaque a essencialidade do postulado da segurança jurídica e a conseqüente imprescindibilidade de amparo e tutela das relações jurídicas definidas por decisão transitada em julgado: "O CUMPRIMENTO DAS DECISÕES JUDICIAIS IRRECORRÍVEIS IMPÕE-SE AO PODER PÚBLICO COMO OBRIGAÇÃO CONSTITUCIONAL INDERROGÁVEL. A exigência de respeito incondicional às decisões judiciais transitadas em julgado traduz imposição constitucional justificada pelo princípio da separação de poderes e fundada nos postulados que informam, em nosso sistema jurídico, a própria concepção de Estado Democrático de Direito. O dever de cumprir as decisões emanadas do Poder Judiciário, notadamente nos casos em que a condenação judicial tem por destinatário o próprio Poder Público, muito mais do que simples incumbência de ordem processual, representa uma incontornável obrigação institucional a que não se pode subtrair o aparelho de Estado, sob pena de grave comprometimento dos princípios consagrados no texto da Constituição da República. A desobediência a ordem ou a decisão judicial pode gerar, em nosso sistema jurídico, gravíssimas conseqüências, quer no plano penal, quer no âmbito político-administrativo (possibilidade de 'impeachment'), quer, ainda, na esfera institucional (decretabilidade de intervenção federal nos Estados-membros ou em Municípios situados em Território Federal, ou de intervenção estadual nos Municípios)." (RTJ 167/6-7, Rel. Min. CELSO DE MELLO, Pleno) O que se revela incontroverso, nesse contexto, é que a exigência de segurança jurídica, enquanto expressão do Estado Democrático de Direito, mostra-se impregnada de elevado conteúdo ético, social e jurídico, projetando-se sobre as relações jurídicas, mesmo as de direito público (RTJ 191/922, Rel. p/ o acórdão Min. GILMAR MENDES), em ordem a viabilizar a incidência desse mesmo princípio sobre comportamentos de qualquer dos Poderes ou órgãos do Estado, para que se preservem, desse modo, situações consolidadas e protegidas pelo fenômeno da "res judicata". Importante referir, no ponto, em face de sua extrema pertinência, a aguda observação de J. J. GOMES CANOTILHO ("Direito Constitucional e Teoria da Constituição", p. 250, 1998, Almedina): "Estes dois princípios – segurança jurídica e protecção da confiança – andam estreitamente associados a ponto de alguns autores considerarem o princípio da protecção de confiança como um subprincípio ou como uma dimensão específica da segurança jurídica. Em geral, considera-se que a segurança jurídica está conexionada com elementos objectivos da ordem jurídica – garantia de estabilidade jurídica, segurança de orientação e realização do direito – enquanto a protecção da confiança se prende mais com os componentes subjectivas da segurança, designadamente a calculabilidade e previsibilidade dos indivíduos em relação aos efeitos jurídicos dos actos dos poderes públicos. A segurança e a protecção da confiança exigem, no fundo: (1) fiabilidade, clareza, racionalidade e transparência dos actos do poder; (2) de forma que em relação a eles o cidadão veja garantida a segurança nas suas disposições pessoais e nos efeitos jurídicos dos seus próprios actos. Deduz-se já que os postulados da segurança jurídica e da protecção da confiança são exigíveis perante 'qualquer acto' de 'qualquer poder' – legislativo, executivo e judicial." (grifei) Nem se diga, ainda, para legitimar a pretensão jurídica da parte ora recorrente, que esta poderia invocar, em seu favor, a tese da "relativização" da autoridade da coisa julgada, em especial da (impropriamente) denominada "coisa julgada inconstitucional", como sustentam alguns autores (JOSÉ AUGUSTO DELGADO, "Pontos Polêmicos das Ações de Indenização de Áreas Naturais Protegidas – Efeitos da coisa julgada e os princípios constitucionais", "in" Revista de Processo nº 103/9-36; CÂNDIDO RANGEL DINAMARCO, "Relativizar a Coisa Julgada Material", "in" Revista de Processo nº 109/9-38; HUMBERTO THEODORO JÚNIOR, "A Reforma do Processo de Execução e o Problema da Coisa Julgada Inconstitucional (Código de Processo Civil, artigo 741, Parágrafo Único)", "in" Revista dos Tribunais, vol. 841/56/76, ano 94; TERESA ARRUDA ALVIM WAMBIER e JOSÉ MIGUEL GARCIA MEDINA, "O Dogma da Coisa Julgada – Hipóteses de Relativização", 2003, RT; TEORI ALBINO ZAVASCKI, "Embargos à Execução com Eficácia Rescisória: Sentido e Alcance do Art. 741, Parágrafo Único, Do CPC", "in" Revista de Processo, vol. 125/79-91, v.g.). Tenho para mim que essa postulação, se admitida, antagonizar-se-ia com a proteção jurídica que a ordem constitucional dispensa, em caráter tutelar, à "res judicata". Na realidade, a desconsideração da "auctoritas rei judicatae" implicaria grave enfraquecimento de uma importantíssima garantia constitucional que surgiu, de modo expresso, em nosso ordenamento positivo, com a Constituição de 1934. A pretendida "relativização" da coisa julgada provocaria conseqüências altamente lesivas à estabilidade das relações intersubjetivas, à exigência de certeza e de segurança jurídicas e à preservação do equilíbrio social, valendo destacar, em face da absoluta pertinência de suas observações, a advertência de ARAKEN DE ASSIS ("Eficácia da Coisa Julgada Inconstitucional", "in" Revista Jurídica nº 301/7-29, 12-13): "Aberta a janela, sob o pretexto de observar equivalentes princípios da Carta Política, comprometidos pela indiscutibilidade do provimento judicial, não se revela difícil prever que todas as portas se escancararão às iniciativas do vencido. O vírus do relativismo contaminará, fatalmente, todo o sistema judiciário. Nenhum veto, 'a priori', barrará o vencido de desafiar e afrontar o resultado precedente de qualquer processo, invocando hipotética ofensa deste ou daquele valor da Constituição. A simples possibilidade de êxito do intento revisionista, sem as peias da rescisória, multiplicará os litígios, nos quais o órgão judiciário de 1º grau decidirá, preliminarmente, se obedece, ou não, ao pronunciamento transitado em julgado do seu Tribunal e até, conforme o caso, do Supremo Tribunal Federal. Tudo, naturalmente justificado pelo respeito obsequioso à Constituição e baseado na volúvel livre convicção do magistrado inferior. Por tal motivo, mostra-se flagrante o risco de se perder qualquer noção de segurança e de hierarquia judiciária. Ademais, os litígios jamais acabarão, renovando-se, a todo instante, sob o pretexto de ofensa a este ou aquele princípio constitucional. Para combater semelhante desserviço à Nação, urge a intervenção do legislador, com o fito de estabelecer, previamente, as situações em que a eficácia de coisa julgada não opera na desejável e natural extensão e o remédio adequado para retratá-la (...). Este é o caminho promissor para banir a insegurança do vencedor, a afoiteza ou falta de escrúpulos do vencido e o arbítrio e os casuísmos judiciais." (grifei) Esse mesmo entendimento – que rejeita a "relativização" da coisa julgada em sentido material – foi exposto, em lapidar abordagem do tema, por NELSON NERY JUNIOR e ROSA MARIA DE ANDRADE NERY ("Código de Processo Civil Comentado e Legislação Extravagante", p. 715/717, itens ns. 28 e 30, e p. 1.132, item n. 14, 11ª ed., 2010, RT): "28. Coisa julgada material e Estado Democrático de Direito. A doutrina mundial reconhece o instituto da coisa julgada material como 'elemento de existência' do Estado Democrático de Direito (...). A 'supremacia da Constituição' está na própria coisa julgada, enquanto manifestação do Estado Democrático de Direito, fundamento da República (CF 1.º 'caput'), não sendo princípio que possa opor-se à coisa julgada como se esta estivesse abaixo de qualquer outro instituto constitucional. Quando se fala na intangibilidade da coisa julgada, não se deve dar ao instituto tratamento jurídico inferior, de mera figura do processo civil, regulada por lei ordinária, mas, ao contrário, impõe-se o reconhecimento da coisa julgada com a magnitude constitucional que lhe é própria, ou seja, de elemento formador do Estado Democrático de Direito, que não pode ser apequenado por conta de algumas situações, velhas conhecidas da doutrina e jurisprudência, como é o caso da sentença injusta, repelida como irrelevante (...) ou da sentença proferida contra a Constituição ou a lei, igualmente considerada pela doutrina (...), sendo que, nesta última hipótese, pode ser desconstituída pela ação rescisória (CPC 485 V). (...) O risco político de haver sentença injusta ou inconstitucional no caso concreto parece ser menos grave do que o risco político de instaurar-se a insegurança geral com a relativização ('rectius': desconsideração) da coisa julgada. .... 30. Controle da constitucionalidade da sentença. Coisa julgada inconstitucional. Os atos jurisdicionais do Poder Judiciário ficam sujeitos ao controle de sua constitucionalidade, como todos os atos de todos os poderes. Para tanto, o 'due process of law' desse controle tem de ser observado. Há três formas para fazer-se o controle interno, jurisdicional, da constitucionalidade dos atos jurisdicionais do Poder Judiciário: a) por recurso ordinário; b) por recurso extraordinário; c) por ações autônomas de impugnação. Na primeira hipótese, tendo sido proferida decisão contra a CF, pode ser impugnada por recurso ordinário (agravo, apelação, recurso ordinário constitucional etc.) no qual se pedirá a anulação ou a reforma da decisão inconstitucional. O segundo caso é de decisão de única ou última instância que ofenda a CF, que poderá ser impugnada por RE para o STF (CF 102 III 'a'). A terceira e última oportunidade para controlar-se a constitucionalidade dos atos jurisdicionais do Poder Judiciário ocorre quando a decisão de mérito já tiver transitado em julgado, situação em que poderá ser impugnada por ação rescisória (CPC 485 V) ou revisão criminal (CPP 621). Passado o prazo de dois anos que a lei estipula (CPC 495) para exercer-se o direito de rescisão de decisão de mérito transitada em julgado (CPC 485), não é mais possível fazer-se o controle judicial da constitucionalidade de sentença transitada em julgado. No século XXI não mais se justifica prestigiar e dar-se aplicação a institutos como os da 'querela nullitatis insanabilis' e da 'praescriptio immemorialis'. Não se permite a reabertura, a qualquer tempo, da discussão de lide acobertada por sentença transitada em julgado, ainda que sob pretexto de que a sentença seria inconstitucional. O controle da constitucionalidade dos atos jurisdicionais do Poder Judiciário existe, mas deve ser feito de acordo com o devido processo legal. ....

.. 14. Inconstitucionalidade material do CPC 741 par. ún. Título judicial é sentença transitada em julgado, acobertada pela autoridade da coisa julgada. Esse título judicial goza de proteção constitucional, que emana diretamente do Estado Democrático de Direito (CF 1º 'caput'), além de possuir dimensão de garantia constitucional fundamental (CF 5º XXXVI). Decisão 'posterior', ainda que do STF, não poderá atingir a coisa julgada que já havia sido formada e dado origem àquele título executivo judicial. A decisão do STF que declara inconstitucional lei ou ato normativo tem eficácia retroativa 'ex tunc', para atingir situações que estejam se desenvolvendo com fundamento nessa lei. Essa retroatividade tem como limite a 'coisa julgada' (Canotilho. 'Dir. Const.', p. 1013/1014). Não pode alcançar, portanto, as relações jurídicas firmes, sobre as quais pesa a 'auctoritas rei iudicatae', manifestação do Estado Democrático de Direito (do ponto de vista político-social- -coletivo) e garantia constitucional fundamental (do ponto de vista do direito individual, coletivo ou difuso). A esse respeito, ressalvando a coisa julgada dos efeitos retroativos da decisão de inconstitucionalidade, embora nem precisasse fazê-lo, é expressa a CF portuguesa (art. 282, n. 3, 1ª parte). Caso se admita a retroação prevista na norma ora comentada como possível, isso caracterizaria ofensa direta a dois dispositivos constitucionais: CF 1º 'caput' (Estado Democrático de Direito, do qual a coisa julgada é manifestação) e 5º XXXVI (garantia individual ou coletiva da intangibilidade da coisa julgada). A norma, instituída pela L 11232/05, é, portanto, materialmente inconstitucional. Não se trata de privilegiar o instituto da coisa julgada sobrepondo-o ao princípio da supremacia da Constituição (...). A coisa julgada é a própria Constituição Federal, vale dizer, manifestação, dentro do Poder Judiciário, do Estado Democrático de Direito (CF 1º 'caput'), fundamento da República." (grifei) Absolutamente correto, pois, o magistério de autores – como JOSÉ CARLOS BARBOSA MOREIRA ("Considerações Sobre a Chamada 'Relativização' da Coisa Julgada Material" "in" Revista de Direito do Tribunal de Justiça do Estado do Rio de Janeiro nº 62/43-69); ROSEMIRO PEREIRA LEAL ("Relativização Inconstitucional da Coisa Julgada – Temática Processual e Reflexões Jurídicas", p. 3/22, 2005, Del Rey); SÉRGIO GILBERTO PORTO ("Cidadania Processual e Relativização da Coisa Julgada" "in" Revista Jurídica nº 304/23-31) e LUIZ GUILHERME MARINONI e DANIEL MITIDIERO ("Código de Processo Civil", p. 716/717, item n. 9, 2ª ed., 2010, RT) – que repudiam a tese segundo a qual

mostrar-se-ia viável a "relativização" da autoridade da coisa julgada, independentemente da utilização ordinária da ação rescisória, valendo relembrar, no ponto, a advertência de LEONARDO GRECO ("Eficácia da Declaração 'Erga Omnes' de Constitucionalidade ou Inconstitucionalidade em Relação à Coisa Julgada Anterior" "in" "Relativização da Coisa Julgada", p. 251/261, 2ª ed./2ª tir., 2008, JusPODIVM), para quem se revelam conflitantes, com a garantia constitucional da "res judicata", as regras legais que autorizam a desconsideração da coisa julgada material em face de declaração de inconstitucionalidade (ou de uma nova interpretação constitucional) emanada do Supremo Tribunal Federal, à semelhança do que prescrevem, p. ex., o art. 475-L, § 1º, e o art. 741, parágrafo único, ambos do Código de Processo Civil: "2. Para examinar o conflito entre a coisa julgada e a declaração de constitucionalidade ou inconstitucionalidade, assim como para avaliar se a demonstrada vulnerabilidade da coisa julgada é compatível com o Estado Democrático de Direito instituído entre nós a partir da Constituição de 1988, considero necessário assentar uma segunda premissa, ou seja, se a coisa julgada é um direito fundamental ou uma garantia de direitos fundamentais e, como tal, se a sua preservação é um valor humanitário que mereça ser preservado em igualdade de condições com todos os demais constitucionalmente assegurados; ou, se, ao contrário, é apenas um princípio ou uma regra de caráter técnico processual e de hierarquia infra-constitucional, que, portanto, deva ser preterida ao primado da Constituição e da eficácia concreta dos direitos fundamentais e das demais disposições constitucionais. .... Todavia, parece-me que a coisa julgada é uma importante garantia fundamental e, como tal, um verdadeiro direito fundamental, como instrumento indispensável à eficácia concreta do direito à segurança, inscrito como valor e como direito no preâmbulo e no 'caput' do artigo 5º da Constituição de 1988. A segurança não é apenas a proteção da vida, da incolumidade física ou do patrimônio, mas também e principalmente a segurança jurídica. .... A segurança jurídica é o mínimo de previsibilidade necessária que o Estado de Direito deve oferecer a todo cidadão, a respeito de quais são as normas de convivência que ele deve observar e com base nas quais pode travar relações jurídicas válidas e eficazes. .... A coisa julgada é, assim, uma garantia essencial do direito fundamental à segurança jurídica. Em recente estudo sobre as garantias fundamentais do processo, recordei que, na jurisdição de conhecimento, a coisa

*julgada é garantia da segurança jurídica e da tutela jurisdicional efetiva. Àquele a quem a Justiça reconheceu a existência de um direito, por decisão não mais sujeita a qualquer recurso no processo em que foi proferida, o Estado deve assegurar a sua plena e definitiva fruição, sem mais poder ser molestado pelo adversário. Se o Estado não oferecer essa garantia, a jurisdição nunca assegurará em definitivo a eficácia concreta dos direitos dos cidadãos. Por outro lado, a coisa julgada é uma conseqüência necessária do direito fundamental à segurança (artigo 5º, inciso I, da Constituição) também dos demais cidadãos, e não apenas das partes no processo em que ela se formou, pois todos aqueles que travam relações jurídicas com alguém que teve determinado direito reconhecido judicialmente devem poder confiar na certeza desse direito que resulta da eficácia que ninguém pode negar aos atos estatais. .... 5. Com essas premissas, parece-me claro que a declaração de constitucionalidade ou de inconstitucionalidade em controle concentrado de normas pelo Supremo Tribunal Federal não deve ter nenhuma influência sobre anteriores sentenças transitadas em julgado que tenham fundamento em entendimento contrário ao do STF sobre a questão constitucional. A segurança jurídica, como direito fundamental, é limite que não permite a anulação do julgado com fundamento na decisão do STF. O único instrumento processual cabível para essa anulação, quanto aos efeitos já produzidos pela sentença transitada em julgado, é a ação rescisória, se ainda subsistir o prazo para a sua propositura. ....
.... Uma última palavra deve ser reservada à disposição constante da Medida Provisória 2.180/01, mantida em vigor pela Emenda Constitucional nº 32/01, que ampliou a vulnerabilidade da coisa julgada através dos embargos à execução, com a introdução de parágrafo único ao artigo 741 do CPC, tornando inexigível a dívida se o título judicial se fundar em lei ou ato normativo declarados inconstitucionais pelo Supremo Tribunal Federal ou em aplicação ou interpretação tidas por incompatíveis com a Constituição. Nela se nota a clara intenção de transpor para o Direito brasileiro a hipótese da parte final do § 79 da Lei Orgânica do Tribunal Constitucional Federal alemão, que preserva os efeitos pretéritos da coisa julgada, mas impede a execução futura. Entretanto, o ilegítimo legislador governamental, com o sectarismo que o caracterizou nos últimos anos, importou a regra pela metade, ou seja, permitiu o bloqueio da execução, mas não garantiu a manutenção intacta dos efeitos pretéritos da coisa julgada. Também omitiu o legislador governamental a ressalva de que não cabe*

qualquer repetição do que tiver sido recebido com base na lei posteriormente declarada inconstitucional. Tanto quanto aos efeitos pretéritos, quanto aos efeitos futuros da decisão proferida no controle concentrado, parece-me inconstitucional o disposto no referido parágrafo único do artigo 741, que encontra obstáculo na segurança jurídica e na garantia da coisa julgada, salvo quanto a relações jurídicas continuativas, pois, quanto a estas, modificando-se no futuro os fatos ou o direito, e no caso da declaração 'erga omnes' pelo STF pode ter sofrido alteração o direito reconhecido na sentença, cessará a imutabilidade dos efeitos do julgado, nos termos do artigo 741 do CPC. 6. Em síntese, a segurança jurídica, como direito fundamental, assegurada pela coisa julgada, não permite, como regra, a propositura de ação de revisão da coisa julgada como conseqüência da declaração de constitucionalidade ou de inconstitucionalidade pelo Supremo Tribunal Federal." (grifei) Cabe ter presente, neste ponto, o que a própria jurisprudência constitucional do Supremo Tribunal Federal vinha proclamando, já há quatro (4) décadas, a respeito da invulnerabilidade da coisa julgada em sentido material, enfatizando, em tom de grave advertência, que sentenças transitadas em julgado, ainda que inconstitucionais, somente poderão ser invalidadas mediante utilização de meio instrumental adequado, que é, no domínio processual civil, a ação rescisória. Com efeito, esta Suprema Corte, já em 1968, quando do julgamento do RMS 17.976/SP, Rel. Min. AMARAL SANTOS (RTJ 55/744), proferiu decisão na qual reconheceu a impossibilidade jurídico-processual de válida desconstituição da autoridade da coisa julgada, mesmo na hipótese de a sentença transitada em julgado haver resolvido o litígio com fundamento em lei declarada inconstitucional: *"A suspensão da vigência da lei por inconstitucionalidade torna sem efeito todos os atos praticados sob o império da lei inconstitucional. Contudo, a nulidade da decisão judicial transitada em julgado só pode ser declarada por via de ação rescisória, sendo impróprio o mandado de segurança (...)." (grifei)* Posteriormente, em 1977, o Supremo Tribunal Federal, reafirmando essa corretíssima orientação jurisprudencial, fez consignar a inadmissibilidade de embargos à execução naqueles casos em que a sentença passada em julgado apoiou-se, para compor a lide, em lei declarada inconstitucional por esta Corte Suprema: *"Recurso Extraordinário. Embargos à execução de sentença porque baseada, a decisão trânsita em julgado, em lei posteriormente declarada inconstitucional. A declaração da nulidade da sentença somente é possível via da ação rescisória. Precedentes do Supremo Tribunal*

Federal. (...)." (RE 86.056/SP, Rel. Min. RODRIGUES ALCKMIN – grifei) Vê-se, a partir das considerações que venho de expor, que não se revela processualmente ortodoxo nem juridicamente adequado, muito menos constitucionalmente lícito, pretender-se o reconhecimento da inexigibilidade de título judicial, sob pretexto de que a sentença transitada em julgado fundamentou-se em lei declarada inconstitucional pelo Supremo Tribunal Federal. É que, em ocorrendo tal situação, a sentença de mérito tornada irrecorrível em face do trânsito em julgado só pode ser desconstituída mediante ajuizamento de uma específica ação autônoma de impugnação (ação rescisória), desde que utilizada, pelo interessado, no prazo decadencial definido em lei, pois, esgotado referido lapso temporal, estar-se-á diante da coisa soberanamente julgada, que se revela, a partir de então, insuscetível de modificação ulterior, ainda que haja sobrevindo julgamento do Supremo Tribunal Federal declaratório de inconstitucionalidade da própria lei em que baseado o título judicial exeqüendo, como observa JOSÉ FREDERICO MARQUES ("Manual de Direito Processual Civil", vol. III/344, item n. 698, 2ª ed./2ª tir., 2000, Millennium Editora): "Passando em julgado a sentença ou acórdão, há um julgamento com força de lei entre as partes, a que estas se encontram vinculadas imutavelmente. Permitido está, no entanto, que se ataque a 'res iudicata' (...), principalmente através de ação rescisória. (...). Esse prazo é de decadência e seu 'dies a quo' se situa na data em que ocorreu a 'res iudicata' formal. (...). Decorrido o biênio sem a propositura da rescisória, há coisa 'soberanamente' julgada, o que também se verifica depois de transitada em julgado decisão declarando improcedente a rescisória." (grifei) Em suma: a decisão do Supremo Tribunal Federal que haja declarado inconstitucional determinado diploma legislativo em que se apóie o ato sentencial transitado em julgado, ainda que impregnada de eficácia "ex tunc", como sucede com os julgamentos proferidos em sede de fiscalização concentrada (RTJ 87/758 – RTJ 164/506-509 – RTJ 201/765), detém-se ante a autoridade da coisa julgada, que traduz, nesse contexto, limite insuperável à força retroativa resultante dos pronunciamentos que emanam, "in abstracto", da Suprema Corte. Impõe-se registrar, finalmente, no que concerne à própria controvérsia suscitada nesta causa, que o entendimento exposto na presente decisão tem sido observado em julgamentos, monocráticos ou colegiados, proferidos no Supremo Tribunal Federal (AI 723.357/RS, Rel. Min. CEZAR PELUSO – RE 593.160/RN, Rel. Min. EROS GRAU, v.g.): "EXECUÇÃO CONTRA A FAZENDA

PÚBLICA. Precatório. Incidência de juros de mora entre a expedição e o pagamento no prazo constitucional. Previsão em sentença transitada em julgado. Exigibilidade. Garantia da coisa julgada material. Jurisprudência assentada. Recurso extraordinário inadmissível. Ausência de razões consistentes. Decisão mantida. Agravo regimental improvido. Sob pretexto de contrariar a jurisprudência, não pode ser descumprida sentença recoberta por coisa julgada material." (RE 486.579-AgR-AgR/RS, Rel. Min. CEZAR PELUSO – grifei)
"COISA JULGADA EM SENTIDO MATERIAL. INDISCUTIBILIDADE, IMUTABILIDADE E COERCIBILIDADE: ATRIBUTOS ESPECIAIS QUE QUALIFICAM OS EFEITOS RESULTANTES DO COMANDO SENTENCIAL. PROTEÇÃO CONSTITUCIONAL QUE AMPARA E PRESERVA A AUTORIDADE DA COISA JULGADA. EXIGÊNCIA DE CERTEZA E DE SEGURANÇA JURÍDICAS. VALORES FUNDAMENTAIS INERENTES AO ESTADO DEMOCRÁTICO DE DIREITO. EFICÁCIA PRECLUSIVA DA 'RES JUDICATA'. 'TANTUM JUDICATUM QUANTUM DISPUTATUM VEL DISPUTARI DEBEBAT'. CONSEQÜENTE IMPOSSIBILIDADE DE REDISCUSSÃO DE CONTROVÉRSIA JÁ APRECIADA EM DECISÃO TRANSITADA EM JULGADO, AINDA QUE PROFERIDA EM CONFRONTO COM A JURISPRUDÊNCIA PREDOMINANTE NO SUPREMO TRIBUNAL FEDERAL. A QUESTÃO DO ALCANCE DO PARÁGRAFO ÚNICO DO ART. 741 DO CPC. MAGISTÉRIO DA DOUTRINA. RE CONHECIDO, PORÉM IMPROVIDO. – A sentença de mérito transitada em julgado só pode ser desconstituída mediante ajuizamento de específica ação autônoma de impugnação (ação rescisória) que haja sido proposta na fluência do prazo decadencial previsto em lei, pois, com o exaurimento de referido lapso temporal, estar-se-á diante da coisa soberanamente julgada, insuscetível de ulterior modificação, ainda que o ato sentencial encontre fundamento em legislação que, em momento posterior, tenha sido declarada inconstitucional pelo Supremo Tribunal Federal, quer em sede de controle abstrato, quer no âmbito de fiscalização incidental de constitucionalidade. – A decisão do Supremo Tribunal Federal que haja declarado inconstitucional determinado diploma legislativo em que se apóie o título judicial, ainda que impregnada de eficácia 'ex tunc', como sucede com os julgamentos proferidos em sede de fiscalização concentrada (RTJ 87/758 – RTJ 164/506-509 – RTJ 201/765), detém-se ante a autoridade

da coisa julgada, que traduz, nesse contexto, limite insuperável à força retroativa resultante dos pronunciamentos que emanam, 'in abstracto', da Suprema Corte. Doutrina. Precedentes." (RE 592.912/RS, Rel. Min. CELSO DE MELLO) *"CONSTITUCIONAL. AGRAVO REGIMENTAL EM AGRAVO REGIMENTAL EM RECURSO EXTRAORDINÁRIO. PRECATÓRIO COMPLEMENTAR. INCIDÊNCIA DE JUROS DE MORA. EXISTÊNCIA DE COISA JULGADA. AGRAVO IMPROVIDO. I – Não obstante a jurisprudência pacífica desta Corte ser no sentido de que, não havendo atraso na satisfação do débito, não incidem juros moratórios entre a data da expedição e a data do efetivo pagamento do precatório, transitou em julgado a sentença, proferida no processo de conhecimento, que estipulou a incidência de juros moratórios até o depósito da integralidade da dívida. II – Agravo regimental a que se nega provimento."* (RE 504.197-AgR/RS, Rel. Min. RICARDO LEWANDOWSKI – grifei) *"AGRAVO REGIMENTAL EM RECURSO EXTRAORDINÁRIO. EMBARGOS À EXECUÇÃO. DESAPROPRIAÇÃO. BENFEITORIAS. PAGAMENTO EM ESPÉCIE. DISPOSITIVOS LEGAIS DECLARADOS INCONSTITUCIONAIS PELO SUPREMO TRIBUNAL FEDERAL. COISA JULGADA. DESCONSTITUIÇÃO. IMPOSSIBILIDADE. É certo que esta Suprema Corte declarou a inconstitucionalidade de dispositivos que autorizam o pagamento, em espécie, de benfeitorias fora da regra do precatório. Isso não obstante, no caso dos autos, esse pagamento foi determinado por título executivo que está protegido pelo manto da coisa julgada, cuja desconstituição não é possível em sede de recurso extraordinário interposto contra acórdão proferido em processo de embargos à execução. Precedente: RE 443.356-AgR, Relator o Ministro Sepúlveda Pertence. Agravo regimental desprovido."* (RE 473.715-AgR/CE, Rel. Min. AYRES BRITTO – grifei) *"Desapropriação: recurso do INCRA contra decisão proferida em execução, onde se alega impossibilidade do pagamento de benfeitorias úteis e necessárias fora da regra do precatório: rejeição: preservação da coisa julgada. Malgrado o Supremo Tribunal Federal tenha se manifestado, por duas vezes, quanto à inconstitucionalidade dos dispositivos legais que autorizam o pagamento das benfeitorias úteis e necessárias fora da regra do precatório (ADIn 1.187-MC, 09.02.1995, Ilmar; RE 247.866, Ilmar, RTJ 176/976), a decisão recorrida, exarada em processo de execução, tem por fundamento a fidelidade devida à sentença proferida na ação de desapropriação, que está protegida pela coisa julgada a respeito." (RE 431.014-AgR/RN, Rel. Min. SEPÚLVEDA PERTENCE – grifei) Sendo assim, e pelas razões expostas, conheço do presente recurso extraordinário, para negar-lhe provimento. Publique-se. Brasília, 25 de maio de 2010. Ministro CELSO DE MELLO Relator* (RE 594350, Relator(a): Min. CELSO DE MELLO, julgado em 25/05/2010, publicado em DJe-105 DIVULG 10/06/2010 PUBLIC 11/06/2010)

Sobre a interpretação do p.u. do art. 741 do C.P.C. de 1973, há, ainda, a Súmula 481 do S.T.J.: *O parágrafo único do art. 741 do CPC não se aplica às sentenças transitadas em julgado em data anterior à da sua vigência.*

18.
Recolhimento de importância em dinheiro

Durante o transcurso da relação jurídica processual, poderá haver necessidade de depósito ou recolhimento de importância em dinheiro.

Em relação ao depósito de dinheiro decorrente de penhora realizada no âmbito da execução, preceitua o art. 840, inc. I, do novo C.P.C.:

> *Art. 840. Serão preferencialmente depositados:*
> *I – as quantias em dinheiro, os papéis de crédito e as pedras e os metais preciosos, no Banco do Brasil, na Caixa Econômica Federal ou em banco do qual o Estado ou o Distrito Federal possua mais da metade do capital social integralizado, ou, na falta desses estabelecimentos, em qualquer instituição de crédito designada pelo juiz;*

Na realidade, conforme preceitua o art. 1.058 do novo C.P.C., em todos os casos em que houver recolhimento de importância em dinheiro, este será realizado em nome da parte ou do interessado, em conta especial movimentada por ordem do juiz, nos mesmos termos do art. 840, inc. I, do novo C.P.C., ou seja, será feito o depósito no Banco do Brasil, na Caixa Econômica Federal ou em banco do qual o Estado ou o Distrito Federal possua mais da metade do capital social integralizado, ou, na falta desses estabelecimentos, em qualquer instituição de crédito designada pelo juiz.

Alguns outros exemplos de hipóteses de depósito em dinheiro previstas no novo C.P.C.:

a) Remuneração de perito:

Art. 95. *Cada parte adiantará a remuneração do assistente técnico que houver indicado, sendo a do perito adiantada pela parte que houver requerido a perícia ou rateada quando a perícia for determinada de ofício ou requerida por ambas as partes.*

§ 1º O juiz poderá determinar que a parte responsável pelo pagamento dos honorários do perito deposite em juízo o valor correspondente.

§ 2º A quantia recolhida em depósito bancário à ordem do juízo será corrigida monetariamente e paga de acordo com o art. 465, § 4º.

(...).

b) Revogação da gratuidade de justiça:

Art. 102. *Sobrevindo o trânsito em julgado de decisão que revoga a gratuidade, a parte deverá efetuar o recolhimento de todas as despesas de cujo adiantamento foi dispensada, inclusive as relativas ao recurso interposto, se houver, no prazo fixado pelo juiz, sem prejuízo de aplicação das sanções previstas em lei.*

Parágrafo único. Não efetuado o recolhimento, o processo será extinto sem resolução de mérito, tratando-se do autor, e, nos demais casos, não poderá ser deferida a realização de nenhum ato ou diligência requerida pela parte enquanto não efetuado o depósito.

c) Propositura de nova demanda:

Art. 486. *O pronunciamento judicial que não resolve o mérito não obsta a que a parte proponha de novo a ação.*

(...).

§ 2º A petição inicial, todavia, não será despachada sem a prova do pagamento ou do depósito das custas e dos honorários de advogado.

§ 3º Se o autor der causa, por 3 (três) vezes, a sentença fundada em abandono da causa, não poderá propor nova ação contra o réu com o mesmo objeto, ficando-lhe ressalvada, entretanto, a possibilidade de alegar em defesa o seu direito.

d) Cumprimento de sentença de obrigação alimentar:

Art. 529. *Quando o executado for funcionário público, militar, diretor ou gerente de empresa ou empregado sujeito à legislação do trabalho, o exequente poderá requerer o desconto em folha de pagamento da importância da prestação alimentícia.*

(...).

§ 2º O ofício conterá o nome e o número de inscrição no Cadastro de Pessoas Físicas do exequente e do executado, a importância a ser

descontada mensalmente, o tempo de sua duração e a conta na qual deve ser feito o depósito.
(...).
e) Cumprimento de sentença contra a Fazenda Pública:
Art. 535. *A Fazenda Pública será intimada na pessoa de seu representante judicial, por carga, remessa ou meio eletrônico, para, querendo, no prazo de 30 (trinta) dias e nos próprios autos, impugnar a execução, podendo arguir:*
(...).
§ 3o Não impugnada a execução ou rejeitadas as arguições da executada:
I – expedir-se-á, por intermédio do presidente do tribunal competente, precatório em favor do exequente, observando-se o disposto na Constituição Federal;
II – por ordem do juiz, dirigida à autoridade na pessoa de quem o ente público foi citado para o processo, o pagamento de obrigação de pequeno valor será realizado no prazo de 2 (dois) meses contado da entrega da requisição, mediante depósito na agência de banco oficial mais próxima da residência do exequente.
(...).
f) Ação (demanda) de consignação em pagamento:
Art. 542. *Na petição inicial, o autor requererá:*
I – o depósito da quantia ou da coisa devida, a ser efetivado no prazo de 5 (cinco) dias contados do deferimento, ressalvada a hipótese do art. 539, § 3o;
II – a citação do réu para levantar o depósito ou oferecer contestação.
Parágrafo único. Não realizado o depósito no prazo do inciso I, o processo será extinto sem resolução do mérito.
g) Ação (demanda) de dissolução parcial de sociedade:
Art. 604. *Para apuração dos haveres, o juiz:*
I – fixará a data da resolução da sociedade;
II – definirá o critério de apuração dos haveres à vista do disposto no contrato social; e
III – nomeará o perito.
§ 1o O juiz determinará à sociedade ou aos sócios que nela permanecerem que depositem em juízo a parte incontroversa dos haveres devidos.
§ 2o O depósito poderá ser, desde logo, levantando pelo ex-sócio, pelo espólio ou pelos sucessores.

§ 3o Se o contrato social estabelecer o pagamento dos haveres, será observado o que nele se dispôs no depósito judicial da parte incontroversa.

h) Regulação de avaria grossa:

Art. 708. O regulador declarará justificadamente se os danos são passíveis de rateio na forma de avaria grossa e exigirá das partes envolvidas a apresentação de garantias idôneas para que possam ser liberadas as cargas aos consignatários.

§ 1º A parte que não concordar com o regulador quanto à declaração de abertura da avaria grossa deverá justificar suas razões ao juiz, que decidirá no prazo de 10 (dez) dias.

§ 2º Se o consignatário não apresentar garantia idônea a critério do regulador, este fixará o valor da contribuição provisória com base nos fatos narrados e nos documentos que instruírem a petição inicial, que deverá ser caucionado sob a forma de depósito judicial ou de garantia bancária.

(...).

i) Penhora de quotas ou ações de sócios:

Art. 861. Penhoradas as quotas ou as ações de sócio em sociedade simples ou empresária, o juiz assinará prazo razoável, não superior a 3 (três) meses, para que a sociedade:

I – apresente balanço especial, na forma da lei;

II – ofereça as quotas ou as ações aos demais sócios, observado o direito de preferência legal ou contratual;

III – não havendo interesse dos sócios na aquisição das ações, proceda à liquidação das quotas ou das ações, depositando em juízo o valor apurado, em dinheiro.

j) Ação (demanda) rescisória:

Art. 968. A petição inicial será elaborada com observância dos requisitos essenciais do art. 319, devendo o autor:

I – cumular ao pedido de rescisão, se for o caso, o de novo julgamento do processo;

II – depositar a importância de cinco por cento sobre o valor da causa, que se converterá em multa caso a ação seja, por unanimidade de votos, declarada inadmissível ou improcedente.

§ 1º Não se aplica o disposto no inciso II à União, aos Estados, ao Distrito Federal, aos Municípios, às suas respectivas autarquias e fundações de direito

público, ao Ministério Público, à Defensoria Pública e aos que tenham obtido o benefício de gratuidade da justiça.
(...).
l) Agravo interno:
Art. 1.021. Contra decisão proferida pelo relator caberá agravo interno para o respectivo órgão colegiado, observadas, quanto ao processamento, as regras do regimento interno do tribunal.
(...).
§ 4º Quando o agravo interno for declarado manifestamente inadmissível ou improcedente em votação unânime, o órgão colegiado, em decisão fundamentada, condenará o agravante a pagar ao agravado multa fixada entre um e cinco por cento do valor atualizado da causa.
§ 5º A interposição de qualquer outro recurso está condicionada ao depósito prévio do valor da multa prevista no § 4o, à exceção da Fazenda Pública e do beneficiário de gratuidade da justiça, que farão o pagamento ao final.
m) Embargos de declaração:
Art. 1.026. Os embargos de declaração não possuem efeito suspensivo e interrompem o prazo para a interposição de recurso.
§ 1º A eficácia da decisão monocrática ou colegiada poderá ser suspensa pelo respectivo juiz ou relator se demonstrada a probabilidade de provimento do recurso ou, sendo relevante a fundamentação, se houver risco de dano grave ou de difícil reparação.
§ 2º Quando manifestamente protelatórios os embargos de declaração, o juiz ou o tribunal, em decisão fundamentada, condenará o embargante a pagar ao embargado multa não excedente a dois por cento sobre o valor atualizado da causa.
§ 3º Na reiteração de embargos de declaração manifestamente protelatórios, a multa será elevada a até dez por cento sobre o valor atualizado da causa, e a interposição de qualquer recurso ficará condicionada ao depósito prévio do valor da multa, à exceção da Fazenda Pública e do beneficiário de gratuidade da justiça, que a recolherão ao final.
§ 4º Não serão admitidos novos embargos de declaração se os 2 (dois) anteriores houverem sido considerados protelatórios.

19.
Tutela provisória requerida contra a Fazenda Pública

O novo C.P.C., ao mesmo tempo que extingue o Livro III do C.P.C. de 1973 (aliás, o primeiro Código de Processo Civil do mundo a dedicar um livro especial para a disciplina cautelar, elevando a demanda cautelar ao mesmo patamar da demanda de conhecimento e da demanda de execução), faz surgir no Livro V – Da Tutela Provisória – as normatizações concernentes às denominadas *tutela de urgência e tutela de evidência*.

A tutela provisória de urgência ou de evidência é regulada nos arts. 294 a 311 do novo C.P.C.

O fundamento da *tutela* provisória *satisfativa ou antecipada* pode ser a urgência ou a evidência.

Já o fundamento da tutela *cautelar* somente será a *urgência* e não a evidência.

Pode-se definir como medidas antecipadas *satisfativas as que visam a antecipar ao autor, no todo ou em parte, os efeitos da tutela pretendida*.

Por sua vez, são medidas *cautelares as que visam a afastar riscos e assegurar o resultado útil do processo*.

Segundo estabelece o art. 1.059 do novo C.P.C., *à tutela provisória requerida contra a Fazenda Pública aplica-se o disposto nos arts. 1o a 4o da Lei no 8.437, de 30 de junho de 1992, e no art. 7o, § 2o, da Lei no 12.016, de 7 de agosto de 2009*.

Parece-me que o conteúdo normativo previsto no art. 1.059 do novo C.P.C. não deveria estar inserido no Livro das disposições complementares, pois há um livro específico no novo estatuto processual que trata justamente das tutelas provisórias.

DISPOSIÇÕES FINAIS E DIREITO TRANSITÓRIO

Na realidade, o legislador do novo C.P.C., ao estabelecer o conteúdo normativo do art. 1.059, teve por finalidade realçar as limitações normativas previstas em leis extravagantes sobre a concessão de tutela provisória (de urgência ou de evidência) contra a Fazenda Pública.

Assim, em relação à tutela provisória requerida contra a Fazenda Pública, aplica-se o disposto nos arts. 1º a 4º da Lei n. 8.437, de 30 de junho de 1992, e no art. 7º, §2º, da Lei n. 12.016, de 7 de agosto de 2009.

Estabelecem os arts. 1º a 4º da Lei 8.437/92:

> *Art. 1° Não será cabível medida liminar contra atos do Poder Público, no procedimento cautelar ou em quaisquer outras ações de natureza cautelar ou preventiva, toda vez que providência semelhante não puder ser concedida em ações de mandado de segurança, em virtude de vedação legal.*
>
> *§ 1° Não será cabível, no juízo de primeiro grau, medida cautelar inominada ou a sua liminar, quando impugnado ato de autoridade sujeita, na via de mandado de segurança, à competência originária de tribunal.*
>
> *§ 2° O disposto no parágrafo anterior não se aplica aos processos de ação popular e de ação civil pública.*
>
> *§ 3° Não será cabível medida liminar que esgote, no todo ou em qualquer parte, o objeto da ação.*
>
> *§ 4° Nos casos em que cabível medida liminar, sem prejuízo da comunicação ao dirigente do órgão ou entidade, o respectivo representante judicial dela será imediatamente intimado. (Incluído pela Medida Provisória nº 2.180-35, de 2001)*
>
> *§ 5º Não será cabível medida liminar que defira compensação de créditos tributários ou previdenciários. (Incluído pela Medida Provisória nº 2.180-35, de 2001)*
>
> *Art. 2º No mandado de segurança coletivo e na ação civil pública, a liminar será concedida, quando cabível, após a audiência do representante judicial da pessoa jurídica de direito público, que deverá se pronunciar no prazo de setenta e duas horas.*
>
> *Art. 3° O recurso voluntário ou ex officio, interposto contra sentença em processo cautelar, proferida contra pessoa jurídica de direito público ou seus agentes, que importe em outorga ou adição de vencimentos ou de reclassificação funcional, terá efeito suspensivo.*

Art. 4º Compete ao presidente do tribunal, ao qual couber o conhecimento do respectivo recurso, suspender, em despacho fundamentado, a execução da liminar nas ações movidas contra o Poder Público ou seus agentes, a requerimento do Ministério Público ou da pessoa jurídica de direito público interessada, em caso de manifesto interesse público ou de flagrante ilegitimidade, e para evitar grave lesão à ordem, à saúde, à segurança e à economia públicas.

§ 1º Aplica-se o disposto neste artigo à sentença proferida em processo de ação cautelar inominada, no processo de ação popular e na ação civil pública, enquanto não transitada em julgado.

§ 2º O Presidente do Tribunal poderá ouvir o autor e o Ministério Público, em setenta e duas horas. (Redação dada pela Medida Provisória nº 2.180-35, de 2001)

§ 3º Do despacho que conceder ou negar a suspensão, caberá agravo, no prazo de cinco dias, que será levado a julgamento na sessão seguinte a sua interposição. (Redação dada pela Medida Provisória nº 2.180-35, de 2001)

§ 4º Se do julgamento do agravo de que trata o § 3º resultar a manutenção ou o restabelecimento da decisão que se pretende suspender, caberá novo pedido de suspensão ao Presidente do Tribunal competente para conhecer de eventual recurso especial ou extraordinário. (Incluído pela Medida Provisória nº 2.180-35, de 2001)

§ 5º É cabível também o pedido de suspensão a que se refere o § 4º, quando negado provimento a agravo de instrumento interposto contra a liminar a que se refere este artigo. (Incluído pela Medida Provisória nº 2.180-35, de 2001)

§ 6º A interposição do agravo de instrumento contra liminar concedida nas ações movidas contra o Poder Público e seus agentes não prejudica nem condiciona o julgamento do pedido de suspensão a que se refere este artigo. (Incluído pela Medida Provisória nº 2.180-35, de 2001).

Estabelece o art. 7º, §2º, da Lei n. 12.016/09, que trata do mandado de segurança individual ou coletivo, a saber:

Art. 7º Ao despachar a inicial, o juiz ordenará:
(...).
§ 2º Não será concedida medida liminar que tenha por objeto a compensação de créditos tributários, a entrega de mercadorias e bens provenientes do exterior, a

reclassificação ou equiparação de servidores públicos e a concessão de aumento ou a extensão de vantagens ou pagamento de qualquer natureza.

Observa-se que todos os preceitos normativos indicados (arts. 1º a 4º da Lei 8.437/92 e art. 7º, §2º, da Lei 12.016/09) têm por finalidade restringir, limitar ou pelo menos dificultar a concessão de tutela provisória contra a Fazenda Pública.

O que chama mais a atenção é a proibição de concessão de liminar contra atos do Poder Público, no procedimento cautelar ou em quaisquer outras ações de natureza preventiva, toda vez que providência semelhante não puder ser concedida em ações de mandado de segurança (art. 1º da Lei n. 8.437/92), assim como a proibição de concessão de medida liminar que tenha por objeto a entrega de mercadorias e bens provenientes do exterior, a reclassificação ou equiparação de servidores públicos e a concessão de aumento ou extensão de vantagens ou pagamento de qualquer natureza (§2º do art. 7º da Lei 12.016/09).

Estabelece o *§2º do art. 300* do novo C.P.C. *que a tutela de urgência pode ser concedida liminarmente ou após justificação prévia.*

A concessão liminar de uma tutela de urgência satisfativa ou cautelar tem por fundamento o princípio Constitucional de que a lei não poderá excluir da apreciação do Poder Judiciário lesão ou *ameaça* de lesão a direito.

Assim, se a Constituição determina que o Poder Judiciário resguarde eventual *ameaça* de lesão a direitos, tal determinação deverá logicamente ser acompanhada dos instrumentos processuais adequados para a prestação e efetivação da tutela jurisdicional.

De nada adianta dizer que o juiz poderá prestar tutela jurisdicional de urgência, se não existir a possibilidade instrumental processual de concessão da tutela liminarmente.

O juiz, diante de uma tutela de urgência, poderá concedê-la liminarmente, *inaldita altera parte.*

Poderá, também, concedê-la após *justificação prévia*, ou, ainda, após a oitiva do requerido, caso sejam necessários maiores esclarecimentos sobre o direito e os fatos alegados, e desde que isso não acarrete risco de maiores danos ao requerente da medida requerida.

Questão que se coloca é se diante do princípio constitucional de que a lei não poderá excluir da apreciação do Poder Judiciário lesão ou ameaça de lesão a direito, o art. 1º da Lei n. 8.437/92 e o §2º do art. 7º da Lei 12.016/09 podem ser considerados constitucionais, especialmente no que concerne à proibição de concessão de liminares contra a Fazenda Pública.

A questão foi definida pelo Supremo Tribunal Federal na Medida Cautelar proferida na Ação Direta de Constitucionalidade n. 4, *in verbis*:

> *EMENTA: AÇÃO DIRETA DE CONSTITUCIONALIDADE DO ART. 1º DA LEI N 9.494, DE 10.09.1997, QUE DISCIPLINA A APLICAÇÃO DA TUTELA ANTECIPADA CONTRA A FAZENDA PÚBLICA. MEDIDA CAUTELAR: CABIMENTO E ESPÉCIE, NA A.D.C. REQUISITOS PARA SUA CONCESSÃO. 1. Dispõe o art. 1º da Lei nº 9.494, da 10.09.1997: "Art. 1º. Aplica-se à tutela antecipada prevista nos arts. 273 e 461 do Código de Processo Civil, o disposto nos arts 5º e seu parágrafo único e art. 7º da Lei nº 4.348, de 26 de junho de 1964, no art. 1º e seu § 4º da Lei nº 5.021, de 09 de junho de 1966, e nos arts. 1º, 3º e 4º da Lei nº 8.437, de 30 de junho de 1992." 2. Algumas instâncias ordinárias da Justiça Federal têm deferido tutela antecipada contra a Fazenda Pública, argumentando com a inconstitucionalidade de tal norma. Outras instâncias igualmente ordinárias e até uma Superior – o S.T.J. – a têm indeferido, reputando constitucional o dispositivo em questão. 3. Diante desse quadro, é admissível Ação Direta de Constitucionalidade, de que trata a 2ª parte do inciso I do art. 102 da C.F., para que o Supremo Tribunal Federal dirima a controvérsia sobre a questão prejudicial constitucional. Precedente: A.D.C. n 1. Art. 265, IV, do Código de Processo Civil. 4. As decisões definitivas de mérito, proferidas pelo Supremo Tribunal Federal, nas Ações Declaratórias de Constitucionalidade de lei ou ato normativo federal, produzem eficácia contra todos e até efeito vinculante, relativamente aos demais órgãos do Poder Judiciário e ao Poder Executivo, nos termos do art. 102, § 2º, da C.F. 5. Em Ação dessa natureza, pode a Corte conceder medida cautelar que assegure, temporariamente, tal força e eficácia à futura decisão de mérito. E assim é, mesmo sem expressa previsão constitucional de medida cautelar na A.D.C., pois o poder de acautelar é imanente ao de julgar. Precedente do S.T.F.: RTJ-76/342. 6. Há plausibilidade jurídica na argüição de constitucionalidade, constante da inicial ("fumus boni iuris"). Precedente: ADIMC – 1.576-1. 7. Está igualmente atendido o requisito do "periculum in mora", em face da alta conveniência da Administração Pública, pressionada por liminares que, apesar do disposto*

> *na norma impugnada, determinam a incorporação imediata de acréscimos de vencimentos, na folha de pagamento de grande número de servidores e até o pagamento imediato de diferenças atrasadas. E tudo sem o precatório exigido pelo art. 100 da Constituição Federal, e, ainda, sob as ameaças noticiadas na inicial e demonstradas com os documentos que a instruíram. 8. Medida cautelar deferida, em parte, por maioria de votos, para se suspender, "ex nunc", e com efeito vinculante, até o julgamento final da ação, a concessão de tutela antecipada contra a Fazenda Pública, que tenha por pressuposto a constitucionalidade ou inconstitucionalidade do art. 1º da Lei nº 9.494, de 10.09.97, sustando-se, igualmente "ex nunc", os efeitos futuros das decisões já proferidas, nesse sentido.* (ADC 4 MC, Relator(a): Min. SYDNEY SANCHES, Tribunal Pleno, julgado em 11/02/1998, DJ 21-05-1999 PP-00002 EMENT VOL-01951-01 PP-00001).

No voto do Ministro Relator, Sidney Sanches, ficou assim consignado: "*Uma tal providência, tal como naqueloutras não o foi, não pode ser acoimada de inconstitucional, por ofensa direta ao conteúdo do art. 5º, inciso XXXV, da Carta de 1988.*

Citando Galeno Lacerda, para quem 'desde que não vedado o direito à ação principal, nada impede coíba o legislador, por interesse público, a concessão de liminares', o eminente Ministro Moreira Alves, em seu voto no julgamento da prefalada ADIN 223, firmou que 'o proibir-se, em certos casos, por interesse público, a antecipação provisória da satisfação do direito material lesado ou ameaçado não exclui, evidentemente, da apreciação do Poder Judiciário, a lesão ou ameaça ao direito, pois ela se obtém normalmente na satisfação definitiva que é proporcionada pela ação principal, que, esta sim, não pode ser vedada para privar-se o lesado ou ameaçado de socorrer-se do Poder Judiciário'.

Entendimento semelhante já firmara o eminente Ministro Marco Aurélio, Relator da ADIN n. 1.576-1, em seu voto. É conferir: 'De qualquer modo, a legislação comum submete-se aos ditames constitucionais. Proceda-se, então, ao devido cotejo: de um lado, tem-se que o artigo 1º da medida provisória em análise não afasta do crivo do Poder Judiciário lesão ou ameaça de lesão a direito. Na hipótese, cuida-se, apenas, de proibição de vir a ser antecipada, em certos casos, a prestação jurisdicional'.

Da doutrina, importa trazer à colação o lúcido entendimento do Prof. J. J. Calmon de Passos: 'Sempre sustentei que a garantia constitucional disciplinada no inciso XXXV do art. 5º da Constituição Federal (a lei não excluirá da apreciação do Poder Judiciário lesão ou ameaça a direito) diz respeito apenas à tutela definitiva, aquela que se institui com a decisão transitada em julgado, sendo a execução provisória e a antecipação da tutela problemas de política processual, que o legislador pode conceder ou negar, sem que com isso incida em inconstitucionalidade. Vetar liminares neste ou naquele processo jamais pode importar inconstitucionalidade, pois configura interferência no patrimônio ou na liberdade dos indivíduos, com preterição, mesmo que em parte, das garantias do devido processo legal, de base também constitucional..."

Assim, na decisão proferida pelo S.T.F. na ADC n. 4 ficou evidenciado que não seria inconstitucional lei que proibisse, genericamente, a concessão de medidas liminares em geral.

Porém, posteriormente o próprio S.T.F. passou a mitigar esse entendimento, afirmando que o juiz tem o livre convencimento para conceder medidas liminares diante de casos concretos e com base na máxima da proporcionalidade e da razoabilidade, como acontece, por exemplo, nas questões de natureza previdenciária. Além do mais, a ADC n. 4 não se aplica a todos os casos de concessão de tutela de urgência contra a Fazenda Pública. Nesse sentido são os seguintes precedentes do Egrégio S.T.F.:

> EMENTA: CONSTITUCIONAL. ANTECIPAÇÃO DE TUTELA PARA GARANTIA DE PARTICIPAÇÃO EM CONCURSO. PAGAMENTO DE VENCIMENTOS. ALEGAÇÃO DE DESRESPEITO À ADC 4. INOCORRÊNCIA. EFEITO SECUNDÁRIO DA DECISÃO. PRECEDENTES. 1. Não desrespeita a autoridade da ADC 4 decisão que garante a continuidade de candidato em concurso público, mesmo que a participação no certame implique direito a percepção de vencimentos. 2. Agravo regimental desprovido. (Rcl 5069 AgR-segundo, Relator(a): Min. TEORI ZAVASCKI, Tribunal Pleno, julgado em 19/06/2013, ACÓRDÃO ELETRÔNICO DJe-125 DIVULG 28-06-2013 PUBLIC 01-07-2013).
> EMENTA: AGRAVO REGIMENTAL NA RECLAMAÇÃO. CONTRARIEDADE AO QUE DECIDIDO NA AÇÃO DECLARATÓRIA DE CONSTITUCIONALIDADE N. 4. INOCORRÊNCIA. ANTECIPAÇÃO DOS EFEITOS DA TUTELA DEFERIDA NA SENTENÇA DE MÉRITO. AGRAVO REGIMENTAL AO QUAL SE NEGA PROVIMENTO. 1. É inadmissível o prosseguimento de reclamação contra decisão definitiva, ainda que nela se confirme o que tinha constituído efeito da tutela

inicialmente requerida. 2. Agravo regimental ao qual se nega provimento.
(Rcl 7399 AgR, Relator(a): Min. CÁRMEN LÚCIA, Tribunal Pleno, julgado em 06/02/2013, ACÓRDÃO ELETRÔNICO DJe-049 DIVULG 13-03-2013 PUBLIC 14-03-2013) .
EMENTA Processual Civil e Previdenciário. Agravo regimental. Reclamação. ADC nº 4/DF. Policial militar reformado. Auxílio-invalidez. Antecipação de tutela. Natureza previdenciária. Súmula nº 729/STF. Recurso não provido. 1. Não tem êxito o agravo interno que deixa de atacar especificamente os fundamentos da decisão singular (art. 317, § 1º, RISTF). 2. Não é possível, em sede de agravo regimental, inovar nas razões da reclamação. 3. A decisão proferida na ADC nº 4/DF-MC não alcança a tutela antecipada deferida em causas de natureza previdenciária (Súmula STF nº 729). 4. Negado provimento ao agravo regimental.
(Rcl 4559 AgR, Relator(a): Min. DIAS TOFFOLI, Tribunal Pleno, julgado em 06/02/2013, *ACÓRDÃO ELETRÔNICO DJe-051 DIVULG 15-03-2013 PUBLIC 18-03-2013)*
EMENTA: AGRAVO REGIMENTAL EM RECLAMAÇÃO. RECLAMAÇÃO IMPROCEDENTE. EVENTUAL AFRONTA AO QUANTO DECIDIDO POR ESTA CORTE NOS AUTOS DA ADC 4-MC/DF. AUSÊNCIA DE IDENTIDADE MATERIAL. SENTENÇA DE MÉRITO PROFERIDA. RECURSO IMPROVIDO. I – A decisão proferida pela Corte na ADC 4-MC/DF, Rel. Min. Sidney Sanches, não veda toda e qualquer antecipação de tutela contra a Fazenda Pública, mas somente as hipóteses taxativamente previstas no art. 1º da Lei 9.494/1997. II – Ausência de identidade material entre o caso aludido e a decisão tida como afrontada. III – A sentença de mérito prejudica a reclamação que se fundamenta na afronta à decisão da ADC 4-MC/DF. IV – A reclamação não é sucedâneo ou substitutivo de recurso próprio para conferir eficácia à jurisdição invocada nos autos dos recursos interpostos da decisão de mérito e da decisão em execução provisória. V – Agravo regimental improvido.
(Rcl 5207 AgR, Relator(a): Min. RICARDO LEWANDOWSKI, Tribunal Pleno, julgado em 14/10/2009, DJe-204 DIVULG 28-10-2009 PUBLIC 29-10-2009 EMENT VOL-02380-01 PP-00153 LEXSTF v. 31, n. 371, 2009, p. 161-166)

20.
Custas processuais devidas à União na Justiça Federal (Lei 9.289 de 4 de julho de 1996)

A Lei n. 9.289/96 trata das custas devidas à União na Justiça Federal de primeiro e segundo graus.

Segundo estabelece o art. 1º, *caput*, da Lei 9.289/96, as custas devidas à União, na Justiça Federal de primeiro e segundo graus, são cobradas de acordo com as normas estabelecidas nesta Lei.

O art. 14 da Lei n. 9.289/86 preconiza que o pagamento das custas e contribuições devidas nos feitos e nos recursos que se processam nos próprios autos efetua-se da seguinte forma: I – o autor ou requerente pagará metade das custas e contribuições tabeladas, por ocasião da distribuição do feito, ou, não havendo distribuição, logo após o despacho da inicial; II – aquele que recorrer da sentença pagará a outra metade das custas, dentro do prazo de cinco dias, sob pena de deserção; III – não havendo recurso, e cumprindo o vencido desde logo a sentença, reembolsará ao vencedor as custas e contribuições por este adiantadas, ficando obrigado ao pagamento previsto no inciso II; IV – se o vencido, embora não recorrendo da sentença, oferecer defesa à sua execução, ou embaraçar seu cumprimento, deverá pagar a outra metade, no prazo marcado pelo juiz, não excedente de três dias, sob pena de não ter apreciada sua defesa ou impugnação.

O inc. II do art. 14 da Lei 9.289/86, na sua redação original, permitia que aquele que recorresse da sentença fizesse o pagamento da outra metade das custas, dentro *do prazo de cinco dias*, sob pena de deserção.

Porém, o novo C.P.C., em seu art. 1.060, deu nova redação ao inc. II do art. 14 da Lei 9.289/86, a saber:

> Art. 1.060. O inciso II do art. 14 da Lei no 9.289, de 4 de julho de 1996, passa a vigorar com a seguinte redação:
> "Art. 14. ....
> ....
> II - aquele que recorrer da sentença adiantará a outra metade das custas, comprovando o adiantamento no ato de interposição do recurso, sob pena de deserção, observado o disposto nos §§ 1o a 7o do art. 1.007 do Código de Processo Civil;

Portanto, o recorrente deverá comprovar o recolhimento da outra metade das custas no ato do recurso, não havendo mais a prerrogativa de realizar essa comprovação no prazo de cinco dias.

Porém, o inc. II do art. 14 da Lei 9.289, de 4 de julho de 1996, com a redação dada pelo art. 1060 do novo C.P.C., determinou a observância dos §§ 1º a 7º do art. 1007 do novo C.P.C., a saber:

> Art. 1.007. No ato de interposição do recurso, o recorrente comprovará, quando exigido pela legislação pertinente, o respectivo preparo, inclusive porte de remessa e de retorno, sob pena de deserção.
> § 1º São dispensados de preparo, inclusive porte de remessa e de retorno, os recursos interpostos pelo Ministério Público, pela União, pelo Distrito Federal, pelos Estados, pelos Municípios, e respectivas autarquias, e pelos que gozam de isenção legal.
> § 2º A insuficiência no valor do preparo, inclusive porte de remessa e de retorno, implicará deserção se o recorrente, intimado na pessoa de seu advogado, não vier a supri-lo no prazo de 5 (cinco) dias.
> § 3º É dispensado o recolhimento do porte de remessa e de retorno no processo em autos eletrônicos.
> § 4º O recorrente que não comprovar, no ato de interposição do recurso, o recolhimento do preparo, inclusive porte de remessa e de retorno, será intimado, na pessoa de seu advogado, para realizar o recolhimento em dobro, sob pena de deserção.

§ 5º É vedada a complementação se houver insuficiência parcial do preparo, inclusive porte de remessa e de retorno, no recolhimento realizado na forma do § 4º.

§ 6º Provando o recorrente justo impedimento, o relator relevará a pena de deserção, por decisão irrecorrível, fixando-lhe prazo de 5 (cinco) dias para efetuar o preparo.

§ 7º O equívoco no preenchimento da guia de custas não implicará a aplicação da pena de deserção, cabendo ao relator, na hipótese de dúvida quanto ao recolhimento, intimar o recorrente para sanar o vício no prazo de 5 (cinco) dias.

Assim, se o recorrente não comprovar no ato de interposição do recurso o recolhimento do preparo (pagamento da outra metade das custas), inclusive porte de remessa e de retorno (autos físicos), será intimado, na pessoa de seu advogado, para realizar o recolhimento em dobro, sob pena de deserção. Será vedada a complementação se houver insuficiência parcial do preparo, inclusive porte de remessa e de retorno, no recolhimento realizado na forma acima referida. Provando o recorrente justo impedimento, o relator relevará a pena de deserção, por decisão irrecorrível, fixando-lhe prazo de 5 (cinco) dias para efetuar o preparo. O equívoco no preenchimento da guia de custas não implicará a aplicação da pena de deserção, cabendo ao relator, na hipótese de dúvida quanto ao recolhimento, intimar o recorrente para sanar o vício no prazo de 5 (cinco) dias.

21.
Nulidade de sentença arbitral

Segundo estabelece o art. 29 da Lei n. 9.307/96, proferida a sentença arbitral, dá-se por finda a arbitragem, devendo o árbitro, ou o presidente do tribunal arbitral, enviar cópia da decisão às partes, por via postal ou por outro meio qualquer de comunicação, mediante comprovação de recebimento, ou, ainda, entregando-a diretamente às partes, mediante recibo.

A sentença arbitral produz, entre as partes e seus sucessores, os mesmos efeitos da sentença proferida pelos órgãos do Poder Judiciário e, sendo condenatória, constitui título executivo.

Nos termos do art. 33 da Lei n. 9.307/96, a parte interessada poderá pleitear ao órgão do Poder Judiciário competente a decretação da nulidade da sentença arbitral, nos casos previstos nesta Lei.

Em regra, nos termos do § 1º do art. 33 da Lei 9.307/96, a demanda para a decretação de nulidade da sentença arbitral seguirá o procedimento comum, previsto no Código de Processo Civil, e deverá ser proposta no prazo de até noventa dias após o recebimento da notificação da sentença arbitral ou de seu aditamento.

Porém, com base na nova redação dada ao §3º do art. 33 da Lei n. 9.307/96, pelo art. 1.061 do novo C.P.C., a decretação da nulidade da sentença arbitral poderá ser requerida na impugnação ao cumprimento de sentença, nos termos do art. 525 e seguinte do novo C.P.C., se houver execução judicial.

Eis o teor do art. 1.061 do novo C.P.C.:

Art. 1.061. O § 3o do art. 33 da Lei no 9.307, de 23 de setembro de 1996 (Lei de Arbitragem), passa a vigorar com a seguinte redação: (Vigência)
"Art. 33. ....

....

§ 3º A decretação da nulidade da sentença arbitral também poderá ser requerida na impugnação ao cumprimento da sentença, nos termos dos arts. 525 e seguintes do Código de Processo Civil, se houver execução judicial." (NR)

22.
Credores solidários

Há solidariedade quando na mesma obrigação concorre mais de um credor, ou mais de um devedor, cada um com direito, ou obrigado, à dívida toda.

Diz-se solidariedade ativa, quando na mesma obrigação concorre mais de um credor.

Cada um dos credores solidários tem direito a exigir do devedor o cumprimento da prestação por inteiro.

O art. 274 do Código Civil brasileiro estabelecia que *o julgamento contrário a um dos credores solidários não atinge os demais; o julgamento favorável aproveita-lhes, a menos que se funde em exceção pessoal ao credor que o obteve.*

Segundo a regra, o julgamento contrário a um dos credores solidários não atinge os demais, o que vem confirmar a normatização que diz respeito aos limites subjetivos da coisa julgada, nos termos do art. 472, primeira parte, do C.P.C. de 1973, reafirmado no art. 506 do novo C.P.C: *A sentença faz coisa julgada às partes entre as quais é dada, não prejudicando terceiros.*

A segunda parte do art. 274 do Código Civil brasileiro apresenta uma perspectiva diversa ao estabelecer que o julgamento favorável aproveita os credores solidários, salvo que se funde em exceção pessoal ao credor que o obteve.

Preceito similar, mas com outros fundamentos, é o disposto no art. 117 do novo C.P.C. que trata do litisconsórcio unitário: *Os litisconsortes serão considerados, em suas relações com a parte adversa, como litigantes distintos, exceto no litisconsórcio unitário, caso em que os atos e as omissões de um não prejudicarão os outros, mas os poderão beneficiar.*

A segunda parte do art. 274 do C.c.b. apresenta uma forma de extensão dos efeitos da decisão a terceiros (credores solidários), *secundum eventum litis*, pois a decisão envolvendo um credor solidário poderá estender seus efeitos aos demais credores solidários, se o julgamento for favorável e não desfavorável aos demais credores.

Porém, a parte final do art. 274 do C.c.b. estabelece uma condição para que o efeito da decisão se estenda aos demais credores, isto é, desde que essa decisão favorável não se funde em exceção pessoal ao credor que obteve a decisão.

É certo que a redação estabelecida no art. 274 do C.c.b. não está imune a críticas. Na realidade, se a decisão judicial foi favorável ao credor solidário, é porque o juiz refutou toda e qualquer exceção (matéria de defesa) formulada pela parte adversa, no caso, o devedor.

Na verdade, a melhor interpretação em relação à segunda parte do art. 274 do C.c.b. é a seguinte: se a decisão favorável ao credor solidário afastou exceção comum a todos os demais credores solidários, essa decisão também beneficiará os demais credores solidários; porém, se a decisão favorável ao credor solidário afastou exceção restrita e pessoal ao próprio credor que foi favorecido pela decisão, não haverá extensão da decisão em relação aos demais credores solidários. Assim, por exemplo, se o devedor suscita compensação exclusiva realizada com um dos credores solidários, compensação essa afastada pela decisão favorável ao credor, o efeito dessa decisão não beneficia os demais credores, razão pela qual o devedor poderá alegar outras compensações em relação aos demais credores que não participaram da relação jurídica processual.

Diante dá má redação existente na segunda parte do art. 274 do C.c.b., o art. 1.068 do novo C.P.C. assim estabeleceu:

> Art. 1.068. O art. 274 e o caput do art. 2.027 da Lei no 10.406, de 10 de janeiro de 2002 (Código Civil), passam a vigorar com a seguinte redação: (Vigência)
> "Art. 274. O julgamento contrário a um dos credores solidários não atinge os demais, mas o julgamento favorável aproveita-lhes, sem prejuízo de exceção pessoal que o devedor tenha direito de invocar em relação a qualquer deles."
> (NR)
> (...).

O art. 1.068 veio corrigir a redação contida na segunda parte do art. 274 do C.c.b., esclarecendo o seu conteúdo normativo.

Assim, o julgamento favorável a um dos credores solidários aproveita aos demais, sem prejuízo de exceção pessoal que o devedor tenha direito de invocar em relação a qualquer deles.

Portanto, os efeitos da decisão favorável a um dos credores a todos aproveita. Porém, essa extensão de efeitos não impede que o devedor possa alegar em relação aos demais credores solidários exceções restritas e pessoais (ou seja, matéria de defesa que diga respeito exclusivamente a cada credor solidário).

23.
Causa de invalidação da partilha

Da decisão que julga a partilha, as partes interessadas serão devidamente intimadas, podendo, se for o caso, interpor recurso de apelação.

Não sendo interposto recurso contra a sentença que julga a partilha, ou se interposto, já foi definitivamente julgado, transitando em julgado a decisão proferida pelo juízo do inventário, o herdeiro receberá os bens que lhe tocarem na partilha, bem como um formal de partilha, do qual constarão as seguintes peças: a) termo do inventariante e título de herdeiros; b) – avaliação dos bens que constituíram o quinhão do herdeiro; c) pagamento do quinhão hereditário; d) quitação dos impostos; e) sentença de partilha.

Muito embora os herdeiros, desde a abertura da sucessão, já possam ser considerados possuidores e proprietários dos bens no âmbito do direito das sucessões, a propriedade específica e exclusiva do bem somente poderá ser concretizada por meio da expedição e registro do *formal de partilha*, que é uma modalidade de carta de sentença.

Não se pode perder de vista que o formal ou a certidão de partilha pode ser objeto de *cumprimento de sentença*, conforme estabelece o art. 515, inc. IV, do atual C.P.C., *in verbis*:

> Art. 515. *São títulos executivos judiciais, cujo cumprimento dar-se-á de acordo com os artigos previstos neste Título:*
> (...).

IV – o formal e a certidão de partilha, exclusivamente em relação ao inventariante, aos herdeiros e aos sucessores a título singular ou universal;

Isso significa dizer que o titular do formal ou da certidão de partilha pode promover o cumprimento de sentença contra o inventariante ou contra os outros co-herdeiros, ou contra os sucessores a título universal ou singular, que hajam sido partes no mesmo processo de inventário e partilha de que foi extraído o formal ou a certidão. Não pode ser utilizado contra terceiros ou sucessores que não hajam participado do inventário.

Estabelece o parágrafo único do art. 655 do atual C.P.C. que o formal de partilha poderá ser substituído por certidão do pagamento do quinhão hereditário quando este não exceder a 5 (cinco) vezes o salário mínimo, caso em que se transcreverá nela a sentença de partilha transitada em julgado. Este dispositivo permite a expedição de um documento simplificado que garante a transferência da propriedade dos bens aos sucessores.

Assim, o formal de partilha poderá ser substituído por *certidão de pagamento do quinhão hereditário*, quando este não exceder a *cinco vezes o salário mínimo*. Nesta certidão será transcrita a sentença de partilha transitada em julgado.

A certidão de partilha terá os mesmos efeitos jurídicos do formal de partilha.

23.1. Nulidade da partilha amigável.

O art. 657 do novo C.P.C. estabelece que a partilha amigável, lavrada em instrumento público, reduzida a termo nos autos do inventário ou constante de escrito particular homologado pelo juiz, pode ser anulada por dolo, coação, erro essencial ou intervenção de incapaz, observado o disposto no § 4º do art. 966 do novo estatuto processual.

O direito à anulação de partilha amigável, segundo preceitua o p.u. do art. 657 do novo C.P.C., extingue-se em 1 (um) ano, contado esse prazo: I – no caso de coação, do dia em que ela cessou; II – no caso de erro ou dolo, do dia em que se realizou o ato; III – quanto ao incapaz, do dia em que cessar a incapacidade.

Portanto, o ato negocial praticado pela parte ou por participante do *processo, homologado ou não em juízo, está sujeito à invalidação, nos termos da lei.*

O art. 657 do novo C.P.C. não trata da partilha judicial proveniente do esboço do partidor, mas, sim, da partilha *amigável*, lavrada por instrumento público, reduzida a termo nos autos ou constante de escrito particular homologado pelo juiz.

A pretensão de nulidade não é pedida no inventário, mas em ação (demanda) própria perante o juízo competente.

A demanda anulatória deve ser proposta no domicílio do *de cujus*.

A partilha amigável é um negócio jurídico como qualquer outro, sujeita às mesmas regras de validade e de eficácia. Em regra, demanda agente capaz, objeto lícito e forma prescrita ou não defesa em lei.

Assim, nas hipóteses de dolo, coação, erro essencial ou intervenção de incapaz, a partilha amigável constante de escrito particular homologado pelo juiz, ou reduzida a termo nos autos do inventário ou constante de escrito particular homologado pelo juiz, poderá ser objeto de demanda anulatória.

As hipóteses consagradas no atual C.P.C. sobre a anulabilidade da partilha são o erro essencial, o dolo e a coação.

Assim, percebe-se que a partilha amigável pode ser anulada se ocorrer algum dos vícios ou defeitos que invalidam em geral o negócio jurídico.

Não obstante o art. 657 do atual C.P.C. não tenha feito referência, é possível realizar aqui uma interpretação extensiva, para no seu conteúdo também incluir a nulidade da partilha quando ficar demonstrado que o sucessor a assinou sob as situações que configuram o estado de perigo ou de lesão. Sobre o estado de perigo e a lesão, preceitua o C.c.b.:

Seção IV
Do Estado de Perigo
Art. 156. Configura-se o estado de perigo quando alguém, premido da necessidade de salvar-se, ou a pessoa de sua família, de grave dano conhecido pela outra parte, assume obrigação excessivamente onerosa.
Parágrafo único. Tratando-se de pessoa não pertencente à família do declarante, o juiz decidirá segundo as circunstâncias.
Seção V
Da Lesão
Art. 157. Ocorre a lesão quando uma pessoa, sob premente necessidade, ou por inexperiência, se obriga a prestação manifestamente desproporcional ao valor da prestação oposta.

§ 1º Aprecia-se a desproporção das prestações segundo os valores vigentes ao tempo em que foi celebrado o negócio jurídico.

§ 2º Não se decretará a anulação do negócio, se for oferecido suplemento suficiente, ou se a parte favorecida concordar com a redução do proveito

Será também hipótese que poderá levar a nulidade da partilha amigável, eventual participação nela de incapaz. Havendo incapaz, a partilha obrigatoriamente deverá ser judicial.

Ressalte-se que se o vício for apenas da partilha e não de todo o processo (como é a hipótese de juiz absolutamente incompetente), anulada a partilha, é de se fazer outra logo a seguir e nos mesmos autos.

Estabelece o parágrafo único do art. 657, que o direito à anulação de partilha amigável extingue-se em 1 (um) ano, contado esse prazo: I – no caso de coação, do dia em que ela cessou; II – no de erro ou dolo, do dia em que se realizou o ato; III – quanto ao incapaz, do dia em que cessar a incapacidade. Este dispositivo trata do prazo *decadencial* para que a demanda anulatória da partilha amigável possa ser proposta.

Preceitua o parágrafo único do art. 2.027 do C.c.b.: *"Extingue-se em um ano o direito de anular a partilha"*.

No caso, em se tratando de coação, o prazo decadencial conta-se da data em que a coação cessou. Na hipótese de erro, dolo, estado de perigo ou lesão, da data em que o ato se realizou. E na hipótese de intervenção de incapaz, o prazo decadencial correrá a partir do dia em que cessar a incapacidade.

23.2. Rescisão da partilha julgada por sentença.

A rescisão da partilha julgada por sentença encontra-se regulada no art. 658 do novo C.P.C., a saber:

> *Art. 658. É rescindível a partilha julgada por sentença:*
> *I – nos casos mencionados no art. 657;*
> *II – se feita com preterição de formalidades legais;*
> *III – se preteriu herdeiro ou incluiu quem não o seja.*

O art. 658 do novo C.P.C. trata da partilha judicial julgada por sentença.

Nesse caso, a partilha não pode ser desconstituída por demanda anulatória comum, mas deverá ser objeto de demanda rescisória.

O atual C.P.C. foi claro ao reservar a demanda anulatória para as hipóteses do art. 657 do atual C.P.C., ou seja, para as partilhas amigáveis viciadas por dolo, coação, erro essencial, intervenção de incapaz, estado de perigo e lesão.

Por sua vez, na hipótese de partilha julgada por sentença, ou seja, não amigável, a sua forma de desconstituição somente poderá decorrer de demanda rescisória.

Segundo estabelece o art. 654 do atual C.P.C., pago o imposto de transmissão a título de morte e juntada aos autos certidão ou informação negativa de dívida para com a Fazenda Pública, o juiz julgará por sentença a partilha.

A partilha julgada por sentença será rescindível, observando-se para isso o rito previsto nos arts. 966 a 975 do atual C.P.C.

Segundo Pontes de Miranda, *"à sentença de partilha pode-se argüir inexistência, nulidade, rescindibilidade ou anulabilidade. Se existe e vale e se não há anulabilidade por vício comum aos negócios jurídicos, somente cabe a ação rescisória".*[173]

Assim, passado em julgado a sentença de partilha, esta somente poderá ser desconstituída por demanda rescisória e dentro do prazo de dois anos contado do trânsito em julgado, segundo preceitua o art. 975 do novo C.P.C.: *O direito à rescisão se extingue em 2 (dois) anos contados do trânsito em julgado da última decisão proferida no processo.*

O art. 658 do atual C.P.C. estabelece que é rescindível a partilha julgada por sentença: I – nos casos mencionados no art. 657; II – se feita com preterição de formalidades legais; III – se preteriu herdeiro ou incluiu quem não o seja.

O inciso I menciona os casos do art. 657, a saber: *por dolo, coação, erro essencial ou intervenção de incapaz.*

O inciso II, por sua vez, estabelece que a rescindibilidade da sentença pode decorrer de preterição de formalidades legais. E essa preterição de formalidades legais pode decorrer de alguns dos incisos do art. 966 do atual C.P.C., a saber:

---

[173] PONTES DE MIRANDA. *Comentário ao código de processo civil*. Vol. VII, 2ª ed., Rio de Janeiro: Revista Forense, 1959, p. 164.

DISPOSIÇÕES FINAIS E DIREITO TRANSITÓRIO

> Art. 966. A decisão de mérito, transitada em julgado, pode ser rescindida quando:
> I – se verificar que foi proferida por força de prevaricação, concussão ou corrupção do juiz;
> II – for proferida por juiz impedido ou por juízo absolutamente incompetente;
> III – resultar de dolo ou coação da parte vencedora em detrimento da parte vencida ou, ainda, de simulação ou colusão entre as partes, a fim de fraudar a lei;
> IV – ofender a coisa julgada;
> V – violar manifestamente norma jurídica;
> VI – for fundada em prova cuja falsidade tenha sido apurada em processo criminal ou venha a ser demonstrada na própria ação rescisória;
> VII – obtiver o autor, posteriormente ao trânsito em julgado, prova nova cuja existência ignorava ou de que não pôde fazer uso, capaz, por si só, de lhe assegurar pronunciamento favorável;
> VIII – for fundada em erro de fato verificável do exame dos autos.

O inc. III também permite a rescisão quando a partilha preteriu herdeiro ou incluiu quem não o era.

Segundo parte da doutrina, não seria a demanda rescisória o *remedium iuris* apropriado de que dispõem os herdeiros que não participaram do inventário, para atacar a partilha. Tal remédio seria a demanda de petição de herança. Contudo, o inc. III do art. 658 do atual C.P.C. é claro ao permitir como conteúdo da demanda rescisória a questão referente à preterição de herdeiro ou inclusão de quem não o seja.

É importante dizer que o S.T.J., até então, não vinha autorizando a interposição de demanda rescisória na falta de inclusão de herdeiro, a saber:

> RECURSO ESPECIAL. PROCESSUAL CIVIL. INVENTÁRIO. HOMOLOGAÇÃO DE PARTILHA. TRÂNSITO EM JULGADO. HERDEIRO QUE NÃO INTEGROU A RELAÇÃO PROCESSUAL. PRETERIÇÃO. AÇÃO RESCISÓRIA. DESCABIMENTO.
> 1. A ação rescisória não é o remédio processual adequado a ser manejado pelos herdeiros que não participaram do processo de inventário, buscando atacar a partilha homologada em procedimento sem contencioso.

2. Inteligência das regras dos arts. 1.824 e 1.825 do Código Civil de 2002 3. Doutrina e jurisprudência acerca do tema.
4. Recurso especial desprovido.
(REsp 940.455/ES, Rel. Ministro PAULO DE TARSO SANSEVERINO, TERCEIRA TURMA, julgado em 17/05/2011, DJe 23/05/2011)

A propositura da demanda rescisória não impede o cumprimento da partilha transitada em julgado, salvo se houver concessão de tutela provisória de urgência ou de evidência.

Sobre o tema, eis os seguintes precedentes do S.T.J.:

CONFLITO NEGATIVO DE COMPETÊNCIA. AÇÃO DE PETIÇÃO DE HERANÇA. PRÉVIA AÇÃO DE INVESTIGAÇÃO DE PATERNIDADE PENDENTE DE JULGAMENTO. INVENTÁRIO CONCLUÍDO. REGRA ESPECIAL DE COMPETÊNCIA (CPC, ART. 96). VIS ATTRACTIVA. NÃO INCIDÊNCIA. EFEITOS DA DECISÃO HOMOLOGATÓRIA DA PARTILHA. COISA JULGADA. INEXISTÊNCIA EM RELAÇÃO A HERDEIRO QUE NÃO PARTICIPOU DO PROCESSO. CONEXÃO POR PREJUDICIALIDADE EXTERNA ENTRE AS AÇÕES DE PETIÇÃO DE HERANÇA E DE INVESTIGAÇÃO DE PATERNIDADE. REUNIÃO DOS FEITOS.

1. Tem-se conflito negativo de competência em ação de petição de herança, tendo em vista a existência, em juízos diversos, de anterior ação de investigação de paternidade, pendente de julgamento, e de inventário, já concluído, com homologação de partilha. 2. A regra do art. 96 do CPC determina que: "o foro do domicílio do autor de herança, no Brasil, é o competente para o inventário, a partilha, a arrecadação, o cumprimento de disposições de última vontade e todas as ações em que o espólio for réu, ainda que o óbito tenha ocorrido no estrangeiro." 3. Essa regra especial de fixação de competência, entretanto, não incide quando já encerrado o inventário, com trânsito em julgado da sentença homologatória da partilha. Precedente (CC 51.061/GO, Rel. Ministro MENEZES DIREITO).
4. A sentença homologatória da partilha não faz coisa julgada em relação a herdeiro que não participou do processo de inventário.
Precedente (REsp 16.137/SP, Rel. Ministro SÁLVIO DE FIGUEIREDO TEIXEIRA).

5. O fundamento deduzido na ação de petição de herança não diz respeito a um vício propriamente dito verificado no bojo do inventário já encerrado, o qual observou o procedimento legal pertinente, dentro das condições de fato então existentes. O fundamento a respaldar a ação de petição de herança – existência de um novo herdeiro até então desconhecido – é externo, alheio a qualquer circunstância levada em consideração no julgamento do processo de inventário e partilha, pois decorrerá da eventual procedência da investigação de paternidade.

6. Sendo assim, não se está diante das clássicas hipóteses de desconstituição de coisa julgada previstas nos arts. 485 e 486, ou mesmo 1.029 e 1.030, todos do CPC, porquanto, como já mencionado, não há vício a ser sanado no processo de inventário. A eventual nulidade da partilha, neste caso, advirá de mudança qualitativa posterior verificada na situação de fato antes considerada no julgamento do inventário, em decorrência do resultado de procedência da ação de investigação de paternidade a viabilizar a pretensão deduzida na ação de petição de herança. Essas causas externas afetarão a partilha antes realizada, mas não por vício intrínseco desta.

7. Então, data vênia, os fundamentos invocados pelo d. Juízo perante o qual tramita a ação investigatória para declinar da competência não merecem prosperar, pois há relação de dependência lógica entre a ação de investigação de paternidade e a de petição de herança, uma vez que a viabilidade desta depende da comprovação, naquela, da qualidade de herdeira da autora.

8. Em situações desse jaez, na qual é reconhecida a conexão por prejudicialidade externa (a solução que se der a uma demanda direciona o resultado da outra – CPC, art. 265, IV, a e c), é recomendável a reunião dos feitos para trâmite conjunto, motivo pelo qual a ação de petição de herança deve tramitar no juízo em que tramita a ação de investigação de paternidade anteriormente proposta, não sendo a existência de regra de organização judiciária estadual óbice à prevalência das regras processuais invocadas.

9. Eventual acolhimento do pedido formulado na ação de petição de herança ensejará uma nova partilha de bens, a ser executada mediante simples petição, sem necessidade de propositura de ação anulatória.

10. Conflito conhecido para declarar competente o d. Juízo de Direito da 1ª Vara de Família e Registros Públicos de Cascavel/PR.

(CC 124.274/PR, Rel. Ministro RAUL ARAÚJO, SEGUNDA SEÇÃO, julgado em 08/05/2013, DJe 20/05/2013)

*CIVIL E PROCESSO CIVIL. INVENTÁRIO. SENTENÇA HOMOLO-GATÓRIA DE PARTILHA. DESCONSTITUIÇÃO. AÇÃO ANULATÓ-RIA. CABIMENTO. LEGITIMIDADE PASSIVA DE QUEM PARTICI-POU DA PARTILHA. ARTS. ANALISADOS: 486, 1.030 E 12, V, CPC.
1. Ação anulatória de partilha distribuída em 06/08/2002, da qual foi extraído o presente recurso especial, concluso ao Gabinete em 15/04/2013.
2. Discute-se a ação adequada para desconstituir a partilha homologada por sentença nos autos do inventário, assim como a legitimidade dos herdeiros para figurar no pólo passivo.
3. A análise da ação adequada à invalidação da partilha tem por pressuposto a análise do conteúdo e dos limites da sentença proferida nos autos do inventário: se homologada, simplesmente, a partilha, mesmo que para aprovar o plano apresentado pelo inventariante, mas desde que ausente litigiosidade, deve-se ajuizar a ação anulatória; se, ao revés, na sentença forem resolvidas questões suscitadas pelos interessados quanto à divisão de bens e/ou à admissão de herdeiros, cabível é a ação rescisória.
4. Na espécie, a invalidação pretendida na ação anulatória é do ato homologado e não da sentença homologatória, porquanto ficou demonstrado nos autos que, ao elaborar as primeiras declarações e o esboço de partilha, a inventariante (recorrente), intencionalmente, omitiu a condição de meeira da então companheira do falecido, embora a tenha indicado na petição inicial do inventário, preterindo, assim, o seu direito à meação.
5. Transitada em julgado a sentença que homologou a partilha, cessa o condomínio hereditário e os sucessores passam a exercer, exclusiva e plenamente, a propriedade dos bens e direitos que compõem o seu quinhão, nos termos do art. 2.023 do CC/02. Não há mais falar em espólio, sequer em representação em juízo pelo inventariante, de tal forma que a ação anulatória deve ser proposta em face daqueles que participaram da partilha; na espécie, a filha (recorrente) e a ex-mulher do falecido.
6. Recurso especial conhecido e desprovido.*
(REsp 1238684/SC, Rel. Ministra NANCY ANDRIGHI, TERCEIRA TURMA, julgado em 03/12/2013, REPDJe 21/02/2014, DJe 12/12//2013)
AÇÃO RESCISÓRIA. PROCESSO DE INVENTÁRIO. ANULAÇÃO DE PARTILHA E AVALIAÇÃO DAS AÇÕES DE SOCIEDADE ANÔNIMA

FAMILIAR FECHADA PELO SEU VALOR REAL. ALEGAÇÃO DE VIOLAÇÃO DE DISPOSIÇÃO LITERAL DO ART. 993, PAR. ÚNICO, INC. II, DO CPC. INOCORRÊNCIA.

I – Inviável a rediscussão, em ação rescisória, da admissibilidade de recurso especial, ainda que conhecido. Precedentes.

II – O cabimento da ação rescisória no Superior Tribunal de Justiça não se condiciona à ausência de debate, no acórdão rescindendo, do dispositivo de lei reputado como literalmente violado.

III – Acórdão rescindendo que, com base no princípio da igualdade, anulou a partilha homologada pelas instâncias ordinárias e determinou que nova fosse realizada após a avaliação do valor real das ações tituladas pela falecida, que não possuíam cotação em bolsa de valores ou equivalente.

IV – Enquanto que a apuração dos haveres disciplinada pelo inciso II do parágrafo único do art. 993 do CPC, aplicável às sociedades não-anônimas, visa a liquidar a quota-parte do sócio falecido para a dissolução parcial da sociedade, a apuração de haveres determinada pelo acórdão rescindendo pretendeu apenas avaliar o valor real de ações de sociedade anônima familiar fechada, permitindo, na partilha, dando concreção ao princípio da igualdade positivado no art. 1775 do CC/16 (atual art. 2017 do CC/02).

V – AÇÃO RESCISÓRIA JULGADA IMPROCEDENTE.

(AR .810/RS, Rel. Ministro PAULO DE TARSO SANSEVERINO, SEGUNDA SEÇÃO, julgado em 08/06/2011, DJe 16/06/2011)

PROCESSUAL. AÇÃO RESCISÓRIA. INDEFERIMENTO INICIAL. INVENTÁRIO.

PARTILHA. SENTENÇA HOMOLOGATÓRIA. INTERESSE DE MENOR. ART. 2.016 DO CÓDIGO CIVIL. MEIO DE IMPUGNAÇÃO.

I. É cabível rescisória para desconstituir sentença homologatória da partilha de bens, quando presente a figura de incapaz, ainda que à época representado por sua mãe no inventário.

II. Recurso especial conhecido e parcialmente provido.

(REsp 917.606/RS, Rel. Ministro ALDIR PASSARINHO JUNIOR, QUARTA TURMA, julgado em 03/03/2011, DJe 17/03/2011)

CAUSA DE INVALIDAÇÃO DA PARTILHA

O art. 2.027 do C.c.b. preconizava que a partilha, uma vez feita e julgada, só seria anulável pelos vícios e defeitos que invalidam, em geral, os negócios jurídicos.

O parágrafo único do art. 2.027 do C.c.b., por sua vez, preconiza que *extingue-se em um ano o direito de anular a partilha*.

A redação originária do art. 2.027 do C.c.b. gerava certa inquietação, pois não se tinha plena segurança se ela tratava da partilha amigável, da partilha judicial ou de ambas.

Note-se que a redação originária dizia: *"uma vez feita e julgada"*, dando a entender que também estava tratando da partilha judicial.

No meu modo de sentir, o art. 1.068 do novo C.P.C. veio corrigir essa dúvida, ao modificar a redação do 'caput' do art. 2.027 do C.c.b.

Preceitua o art. 1.068 do novo C.P.C.:

> *Art. 1.068. O art. 274 e o caput do art. 2.027 da Lei no 10.406, de 10 de janeiro de 2002 (Código Civil), passam a vigorar com a seguinte redação: (Vigência) (...).*
> *"Art. 2.027. A partilha é anulável pelos vícios e defeitos que invalidam, em geral, os negócios jurídicos.*

Assim, a exclusão das expressões "feita e julgada' do texto do art. 2.027 do C.c.b. faz com que sua interpretação seja no sentido de que sua normatização está voltada apenas para a partilha amigável, que não é julgada, mas simplesmente homologada.

Diante desse entendimento, pode-se afirmar: a) a rescisão da partilha judicial julgada ocorre no prazo de dois anos de seu trânsito em julgado; b) o direito de anular a partilha amigável extingue-se no prazo de um ano, nos termos do p.u. do art. 2.027 do C.c.b.

24.
Unificação dos prazos recursais

O art. 1.070 do novo C.P.C. estabelece que *é de 15 (quinze) dias o prazo para a interposição de qualquer agravo, previsto em lei ou em regimento interno de tribunal, contra decisão de relator ou outra decisão unipessoal proferida em tribunal.*

Este dispositivo unifica todos os prazos de recurso de agravo interposto contra decisão monocrática ou unipessoal de relator, especialmente os denominados agravos internos ou regimentais, aduzindo que o prazo desses agravos passa a ser de quinze dias, revogando-se dessa forma eventual norma em contrário existente em lei específica ou nos regimentos internos dos Tribunais, inclusive do S.T.J e do S.T.F.

O art. 1.070 do novo C.P.C. está de acordo com o preceito normativo previsto no art. 1003, §5º, do atual C.P.C.: *Excetuados os embargos de declaração, o prazo para interpor os recursos e para responder-lhes é de 15 (quinze) dias.*

Há, portanto, uma *unificação* do prazo para interposição de qualquer recurso, salvo no que concerne aos embargos de declaração.

25.
Da usucapião extrajudicial

25.1. Diversas espécies de usucapião

Savigny reduziu a dois os efeitos da posse: *a usucapião* e a *faculdade de se invocar os interditos*.

Por sua vez, Clóvis Bevilaqua preconizava que seriam sete os efeitos da posse: a) direito do uso dos interditos; b) percepção dos frutos; c) direito de retenção das benfeitorias; d) responsabilidade pelas deteriorações; e) se o direito do possuidor for impugnado, o ônus da prova compete ao impugnante; f) posição privilegiada do possuidor em relação ao direito de propriedade, cuja defesa se completa pela posse; g) direito à usucapião.

Portanto, tanto para Savgny quanto para Clóvis Bevilaqua um dos efeitos importante da posse é justamente a possibilidade de se adquirir a propriedade pela *usucapião* em decorrência da posse *ad usucapionem*.

Por meio da posse *ad usucapionem* chega-se à propriedade ou a outro direito real sobre o bem. Como a própria etimologia aponta, usucapião consiste em adquirir pelo uso, *usus capere*. Trata-se de instituto antigo, de origem romana.[174]

A usucapião *"consiste na aquisição da propriedade pela posse qualificada e prolongada no tempo de um determinado bem. Ou, na definição de Modestino, 'adjectio dominii per continuationem possessionis temporis lege definiti. Assim, pela usucapião, a posse, somada ao tempo de posse, confere um direito real".*[175]

---

[174] PENTEADO, Luciano de Camargo. *Direito das coisas*. São Paulo: Editora, R.T.: 2008, p. 264.
[175] PENTEADO, L. C., idem, p. 266.

Assim, o registro, a acessão, o direito hereditário e a usucapião são forma de aquisição da propriedade do bem imóvel ou de outros direitos reais sobre bens imóveis.

A usucapião também é uma das formas de aquisição do bem móvel.

Todos os direitos reais que tenham por fundamento a *posse* com função de fruição podem ser objeto de usucapião. Há, portanto, usucapião de propriedade, servidão, usufruto, habitação. Na realidade, *"o que caracteriza a possibilidade de haver usucapião não é o fato de se estar em uma situação análoga à do proprietário em relação ao bem, mas o fato de haver uma específica intenção exercida no ânimo do sujeito. A intenção de possuir como o titular do direito real referido é que caracteriza, de modo claro e objetivo a situação de qual direito real se está a usucapir. O CPC não trata dos direitos reais de gozo em geral. Alguns autores, portanto, concluem pela impossibilidade de se usucapirem direitos reais de gozo, como usufruto, uso e habitação, por conta da impossibilidade, em sua opinião, de se verificar 'corpus' e 'animus' específicos e próprios. Tal crítica não procede, especialmente na modalidade de usucapião ordinária em que o título atribua um desses direitos reais limitados. Além disso, pode-se verificar o 'animus' na específica relação que o usucapiente estabeleça com o proprietário, por exemplo, com relação à distribuição de ônus referentes ao imóvel ".*[176]

Há diversas espécies de usucapião, cada qual com seus requisitos legais específicos.

a) usucapião *extraordinária tradicional ou com posse de trabalho* – art.1. 238 do C.c.b.:

Art. 1.238. Aquele que, por quinze anos, sem interrupção, nem oposição, possuir como seu um imóvel, adquire-lhe a propriedade, independentemente de título e boa-fé; podendo requerer ao juiz que assim o declare por sentença, a qual servirá de título para o registro no Cartório de Registro de Imóveis.

Parágrafo único. O prazo estabelecido neste artigo reduzir-se-á a dez anos se o possuidor houver estabelecido no imóvel a sua moradia habitual, ou nele realizado obras ou serviços de caráter produtivo.

A usucapião extraordinária independe de boa-fé e de justo título. O prazo será de quinze anos ou de dez anos. Neste caso, o possuidor deverá ter estabelecido no imóvel a sua moradia habitual, ou nele realizado

---

[176] PENTEADO, L. C., idem, p. 271.

obras ou serviços de caráter produtivo. A posse deverá ser ininterrupta e sem oposição.
b) usucapião *ordinária tradicional e em decorrência de cancelamento de registro* – art. 1.242 do C.c.b.:
Art. 1.242. Adquire também a propriedade do imóvel aquele que, contínua e incontestadamente, com justo título e boa-fé, o possuir por dez anos.
Parágrafo único. Será de cinco anos o prazo previsto neste artigo se o imóvel houver sido adquirido, onerosamente, com base no registro constante do respectivo cartório, cancelada posteriormente, desde que os possuidores nele tiverem estabelecido a sua moradia, ou realizado investimentos de interesse social e econômico.
Na usucapião ordinária, além dos requisitos exigidos para a usucapião extraordinária, necessita-se comprovar também a boa-fé do possuidor e o justo título (título que se legítimo e perfeito fosse, seria apto a transferir o direito real em questão).
O prazo será de dez ou cinco anos, dependendo do caso.
Na usucapião ordinária em decorrência de cancelamento de registro exigi-se, ainda, a aquisição onerosa do imóvel, bem como que os possuidores nele tenham estabelecido a sua moradia, ou realizado investimentos de interesse social e econômico.
c) usucapião *especial urbana* – art. 1.240 do C.c.b.:
Art. 1.240. Aquele que possuir, como sua, área urbana de até duzentos e cinqüenta metros quadrados, por cinco anos ininterruptamente e sem oposição, utilizando-a para sua moradia ou de sua família, adquirir-lhe-á o domínio, desde que não seja proprietário de outro imóvel urbano ou rural.
§ 1º O título de domínio e a concessão de uso serão conferidos ao homem ou à mulher, ou a ambos, independentemente do estado civil.
§ 2º O direito previsto no parágrafo antecedente não será reconhecido ao mesmo possuidor mais de uma vez.
São requisitos da usucapião especial urbana: a) imóvel urbano e não rural; b) área urbana de até duzentos e cinquenta metros quadrados; c) prazo de cinco anos de posse ininterrupta e sem oposição; d) utilização da área para moradia do possuidor ou de sua família; e) não ser proprietário de outro imóvel urbano ou rural.
d) usucapião *especial rural* – art. 1.239 do C.c.b.:

Art. 1.239. Aquele que, não sendo proprietário de imóvel rural ou urbano, possua como sua, por cinco anos ininterruptos, sem oposição, área de terra em zona rural não superior a cinqüenta hectares, tornando-a produtiva por seu trabalho ou de sua família, tendo nela sua moradia, adquirir-lhe-á a propriedade.

São requisitos da usucapião especial rural: a) área de terra em zona rural e não urbana; b) área de terra em zona rural de até cinquenta hectares; c) prazo de cinco anos de posse ininterrupta, sem oposição; d) área produtiva pelo trabalho do possuidor ou de sua família, tendo nela sua morada; e) não ser proprietário de imóvel urbano ou rural.

e) usucapião *coletiva* – art. 10 da Lei n. 10.257/2001 (Estatuto da Cidade):

Art. 10. As áreas urbanas com mais de duzentos e cinqüenta metros quadrados, ocupadas por população de baixa renda para sua moradia, por cinco anos, ininterruptamente e sem oposição, onde não for possível identificar os terrenos ocupados por cada possuidor, são susceptíveis de serem usucapidas coletivamente, desde que os possuidores não sejam proprietários de outro imóvel urbano ou rural.

§ 1º O possuidor pode, para o fim de contar o prazo exigido por este artigo, acrescentar sua posse à de seu antecessor, contanto que ambas sejam contínuas.

§ 2º A usucapião especial coletiva de imóvel urbano será declarada pelo juiz, mediante sentença, a qual servirá de título para registro no cartório de registro de imóveis.

§ 3º Na sentença, o juiz atribuirá igual fração ideal de terreno a cada possuidor, independentemente da dimensão do terreno que cada um ocupe, salvo hipótese de acordo escrito entre os condôminos, estabelecendo frações ideais diferenciadas.

§ 4º O condomínio especial constituído é indivisível, não sendo passível de extinção, salvo deliberação favorável tomada por, no mínimo, dois terços dos condôminos, no caso de execução de urbanização posterior à constituição do condomínio.

§ 5º As deliberações relativas à administração do condomínio especial serão tomadas por maioria de votos dos condôminos presentes, obrigando também os demais, discordantes ou ausentes.

São requisitos da usucapião coletiva: a) área na zona urbana e não rural; b) superior a duzentos e cinquenta metros quadrados; c) prazo de cinco anos de posse ininterrupta, sem oposição; d) ocupação por população (coletiva) de baixa renda para sua moradia; e) possuidores não sejam proprietários de outro imóvel urbana ou rural; f) não for possível identificar os terrenos ocupados por cada possuidor; g) aquisição coletiva e em condomínio indivisível.

f) usucapião *administrativa* – art. 60 da Lei 11.977/09 (Dispõe sobre o Programa Minha casa, Minha Vida – PMCMV e a regularização fundiária de assentamentos localizados em áreas urbanas):

Art. 60. Sem prejuízo dos direitos decorrentes da posse exercida anteriormente, o detentor do título de legitimação de posse, após 5 (cinco) anos de seu registro, poderá requerer ao oficial de registro de imóveis a conversão desse título em registro de propriedade, tendo em vista sua aquisição por usucapião, nos termos do art. 183 da Constituição Federal.

§ 1º Para requerer a conversão prevista no caput, o adquirente deverá apresentar:
I – certidões do cartório distribuidor demonstrando a inexistência de ações em andamento que versem sobre a posse ou a propriedade do imóvel;
I - certidões do cartório distribuidor demonstrando a inexistência de ações em andamento que caracterizem oposição à posse do imóvel objeto de legitimação de posse; (Redação dada pela Medida Provisória nº 514, de 2010)
II – declaração de que não possui outro imóvel urbano ou rural;
III – declaração de que o imóvel é utilizado para sua moradia ou de sua família; e
IV – declaração de que não teve reconhecido anteriormente o direito à usucapião de imóveis em áreas urbanas.

§ 2º As certidões previstas no inciso I do § 1o serão relativas à totalidade da área e serão fornecidas pelo poder público.

§ 2º As certidões previstas no inciso I do § 1o serão relativas ao imóvel objeto de legitimação de posse e serão fornecidas pelo poder público. (Redação dada pela Medida Provisória nº 514, de 2010)

§ 3º No caso de área urbana de mais de 250m^2 (duzentos e cinquenta metros quadrados), o prazo para requerimento da conversão do título de legitimação de posse em propriedade será o estabelecido na legislação pertinente sobre usucapião. (Incluído pela Lei nº 12.424, de 2011)

São requisitos da usucapião administrativa: a) encontrar-se o possuidor em área urbana para regularização fundiária de interesse social; b) ser detentor de título de legitimação de posse; c) prazo de cinco anos de registro do título de legitimação de posse; d) inexistência de ações em andamento que versem sobre a posse ou propriedade do imóvel; e) não possuir o requerente outro imóvel urbano ou rural; f) utilização do imóvel para sua moradia ou de sua família; g) o requerente não ser detentor de outro direito de usucapião.

25.2. Procedimento judicial da demanda de usucapião

Pelo C.P.C. de 1973, a usucapião de terras particulares era regulada pelo procedimento especial de jurisdição contenciosa previsto nos arts. 941 a 945, a saber:

> Art. 941. Compete a ação de usucapião ao possuidor para que se lhe declare, nos termos da lei, o domínio do imóvel ou a servidão predial.
> Art. 942. O autor, expondo na petição inicial o fundamento do pedido e juntando planta do imóvel, requererá a citação daquele em cujo nome estiver registrado o imóvel usucapiendo, bem como dos confinantes e, por edital, dos réus em lugar incerto e dos eventuais interessados, observado quanto ao prazo o disposto no inciso IV do art. 232. (Redação dada pela Lei nº 8.951, de 13.12.1994)
> Art. 943. Serão intimados por via postal, para que manifestem interesse na causa, os representantes da Fazenda Pública da União, dos Estados, do Distrito Federal, dos Territórios e dos Municípios. (Redação dada pela Lei nº 8.951, de 13.12.1994)
> Art. 944. Intervirá obrigatoriamente em todos os atos do processo o Ministério Público.
> Art. 945. A sentença, que julgar procedente a ação, será transcrita, mediante mandado, no registro de imóveis, satisfeitas as obrigações fiscais.

Portanto, pelo C.P.C. de 1973, a usucapião somente poderia ser declarada por sentença judicial mediante procedimento especial de jurisdição contenciosa.

Por sua vez, no novo C.P.C. de 2015, a declaração judicial de usucapião não se dá mais pelo procedimento especial de jurisdição contenciosa, sendo, portanto, regulada pelo procedimento comum.

25.3. Desjudicialização ou extrajudicialização da usucapião

O maior avanço sobre a usucapião ocorrido no novo estatuto processual civil de 2015 foi a previsão da denominada *usucapião extrajudicial*.

Assim, pelo novo C.P.C., a usucapião poderá ser *judicial* ou *extrajudicial*.
Sendo judicial, o procedimento a ser adotado será o comum e não mais o especial de jurisdição contenciosa.

A *usucapião extrajudicial*, por sua vez, está regulada no art. 1.071 do novo C.P.C.:

> *Art. 1.071. O Capítulo III do Título V da Lei no 6.015, de 31 de dezembro de 1973 (Lei de Registros Públicos), passa a vigorar acrescida do seguinte art. 216-A: (Vigência)*
> *"Art. 216-A. Sem prejuízo da via jurisdicional, é admitido o pedido de reconhecimento extrajudicial de usucapião, que será processado diretamente perante o cartório do registro de imóveis da comarca em que estiver situado o imóvel usucapiendo, a requerimento do interessado, representado por advogado, instruído com:*
> *I – ata notarial lavrada pelo tabelião, atestando o tempo de posse do requerente e seus antecessores, conforme o caso e suas circunstâncias;*
> *II – planta e memorial descritivo assinado por profissional legalmente habilitado, com prova de anotação de responsabilidade técnica no respectivo conselho de fiscalização profissional, e pelos titulares de direitos reais e de outros direitos registrados ou averbados na matrícula do imóvel usucapiendo e na matrícula dos imóveis confinantes;*
> *III – certidões negativas dos distribuidores da comarca da situação do imóvel e do domicílio do requerente;*
> *IV – justo título ou quaisquer outros documentos que demonstrem a origem, a continuidade, a natureza e o tempo da posse, tais como o pagamento dos impostos e das taxas que incidirem sobre o imóvel.*
> *§ 1º O pedido será autuado pelo registrador, prorrogando-se o prazo da prenotação até o acolhimento ou a rejeição do pedido.*
> *§ 2º Se a planta não contiver a assinatura de qualquer um dos titulares de direitos reais e de outros direitos registrados ou averbados na matrícula do imóvel usucapiendo e na matrícula dos imóveis confinantes, esse será notificado pelo registrador competente, pessoalmente ou pelo correio com aviso de recebimento, para manifestar seu consentimento expresso em 15 (quinze) dias, interpretado o seu silêncio como discordância.*
> *§ 3ºO oficial de registro de imóveis dará ciência à União, ao Estado, ao Distrito Federal e ao Município, pessoalmente, por intermédio do oficial de registro de*

> *títulos e documentos, ou pelo correio com aviso de recebimento, para que se manifestem, em 15 (quinze) dias, sobre o pedido.*
>
> *§ 4º O oficial de registro de imóveis promoverá a publicação de edital em jornal de grande circulação, onde houver, para a ciência de terceiros eventualmente interessados, que poderão se manifestar em 15 (quinze) dias.*
>
> *§ 5º Para a elucidação de qualquer ponto de dúvida, poderão ser solicitadas ou realizadas diligências pelo oficial de registro de imóveis.*
>
> *§ 6º Transcorrido o prazo de que trata o § 4o deste artigo, sem pendência de diligências na forma do § 5odeste artigo e achando-se em ordem a documentação, com inclusão da concordância expressa dos titulares de direitos reais e de outros direitos registrados ou averbados na matrícula do imóvel usucapiendo e na matrícula dos imóveis confinantes, o oficial de registro de imóveis registrará a aquisição do imóvel com as descrições apresentadas, sendo permitida a abertura de matrícula, se for o caso.*
>
> *§ 7º Em qualquer caso, é lícito ao interessado suscitar o procedimento de dúvida, nos termos desta Lei.*
>
> *§ 8º Ao final das diligências, se a documentação não estiver em ordem, o oficial de registro de imóveis rejeitará o pedido.*
>
> *§ 9º A rejeição do pedido extrajudicial não impede o ajuizamento de ação de usucapião.*
>
> *§ 10. Em caso de impugnação do pedido de reconhecimento extrajudicial de usucapião, apresentada por qualquer um dos titulares de direito reais e de outros direitos registrados ou averbados na matrícula do imóvel usucapiendo e na matrícula dos imóveis confinantes, por algum dos entes públicos ou por algum terceiro interessado, o oficial de registro de imóveis remeterá os autos ao juízo competente da comarca da situação do imóvel, cabendo ao requerente emendar a petição inicial para adequá-la ao procedimento comum."*

É certo, porém, que a possibilidade de realização de procedimento extrajudicial para fins de aquisição, modificação ou extinção de direitos, bem como para fins de constituição ou desconstituição de relação jurídica não é novo em nosso ordenamento jurídico, pois normas jurídicas já prevêem a possibilidade da realização do inventário ou do divórcio, separação judicial e restabelecimento de sociedade conjugal via cartório extrajudicial (escritura pública), além de ser possível a consignação em pagamento extrajudicial.

Além do mais, a conversão de posse para o direito de propriedade via extrajudicial já era prevista no art. 60 da Lei n. 11.977/09 (Dispõe sobre o Programa Minha casa, Minha Vida – PMCMV e a regularização fundiária de assentamentos localizados em áreas urbanas): *Sem prejuízo dos direitos decorrentes da posse exercida anteriormente, o detentor do título de legitimação de posse, após 5 (cinco) anos de seu registro, poderá requerer ao oficial de registro de imóveis a conversão desse título em registro de propriedade, tendo em vista sua aquisição por usucapião, nos termos do art. 183 da Constituição Federal. (...).*

O art. 1.071 do novo C.P.C. não trata da denominada usucapião administrativa, mas amplia o procedimento extrajudicial da usucapião para todas as formas de usucapião que até então somente poderiam ser perfectibilizadas pela via judicial.

O art. 1.071 do novo C.P.C., assim como já ocorre com o inventário e o divórcio, permite a declaração de usucapião pela via extrajudicial, desde que observado o devido processo legal, pois, segundo a Constituição Federal de 1988, ninguém será privado de seus bens sem o devido processo legal, podendo esse devido processo legal ser realizado administrativamente.

O art. 1.071 do novo C.P.C. insere na Lei n. 6.015/73 (Lei de Registro Públicos) o art. 216-A, no Capítulo III- Do processo de registro – que passa a ser denominado *usucapião extrajudicial*. Trata-se daquilo que a doutrina vem denominando de *desjudicialização ou extrajudicialização* do direito, ou seja, deslocamento de competências do Poder Judiciário para órgãos extrajudiciais, como notários e registradores.[177]

25.4. Requisitos para a usucapião extrajudicial

Quem tiver interesse na usucapião de terras particulares, sem prejuízo da via jurisdicional, poderá formular pedido de reconhecimento extrajudicial da usucapião.

Este pedido será feito diretamente ao Cartório de Registro de Imóveis da comarca em que estiver situado o imóvel usucapiendo. A competência do Cartório de Registro de Imóveis será definida pela situação do imóvel usucapiendo.

---

[177] Veronese, Yasmim. Leandro; Silva, Caique Leite Thomas da. Os notários e registradores e sua atuação na desjudicialização das relações sociais. São Paulo: *Revista dos Tribunais*, vol. 4/2014, p. 65.

O interessado poderá optar pela via extrajudicial judicial ou judicial.

Porém, se já houver sido instaurada a via judicial, não poderá o requerente promover a usucapião extrajudicial.

Se o requente, mesmo que em trâmite demanda judicial de usucapião, conseguir preencher todos os requisitos para a via extrajudicial, especialmente colhendo as assinaturas na planta e no memorial descritivo dos titulares de direitos reais sobre o imóvel usucapiendo, poderá o procedimento extrajudicial definir a questão, perdendo objeto a demanda judicial de usucapião, por falta de interesse processual.

O requerimento deverá ser feito pelo interessado, o qual deverá estar representado por advogado constituído, pela Defensoria Pública ou nomeado, em caso de hipossuficiente, pelo juiz dos Registros Públicos.

A exigência de representação por advogado tem sua razão de ser, em face da necessidade de compreensão dos aspectos técnicos e jurídicos do trâmite procedimental no âmbito dos Registros Públicos.

O requerimento da usucapião extrajudicial deverá ser instruído com:

25.4.1. Da ata notarial

I – *ata notarial* lavrada pelo tabelião, atestando o tempo de posse do requerente e seus antecessores, conforme o caso, e suas circunstâncias.

Assim, antes de se requerer a usucapião diretamente no Registro de Imóveis, deverá o requerente solicitar a lavratura de ata notarial perante um tabelião de sua escolha (o substitutivo da Câmara dos Deputados determinava que a competência seria do tabelião do local em que se encontrava situado o imóvel), atestando a posse, o tempo do requerente e de seus antecessores, se for o caso.

A ata notarial é um meio de prova realizado extrajudicialmente, sendo que em razão de sua rápida e fácil elaboração por meio de tabelião de notas, possui fé pública daquilo que consta como seu objeto de prova, no caso, as circunstâncias e requisitos da usucapião.

Segundo o disposto no art. 384 do novo C.P.C, inserido no capítulo das provas, *a existência e o modo de existir de algum fato podem ser atestados ou documentados, a requerimento do interessado, mediante ata lavrada por tabelião.*

Demonstrando-se a existência ou inexistência de determinado fato, o tabelião descreve essa situação de forma minuciosa e objetiva, transcrevendo todas essas circunstâncias na ata notarial.

Seu conteúdo normativo substancial está previsto no art. 217 do Código Civil brasileiro que assim dispõe: *Terão a mesma força probante os traslados e as certidões, extraídos por tabelião ou oficial de registro, de instrumentos ou documentos lançados em suas notas.*

Por sua vez, o seu conteúdo administrativo está regulamentado pelo art. 236 da Constituição Federal e pela Lei 8.935/94.

O art. 1º da Lei 8.935/94 prescreve que *"os serviços notarias e de registro são os de organização técnica destinados a garantir a publicidade, autenticidade, segurança e eficácia dos atos jurídicos.*

O art. 6º da Lei 8.935/94 estabelece que aos notórios compete: I – formalizar juridicamente a vontade das partes; II – intervir nos atos e negócios jurídicos a que as partes devam ou queiram dar forma legal ou autenticidade, autorizando a redação ou redigindo os instrumentos adequados, conservando os originais e expedindo cópias fidedignas de seu conteúdo; III- autenticar fatos.

O art.7º da Lei 8.935/94, por sua vez, afirma que aos tabeliães de notas compete exclusivamente: *III – lavrar atas notariais.*

É facultado aos tabeliães de notas realizar todas as gestões e diligências necessárias ou convenientes ao preparo das atas notariais.

Este meio de prova é elaborado por um notário público, detentor de fé pública, cuja fé pública dá maior segurança sobre a existência ou o modo de existir de algum fato.

Conforme anota José Maria Tescheiner, há muita utilidade prática na ata notarial, principalmente como forma de comprovação em juízo de fatos relevantes para a decisão da causa. O referido autor cita um exemplo interessante. A consignação em pagamento tem lugar se o credor, sem justa causa, se recusa a receber o pagamento, ou dar quitação na devida forma (C.c.b., art. 335). Proposta a demanda, pode o réu alegar na contestação que não houve recusa, fato cuja prova, como fato constitutivo, incumbe ao demandante. Contudo, ao invés de depender da prova testemunhal, que de certa forma pode ser considerada duvidosa, pode o devedor comprovar a recusa mediante *ata notarial*.[178]

Na realidade, o conteúdo da ata notarial decorre de um ato jurídico, muitas vezes proveniente de assembleias de sociedade ou de condomínios ou

---

[178] TESCHEINER, José Maria. Ata notarial como meio de prova – uma revolução no processo civil. *In: Boletim eletrônico IRIB*, São Paulo, agosto de 2004, n. 1.259 de 26.08.2004.

de qualquer outro registro por escrito de fatos e atos jurídicos importantes, inclusive para demonstrar a verdade, a eficácia e a existência das conclusões chegadas em referidas assembleias.

Conforme anota Adauto A. Tomaszewski: *"A partir da observação da legislação e da prática notarial é possível conceituar a ata notarial como um documento que contém a narração imparcial, portanto sem juízo de valores, e minuciosa, de fatos jurídicos adrede solicitados e que não sejam de atribuição de outro profissional registrador. Não seria possível lavrar ata notarial de protesto de título, por exemplo. Os fatos objeto de autenticação são aqueles passíveis de percepção, verificação ou presenciados pelo notário, ou mesmo seu substituto legal. A prévia solicitação deve partir de pessoa com legítimo interesse, nos moldes daqueles delineados no Código de Processo Civil. Este profissional deve se ater em sua atividade a relatar aquilo que ouve, vê ou, como anotado, ainda pode perceber pela audiência ou olfato. Este documento pode servir de base probante de fatos jurídicos, assim entendidos como aqueles relevantes para o Direito e que, por previsão no ordenamento jurídico, produzem efeitos a que a ordem jurídica entende sendo dignos de regulamentação"*.[179]

Podem as atas notariais ser classificadas do seguinte modo: *"a) materiais – são aquelas que afetam fatos jurídicos que, por sua índole, não há como qualificá-los como contratos; b) formais – são aquelas em que a lei estabelece uma manifestação formal, como, por exemplo, aprovação de testamento cerrado ou ato de depósito perante o notário; c) típicas – são aquelas atas previstas em lei, com efeito de regulamentação especial; d) atípicas – são aquelas que, embora previstas no ordenamento jurídico, são possíveis de serem realizadas, pois possuem objeto lícito, o agente é capaz e as formas dos fatos são admitidas em direito"*.[180]

Adauto A. Tomaszewski entende que é bastante relevante que se teçam algumas considerações sobre as diversas modalidades, razão pela qual ele traça as seguintes considerações principais: *"a) Ata notarial de presença e declaração – o tabelião narra fielmente, em linguagem jurídica, a declaração do interessado. Tais declarações são aquelas pura e simples que atingem direitos próprios (sentido de se manifestar, fazer valer a sua manifestação de vontade ou declaração). Nesta ata, a declaração poderá ser absolutamente só ou com testemunhas. Alguns notários denominam

---

[179] TOMASZEWSKI, Adauto de Almeida. A ata notarial como meio de prova e efetivação de direitos. *Revista Cien. Jurídica e Sociológica da Unipar*, Umuara, vol. 11, n. 1, p. 7-23, jan./jun., 2008. p. 12.

[180] VASCONCELOS, Julenildo Nunes. CRUZ, Antonio Augusto. *Direito notarial: teoria e prática*. Rio de Janeiro: Forense, 2006. p. 82.

este instrumento como 'Escritura Pública de Declaração' ou 'Escritura de Declaração'. Destaque-se que estas declarações partem da idéia de serem simples narrativa sem a característica negocial. Inegavelmente que se prestam a produzir efeitos jurídicos, sendo, portanto, entendidos como atos jurídicos, com os efeitos que lhe são peculiares. Mas, afinal de contas, que efeitos seriam estes? Os negócios jurídicos podem produzir os efeitos desejados pelas partes e que não sejam proibidos pela lei. É por isto que se permite a inserção de elementos acidentais como a condição, termo, seja inicial ou final. Conseqüentemente, o prazo de vinculação entre as partes, e por fim, eventualmente, comumente em negócios não onerosos, o encargo. Diferentemente, o ato jurídico somente produz os efeitos previamente determinados pela Lei. Imagine-se uma declaração que reconhece a paternidade: os efeitos não podem ser delimitados pelo manifestante; na mesma esteira, o ato jurídico de emancipação, cujos efeitos também escapam ao poder emancipatório dos pais e produzem diversas conseqüências que a Lei especifica de forma direta ou indireta; b) ata notarial de verificação de atos na rede de comunicação de computadores Internet – o tabelião acessa determinado endereço na rede mundial de computadores e verifica o conteúdo de certo sítio (página ou site), materializando tudo aquilo que presenciou e certificando não só o conteúdo existente, mas também a data e horário de acesso; a imagem da página acessada poderá, a pedido do solicitante, ser impressa no próprio instrumento notarial; c) ata notarial de verificação de fatos em diligência – são diversas as hipóteses, dentre as quais duas se destacam: uma delas quando a pessoa interessada solicita ao tabelião que se desloque em diligência, respeitada a noção espacial de competência territorial, presencie, verifique e certifique um fato. Um exemplo prático é a diligência até uma fazenda e o tabelião fotografa uma extensa área agrícola queimada, juntamente com eventuais bens acessórios e pertenças, também perecidos ou deteriorados, em decorrência de uma queimada iniciada por lindeiro daquela propriedade, cujo descontrole fez com que danos fossem causados ao seu vizinho. Neste caso, o notário certifica tudo com uma máquina fotográfica digital, ou equivalente, imprime as fotos, atesta sua autenticidade e este conjunto probante é acolhido para se determinar em juízo a extensão dos prejuízos, faltando apenas que se determine o estabelecimento do quantum indenizatório. Outro exemplo ocorre quando uma pessoa, movida por um interesse legítimo, solicita ao tabelião que este se dirija até certo local e ali presencie um diálogo telefônico em sistema que lhe permita ouvir a conversa. Posteriormente, o conteúdo é transcrito fielmente para o instrumento notarial. Esta mesma verificação também pode ocorrer em situações dentro da própria serventia, se o notário dispuser de um sistema similar ou se este for levado episodicamente para lá; d) ata notarial de notoriedade – o interessado solicita ao tabelião que verifique a existência e a capacidade de determinada pessoa; desta forma, o tabelião atestará que reconhece a pessoa e que esta aparenta boas condições físicas e mentais, tendo ela declarado a ele, ora tabelião, que não se encontra interditado ou em processo para tanto, o que a capacita para todos os atos da vida civil, conforme a lei brasileira. Ressalvo que o notário não pode e nem deve emitir juízo de valor, apenas ser fiel àquilo que vê. Assim, não se atestará a capacidade, apenas que não existem indícios visíveis de eventual incapacidade. A título de melhor esclarecimento, reporto estas noções aos capítulos referentes à interdição e os efeitos decorrentes da incapacidade das partes para a celebração de um negócio jurídico; e) ata notarial de nomeação de tutor – hipótese em que o titular do poder familiar, no intuito de resguardar e proteger seu filho pela eventualidade e por ocasião de sua morte, solicita ao notário que redija ata notarial, na qual indica determinada pessoa a quem confia a guarda e a tutela de seu descendente. Acresça-se que a pessoa indicada não precisa estar presente, pois o objetivo é pura e simplesmente colher a manifestação de vontade de seu emitente. Oportunamente, em procedimento judicial específico, o indicado será chamado para manifestar se aceita este múnus e assumir as responsabilidades dele decorrentes. Pode até ocorrer que nem aceite; f) ata notarial de presença e declaração – o tabelião narra com fidedignidade e em linguagem jurídica a declaração da pessoa interessada. Este tipo de declaração é pura e simples e atinge interesses e direitos próprios ou particulares da pessoa do declarante. Bastante comum esta hipótese nas situações em que o consulado exige o instrumento público, como escrituras, atas notariais e procurações, para satisfazer exigências de determinada norma interna. Esta ata pode conter declaração somente do indivíduo, sem a participação de outros que presenciem o ato ou em conjunto com testemunhas que a assinam".[181]

Dados representados por imagem ou som gravados em arquivos eletrônicos poderão constar da ata notarial.

Os dados representados por imagem ou som em arquivos eletrônicos poderão constar da ata notarial, conforme estabelece o *p.u. do art. 384* do atual C.P.C.

Nessa hipótese, o tabelião transcreverá na ata notarial, com fé pública, o conteúdo do arquivo eletrônico de imagem ou som, fazendo a transcrição desses elementos para a ata pública.

---

[181] TOMASZEWSKI, A. A., op. Cit., págs. 15 a 17.

Evidentemente, a ata notarial, para efeitos de usucapião extrajudicial, deverá conter o tempo de posse do requerente e de seus antecessores, conforme o caso e suas circunstâncias, de acordo com os requisitos legais para cada espécie de usucapião.

Assim, em se tratando de usucapião extraordinária, a posse a ser demonstrada na ata notarial será de 10 ou 15 anos, conforme o caso. Sendo o caso de usucapião de prazo de dez anos, na ata notarial deverá constar que o possuidor estabeleceu no imóvel a sua moradia habitual, ou nele realiza obras ou serviços de caráter produtivo. A posse deverá ser ininterrupta e sem oposição.

Em se tratando de usucapião coletiva, na ata notarial deverá constar o prazo de cinco anos de posse ininterrupta e sem oposição, a ocupação coletiva por pessoas de baixa renda para sua moradia, impossibilidade de identificação dos terrenos ocupados por cada possuidor e a aquisição coletiva.

Em muitas circunstâncias, o tabelião deverá dirigir-se pessoalmente ao imóvel para inserir na ata notarial a sua impressão sobre o tempo de posse a as circunstâncias fáticas que envolvem o imóvel objeto de usucapião, podendo observar relatos de vizinhos e confinantes.

25.4.2. Planta e memorial descritivo

II – *planta e memorial descritivo* assinado por profissional legalmente habilitado, com prova de anotação de responsabilidade técnica no respectivo conselho de fiscalização profissional, pelos titulares de direito reais e de outros direitos registrados ou averbados na matrícula do imóvel usucapiendo e na matrícula dos imóveis confinantes.

Memorial descritivo é um documento que deve estar presente em diversos tipos de projetos, descrevendo o imóvel com suas divisas e confrontações.

A planta, por sua vez, estabelece a localização e indicação do imóvel no âmbito estrutural.

A planta e o memorial descritivo do imóvel objeto de usucapião deverão ser assinados por profissional legalmente habilitado junto ao CREA – Conselho Regional de Engenharia e Arquitetura. Assim, esses documentos poderão ser assinados por um engenheiro ou por um arquiteto.

É importante salientar que a Lei 12.378/2010 criou o Conselho de Arquitetura e Urbanismo (CAU/BR), e determinou que os arquitetos deverão emitir o RRT (Registro de Responsabilidade Técnica – RRT). Assim, a responsabilidade técnica dos arquitetos é de competência do CAU e não mais do CREA.

Portanto, a responsabilidade técnica dos profissionais que elaboram plantas de imóveis e de construções passou a ser comprovada por um dos seguintes documentos:

> RRT – arquitetos e urbanistas, filiados ao CAU; e
> ART – demais profissionais ligados à engenharia, filiados ao CREA.

A planta e o memorial descritivo deverão ser assinados não somente por profissional legalmente habilitado, mas também pelos confinantes e titulares de direito reais e de outros direitos registrados ou averbados na matrícula do imóvel usucapiendo e na matrícula dos imóveis confinantes.

Portanto, a planta e memorial descritivo deverão ser assinadas pelos titulares de direitos reais e de outros direitos registrados ou averbados não só na matrícula do imóvel usucapiendo, mas também na matrícula dos imóveis confinantes que fazem divisa com o imóvel objeto de usucapião.

Sobre o rol dos direitos reais, estabelece o art. 1.225 do C.c.b.:

> *Art. 1.225. São direitos reais:*
> *I – a propriedade;*
> *II – a superfície;*
> *III – as servidões;*
> *IV – o usufruto;*
> *V – o uso;*
> *VI – a habitação;*
> *VII – o direito do promitente comprador do imóvel;*
> *VIII – o penhor;*
> *IX – a hipoteca;*
> *X – a anticrese.*
> *XI – a concessão de uso especial para fins de moradia; (Incluído pela Lei nº 11.481, de 2007)*
> *XII – a concessão de direito real de uso; e (Redação dada pela Medida Provisória nº 700, de 2015)*

XIII – os direitos oriundos da imissão provisória na posse, quando concedida à União, aos Estados, ao Distrito Federal, aos Municípios ou às suas entidades delegadas e respectiva cessão e promessa de cessão. (Incluído pela Medida Provisória nº 700, de 2015)

Portanto, todos aqueles que possuam algum dos direitos reais indicados no art. 1.225 do C.c.b., e que estejam devidamente registrados ou averbados no imóvel usucapiendo ou nos imóveis confinantes, deverão assinar a planta e o memorial descritivo. Dentre esses, o proprietário do imóvel usucapiendo e o proprietário do imóvel confinante, o credor hipotecário, aquele que possui anticrese, penhor rural ou agrícola, o usufrutuário, aquele que possui servidão, direito de superfície, que exerce uso, habitação, compromissário comprador, aquele que detém uso especial de moradia, concessão de direito real de uso ou os entes públicos que possuem direitos oriundos da imissão provisória na posse ou proveniente de sua cessão.

Também deverão assinar a planta e o memorial descritivo os titulares de outros direitos registrados ou averbados na matrícula do imóvel usucapiendo e na matrícula dos imóveis confinantes, como, por exemplo: a) contratos de locação de prédios, nos quais tenha sido consignada cláusula de vigência no caso de alienação de coisa locada; b) penhora, arresto e sequestro de imóveis; c) das rendas constituídas sobre imóveis ou a eles vinculadas por disposição de última vontade; e) dos empréstimos por obrigações ao portador ou debêntures, inclusive as conversíveis em ações;

A dúvida é se os titulares apenas de posse também deverão assinar o memorial descritivo, uma vez que a posse, para alguns, apresenta natureza de direito real.

Em relação àquele que possui título de legitimação de posse, devidamente averbado, deverá conter também sua assinatura.

Se a planta não contiver a assinatura de algum confinante, titular de direito real e de outro direito registrado ou averbado na matrícula do imóvel usucapiendo e na matrícula dos imóveis confinantes, este será notificado pelo registrador competente, para manifestar seu consentimento expresso em quinze dias.

Não se admite a falta de assinatura dos titulares de direito real ou outro direito sobre o imóvel usucapiendo ou sobre os imóveis confinantes, sendo que havendo a ausência de alguma assinatura, deverá o registrador competente notificar o ausente para manifestar seu consentimento expresso no prazo de quinze dias.

A notificação poderá ser realizada pessoalmente ou pelo correio, com aviso de recebimento.

É importante salientar que o silêncio daquele que não assinou a planta ou o memorial descritivo, seja pelo fato de não ter sido intimado, seja por simples falta de manifestação, não caracteriza sua aceitação tácita; ao contrário, o silêncio será interpretado como *discordância* à usucapião.

25.4.3. Certidões negativas

III – certidões negativas dos distribuidores da comarca da situação do imóvel e do domicílio do requerente.

Esse requisito é importante para se verificar se a posse usucapiendo é mansa e pacífica, pois o proprietário do imóvel poderá ter interposto ação possessória, visando à reintegração do imóvel.

Também é importante para se verificar se não há alguma outra ação reivindicatória ou de usucapião sendo manejada em relação ao imóvel usucapiendo.

A certidão negativa deverá ser tanto do distribuidor da comarca de situação do imóvel como da comarca de domicílio do requerente.

Essa certidão deverá ser proveniente tanto da Justiça Estadual como da Justiça Federal.

25.4.4. Justo título e outros documentos

IV – justo título ou quaisquer outros documentos que demonstrem a origem da posse, continuidade, natureza e tempo, tais como o pagamento dos impostos e taxas que incidirem sobre o imóvel.

Não obstante a ata notarial tenha por finalidade relatar o tempo de posse do requerente e de seus antecessores, bem com suas circunstâncias, o requerente deverá apresentar o *justo título ou quaisquer outros documentos* que demonstrem a origem da posse, continuidade, natureza e tempo, tais como o pagamento dos impostos e taxas que incidirem sobre o imóvel.

O *justo título*, ou seja, o título que se legítimo fosse seria apto a transferir o domínio ou outro direito real, é importante para demonstrar a posse *ad usucapionem* em relação à usucapião ordinária prevista especialmente no art. 1.242 do C.c.b, que assim dispõe:

Art. 1.242. *Adquire também a propriedade do imóvel aquele que, contínua e incontestadamente, com justo título e boa-fé, o possuir por dez anos.*
Parágrafo único. Será de cinco anos o prazo previsto neste artigo se o imóvel houver sido adquirido, onerosamente, com base no registro constante do respectivo cartório, cancelada posteriormente, desde que os possuidores nele tiverem estabelecido a sua moradia, ou realizado investimentos de interesse social e econômico.

Muito embora esse dispositivo requeira a apresentação de *justo título,* isso não significa que a usucapião extrajudicial seja aplicável somente em relação à usucapião ordinária, ou seja, à usucapião que exige a presença de justo título, isto é, o título que se legítimo fosse permitiria a transferência do domínio ou de outro direito real.

Outros documentos poderão também demonstrar a posse *ad usucapião* extraordinária, quando não se exige justo título.

Esses documentos deverão demonstrar:

a) a *origem da posse,* ou seja, se a posse é de boa-fé ou de má-fé.
   É de boa-fé a posse, se o possuidor ignorava o vício, ou o obstáculo que impede a aquisição da coisa (art. 1.201 do C.c.b.).
   Por outro lado, será de má-fé a posse em que o possuidor tem ciência do vício, ou do obstáculo que o impede à aquisição da posse.
   A posse de boa-fé só perde este caráter no caso e desde o momento em que as circunstâncias façam presumir que o possuidor não ignora que possui indevidamente (art. 1.202 do C.c.b.).

b) *continuidade da posse,* isto é, se a posse é contínua, muito embora possa ser decorrente da soma de tempo de anteriores possuidores, bem como se não há interrupção, devendo ser ainda mansa e pacífica.
   É importante salientar que a posse transmite-se aos herdeiros ou legatários do possuidor com os mesmos caracteres (art. 1.206 do C.c.b.).
   Por sua vez, o sucessor universal continua de direito a posse do seu antecessor; e ao sucessor singular é facultado unir sua posse à do antecessor, para os efeitos legais (art. 1.207 do C.c.b.).
   Salvo prova em contrário, entende-se manter a posse o mesmo caráter com que foi adquirida (art. 1.203 do C.c.b.).

c) *natureza da posse*, isto é, se a posse é justa ou injusta.
   É justa a posse que não for violenta, clandestina ou precária (art. 1.200 do C.c.b.).
   Por outro lado, é injusta a posse que for violenta, clandestina ou precária.
d) *tempo da posse*, ou seja, o prazo que o possuidor exerce a posse, até mesmo para se saber em qual espécie de usucapião ele pode se enquadrar.

25.4.5. Prenotação do pedido

O pedido de usucapião extrajudicial deverá ser autuado pelo registrador, após a sua prenotação.

A prenotação será prorrogada até o acolhimento ou rejeição do pedido.

A prenotação será realizada no livro n. 1 – Protocolo – que serve para apontamento de todos os títulos apresentados diariamente, ressalvado o disposto no parágrafo único do art. 12 da Lei de Registros Públicos.

Segundo estabelece o art. 175 da Lei de Registros Públicos, são requisitos da escrituração do Livro de Protocolo: I – o número de ordem, que seguirá indefinidamente nos livros da mesma espécie; II – a data da apresentação; III – o nome do apresentante; IV – a natureza formal do título; V – os atos que formalizar, resumidamente mencionados.

Sobre o protocolo, estabelecem, ainda, os arts. 182 a 188 da Lei de Registros Públicos:

> *Art. 182 – Todos os títulos tomarão, no Protocolo, o número de ordem que lhes competir em razão da seqüência rigorosa de sua apresentação. (Renumerado do art. 185 com nova redação pela Lei nº 6.216, de 1975).*
>
> *Art. 183 – Reproduzir-se-á, em cada título, o número de ordem respectivo e a data de sua prenotação. (Renumerado do art. 185 parágrafo único para artigo autônomo com nova redação pela Lei nº 6.216, de 1975).*
>
> *Art. 184 – O Protocolo será encerrado diariamente. (Incluído pela Lei nº 6.216, de 1975).*
>
> *Art. 185 – A escrituração do protocolo incumbirá tanto ao oficial titular como ao seu substituto legal, podendo, ser feita, ainda, por escrevente auxiliar expressamente designado pelo oficial titular ou pelo seu substituto legal mediante autorização do juiz competente, ainda que os primeiros não estejam nem afastados*

nem impedidos. (Renumerado do art. 186 com nova redação pela Lei nº 6.216, de 1975).

Art. 186 – O número de ordem determinará a prioridade do título, e esta a preferência dos direitos reais, ainda que apresentados pela mesma pessoa mais de um título simultaneamente. (Renumerado do art. 187 com nova redação pela Lei nº 6.216, de 1975).

Art. 187 – Em caso de permuta, e pertencendo os imóveis à mesma circunscrição, serão feitos os registros nas matrículas correspondentes, sob um único número de ordem no Protocolo. (Renumerado do art. 188 com nova redação pela Lei nº 6.216, de 1975).

Art. 188 – Protocolizado o título, proceder-se-á ao registro, dentro do prazo de 30 (trinta) dias, salvo nos casos previstos nos artigos seguintes. (Renumerado do art. 189 com nova redação pela Lei nº 6.216, de 1975).

25.4.6. Cientificação dos interessados

O oficial de registro de imóveis dará ciência à União, ao Estado, ao Distrito Federal e ao Município, para que se manifestem, em quinze dias, sobre o pedido. A comunicação será feita pessoalmente, por intermédio do oficial de registro de títulos e documentos, ou, ainda, pelo correio, com aviso de recebimento. Mesmo que a União tenha interesse, tal fato não afetará a possibilidade de se promover a usucapião extrajudicial, desde que não haja impugnação da União.

O oficial de registro de imóveis promoverá a publicação de edital em jornal de grande circulação, onde houver, para a ciência de terceiros eventualmente interessados, que podem manifestar-se em quinze dias.

Porém, se o proprietário do imóvel for conhecido e tiver endereço certo, ele deverá ser notificado pessoalmente sobre a usucapião extrajudicial, em razão do Princípio do Contraditório que também deve regular o processo administrativo da usucapião extrajudicial, sem prejuízo da necessidade de sua anuência expressa e não tácita para a concretização da usucapião.

Os terceiros interessados poderão se manifestar no prazo de quinze dias após a publicação do edital.

25.4.7. Registro e dúvida

Para a elucidação de qualquer ponto de dúvida, poderão ser solicitadas ou realizadas diligências pelo oficial de registro de imóveis, inclusive oitiva de eventuais testemunhas ou solicitação de novos documentos.

Transcorrido o prazo da última diligência notificatória sem qualquer impugnação ou outras pendências, e achando-se em ordem a documentação, o oficial de registro de imóveis registrará a aquisição do imóvel com as descrições apresentadas, sendo permitida a abertura de matrícula, se for o caso.

Em qualquer caso, é lícito ao interessado suscitar o procedimento de dúvida, o qual será resolvido pelo juiz titular dos registros públicos.

Sobre o processo de dúvida, estabelecem os arts. 198 a 207 da Lei de Registros Públicos:

> *Art. 198 – Havendo exigência a ser satisfeita, o oficial indicá-la-á por escrito. Não se conformando o apresentante com a exigência do oficial, ou não a podendo satisfazer, será o título, a seu requerimento e com a declaração de dúvida, remetido ao juízo competente para dirimí-la, obedecendo-se ao seguinte: (Renumerado do art. 198 a 201 "caput" com nova redação pela Lei nº 6.216, de 1975).*
>
> *I – no Protocolo, anotará o oficial, à margem da prenotação, a ocorrência da dúvida;*
>
> *II – após certificar, no título, a prenotação e a suscitação da dúvida, rubricará o oficial todas as suas folhas;*
>
> *III – em seguida, o oficial dará ciência dos termos da dúvida ao apresentante, fornecendo-lhe cópia da suscitação e notificando-o para impugná-la, perante o juízo competente, no prazo de 15 (quinze) dias;*
>
> *IV – certificado o cumprimento do disposto no item anterior, remeter-se-ão ao juízo competente, mediante carga, as razões da dúvida, acompanhadas do título.*
>
> *Art. 199 – Se o interessado não impugnar a dúvida no prazo referido no item III do artigo anterior, será ela, ainda assim, julgada por sentença. (Renumerado do art. 201 § 1º com nova redação pela Lei nº 6.216, de 1975).*
>
> *Art. 200 – Impugnada a dúvida com os documentos que o interessado apresentar, será ouvido o Ministério Público, no prazo de dez dias.(Renumerado do art. 202 com nova redação pela Lei nº 6.216, de 1975).*
>
> *Art. 201 – Se não forem requeridas diligências, o juiz proferirá decisão no prazo de quinze dias, com base nos elementos constantes dos autos. (Renumerado com nova redação pela Lei nº 6.216, de 1975).*

Art. 202 – Da sentença, poderão interpor apelação, com os efeitos devolutivo e suspensivo, o interessado, o Ministério Público e o terceiro prejudicado. (Renumerado do parágrafo único do art. 202 com nova redação pela Lei nº 6.216, de 1975).

Art. 203 – Transitada em julgado a decisão da dúvida, proceder-se-á do seguinte modo: (Renumerado dos arts. 203 e 204 com nova redação pela Lei nº 6.216, de 1975).

I – se for julgada procedente, os documentos serão restituídos à parte, independentemente de translado, dando-se ciência da decisão ao oficial, para que a consigne no Protocolo e cancele a prenotação;

II – se for julgada improcedente, o interessado apresentará, de novo, os seus documentos, com o respectivo mandado, ou certidão da sentença, que ficarão arquivados, para que, desde logo, se proceda ao registro, declarando o oficial o fato na coluna de anotações do Protocolo.

Art. 204 – A decisão da dúvida tem natureza administrativa e não impede o uso do processo contencioso competente. (Renumerado do art. 205 com nova redação pela Lei nº 6.216, de 1975).

Art. 205 – Cessarão automaticamente os efeitos da prenotação se, decorridos 30 (trinta) dias do seu lançamento no Protocolo, o título não tiver sido registrado por omissão do interessado em atender às exigências legais. (Renumerado do art. 206 com nova redação pela Lei nº 6.216, de 1975).

Parágrafo único. Nos procedimentos de regularização fundiária de interesse social, os efeitos da prenotação cessarão decorridos 60 (sessenta) dias de seu lançamento no protocolo. (Redação dada pela Lei nº 12.424, de 2011)

Art. 206 – Se o documento, uma vez prenotado, não puder ser registrado, ou o apresentante desistir do seu registro, a importância relativa às despesas previstas no art. 14 será restituída, deduzida a quantia correspondente às buscas e a prenotação. (Renumerado do art. 207 com nova redação pela Lei nº 6.216, de 1975).

Art. 207 – No processo, de dúvida, somente serão devidas custas, a serem pagas pelo interessado, quando a dúvida for julgada procedente. (Renumerado do art. 208 com nova redação pela Lei nº 6.216, de 1975).

Ao final das diligências, se a documentação não estiver em ordem, o oficial de registro de imóveis rejeitará o pedido.

25.4.8. Rejeição do pedido

A rejeição do pedido extrajudicial não impede o ajuizamento de ação de usucapião.

Em caso de impugnação ao pedido de reconhecimento extrajudicial da usucapião, apresentada por qualquer um dos titulares de direito reais e de outros direitos registrados ou averbados na matrícula do imóvel usucapiendo e na matrícula dos imóveis confinantes, por algum dos entes públicos ou por algum terceiro interessado, o oficial de registro de imóveis remeterá os autos ao juízo competente da Comarca da situação do imóvel, cabendo ao requerente emendar a petição inicial para adequá-la ao procedimento comum.

Se houver interesse da União, de suas autarquias ou de empresa pública federal, o processo deverá ser remetido à Justiça Federal.

26.
Papel do Conselho Nacional de Justiça em relação à efetividade do novo C.P.C.

Segundo estabelece o art. 1.069 do novo C.P.C., o *Conselho Nacional de Justiça promoverá, periodicamente, pesquisas estatísticas para avaliação da efetividade das normas previstas neste Código.*

Este dispositivo determina que o Conselho Nacional de Justiça, periodicamente, promova pesquisas estatísticas sobre a eficácia das normas processuais previstas no novo C.P.C., até mesmo para verificar se a mudança da legislação processual está efetivamente produzindo os efeitos desejados, ou recomendar a correção de rumos para melhor efetividade do exercício da tutela jurisdicional, inclusive com proposta de projeto para mudança legislativa.

27.
Derrogação expressa de preceitos normativos pelo novo C.P.C.

O último dispositivo do novo C.P.C., art. 1.072, revogou de forma expressa os seguintes dispositivos legais::

I – o art. 22 do Decreto-Lei no 25, de 30 de novembro de 1937;
II – os arts. 227, caput, 229, 230, 456, 1.482, 1.483 e 1.768 a 1.773 da Lei no 10.406, de 10 de janeiro de 2002 (Código Civil);
III – os arts. 2º, 3º, 4º, 6º, 7º, 11, 12 e 17 da Lei no 1.060, de 5 de fevereiro de 1950;
IV – os arts. 13 a 18, 26 a 29 e 38 da Lei no 8.038, de 28 de maio de 1990;
V – os arts. 16 a 18 da Lei no 5.478, de 25 de julho de 1968; e
VI – o art. 98, § 4o, da Lei no 12.529, de 30 de novembro de 2011.

a) Art. 22 do Decreto-lei n. 25/37 (Organização do patrimônio histórico e artístico):

Art. 22. Em face da alienação onerosa de bens tombados, pertencentes a pessôas naturais ou a pessôas jurídicas de direito privado, a União, os Estados e os municípios terão, nesta ordem, o direito de preferência.
§ 1º Tal alienação não será permitida, sem que prèviamente sejam os bens oferecidos, pelo mesmo preço, à União, bem como ao Estado e ao município em

que se encontrarem. O proprietário deverá notificar os titulares do direito de preferência a usá-lo, dentro de trinta dias, sob pena de perdê-lo.

§ 2º É nula alienação realizada com violação do disposto no parágrafo anterior, ficando qualquer dos titulares do direito de preferência habilitado a sequestrar a coisa e a impôr a multa de vinte por cento do seu valor ao transmitente e ao adquirente, que serão por ela solidariamente responsáveis. A nulidade será pronunciada, na forma da lei, pelo juiz que conceder o sequestro, o qual só será levantado depois de paga a multa e se qualquer dos titulares do direito de preferência não tiver adquirido a coisa no prazo de trinta dias.

§ 3º O direito de preferência não inibe o proprietário de gravar livremente a coisa tombada, de penhor, anticrese ou hipoteca.

§ 4º Nenhuma venda judicial de bens tombados se poderá realizar sem que, prèviamente, os titulares do direito de preferência sejam disso notificados judicialmente, não podendo os editais de praça ser expedidos, sob pena de nulidade, antes de feita a notificação.

§ 5º Aos titulares do direito de preferência assistirá o direito de remissão, se dela não lançarem mão, até a assinatura do auto de arrematação ou até a sentença de adjudicação, as pessôas que, na forma da lei, tiverem a faculdade de remir.

§ 6º O direito de remissão por parte da União, bem como do Estado e do município em que os bens se encontrarem, poderá ser exercido, dentro de cinco dias a partir da assinatura do auto da arrematação ou da sentença de adjudicação, não se podendo extraír a carta, enquanto não se esgotar êste prazo, salvo se o arrematante ou o adjudicante for qualquer dos titulares do direito de preferência.

Diante da revogação expressa do art. 22 do Decreto-lei n. 25/37, não haverá mais direito de preferência de aquisição por parte da União, dos Estados e dos Municípios em relação à alienação de bens tombados pertencentes a pessoas naturais ou jurídicas de direito privado.

b) os arts. 227, *caput*, 229, 230, 456, 1.482, 1.483 e 1.768 a 1.773 da Lei nº 10.406/02 (Código Civil brasileiro):

b.1) *Art. 227. Salvo os casos expressos, a prova exclusivamente testemunhal só se admite nos negócios jurídicos cujo valor não ultrapasse o décuplo do maior salário mínimo vigente no País ao tempo em que foram celebrados.*

Com a revogação do art. 227 do C.c.b., não há mais impedimento legal para comprovação por testemunha de negócios jurídicos cujo valor ultrapasse o décuplo do maior salário mínimo, salvo a hipótese do art. 444 do novo C.P.C., *in verbis: Nos casos em que a lei exigir prova escrita da obrigação, é admissível a prova testemunhal quando houver começo de prova por escrito, emanado da parte contra a qual se pretende produzir a prova.*

Portanto, somente não será possível a prova exclusivamente testemunhal (seja qual for o valor do negócio jurídico), quando a lei exigir prova escrita da obrigação. Porém, mesmo nessa hipótese será possível a prova testemunhal quando houver começo de prova por escrito. Nessa hipótese, a prova testemunhal é meramente complementar. A prova testemunhal será considerada como subsidiária para agregar valor à prova material por escrito.

É importante salientar que será admitida a prova exclusivamente testemunhal quando o credor não pode ou não podia, moral ou materialmente, obter a prova escrita da obrigação, em casos como o de parentesco, de depósito necessário ou de hospedagem em hotel ou em razão das práticas comerciais do local onde contraída a obrigação (art. 445 do novo C.P.C.).

O art. 1.071 somente revogou o *caput* do art. 227, permanecendo em vigência o seu parágrafo único, que assim dispõe: *Qualquer que seja o valor do negócio jurídico, a prova testemunhal é admissível como subsidiária ou complementar da prova por escrito.*

b.2.) *Art. 229. Ninguém pode ser obrigado a depor sobre fato:*

I – a cujo respeito, por estado ou profissão, deva guardar segredo;
II – a que não possa responder sem desonra própria, de seu cônjuge, parente em grau sucessível, ou amigo íntimo;
III – que o exponha, ou às pessoas referidas no inciso antecedente, a perigo de vida, de demanda, ou de dano patrimonial imediato.

O art. 229 do C.c.b., que trata das hipóteses que permitiam às pessoas não depor sobre determinados fatos, foi revogado tendo em vista que essas hipóteses foram reguladas especificamente no art. 448 do novo C.P.C., que assim dispõe:

> *Art. 448. A testemunha não é obrigada a depor sobre fatos:*
> *I – que lhe acarretem grave dano, bem como ao seu cônjuge ou companheiro e aos seus parentes consanguíneos ou afins, em linha reta ou colateral, até o terceiro grau;*
> *II – a cujo respeito, por estado ou profissão, deva guardar sigilo.*

Com a revogação do art. 229 do C.c.b. e com a nova regulação do art. 448 do novo C.P.C., observam-se as seguintes consequências jurídicas: a) não se fala mais em *segredo*, mas, sim, em *sigilo*, o que tecnicamente está de acordo com as regulações normativas sobre o sigilo profissional; b) ao invés de desonra própria, fala-se agora em 'grave dano' à própria pessoa da testemunha, ao seu cônjuge ou 'companheiro' e aos seus parentes 'consanguíneos ou afins, em linha reta ou colateral, até o terceiro grau; c) foi excluída a referência ao amigo íntimo.

Sobre o comentário ao art. 448 do novo C.P.C., ver nossa obra: *Código de Processo Civil – anotado, comentado e interpretado*, Editora Almedina (sede Portugal), 2015, Vol. III, págs. 622 a 625.

> b.3.) *Art. 230. As presunções, que não as legais, não se admitem nos casos em que a lei exclui a prova testemunhal.*

O art. 227 do C.c.b. excluía a prova exclusivamente testemunhal em relação aos negócios jurídicos cujo valor ultrapassasse o décuplo do maior salário mínimo vigente no país ao tempo em que foram celebrados.

Tendo em vista que o art. 227 do C.c.b. foi expressamente revogado pelo art. 1.072 do novo C.P.C., não haveria motivo para se manter a limitação de prova constante no art. 230 do C.c.b., tendo em vista que a partir da vigência do novo C.P.C. não há mais impedimento legal para a realização de prova exclusivamente testemunhal, salvo a relativização prevista no art. 444 do novo C.P.C.

Porém, é importante salientar que permanece em vigor o art. 212 do C.c.b., que assim dispõe:

> *Art. 212. Salvo o negócio a que se impõe forma especial, o fato jurídico pode ser provado mediante:*

(...).
IV – presunção.

Para melhor análise da presunção como prova judicial, ver nosso comentário ao art. 374 do novo C.P.C. in: *Código de Processo Civil – anotado, comentado e interpretado*, Editora Almedina (sede Portugal), 2015, Vol. III, págs. 349 a 356.

> b.4.) Art. 456. *Para poder exercitar o direito que da evicção lhe resulta, o adquirente notificará do litígio o alienante imediato, ou qualquer dos anteriores, quando e como lhe determinarem as leis do processo.*
> *Parágrafo único. Não atendendo o alienante à denunciação da lide, e sendo manifesta a procedência da evicção, pode o adquirente deixar de oferecer contestação, ou usar de recursos.*

O art. 456 do C.c.b. tratava de uma questão de natureza processual, especificamente sobre a denunciação da lide ao alienante na hipótese em que o adquirente estivesse sofrendo os efeitos de eventual demanda contra a posse ou propriedade do bem, a fim de exercer o seu direito decorrente da evicção.

Porém, o exercício ao direito de evicção e os efeitos da denunciação da lide foram totalmente regulados pelos arts. 125 a 129 do novo C.P.C., a saber:

> Art. 125. *É admissível a denunciação da lide, promovida por qualquer das partes:*
> *I – ao alienante imediato, no processo relativo à coisa cujo domínio foi transferido ao denunciante, a fim de que possa exercer os direitos que da evicção lhe resultam;*
> *II – àquele que estiver obrigado, por lei ou pelo contrato, a indenizar, em ação regressiva, o prejuízo de quem for vencido no processo.*
> *§ 1º O direito regressivo será exercido por ação autônoma quando a denunciação da lide for indeferida, deixar de ser promovida ou não for permitida.*
> *§ 2º Admite-se uma única denunciação sucessiva, promovida pelo denunciado, contra seu antecessor imediato na cadeia dominial ou quem seja responsável por*

indenizá-lo, não podendo o denunciado sucessivo promover nova denunciação, hipótese em que eventual direito de regresso será exercido por ação autônoma.

Art. 126. A citação do denunciado será requerida na petição inicial, se o denunciante for autor, ou na contestação, se o denunciante for réu, devendo ser realizada na forma e nos prazos previstos no art. 131.

Art. 127. Feita a denunciação pelo autor, o denunciado poderá assumir a posição de litisconsorte do denunciante e acrescentar novos argumentos à petição inicial, procedendo-se em seguida à citação do réu.

Art. 128. Feita a denunciação pelo réu:

I – se o denunciado contestar o pedido formulado pelo autor, o processo prosseguirá tendo, na ação principal, em litisconsórcio, denunciante e denunciado;

II – se o denunciado for revel, o denunciante pode deixar de prosseguir com sua defesa, eventualmente oferecida, e abster-se de recorrer, restringindo sua atuação à ação regressiva;

III – se o denunciado confessar os fatos alegados pelo autor na ação principal, o denunciante poderá prosseguir com sua defesa ou, aderindo a tal reconhecimento, pedir apenas a procedência da ação de regresso.

Parágrafo único. Procedente o pedido da ação principal, pode o autor, se for o caso, requerer o cumprimento da sentença também contra o denunciado, nos limites da condenação deste na ação regressiva.

Art. 129. Se o denunciante for vencido na ação principal, o juiz passará ao julgamento da denunciação da lide.

Parágrafo único. Se o denunciante for vencedor, a ação de denunciação não terá o seu pedido examinado, sem prejuízo da condenação do denunciante ao pagamento das verbas de sucumbência em favor do denunciado.

Com a revogação do art. 456 do C.c.b. e a normatização prevista no art. 125, §1º, do novo C.P.C., a denunciação da lide, para o exercício do direito de evicção, deixou de ser obrigatória.

Sobre a denunciação da lide e o exercício do direito de evicção, ver comentário ao art. 125 do novo C.P.C. em nossa obra *Comentário ao Código de Processo Civil – anotado, comentado e interpretado*, Editora Almedina (Sede Portugal), 2015, Vol., I, págs.698 a 708.

b.5.) *Art. 1.482. Realizada a praça, o executado poderá, até a assinatura do auto de arrematação ou até que seja publicada a sentença de adjudicação, remir o imóvel hipotecado, oferecendo preço igual ao da avaliação, se não tiver havido licitantes, ou ao do maior lance oferecido. Igual direito caberá ao cônjuge, aos descendentes ou ascendentes do executado.*

O art. 1.482 do C.c.b trata de questão de natureza processual em razão de atos executivos de bem hipotecado.

Porém, a remição tratada no art. 1.482 do C.c.b. foi totalmente regulada pelos § 3º do art. 877 do novo C.P.C., a saber:

Art. 877. Transcorrido o prazo de 5 (cinco) dias, contado da última intimação, e decididas eventuais questões, o juiz ordenará a lavratura do auto de adjudicação.
§ 1º Considera-se perfeita e acabada a adjudicação com a lavratura e a assinatura do auto pelo juiz, pelo adjudicatário, pelo escrivão ou chefe de secretaria, e, se estiver presente, pelo executado, expedindo-se:
I – a carta de adjudicação e o mandado de imissão na posse, quando se tratar de bem imóvel;
II – a ordem de entrega ao adjudicatário, quando se tratar de bem móvel.
§ 2º A carta de adjudicação conterá a descrição do imóvel, com remissão à sua matrícula e aos seus registros, a cópia do auto de adjudicação e a prova de quitação do imposto de transmissão.
§ 3º No caso de penhora de bem hipotecado, o executado poderá remi-lo até a assinatura do auto de adjudicação, oferecendo preço igual ao da avaliação, se não tiver havido licitantes, ou ao do maior lance oferecido.
§ 4º Na hipótese de falência ou de insolvência do devedor hipotecário, o direito de remição previsto no § 3º será deferido à massa ou aos credores em concurso, não podendo o exequente recusar o preço da avaliação do imóvel.

Assim, a remição do bem hipotecado deverá ser exercida não mais no momento da arrematação decorrente de alienação judicial, mas, sim, quando da possibilidade de adjudicação do bem pelo exequente.

Portanto, o executado poderá remir o bem hipotecado, no caso de penhora, até a assinatura do auto de adjudicação, oferecendo preço igual ao da avaliação, se não tiver havido licitantes, ou ao do maior lance oferecido.

Outrossim, *"quando o artigo fala na falta de licitantes, está fazendo referência ao §6º do art. 877 do atual C.P.C., ou seja, à licitação que se realiza entre possíveis legitimados à adjudicação do bem"*.[182]

O art. 1.482 do C.c.b. estabelecia que igual direito à remição do imóvel hipotecado caberia ao cônjuge, aos descendentes ou ascendentes do executado.

O novo C.P.C., em seu art. 877, §3º, somente permite a remição ao executado e não ao cônjuge, aos descendentes ou ascendentes do executado.

Na realidade, nos termos do §5º do art. 876 do novo C.P.C., o cônjuge, companheiro, descendentes ou ascendentes do executado terão o direito de *adjudicar* o bem hipotecado.

> b.6) *Art. 1.483. No caso de falência, ou insolvência, do devedor hipotecário, o direito de remição defere-se à massa, ou aos credores em concurso, não podendo o credor recusar o preço da avaliação do imóvel.*
>
> *Parágrafo único. Pode o credor hipotecário, para pagamento de seu crédito, requerer a adjudicação do imóvel avaliado em quantia inferior àquele, desde que dê quitação pela sua totalidade.*

O art. 1.483 do C.c.b trata de questão de natureza processual em razão de atos executivos de bem hipotecado.

Porém, a remição tratada no art. 1.483 do C.c.b. foi totalmente regulada pelos §4º do art. 877 do novo C.P.C., a saber:

> *Art. 877. Transcorrido o prazo de 5 (cinco) dias, contado da última intimação, e decididas eventuais questões, o juiz ordenará a lavratura do auto de adjudicação.*
>
> *§ 1º Considera-se perfeita e acabada a adjudicação com a lavratura e a assinatura do auto pelo juiz, pelo adjudicatário, pelo escrivão ou chefe de secretaria, e, se estiver presente, pelo executado, expedindo-se:*
>
> *I – a carta de adjudicação e o mandado de imissão na posse, quando se tratar de bem imóvel;*
>
> *II – a ordem de entrega ao adjudicatário, quando se tratar de bem móvel.*

---

[182] SOUZA, Artur César. *Comentário ao c.p.c. – anotado, comentado e interpretado.* Vol. III (comentário ao art. 877) São Paulo: Almedina, 2015. p. 919

§ 2º A carta de adjudicação conterá a descrição do imóvel, com remissão à sua matrícula e aos seus registros, a cópia do auto de adjudicação e a prova de quitação do imposto de transmissão.

§ 3º No caso de penhora de bem hipotecado, o executado poderá remi-lo até a assinatura do auto de adjudicação, oferecendo preço igual ao da avaliação, se não tiver havido licitantes, ou ao do maior lance oferecido.

§ 4º Na hipótese de falência ou de insolvência do devedor hipotecário, o direito de remição previsto no § 3o será deferido à massa ou aos credores em concurso, não podendo o exequente recusar o preço da avaliação do imóvel.

Tendo em vista a revogação expressa do parágrafo único do art. 1.483 do C.c.b., não poderá mais o credor hipotecário, em concorrência com a massa ou com os credores em concurso, para pagamento de seu crédito, requerer adjudicação do imóvel avaliado em quantia inferior àquele.

b.7). *Art. 1.768. A interdição deve ser promovida:*
I – pelos pais ou tutores;
II – pelo cônjuge, ou por qualquer parente;
III – pelo Ministério Público.

O art. 1.768 do C.c.b., que tratava da legitimidade para se promover a interdição, foi expressamente revogado pelo art. 1.072 da Lei 13.105 de 16 de março de 2015, com vigência em 18 de março de 2016.

A revogação do art. 1.768 do C.c.b. deu-se pelo fato de que a legitimação para se promover a interdição encontra-se expressamente regulada pelo 747 do C.c.b., que assim dispõe:

Art. 747. A interdição pode ser promovida:
I – pelo cônjuge ou companheiro;
II – pelos parentes ou tutores;
III – pelo representante da entidade em que se encontra abrigado o interditando;
IV – pelo Ministério Público.

DISPOSIÇÕES FINAIS E DIREITO TRANSITÓRIO

Em relação à interdição, a Lei 13.146, de 6 de julho de 2015 (Institui a Lei Brasileira de Inclusão da Pessoa com Deficiência (Estatuto da Pessoa com Deficiência), em seu art. 114, deu nova redação ao art. 1.767 do C.c.b., a saber:

> *Art. 1.767. Estão sujeitos a curatela:*
> *I – aqueles que, por causa transitória ou permanente, não puderem exprimir sua vontade; (Redação dada pela Lei nº 13.146, de 2015) (Vigência)*
> *II - (Revogado); (Redação dada pela Lei nº 13.146, de 2015) (Vigência)*
> *III – os ébrios habituais e os viciados em tóxico; (Redação dada pela Lei nº 13.146, de 2015) (Vigência)*
> *IV - (Revogado); (Redação dada pela Lei nº 13.146, de 2015) (Vigência)*
> *V – os pródigos.*

Portanto, não estão mais sujeitos à curatela aqueles que, por enfermidade ou deficiência mental, não tiverem o necessário discernimento para os atos da vida civil, salvo se, em razão de causa transitória ou permanente, não puderem exprimir sua vontade. Assim, o fundamento da curatela não será mais a enfermidade ou deficiência mental, mas a impossibilidade de exprimir a vontade, por causa transitória ou permanente. Da mesma forma não estão sujeitos à curatela os excepcionais sem completo desenvolvimento mental, salvo se em razão de causa transitória ou permanente, não puderem exprimir sua vontade.

A Lei 13.146, de 6 de julho de 2015 (Estatuto da Pessoa com Deficiência), em seu art. 114, também deu nova redação ao art. 3º e 4º do C.c.b., no que concerne à incapacidade absoluta ou relativa. Esses dispositivos passaram a ter a seguinte redação:

> *Art. 3o São absolutamente incapazes de exercer pessoalmente os atos da vida civil os menores de 16 (dezesseis) anos. (Redação dada pela Lei nº 13.146, de 2015) (Vigência)*
> *I – (Revogado); (Redação dada pela Lei nº 13.146, de 2015) (Vigência)*
> *II – (Revogado); (Redação dada pela Lei nº 13.146, de 2015) (Vigência)*
> *III – (Revogado). (Redação dada pela Lei nº 13.146, de 2015) (Vigência)*
> *Art. 4o São incapazes, relativamente a certos atos ou à maneira de os exercer: (Redação dada pela Lei nº 13.146, de 2015) (Vigência)*

I – os maiores de dezesseis e menores de dezoito anos;
II – os ébrios habituais e os viciados em tóxico; (Redação dada pela Lei nº 13.146, de 2015) (Vigência)
III – aqueles que, por causa transitória ou permanente, não puderem exprimir sua vontade; (Redação dada pela Lei nº 13.146, de 2015) (Vigência)
IV – os pródigos.
Parágrafo único. A capacidade dos indígenas será regulada por legislação especial. (Redação dada pela Lei nº 13.146, de 2015) (Vigência)

Assim, a partir da vigência da Lei 13.146/15 (Estatuto da Pessoa com Deficiência), deixaram de ser absolutamente incapaz as pessoas com enfermidade ou deficiência mental e aqueles que, por causa transitória, não puderem exprimir sua vontade.

Somente serão considerados absolutamente incapaz os menores de 16 (dezesseis) anos de idade.

Não são mais considerados relativamente incapazes aqueles que por deficiência mental, tenham o discernimento reduzido, nem os excepcionais, sem desenvolvimento mental completo.

Serão considerados, porém, relativamente incapazes, os maiores de dezesseis e menores de dezoito anos, os ébrios habituais e os viciados em tóxico, aqueles que, por causa transitória ou permanente, não puderem exprimir sua vontade e os pródigos.

A capacidade dos indígenas será regulada por legislação especial.

A Lei 13.146, de 6 de julho de 2015 (Institui a Lei Brasileira de Inclusão da Pessoa com Deficiência (Estatuto da Pessoa com Deficiência), portanto, lei posterior à Lei 13.105 de 16 de março de 2015 (novo C.P.C.), foi elaborada sem se ater à revogação do art. 1768 do C.c.b. pelo novo C.P.C. O art. 114 da referida norma assim dispôs:

Art. 114. A Lei no 10.406, de 10 de janeiro de 2002 (Código Civil), passa a vigorar com as seguintes alterações:
"Art. 1.768. O processo que define os termos da curatela deve ser promovido:
..
IV - pela própria pessoa." (NR).

Sem dúvida, houve grave falha de comunicação legislativa no âmbito do Congresso Nacional, pois quando da elaboração da Lei 13.146, de 6 de julho de 2015 (Estatuto da Pessoa com Deficiência), não se observou que o art. 1.768 do C.c.b. já havia sido revogado pelo novo C.P.C. (Lei 13. 105 de 26 de março de 2015).

Outra particularidade importante é que a vigência da Lei 13.146, de 6 de julho de 2015, deu-se em janeiro de 2016, enquanto que a vigência do novo C.P.C. ocorreu em março de 2016.

Um erro de avaliação normativa do Congresso Nacional obriga ao intérprete estabelecer uma interpretação mais consentânea e que dê eficácia a ambas as legislações.

Em primeiro lugar, não se observa que o legislador da Le 13.146, de 6 de julho de 2015 (Estatuto da Pessoa com Deficiência), tivesse a intenção de repristinar o art. 1.768 do C.c.b., pois, na verdade, nem tinha ciência da revogação deste dispositivo pelo novo C.P.C., talvez pelo fato de que o novo C.P.C. não estivesse ainda em vigor.

Assim, a melhor interpretação é no sentido de que a legitimidade para se promover a interdição encontra-se regulada no art. 747 do novo C.P.C., incluindo nessa legitimidade a própria pessoa do interditando, nos termos do art. 114 da Lei 13.146/2015.

> b.8) *Art. 1.769. O Ministério Público só promoverá interdição:*
> *I – em caso de doença mental grave;*
> *II – se não existir ou não promover a interdição alguma das pessoas designadas nos incisos I e II do artigo antecedente;*
> *III – se, existindo, forem incapazes as pessoas mencionadas no inciso antecedente.*

O art. 1.769 do C.c.b., que tratava da legitimidade do Ministério Público para promover a interdição, foi expressamente revogado pelo art. 1.072 da Lei 13.105 de 16 de março de 2015, com vigência em 18 de março de 2016.

A revogação do art. 1769 do C.c.b. deu-se pelo fato de que a legitimação do Ministério Público para promover a interdição encontra-se expressamente regulada pelo art. 748 do novo C.P.C., que assim dispõe:

Art. 748. O Ministério Público só promoverá interdição em caso de doença mental grave:

I – se as pessoas designadas nos incisos I, II e III do art. 747 não existirem ou não promoverem a interdição;

II – se, existindo, forem incapazes as pessoas mencionadas nos incisos I e II do art. 747.

Em relação à interdição, a Lei 13.146, de 6 de julho de 2015 (Institui a Lei Brasileira de Inclusão da Pessoa com Deficiência – Estatuto da Pessoa com Deficiência), em seu art. 114, deu nova redação ao art. 1.769 do C.c.b., a saber:

> "*Art. 1.769. O Ministério Público somente promoverá o processo que define os termos da curatela:*
>
> *I – nos casos de deficiência mental ou intelectual;*
>
> ....
>
> *III - se, existindo, forem menores ou incapazes as pessoas mencionadas no inciso II.*" (NR)

Sem dúvida, houve grave falha de comunicação legislativa no âmbito do Congresso Nacional, pois quando da elaboração da Lei 13.146, de 6 de julho de 2015 (Estatuto da Pessoa com Deficiência), não se observou que o art. 1.768 do C.c.b. já havia sido revogado pelo novo C.P.C. (Lei 13. 105 de 26 de março de 2015).

Outra particularidade importante é que a vigência da Lei 13.146, de 6 de julho de 2015, deu-se em janeiro de 2016, enquanto que a vigência do novo C.P.C. ocorreu em março de 2016.

Um erro de avaliação normativa do Congresso Nacional obriga ao intérprete estabelecer uma interpretação mais consentânea e que dê eficácia a ambas as legislações.

Em primeiro lugar, não se observa que o legislador da Le 13.146, de 6 de julho de 2015 (Estatuto da Pessoa com Deficiência) tivesse a intenção de repristinar o art. 1.769 do C.c.b., pois, na verdade, nem tinha ciência da revogação desse dispositivo pelo novo C.P.C., talvez pelo fato de que o novo C.P.C. ainda não estivesse em vigor.

Assim, a melhor interpretação é no sentido de que a legitimidade para o Ministério Público promover a interdição encontra-se regulada no art. 748 do novo C.P.C., com as modificações operadas pelo art. 114 da Lei 13.146/15.

Assim, o Ministério Público promoverá a interdição no caso de deficiência mental ou intelectual (sem a restrição de que essa doença seja grave), ou quando o cônjuge, companheiro, parentes ou tutores forem menores ou incapazes.

> b.9) *Art. 1.770. Nos casos em que a interdição for promovida pelo Ministério Público, o juiz nomeará defensor ao suposto incapaz; nos demais casos o Ministério Público será o defensor.*

O art. 1.770 do C.c.b., que tratava da defesa do interditando, foi revogado tendo em vista que o art. 752 do novo C.P.C. trata da sistemática de defesa do interditando, a saber:

> *Art. 752. Dentro do prazo de 15 (quinze) dias contado da entrevista, o interditando poderá impugnar o pedido.*
> *§ 1º O Ministério Público intervirá como fiscal da ordem jurídica.*
> *§ 2º O interditando poderá constituir advogado, e, caso não o faça, deverá ser nomeado curador especial.*
> *§ 3º Caso o interditando não constitua advogado, o seu cônjuge, companheiro ou qualquer parente sucessível poderá intervir como assistente.*

A defesa do interditando será feita por advogado, sendo que se não o fizer, o juiz nomeará curador especial.

Caso o interditando não constitua advogado, o seu cônjuge, companheiro ou qualquer parente sucessível poderá intervir como assistente.

O Ministério Público não atuará mais como defensor do interditando.

> b.10) *Art. 1.771. Antes de pronunciar-se acerca da interdição, o juiz, assistido por especialistas, examinará pessoalmente o argüido de incapacidade.*

O art. 1.771 do C.c.b., que tratava do exame do interditando pelo juiz, foi revogado, tendo em vista o disposto no art. 751 do novo C.P.C., a saber:

Art. 751. O interditando será citado para, em dia designado, comparecer perante o juiz, que o entrevistará minuciosamente acerca de sua vida, negócios, bens, vontades, preferências e laços familiares e afetivos e sobre o que mais lhe parecer necessário para convencimento quanto à sua capacidade para praticar atos da vida civil, devendo ser reduzidas a termo as perguntas e respostas.

§ 1º Não podendo o interditando deslocar-se, o juiz o ouvirá no local onde estiver.

§ 2º A entrevista poderá ser acompanhada por especialista.

§ 3º Durante a entrevista, é assegurado o emprego de recursos tecnológicos capazes de permitir ou de auxiliar o interditando a expressar suas vontades e preferências e a responder às perguntas formuladas.

§ 4º A critério do juiz, poderá ser requisitada a oitiva de parentes e de pessoas próximas.

Em relação à interdição, a Lei 13.146, de 6 de julho de 2015 (Institui a Lei Brasileira de Inclusão da Pessoa com Deficiência – Estatuto da Pessoa com Deficiência), em seu art. 114, deu nova redação ao art. 1.771 do C.c.b., a saber:

"Art. 1.771. Antes de se pronunciar acerca dos termos da curatela, o juiz, que deverá ser assistido por equipe multidisciplinar, entrevistará pessoalmente o interditando." (NR)

Sem dúvida, houve grave falha de comunicação legislativa no âmbito do Congresso Nacional, pois quando da elaboração da Lei 13.146, de 6 de julho de 2015 (Estatuto da Pessoa com Deficiência), não se observou que o art. 1.771 do C.c.b. já havia sido revogado pelo novo C.P.C. (Lei 13. 105 de 26 de março de 2015).

Outra particularidade importante é que a vigência da Lei 13.146, de 6 de julho de 2015, deu-se em janeiro de 2016, enquanto que a vigência do novo C.P.C. ocorreu em março de 2016.

Um erro de avaliação normativa do Congresso Nacional obriga ao intérprete estabelecer uma interpretação mais consentânea e que dê eficácia a ambas as legislações.

Em primeiro lugar, não se observa que o legislador da Le 13.146 de 6 de julho de 2015 (Estatuto da Pessoa com Deficiência) teve a intenção de repristinar o art. 1.771 do C.c.b., pois, na verdade, nem tinha ciência da revogação desse dispositivo pelo novo C.P.C., talvez pelo fato de que o novo C.P.C. ainda não estivesse em vigor.

Assim, a melhor interpretação é no sentido de que o interditando será citado para, em dia designado, comparecer perante o juiz, que o entrevistará minuciosamente acerca de sua vida, negócios, bens, vontades, preferências e laços familiares e afetivos e sobre o que mais lhe parecer necessário para convencimento quanto à sua capacidade para praticar atos da vida civil, devendo ser reduzidas a termo as perguntas e respostas. A entrevista será pessoal e deverá ser assistida por equipe multidisciplinar.

> b.11) *Art. 1.772. Pronunciada a interdição das pessoas a que se referem os incisos III e IV do art. 1.767, o juiz assinará, segundo o estado ou o desenvolvimento mental do interdito, os limites da curatela, que poderão circunscrever-se às restrições constantes do art. 1.782.*

O art. 1.772 do C.c.b., que tratava dos limites da curatela, foi revogado, tendo em vista o disposto no art. 755, inc. I, do novo C.P.C., a saber:

> Art. 755. *Na sentença que decretar a interdição, o juiz:*
> *I – nomeará curador, que poderá ser o requerente da interdição, e fixará os limites da curatela, segundo o estado e o desenvolvimento mental do interdito;*
> *II – considerará as características pessoais do interdito, observando suas potencialidades, habilidades, vontades e preferências.*
> *§ 1º A curatela deve ser atribuída a quem melhor possa atender aos interesses do curatelado.*
> *§ 2º Havendo, ao tempo da interdição, pessoa incapaz sob a guarda e a responsabilidade do interdito, o juiz atribuirá a curatela a quem melhor puder atender aos interesses do interdito e do incapaz.*
> *§ 3º A sentença de interdição será inscrita no registro de pessoas naturais e imediatamente publicada na rede mundial de computadores, no sítio do tribunal a que estiver vinculado o juízo e na plataforma de editais do Conselho Nacional de Justiça, onde permanecerá por 6 (seis) meses, na imprensa local, 1 (uma) vez, e no órgão oficial, por 3 (três) vezes, com intervalo de 10 (dez) dias, constando do edital os nomes do interdito e do curador, a causa da interdição, os limites da curatela e, não sendo total a interdição, os atos que o interdito poderá praticar autonomamente.*

Em relação à interdição, a Lei 13.146, de 6 de julho de 2015 (Institui a Lei Brasileira de Inclusão da Pessoa com Deficiência – Estatuto da Pessoa com Deficiência), em seu art. 114, deu nova redação ao art. 1.772 do C.c.b., a saber:

> *"Art. 1.772. O juiz determinará, segundo as potencialidades da pessoa, os limites da curatela, circunscritos às restrições constantes do art. 1.782, e indicará curador.*
> *Parágrafo único. Para a escolha do curador, o juiz levará em conta a vontade e as preferências do interditando, a ausência de conflito de interesses e de influência indevida, a proporcionalidade e a adequação às circunstâncias da pessoa." (NR)*

Sem dúvida, houve grave falha de comunicação legislativa no âmbito do Congresso Nacional, pois quando da elaboração da Lei 13.146, de 6 de julho de 2015 (Estatuto da Pessoa com Deficiência), não se observou que o art. 1.772 do C.c.b. já havia sido revogado pelo novo C.P.C. (Lei 13. 105 de 26 de março de 2015).

Outra particularidade importante é que a vigência da Lei 13.146, de 6 de julho de 2015, deu-se em janeiro de 2016, enquanto que a vigência do novo C.P.C. ocorreu em março de 2016.

Um erro de avaliação normativa do Congresso Nacional obriga ao intérprete estabelecer uma interpretação mais consentânea e que dê eficácia a ambas as legislações.

Em primeiro lugar, não se observa que o legislador da Le 13.146, de 6 de julho de 2015 (Estatuto da Pessoa com Deficiência) teve a intenção de repristinar o art. 1.772 do C.c.b., pois, na verdade, nem tinha ciência da revogação desse dispositivo pelo novo C.P.C., talvez pelo fato de que o novo C.P.C. ainda não estivesse em vigor.

Assim, a melhor interpretação do art. 755, inc.I, do novo C.P.C. é aquela que se coaduna com o disposto no art. 114 da Lei 13.146/15, no sentido de que na sentença que decretar a interdição o juiz determinará, segundo as potencialidades da pessoa, os limites da curatela, circunscritos às restrições do art. 1782 do C.c.b, e indicará curador.

A melhor interpretação para o §1º do art. 755 do novo C.P.C. é de que na escolha do curador, o juiz levará em conta a vontade e as preferências do interditando, a ausência de conflito de interesses e de influência indevida, a proporcionalidade e a adequação às circunstâncias da pessoa, no sentido de que a curatela deverá ser atribuída a quem melhor atender aos interesses do curatelado.

> b.12) *Art. 1.773. A sentença que declara a interdição produz efeitos desde logo, embora sujeita a recurso.*

O art. 1.773 do C.c.b., que tratava dos efeitos da sentença de interdição, foi revogado, tendo em vista o disposto no art. 1012, §1º, inc. VI, do novo C.P.C., a saber:

> *Art. 1.012. A apelação terá efeito suspensivo.*
> *§ 1º Além de outras hipóteses previstas em lei, começa a produzir efeitos imediatamente após a sua publicação a sentença que:*
> *(...).*
> *VI – decreta a interdição.*

A lei 13.146 de 2015 ainda introduziu o art. 1775-A e deu nova redação ao art. 1.777, ambos do C.c.b., a saber:

> *"Art. 1.775-A. Na nomeação de curador para a pessoa com deficiência, o juiz poderá estabelecer curatela compartilhada a mais de uma pessoa."*
> *"Art. 1.777. As pessoas referidas no inciso I do art. 1.767 receberão todo o apoio necessário para ter preservado o direito à convivência familiar e comunitária, sendo evitado o seu recolhimento em estabelecimento que os afaste desse convívio." (NR)*

c) os arts. 2º, 3º, 4º, *caput* e §§ 1º a 3º, 6º, 7º, 11, 12 e 17 da Lei nº 1.060, de 5 de fevereiro de 1950 (assistência judiciária aos necessitados):

> c.1) *Art. 2º. Gozarão dos benefícios desta Lei os nacionais ou estrangeiros residentes no país, que necessitarem recorrer à Justiça penal, civil, militar ou do trabalho. Parágrafo único. – Considera-se necessitado, para os fins legais, todo aquele cuja situação econômica não lhe permita pagar as custas do processo e os honorários de advogado, sem prejuízo do sustento próprio ou da família.*

O art. 2º da Lei 1.060/50 foi revogado tendo em vista que a matéria passou a ser regulada pelo art. 98 do novo C.P.C.:

> Art. 98. *A pessoa natural ou jurídica, brasileira ou estrangeira, com insuficiência de recursos para pagar as custas, as despesas processuais e os honorários advocatícios tem direito à gratuidade da justiça, na forma da lei.*

O novo C.P.C., ao contrário da Lei 1.060/50, estendeu a gratuidade de justiça aos estrangeiros, pouco importando se são ou não residentes no país.

Para efeitos de gratuidade de justiça basta a insuficiência de recursos para pagar as custas, as despesas processuais e os honorários advocatícios, nos termos da lei.

Não obstante a revogação de alguns dispositivos da Lei 1.060/50, essa lei continuará a ser aplicada para efeitos de regulação da gratuidade de justiça, naquilo que não contrariar o disposto nos arts. 98 a 102 do novo C.P.C.

> c.2) Art. 3º. *A assistência judiciária compreende as seguintes isenções:*
> *I – das taxas judiciárias e dos selos;*
> *II – dos emolumentos e custas devidos aos Juízes, órgãos do Ministério Público e serventuários da justiça;*
> *III – das despesas com as publicações indispensáveis no jornal encarregado da divulgação dos atos oficiais;*
> *IV – das indenizações devidas às testemunhas que, quando empregados, receberão do empregador salário integral, como se em serviço estivessem, ressalvado o direito regressivo contra o poder público federal, no Distrito Federal e nos Territórios; ou contra o poder público estadual, nos Estados;*
> *V – dos honorários de advogado e peritos.*
> *VI – das despesas com a realização do exame de código genético – DNA que for requisitado pela autoridade judiciária nas ações de investigação de paternidade ou maternidade.(Incluído pela Lei nº 10.317, de 2001)*
> *VII – dos depósitos previstos em lei para interposição de recurso, ajuizamento de ação e demais atos processuais inerentes ao exercício da ampla defesa e do contraditório. (Incluído pela Lei Complementar nº 132, de 2009).*

Parágrafo único. A publicação de edital em jornal encarregado da divulgação de atos oficiais, na forma do inciso III, dispensa a publicação em outro jornal. (Incluído pela Lei nº 7.288, de 1984)

O art. 3º da Lei 1.060/50 foi revogado tendo em vista que a matéria passou a ser regulada pelo §1º do art. 98 do novo C.P.C.:

Art. 98. (...).
§ 1º A gratuidade da justiça compreende:
I – as taxas ou as custas judiciais;
II – os selos postais;
III – as despesas com publicação na imprensa oficial, dispensando-se a publicação em outros meios;
IV – a indenização devida à testemunha que, quando empregada, receberá do empregador salário integral, como se em serviço estivesse;
V – as despesas com a realização de exame de código genético – DNA e de outros exames considerados essenciais;
VI – os honorários do advogado e do perito e a remuneração do intérprete ou do tradutor nomeado para apresentação de versão em português de documento redigido em língua estrangeira;
VII – o custo com a elaboração de memória de cálculo, quando exigida para instauração da execução;
VIII – os depósitos previstos em lei para interposição de recurso, para propositura de ação e para a prática de outros atos processuais inerentes ao exercício da ampla defesa e do contraditório;
IX – os emolumentos devidos a notários ou registradores em decorrência da prática de registro, averbação ou qualquer outro ato notarial necessário à efetivação de decisão judicial ou à continuidade de processo judicial no qual o benefício tenha sido concedido.
(...).

Não há dúvida de que o §1º do art. 98 do atual C.P.C. é muito mais abrangente em relação à gratuidade de justiça do que o art. 3º da Lei 1.060/50.

c.3.) *Art. 4º. A parte gozará dos benefícios da assistência judiciária, mediante simples afirmação, na própria petição inicial, de que não está em condições de pagar as custas do processo e os honorários de advogado, sem prejuízo próprio ou de sua família. (Redação dada pela Lei nº 7.510, de 1986)*

§ 1º. Presume-se pobre, até prova em contrário, quem afirmar essa condição nos termos desta lei, sob pena de pagamento até o décuplo das custas judiciais. (Redação dada pela Lei nº 7.510, de 1986)

§ 2º. A impugnação do direito à assistência judiciária não suspende o curso do processo e será feita em autos apartados. (Redação dada pela Lei nº 7.510, de 1986)

§ 3º A apresentação da carteira de trabalho e previdência social, devidamente legalizada, onde o juiz verificará a necessidade da parte, substituirá os atestados exigidos nos §§ 1º e 2º deste artigo. (Incluído pela Lei nº 6.654, de 1979)

O art. 4º da Lei 1.060/50 foi revogado tendo em vista que a matéria passou a ser regulada pelo art. 99 do novo C.P.C.:

Art. 99. O pedido de gratuidade da justiça pode ser formulado na petição inicial, na contestação, na petição para ingresso de terceiro no processo ou em recurso.

§ 1º Se superveniente à primeira manifestação da parte na instância, o pedido poderá ser formulado por petição simples, nos autos do próprio processo, e não suspenderá seu curso.

§ 2º O juiz somente poderá indeferir o pedido se houver nos autos elementos que evidenciem a falta dos pressupostos legais para a concessão de gratuidade, devendo, antes de indeferir o pedido, determinar à parte a comprovação do preenchimento dos referidos pressupostos.

§ 3º Presume-se verdadeira a alegação de insuficiência deduzida exclusivamente por pessoa natural.

§ 4º A assistência do requerente por advogado particular não impede a concessão de gratuidade da justiça.

§ 5º Na hipótese do § 4o, o recurso que verse exclusivamente sobre valor de honorários de sucumbência fixados em favor do advogado de beneficiário estará sujeito a preparo, salvo se o próprio advogado demonstrar que tem direito à gratuidade.

DISPOSIÇÕES FINAIS E DIREITO TRANSITÓRIO

> *§ 6º O direito à gratuidade da justiça é pessoal, não se estendendo a litisconsorte ou a sucessor do beneficiário, salvo requerimento e deferimento expressos.*
>
> *§ 7º Requerida a concessão de gratuidade da justiça em recurso, o recorrente estará dispensado de comprovar o recolhimento do preparo, incumbindo ao relator, neste caso, apreciar o requerimento e, se indeferi-lo, fixar prazo para realização do recolhimento.*

> c.4) *Art. 6º. O pedido, quando formulado no curso da ação, não a suspenderá, podendo o juiz, em face das provas, conceder ou denegar de plano o benefício de assistência. A petição, neste caso, será autuada em separado, apensando-se os respectivos autos aos da causa principal, depois de resolvido o incidente.*

Não haverá mais a possibilidade de se requerer e autuar pedido de gratuidade de justiça em separado dos autos principais, tendo em vista o disposto no art. 99, §1º, do novo C.P.C.: *Se superveniente à primeira manifestação da parte na instância, o pedido poderá ser formulado por petição simples, nos autos do próprio processo, e não suspenderá seu curso.*

> c.5.) *Art. 7º. A parte contrária poderá, em qualquer fase da lide, requerer a revogação dos benefícios de assistência, desde que prove a inexistência ou o desaparecimento dos requisitos essenciais à sua concessão.*
>
> *Parágrafo único. Tal requerimento não suspenderá o curso da ação e se processará pela forma estabelecida no final do artigo 6º. desta Lei.*

O art. 7º da Lei 1.060/50 foi revogado tendo em vista que a matéria passou a ser regulada pelo art. 100 do novo C.P.C.:

> *Art. 100. Deferido o pedido, a parte contrária poderá oferecer impugnação na contestação, na réplica, nas contrarrazões de recurso ou, nos casos de pedido superveniente ou formulado por terceiro, por meio de petição simples, a ser apresentada no prazo de 15 (quinze) dias, nos autos do próprio processo, sem suspensão de seu curso.*
>
> *Parágrafo único. Revogado o benefício, a parte arcará com as despesas processuais que tiver deixado de adiantar e pagará, em caso de má-fé, até o décuplo de*

seu valor a título de multa, que será revertida em benefício da Fazenda Pública estadual ou federal e poderá ser inscrita em dívida ativa.

Não obstante o art. 100 do novo C.P.C. fale em impugnação, pode-se dar uma interpretação extensiva para ali consignar também pedido de revogação se desaparecerem os requisitos essenciais para a sua concessão.

c.6) *Art. 11. Os honorários de advogados e peritos, as custas do processo, as taxas e selos judiciários serão pagos pelo vencido, quando o beneficiário de assistência for vencedor na causa.*

§ 1º. Os honorários do advogado serão arbitrados pelo juiz até o máximo de 15% (quinze por cento) sobre o líquido apurado na execução da sentença.

§ 2º. A parte vencida poderá acionar a vencedora para reaver as despesas do processo, inclusive honorários do advogado, desde que prove ter a última perdido a condição legal de necessitada.

O art. 11 da Lei 1.060/50 foi revogado tendo em vista que a matéria passou a ser regulada pelos arts. 82, §2º, 85, 100, p.u., 95, §§3º a 5º e art. 98, §2º, do novo C.P.C., que assim dispõem:

Art. 82. (...).
§ 2º A sentença condenará o vencido a pagar ao vencedor as despesas que antecipou.
Art. 85. A sentença condenará o vencido a pagar honorários ao advogado do vencedor.
Art. 100. (...).
Parágrafo único. Revogado o benefício, a parte arcará com as despesas processuais que tiver deixado de adiantar e pagará, em caso de má-fé, até o décuplo de seu valor a título de multa, que será revertida em benefício da Fazenda Pública estadual ou federal e poderá ser inscrita em dívida ativa.
Art. 95. Cada parte adiantará a remuneração do assistente técnico que houver indicado, sendo a do perito adiantada pela parte que houver requerido a perícia ou rateada quando a perícia for determinada de ofício ou requerida por ambas as partes.
(...).

> *§ 3º Quando o pagamento da perícia for de responsabilidade de beneficiário de gratuidade da justiça, ela poderá ser:*
> *I – custeada com recursos alocados no orçamento do ente público e realizada por servidor do Poder Judiciário ou por órgão público conveniado;*
> *II – paga com recursos alocados no orçamento da União, do Estado ou do Distrito Federal, no caso de ser realizada por particular, hipótese em que o valor será fixado conforme tabela do tribunal respectivo ou, em caso de sua omissão, do Conselho Nacional de Justiça.*
> *§ 4º Na hipótese do § 3o, o juiz, após o trânsito em julgado da decisão final, oficiará a Fazenda Pública para que promova, contra quem tiver sido condenado ao pagamento das despesas processuais, a execução dos valores gastos com a perícia particular ou com a utilização de servidor público ou da estrutura de órgão público, observando-se, caso o responsável pelo pagamento das despesas seja beneficiário de gratuidade da justiça, o disposto no art. 98, § 2o.*
> *§ 5º Para fins de aplicação do § 3o, é vedada a utilização de recursos do fundo de custeio da Defensoria Pública.*
> *Art. 98 (...).*
> *§ 2º A concessão de gratuidade não afasta a responsabilidade do beneficiário pelas despesas processuais e pelos honorários advocatícios decorrentes de sua sucumbência.*

c.7) Art. 12. *A parte beneficiada pela isenção do pagamento das custas ficará obrigada a pagá-las, desde que possa fazê-lo, sem prejuízo do sustento próprio ou da família, se dentro de cinco anos, a contar da sentença final, o assistido não puder satisfazer tal pagamento, a obrigação ficará prescrita.*

O art. 12 da Lei 1.060/50 foi revogado tendo em vista que a matéria passou a ser regulada pelo art. 98, §3º, do novo C.P.C.:

> *Art. 98 (...).*
> *§ 3º Vencido o beneficiário, as obrigações decorrentes de sua sucumbência ficarão sob condição suspensiva de exigibilidade e somente poderão ser executadas se, nos 5 (cinco) anos subsequentes ao trânsito em julgado da decisão que as certificou, o credor demonstrar que deixou de existir a situação de insuficiência de recursos*

que justificou a concessão de gratuidade, extinguindo-se, passado esse prazo, tais obrigações do beneficiário.

c.8) *Art. 17. Caberá apelação das decisões proferidas em consequência da aplicação desta lei; a apelação será recebida somente no efeito devolutivo quando a sentença conceder o pedido. (Redação dada pela Lei nº 6.014, de 1973)*

O art. 17 da Lei 1.060/50 foi revogado tendo em vista que a matéria passou a ser regulada pelo art. 101 do novo C.P.C.:

Art. 101. Contra a decisão que indeferir a gratuidade ou a que acolher pedido de sua revogação caberá agravo de instrumento, exceto quando a questão for resolvida na sentença, contra a qual caberá apelação.

Por sua vez, contra a decisão que deferir a gratuidade de justiça não caberá recurso de agravo de instrumento, podendo ela ser impugnada em preliminar do recurso de apelação.

d) os arts. 13 a 18, 26 a 29 e 38 da Lei nº 8.038, de 28 de maio de 1990 (Institui normas procedimentais para os processos que especifica, perante o Superior Tribunal de Justiça e o Supremo Tribunal Federal):

d.1) – *Art. 13 – Para preservar a competência do Tribunal ou garantir a autoridade das suas decisões, caberá reclamação da parte interessada ou do Ministério Público.*
Parágrafo único – A reclamação, dirigida ao Presidente do Tribunal, instruída com prova documental, será autuada e distribuída ao relator da causa principal, sempre que possível.

O art. 13 da Lei 8.038/90 foi revogado tendo em vista que a matéria passou a ser regulada pelo art. 988 do novo C.P.C., que assim estabelecia na sua redação originária:

Art. 988. Caberá reclamação da parte interessada ou do Ministério Público para:
I – preservar a competência do tribunal;
II – garantir a autoridade das decisões do tribunal;
III – garantir a observância de decisão do Supremo Tribunal Federal em controle concentrado de constitucionalidade;
IV – garantir a observância de enunciado de súmula vinculante e de precedente proferido em julgamento de casos repetitivos ou em incidente de assunção de competência.
§ 1º A reclamação pode ser proposta perante qualquer tribunal, e seu julgamento compete ao órgão jurisdicional cuja competência se busca preservar ou cuja autoridade se pretenda garantir.
§ 2º A reclamação deverá ser instruída com prova documental e dirigida ao presidente do tribunal.
§ 3º Assim que recebida, a reclamação será autuada e distribuída ao relator do processo principal, sempre que possível.
§ 4º As hipóteses dos incisos III e IV compreendem a aplicação indevida da tese jurídica e sua não aplicação aos casos que a ela correspondam.
§ 5º É inadmissível a reclamação proposta após o trânsito em julgado da decisão.
§ 6º A inadmissibilidade ou o julgamento do recurso interposto contra a decisão proferida pelo órgão reclamado não prejudica a reclamação.

Com a sanção da Lei 13.256, de 4 de fevereiro de 2016 (com vigência para mesma data em que entrou em vigor o novo C.P.C.), os incs. III e IV e §5º do art. 988 do novo C.P.C. passaram a ter a seguinte redação:

"*Art. 988. ....*

..

III – garantir a observância de enunciado de súmula vinculante e de decisão do Supremo Tribunal Federal em controle concentrado de constitucionalidade;
IV – garantir a observância de acórdão proferido em julgamento de incidente de resolução de demandas repetitivas ou de incidente de assunção de competência;

..

§ 5º É inadmissível a reclamação:
I – proposta após o trânsito em julgado da decisão reclamada;

II – proposta para garantir a observância de acórdão de recurso extraordinário com repercussão geral reconhecida ou de acórdão proferido em julgamento de recursos extraordinário ou especial repetitivos, quando não esgotadas as instâncias ordinárias.
.." (NR)

d.2) *Art. 14 – Ao despachar a reclamação, o relator:*
I – requisitará informações da autoridade a quem for imputada a prática do ato impugnado, que as prestará no prazo de dez dias;
II – ordenará, se necessário, para evitar dano irreparável, a suspensão do processo ou do ato impugnado.

O art. 14 da Lei 8.038/90 foi revogado tendo em vista que a matéria passou a ser regulada pelo art. 989 do novo C.P.C.:

Art. 989. Ao despachar a reclamação, o relator:
I – requisitará informações da autoridade a quem for imputada a prática do ato impugnado, que as prestará no prazo de 10 (dez) dias;
II – se necessário, ordenará a suspensão do processo ou do ato impugnado para evitar dano irreparável;
III – determinará a citação do beneficiário da decisão impugnada, que terá prazo de 15 (quinze) dias para apresentar a sua contestação.

d.3) *Art. 15 – Qualquer interessado poderá impugnar o pedido do reclamante.*

O art. 15 da Lei 8.038/90 foi revogado tendo em vista que a matéria passou a ser regulada pelo art. 990 do novo C.P.C.:

Art. 990. Qualquer interessado poderá impugnar o pedido do reclamante.

d.4) *Art. 16 – O Ministério Público, nas reclamações que não houver formulado, terá vista do processo, por cinco dias, após o decurso do prazo para informações.*

O art. 16 da Lei 8.038/90 foi revogado tendo em vista que a matéria passou a ser regulada pelo art. 991 do novo C.P.C.:

DISPOSIÇÕES FINAIS E DIREITO TRANSITÓRIO

> *Art. 991. Na reclamação que não houver formulado, o Ministério Público terá vista do processo por 5 (cinco) dias, após o decurso do prazo para informações e para o oferecimento da contestação pelo beneficiário do ato impugnado.*

d.5) *Art. 17 – Julgando procedente a reclamação, o Tribunal cassará a decisão exorbitante de seu julgado ou determinará medida adequada à preservação de sua competência.*

O art. 17 da Lei 8.038/90 foi revogado tendo em vista que a matéria passou a ser regulada pelo art. 992 do novo C.P.C.:

> *Art. 992. Julgando procedente a reclamação, o tribunal cassará a decisão exorbitante de seu julgado ou determinará medida adequada à solução da controvérsia.*

d.6) *Art. 18 – O Presidente determinará o imediato cumprimento da decisão, lavrando-se o acórdão posteriormente.*

O art. 18 da Lei 8.038/90 foi revogado tendo em vista que a matéria passou a ser regulada pelo art. 993 do novo C.P.C.:

> *Art. 993. O presidente do tribunal determinará o imediato cumprimento da decisão, lavrando-se o acórdão posteriormente.*

d.7) *Art. 26 – Os recursos extraordinários e especiais, nos casos previstos na Constituição Federal, serão interpostos no prazo comum de quinze dias, perante o Presidente do Tribunal recorrido, em petições distintas que conterão:*
I – exposição do fato e do direito;
II – a demonstração do cabimento do recurso interposto;
III – as razões do pedido de reforma da decisão recorrida.
Parágrafo único – Quando o recurso se fundar em dissídio entre a interpretação da lei federal adotada pelo julgado recorrido e a que lhe haja dado outro Tribunal, o recorrente fará a prova da divergência mediante certidão, ou indicação do número e da página do jornal oficial, ou do repertório autorizado de jurisprudência, que o houver publicado.

O art. 26 da Lei 8.038/90 foi revogado tendo em vista que a matéria passou a ser regulada pelo art. 1.029 do novo C.P.C. que tinha a seguinte redação originária:

> Art. 1.029. O recurso extraordinário e o recurso especial, nos casos previstos na Constituição Federal, serão interpostos perante o presidente ou o vice-presidente do tribunal recorrido, em petições distintas que conterão:
> I – a exposição do fato e do direito;
> II – a demonstração do cabimento do recurso interposto;
> III – as razões do pedido de reforma ou de invalidação da decisão recorrida.
> § 1º Quando o recurso fundar-se em dissídio jurisprudencial, o recorrente fará a prova da divergência com a certidão, cópia ou citação do repositório de jurisprudência, oficial ou credenciado, inclusive em mídia eletrônica, em que houver sido publicado o acórdão divergente, ou ainda com a reprodução de julgado disponível na rede mundial de computadores, com indicação da respectiva fonte, devendo-se, em qualquer caso, mencionar as circunstâncias que identifiquem ou assemelhem os casos confrontados.
> § 2º Quando o recurso estiver fundado em dissídio jurisprudencial, é vedado ao tribunal inadmiti-lo com base em fundamento genérico de que as circunstâncias fáticas são diferentes, sem demonstrar a existência da distinção.
> § 3º O Supremo Tribunal Federal ou o Superior Tribunal de Justiça poderá desconsiderar vício formal de recurso tempestivo ou determinar sua correção, desde que não o repute grave.
> § 4º Quando, por ocasião do processamento do incidente de resolução de demandas repetitivas, o presidente do Supremo Tribunal Federal ou do Superior Tribunal de Justiça receber requerimento de suspensão de processos em que se discuta questão federal constitucional ou infraconstitucional, poderá, considerando razões de segurança jurídica ou de excepcional interesse social, estender a suspensão a todo o território nacional, até ulterior decisão do recurso extraordinário ou do recurso especial a ser interposto.
> § 5º O pedido de concessão de efeito suspensivo a recurso extraordinário ou a recurso especial poderá ser formulado por requerimento dirigido:
> I – ao tribunal superior respectivo, no período compreendido entre a interposição do recurso e sua distribuição, ficando o relator designado para seu exame prevento para julgá-lo;

II – ao relator, se já distribuído o recurso;

III – ao presidente ou vice-presidente do tribunal local, no caso de o recurso ter sido sobrestado, nos termos do art. 1.037.

O prazo para a interposição de recurso extraordinário e especial continua a ser de 15 (quinze) dias.

Porém, a Lei 13.256 de 4 de fevereiro de 2016 (que entrou em vigor na mesma data de vigência do novo C.P.C.) deu nova redação ao art. 1.029 do novo C.P.C., a saber:

> "Art. 1.029. ....
> ....
>
> § 2º *(Revogado).*
> ....
>
> § 5º..
>
> *I – ao tribunal superior respectivo, no período compreendido entre a publicação da decisão de admissão do recurso e sua distribuição, ficando o relator designado para seu exame prevento para julgá-lo;*
>
> ....
>
> *III – ao presidente ou ao vice-presidente do tribunal recorrido, no período compreendido entre a interposição do recurso e a publicação da decisão de admissão do recurso, assim como no caso de o recurso ter sido sobrestado, nos termos do art. 1.037." (NR)*

d.8) *Art. 27 – Recebida a petição pela Secretaria do Tribunal e aí protocolada, será intimado o recorrido, abrindo-se-lhe vista pelo prazo de quinze dias para apresentar contra-razões.*

§ 1º – Findo esse prazo, serão os autos conclusos para admissão ou não do recurso, no prazo de cinco dias.

§ 2º – Os recursos extraordinário e especial serão recebidos no efeito devolutivo.

§ 3º – Admitidos os recursos, os autos serão imediatamente remetidos ao Superior Tribunal de Justiça.

§ 4º – Concluído o julgamento do recurso especial, serão os autos remetidos ao Supremo Tribunal Federal para apreciação do recurso extraordinário, se este não estiver prejudicado.

§ 5º – Na hipótese de o relator do recurso especial considerar que o recurso extraordinário é prejudicial daquele em decisão irrecorrível, sobrestará o seu julgamento e remeterá os autos ao Supremo Tribunal Federal, para julgar o extraordinário.

§ 6º – No caso de parágrafo anterior, se o relator do recurso extraordinário, em despacho irrecorrível, não o considerar prejudicial, devolverá os autos ao Superior Tribunal de Justiça, para o julgamento do recurso especial.

O art. 27 da Lei 8.038/90 foi revogado tendo em vista que a matéria passou a ser regulada pelo art. 1.030 do novo C.P.C., que assim estabelecia na sua redação originária:

Art. 1.030. Recebida a petição do recurso pela secretaria do tribunal, o recorrido será intimado para apresentar contrarrazões no prazo de 15 (quinze) dias, findo o qual os autos serão remetidos ao respectivo tribunal superior.
Parágrafo único. A remessa de que trata o caput dar-se-á independentemente de juízo de admissibilidade.

Com a sanção da Lei 13.256 de 4 de fevereiro de 2016, o art. 1.030 do novo C.P.C. passou a ter a seguinte redação:

"Art. 1.030. Recebida a petição do recurso pela secretaria do tribunal, o recorrido será intimado para apresentar contrarrazões no prazo de 15 (quinze) dias, findo o qual os autos serão conclusos ao presidente ou ao vice-presidente do tribunal recorrido, que deverá:
I – negar seguimento:
a) a recurso extraordinário que discuta questão constitucional à qual o Supremo Tribunal Federal não tenha reconhecido a existência de repercussão geral ou a recurso extraordinário interposto contra acórdão que esteja em conformidade com entendimento do Supremo Tribunal Federal exarado no regime de repercussão geral;
b) a recurso extraordinário ou a recurso especial interposto contra acórdão que esteja em conformidade com entendimento do Supremo Tribunal Federal ou do Superior Tribunal de Justiça, respectivamente, exarado no regime de julgamento de recursos repetitivos;

II – encaminhar o processo ao órgão julgador para realização do juízo de retratação, se o acórdão recorrido divergir do entendimento do Supremo Tribunal Federal ou do Superior Tribunal de Justiça exarado, conforme o caso, nos regimes de repercussão geral ou de recursos repetitivos;

III – sobrestar o recurso que versar sobre controvérsia de caráter repetitivo ainda não decidida pelo Supremo Tribunal Federal ou pelo Superior Tribunal de Justiça, conforme se trate de matéria constitucional ou infraconstitucional;

IV – selecionar o recurso como representativo de controvérsia constitucional ou infraconstitucional, nos termos do § 6º do art. 1.036

V – realizar o juízo de admissibilidade e, se positivo, remeter o feito ao Supremo Tribunal Federal ou ao Superior Tribunal de Justiça, desde que:

a) o recurso ainda não tenha sido submetido ao regime de repercussão geral ou de julgamento de recursos repetitivos;

b) o recurso tenha sido selecionado como representativo da controvérsia; ou

c) o tribunal recorrido tenha refutado o juízo de retratação.

§ 1º Da decisão de inadmissibilidade proferida com fundamento no inciso V caberá agravo ao tribunal superior, nos termos do art. 1.042.

§ 2º Da decisão proferida com fundamento nos incisos I e III caberá agravo interno, nos termos do art. 1.021." (NR)

d.9) Art. 28 – *Denegado o recurso extraordinário ou o recurso especial, caberá agravo de instrumento, no prazo de cinco dias, para o Supremo Tribunal Federal ou para o Superior Tribunal de Justiça, conforme o caso.*

§ 1º – Cada agravo de instrumento será instruído com as peças que forem indicadas pelo agravante e pelo agravado, dele constando, obrigatoriamente, além das mencionadas no parágrafo único do art. 523 do Código de Processo Civil, o acórdão recorrido, a petição de interposição do recurso e as contra-razões, se houver.

§ 2º – Distribuído o agravo de instrumento, o relator proferirá decisão.

§ 3º – Na hipótese de provimento, se o instrumento contiver os elementos necessários ao julgamento do mérito do recurso especial, o relator determinará, desde logo, sua inclusão em pauta, observando-se, daí por diante, o procedimento relativo àqueles recursos, admitida a sustentação oral.

§ 4º – O disposto no parágrafo anterior aplica-se também ao agravo de instrumento contra denegação de recurso extraordinário, salvo quando, na mesma causa, houver recurso especial admitido e que deva ser julgado em primeiro lugar.

§ 5º – Da decisão do relator que negar seguimento ou provimento ao agravo de instrumento, caberá agravo para o órgão julgador no prazo de cinco dias.

O art. 28 da Lei 8.038/90 foi revogado tendo em vista que a matéria passou a ser regulada pelo art. 1.042 do novo C.P.C., que assim estabelecia na sua redação originária:

Art. 1.042. Cabe agravo contra decisão de presidente ou de vice-presidente do tribunal que:
I – indeferir pedido formulado com base no art. 1.035, § 6o, ou no art. 1.036, § 2º, de inadmissão de recurso especial ou extraordinário intempestivo;
II – inadmitir, com base no art. 1.040, inciso I, recurso especial ou extraordinário sob o fundamento de que o acórdão recorrido coincide com a orientação do tribunal superior;
III – inadmitir recurso extraordinário, com base no art. 1.035, § 8º, ou no art. 1.039, parágrafo único, sob o fundamento de que o Supremo Tribunal Federal reconheceu a inexistência de repercussão geral da questão constitucional discutida.
§ 1º Sob pena de não conhecimento do agravo, incumbirá ao agravante demonstrar, de forma expressa:
I – a intempestividade do recurso especial ou extraordinário sobrestado, quando o recurso fundar-se na hipótese do inciso I do caput deste artigo;
II – a existência de distinção entre o caso em análise e o precedente invocado, quando a inadmissão do recurso:
a) especial ou extraordinário fundar-se em entendimento firmado em julgamento de recurso repetitivo por tribunal superior;
b) extraordinário fundar-se em decisão anterior do Supremo Tribunal Federal de inexistência de repercussão geral da questão constitucional discutida.
§ 2º A petição de agravo será dirigida ao presidente ou vice-presidente do tribunal de origem e independe do pagamento de custas e despesas postais.
§ 3ºO agravado será intimado, de imediato, para oferecer resposta no prazo de 15 (quinze) dias.
§ 4º Após o prazo de resposta, não havendo retratação, o agravo será remetido ao tribunal superior competente.

§ 5º O agravo poderá ser julgado, conforme o caso, conjuntamente com o recurso especial ou extraordinário, assegurada, neste caso, sustentação oral, observando- -se, ainda, o disposto no regimento interno do tribunal respectivo.

§ 6ºNa hipótese de interposição conjunta de recursos extraordinário e especial, o agravante deverá interpor um agravo para cada recurso não admitido.

§ 7º Havendo apenas um agravo, o recurso será remetido ao tribunal competente, e, havendo interposição conjunta, os autos serão remetidos ao Superior Tribunal de Justiça.

§ 8º Concluído o julgamento do agravo pelo Superior Tribunal de Justiça e, se for o caso, do recurso especial, independentemente de pedido, os autos serão remetidos ao Supremo Tribunal Federal para apreciação do agravo a ele dirigido, salvo se estiver prejudicado.

Com a sanção da Lei 13.256, de 4 de fevereiro de 2016 (que entrou em vigor na mesma data da vigência do novo C.P.C.), o art. 1.042 do novo C.P.C. passou a ter a seguinte redação:

"Art. 1.042. Cabe agravo contra decisão do presidente ou do vice-presidente do tribunal recorrido que inadmitir recurso extraordinário ou recurso especial, salvo quando fundada na aplicação de entendimento firmado em regime de repercussão geral ou em julgamento de recursos repetitivos.

I – (Revogado);

II – (Revogado);

III – (Revogado).

§ 1º (Revogado):

I – (Revogado);

II – (Revogado):

a) (Revogada);

b) (Revogada).

§ 2º A petição de agravo será dirigida ao presidente ou ao vice-presidente do tribunal de origem e independe do pagamento de custas e despesas postais, aplicando-se a ela o regime de repercussão geral e de recursos repetitivos, inclusive quanto à possibilidade de sobrestamento e do juízo de retratação.

..." (NR)

d.10) Art. 29 – *É embargável, no prazo de quinze dias, a decisão da turma que, em recurso especial, divergir do julgamento de outra turma, da seção ou do órgão especial, observando-se o procedimento estabelecido no regimento interno.*

O art. 29 da Lei 8.038/90 foi revogado tendo em vista que a matéria passou a ser regulada pelo art. 1.043 e 1.044 do novo C.P.C.:

> *Art. 1.043. É embargável o acórdão de órgão fracionário que:*
> *I – em recurso extraordinário ou em recurso especial, divergir do julgamento de qualquer outro órgão do mesmo tribunal, sendo os acórdãos, embargado e paradigma, de mérito;*
> *II – em recurso extraordinário ou em recurso especial, divergir do julgamento de qualquer outro órgão do mesmo tribunal, sendo os acórdãos, embargado e paradigma, relativos ao juízo de admissibilidade;*
> *III – em recurso extraordinário ou em recurso especial, divergir do julgamento de qualquer outro órgão do mesmo tribunal, sendo um acórdão de mérito e outro que não tenha conhecido do recurso, embora tenha apreciado a controvérsia;*
> *IV – nos processos de competência originária, divergir do julgamento de qualquer outro órgão do mesmo tribunal.*
> *§ 1º Poderão ser confrontadas teses jurídicas contidas em julgamentos de recursos e de ações de competência originária.*
> *§ 2º A divergência que autoriza a interposição de embargos de divergência pode verificar-se na aplicação do direito material ou do direito processual.*
> *§ 3º Cabem embargos de divergência quando o acórdão paradigma for da mesma turma que proferiu a decisão embargada, desde que sua composição tenha sofrido alteração em mais da metade de seus membros.*
> *§ 4º O recorrente provará a divergência com certidão, cópia ou citação de repositório oficial ou credenciado de jurisprudência, inclusive em mídia eletrônica, onde foi publicado o acórdão divergente, ou com a reprodução de julgado disponível na rede mundial de computadores, indicando a respectiva fonte, e mencionará as circunstâncias que identificam ou assemelham os casos confrontados.*
> *§ 5º É vedado ao tribunal inadmitir o recurso com base em fundamento genérico de que as circunstâncias fáticas são diferentes, sem demonstrar a existência da distinção.*

> *Art. 1.044. No recurso de embargos de divergência, será observado o procedimento estabelecido no regimento interno do respectivo tribunal superior.*
>
> *§ 1º A interposição de embargos de divergência no Superior Tribunal de Justiça interrompe o prazo para interposição de recurso extraordinário por qualquer das partes.*
>
> *§ 2º Se os embargos de divergência forem desprovidos ou não alterarem a conclusão do julgamento anterior, o recurso extraordinário interposto pela outra parte antes da publicação do julgamento dos embargos de divergência será processado e julgado independentemente de ratificação.*

d.11) *Art. 38 – O Relator, no Supremo Tribunal Federal ou no Superior Tribunal de Justiça, decidirá o pedido ou o recurso que haja perdido seu objeto, bem como negará seguimento a pedido ou recurso manifestamente intempestivo, incabível ou, improcedente ou ainda, que contrariar, nas questões predominantemente de direito, Súmula do respectivo Tribunal.*

O art. 38 da Lei 8.038/90 foi revogado tendo em vista que a matéria passou a ser regulada pelo art. 932 do novo C.P.C.:

> *Art. 932. Incumbe ao relator:*
> *I – dirigir e ordenar o processo no tribunal, inclusive em relação à produção de prova, bem como, quando for o caso, homologar autocomposição das partes;*
> *II – apreciar o pedido de tutela provisória nos recursos e nos processos de competência originária do tribunal;*
> *III – não conhecer de recurso inadmissível, prejudicado ou que não tenha impugnado especificamente os fundamentos da decisão recorrida;*
> *IV – negar provimento a recurso que for contrário a:*
> *a) súmula do Supremo Tribunal Federal, do Superior Tribunal de Justiça ou do próprio tribunal;*
> *b) acórdão proferido pelo Supremo Tribunal Federal ou pelo Superior Tribunal de Justiça em julgamento de recursos repetitivos;*
> *c) entendimento firmado em incidente de resolução de demandas repetitivas ou de assunção de competência;*
> *V – depois de facultada a apresentação de contrarrazões, dar provimento ao recurso se a decisão recorrida for contrária a:*

a) súmula do Supremo Tribunal Federal, do Superior Tribunal de Justiça ou do próprio tribunal;
b) acórdão proferido pelo Supremo Tribunal Federal ou pelo Superior Tribunal de Justiça em julgamento de recursos repetitivos;
c) entendimento firmado em incidente de resolução de demandas repetitivas ou de assunção de competência;
VI – decidir o incidente de desconsideração da personalidade jurídica, quando este for instaurado originariamente perante o tribunal;
VII – determinar a intimação do Ministério Público, quando for o caso;
VIII – exercer outras atribuições estabelecidas no regimento interno do tribunal.
Parágrafo único. Antes de considerar inadmissível o recurso, o relator concederá o prazo de 5 (cinco) dias ao recorrente para que seja sanado vício ou complementada a documentação exigível.

e) os arts. 16 a 18 da Lei nº 5.478, de 25 de julho de 1968 (dispõe sobre a ação de alimentos e dá outras providências):

e.1) *Art. 16. Na execução da sentença ou do acordo nas ações de alimentos será observado o disposto no artigo 734 e seu parágrafo único do Código de Processo Civil. (Redação dada pela Lei nº 6.014, de 27/12/73)*

O art. 16 da Lei 5.478/68 foi revogado tendo em vista que a matéria sobre o cumprimento de sentença que reconheça a exigibilidade de obrigação de prestar alimentos passou a ser regulada pelos art. 528 a 533 do novo C.P.C., a saber:

Art. 528. No cumprimento de sentença que condene ao pagamento de prestação alimentícia ou de decisão interlocutória que fixe alimentos, o juiz, a requerimento do exequente, mandará intimar o executado pessoalmente para, em 3 (três) dias, pagar o débito, provar que o fez ou justificar a impossibilidade de efetuá-lo.
§ 1º Caso o executado, no prazo referido no caput, não efetue o pagamento, não prove que o efetuou ou não apresente justificativa da impossibilidade de efetuá--lo, o juiz mandará protestar o pronunciamento judicial, aplicando-se, no que couber, o disposto no art. 517.

§ 2º Somente a comprovação de fato que gere a impossibilidade absoluta de pagar justificará o inadimplemento.

§ 3º Se o executado não pagar ou se a justificativa apresentada não for aceita, o juiz, além de mandar protestar o pronunciamento judicial na forma do § 1o, decretar-lhe-á a prisão pelo prazo de 1 (um) a 3 (três) meses.

§ 4º A prisão será cumprida em regime fechado, devendo o preso ficar separado dos presos comuns.

§ 5º O cumprimento da pena não exime o executado do pagamento das prestações vencidas e vincendas.

§ 6º Paga a prestação alimentícia, o juiz suspenderá o cumprimento da ordem de prisão.

§ 7º O débito alimentar que autoriza a prisão civil do alimentante é o que compreende até as 3 (três) prestações anteriores ao ajuizamento da execução e as que se vencerem no curso do processo.

§ 8º O exequente pode optar por promover o cumprimento da sentença ou decisão desde logo, nos termos do disposto neste Livro, Título II, Capítulo III, caso em que não será admissível a prisão do executado, e, recaindo a penhora em dinheiro, a concessão de efeito suspensivo à impugnação não obsta a que o exequente levante mensalmente a importância da prestação.

§ 9ºAlém das opções previstas no art. 516, parágrafo único, o exequente pode promover o cumprimento da sentença ou decisão que condena ao pagamento de prestação alimentícia no juízo de seu domicílio.

Art. 529. Quando o executado for funcionário público, militar, diretor ou gerente de empresa ou empregado sujeito à legislação do trabalho, o exequente poderá requerer o desconto em folha de pagamento da importância da prestação alimentícia.

§ 1º Ao proferir a decisão, o juiz oficiará à autoridade, à empresa ou ao empregador, determinando, sob pena de crime de desobediência, o desconto a partir da primeira remuneração posterior do executado, a contar do protocolo do ofício.

§ 2º O ofício conterá o nome e o número de inscrição no Cadastro de Pessoas Físicas do exequente e do executado, a importância a ser descontada mensalmente, o tempo de sua duração e a conta na qual deve ser feito o depósito.

§ 3º Sem prejuízo do pagamento dos alimentos vincendos, o débito objeto de execução pode ser descontado dos rendimentos ou rendas do executado, de forma parcelada, nos termos do caput deste artigo, contanto que, somado à parcela devida, não ultrapasse cinquenta por cento de seus ganhos líquidos.

Art. 530. Não cumprida a obrigação, observar-se-á o disposto nos arts. 831 e seguintes.

Art. 531. O disposto neste Capítulo aplica-se aos alimentos definitivos ou provisórios.

§ 1º A execução dos alimentos provisórios, bem como a dos alimentos fixados em sentença ainda não transitada em julgado, se processa em autos apartados.

§ 2º O cumprimento definitivo da obrigação de prestar alimentos será processado nos mesmos autos em que tenha sido proferida a sentença.

Art. 532. Verificada a conduta procrastinatória do executado, o juiz deverá, se for o caso, dar ciência ao Ministério Público dos indícios da prática do crime de abandono material.

Art. 533. Quando a indenização por ato ilícito incluir prestação de alimentos, caberá ao executado, a requerimento do exequente, constituir capital cuja renda assegure o pagamento do valor mensal da pensão.

§ 1º O capital a que se refere o caput, representado por imóveis ou por direitos reais sobre imóveis suscetíveis de alienação, títulos da dívida pública ou aplicações financeiras em banco oficial, será inalienável e impenhorável enquanto durar a obrigação do executado, além de constituir-se em patrimônio de afetação.

§ 2º O juiz poderá substituir a constituição do capital pela inclusão do exequente em folha de pagamento de pessoa jurídica de notória capacidade econômica ou, a requerimento do executado, por fiança bancária ou garantia real, em valor a ser arbitrado de imediato pelo juiz.

§ 3º Se sobrevier modificação nas condições econômicas, poderá a parte requerer, conforme as circunstâncias, redução ou aumento da prestação.

§ 4º A prestação alimentícia poderá ser fixada tomando por base o salário-mínimo.

§ 5º Finda a obrigação de prestar alimentos, o juiz mandará liberar o capital, cessar o desconto em folha ou cancelar as garantias prestadas.

e.2.) *Art. 17. Quando não for possível a efetivação executiva da sentença ou do acordo mediante desconto em folha, poderão ser as prestações cobradas de alugueres de prédios ou de quaisquer outros rendimentos do devedor, que serão recebidos diretamente pelo alimentando ou por depositário nomeado pelo juiz.*

O art. 17 da Lei 5.478/68 foi revogado tendo em vista que a matéria sobre alugueres de prédios ou de quaisquer outros rendimentos do devedor passou a ser regulada pelo art. 528, §8º, do novo C.P.C. permitindo que o exequente possa optar em promover o cumprimento de sentença ou decisão de alimentos, com base no cumprimento definitivo de sentença que reconheça a obrigação de pagar quantia certa, na qual há a possibilidade de penhora de crédito, nos termos do disposto 855 a 860 do novo C.P.C.

Outrossim, estabelece o art. 529, §3º, do novo C.P.C.:

> *Art. 529 (...).*
>
> *§ 3º Sem prejuízo do pagamento dos alimentos vincendos, o débito objeto de execução pode ser descontado dos rendimentos ou rendas do executado, de forma parcelada, nos termos do caput deste artigo, contanto que, somado à parcela devida, não ultrapasse cinquenta por cento de seus ganhos líquidos.*

e.3) *Art. 18. Se, ainda assim, não for possível a satisfação do débito, poderá o credor requerer a execução da sentença na forma dos artigos 732, 733 e 735 do Código de Processo Civil. (Redação dada pela Lei nº 6.014, de 27/12/73)*

O art. 18 da Lei 5.478/68 foi revogado tendo em vista que a matéria foi regulada totalmente pelos art. 528, *caput*, e §8º do novo C.P.C.:

> *Art. 528. No cumprimento de sentença que condene ao pagamento de prestação alimentícia ou de decisão interlocutória que fixe alimentos, o juiz, a requerimento do exequente, mandará intimar o executado pessoalmente para, em 3 (três) dias, pagar o débito, provar que o fez ou justificar a impossibilidade de efetuá-lo.*
>
> *§ 8º O exequente pode optar por promover o cumprimento da sentença ou decisão desde logo, nos termos do disposto neste Livro, Título II, Capítulo III, caso em que não será admissível a prisão do executado, e, recaindo a penhora em dinheiro, a concessão de efeito suspensivo à impugnação não obsta a que o exequente levante mensalmente a importância da prestação.*

f) o art. 98, § 4º, da Lei nº 12.529, de 30 de novembro de 2011 (Estrutura o Sistema Brasileiro de Defesa da Concorrência; dispõe sobre a

prevenção e repressão às infrações contra a ordem econômica; altera a Lei nº 8.137, de 27 de dezembro de 1990, o Decreto-Lei nº 3.689, de 3 de outubro de 1941 – Código de Processo Penal, e a Lei nº 7.347, de 24 de julho de 1985; revoga dispositivos da Lei nº 8.884, de 11 de junho de 1994, e a Lei nº 9.781, de 19 de janeiro de 1999; e dá outras providências):
Art. 98.(...).
(...).
§ 4º Na ação que tenha por objeto decisão do Cade, o autor deverá deduzir todas as questões de fato e de direito, sob pena de preclusão consumativa, reputando-se deduzidas todas as alegações que poderia deduzir em favor do acolhimento do pedido, não podendo o mesmo pedido ser deduzido sob diferentes causas de pedir em ações distintas, salvo em relação a fatos supervenientes.

28.
Referências Bibliográficas

ADAMOVICH, Eduardo H. *Comentários à CLT*. Rio de Janeiro: Forense, 2009.

ALVIM, Thereza. *Questões prévias e os limites objetivos da coisa julgada*. São Paulo: Editora Revista dos Tribunais, 1976.

ASENSIO, Rafael Jiménez. *Imparcialidad judicial y derecho al juez imparcial*. Navarra: Aranzadi, 2002.

BALENA, Giampiero. *Istituzioni di diritto processuale civile*. Seconda Edizione. Primo Volume. – I princípi. Bari: Cacucci Editore, 2012.

BARBOSA MOREIRA, José Calos. *O novo processo civil brasileiro*. 6ª Ed. Rio de Janeiro: Forense, 1984.

BARBOSA MOREIRA, Jose Carlos. *Comentários ao código de processo civil*. V. Vol. (arts. 476 a 565). Rio de Janeiro: Forense, 1976.

BEZERRA LEITE, Carlos Henrique. Novo. A hermenêutica do novo CPC e suas repercussões no processo do trabalho. *In:* Carlos Henrique Bezerra Leite (Org.) *Novo CPC repercussões no processo do trabalho*. São Paulo: Saraiva, 2015.

BITTENCOURT, Cezar Roberto. *Tratado de direito penal: parte geral*. Vol. I. 17ª Ed. São Paulo: Editora Saraiva, 2012.

BORGES, Leonardo Dias. O cumprimento da sentença no novo CPC e algumas repercussões no processo do trabalho. *In:* Carlos Henrique Bezerra Leite. *Novo CPC – repercussões no processo do trabalho*. São Paulo: Saraiva, 2015.

CABIALE, José Antonio Díaz. *Principios de aportación de parte y acusatorio: la imparcialidad del juez*. Granada: Editorial Comares, 1996.

CABRAL, Antonio Passo. Pré-eficácia das norma e a aplicação do código de processo civil de 2015 ainda no período de *vacatio legis*. *In: Revista de Processo*, ano 40, n. 246, agost/2015, São Paulo, R.T.;

CALVET, Otavio Amaral. As tutelas de urgência e da evidência e suas repercussões no processo do trabalho. *IN:* Carlos Henrique Bezerra Leite. *Novo CPC – repercussões no processo do trabalho*. São Paulo: Saraiva, 2015.

CÂMARA LEAL, Antônio Luis. *Da prescrição e da decadência*. 3ª edição. São Paulo: Forense.

CÂMARA, Alexandre Freitas. *Juizados especiais cíveis estaduais, federais e da fazenda pública: uma abordagem crítica*. 6. Ed. – Rio de Janeiro: Lumen Juris, 2010.

CANOTILHO, José Joaquim Gomes. *Direito constitucional e teoria da constituição*. 7. ed. Coimbra: Livraria Almedina, 2003.

CAPONI, Remo. Tempus regit processual – un appunto sull'efficacia delle norme processuali nel tempo. In: *Rivista di Diritto Processuale*, CEDAM, Anno LXI (Seconda Serie), n. 2, Aprile-Giugno 2006.

CARNELUTTI, Francesco. *Lecciones sobre el proceso penal*. Trad. Santiago Sentís Melendo. Buenos Aires: Bosch Y Cía Editores, 1950.

CARNELUTTI, Francesco. *Sistema de direito processual*. Trad. Hiltomar Martins Oliveira. Vol. I. São Paulo: Classic Book, 2000.

CHIOVENDA, Giuseppe. *Instituições de direito processual civil*. Trad. J. Guimarães Menegale. Vol. 1. São Paulo: Edição Saraiva, 1965.

CHIRONI, *Istituzioni di diritto civile italiano*. V. I., Torino: 1904.

COMOGLIO, Luigi Paolo; CORRADO, Ferri; TARUFFO, Michele. *Lezioni sul processo civile – Il processo ordinário di cognizione*. Bologna, 2006.

COUTO DE BRITO, Aléxis Augusto. Direito penal internacional: direitos humanos, tratados internacionais e o princípio da legalidade. In *Revista Síntese de Direito Penal e Processual Penal*. Ano V, n. 27, ago./set. 2004, Curitiba, Editora Síntese.

COUTO E SILVA, Clóvis V. do. *A obrigação como processo*. 4ª ed. Rio de Janeiro: FGV, 2010.

CUNHA GONÇALVES, Luiz da. *Tratado de direito civil*. 2ªed. Vol. I. Tomo I. São Paulo: Max Limonad, 1955.

EÇA, Vitor Salino. A função do magistrado na direção do processo no novo CPC e as repercussões no processo do trabalho. *In:* Carlos Henrique Bezerra Leite (Org.) *Novo CPC – repercussão no processo do trabalho*. São Paulo: Saraiva, 2015.

FAZZALARI, Elio. *Istituzioni di diritto processuale*, 7ª Ed., Padova: 1994.

FAZZALARI, Elio. La imparzialità del giudice. In *Rivista di Diritto Processuale*, Padova, Edizioni Cedam, n. 2, 1972.

FERNANDES, Fernando. *O processo penal como instrumento de política criminal*. Coimbra: Almedina, 2001.

FRANÇA, R. Limongi. *A irretroatividade das leis e o direito adquirido*. 5ª Ed. São Paulo. Editora Saraiva, 1998.

GABBA, C.F. *Teoria della retroatività delle legge*. Vol. 4. 3ª ed., Milão: 1891.

GARCÍA DE ENTERRÍA, Eduardo; FERNANDEZ, Tomás Ramon. *Curso de direito administrativo*. Tradução Arnaldo Setti, São Paulo: RT, 1991.

GOLDSCHIMIDT, James. *Derecho procesal civil*. Barcelona: Editorial Labor S.A., 1936.

GUERRA FILHO, Willis Santiago. A dimensão processual dos direitos fundamentais. In *Revista de Processo*, n. 87, ano 22, p.166 e 167, (166-174), São Paulo, Ed. Revista dos Tribunais, jul./set., 1997.

KLIPPEL, Bruno. O incidente de desconsideração da personalidade jurídica e suas repercussões no processo do trabalho. *In:* Carlos Henrique Bezerra Leite (Org.) *Novo CPC – repercussão no processo do trabalho*. São Paulo: Saraiva, 2015.

LACERDA, Galeno. *O novo direito processual civil e os efeitos pendentes*. Rio de Janeiro: Forense, 1974.

LIEBMAN, Enrico Tullio. *Manuale di diritto processuale civile – principi*. Sesta edizione. Milano: Giuffrè Editore, 2002.

LIMA, João Franzen. Irretroatividade das leis. *In: Revista dos Tribunais*, São Paulo, Vol. 132.

MARCADE, V. *Explication Du Code*. 7ª ed. Paris, 1873.

MEIRELES, Edilton. Do incidente de resolução de demandas repetitivas no processo civil brasileiro e suas repercussões no processo do trabalho. *In:* Carlos Henrique Bezerra Leite (Org.) *Novo CPC – repercussões no processo do trabalho.* São Paulo: Saraiva, 2015.

MELO RIBEIRO, Maria Teresa de. *O princípio da imparcialidade da administração pública.* Coimbra: Almedina, 1996.

MORELI, Gaetano. *Derecho procesal civil internacional.* Trad. Santiago Sentis Melendo. Buenos Aires: Ediciones Jurídicas Europa-América, 1953.

NERY Jr. Nelson. Tempus regit processum: apontamentos sobre direito transitório processual (recursos, cumprimento da sentença e execução de título extrajudicial). *In: Execução Civil* – estudos em homenagem ao professor Humberto Theodoro Júnior. Coord. Ernane Fidélis dos Santos, Luiz Rodrigues Wambier, Nelson Nery Jr, Teresa Arruda Alvim Wambier. São Paulo: Revista dos Tribunais, 2007.

OLIANI, José Alexandre Manzano. Meio de impugnação às decisões dos juizados especiais cíveis estaduais. *In: Revista de Processo – REPRO*, ano 40, n. 242, abril/15.

OLIVEIRA. Carlos Alberto Álvaro. *Do formalismo no processo civil.* São Paulo: Saraiva, 2003.

ORTIZ, Maria Isabel Valldecabres. *Imparcialidad del juez y médios de comunicación.* Valencia: Ed. Tirant lo Blanch, 2004.

PENTEADO, Luciano de Camargo. *Direito das coisas.* São Paulo: Editora, R.T.: 2008.

PICÓ I JUNOY, Joan. *La imparcialidad judicial y sus garantías: la abstención y la recusación.* Barcelona: J. M. Bosch, 1998.

PINTO, Rui. *Notas ao código de processo civil.* Coimbra: Coimbra Editora, 2014.

PIOVESAN, Flávia. *Direitos humanos e o direito constitucional internacional.* 5. ed. rev. ampl. e atual. São Paulo: Max Limonad, 2002.

PONTES DE MIRANDA. *Comentário ao código de processo civil.* Vol. VII, 2ª ed., Rio de Janeiro: Revista Forense, 1959.

QUIRÓS, Diego Zysman. *Imparcialidad judicial y enjuiciamiento penal – un estudio histórico-conceptual de modelos normativos de imparcialidad.* Disponível em: http://www.catedrahendler.org/materiales/zysman%20_%20Imparcialidad.PDF – 03/08/2005.

RODRIGUES, Fernando Pereira. *O novo Processo Civil – os princípios estruturantes.* Coimbra: Almedina, 2013.

SARAIVA, Renato; MANFREDINI, Aryanna. O ônus da prova no novo CPC e suas repercussões no processo do trabalho. *IN:* Carlos Henrique Bezerra Leite. *Novo CPC – repercussões no processo do trabalho.* São Paulo: Saraiva, 2015.

SCHÖNKE, Adolfo. *Derecho procesal civil.* Barcelona: Bosch, Casa Editorial, 1950.

SERPA LOPES, Miguel Maria de. *Comentários à lei de introdução ao código civil.* 2ª ed. Vol. I, São Paulo: Livraria Freitas Bastos, 1959.

SOUZA, Artur César de Souza. *A parcialidade positiva do juiz.* São Paulo: Editora Revista dos Tribunais, 2008.

SOUZA, Artur César. *Código de Processo Civil – anotado, comentado e interpretado.* Vol. III. São Paulo: Editora Almedina (Coimbra), 2015.

SOUZA, Artur César. *Código de processo civil – anotado, comentado e interpretado.* Vol. II. São Paulo: Editora Almedina (Coimbra), 2015.

SOUZA, Artur César. *Das normas fundamentais do processo civil – uma análise luso-brasileira contemporânea.* São Paulo: Editora Almedina, 2015.

TARUFFO, Michele. *La prueba de los hechos.* Madrid: Editorial Trotta, 2005.

TESCHEINER, José Maria. Ata notarial como meio de prova – uma revolução no processo civil. *In: Boletim eletrônico IRIB*, São Paulo, agosto de 2004, n. 1.259 de 26.08.2004.

THEODORO JÚNIOR, Humberto. *Curso de direito processual civil – procedimentos especiais*. Rio de Janeiro: Forense, 2010.

TOMASZEWSKI, Adauto de Almeida. A ata notarial como meio de prova e efetivação de direitos. *Revista Cien. Jurídica e Sociológica da Unipar*, Umuarama, vol. 11, n. 1, p. 7-23, jan./jun., 2008.

TORRES, Pedro Pinheiro. *Guia para o novo código de processo civil – correspondência e comparação de normas*. Editora Almedina: 2013.

TOURINHO NETO, Fernando da Costa; FIGUEIRA JÚNIOR. Joel Dias. *Juizados especiais federais cíveis e criminais – comentários à lei 10.259, de 12.07.2001*. 3ª Ed. São Paulo: Editora: R.T., 2010.

VASCONCELOS, Julenildo Nunes. CRUZ, Antonio Augusto. *Direito notarial: teoria e prática*. Rio de Janeiro: Forense, 2006.

Veronese, Yasmim Leandro; SILVA, Caique Leite Thomas da. Os notários e registradores e sua atuação na desjudicialização das relações sociais. São Paulo: *Revista dos Tribunais*, vol. 4/2014.

VIAGAS BARTOLOMÉ. Plácido Fernández. *El juez imparcial*. Granada: Editorial Comares, 1997.

VITALINO, Marciel Eric Silva. Recorribilidade das decisões interlocutórias no juizado especial civil. http://ambito-juridico.com.br/site/?n_link=revista_artigos_leitura&artigo_id=14055

ZACCARIAE, K. S. *Le droit civil français*, 5ª ed. Paris, 1854.

ÍNDICE

APRESENTAÇÃO	9
ABREVIATURAS	13
SUMÁRIO	19
INTRODUÇÃO	25
1. DA *VACATIO LEGIS*	29
2. APLICAÇÃO DA LEI PROCESSUAL NO ESPAÇO E NO TEMPO	35
3. EXCEÇÕES NORMATIVAS EXPRESSAS AO PRINCÍPIO DA APLICAÇÃO IMEDIATA DAS NORMAS PROCESSUAIS	129
4. PROCESSOS ESPECIAIS – APLICAÇÃO SUBSIDIÁRIA E SUPLETIVA DO NOVO C.P.C.	135
5. DISPOSIÇÕES ESPECIAIS DOS PROCEDIMENTOS REGULADOS EM OUTRAS LEIS E A APLICAÇÃO SUPLETIVA DO NOVO C.P.C.	203
6. PROCESSOS REFERIDOS NO ART. 1.218 DA LEI N. 5.869, DE 11 DE JANEIRO DE 1973 (C.P.C. DE 1973)	295

DISPOSIÇÕES FINAIS E DIREITO TRANSITÓRIO

7. CORRESPONDÊNCIA DE DISPOSITIVOS DO C.P.C. REVOGADO COM O NOVO C.P.C. 317

8. DIREITO INTERTEMPORAL E O DIREITO PROBATÓRIO 321

9. PRIORIDADE DE TRAMITAÇÃO DOS PROCEDIMENTOS 331

10. REMESSA A PROCEDIMENTO PREVISTO NO NOVO C.P.C., SEM ESPECIFICAÇÃO POR PARTE DE LEI ESPECIAL 339

11. CADASTRAMENTO DOS ENTES POLÍTICOS, ENTIDADES DA ADMINISTRAÇÃO INDIRETA, MINISTÉRIO PÚBLICO, DEFENSORA PÚBLICA E ADVOCACIA PÚBLICA 343

12. CONVALIDAÇÃO DOS ATOS PROCESSUAIS PRATICADOS POR MEIO ELETRÔNICO 351

13. EXECUÇÃO CONTRA DEVEDOR INSOLVENTE 357

14. DA QUESTÃO PREJUDICIAL E DA COISA JULGADA 375

15. PAGAMENTO DE TRIBUTOS PELO DEVEDOR OU ARRENDATÁRIO 391

16. PRESCRIÇÃO INTERCORRENTE 393

17. INEXIGIBILIDADE DE OBRIGAÇÃO FUNDADA EM TÍTULO EXECUTIVO JUDICIAL – DECLARAÇÃO DE INCONSTITUCIONALIDADE PELO S.T.F. 409

18. RECOLHIMENTO DE IMPORTÂNCIA EM DINHEIRO 435

19. TUTELA PROVISÓRIA REQUERIDA CONTRA A FAZENDA PÚBLICA 441

20. CUSTAS PROCESSUAIS DEVIDAS À UNIÃO NA JUSTIÇA FEDERAL (LEI 9.289 DE 4 DE JULHO DE 1996) 449

21. NULIDADE DE SENTENÇA ARBITRAL 453

22. CREDORES SOLIDÁRIOS	455
23. CAUSA DE INVALIDAÇÃO DA PARTILHA	459
24. UNIFICAÇÃO DOS PRAZOS RECURSAIS	471
25. DA USUCAPIÃO EXTRAJUDICIAL	473
26. PAPEL DO CONSELHO NACIONAL DE JUSTIÇA EM RELAÇÃO À EFETIVIDADE DO NOVO C.P.C.	497
27. DERROGAÇÃO EXPRESSA DE PRECEITOS NORMATIVOS PELO NOVO C.P.C.	499
28. REFERÊNCIAS BIBLIOGRÁFICAS	541
ÍNDICE	545